U0557103

经时济世

继往开来

贺教育部

重大攻关项目

成果出版

季羡林

时年九十有八

教育部哲学社會科学研究重大課題攻關項目

“十三五”国家重点出版物出版规划项目

近代汉字术语的生成演变与中西日文化互动研究

A STUDY OF THE GENERATION AND EVOLUTION OF MODERN TERMS IN CHINESE CHARACTERS AND THE CULTURAL INTERACTION AMONG CHINA,THE WEST AND JAPAN

冯天瑜
等著

中国财经出版传媒集团
经济科学出版社
Economic Science Press

图书在版编目（CIP）数据

近代汉字术语的生成演变与中西日文化互动研究/冯天瑜等著．—北京：经济科学出版社，2016.1
ISBN 978-7-5141-3695-1

Ⅰ.①近… Ⅱ.①冯… Ⅲ.①汉语史-研究-近代
Ⅳ.①H1-09

中国版本图书馆 CIP 数据核字（2016）第 186935 号

责任编辑：刘 茜 孙 琛
责任校对：刘 昕
责任印制：邱 天

近代汉字术语的生成演变与中西日文化互动研究
冯天瑜 等著
经济科学出版社出版、发行 新华书店经销
社址：北京市海淀区阜成路甲 28 号 邮编：100142
总编部电话：010-88191217 发行部电话：010-88191522
网址：www.esp.com.cn
电子邮箱：esp@esp.com.cn
天猫网店：经济科学出版社旗舰店
网址：http://jjkxcbs.tmall.com
北京季蜂印刷有限公司印装
787×1092 16 开 32.25 印张 620000 字
2016 年 12 月第 1 版 2016 年 12 月第 1 次印刷
ISBN 978-7-5141-3695-1 定价：81.00 元
（图书出现印装问题，本社负责调换。电话：010-88191510）

课题组主要成员

首　席　专　家： 冯天瑜

课题组主要成员： 聂长顺　余来明　周光明
刘　伟　卢烈红　夏　晶
彭雷霆　余冬林　彭恒礼
刘　耀

编审委员会成员

总 序

哲学社会科学是人们认识世界、改造世界的重要工具，是推动历史发展和社会进步的重要力量，其发展水平反映了一个民族的思维能力、精神品格、文明素质，体现了一个国家的综合国力和国际竞争力。一个国家的发展水平，既取决于自然科学发展水平，也取决于哲学社会科学发展水平。

党和国家高度重视哲学社会科学。党的十八大提出要建设哲学社会科学创新体系，推进马克思主义中国化时代化大众化，坚持不懈用中国特色社会主义理论体系武装全党、教育人民。2016 年 5 月 17 日，习近平总书记亲自主持召开哲学社会科学工作座谈会并发表重要讲话。讲话从坚持和发展中国特色社会主义事业全局的高度，深刻阐释了哲学社会科学的战略地位，全面分析了哲学社会科学面临的新形势，明确了加快构建中国特色哲学社会科学的新目标，对哲学社会科学工作者提出了新期待，体现了我们党对哲学社会科学发展规律的认识达到了一个新高度，是一篇新形势下繁荣发展我国哲学社会科学事业的纲领性文献，为哲学社会科学事业提供了强大精神动力，指明了前进方向。

高校是我国哲学社会科学事业的主力军。贯彻落实习近平总书记哲学社会科学座谈会重要讲话精神，加快构建中国特色哲学社会科学，高校应需发挥重要作用：要坚持和巩固马克思主义的指导地位，用中国化的马克思主义指导哲学社会科学；要实施以育人育才为中心的哲学社会科学整体发展战略，构筑学生、学术、学科一体的综合发展体系；要以人为本，从人抓起，积极实施人才工程，构建种类齐全、梯队衔接的高校哲学社会科学人才体系；要深化科研管理体制改革，发挥高校人才、智力和学科优势，提升学术原创能力，激发创新创造活力，建设中国特色新型高校智库；要加强组织领导、做好统筹规划、营造良好学术生态，形成统筹推进高校哲学社会科学发展新格局。

哲学社会科学研究重大课题攻关项目计划是教育部贯彻落实党中央决策部署的一项重大举措，是实施“高校哲学社会科学繁荣计划”的重要内容。重大攻关项目采取招投标的组织方式，按照“公平竞争，择优立项，严格管理，铸造精品”的要求进行，每年评审立项约40个项目。项目研究实行首席专家负责制，鼓励跨学科、跨学校、跨地区的联合研究，协同创新。重大攻关项目以解决国家现代化建设过程中重大理论和实际问题为主攻方向，以提升为党和政府咨询决策服务能力和推动哲学社会科学发展为战略目标，集合优秀研究团队和顶尖人才联合攻关。自2003年以来，项目开展取得了丰硕成果，形成了特色品牌。一大批标志性成果纷纷涌现，一大批科研名家脱颖而出，高校哲学社会科学整体实力和社会影响力快速提升。国务院副总理刘延东同志做出重要批示，指出重大攻关项目有效调动各方面的积极性，产生了一批重要成果，影响广泛，成效显著；要总结经验，再接再厉，紧密服务国家需求，更好地优化资源，突出重点，多出精品，多出人才，为经济社会发展做出新的贡献。

作为教育部社科研究项目中的拳头产品，我们始终秉持以管理创新服务学术创新的理念，坚持科学管理、民主管理、依法管理，切实增强服务意识，不断创新管理模式，健全管理制度，加强对重大攻关项目的选题遴选、评审立项、组织开题、中期检查到最终成果鉴定的全过程管理，逐渐探索并形成一套成熟有效、符合学术研究规律的管理办法，努力将重大攻关项目打造成学术精品工程。我们将项目最终成果汇编成“教育部哲学社会科学研究重大课题攻关项目成果文库”统一组织出版。经济科学出版社倾全社之力，精心组织编辑力量，努力铸造出版精品。国学大师季羡林先生为本文库题词：“经时济世　继往开来——贺教育部重大攻关项目成果出版”；欧阳中石先生题写了“教育部哲学社会科学研究重大课题攻关项目”的书名，充分体现了他们对繁荣发展高校哲学社会科学的深切勉励和由衷期望。

伟大的时代呼唤伟大的理论，伟大的理论推动伟大的实践。高校哲学社会科学将不忘初心，继续前进。深入贯彻落实习近平总书记系列重要讲话精神，坚持道路自信、理论自信、制度自信、文化自信，立足中国、借鉴国外，挖掘历史、把握当代，关怀人类、面向未来，立时代之潮头、发思想之先声，为加快构建中国特色哲学社会科学，实现中华民族伟大复兴的中国梦作出新的更大贡献！

教育部社会科学司

摘　要

近代以降，汉字文化经历古今转换、中西涵化的变局；而汉字新术语生成则是这一变局的产物与表征。本书尝试从“历史文化语义学”视角，对近代术语的生成与演变进行探究，使近代术语研究提升、延展至文化史、思想史层面；又使文化史（包括文化交流史）坐实到词语演绎，在古今转换、中外交会的时空坐标上，对近代汉字术语寻流讨源，且透过语义的窗口，探寻语义变迁中的历史文化蕴涵，展现异彩纷呈、后浪逐前浪的近代文化状貌，以迎接“文化史研究的读词时代”。

本书将探析的重点时段设定于明末清初、清末民初，尤以后者为重。视域涵盖中—西—日，尤以近代西学术语之汉译及其在中日间之流转、互馈为要。全书分上、下两编，凡十三章。前设导论，后附结语。

汉字术语生成与流播的状貌呈现于诸著译文本：“早期汉文西书”、“早期英汉词典”、清末教科书、清末民初期刊、“晚期汉文西书”。本书上编（第一至第五章）考析五类文本，是为汉字术语生成与流播的载体研究。

建立完备的学术分科是近代文化的一大特点；而与其相表里的则是学科术语群的创制。本书下编（第六至第十三章）在中—西—日时空坐标上展现哲学、论理学（即逻辑学）、伦理学、美学及审美学、文学、语言学、国际法、公法、私法、政治、经济、教育（包括“三育”）、心理学、报学与新闻学、采访及采访学、杂志、新闻自由、民俗及民俗学、算学与数学、化学及元素等学科术语的生成、演变、传播、确立的过程，涉及十一个学科之术语群研究。

近代术语的生成、演变与中西日文化互动是一体多面、互为表里的历史过程。在这一过程中，汉字文化彰显了生生不息的主体性。东渐之西学并未、也不可能轻易地将原有的“汉字文化磁盘”“格式化”。它只有经过翻译才能进入汉文语境。这种翻译当然是为了通西义，但同时也是汉文对西义的再建构。而汉文则是连带着它原有的思想、文化的血肉参与这种再建构的。中国文化的近代化乃是中西文化彼此涵化的过程。那种认为近代以来中国思想学术界全然陷入西方话语霸权之下的“失语症”的判断，并不符合历史实际。

近代术语的生成过程彰显了汉字文化洋洋大观的开放性。在迎受西学的过程中，汉字文化虽然曾有“深闭固拒”的表现，但其大势则可谓“兼收并蓄”。在中西碰撞的文化变局中，任何一个国家和民族都不可能关起门来，在其固有的话语体系当中自说自话。随着中西文化交流在深度与广度上的展开，新事物、新观念层出不穷，而反映新事物、新观念的新语，经由“方言超升，古语重生，外国语内附”（陈望道语）等途径纷至沓来。与异文化的沟通、互动是汉字文化的源头活水。

过去的都是历史，但历史并没有都过去。文化的主体性和开放性，古今演绎、中外涵化，这既是近代术语生成与中西日文化互动的历史蕴涵，也是启迪当下、指向未来的文化航标。

Abstract

Since modern times, the culture of Chinese characters has encountered a great cultural change interweaving the transformation from ancient to modern times as well as the collision between the East and the West. The generation and evolution of new terms in Chinese characters is the product and the representation of this change. This book attempts to analyze the generation and evolution of modern terms by using a new academic paradigm of "historical and cultural semantics" . It aims to improve the study of modern terms, extend the level of cultural history and intellectual history, make cultural history (including cultural exchange history) up to the word for " reading words era in cultural history studies" . The idea for it is on space-time coordinate of ancient and present times and the East meeting the West, through examining the origins of generation and evolution of new terms in Chinese characters and using the methodology of semantics to explore the historical and cultural connotation in semantic change and display the Chinese modern colorful and competitive historical and cultural features.

Based on historical facts of the West learning spreading to the East, this book is focusing on the period between late Ming and early Qing dynasties and that of the late Qing dynasty and the early Republic of China, especially the latter. Covering China, the West and Japan, the horizon of this book emphasizes the Chinese translation of modern terms in the West learning and that of spreading and remarking between China and Japan. It consists of two parts and thirteen chapters, including introduction and conclusion.

It is impossible to separate the generation and circulation of terms in Chinese characters from cultural carriers such as works and translations. According to time and category of text formation, Chapter 1 to 5 separately expound five main categories such as "the early western books in Chinese", "the early English – Chinese dictionary", the textbooks in the late Qing dynasty, the journals in the late Qing dynasty and the early

Republic of China, "the late western books in Chinese" in order to show the real state of the generation of terms in Chinese characters. The first part is the study of carriers.

The establishment of a complete academic branch is a key characteristic of modern culture, while the formulation of discipline term groups must be complementary to that. Based on space-time coordinate of China, the West and Japan, Chapter 6 to 13 demonstrate the process of how discipline terms regenerate, evolve, spread and establish in philosophy, argumentation (i. e. logic), ethics, aesthetics and aesthetic appreciation, literature, linguistics, international law, public law, private law, politics, economy, education (including "three education"), psychology, newspapers and journalism, interviews and interview study, magazines, press freedom, folk custom and folklore, arithmetic and mathematics, chemistry and chemical elements, etc. Ranging from 11 disciplines of philosophy, literature, jurisprudence, politics, economy, education, psychology, journalism, folklore, mathematics and chemistry, the second part is the study of term groups.

The generation and evolution of modern terms as well as the interaction among China, the West, and Japan is a historical process of two complementary sides. During this process, the culture of Chinese characters manifests its own perennial subjectivity. The western learning to east can't easily "format" the original "cultural disk" . Only by translation do the western learning come into Chinese context. This kind of translation is used for understanding the western connotation, but at the same time for constructing the western connotation by Chinese language. However, the Chinese language participates in this reconstruction combing with its authentic idea and culture. The modernization of Chinese culture is the unity of opposites between the westernization of Chinese culture and Chinesization of western culture. The judgment on the whole Chinese academia trapped into "aphasia" under the western discourse hegemony does not conform to the historical facts.

The generation and evolution of modern terms also highlights the imposing openness of Chinese characters culture. During the process of receiving the western learning, Chinese characters culture conducts itself "stubborn resistant", but the trend is "eclectic" . In the cultural change of a collision between the east and west, any country and nationality cannot speak to itself in inherent discourse behind the closed doors. With the extending of cultural communication between the East and the West in depth and breadth, the new things and ideas emerge endlessly while the new terms reflecting new things and ideas are coming through the way of "dialects exalted, archaism regenerated, foreign languages included" (Cheng Wangdao says). Communication and interaction with exotic culture is the source of Chinese characters culture.

All the past lies in the history, but history is not all the past. Culture's subjectivity and openness, the presentation from ancient to modern times, and the acculturation between China and foreign countries, all these are not only historical implications of modern terms' generation and evolution as well as the interaction among China, the West, and Japan, but also navigation marks to the future.

目录

Contents

Contents

导　论

术语研究在本质上是一种语义研究。人类被称为“语言动物”。语言是在人类历史中形成的文化现象，故语言从来与历史及文化脱不开干系。而在构成语言的语音、语法、语义三要素中，语义的历史性和文化性又最为深厚。“语义学”是研究词语意义的学问，中国传统称“训诂学”。用通俗的话解释词义谓之“训”，用今语解释古词语谓之“诂”，清儒将这门解释古书中词语意义的学问发挥到极致。清儒多走从字义明经义的理路，如戴震（1723～1777）所说：

> 经之至者道也，所以明道者其词也，所以成词者字也。由字以通其词，由词以通其道。（《与是仲明论学书》）

本课题循“由词通道”之理路，以术语为窗口考析近代中西日文化的互动，“辨章学术，考镜源流”，由字词分析进入概念分析，再进入历史情景和形上之理的求索，使语义辨析更多地赋予现代语用性与思辨性，较之偏重古典语义的训诂学，其探讨领域更广，包括字音、字形与意义的关系、语言与思维的关系、语义构成的因素、语义演变的法则等都在研讨范围。

我们的研究既然与“意义”发生关系，也就必然与历史及文化相交织，因为“意义”深藏在历史与文化之中。本项研究从个案考察入手，进而在综合论析上用力，试图从历史的纵深度和文化的广延度来考析词语及其包蕴的概念生成与演化的规律。陈寅恪有“凡解释一字，即是作一部文化史”的名论，探讨时下通用的关键词的演绎历程，其意趣并不止于语言文字的考辨，透过运动着的语言文字这扇窗口，我们看到的是历史文化的壮阔场景，故这种考辨展开的将是婀娜多姿的文化史。

近代中国文化的古今转换与中西对接，标志之一是西方学术分科观念的引入，及其与中国传统学术相结合，形成新的现代学术分科体系。[①] 晚清以降，随着西力东渐的扩展，“格致学”（自然科学）诸科自输入后迅速生长，成为重要的学科门类；另一方面，中国固有的经学、史学等分化、重组，形成文学、历史、哲学等科，实现了由传统学术向近代学术的转换。清末外交家薛福成（1838～1894年）是较早对学术分科加以介绍并作出肯定性评价的中国士人。他1890年任“出使英、法、义（意大利）、比四国大臣”，对欧洲各国学术分科发展印象深刻，他发现，与中国官员“若谓工其艺者即无所不能，究其极乃一无所能”大相径庭，欧洲各国担任外交、军事等官职者，“数十年不改其用焉”，“数十年不变其术焉”。薛氏进而评论说：

> 他如或娴工程，或精会计，或谙法律，或究牧矿，皆倚厥专长，尽其用不相搀也。士之所研，则有算学、化学、电学、光学、天学、地学，及一切格致之学，而一学之中，又往往分为数十百种，至累世莫殚其业。工之所习，则有攻金攻木攻石攻皮攻骨角攻羽毛及设色埏埴，而一艺之中，又往往分为数十百种。[②]

正所谓“各有专家，而不相侵焉”。与这种分科之学充分发展相为表里，义位明确、具有特指性的各学科的术语层出不穷。反之，由于中国传统学术尚处在综合状态，学科分野不明晰，故术语不发达。章太炎（1869～1936）将汉语、汉文视作“国粹”之首，所以对外来词颇有保留，但他在比较中西语文之短长后，发现“汉土所阙者在术语”，“欧洲所完者在术语”，故认为有必要创制汉字新术语。鉴于汉字造词能力强，章氏又指出：“汉文既有孳乳渐多之用，术语虽阙，得并集数字以成名，无所为病。”对于用汉字组创新术语充满信心。章士钊（1881～1973）也强调“翻译名义”（译名问题）的重要性，他认为：

---

① 对此，顾颉刚（1893～1980）认为，“中国的学问是向来只有一尊观念而没有分科观念的”，“旧时士大夫之学，动称经史词章。此其所谓统系乃经籍之统系，非科学之统系也”。（参见顾颉刚《古史辨》第1册《自序》，上海古籍出版社1982年版，第29、31页）黄远庸（1884～1915）作《晚周汉魏文钞序》，将“分科”作为区别中西学术的主要因素：“古无分业之说，其思想论辨不由名学，故常以一科之学，包举万类。欧洲古代学者，举一切物理、心理、政治、道德之理论，悉归之于哲学。吾国自古亦以一切学问，纳之于文。其分合异同之迹，盖难言之。”（黄远庸《远生遗著》卷四，沈云龙编《袁世凯史料汇刊续编》本，文海出版社1966年版，第182页。该文曾发表于《国民公报》，为梁漱溟编《晚周汉魏文钞》所作序文，梁书编于1915年9月）唐君毅从另一个角度揭示中西学术的不同：“然在中土，则所谓文化之各领域素未截然划分，此于中国图书分类之不能按照西方分类法即已得其证。中国传统之书籍分类，如七略四部之分，均以书籍体例分，而不以学术之对象属于何类文化领域分。而此中尤以哲学文学中之分划为难。集部之非同文学，如子部之非同为哲学。而经史二部正治哲学文学者所同读。”（唐君毅《中国哲学与中国文学之关系》，《中西哲学思想之比较研究集》，《民国丛书》第1编第5册影正中书局1947年版，第195页）

② 薛福成：《庸庵海外文编》卷三，《续修四库全书》第1562册影光绪刻《庸庵全集》本，第23～24页。

> 国于今日，非使其民具有世界之常识，诚不足以图存；而今世界之学术，什九非前代所有，其表示思想之术语，则并此思想亦为前代人所未尝梦见者，比比然也。

这就将新术语的创译提到救亡图存的高度。

随着学科的分途发展，义位明确、具有特指性的相关术语如雨后春笋般涌现。在现代英、法、德、俄等语种的全部词汇中，术语的数量早已超过半数，而且还在与日俱增。16世纪以降，随着欧洲的殖民扩张和世界统一市场的建立，欧洲近代文化，连同其术语也传播到世界各地，其他地域的民族与国家，或被动或主动地接受来自欧洲的近代术语系统，并结合自身语文特征，逐渐有所创发，其语文天地呈现古与今、内与外既相冲突又相融会的纷繁多姿状貌。这在以中国为主体的汉字文化圈演绎得尤为精彩。

近代新术语的流行，在某种程度上得力于借词在近现代的广泛展开。“借词”是英语Loanword的直译，又称“外来语”、“外来词”、“外来概念词”。陈望道在《文法革新问题答客问》中指出，语言分“内发语”和“外来语”，前者是“本地自造的”，后者是“从外路输入的。引线是外路的知识，新事物、新势力的输入。……外来语也是新文化之一。”[①] 狭义的外来语仅指音译词，[②] 本文所论近代中西日文化互动过程中生成的术语，既包括音译词，又包含意译词和音意合璧译词。借词以新词语的形式进入借方语言中，增加借方语言数量，丰富借方语言表现力，是语言作跨文化渗透的典型表现。借词通过翻译得以实现，而翻译的实质是以两种不同的语言表达同一思想，其任务主要是再现原文的思想，而不一定重演原文的语音。从此意义言之，“借词”理应包括意译词和音意合璧词。而且，从汉语借词实际看，虽然也有音译，但更多采用意译和音意合璧译词，这是由汉字的表意性所决定的。每一个汉字不仅是一个音符，同时还具有特定的义位。意译词能发挥汉字特有的表意性，昭示其文化内蕴；连音译也往往择取音意兼顾的汉字组合成词，在表音的同时，提供某种意义的暗示，如“逻辑”、“奔驰”、“黑客”、“迷你裙”、“托福”之类。严复在音译Utopia时，取“乌托邦”三字，在谐音之外，又可从这三个汉字中产生“乌有寄托之乡”的联想，以引出“空想主义”的意蕴。

通过借词以创制新语，是一种普遍的社会语言现象。王国维在《论新学语之输入》中指出，随着社会生活中新事物、新思想的层出不穷，各个时代都有语不足用，需要借取外来词的情形：

---

① 《学术杂志》1940年3月第2辑。

② 参见高名凯、刘正埮相关论述，见《现代汉语外来词研究》，文字改革出版社1958年版，第3页、第9页。

> 周秦之语言，至翻译佛典之时代而苦其不足；近世之言语，至翻译西籍时而又苦其不足。……处今日而讲学，已有不能不增新语之势；而人既造之，我沿用之，其势无便于此者矣。①

当代语言学家陈原也论及借词的必然性：

> 任何一种有生命力的语言，它不怕同别的语言接触，它向别的语言借用一些它本来没有，而社会生活的发展要求它非有不可的语汇，与此同时，不可避免的是别的语言也向它借用某些同样需要的语汇。一方面是借入，一方面是出借……②

在社会转型时代，随着外来事物及思想的大规模入华，词语的“借入”尤为频繁。

甲午战争以后，日译汉字新术语开始大量涌入中国。③ 清民之际入华日源汉字新语，有音译词（瓦斯、俱乐部等），日本训读词（入口、手续等），日本国字（腺、膣等），日本语译语（基于、对于等）。更重要的是下列两类：一为将中国古典词原义放大、缩小、改造，以对译西洋概念，如悲观、标本、博士、参观、大气、代表、单位、发明、反对、范畴、现象、革命、共和、左翼、右翼、讲师、教授等。以“现象”为例，本为汉译佛语，义为佛、菩萨现出化身，日本哲学家西周（1829～1897）的《人生三宝说》（1875）在“现象”词形中注入新义，成为与“本质”对应的哲学术语。二为运用汉字造字法创制新词，以对译西洋术语，如暗示、霸权、饱和、悲剧、宠儿、低调、公仆、哲学、美学、战线等。其中“哲学”也是西周创制，对译英语 Philosophy（爱智之学），准确而且简练，此译名一出，逐渐取代以前诸译名，如理学、形上学、玄学，等等。

需要指出的是，清民之际从日本入华的汉字新语，有些本是此前从中国出口到日本的汉译西书拟订的，如权利、立法、公法、选举、植物学、物理学、热带、温带、冷带、寒流、暖流、细胞等，由于西学在幕末—明治时期的日本远比在同期中国受重视，这些在中国未获流布的术语，在日本被广泛使用，清末民初留日学生及“亡命客”便把它们当作“日制汉字词”输入中国。其实，这并非“日词来华”，而是“侨词来归”；并非“新语翩至”，而是“旧词复兴”。直至20世纪晚期，中国出版的多种外来语词典仍把它们视作“日源外来词”。从语源学角度来说，应当恢复这类词语“回归侨词”的身份，并辨析回归前后的因革情形。

---

① 《教育世界》第96期，1905年4月。

② 陈原：《社会语言学》，学林出版社1983年版，第287页。

③ 关于晚清日本汉字新名词进入中国的途径及一般情况，参见黄兴涛《日本人与“和制”汉字新词在晚清中国的传播》，《寻根》2006年第4期；《新名词的政治文化史——康有为与日本新名词关系之研究》，《新史学》第3卷，中华书局2009年版，第100～129页。

概念、范畴的演变，是人类思想更革的表征，反映了知识总量的扩大和认识过程的迁衍、深化。然而，由于概念古今转换、中外对接牵涉文化的时代性迁衍与民族性交织，情形错综复杂，概念与指称之间的误植也时有发生。古典汉字词在转变为新术语之后，既与古汉语义毫不搭界，也不切合对译词的西义，又无法从汉字词的词形推导出新的词义来，即新词义不仅与旧词义完全脱钩，也与词形毫无关涉，其新义全然是外在强加的，便是一种“误植词”。陶履恭（1887～1960）指出：

> 世人用语，率皆转相仿效，而于用语之真义反漫然不察。物质界之名词，每有实物可稽寻，世人用之，或能无悖词旨，鲜支离妄诞之弊。独进至于抽象之名词，无形体之可依托，而又非仅依吾人官觉所能理会。设转相沿袭，不假思索，非全失原语之真义，即被以新旨，而非原语之所诂，此必然之势也。①

鉴于此，有学者指出，20 世纪以来中国对西方哲学研究虽有成就，但在理解中也出现一系列文化错位，即用本民族传统理念去扭曲和附会西哲的理论和概念，诸如“理性”概念的误读，“科学”的实用化，“辩证法”的降级诠释，“实践”概念的变形，“自由”概念的附会，等等。② 其他学科也有类似情况发生。

概念意译过程中旧名衍为新名导致某种程度的文化错位，还可列举一些典型例证：一如“经济”，旧名本义“经世济民”、“经邦济国”意近政治，而在对译 economy 时形成的新名“经济”，含义转为国民生产、消费、分配、交换之总和，兼指节约、俭省，与本义脱钩，新义又无法从“经济”词形推衍出来。③ 再如新名“形而上学”，是借《周易》“形而上者谓之道”一语对译 metaphysics 时形成的，此新名之一义“超验哲理”，与旧名本义方向相切合；但后来衍生的反辩证法的“静止论”、“机械论”、“外因论”诸义，则全然背离旧名本义指示的方向，也超出了旧名“形而上”词形提供的意义空间。④ 至于我们早已“日用而不辨”的史学术语“封建”，在新旧名更替之际，其概念误植尤显突出，造成的后果也较为严重。⑤

术语概念误植带来的不良后果，常会超越语言学范围而直达思想文化层面。

---

① 陶履恭：《社会》，《新青年》第 3 卷第 2 号，1917 年 4 月 1 日。

② 参见邓晓芒：《中国百年西方哲学研究中的十大文化错位》，《世界哲学》2002 年增刊。

③ 参见冯天瑜：《中日西语文互动与“经济”概念的变迁》（日文），载［日］国际日本文化研究中心编《日本研究》第 31 期，2005 年。

④ 参见冯天瑜：《汉字术语近代转换过程中误植现象辨析——以“经济”、“封建”、“形而上学”为例》，载《中日学者中国学论文集》，复旦大学出版社 2006 年版。

⑤ 参见冯天瑜：《“封建”考论》，武汉大学出版社 2006 年 1 版，2007 年 2 版，中国社会科学出版社 2011 年修订版。

美国汉学家费正清所编《剑桥中华民国史》指出，某些西方概念汉译后，往往发生变异，如 individualism 是欧洲启蒙运动后表述人权和尊重个性的褒义词，译成汉语“个人主义”，则演化为“利己”、“自私”的同义语，基本上成了贬义词。此外，如“自由主义”、“权利”等译词，也有从英语原来的褒义转变为汉语词贬义的情形。这表明，异文化的通约殊非易事。而如果术语不能通约，异文化的互动则会陷入困境。正因如此，更有必要指明术语概念误植的问题所在，揭示其在古今中外语文坐标系上于何处发生偏差，在哪里出现脱轨，以引起相关学科疗救的注意。

20 世纪 70～80 年代，原籍巴勒斯坦、长期任教美国哥伦比亚大学的爱德华·赛义德（1935～2003）在《东方学》（王宇根中译本 1999 年北京三联书店出版）、《文化与帝国主义》（蔡源林中译本 2001 年台湾立绪公司出版）等论著中，提出“后殖民话语”问题，并在这一框架内探讨思想及词汇的“旅行理论”。作为生活在西方的东方裔知识分子，赛义德对思想及词汇的“跨文化旅行”有着敏锐的感受，他在《世界，文本，批评》中将这种“旅行”分为四阶段：

一、出发点，在那里思想得以降生或进入话语；

二、通过各种语境压力，思想进入另一种时间和空间，从而获得新的重要性；

三、在那里遇到接受条件或抵抗条件，使思想的引进成为可能；

四、被接纳（或吸收）的思想，由新的用法及其在新的时空位置所改变。

近代术语在从原产地（欧美）、中介地（中国或日本）到受容地（日本或中国）的漫长周游中，也经历着类似赛义德所说的“思想及语言旅行”的几个阶段，在中介地和受容地遭遇接受条件或抵抗条件，获得“新的重要性”和“新的用法”，成为汉字文化圈词汇的新成员，故被称之“新学语”（简称“新语”）。王国维 1905 年曾将“新语之输入”称之近代最显著的文化现象，认为“新思想之输入，即新言语输入之意味”。百年过去，王先生高度肯认的“新语之输入”有增无已，而诸如“科学、民主、自由、经济、文学、艺术、封建、资本、教育、新闻、物理、化学、心理、社会、革命、共和、政党、阶级、权利、生产力、世界观、社会主义、知识分子”等许多关键词的确立，都是在古今演绎、中外对接的语用过程中实现的。这些充当诸学科关键词的汉字新语，词形和词意大都受到中国因素和西方因素的双重影响，日本因素也参与其间。故追溯汉字新语的源流，考察作为现代人思维纽结的新概念的生成机制、发展规律，将展开中—西—日文化三边互动的复杂图景，彰显近现代思想文化的网络状（并非单线直进）历程。

上编

载体研究

在中—西—日文化互动过程中孕育的大批汉字术语，仰赖若干文化载体得以流播于学界、民间。我们选择如下五类载体，展示近代汉字术语的生成实态。

（一）明末清初由西洋传教士与中国士人合译的汉文西书，可称之为“早期汉文西书”

（二）早期英汉词典

（三）清末教科书

（四）清末民初期刊

（五）清末民初由西洋传教士与中国士人合译的汉文西书，可称之为“晚期汉文西书”

第一章

明末清初汉文西书

明清之际利玛窦、汤若望等耶稣会士入华输入西学，被视作是自佛教传入中国之后中外知识接触的又一个重要时期。[①] 从16世纪末至18世纪中叶，进入中国传教的耶稣会士具备了相当的规模，仅法国汉学家费赖之《在华耶稣会士列传及书目》所载就达到467人。其中卓著者如利玛窦、艾儒略、汤若望、熊三拔、卫匡国、傅汎际、南怀仁、金尼阁、邓玉函等人，在向中国输入西学方面均有重要著述。尽管耶稣会士入华的主要目的是为了传播基督福音，但在客观上将西方近代科学技术、人文思想、地理观念、文化艺术等知识传入中国。

来华耶稣会士在与明清士人不断的语言、文化接触过程中，相互合作，译介西学，通过翻译、借代、赋予中国古典汉字词以新义等不同方式创制了一批汉字新术语。其中许多新语在中日文化交流过程中传入日本，为日本近代大量汉字术语的创制提供了参照，此后又在清末民初回流至中国，成为构建中国近代学术体系的重要质素。

关于明末清初耶稣会士输入汉文西书的具体数量，当时的传教士虽有论及，但并无具体名目。梁启超称其时“中外学者合译或分撰的书籍，不下数百种”[②]。钱存训对该时期输入的汉文西书做过精详的统计，认为从利玛窦入华到耶稣会解

① 梁启超《中国近三百年学术史》：“中国知识线与外国知识线相接触，晋唐间的佛学为第一次，明末的历算学为第二次。”（东方出版社1996年版，第11页）其时进入中国传教的包括耶稣会、多明我会、方济会等多个基督教派的传教士，但以耶稣会士人数最多且影响最大。因此本书在讨论明清之际的西方传教士时，一般都指耶稣会士。

② 梁启超：《中国近三百年学术史——反动与先驱》，山西古籍出版社2001年版，第8页。

散的190余年间，耶稣会士在华著译书共437种，其中宗教书251种，占57%；人文科学著作55种，占13%；科学著作131种，占30%。其中基督教下分五类：圣经（6种）、神学（143种）、仪式（59种）、史传（29种）、杂录（14种）；人文科学下分九类：哲学和心理学（9种）、伦理（10种）、政府（2种）、教育（4种）、语言和字典（9种）、文学（1种）、音乐（2种）、地理和舆图（13种）、杂录（5种）；科学下分七类：数学（20种）、天文（89种）、物理（6种）、地质（3种）、生物和医学（8种）、军事科学（2种）、杂录（3种）。[①] 荷兰学者许理和认为大致可分为四类：（1）宗教文学，包括论辩文章；（2）实践伦理学，如关于友谊、教育的论述和谚语、格言集；（3）旨在“提高欧洲地位”的著作，总体上赞美西方文明，尤其是其优秀的基督教道德和制度；（4）关于科学技术的著作。[②] 沈福伟论述“明清之际传入中国的西方文化”，将其分为十类予以缕述：（1）佛郎机炮的使用和仿制；（2）物理学与机械工程学；（3）天文学与历法改革；（4）数学；（5）地理学与地图的测绘；（6）生物学和医学；（7）语文学和论理学；（8）建筑；（9）绘画；（10）音乐。[③] 本章拟根据目前掌握的汉文西书之实际情形，在分类概说的基础上系统梳理其中出现的西学汉字术语，以期对近代汉字术语生成的历程及其早期型态有总体认识。

第一节　舆地图、地理书与明清之际地理学术语

传教士来自于中国之外的异域，其介绍的地理、风俗、人情、物产等知识，对中国人来说都是新奇的。中国历代存留于《山海经》、《职贡图》及旅行记等文献中的大多只是对异域富于想象的描述，而对异域确切、具体的知识陈述较少，正所谓“海客谈瀛洲，烟涛微茫信难求”。而明末清初耶稣会士输入的地理书、舆地图等，则为中国士人呈现出一个“真实”的异域世界，从某种程度上来说促成了中国士人关于世界的图像和观念由“想象的天下”向“实际的万国”的转变。[④] 19世纪中叶以后，西方新教传教士入华，地理书和舆地图仍被作为一种拓宽传统中国士人视界进而打破其思想局限的重要知识工具，对国人接受异域

① ［美］钱存训，戴文伯译：《近世译书对中国现代化的影响》，载《文献》1986年第2期，第178～179页。

② ［荷］许理和，辛岩译：《十七—十八世纪耶稣会研究》，载任继愈主编：《国际汉学》第4辑，第436页。

③ 沈福伟：《中西文化交流史》，上海人民出版社2006年版，第368～410页。

④ 葛兆光：《宅兹中国：重建有关“中国”的历史论述》，中华书局2011年版，第66～90页。

文化、观念等均起过重要作用。[①]

明清之际传入中国的西方地理书与舆地图，并不只是以图像和文字形式展现西方的自然地理，而是包含了丰富的人文、社会、风俗和文化信息，由此建构和展现的是一个多面、丰富的西方世界。

明末清初来华传教士对地理书、舆地图的编纂颇为重视，所编十多种，而以世界图像的描绘最为重要。其中利玛窦的《坤舆万国全图》等，开绘制汉文世界地图之端。艾儒略《职方外纪》虽亦有图，但重在对“万国”的地理、风俗、物产、文化的解说。南怀仁《坤舆全图》及《坤舆图说》也是图、文并重，而主要“论全地相联贯合之大端”[②]。各图与书中创译的诸多地理学术语，及关于西方地理、风俗等新知的译介，对晚清中国和明治日本地理学的发展影响深远。[③]

一、利玛窦《坤舆万国全图》

意大利人利玛窦（P. Matthoeus Ricci，1552～1610）虽然不是明末最早进入中国传教的耶稣会士，却是影响最大的一位。从1583年9月跟随罗明坚到达广东肇庆，至1610年5月在北京去世，居留中国长达27年，著译的汉文西书包括《天主实义》、《交友论》、《二十五言》、《西国记法》、《西琴曲意》、《西字奇迹》、《几何原本》、《浑盖通宪图说》、《畸人十篇》、《乾坤体义》、《圜容较义》、《同文算指》等。此外，《理法器摄要》、《天主教要》、《圣经约录》等著作中也被认为包含有利玛窦撰译的内容。

作为中国传播基督教最重要的开拓者，在利玛窦看来，要想让中国人接受基督教思想，首先必须激发中国人了解西方世界的兴趣。而他最初所借助的西方“奇物”，包括自鸣钟、三棱镜等，其中还有一幅世界地图。正是这样一幅世界地图，给当时的士人带来了关于世界的新知识，为明末中国输入了真正意义上的世

① 作为例证，康熙初年，杨光先批评耶稣会士创制的新历法，其着眼点居然也是传教士输入的世界地图及地球观念：“新法之妄，其病根起于彼教之舆图，谓覆载之内，万国之大地，总如一圆球。”（《不得已》卷二）

② 南怀仁：《坤舆图说》卷上，文渊阁《四库全书》本。关于该书之内容，四库提要认为“大致与艾儒略《职方外纪》互相出入而亦时有详略异同”。大体而言，《坤舆图说》是对明清之际传教士刊刻地理书、舆地图的一次总结。

③ 清代后期的地理书及辞典中出现的许多术语，都可以从明清之际传教士的地理书和舆地图中找到对应的译词。参见日本学者荒川清秀著：《近代日中学术用语的形成与传播——以地理学用语为中心》，东京白帝社1997年版；邹振环著：《晚清西方地理学在中国——以1815至1911年西方地理学译著的传播与影响为中心》，上海古籍出版社2000年版。

界观念。[①]

利玛窦绘制的汉文世界地图，有《山海舆地图》（1584）、《山海舆地全图》（1600）、《坤舆万国全图》（1602）、《两仪玄览图》（1603）等多种版本。[②] 其中以1602年李之藻刊印的《坤舆万国全图》流传最广，影响最大。[③]《坤舆万国全图》不仅在中国被多次刊刻，并被呈送给当朝的皇帝，还很快传入日本、朝鲜等国，在汉文化圈形成较大影响。[④]

利玛窦绘制的《坤舆万国全图》第一次将“万国”的观念以地图的形式呈现在中国士人面前。[⑤] 图中标注的地名共有1114个[⑥]，其中虽有借自《山海经》等中国古代图经志书的地名，如“一目国”、“女人国”、“矮人国”、“狗国”、“鬼国”、“夜叉国”等，但更多地名乃是首次创译。[⑦] 尽管有不少至今日已被淘汰，如“拂郎察”（法国）、“大浪山角”（好望角）、“卧亚”（果阿）、“窝窝斫德海”（波罗的海）、“思可齐亚”（苏格兰）、“墨是可”（墨西哥）等，也有许多仍沿用至今，有的稍加改动沿用至今。择要列举如下：

亚细亚　大西洋　地中海　死海　红海　罗马　罗马尼亚　那波里　古巴岛　巴布亚　加拿大　苏门答腊岛　北海　欧逻［罗］巴　亚墨［美］利加　牙卖［买］加　马路［鲁］古　智里［利］　泥［尼］罗河　波多

① 参见陈明生：《南怀仁与来华耶稣会士的地理学著作（1584～1674）》，魏若望编《传教士·科学家·工程师·外交家南怀仁（1623～1688）——鲁汶国际学术研讨会论文集》，社会科学文献出版社2001年版，第125页。

② 对各版本具体情形的考析，参见黄时鉴、龚缨晏：《利玛窦世界地图研究》，上海古籍出版社2004年版。

③ 利玛窦叙述李之藻刊本《坤舆万国全图》较之前图的改进说：“乃取敝邑原图及通志诸书重为考订，订其旧译之谬与其度数之失，兼增国名数百，随其楮幅之空，载厥国俗土产。虽未能大备，比旧图亦稍赡云。”该图由六版组合而成，现藏于罗马梵蒂冈图书馆、英国伦敦皇家地理学会、日本京都大学图书馆、法国巴黎国家图书馆、美国明尼苏达大学图书馆等处。

④ 这一点，既有《坤舆万国全图》于1608年在日本刊刻的版本作为例证，也可以利玛窦1608年3月8日给罗马总会长阿桂委瓦神父的信中提到的情况予以佐证：“当获悉我们用中文编译的书在日本也可通用时，便感到莫大的安慰。因此视察员神父范礼安在广州又印刷了一次，以便带往日本。副省会长巴范济神父曾要求我们，把我们编译的书多给他寄一些，因为中国书籍在日本甚受欢迎。”（《利玛窦书信集》（下），第366～367页）具体情形，参见江静：《利玛窦世界地图在日本》，王勇等：《中日“书籍之路”研究》，北京图书馆出版社2003年版，第254～269页。

⑤ 利玛窦万历壬寅撰写于《坤舆万国全国》上的题记中，有“不出户庭，历观万国，此于闻见，不无少补”的说法。

⑥ 见黄时鉴、龚缨晏：《利玛窦世界地图研究》下编“地名通检”，第183页。

⑦ 类似出现在中国古代地理书、舆地图中所想象的外国地名的使用，可能是中国士人在翻译过程中所为。对此，利玛窦在为李应试所刻《两仪玄览图》中的“南北两半球图”作序时说：“若向所谓外国舆图所载三首一臂、无胫无腹、后眼串身不死之异说，皆窦未耳未目。即欧罗巴人勤事远游，遍历海宇，绝无纪之，有何敢附会庞赘，以诬造物也？”（引自王锦厚《论利玛窦〈坤舆万国全图〉和〈两仪玄览图〉上的序跋题识》，《中国古代地图集·明代卷》之“图版说明”，文物出版社1995年版，第109页。）

里［利］亚　波亦［希］米亚　意大里亚［利］　罗马泥［尼］亚[①]

除标注地名之外，《坤舆万国全图》上还出现了不少地理学术语，如赤道、地平线、经线、纬线、南极、北极、南半球、北半球、经度、纬度、地球、平面、圆球、子午环（线）、直线、圈线、峡、海滨、五大洲、五带、海岛，等等，及金牛、天蝎、白羊等十二星座的名称。[②]《坤舆万国全图》上更有大段解说、注释文字，传递了不少西方地理学的新知识和新术语，第一次在汉语世界明确提出了经、纬度的观念。李之藻《刻职方外纪序》也曾提到利玛窦关于经纬度的说法："地以小圆处天大圆中，度数相应，俱作三百六十度。凡地南北距二百五十里，即日星晷必差一度。其东西则交食可验，每相距三十度者，则交食差一时也。"[③] 李之藻依其方法进行测验，"良然"。利玛窦世界地图汉译的地理学术语与地理学新知，在清代以后开始进入中国士人的知识谱系，对近代地理学术语的传播与定型有重要影响。[④]

《坤舆万国全图》还分别以"昼长线"、"昼短线"表示南北回归线，[⑤] 并提出了以"昼夜平线"为分割线的南北半球四季交替变化的观念：

> 此中间线为昼夜平线，乃平分天下之中。凡在线已上为北方，凡在线已下为南方。其近线之地，以月半为一季，一年共有八季，有二春、二夏、二秋、二冬。其南北方四季皆相反，北方为春，则南方为秋，北方为夏，则南方为冬，殆因日轮照有远近故也。

并以"天地仪"作为模型，对太阳直射点的移动与昼夜长短变化间的关系作了详细描述：

> 天地仪以见日月运行、寒暑大意，精铜为之。外一环名子午环，取准南北二向，两头各用一枢，在南者借作南极，在北者借作北极，匀分三百六十度，随地而移，如北极出地一度，则南极入地一度也。中横环名曰赤道。日

---

① 利玛窦：《坤舆万国全图》，1602年刊本，日本京都大学藏本。以下所引《坤舆万国全图》内容，均据此本。

② 从利玛窦各版地图的绘制及地名标注的大体情况来看，利氏对地图中地名的汉译颇为用心，其中或许也有中国士人的参与。其中许多译名，在中国古代的文献中都已出现，如经度、纬度、北极、赤道等。而其知识的来源，根据利玛窦1585年11月罗马耶稣会总会长的信，则是皮科洛米尼（Piccolomini）的《球体》（全名《球形世界》）和"丁先生"（Christopher Clavius，1537或1538～1612）的《萨克洛波斯科球体评注》，其中有关于地球、地理的基本知识，包括日月食、经纬度及五个气候带等，其知识系统为亚里士多德和托勒密建立的欧洲古典天文地理学。参见宋黎明：《神父的新装——利玛窦在中国（1582～1610）》，南京大学出版社2011年版，第236～256页。

③ ［意］艾儒略原著，谢方校释：《职方外纪校释》卷首，中华书局1996年版，第6页。

④ 如清代乾隆时期曾官至刑部尚书的秦蕙田在《五礼禮通考·观象授时》中，多次引述利玛窦等西方传教士输入的关于太阳运行、经纬度的说法。

⑤ "昼长线"、"昼短线"及"昼夜平线"的说法，可能也取自中国传统历法著作，如元代的《授时历》等。见《元史》卷五十五《历志》。

行至此，则昼夜平矣。稍南北二十三度半各一环，为日行离赤道南北最远之限。此三环当用一关捩贯于南北二极之中。俾其运转者最中一小球，乃地海全形也。自赤道下北方诸国观之，日行北道则昼长夜短，至夏至而极，极则返而南。日行南道则夜长昼短，至冬至而极，极则返而北。其赤道以南诸国，则反是焉。

利氏在地图上对各带间的纬度已有明确标示，对寒、热带的气候也作了大体描述。而利氏在地图中对宇宙世界的描述，虽被置于“九重天”（李应试版《两仪玄览图》中改为“十一重天”）的观念之下，但在对地球与火星、金星、木星、水星、月球等之间距离推算方面，包含有近代科学意味。对太阳、地球、月亮大小的比较，及对日蚀、月蚀等现象的解释，也都以近代科学为依据。类似这样的知识，给明末中国士人无疑带来很大震撼，增加了其对传教士输入的西学知识的崇信。① 在此可以看到，世界地理知识的输入被作为改变中国士大夫西方观念的重要开端，以达到“排除在全国传布福音的重大障碍”的目的。正因如此，当清代后期西方新教传教士再次入华传教，仍选择将地理知识的介绍作为重要的知识工具。

利玛窦《坤舆万国全图》中的地理学译名及地理学、地球学新知识，有不少还出现在由其所编的《乾坤体义》当中。《乾坤体义》分上、中、下三卷，《四库全书》全文收录，上卷包括《天地浑仪说》、《地球比九重天之星远且大几何》、《浑象图说》、《四元行论》等篇；中卷包括《日球大于地球，地球大于月球》、《论日球大于月球》、《论地球大约月球》等篇，并附徐光启《地圜三论》一篇；下卷题作《容较图义》（四库全书本），实际内容与《圜容较义》完全相同。②《乾坤体义》卷上、卷中讨论的内容，在《坤舆万国全图》均有表达，只是在《乾坤体义》中的解说和注释更为详尽，首次以词汇形式译出了“热带、正带、寒带”等术语。对于该书在明末西学东渐过程中的意义，樊洪业认为：“从世界地图到《乾坤体义》，不仅表明西学传播由‘地’及‘天’的渐近过程，

① ［意］利玛窦、金尼阁，何高济等译：《利玛窦中国札记》，中华书局 1983 年版，第 181 页。

② 关于《乾坤体义》的成书时间，朱维铮根据李之藻《天学初函》只收录下卷《圜容较义》，认为在崇祯二年（1629）之前，全书尚无刻本。（见朱维铮主编《利玛窦中文著译集》中对《乾坤体义》的简介，复旦大学出版社 2001 年版，第 516～517 页）然而在万历甲寅（1614）“熊三拔口授，周子愚、卓尔康笔记”的《表度说》第三题中，就已经出现了《乾坤体义》之名。可见其时该书已经成编，且能够为一部分人所读到。香港学者冯锦荣的最新研究表明，该书为万历三十三年（1605）至万历三十五年（1607）间编译，署“利玛窦辑，毕懋康演”，有万历三十五年佘永宁初刻两卷（上、中）本及万历三十六年十一月或以后佘永宁递修三卷合刻本，藏于日本神户市立博物馆。参见冯锦荣：《明万历版利玛窦辑、毕懋康演、佘永宁刊刻〈乾坤体义〉蠡探——兼论利玛窦对〈节本托勒密天文学大成〉的校算工作及耶稣会的知识观》，北京外国语大学中国海外汉学研究中心、中国近现代新闻出版博物馆编《西学东渐与东亚近代知识的形成和交流》，上海人民出版社 2012 年版，第 342～374 页。

也表明李之藻等中国学者接收西学从零散猎奇转向系统消化的自觉要求。”[1] 利玛窦《坤舆万国全图》所译的地理学术语，经过明末以降地理书的不断传袭，成为建构汉语世界关于世界地理学、地球学等领域知识的基本概念体系。明末以后出现的传教士编纂的地理书及中国士人关于海外地理的著述，其地理学用语有不少在利玛窦的《坤舆万国全图》中就已经出现。

二、艾儒略、杨廷筠《职方外纪》

《职方外纪》成书于天启三年（1623），当年秋天刻印。在明刊本上的署名为“西海艾儒略增译，东海杨廷筠汇记”。所谓“增译”，即艾儒略在自序中所说，该书是以庞迪我、熊三拔遗留下来的“旧稿”，并结合“西来所携手辑方域梗概”，增补而成。[2] 艾儒略（P. Julius Aleni，1582～1649），字思及，意大利传教士，被认为是明清之际第二代耶稣会士中最杰出的传教士之一。[3] 1613 年进入中国，至 1649 年去世，居留中国长达 36 年。撰译的汉文著作有《职方外纪》、《西学凡》、《西方答问》、《几何要法》、《性学觕述》、《三山论学记》、《天主降生言行纪略》等 23 种。[4] 大体来说，入闽之前（1613～1624）偏于撰述科学著作，入闽之后（1625～1649）则主要以灵性作品、要理问答等基督教、神学著述为主。

《职方外纪》前附有万国全图、北舆地图、南舆地图、亚细亚图、欧逻巴图、利未亚图和南北亚墨利加图。全书共五卷[5]，记亚细亚洲、欧逻巴洲、利未亚洲（非洲、利比亚）、亚墨利加洲（美洲）、墨瓦蜡尼加洲，分述各洲的位置、国家方位、风土、人情、气候、物产等。其书在明末清初所受评价不一[6]，但先后被《四库全书》、《墨海金壶》、《守山阁丛书》（《丛书集成》据以影印）、《皇朝藩属舆地丛书》等多种丛书全文收录，其影响可见一斑。与利玛窦的《坤舆万国全图》以及庞迪我等人译制的地图[7]相比，《职方外纪》以文字对各洲情形所作的

---

① 樊洪业：《耶稣会士与中国科学》，中国人民大学出版社 1992 年版，第 18 页。

② ［意］艾儒略原著，谢方校释：《职方外纪校释》卷首，第 1 页。关于其资料来源，可参见邹振环：《晚明汉文西学经典：编译、诠释、流传与影响》，复旦大学出版社 2011 年版，第 260～265 页。

③ ［意］柯毅霖，王志成等译：《晚明基督论》，四川人民出版社 1999 年版，第 161 页。

④ 参见叶农整理：《艾儒略汉文著述全集》之《前言》，广西师范大学出版社 2011 年版，第 17～18 页。

⑤ 闽刻本分为六卷，内容多一篇王一锜的《书墨瓦蜡尼加后》。

⑥ 四库提要评论说：“前冠以万国全图，后附以四海总说，所述多奇异不可究诘，似不免多所夸饰。然天地之大，何所不有，录而存之，亦足以广异闻也。”（卷七十一）反映出对其书记载的将信将疑。

⑦ 1910 年在意大利米兰的安布洛兹图书馆发现的《万国全图》，被认为可能即是《职方外纪》所载之地图。参见洪煨莲《考利玛窦的世界地图》，《禹贡》第 5 卷（1936 年）第 3、4 合期，第 3～4 页。而该图可能就是庞迪我、熊三拔“先译原幅以进”的地图。

详细解说，对后世地理学的发展影响更大。徐宗泽称该书“在明末当然为地舆学上之一种新知识，足以纠正中国古人天圆地方之许多谬见”[①]。受利玛窦、艾儒略等人关于世界地图描绘的影响，明末以后的士人基本接受了“地圆说”的观念。[②] 因此，清人刘献庭（1648～1695年）在《广阳杂记》卷二中说：“地圆之说，直到利氏西来而始知之。”《职方外纪》将利玛窦引入中国的“世界意识”由图像具体化为文字的表达，并以一种“炫奇”的方式使之成为深入中国士人心中的一般知识。同时也为明清之际的耶稣会士向中国士人描绘西方图像提供参照。如康熙八年五月，利类思、安文思、南怀仁等人因康熙皇帝询问西洋风土国俗而进呈《御览西方要纪》，其知识来源即为艾儒略所撰的《职方外纪》和《西方答问》（1637年）。南怀仁的《坤舆图说》，其主体内容也出自《职方外纪》，另外还从高一志的《空际格致》、熊三拔的《表度说》等书中编选了部分内容。[③]

《职方外纪》由艾儒略在庞迪我、熊三拔“旧稿”的基础上增补而成，但究竟哪些内容为庞、熊二人所纂则并无交待。根据庞迪我给万历皇帝所上的奏疏，他与熊三拔除了将所得《万国地海全图》照式图画、翻译成汉文呈献之外，一同进献的还有他们撰写的“图说”：“恐图中书写不明，仍将各国政教、风俗、土产之类另为一篇，列于下方，以便御览，谨装为四轴，随原屏风二扇一并上进者。”[④] 且称“所译文字大段阙略”。然而具体内容如何，从附在《职方外纪》中的《万国全图》似乎很难判断。其译文是否有所参照，也不得而知。

从现存的《职方外纪》来看，其中的有许多译词应当是来自利玛窦的《坤舆万国全图》，如亚细亚、欧逻巴、地球、赤道、北极、南极、五大洲、太平海、大西洋、地中海、经度、纬度、五带、亚墨利加，等等。[⑤] 而如将北回归线译作“夏至规”、“夏至线”，南回归线译作“冬至规”、“冬至线”，北极圈译作“北极规”，南极圈译作“南极规”，子午线译作“子午规”，等等，可能也都受到《坤舆万国全图》的影响。

除了以上可能源于《坤舆万国全图》的地理学术语，《职方外纪》中创译的地理学术语沿用至今的并不多。主要有温带、暗礁、海峡、平原、山谷、气候、

① 徐宗泽：《明清间耶稣会士译著提要》卷七，第239页。

② 如方以智《物理小识》卷一《历类》论圜体即说：“天圜地方，言其德也。地体实圜，在天之中。”

③ 参见陈明生：《南怀仁与来华耶稣会士的地理学著作（1584～1674）》，林东阳《南怀仁对中国地理学和制图学的贡献》，均见于魏若望编《传教士·科学家·工程师·外交家南怀仁（1623～1688）——鲁汶国际学术研讨会论文集》，社会科学文献出版社2001年版，第127～128页、第137～170页。

④ ［意］艾儒略原著，谢方校释：《职方外纪校释》卷首，第18页。

⑤ 值得注意的是，《职方外纪》所附之亚墨利加地图将Canada译作“加拿大”，而在《亚墨利加总说》中则译作“加纳达”。一个可能是地图及其地名的翻译参照了利玛窦的《坤舆万国全图》，而在注解时则使用了自己的译语。

方向、火山等。此外，尚有“剑鱼”、“飞鱼”、“海马”等动物名称。事实上，术语的创译只是其中的一个方面，《职方外纪》在汉语地理学方面更重要的贡献，是对利玛窦《坤舆万国全图》中出现的某些术语作进一步的阐释。如五带之说在利玛窦的世界地图中已初现端倪，然而并没有具体的名称，而《职方外纪》对五带划分情况有具体描述：

> 又二极二至规外，四十三度也，分为五带：其赤道之下，二至规以内，此一带者，日轮常行顶上，故为热带。夏至规之北至北极规，冬至规之南至南极规，此两带者，因日轮不甚远近，故为温带。北极规与南极规之内，此两带者，因日轮止照半年，故为冷带。[①]

“热带”一词，利玛窦《坤舆万国全图》描述为“甚热，带近日轮故也”，《乾坤体义》卷上《天地浑仪说》使用。“温带”，《乾坤体义》作“正带”，艾儒略所译较其更易理解，故而至今仍被沿用。“冷带”，利玛窦《坤舆万国全图》描述为“甚冷，带远日轮故也”，《乾坤体义》卷上《天地浑仪说》中被称为“寒带”，艾儒略改作“冷带”，后复改为“寒带”。[②]“二至规”后被译作“南北回归线”，然其以中国传统的节气“冬至”、“夏至”作为南回归线、北回归线的译名，既能准确反映其科学内涵，又与中国传统时令观念相符，显示出较高的汇通中西文化的能力。也由此开始进入明清士人的知识谱系当中。[③]

《职方外纪》在对各洲、各国逐一予以介绍过程中，往往将“述奇”作为其内容译介的重要策略，旨在为明末士人带来不一样的世界图像，使其认识到在中华文明之外还有诸多与之一样发达的异域文明。书中首次对欧洲近代学制进行了介绍：

> 欧逻巴诸国皆尚文学。国王广设学校，一国一郡有大学、中学，一邑一乡有小学。……其小学曰文科，有四种：一古贤名训，一各国史书，一各种诗文，一文章议论。……优者进入中学，曰理科，有三家。初年学落日加，

---

① ［意］艾儒略原著，谢方校释：《职方外纪校释·五大州总图界度解》。

② 日本学者荒川清秀在《近代日中学术用语的形成与传播》中认为，尽管利玛窦在《乾坤体义》中使用了“热带、正带、寒带”等译名，但其书在被收入《天学初函》前流传不广，艾儒略可能并未看过该书。这一判断，显然忽视了《职方外纪》成书的特殊性，该书是艾儒略在庞迪我、熊三拔等人的旧稿上增订而成。庞、熊二人，对于利玛窦的著作应该是熟悉的，“热带”等词，或许是由他们借用而被带入到《职方外纪》当中。关于“热带”等词的生成、演变，参见沈国威：《近代中日词汇交流研究：汉字新词的创制、容受与共享》，中华书局2010年版，第457～479页。

③ 如清人宫梦仁《读书纪数略》卷五论“地部”，虽然仍以中国古代的“四裔”、“四维”、“九州”、“八极”等作为地理方位，但艾氏关于“五带”、“六大州”的阐释也开始进入记述范围。方以智（《通雅》）、王士禛（《居易录》）、李光地（《周官笔记》）等人也都曾引述利玛窦、艾儒略、南怀仁等关于世界图像的描述。乾隆年间谢遂绘制《职贡图》，对大西洋国、英吉利国、法兰西国、瑞国的描绘，均可以看出源于传教士地理书的痕迹。

> 译言辩是非之法；二年学费西加，译言察性理之道；三年学默达费西加，译言察性理。以上之学总名费录所费亚。学成，而本学师儒又试之。优者进入大学，乃分为四科，而听人自择。一曰医科，主疗疾病；一曰治科，主习政事；一曰教科，主守教法；一曰道科，主兴教化。①

此处出现的"小学"、"中学"、"大学"等词，为近代教育、学制概念，此处的"文学"即是指"教育"。清末林乐知所译《文学兴国策》，其中"文学"用法即采自艾儒略的用例。此外译介的学名还有"度数之学"（译作"玛得玛第加"，即数学），包括"算法家"（代数）、"量法家"（测量）、"律吕家"（乐理）和"历法家"（天文）。而其中提及的西方学校分科观念，在艾儒略同年刊行的另一著作《西学凡》中有更详细的阐述。

《职方外纪》以"万国"为对象对世界图像和新知的介绍，其意之一在于驳正中国传统"中国为天下之中"的观念："天圆地方，乃语其动静之德，非以形论也。地既圆形，则无处非中。所谓东西南北之分，不过就人所居立名，初无定准。"② 以此传递一种"世界意识"，最终打破中国士人的"褊衷"与"虚见"：

> 中国居亚细亚十之一，亚细亚又居天下五之一，则自赤县神州者且十其九，而戋戋持此一方，胥天下而尽斥为蛮貉，得无纷井蛙之诮乎！曷征之先儒，曰东海西海，心同理同。谁谓心理同而精神之结撰不各抒一精彩，顾断断然此是彼非，亦大踳矣。且夷夏亦何常之有？其人而忠信焉，明哲焉，元元本本焉，虽远在殊方，诸夏也。若夫汶汶焉，汩汩焉，寡廉鲜耻焉，虽近于比肩，戎狄也。其可以地律人，以华夷律地，而轻为訾诋哉！③

地理位置的不同，并不能构成文化上"中央"与"边缘"的对立，更何况这种文化地理的优越感，还只是缘于对由五大洲及其分属各洲的"万国"所构成世界的无知。由此发出的疑问，"谁谓心理同而精神之结撰不各抒一精彩"，也因此而具有了全球的视野。况且所谓"夷"与"夏"，文明与落后，也只是历史时空中的相对之论，岂能因其在"远"而"殊"，将之视作一成不变的历史常态。类似的声音在明末清初的时代语境中尽管还甚为微弱，却足以为后世士人从"天朝上国"的迷梦中觉醒、超越"夷夏"观念提供思想资源。

---

① ［意］艾儒略原著，谢方校释：《职方外纪校释》卷二《欧逻巴总说》，第69页。

② ［意］艾儒略原著，谢方校释：《职方外纪校释》卷首《五大州总图界度解》，第27页。

③ 瞿式穀：《职方外纪小言》，《职方外纪校释》卷首，第9～10页。

第二节　西方传来之历算著作中的天文、数学术语

明清之际，耶稣会士进入中国政府工作，均在钦天监任职，而钦天监在中国古代是编纂历法、预测天象的重要机构。[①] 这一现象从一个侧面反映出传教士对天文历法的重视，而他们注重对此类著作的翻译，与利玛窦在中国传教的经验有直接关系。在 1605 年 5 月 12 日给罗马阿耳瓦烈兹神父的信中，利玛窦申说了天文学知识对在中国传教的重要性：

> 最后我有一件事向您要求，这是我多年的希望，迄今未获得回音。此事意义重大，有利传教，那就是派遣一位精通天文学的神父或修士前来中国服务。因为其他科技，如钟表、地球仪、几何学等，我皆略知一二，同时有许多这类书籍可供参考，但是中国人对之并不重视，而对行星的轨道、位置以及日、月蚀的推算却很重视，因为这为编纂“历书”非常重要。……我在中国利用世界地图、钟表、地球仪和其他著作，教导中国人，被他们视为世界上最伟大的数学家；虽然我没有很多有关天文的书籍，但利用部分历书和葡萄牙文书籍，有时对日月蚀的推算较钦天监所推算的还准确，因此当我对他们说我缺少书籍，不能校正中国历法时，他们往往并不相信。所以，我建议，如果能派一位天文学者来北京，可以把我们的历法由我译为中文，这件事为我并不难，这样我们会更获得中国人的尊敬。希望您把这件事向总会长神父美言几句，因为这件事为中国非常重要，这是举国上下一致的希望，派遣一两位精通天文历数者前来中国，长驻北京，因为其他城市缺乏助力。[②]

利玛窦的传教政策，大体是先以西方科学技术的新知识吸引中国士人的关注并取得信任，在此基础上发展教徒，传播基督教义。从本质上来说，耶稣会士将西方科学输入中国乃是基于一种工具性的知识普及，并不志在向中国士人传输完整的科学谱系，根本目的是为使基督教义能获得中国士人和官方的普遍认同和接受。

---

① 耶稣会士担任钦天监以汤若望为始，其后有南怀仁、闵明我、纪理安、戴进贤、刘松龄、傅作霖、高慎思等人，均是在入清以后。

② 罗渔译：《利玛窦书信集》（下），《利玛窦全集》第 4 册，台湾光启出版社、辅仁大学出版社 1986 年版，第 301 ~ 302 页。

这一点，始终贯穿于明清之际耶稣会士在中国的所有活动当中。[①]

利玛窦将天文历法新知的输入作为在中国传播基督教义的有效工具，成为推动明清之际传教士大量翻译、撰述天文历法及算学著作的重要驱动力。[②] 在明末清初西方传教士著译的汉文西书中，除了与基督教教义有关的著述之外，天文历法书是其中数量最多的一类，被认为是明清之际中西文化接触最重要的成果。梁启超《中国三百年学术史》指出："明末有一场大公案，为中国学术史上应该大笔特书者，曰：欧洲历算学之输入。……要而言之，中国智识线和外国智识线相接触，晋唐间佛学为第一次，明末的历算学便为第二次。在这种新环境下，学界空气当然变换。后此，清一代学者对于历算都有兴味，而且最喜欢谈经世致用之学，大概受利、徐诸人影响不小。"

在明末清初耶稣会士翻译的著作中，天文历法与算学被视作同一类别的著作。如利玛窦辑《乾坤体义》，上中两卷天文，下卷《圜容较义》，为算术学著作。后世目录学对明清之际耶稣会传教士著译的汉文西书进行分类，天文历法与算学著作也往往被归为一类。《四库全书总目》即专列"天文算法类"。基于以上情况，本节遵循旧例，将此一时期传教士译介的西方天文、历法与数学著作归为一类予以缕述。

一、利玛窦、徐光启《几何原本》与《测量法义》

《几何原本》（*The Thirteen Books of Euclid's Elements*）由古希腊数学家欧几里得（Euclid）于公元前300年前后编写，总共十三卷。利玛窦、徐光启合作翻译的是《几何原本》的前六卷，采用的是利玛窦的老师"丁先生"克拉维乌斯（德国人 P. Christopher Clavius，1537或1538～1612）的十五卷拉丁文注释本。六卷本《几何原本》以平面几何为主要内容，第一卷论三角形，论题四十八则，卷首有界说三十六则，求作四则，公论十九则；第二卷论线，界说二则，论题十四则；第三卷论圆，界说十则，论题三十七则；第四卷论圆内外形，界说七则，论题十六则；第五卷论比例，界说十九则，论题三十四则；第六卷论线、面比例，界说六则，论题三十三则。其中标记"今增题"、"今附"的内容，为利、徐翻

① 如南怀仁在1678年8月15日的《告全欧耶稣会士书》中说："天文学和所有与数学有关的学科，尤其是光学、算学以及理论和实践机械学，在中国人的眼中是科学的精华部分……凭借天文学华丽的外衣，传教士们就更容易在王公大臣那里宣讲我教的神圣教义，而那些王公大臣可以很好地庇护我们的教堂和传教士。"（引自［德］柯兰霓著，李岩等译：《耶稣会士白晋的生平与著作》，大象出版社2009年版，第14～15页）

② 作为利玛窦倡导的一个重要成果，崇祯皇帝于1628年下诏设立"历局"，主持其事者为与利氏合作翻译《几何原本》的徐光启，耶稣会士邓玉函、罗雅谷、汤若望、庞迪我、熊三拔等人均参与其事。

译时所加，而标有“又补题”（如卷三第十六题、卷四第十六题）的内容，则是增补自后九卷的论题。

《几何原本》在当时就已被中国士人认为是利玛窦汉文著译中最重要的作品。[①] 之所以二人合作只译出了前六卷，服务于利玛窦在中国的传教当是重要原因之一。[②] 同时，利玛窦显然也希望先看下中国士大夫对该书的反应，“请先传此，使同志者习之。果以为用也，而后徐计其余”[③]，毕竟前六卷的翻译已颇为不易。利玛窦《译几何原本引》叙述翻译之艰难甚详，称自己进入中国以后就开始此书的翻译，“嗣是以来，屡逢志士，左提右挈，而每患作辍，三进三止”，以致有“游艺之学，言象之粗，而龃龉若是”之叹。对其间翻译的难度，利玛窦有充分的认识：“除非有突出的天分，没有人能承担这项任务并坚持到底。”[④] 直到遇到徐光启，由利玛窦“口译”，徐光启“笔受”，经过“反覆辗转，求合本书之意，以中夏至文重复订政，凡三易稿”之后，才最终完成前六卷的翻译工作，而且还只做到“但欧几里得本文已不遗旨，若丁先生之文，惟译注首论耳”。[⑤] 而本着求精的原则，此后仍一再予以校正。[⑥] 如此大费周章，若最终不能引起中国士人对探求西方知识、思想及其信仰世界的兴趣，显然不符合利玛窦以传播基

① 利玛窦死后，庞迪我向万历皇帝上疏请求赐予葬地。据艾儒略《大西西泰利先生行迹》的记载，叶向高从中起到了重要作用：“时内宦言于相国叶文忠曰：‘诸远方来宾者，从古皆无赐葬，何独厚于利子？’文忠公曰：‘子见从古来宾，其道德学问，有一如利子者乎？故毋论其他，即其所译《几何原本》一书，即宜钦赐葬地矣。’”

② 有学者认为，利玛窦之所以未继续翻译《几何原本》的根本原因，是因为他在罗马学院仅仅学习过前六卷，对后九卷的翻译没有足够的把握。参见樊洪业：《耶稣会士与中国科学》，中国人民大学出版社1992年版，第5页；杨小红：《利玛窦的天文学活动》，《中国天文学史文集》第6集，科学出版社1986年版，第307页；林金水：《泰西儒士利玛窦》，国际文化出版公司2000年版，第198页。也有学者认为，利、徐二人之所以未继续翻译《几何原本》，并非是利玛窦的有意拒绝，而是出于无奈。参见杨泽忠：《利玛窦中止翻译〈几何原本〉的原因》，《历史教学》2004年第2期。事实上，到底是出于传教的目的还是因为翻译本身存在困难，清初数学家梅文鼎就曾有过猜测：“言西学者，以几何为第一义，而传只六卷，其所秘耶？抑为义理渊深，翻译不易，而姑有所待耶？”然而就利玛窦自己的叙述来说，他显然是将《几何原本》的翻译作为其传教的一部分：“这位绅士和我一起把欧几里得的《几何原本》译成中文，此举不但把科学介绍给大明帝国，提供中国人一种有用的工具，而且也因此使中国人更敬重我们的宗教。”（《利玛窦书信集》（下），第356页）

③ ［意］利玛窦：《译几何原本引》，《几何原本》卷首，日本早稻田大学图书馆藏万历三十九年（1611）再校刊本。利玛窦的疑虑或许是出于对周围交往中国士人的印象。如杨廷筠在《同文算指通编序》中说：“往予晤西泰利公京邸，与谈名理累日，颇称金兰，独至几何圆弦诸论，便不能解。公叹曰：自吾抵上国，所见聪明了达，惟李振之、徐子先二先生耳。”徐光启也说：“余译竟，随偕同好者梓传之，利先生作叙，亦最喜其亟传也，意皆欲公诸人人，令当世亟习焉，而习者盖寡。”（《几何原本杂议》）《几何原本》尽管由李之藻于1628年辑入《天学初函》，但其真正在学术界产生影响当是在清初以后。

④ ［意］利玛窦、金尼阁，何高济等译：《利玛窦中国札记》第五卷第七章，第517页。

⑤ ［意］利玛窦：《译几何原本引》，《几何原本》卷首，早稻田大学图书馆藏万历三十九年（1611）再校刊本。

⑥ 据徐光启孙徐尔默《跋几何原本三校本》，徐光启在1611年之后又对《几何原本》进行了三校。

督教义为出发点的学术著译策略。[①]《几何原本》翻译的中辍，利玛窦的意见显然占据了主导。[②] 而随着利玛窦将精力转向天文等方面的原因，他也再未重拾翻译《几何原本》之事。直到200多年以后，后九卷才由李善兰与伟烈亚力合译刊行，十五卷的《几何原本》才第一次完整地出现在中国士人面前。

利玛窦、徐光启合译的《几何原本》尽管只有六卷，却给中国知识界输入了此前未曾接触的新知识。对此，利玛窦在1608年3月6日致罗马高斯塔神父的信中说：

> 在第三册尾部我介绍圆周与其双倍直径的比率，藉此获得月球的平方面积；这个介绍与其他有关数学的介绍都曾引起中国学者的惊奇。在《几何原本》中介绍了许多中国人前所未闻的知识。[③]

在信中，利玛窦还称许翻译的文辞“十分高雅完美”。徐光启则以“四不必”、“四不可得”、“三至”、“三能”彰表全书的内容及译文的精妙。[④] 以合译的方式而能达到如此境界，在明清之际西书的翻译中实为难得，四库提要因此评其为“弁冕西术”[⑤] 之作。并且由于书中内容与历法的修订有密切关系，引起了许多中国士人的兴趣：“这本书大受中国人的推崇，而且对于他们修订历法起重大的影响。为了更好地理解这本书，有很多人都到利玛窦神父那里，也有很多人到徐保禄（即徐光启）那里求学。在老师的指导下，他们和欧洲人一样很快就接受了欧洲的科学方法，对于较为精致的演证表现出一种心智的敏捷。”[⑥]

利玛窦、徐光启翻译《几何原本》，依照原著的做法，十分注重概念、术语的界说，每一卷之首都对提到的相关术语进行解析。其中包含了丰富的数学术语：

> 几何　点　线　直线　面　平面　平角　平行　平行线　角　直角　锐角　钝角　圜（圆）　平方　立方　三角形　六角形　八角形　圜（圆）心　圜（直）径　半圜（圆）　三边形　四边形　多边形　两边等三角形（等腰三角形）　平边（等边）三角形　三不等三角形　直线形　三边直角形或直角三边形（直角三角形）　三边钝角形（钝角三角形）　三边各锐角形（锐角三角形）

---

① 利玛窦的回忆录提到这一点时说：“利玛窦神父认为就适合他们的目的而言，有这六卷就已经足够了。”（《利玛窦中国札记》下册，第517～518页）对于这一点，徐光启也有所认识：“余乃亟传其小者，趋欲先其易信，使人绎其文，想见其意理，而知先生之学可信不疑，大概如是。”（《刻几何原本序》）

② 以致后来徐光启在《题几何原本再校本》中感叹说：“续成大业，未知何日，未知何人，书以竢焉。”其时利玛窦已去世。

③ 罗渔译：《利玛窦书信集》（下），《利玛窦全集》第4册，第356页。

④ 见徐光启：《几何原本杂议》，《几何原本》卷首，早稻田大学图书馆藏万历三十九年（1611）再校刊本。

⑤ 永瑢等：《四库全书总目·几何原本》提要。

⑥ ［意］利玛窦、金尼阁，何高济等译：《利玛窦中国札记》下册，第518页。

腰　直角方形（正方形）　直角形（长方形）　斜方形（菱形）　有法四边形　无法四边形　平行方形　对角线　度　外角　内角　底（边）　垂线　交角边　半径　对角　矩线（矩形）　幂　切线　交线　相切　相交　弧　切点　形内切圜　行外切圜　五边等边等角形　比例　全数（整数）　分数　命分数（分母）　得分数（分子）　带（分数）　倍数　同理　曲线　相似（之）形　理分中末线（黄金分割线）　等角三角形　平行斜方形　相似三角形　偶数　连比例之中率（比例中项）①

以上数学术语，与中国传统数学中的方田、少广、均输、商功、盈不足、衰分、粟米等相比，显然更易理解和为人接受。《几何原本》中出现的大量数学术语，在清代以后的数学译著和中国学人的数学著作中被广泛使用，有的不加变动，有的稍加改易，成为构建近代数学体系的重要术语。

《几何原本》输入的西方数学知识，在当时就被认为可以应用于各种科技领域。徐光启将之视为“不用为用，众用所基”，并称其是“万象之形囿，百家之学海”。② 利玛窦则指出：“几何家者，专察物之分限者也。”并认为其包括四大支流：“数与度或脱于物体而空论之”，可分为算法家和量法家；“二者在物体而偕其物议之”，分律吕乐家和天文历家。在此基础上，又可以析为百派，尤以天文、历法、地理等最为重要。③ 利玛窦对几何学的析分及其论述，在某种程度上是从中国士人的关注点出发的。由此也引起明末以降学术界对该书的极大兴趣，如孙元化有《几何体论》和《几何用法》（1608），艾儒略口述、瞿式穀笔受的《几何要法》（1631），方中通的节本《几何要法》（1661），杜知耕撰《数学钥》（1681）和《几何约论》（1700），梅文鼎先后完成了《几何摘要》、《勾股举隅》、《几何通解》、《几何补编》、《几何类求》、《平三角举要》，等等。清代初期以后知识界对数学表现出的极大热情，在很大程度上即与《几何原本》有关。清末李善兰、伟烈亚力对利、徐二人未竟译事的接续及其为近代学术转型提供的思想资源，进一步凸显了《几何原本》在明末以降西学东渐历史进程中的重要地位。

利玛窦与徐光启合作翻译的西学著作，除《几何原本》之外，尚有《测量法义》一种，译于万历丁未（1607）之后，署名同样是“泰西利玛窦口译，吴

① ［意］利玛窦口授，徐光启笔译：《几何原本》，早稻田大学图书馆藏万历三十九年（1611）再校刊本。安国风《欧几里得在中国：汉译〈几何原本〉的源流与影响》有对《几何原本》术语的统计与英文对照，江苏人民出版社2008年版，第324～328页。

② 徐光启：《刻几何原本序》，《几何原本》卷首，早稻田大学图书馆藏万历三十九年（1611）再校刊本。

③ ［意］利玛窦：《译几何原本引》，《几何原本》卷首，早稻田大学图书馆藏万历三十九年（1611）再校刊本。

淞徐光启笔受”。全书为“测量”立法，取推广《几何原本》中数学定理应用之“义”，即所谓“测量者，以测望知山岳楼台之高，井谷之深，土田道里之远近”①，书中出现的“某卷某题”的注释，均指《几何原本》中用以证明测量方法的定理、公论的出处。出现在《测量法义》术语有矩度、直角方形、对角线、平行线、边、虚直线、实线、面、平行面、角、直角、地心、地平线、度、交角、权线、半直角、比例、等角形、相切、实、距较（差）、较线、全线、减余、余角、内角、对边、外角、底、反射、相减、垂线、高、通分、约分、畸分等。其中多数已见于《几何原本》，又出现于《同文算指》及清代以后数学家的著述中，成为后来固定的数学用语。

在与利玛窦合译《几何原本》、《测量法义》之余，徐光启还运用从利玛窦处所学的西学知识，撰著了《勾股义》、《定法平方算术》、《带纵平方》、《测量异同》等作，以新译之术语和理论，诠释中国古代的勾股之法。而其中出现的容方、容圆、容圆径、容方径、积、廉法、隅法、初商、次商、面积、带纵、阔、长方形等用语，也出现在了《同文算指》等著作中。从徐光启曾与李之藻“共读”、“共讲”该书的记载来看，《同文算指》中诸多译名的厘定，或许徐光启曾起过重要的作用。

二、利玛窦、李之藻《同文算指》与《圜容较义》

李之藻刊刻利玛窦绘制的《坤舆万国全图》后，二人于1603年开始着手《同文算指》的合译工作，1608年完成，1614年正式刊行。该书是根据利玛窦的老师克拉维乌斯的《实用算术概论》（*Epitome arithmeticae practicae*，1583年）编译而成，署名为“西海利玛窦授，浙西李之藻演”，其意大约相当于翻译改编的形式，而并不一定完全参照原书。② 徐光启称其是“取旧术斟酌去取，用所译西术骈附梓之”③。清代数学家梅文鼎也认为，《同文算指》所传不仅是西方的数学知识，同时包含了“取古人之法”的内容。或许正是因为出于这样的一种撰述方式，尽管同样是编译西书，《同文算指》所蕴含的传统数学气息更为浓厚。加上其所涉及的内容是中国传统数学颇为发达的算学，因而在数学史上其影响甚至还在《几何原本》之上：“《同文算指》书在西学东渐史中与徐光启所译

---

① ［意］利玛窦、徐光启：《测量法义》，《天学初函》第6册，第3485页。

② 其中可能还有徐光启的贡献。徐氏《刻同文算指序》称，在李之藻译完全稿后，他曾“请而共读之，共讲之”，此后由李之藻将参酌中国传统算学的知识一并编入其中。

③ 徐光启：《刻同文算指序》，《同文算指》卷首，李之藻辑刻《天学初函》第5册，台湾学生书局1978年影印本，第2776~2777页。

之《几何原本》六卷皆为极重要之著述，而所收成效尤在《几何原本》之上。”① 李之藻辑刻《天学初函》、《四库全书》、《海山仙馆丛书》等均收录《同文算指》。

《同文算指》由李之藻演述利玛窦所授的西方算术知识，在编译之外，还加入了李之藻自己掌握和理解的中国古代算学知识，正如他在书序中所说，“遐方文献，何嫌并蓄兼收，以昭九译同文之盛”，“通编稍演其例，以通俚俗，间取《九章》补缀，而卒不出原书之范围”，“加减乘除，总亦不殊中土。至于奇零分合，特自玄畅，多昔贤未发之旨。盈缩、勾股、开方、测圜，旧法最艰，新译弥捷”②，体现出汇通中西算学的努力。③ 缘于此，书中所用术语，有不少出自中国古代数学著述，也有创译自西学的术语，构成了丰富的算学术语库：

兆 加法 减法 余数 乘法 除法 除 除数 零数、奇数、奇零之数（小数） 母数（分母） 子数（分子） 积数 约数 整数 积 减数 除尽 约得 商 减余 通数 差积 虚数 乘 乘数 得数 乘得 除得 正 负 正数 负数 开平方 开立方 乘方 合数 全数 率（比） 倍数 较（差）和 法（式，公式） 递加法 加数 总积 直角方形 边线 平行线 虚线 实线 权线 矩度 直线 比例 高 容方 容圆 长方边 半径 圜心 幂 加 减 长方形 初商 次商 前数 后数 倒位 廉数 实积 负隅 实数 纵数 带纵 减积 纵方 减纵 实 隅法 廉法 续商 纵廉 长 阔（宽） 平方 立方 四乘方 通率 分数 命分数（分母） 得分数（分子）④

有些术语尽管并非《同文算指》所创译，在中国传统算学中早已有之，但经由利、李二人结合西方数学知识予以阐述，通过例题加以演示，使术语的所指更加简明。此外有的虽属创译，但未能成为后代的通用译名。而有些词虽然在《几何原本》中已出现，如“命分数（分母）”、“得分数（分子）”，《同文算指》虽也偶尔用之，但更常用的是“母数”、“子数”之名，二者在后来稍加变更，以“分数之母”、“分数之子”之义成为 denominator（分母）、numerator（分子）的通行译词。《同文算指》中出现的许多自西方数学知识传入后产生的新词（有些虽非新词，但在此后成为通用的数学用语），对清代以后数学的发展产生重要

① 钱宝琮：《浙江畴人著述记》，《钱宝琮科学史论文选集》，科学出版社 1983 年版，第 307 页。

② 李之藻：《同文算指序》，《同文算指》卷首，《天学初函》第 5 册，第 2783～2784 页。

③ 杨廷筠：《同文算指通编序》也认为，该书“所言大抵皆用之法，标准于损益乘除，变于开方、勾股，援新而传诸旧，合异而归诸同”。（海山仙馆丛书本卷首）

④ 值得注意的是，在明人朱载堉（1536～约 1610）的《律吕精义》（1596 年）中，有许多《几何原本》、《同文算指》等书中使用的数学用语，如幂、开平方、径、积、倍数、实、全数、商、圆径等。《几何原本》、《同文算指》翻译中术语的厘定是否曾受《律吕精义》的影响，值得进一步研究。

影响。

李之藻曾将《同文算指》与利玛窦所译的另外两本著作《几何原本》、《天主实义》相提并论，认为诸书的编译均包含了利玛窦的深心在内："缘数寻理，载在《几何》，本本元元，具存《实义》。诸书如第谓艺数云尔，则非利公九万里来苦心也。"[①] 利玛窦本着"适应"的策略，由迎合明末一部分士人崇尚实学的思潮出发，通过在知识层面与中国传统的算学形成对接，实现互通，促使中国士人在接受西方科学的基础上改变传统的夷夏观念，为基督教思想提供输入中国的通道和接受土壤。

根据李之藻的说法，他在编纂《同文算指》的过程中，"荟积所闻，厘为三种"，其中前编二卷、通编八卷见于今所传本，而所谓"测圜诸术"的别编，则不见于各种《同文算指》的版本，李之藻辑刻《天学初函》收录该书，也没有所谓别编，编在其后的为《圜容较义》一卷，署名同样为"西海利玛窦授，浙西李之藻演"。据钱宝琮考证，认为今所传《圜容较义》可能就是李之藻序中所说的《同文算指》的别编，因为有单刻本传世，故而不再另称别编。[②]

《圜容较义》一卷，李之藻辑刻《天学初函》、《四库全书》子部天文算法类收录。据书前自序记述，该书是李之藻跟随利玛窦"研穷天体"的基础上编译有关"圜容"（即圆形内容受的角形）论述的著作，共有"五界（定义）十八题"，立意是"表里算术，推演几何"，而以"借平面以推立圜，设角形以征浑体"作为核心要旨。[③] 其资料来源，有学者认为是克拉维乌斯的 *Trattato Della Figura Isoperimetre*，[④] 也有学者认为是克氏的另一本著作《萨克罗波斯科〈天球论〉释义》（或译作《萨克洛波斯科球体评注》）中的《论等周》（*De Ispoerimetris*）。[⑤] 二书均由利玛窦带到中国，旧藏于北京北堂图书馆。

《圜容较义》作为"几何之一种"[⑥]，全书结构与论证方式与《几何原本》一致，其中标注为"某卷某题"者，即是引证《几何原本》中定理的出处。因其所论多为平面几何内容，所用的术语多可在《几何原本》等书中找到语源，但也不乏创译。如：

---

① 李之藻：《同文算指序》，《同文算指》卷首，《天学初函》第5册，第2785页。

② 钱宝琮：《浙江畴人著述记》，《钱宝琮科学史论文选集》，科学出版社1983年版，第306页。

③ 李之藻：《圜容较义序》，《天学初函》第5册，第3433页。

④ 李俨：《中国数学大纲》，《李俨钱宝琮科学史全集》第3卷，辽宁教育出版社1998年版，第429页。

⑤ ［荷］安国风，纪志刚等译：《欧几里得在中国：汉译〈几何原本〉的源流与影响》，江苏人民出版社2008年版，第356~358页。杨泽忠有《〈圜容较义〉底本研究》（《历史教学》2010年第16期）一文，可参看。

⑥ 《徐光启著译集·几何原本》卷首杨贞吉序，朱维铮、李天纲主编《徐光启全集》第4册，上海古籍出版社2010年版，第3页。

全体　边线　三边形　容积　外周　三角形　垂线　平行　直角长方形　等边　等角　底线　多边形　圜形　等周形　有法形　无法形　内切圜　外切圜　同心　长方形　半径线　半周线　半径　直角　锐角　比例　圜周切线　腰　相似三角形　对角　全角

《圜容较义》后五道题（第十四至十八题）出自利、徐《几何原本》未译的后九卷，讨论立体几何的内容，夹行的注释有出自后九卷的标注。其中出现的诸如直角立方形、觚形、过心线、圜角形等术语，则不见于此前译出的《几何原本》等书。

第三节　西方自然科学技术著作及其术语

在西方科学知识传入中国过程中，明清之际汉文西书起到了重要作用。戴念祖指出，17 世纪初西方力学与机械学知识传入中国过程中，《泰西水法》、《远西奇器图说录最》和《新制诸器图说》是有关机械、工程和水利方面出现最早和影响最大的三部著作。[①] 明清之际耶稣会士传入的西方科学与技术著作，除前述的天文历算书之外，在水利学、生理学、解剖学、物理学、机械学及火器制造等方面均有撰述。

一、熊三拔、徐光启《泰西水法》

明末西方水利科学技术的传入，实际上也是其时“西器东传”不可分割的部分。四库提要指出：“西洋之学，以测量步算为第一，而奇器次之。奇器之中，水法尤切于民用。视他器之徒矜工巧，为耳目之玩者又殊，固讲水利者所必资也。”[②] 其中刊行最早、影响最大的，要属熊三拔、徐光启合作编译的《泰西水法》。

《泰西水法》六卷，卷一至卷四署“泰西熊三拔撰说，吴淞徐光启笔记，武林李之藻订正”；卷五署“泰西熊三拔述旨，吴淞徐光启演说，武林李之藻订

① 此说见戴念祖主编《中国科学技术史 · 物理学卷》，科学出版社 2001 年版，第 475 页。关于明清间西洋机械工程学、物理学与火器入华的一般情形，参见方豪：《明清间西洋机械工程学物理学与火器入华考略》，《方豪六十自定稿》，台湾学生书局 1969 年版，第 289 ~ 318 页。

② 永瑢等：《四库全书总目 · 泰西水法》提要。

正”；卷六为图式。[1] 卷首有熊三拔《水法本论》，以“四元行说”讨论“水”之体性，并宣扬造物主（上帝）无处不在。类似做法，在耶稣会士著译的汉文西书中颇为普遍，即便是那些专论西方科学技术知识的著作也不例外。据载，该书有1612年北京刻本。[2] 李之藻编《天学初函·器编》将其列为第一种，《四库全书·子部·农家类》亦全文收录。1640年，徐光启编《农政全书》，于十九、二十两卷“水利”收入该书前三卷内容，图式分入各卷之中。乾隆时纂修的农书《钦定授时通考》卷三十八为“功作门·泰西水法”，收录《泰西水法》前两卷内容并图。

《泰西水法》论述水之利用及其方法、工具，“皆记取水、蓄水之法”[3]。卷一为“用江河之水，为器一种”，即龙尾车记，为挈河滨之水的机械。据学者研究，龙尾车实际上是一种运用了螺旋输送原理，通过齿轮传动的螺旋式提水车，为公元前3世纪古希腊科学家阿基米德发明。[4] 其工作原理，与中国传统的龙骨水车有相似之处，而利用了机械的原理与动力：“水车之属，其费力也以重。水车之重也，以障水，以帆风。以运旋本身龙尾者，入水不障水，出水不帆风，其本身无铢两之重。且交缠相发，可以一力转二轮。递互连机，可以一力转数轮。故用一人之力，常得数人之功。”由轴、墙、围、枢、轮和架六个部分构成，利用轴的不断转动而使水“宛委而上升”。

卷二“用井泉之水，为器二种”，均属于“井泉挈水之器”。其一为“玉衡车记”，而附以专筩车；其二为“恒升车记”，而附以双升车。玉衡车实际上是一种双缸活塞式水泵，由双筩（缸）、砧（活塞）、双提、壶（水箱）、中筩、盘、衡轴和架等部分构成，其运作原理，“以衡挈柱，其平如衡，一升一降，井水上出如趵突焉。”本卷对各部分的制作、组装及其工作原理作了详细描述。其设计被认为完全符合流体力学原理。恒升车则是一种单缸活塞式水泵，构造和运作原理都与玉衡车相同，而分为实取和虚取两种：“实取之柱，其砧入于水而升降焉。其长之度，下及于筩之底，上出于筩之口。其出于筩之口无定度，趣及于衡而止。虚取之柱无用长，入筩数尺而止，升降于无水之处，以气取之。欲挈之，先注水于砧之上，高数寸，以闭其罅而噏之。凡井浅者实取焉，井深者虚取焉。”（卷二）玉衡车为实取式水泵。

卷三“用雨雪之水，为法一种”，即“水库记”，记述水库的功能及建造方

---

① ［意］熊三拔、徐光启：《泰西水法》，《天学初函》本；文渊阁《四库全书》本；嘉庆五年（1800）扫叶山房藏版席世臣校正本。早稻田大学图书馆所藏钞本，页面版式与《天学初函》本完全一样。

② ［法］费赖之，冯承钧译：《在华耶稣会士列传及书目》上册，中华书局1995年版，第108页。

③ 永瑢等：《四库全书总目·泰西水法》提要。

④ 张柏春：《明末〈泰西水法〉所介绍的三种西方提水机械》，载《农业考古》1995年第3期。

法。水库作为"积水之处"，其作用在"重山复岭"地区体现得尤其明显："天府金城，居高乘险，江河溪涧，境绝路殊，凿井百寻，盈车载绠。时逢亢旱，涓滴如珠，或乃绝徼孤悬，但须远汲；长围久困，人马乏绝。若斯之类，世多有之。临渴为谋，岂有及哉！计莫如恒雨雪之水，可以御穷。……作为水库，率令家有三年之畜。虽遭太旱，遇强敌，莫我难焉。"在西方国家颇受重视："西方诸国，因山为城者，其人积水，有如积谷。"其建造和维护包括"具"、"齐"、"凿"、"筑"、"涂"、"盖"、"注"、"挹"、"修"等。

卷四"水法附余"，讲述寻找"高地作井"之"泉源"的方法及"凿井之法"、"试水美恶、辨水高下"、"以水疗病"的方法等，也均是切于实用之事。如记述辨别水质好坏的方法说："试水美恶，辨水高下，其法有五：第一，煮试。取清水置净器煮熟，倾入白磁器中。候澄清，下有沙土者，此水质恶也。水之良者无滓。又水之良者，以煮物则易熟。第二，日试。清水置白磁器中向日下，令日光正射水，视日光中，若有尘埃絪缊如游气者，此水质恶也。水之良者，其澄澈底。第三，味试。水，元行也。元行无味，无味者真水。凡味皆从外合之，故试水以淡为主，味佳者次之，味恶为下。第四，称试。有各种水，欲辨美恶，以一器更酌而称之，轻者为上。第五，纸帛试。又法，用纸或绢帛之类，色莹白者，以水蘸而干之，无迹者为上也。"各种测试方法，虽然未对其中所包含的科学理论和原理进行解析，但将其作为一种新知予以介绍，仍能启迪中国士人。

卷五"水法或问"，在《泰西水法》中显得颇为特殊，不仅在于卷首的署名与前四卷不同，更因为其内容与其他各卷的主旨均有不同。本卷署名"熊三拔述旨，徐光启演说"，与前四卷署"熊三拔撰说，徐光启笔记"相比，显然包含了更多徐光启的观念在内。其内容如开篇所说，"既作水器，诸公见之，每辱奖叹，时及水理，有所酬对，序而录之。第四行论辨，更仆未悉，垂问所至，则举一二。若丝抽蔓引，为绪又长。故每从截说，非能连贯也。"以亚里士多德式自然哲学中的四元素说对"水理"进行解说。[①] 文中曾有两处出现"略见《四元行论》"的按语，可见曾受利玛窦世界地图上的注解和《乾坤体义》的影响。其中亦有"地体不动，天行左旋"的论说，可见地心说在耶稣会士的科学观念中的主导地位。由其卷次的设置也可以看出，明清之际西器、西艺的传入，通常都会以一定之"理"作为支撑，如此方能更好地在中国学术结构中获得相应的位置。至于此一时期西学输入所反映的这一总体思路，在李之藻所编的《天学初函》中有鲜明的体现，该书即将天学分为理编和器编两个类别。

---

① 徐光台：《徐光启演说〈泰西水法·水法或问〉的历史意义与影响》，载《清华学报》新38卷第3期，台湾清华大学出版社2008年9月，第421～449页。

《泰西水法》中所介绍的龙尾车、玉衡车、恒升车等提水机械，被认为是体现了17世纪欧洲科学的新成就，是基于文艺复兴后近代物理学、数学、机械学的一些新发展而制作的。[①] 书中出现的重要语汇，以物理、机械、水利为主，亦涉及其他方面。其要者如下：

水库　轴/长轴/轴面　外体　转轮　平行相等　螺旋/螺旋线　过心线　平行直线　两两相对　立面图　斜弦线　单线　垂线　圆面　接轮/拨子　枢轮/轴轮/围轮　柱体　中枢　轴心　本体　平行线　横线　半径　椭圆/长圆　利益　体质　钢铁　立方　立圆　圆线　半圆形　条理　水质　试验　拯救　蒸馏/馏水　蔷薇花　葡萄酒　本性　丸散　精髓　肌体　大肠　淡水　平原　动/植物　潮汐　虚体　筋脉　膀胱　脾胃　脉络　脉理　物体　本体　协助　气味　定理　定数　体内　圆体　点滴　圆点　动势　神速　思惟　凝结　自由　结体　轴立面

中国传统观念重道而轻器，《泰西水法》对近代科学技术和工具予以重视，在一定程度上体现出"工具主义"的思想："不有水之器，不得水之用。"（卷一）书中第一次对西方的某些物理学、机械学原理作了简要介绍。如卷一述齿轮传动的规律："凡轮皆以他轮止齿发之，其疾徐之数，视轮与他轮之大小焉，其齿之多寡焉。"卷二论"虚取"的原理，实际上来自于亚里士多德"自然界厌恶真空"的说法："虚取者，降而得气焉，气尽而水继之。""气尽而水继之者，天地之间，悉无空际，气水二行之交无间也，是谓气法，是谓水理。凡用水之术，率此一语，为之本领焉。"在欧洲，亚里士多德的这一看法，直到17世纪40年代和50年代，相继经由意大利物理学家托里拆利（Evangelista Torricelli，1608～1647）进行测定大气压的实验和德国物理学家奥托·冯·格里克（Otto Von Guericke，1602～1686）进行马德堡半球实验之后，才被最终推翻。在中国，南怀仁于康熙二十二年（1683）进呈御览《穷理学》，仍以亚里士多德学说解释压力现象。[②] 然而，从明清之际西方科学技术在中国的传播及其影响来看，《泰西水法》引入的物理学、机械学知识，虽然大多都是欧洲古典时期的科学技术观念和知识，但对明末以降中国的科学启蒙依然有重要意义。[③]

---

① 曹增友：《传教士与中国科学》，宗教文化出版社1999年版，第169页。

② 参见何兆武：《明清之际中西文化交流史论》，《中西文化交流史论》，湖北人民出版社2007年版，第44～46页。

③ 《利玛窦中国札记》叙述利玛窦输入的西方科学知识对明末士人知识谱系形成的冲击说："利玛窦神父开始时讲授地理学和天文学的基本原理，虽然他最初教的并没有任何受过教育的欧洲人所不知道的东西，但是对于那些固执地维护从自己的祖先传下来的错误的人，他教的东西简直是骇人听闻，是超出他们想象之外的东西。"见该书第五卷第二章《利玛窦神父的中文著作》，第483页。

二、邓玉函、王徵《远西奇器图说录最》

《远西奇器图说录最》三卷，署“西海耶稣会士邓玉函（1576～1630）口授，关西景教后学王徵（1571～1644）译绘”，[①] 于崇祯元年（1628）由金陵武位中校梓刊行，是中国第一部系统介绍欧洲力学和机械知识的中文著作。[②] 明清时期以不同形式出现的《奇器图说》刊本和抄本至少有近 20 种。[③] 四库提要虽然斥之为“荒诞恣肆，不足诘究”，但仍因为“其法之神妙”而将其全文收入了《四库全书》子部谱录类。该书在 1730 年以后传入日本。

《奇器图说》内容上与传统学术最直观的差异是在图形标识中使用了西方字母 a、e、i、o 等，并以对应的汉字作为其读音的标记，而不是此前耶稣会士与明末士人译书所普遍使用的甲乙丙丁、子丑寅卯，此即卷首《凡例》中所称的“记号”。这一点，当与王徵促成金尼阁翻译《西儒耳目资》有关：“余向在里中得金四表先生为余指授西文字母字父二十五号，刻有《西儒耳目资》一书，亦略知其音响乎，顾全文全义则茫然其莫测也。”[④] 王徵是明清之际为数不多对西方语言文字有所了解的中国士人。

中国传统中虽然在先秦时期就已经出现了“力”的概念，[⑤] 也出现了诸如指南车、翻车、木牛流马、水磨、鼓风器、走马灯等符合力学、机械原理的技术产品，曹冲称象、僧人怀丙打捞铁牛等故事也反映出中国古代对力学知识的运用，但并没有形成系统力学和机械知识体系。金尼阁 1620 年由欧洲返回中国，随来的既有募集到的 7 000 余部西学书籍，还有日后成为明末清初著译西学最重要力量的邓玉函、汤若望、罗雅谷等传教士。于是在 1622 年西方传教士被再次允许进入北京后，中西士人在翻译西方著作方面都表现出极大的热情，如杨廷筠，曾称赞“六科经籍，约略七千余部，业已航海而来，具在可译”，遂发下宏愿，

---

① 王徵在《远西奇器图说录最》序言中描述二人的合作方式是：由邓玉函“取诸器图说全帙，分类而口授”，王徵“信笔疾书，不次不文”。今存刻本和抄本在《奇器图说》后多附有王徵所撰的《诸器图说》。

② 张柏春等：《传播与会通——〈奇器图说〉研究与校注》上篇，江苏科学技术出版社 2008 年版，引言第 6 页。

③ 张柏春等：《传播与会通——〈奇器图说〉研究与校注》上篇，江苏科学技术出版社 2008 年版，第 182～219 页。

④ 见王徵所作《远西奇器图说录最》序言，《奇器图说》卷首，日本早稻田大学藏崇祯元年武位中刻本。

⑤ 如《墨经》中有“力，刑之所以奋也”的说法。

“假我十年，集同志数十手，众共成之”。[①] 王徵《远西奇器图说录最》自序说：“《奇器图说》，乃远西诸儒携来彼中图书，此其七千余部中之一支。就一支中，此特其千百之什一耳。”《奇器图说》被认为是金尼阁携来的7 000余部西方图书中被编译出版的第一部汉文西书。[②]

《奇器图说》的编译，从一个侧面反映了该时期传教士输入西学的一个特征——传“奇”，以异域的新物、新知作为吸引明末士人的主要方式，利玛窦传入中国的世界地图，《职方外纪》对海外异闻的记述，等等。对耶稣会士来说，中国士人由对异域新物的关注，进而对西学知识产生兴趣，以此传播基督教义，无疑能减少阻力，缓和相互间因不同信仰形成的冲突。对明末部分实学士人来说，传教士输入的以“实修实用”[③] 为特征的西学，一方面可以改变宋明以来学术重性理之不足，另一方面也与其时实学逐渐兴盛的时代思潮相契合。王徵对西方“奇器”的关注，即缘于他长期养成的知识兴趣与西方新知的遇合：“余不敏，窃尝仰窥制器尚象之旨，而深有味乎璇玑玉衡之作。……《考工》、指南而后，代不乏宗工哲匠，然自化人奇肱之外，巧绝弗传，而木牛流马遂擅千古绝响。余甚慕之爱之，间尝不揣固陋，妄制虹吸、鹤饮、轮壶、代耕及自转磨、自行车诸器，见之者亦颇称奇，然于余心殊未甚快也。偶读《职方外纪》所载奇人奇事，未易更仆数，其中一二奇器，绝非此中见闻所及。……余盖爽然自失，而私窃向往曰：嗟乎！此等奇器，何缘得当吾世而一睹之哉?”[④]《奇器图说》卷首所列“引取”的汉文西书有《勾股法义》、《圜容较义》、《盖宪通考》、《泰西水法》、《坤舆全图》、《简平仪》、《浑天仪》、《天问略》、《同文算指》、《天主实

---

① 杨廷筠：《刻西学凡序》，《西学凡》卷首，《艾儒略汉文著述全集》上册，广西师范大学出版社2011年版，第87页。杨廷筠天启元年（1621）所作《代疑编》也提到七千余部西书入华之事：“自西泰利先生用宾上国，蒙朝廷生养死葬，其国主感恩图报，特遣陪臣金尼阁远来修贡，除方物外有装演（潢）图书七千余部，重复者不入，纤细者不入。书笈见顿香山澳，俾一朝得献明廷，当宁必发仪部及词林，与西来诸儒翻译雠订，书义昭然，兹编亦属剩语矣。”细绎早期记载其事的各种文献，不难发现，明末士人关于金尼阁携入中国七千余部西书之事，多是据传教士之叙述，而并未有真见过七千余部之全部者。如杨廷筠《刻西学凡序》云：“若疑言涉夸毗，诸贤素不妄语，以余所闻，又阅多人多载，覼若画一，所称六科经籍约略七千余部，业已航海而来。”而在传教士向中国士人叙述西书的数量时，是依据西方图书关于卷册的定义，还是参照了中国关于书籍卷册的描述，也不得而知。等等各方面的因素，都缺乏直接的文献材料予以证明，故而后世多有疑其事者。关于两种看法的考辨，可参见法国学者惠泽林（Hubert Verhaeren）《北堂图书馆的历史变迁》，谢和耐、戴密微等著，耿昇译：《明清间耶稣会士入华与中西汇通》，东方出版社2011年版，第149～174页；方豪：《明季西书七千部流入中国考》，《方豪六十自定稿》上册，台湾学生书局1969年版，第39～53页。

② 方豪：《明季西书七千部流入中国考》，《方豪六十自定稿》上册，台湾学生书局1969年版，第42页。

③ 杨廷筠《刻西学凡序》中说法。

④ 王徵：《远西奇器图说录最》自序，《奇器图说》卷首，日本早稻田大学藏崇祯元年武位中刻本。邹漪《启祯野乘》称王徵“潜心实用之学，擅物理学及农器、军器、机械等技术，并以知兵称。公曾荐请召至京，委以教习车营、火器等务。”

义》、《畸人十篇》、《七克》、《自鸣钟说》、《望远镜说》、《职方外纪》、《西学或问》、《西学凡》等。参阅的书籍，则有"专属奇器之图之说者，不下千百余种"，而据今人考证，其直接的知识来源主要有斯蒂文（Simon Stevin）、拉梅利（Ramelli）等当时欧洲著名的科学家或工程师的相关著作。①

王徵因兴叹于西方各种机械的种种妙用而与邓玉函一起译介力学与机械知识，卷一"力艺"，卷二"器解"，卷三图例，对于存在"一法多种"与"一种多器"的情形，则著录其中"最精妙者"，因而取名《远西奇器图说录最》。然而，明清之际中西士人传播西方力学与机械知识的努力，并未能朝着更加深入的方向发展。《奇器图说》产生之后迄于清末的两百余年间，中国在力学方面的知识基本上仍停留在王徵、邓玉函当初引入西学的水平。尽管如方以智的《物理小识》、黄履庄的《奇器图略》、薛凤祚的《历学会通·重学》、梅文鼎的《奇器补诠》等，都曾受到《奇器图说》的影响或者启发，但其兴趣点主要在书中所列举之"奇器"，对力学知识的吸收和解释多只是片言只语，未能形成影响清初以降学术系统的知识体系，"奇技淫巧"的观念仍然是支配清代前二百年知识世界的主流意识。以致 19 世纪末英国新教传教士傅兰雅（J. Fryer，1839～1929）在《格致须知·重学》卷中感叹说："至于重学，不但今人无讲求者，即古书亦不论及，且无其名目。可知华人无此学也。自中西互通，有西人之通中西两文者，翻译《重学》一书，兼明格致、算学二理。"其所指当即李善兰与英国人艾约瑟（Joseph Edkins，1823～1905）1852 年开始合作翻译的《重学》，该书于 1859 年刊刻行世。而在 1857 年出版的《六合丛谈》中，则有伟烈亚力口译、王韬笔述的《重学浅说》。"重学"作为西方近代学科的重要一支，在晚清西器东传、西学东传过程中备受重视。在此背景下，仅 1860～1890 年间，《奇器图说》就以不同形式出现了同文馆刻本（1877 年）、《中西算学集要》本（1881 年）、上海美查铅印本（1888 年）、上海鸿文书局石印本（1889 年）、上海同文书局石印本（1890 年）等多个版本。

在清末的话语体系中，作为一本刊行于两百多年前的著作，《奇器图说》对于晚清知识谱系的影响，并不在于知识之"新奇"，主要体现在王、邓二人在合作翻译过程中对相关概念的厘定。对此，陈垣在《泾阳王徵传》中指出："从今视之，所谓奇者未必奇。然在三百年前，则固未有奇于此者，况今日工学诸译名

① 张柏春等人在将《奇器图说》与其所列举的引用书目进行细致的对比研究后指出：这些文献中确实含有大量与《奇器图说》中内容一致的知识，但该书很少有直接引自这些著作中的文字。然而，该书存在大量的与这些著作中一致的术语，甚至核心力学术语，这些著作是王徵理解邓玉函口授内容的重要基础，也是他以中文重新构造和表述这些内容的知识来源之一。张氏等人在《传播与会通——〈奇器图说〉研究与校注》中对其知识来源作了详细的分析。参见该书上篇第 86～153 页。

无不溯源于是书者乎！”[①] 随着时代进步、科学发展，当年的“奇器”已不再新异，新知也成为“旧识”，只有那些经由反复推敲厘定的词汇，或沿用至今，或略加改易，成为构建该学科的基本概念和核心术语。《奇器图说》卷一开篇，即强调了西方学术传统对于学名厘定的重视：“《奇器图说》，译西庠文字而作者也。西庠凡学，各有本名。”其中出现的词汇和用语，为后世沿用者甚多，择要列举如下：

重学　力艺学　力　两足规矩/三足规矩　螺丝/螺丝转母/螺丝转齿　重心　本重　起重　杠杆　流体　凝体　双翼钻/铁钻　螺丝转铁钳　锯齿轮　轴/立轴/平轴/斜轴/枢轴/转轴　行轮/立轮/平轮/飞轮/斜轮/星轮/齿轮/水轮/风轮/搅轮/绞轮/单轮/合盘轮/踏轮　式样　物理　运动　材料　垂径　多棱有法/立方六棱柱/三棱柱　水面平　比率　滑车　天平　比例　横梁　指针　垂准　等子　重体　支矶　系重力　体重　分数　凹槽　尖圆/长圆　觚棱　周围　双角　水筒　风扇　藤线　柱螺丝转/尖螺丝转/球螺丝转　柱圆/圆柱　压　旋转/转动　斜面形/斜面　长体　高线　半圆形　秤杆/秤头　三足形/三足架/四足架　引重　转重　立柱　方曲拐形　圆孔　长三角形

其中有些用语虽然在当代的学科中已被改译，但在晚清西方力学、机械学知识大量输入中国的过程中，一直是描述该学科的重要概念。尤其是作为学科术语的“重学”一词，在晚清的西学著译中曾流行一时。如在《重学浅说》、《重学》中，使用的术语包括“重学”、“杠杆”、“流体”、“斜面”、“齿轮”等。尽管丁韪良在1868年为同文馆编写的教科书《格物入门》中，使用了“力学”一词，然而在清末并未取代“重学”成为标准译名。[②] 明治时期的日本，也曾出版了诸多以“重学”作为书名的著作。[③] 20世纪30年代，刘仙洲编订英汉对照的《机械工程名词》，统一机械名词术语，也曾经参考过《奇器图说》等书。

---

① 陈垣：《陈垣学术论文集》第1集，第229页。

② 相关研究，参见阿梅龙：《名词翻译与科学传播：以清末“力学”为例》，邹嘉彦、游汝杰主编《语言接触论集》，上海教育出版社2004年版，第195～210页。

③ 如明治七年（1874）日本清风阁出版的宫崎柳条所编《百工器械新书》卷二当中，就有“重学并诸器械利用ノ解”一目。明治八年（1875）《陆军文库》收录福田半所编的《洋算例题续编》中，卷八为“重学题三十二问”。日本内外兵事新闻局明治十四年（1881）出版的“脱狼特著，长岭让译”的《重学梯杭》，所论内容包括平面力、中心、天枰、轮轴齿轮、滑车、斜面、螺旋、动速、合器、面阻力等。1885～1886年丸善商社出版的“ウィルレム・チャンブル，ロベルト・チャンブル编，文部省摘訳”的《百科全书》中，也有“重学”一科。19世纪90年代出版的《东京工业学校一览》当中，也记载该时设有“应用重学”科目。东京数理学会1900～1902年出版的讲义当中，也有《重学讲义》一种。其时编著的诸多物理学著作中，也都列有“重学”条目。其中出现的许多术语、词汇及其表达方式，其源头都可以追溯到《奇器图说》、《重学浅说》、《重学》等书。

三、邓玉函、毕拱辰《泰西人身说概》

西方人体解剖学知识传入中国，在利玛窦《西国记法》、汤若望《主制群徵》、艾儒略《性学觕述》、毕方济《灵言蠡勺》等书中已有所表述，出现了诸如“脑囊”、“枕骨”、“脑筋”等用语，甚至在熊三拔编译的《泰西水法》中，也出现了“筋脉”、“膀胱”、“脾胃”、“脉络”、“脉理”、“大肠”等词汇。在一定程度上影响了明清之际中国士人对人体的认识，如方以智《物理小识》即曾吸收汤氏著作中关于人体骨骼、肌肉、心、肝、脑筋等的论述。但将西方人体解剖学知识进行比较全面介绍的，则是邓玉函译述的《泰西人身说概》。

《泰西人身说概》上、下两卷，署“耶苏会士邓玉函译述，东莱后学毕拱辰（？～1644）润定”。[①] 不过根据书前毕拱辰撰写的序文，该书是两位译者在不同时空中合作完成的一部汉文西学译著，由邓玉函于天启二年（1623）前后译出初稿，毕拱辰于崇祯七年（1634）加以润定，崇祯十六年（1643）刊行，与明清之际多数西书的合译方式并不相同。[②] 目前所存版本已知有十种，以抄本为主，多数与罗雅谷译述的《人身图说》合订。[③] 对于该书的西方知识来源，有学者认为主要来自古希腊、罗马医学家希波克拉底、盖仑等人的学说及瑞士解剖学家、巴塞尔大学医学教授加斯柏·鲍欣（或译作包因，Caspar Bauhin，1560～1624）的《解剖学论》（1592年），也有学者认为包含了人体解剖学创始人之一比利时解剖学家安德雷亚斯·维萨里（或译作塞留斯、韦尔撒鲁斯，Andreas van Wesel，

---

① 本书所用《泰西人身说概》为澳大利亚国家图书馆所藏抄本。又有法国国家图书馆藏影印抄本，收录于钟鸣旦等人主编《法国国家图书馆明清天主教文献》第4册，台北利氏学社2009年影印版。二本版式不同，非出自一手。文中出现“天主”处，法国图书馆藏本除“行动”一节有一处写作“天主”，其余均抄作“大主”；澳大利亚图书馆藏本除将“天主”改作“大主”外，多数另起一行且上空一格，或空一格，亦偶不空格，“行动”一节出现之“天主”，亦作“大主”，凡出现“造物主”处，亦空二格。

② 关于其书的完成过程，毕拱辰叙述说：“甲戌岁（1634），余得交汤道未先生于京谷，一日乘间请之，谓贵邦人士范围两仪，天下之能事毕矣，独人身一事尚未睹其论著，不无觖望焉。时先生出西洋人身图一帙相示……后示亡友邓先生《人身说》二卷，乃译于武林李太仆家者。……闻邓先生译说时，乃一纰陋侍史从旁记述，恨其笔俚而不能挈作者之华，语滞而不能达作者之意，恐先生立言嘉惠虚怀晦而不章也，不揣谫陋，僭为之通其隔碍，理其棼乱，文其鄙陋凡十分之五，而先生本来面目则宛尔具在矣。”对于毕拱辰在该书译刊中所做的贡献，可参看郭文华《〈泰西人身说概〉初探——以毕拱辰与其成书为中心》，龙村倪、叶鸿洒编：《第四届科学史研讨会汇刊》，台湾中研院科学史委员会，1996年；董少新：《形神之间——早期西洋医学入华史稿》，上海古籍出版社2008年版，第305页。

③ 参见牛亚华：《中日接受西方解剖学之比较研究》，西北大学博士学位论文，2005年，第39～41页；邹振环：《晚明汉文西学经典：编译、诠释、流传与影响》，复旦大学出版社2011年版，第320～327页。

1514～1564）《人体构造》（1543 年）中的部分内容。①

全书上卷分为十五个子题，分别是骨部、脆骨部、肯筋部、肉块筋部、皮部、亚特诺斯部、膏油部、肉细筋部、络部、脉部、细筋部、外面皮部、肉部、肉块部、血部。“血部”题下注云：“原阙此部，今取毕先生《灵言》补之。”②乃是据毕方济《灵言蠡勺》中的内容所补入的，相比其他各部的论述显得十分简短。下卷分为八个子题，论述神经系统和行为语言，分别是总觉司、目司、耳司、鼻司、舌司、四体觉司、行动、言语。其中“总觉司”下附有“利西泰（即利玛窦）记法五则”。书中关于人体解剖学的多数译名，当是由邓玉函所译，故卷上“亚特诺斯部”题下有注释说：“原本未经翻译，故仍西名。”由此说来，毕拱辰在序中说自己对原稿所作的修订主要是“通其隔碍，理其棼乱，文其鄙陋凡十分之五”，应当是以文字表达方面的修饰为主，另外加上他并不懂医学，定然较少对专业用语进行改译。其中出现的诸多语汇，今天仍然沿用：

全体　太阳骨　脆骨　犬牙　磨牙　骨髓　心窝　膝盖骨　眼札毛　眼眶　脑囊　全能　细筋　骨节　血脉　肢体　脉静　脉动　灵魂　视力　主动　言语　膈膜　胞胎　外面皮　细皮　肉块（肌肉）　生命　软体　脑体　头骨　人类　望远镜　近视　瞳体　光色　运转　新体　脑髓　伸缩自如　气管　食管

不仅《泰西人身说概》中出现的许多生理学、解剖学名词、术语至今仍然沿用，其中许多用于表述的日常用语，在当今生活中仍被广泛使用。对近代生理学、解剖学影响较大的著作，一般认为是晚清英国传教士合信所译的《全体新论》（1851 年）。该书以“全体”表示人体的用法，即是《泰西人身说概》最早使用的。清末出现的诸多人体解剖学著作，都以“全体”为名。合信著作中使用的许多解剖学用语，虽然不一定是直接参考了邓玉函、毕拱辰的翻译，但在《泰西人身说概》中已有用例确是事实。③

与《泰西人身说概》合订的另一种解剖学著作《人身图说》，为罗雅谷译述，所据底本为法国医生昂布鲁瓦兹·帕雷（Ambroise Paré，约 1510～1590）的

① 参见核堂（范行准）：《〈人身说概〉底本之发见》，《医史杂志》1948 年第 2 卷第 3～4 期；袁媛：《明清之际传入中国之西方生理学》，《广西民族学院学报》（自然科学版）2005 年第 4 期；牛亚华：《中日接受西方解剖学之比较研究》，西北大学博士学位论文，2005 年，未刊本，第 53～60 页；牛亚华：《〈泰西人身说概〉与〈人身图说〉研究》，《自然科学史研究》2006 年第 1 期；邹振环：《晚明汉文西学经典：编译、诠释、流传与影响》，复旦大学出版社 2011 年版，第 333～336 页。

② 法国国家图书馆藏本“原”作“元”，亚特诺斯部下注之“原”亦抄作“元”。

③ 澳大利亚国家图书馆所藏《泰西人身说概》，原为伦敦会中国部的藏书，合信作为英国的新教传教士，亦有可能知道和阅读过该书。

《人体之一般解剖学》（1561）。[①]《人身图说》所论内容与《人身说概》互为补充，主要是关于人体各器官的知识和图示。其中出现的脉络、胚胎、脐带、血脉等用语，仍沿用至今。

第四节　西方人文社会科学著作及其术语

明清之际耶稣会士传译的西学著作中，科学技术知识和基督教神学著作占据主要部分，人文社会科学领域相对较受冷落。杨廷筠比较其间的情形说："其国隔九万里，象胥绝不相通，所可译者，器象图数有迹可揣之物，而其于精义妙道，析牛毛、超象罔者，书虽充栋，不能尽以手口宣也。"[②] 许胥臣也说："西国书言，大抵千里一译，距我中华，虽心同理同，而语言文字别有天地，夐不易知。自利氏观光三十年来，名公巨儒相与投分研精，夫非一人一日而所能通译者。自《实义》、《畸人》、《七克》而外，不过度数器用诸书，千百之一二，非不欲译，不易译也。"[③] 究其原由，西方人文社会科学领域知识传入，更多是通过传教士的编译，也有部分采取了传教士传授、中国士人笔述的方式，尽管大多也属新知，然而涉及中西两种知识传统的协调与融会，在当时的条件下似较以中西士人合作为主的西方科技知识翻译更为不易。杨廷筠分析说："彼中士人学问修诣有次……迨入中华，间关数载，又以数载习语认字，数载通经学文，始能融会两境，义理有所阐译，而老将至矣，而我华人又鲜肯虚心参究与共功力者。所以后先数辈，率皆赍志以殁而学不尽传，而貌取者，第敬其操诣之纯笃，与其名理之该洽，又或以为浅谭象数而无当于精奥，抑孰知原原本本，真有当年累世而莫可穷竟者。"[④] 从早期的传教士群体来看，除利玛窦之外，在科学领域和人文领域进行西学编译的传教士有着较为明显的分野，汤若望、罗雅谷、邓玉函、熊三拔等人更多专注于西学中科学技术领域的著译，而以编译西方人文科学著作为主的传教士主要有艾儒略、高一志、傅汎际、金尼阁等人。

① 参见钟鸣旦：《昂布鲁瓦兹·帕雷〈解剖学〉之中译本》，载《自然科学史研究》2002 年第 3 期。

②④ 杨廷筠：《刻西学凡序》，《西学凡》卷首，台湾学生书局影印《天学初函》本。

③ 许胥臣：《西学凡引》，《西学凡》卷首，台湾学生书局影印《天学初函》本。

一、艾儒略《西学凡》

意大利传教士艾儒略（P. Jules Aleni，1582～1649）自1613年进入中国内地，至1649年在福建延平去世，在中国传教达三十多年。其著述集中于基督教义、神哲学及人文学领域，著译的作品有《职方外纪》、《西学凡》、《张弥克尔遗迹》、《性学觕述》、《三山论学记》、《涤罪正规》、《悔罪要旨》、《耶稣圣体祷文》、《万物真原》、《弥散祭义》、《大西西泰利先生行迹》、《天主降生言行纪像》、《天主降生言行纪略》、《天主降生引义》、《西方答问》、《圣梦歌》、《玫瑰经五十端图经》、《口铎日抄》、《天主圣教四字经文》、《圣体要理》、《五十言余》等，唯一的一部科学著作《几何要法》，是他在利玛窦、徐光启翻译《几何原本》的基础上增删改编而成。[①]

《西学凡》书前署"西海耶稣会士艾儒略答述"，被认为是艾儒略对金尼阁携入中国的七千余部西书所作的分类提要。[②] 从书中记述的实际内容来看，该书反映了16、17世纪欧洲学科分类和学校教育观念。[③]《西学凡》最初刊刻在天启三年（1623），行世的版本有天启三年初刻本、天启五年杭州刻本、天启六年闽中钦一堂重刻本、李之藻编《天学初函》本，而以《天学初函》本流传最广。其中闽中钦一堂又曾将《西学凡》与《景教流行中国碑颂》、《二十五言》、《天主圣像略说》、《天学十诫解略》等合刊，称"天教五书"或"天经五典"，日本早稻田大学藏有改版的抄本。

在1623年刊行的《职方外纪》一书中，艾儒略在介绍欧洲大学时，曾对西方的知识分类作过简要介绍，在1637年完成的《西方答问》中亦略有述及。而专门、详细介绍欧洲学科分类与学校教育的则是《西学凡》。该书较早将耶稣会

---

① 阮元《畴人传》卷四十四云："艾儒略，万历时入中国，著《几何要法》四卷，即《几何原本》求作线面诸法，而较《几何原本》为详。"

② 艾儒略《西学凡》中提及西书人华之事："旅人九万里远来，愿将以前诸论与同志翻以华言。试假十数年之功，当可次第译出。"杨廷筠《刻西学凡序》第一次提出《西学凡》是述七千余部西书纲要的说法："以余所闻，又阅多人多载，觀若画一，所称六科经籍约略七千余部，业已航海而来……而其凡则艾子述以华言，友人熊子士旂、袁子升闻、许子胥臣为受梓以广异闻。"《西学凡》虽然未必是针对七千余部西书所作的概述，但金尼阁带到中国的西方书籍涵括各学科应当无疑。

③ 徐宗泽《明清间耶稣会士译著提要》称《西学凡》为"一本欧西大学所授各科之课程纲要"。嵇文甫称其书"讲西洋建学育才之法，把当时欧洲教育制度、学问门类已介绍其大概"（《晚明思想史论》，东方出版社1996年版，第161～162页）。

士传入的欧洲科学技术、宗教人文等知识称为“西学”。[①] 书中对当时西学中各学科名称的翻译，采用音译加上中文解说的方式，虽然在近世多为意译名所取代，但在引入欧洲学术分科观念和学科知识方面，仍有重要意义。

《西学凡》对欧洲学术分科的介绍，是根据教育的不同阶段而展开的。开篇介绍当时欧洲的分科观念说：“极西诸国总名欧逻巴者，隔于中华九万里。文字语言，经传书集，自有本国圣贤所纪。其科目考取，虽国各有法，小异大同，要之尽于六科：一为文科，谓之勒铎理加；一谓理科，谓之斐录所费亚；一为医科，谓之默第济纳；一为法科，谓之勒义斯；一为教科，谓之加诺搦斯；一为道科，谓之陡禄日亚。”[②] 对于各科名称对应的拉丁文及其译义，近人徐宗泽辨析说：“其科目大要分六科：一为文科，谓之勒铎理加，即拉丁 Rethorica 之译音；一为理科，谓之斐录所费亚，即 Philosoohia 之译音，哲学也；一医科，谓之默第济纳，即 Medcina 之译音；一为法科，谓之勒义斯，即 Leges 之译音；一为教科，谓之加诺搦斯，即 Canones 之译音；一为道科，谓之陡录日亚，即 Cheologia 之译音。”[③]

“文科”（Rethorica）现在通常译作“修辞学”，但从其论述来看，实际包含了现今人文学科的多个方面，被称作“文艺之学”，包含四个方面：“一，古贤名训；一，各国史书；一，各种诗文；一，自撰文章议论。”与其中提到的“文学”一词在含义上颇为接近：“自幼习文学者，先于一堂试其文笔，后于公所试其议论。”“文学已成，即考取之，使进于理学。”

“理学”（Philosophia）即上文提到的“理科”，今译为“哲学”，《西学凡》音译为“斐录所费亚”，义译为“理学”。《西学凡》的这一处理方式，在明清之际被耶稣会士所广泛采纳，高一志甚至撰述了一本名为《斐录答汇》的哲论书。晚清西方哲学传入中国，采用《西学凡》及后文提到的《灵言蠡勺》、《名理探》等书的译述仍是早期的一种通行做法。[④]

《西学凡》所定义的“理学”（Philosophia），与今日之所谓“哲学”有很大

① 另一位曾经以“西学”概称明末清初传教士输入的欧洲学术的是高一志。据法国学者梅谦立（Thierry Meynard）《理论哲学和修辞哲学的两个不同对话模式》一文考证，高一志大约在万历四十三年（1615）撰写了《西学》一文，介绍欧洲教育体系。后因“南京教案”被捕入狱，被遣返澳门。后来他刊印《童幼教育》，《西学》被收入其中。这一说法，也为当时的部分中国士人所接受，如叶向高天启四年曾作《西学十诫初解序》（《天学十诫解略》卷首），虽然所论为西方基督教神学，但可以看出他已认可以“西学”这一包含了地理含义的称呼概称传教士传入之西方知识。

② 本文所用《西学凡》，据台湾学生书局影印之《天学初函》本，并参以日本早稻田大学所藏抄钦一堂本。

③ 徐宗泽：《明清间耶稣会士译著提要》，上海书店出版社 2010 年版，第 220 ~ 221 页。

④ 参见陈启伟：《“哲学”译名考》，《哲学译丛》2001 年第 3 期；熊月之：《从晚清“哲学”译名确立过程看东亚人文特色》，《社会科学》2011 年第 7 期。

不同，反映的是欧洲近代学科分类形成之前的大哲学观念，与中国传统的“道”和“理”接近，某种程度上来说是基于欧洲的 Philosophia 与中国的“理学”都以对宇宙、世界、人生的认识作为对象的共同性质。在 1637 年撰写并刊行的《西方答问》中，艾儒略也将其称为“穷理之学”，认为其义是“穷究天地间事物实理”。[①]《西学凡》对“理学”的定义即反映了这一点：“理学者，义理之大学也。人以义理超于万物，而为万物之灵。格物穷理，则于人全而于天近。然物之理藏在物中，如金在砂，如玉在璞，须淘之、剖之以斐禄所费亚之学。”可分为“五家”，下又有不同的“门类”和“支节”。所谓“五家”，分年学习，依次如下：

第一年学“落日加”，即 Logica，今译逻辑学。《西学凡》的解释是：“译言明辩之道，以立诸学之根基。辩其是与非、虚与实、表与里之诸法，即法家、教家必所借径者也。”相当于现在的辩证法与形式逻辑。包含六大门类：其一，“落日加之诸豫论”，为“理学所用诸名目之解”；其二，“万物五公称之论”，即“万物之宗类”，包括“物之本类”、“物之分类”、“所以相分之理”、“物类之所独有”和“物类听所有无，物体自若”等；其三，“理有之论”，即“不显形于外而独在人明悟中义理之有者”；其四，“十宗论”，即“天地间万物十宗府”；其五，“辩学之论”，即“辩是非得失之诸确法”；其六，“知学之论”，即“论实知与忆度、与差谬之分”。

第二年学“费西加”，即 Physica，后译为“物理学”或“自然哲学”，在《西学凡》中被称作“斐禄所之第二家”。该术语西方最早的源头为亚里士多德的《物理学》（φυσικὴ ἀκρόασις 或 *Phusike Akroasis*），拉丁文书名为 *Physica* 或 *Physicae Auscultationes*，是一门以自然界为研究对象的哲学，包括物理学、化学、天文学、地学、生物学等自然科学的各个层面。[②] 16 世纪欧洲所使用的 Physica

① 艾儒略：《西方答问》，《艾儒略汉文著述全集》上册，第 135 页。

② 正如德国哲学家马丁·海德格尔（Martin Heidegger，1889 ~ 1976）在他的《理性的原则》（*The Principle of Reason*，1957）一书之第八篇演讲中所说：“The *Physics* is a lecture in which he seeks to determine beings that arise on their own，τ˙ φ ύσει ντα，with regard to their being. Aristotelian ‘physics’ is different from what we mean today by this word，not only to the extent that it belongs to antiquity whereas the modern physical sciences belong to modernity，rather above all it is different by virtue of the fact that Aristotle's ‘physics’ is philosophy，whereas modern physics is a positive science that presupposes a philosophy. Aristotle's *Physics* remains the fundamental book of what later is called metaphysics.”（Martin Heidegger，*The Principle of Reason*，trans. Reginald Lilly，Indiana University Press，1991，pp. 62 ~ 63）Physics 词义在西方也有一个古今演绎的过程。

（英文 physics）一词，其含义即是指自然哲学。[①]《西学凡》对“费西加”（Physica）的解释是：“察性理之道，以剖判万物之理，而为之辩其本末，原其性情，由其当然以究其所以然，依显测隐，由后推前，其学更广博矣。”其下分为六大门类：其一，“闻性学”，分为八个分支，包括“费西加之诸预论”、“总论物性”、“总论有形自立之物性”、“讲物性之三原”、“总讲变化之所成”、“总讲物性之所以然”、“讲依赖有形者，如运动、作为、抵受、处所、几何等”以及“天地与其有始无始否、有尽无尽否”；其二，“论有形而不朽者”，如“言天之属”；其三，“论有形而能朽者”，如人、兽、草、木等，及其“生长、完成、死坏诸理”；其四，“总论四元行本体火、气、水、土，与其相结而成物”；其五，“详空中之变化，地中之变化，水中之变化”；其六，“论有形而生活之物”，所论包括五支，即“生活之原所谓魂者”、“生长之魂与其诸能”、“知觉之魂与其五官之用、四识之等”、“灵明在身之魂与其明悟爱欲之诸理”以及“灵魂离身后之诸能何如”。

第三年学“默达费西加”，即 Metaphysica，今译为“形而上学”，在《西学凡》中被列为“斐禄所第三家之学”。该术语西方最早的源头也被追溯到亚里士多德。亚里士多德的著作在被编订的过程中，他关于逻辑、含义和原因等抽象知识的讨论被编排在了讨论物理学的著作之后，并被命名为 *τὰ μετὰ τὰ φυσικὰ βιβλία*（拉丁文名 *ta meta ta physika biblia*），意为“在自然学之后”。后来被拉丁语学者错误地理解为“超越自然学之上的科学”。而亚里士多德自己并没有使用 Metaphysica，而是称其为 first philosophy。这一用法，至笛卡尔仍被使用，笛卡尔的一本著作就命名为 *Meditations on First Philosophy*，后来被译作《形而上学沉思录》。汉字译词“形而上学”的出现，则是在日本学者井上哲次郎的《哲学词汇》。[②]《西学凡》对“默达费西加”的解释是：“译言察性以上之理也。所谓费日加者，止论物之有形，此则总论诸有形并及无形之宗理。”其下分为五大门类：其一，“豫论此学与此学之界”；其二，“总论万物所有超形之理与其分合之理”；

---

① 1687 年英国著名物理学家牛顿（Isaac Newton，1643～1727）发表三大运动定律时，其拉丁文书名为 *Philosophiae Naturalis Principia Mathematica*（《自然哲学的数学原理》）。可见其时“物理学”仍未被作为一门独立的学科。关于汉语世界“物理学”的定名过程，参见德国学者阿梅龙（Iwo Amelung）著、赵中亚译校：《命名物理学：晚清勾划一种近代科学领域轮廓的努力》，复旦大学历史系、中外现代化进程研究中心编《中国现代学科的形成》，上海古籍出版社 2007 年版，第 326～362 页。

② 参见冯天瑜：《汉字术语近代转换过程中误植现象辨析——以“经济”、“封建”、“形而上学”为例》，《中日学者中国学论文集——中岛敏夫教授汉学研究五十年纪念文集》，复旦大学出版社 2006 年版；方朝晖《“西学”在“中学”中的命运：形而上学之例》，《上海社会科学院学术季刊》2002 年第 3 期；井上克人《明治期アカデミー哲学の系譜とハイデッガーにおける形而上学の問題——如来蔵思想とユダヤ・ヘブライ的思索の収斂点》，*Heidegger—Forum*，vol. 3，2009（http://heideggerforum.main.jp/ej3.html）。

其三，“总论物之真与美”；其四，“论物之理与性、与体、与其有之之由”；其五，“论天神谙若终论万物之主，与其为独一……等种种义理。此皆因物而论究竟，因变化之自然，而究其自然之所以然。此所论天主与天神，特据人学之理论之，尚未到陡禄日亚所按经典天学而论，盖彼又进一学也”。

第四年，则在“总理”上述三年之学的基础上，“又加细论几何之学与修齐治平之学”。其中“几何之学”被译作“马得马第加”（或作“玛得玛第加”），即 Mathematica，今译为数学，在《西学凡》中被列为“第四家”，其解释是：“译言察几何之道，则主乎审究形物之分限者也。复取斐录之所论天地万物，又进一番学问。”与总属之“斐录所费亚”的区别在于：“斐录本论其性情、变化，而玛得玛第加独专究物形之度与数。”从其所论内容来看，实际上即明清之际通译的“度数之学”。“修齐治平之学”被译作“厄第加”，即 Ethica，今译伦理学，在《西学凡》中被列为“斐禄所费亚”中的“第五家”，其解释是：“译言察义理之学。复取斐录之所论物情性理，又加一番学问。”其内容包括三个方面：其一，修身，“察众事之义理，考诸德治根本，观万行至情形，使知所当从之善、当避之恶；其二，齐家，“论治家之道”；其三，治天下，“区别众政之品节，择贤长民，铨叙流品，考核政事”。

由上述论析可以看出，《西学凡》中所谓的“理科”，实际上是一个涵括了人文社会科学、自然科学诸科在内的西学的基本知识系统，因此在书中又被称作“大斐录之学”，也才会有由“通儒”到“专家”更进一步的学习：“斐录所费亚之学既毕，则考取之，分为四学，或学医法，或学国法，或学教法，或学道法。”从中也可以看出由“文科”到“理科”再到“医科”、“法科”、“教科”、“道科”之间的递接关系。

“医科”又称作“医学”，《西学凡》译作“默第济纳”，即 Medcina，对其的解释是：“医学，操外身生死之权。”

“法科”又称“法学”，被译作“勒义斯”，即 Leges，《西学凡》对其所作的解释是：“法学，操内外生死之权。”

“教科”又称“教学”，被译作“加诺搦斯”，即 Canones，《西学凡》的释义为：“教学，操内心生死之权。”

“道科”又称“道学”，被译作“陡禄日亚”，即 Theologia，今译为神学。《西学凡》将其视作诸学的根本：“文字虽精，义理虽透，度数、人事虽明，若不加以天学，使人显知万有之始终，人类之本向，生死之大事，如萤光于太阳，万不相及，他学总为无根，不能满适人心，以得其当。……大西诸国，虽古来留心诸学，然而无不以陡禄日亚为极。”对其所作的解释是：“乃超生出死之学。总括人学之精，加以天学之奥，将古今经典与诸圣人微论立为次第，节节相因，多方证析，以明其道，使天主教中义理无不立解，大破群疑，万种异端，无不自露其邪而自消灭，万民自然洗心以归一也。”其思想来源是“多玛斯”（托马斯·阿奎那）《陡禄日亚略》（今译《神学大全》）中的经院哲学思想。[①]

《西学凡》传入的西方学科分类体系和分科教育观念，在明清之际引起了部分中国士人的注意。不过其时对其加以引述的多是与耶稣会士有着密切关系的士人，如杨廷筠、毕拱辰、徐光启、李之藻、李祖白等，未被作为新知而受到广泛肯定，更在清代被纪昀斥为“所格之物皆器数之末，所穷之理又支离怪诞而不可诘”的“异学”，[②] 因而也未能成为中国引入近代西方学术分科体系的先声。乾隆时期编纂《四库全书》，采用的仍是中国传统的经史子集四部分类法，明清之际的汉文西书被分别划入四部之中。只有到了晚清之后，《西学凡》中引入的西方分科知识及其学科名称，才再次进入中国士人的视野，成为近代西方学术分科体系输入的思想资源。[③]

二、毕方济、徐光启《灵言蠡勺》

徐光启与耶稣会士合作编译的著作大多为西方科学技术书籍，如与利玛窦合译《几何原本》、《测量法义》，与熊三拔合译《泰西水法》、《简平仪说》，主持崇祯历局与汤若望、罗雅谷等人编译西方天文、测量知识等。究其用意，正如陈子龙所说：“徐文定公忠亮匪躬之节，开物成务之姿，海内具瞻久矣。其生平所学，博究天人，而皆主于实用。”[④] 他引入西方科学技术知识，很大程度上即基于以实用为根本的“以耶补儒”思想和观念。然而也并非没有例外，他与毕方济合作撰译的《灵言蠡勺》，即是一本论述“亚尼玛”（即“灵魂”）的哲学著作。

《灵言蠡勺》二卷，署“泰西毕方济口授，吴淞徐光启笔录”。[⑤] 共有四篇，分别论述“亚尼玛之体”、“亚尼玛之能”、“亚尼玛之尊”及“亚尼玛所向美好之情”，天启四年（1624 年）刊行。1629 年，李之藻辑刻《天学初函》收入该书，每卷首有“慎修堂重刻”字样。《四库全书》子部杂家类列其书于存目。1919 年，陈垣重校刊行，陈垣、马良二人作序。该书的西学知识来源，一般认

---

① 参见陈启伟：《“哲学”译名考》，《哲学译丛》2001 年第 3 期。

② 纪昀：《阅微草堂笔记》卷十二《槐西杂志二》。

③ 参见邹振环：《晚明汉文西学经典：编译、诠释、流传与影响》，复旦大学出版社 2011 年版，第 247 ~ 252 页。

④ 陈子龙：《农政全书凡例》，《农政全书》卷首，文渊阁《四库全书》本。

⑤ 本书所引《灵言蠡勺》文字，据北京大学图书馆藏明刻《天学初函》本，收入《四库全书存目丛书》子部第 93 册。

为是葡萄牙科英布拉大学编辑出版的《亚里士多德论灵魂讲义》。[①] 书中“亚里士多德”被译作“亚利斯多”。

《灵言蠡勺》中西方名词、术语的翻译，采用的是译音与译义两种方式的结合。如在《灵言蠡勺引》中，毕方济将拉丁文 anima 译为“亚尼玛”，又注云：“译言灵魂，亦言灵性。”[②] 将 philosophia 译作“费禄苏非亚”，而加以注云：“译言格物穷理之学。”这一译法，是明末耶稣会士的普识：利玛窦《几何原本序》中曾提到西方学校要学习“格物穷理之法”；徐光启在《简平仪说序》中提到利玛窦之学，称为“穷理尽性之学”；徐光启在《泰西水法序》中，称西学之“绪余”有“格物穷理之学”。艾儒略《西方答问》卷上《西学》有“穷理之学”之名。此外，《灵言蠡勺》卷一“论亚尼玛之体”，将 gratia 译作“额辣济亚”（一作“额辣祭亚”），注云：“译言圣宠。”卷下“论亚尼玛之尊”出现译词“荣福”，加注云：“荣福，西言我乐利亚。”[③] 于“意得亚”下注云“译言物象之作规模也”[④]，等等。因此，其中使用的术语既有译义的“天主”、“天神”等，也有“陡斯”、“费略”、“罗德肋”、“斯彼利多三多”等译音之词。从中可以看出早期汉文西书中名词、术语翻译的某些共同特点。

三、傅汎际、李之藻《寰有诠》

与上述徐光启情形类似的还有李之藻。李之藻在早年与耶稣会士的合作中，关注的大多是科学技术书籍，如《同文算指》、《浑盖通宪图说》等。而在他去世之前与葡萄牙传教士傅汎际（P. Francisco Furtado, 1587，一作 1589 ~ 1653）合译的两部著作《寰有诠》和《名理探》，则是他为数不多的哲学译作。李之藻曾概述其间翻译之难说：“余自癸亥归田，即从修士傅公汎际结庐湖上，形神并式，研论本始，每举一义，辄幸得未曾有，心眼为开，遂忘年力之迈，矢佐翻译，诚不忍当吾世失之。而惟是文言夐绝，喉轻棘圣，屡因苦难阁笔，乃先就诸有形之类，摘取形天土水气火所名五大有者而创译焉。”[⑤]

《寰有诠》总共六卷，署名“波尔杜曷后学傅汎际译义，西湖存园寄叟李之藻达辞”。该书的知识来源，一般认为是 1592 年葡萄牙孔伯拉大学出版的八卷本

---

① 肖朗：《明清之际西方大学学科体系的传入及其影响》，载《浙江大学学报》2009 年第 1 期。

② ［意］毕方济、徐光启：《灵言蠡勺》卷首，四库全书存目丛书子部第 93 册，第 649 页。

③ ［意］毕方济、徐光启：《灵言蠡勺》卷下，四库全书存目丛书子部第 93 册，第 672 页。

④ 同上，第 673 页。

⑤ ［葡］傅汎际、李之藻：《寰有诠》卷首，四库全书存目丛书子部第 94 册影华东师范大学图书馆藏明崇祯元年灵竺玄栖刻本，齐鲁书社 1997 年版，第 4 页。

《亚里士多德论天讲义》，由彼得·冯塞卡（Pedro de Fonseca）编辑，但只是节译其内容大意，而并非直录。卷末有“皇明天启五年立夏译完，崇祯元年秋分刻完”字样，可知其成书和刊刻时间。该书在当时可能流传不广，黄虞稷《千顷堂书目》将其归入道家类，而将“傅汎际”误作“傅兆际”，《明史·艺文志》沿之。《四库全书》将其列入子部杂家类存目，一方面肯定耶稣会士传入科学技术的先进性，“欧罗巴人天文推算之密，工匠制作之巧，实逾前古”，同时又认为“其论皆宗天主，又有圜满纯体不坏等十五篇，总以阐明彼法”，如卷六最后一篇为《论世界永存》，意在宣扬造物主的万能与永生，因而被四库馆臣斥为“议论夸诈迂怪，亦为异端之尤”。从中也显示出明清之际主流意识对西学的一般看法和态度，即“节取其技能而禁传其学术”。[①] 今存明崇祯元年灵竺玄栖刻本。

关于《寰有诠》的基本内容，李之藻《译寰有诠序》中曾将其置于整个西学知识谱系中进行过论说：“缘彼中先圣后圣所论天地万物之理，探原穷委，步步推明，由有形入无形，由因性达超性，大抵有惑必开，无微不破，有因性之学乃可以推上古开辟之元，有超性之知乃可以推降生救赎之理，要于以吾自有之灵，返而自认，以认吾造物之主，而此编第论有形之性，犹其浅者。”[②] 《寰有诠》所论为亚里士多德关于宇宙学、物理学等方面的一些基本认识。卷一开篇的《总引》就表明全书的主旨是基于哲学层面的讨论：“研寻物理，首辩有无，既明为有，则当论所从有，及所有者何性何情，三者乃穷理之纲也。夫天与火、气、水、土，此五大之为有也，不待辩而自明。兹则论其奚从而有，次及其性其情也。”[③] 书中出现的诸多术语尽管并非由其首次译出，却可以看出其在明清之际西书中使用的一般情形。列举如下：

> 物理　穷理　推寻　受动　施动　属能　属为　本能　质模　元质　元则/内理/意得亚　性体　作者　性　艺成之能　推论　容德　本性　自主　秩序　物质　本德　本用　物性　本有之能　他能　纯体　周动　直动　外动　灵魂　定理　本体　物体　知觉　性学　天学　形体　总类　分类　生魂　觉魂　灵魂　全体　内体　自动　外力　内司　外司　凝体　透体　实体　几何学　形性学　形质

《寰有诠》的知识范围，同时包含了亚里士多德的古典物理学。如“论重物之动”，其论云：“凡具重体者，由其自然之动而动，其行愈远，其动愈疾。即檐水之滴，与石之从高陨下，有可证者。”[④] 与明清之际的大多数西书一样，《寰有

---

① 永瑢等：《四库全书总目·寰有诠》提要。

② ［葡］傅汎际、李之藻：《寰有诠》卷首，四库全书存目丛书子部第94册，第3～4页。

③ ［葡］傅汎际、李之藻：《寰有诠》卷一，第7页。

④ ［葡］傅汎际、李之藻：《寰有诠》卷四，第111页。

诠》对西方学名也大多采取音译的方式，如 physica 被译作“费西加”，称其为“性学之一端”[①]。同时，其中也使用了许多中国传统文化中固有的词汇，如“冲虚”、“寰宇”、“苦乐之报”、“理学”、“星宿”等。其中所谓“理学”，与中国传统的理学又有所不同：“理学，凡论质并论其模者，在费西加，论无形之灵、超质而上者，在默达费西加（Metaphysica）。”（卷四，第 119 页）此外在行文当中，也采取了中国传统的“疏”、“解”、“正”、“驳”等注经的方式。

《寰有诠》中的不少译名，同时也出现在后来传教士著译的诸多神哲学著作当中，并被明清之际的部分士人所接受。艾儒略《性学觕述》卷一第一篇即为“生觉灵三魂总论”，瞿式耜为艾儒略所撰《性学觕述》作序，也引述了将“世界之魂”分为“生魂”、“觉魂”和“灵魂”的说法。[②] 书中使用的译语如“质”、“模”、“物体”、“元质”等，《寰有诠》中均已出现。利类思著译《超性学要》，称“物之所以然有四”，使用的译名即为“作者”、“模者”、“质者”、“为者”，均见于《寰有诠》。[③]

四、傅汎际、李之藻《名理探》

《名理探》是李之藻与传教士合作翻译的最后一部西学著作，署名“远西耶稣会士傅汎际译义，西湖存园寄叟李之藻达辞”。根据李之藻《译寰有诠序》的说法，此书为傅、李二人在《寰有诠》成稿之后着手翻译的：“是编竣，而修士于中土文言理会者多，从此亦能渐畅其所欲言矣，于是乃取推论名理之书而嗣译之。”[④] 初稿完成于 1629 年，刊刻于 1631 年，李之藻去世的后一年。书名“名理”，为西文 Logica 的对译词，今译为逻辑学，或译作论理学。该书被认为是第一部大规模介绍欧洲逻辑学的著作，是根据葡萄牙科英布拉大学的《亚里士多德全称辩证法讲义》（或译作《亚里士多德论辩学概论》、《亚里士多德辩证法概论》、《亚里士多德辩证法大全注解》）节译而成。[⑤]

《亚里士多德全称辩证法讲义》原书二十五卷，《名理探》译出前十卷，五卷论“五公”，五卷论“十伦”。所谓“五公”，即书中所称的“宗”、“类”、“殊”、“独”、“依”，今译“类”、“种”、“种差”、“特有属性”和“偶有属

① ［葡］傅汎际、李之藻：《寰有诠》卷二，四库全书存目丛书子部第 94 册，第 29 页。

② 瞿式耜：《性学序》，《性学觕述》卷首，《艾儒略汉文著述全集》上册，第 131 页。

③ ［意］利类思：《超性学要·凡例》，《法国国家图书馆明清天主教文献》第 2 册，第 553 页。

④ ［葡］傅汎际、李之藻：《寰有诠》卷首，四库全书存目丛书子部第 94 册，第 5 页。

⑤ 参见［德］顾有信：《逻辑学：一个西方概念在中国的本土化》，郎宓榭、阿梅龙、顾有信著、赵兴胜等译：《新词语新概念：西学译介与晚清汉语词汇之变迁》，山东画报出版社 2012 年版，第 158 页。

性”；“十伦”，即“自立体”、“几何”、“何似”、“互视”、“施作”、“承受”、“体势”、“何居”、“暂久”、“得有”，今译“实体”、“数量”、“性质”、“关系”、“主动”、“被动”、“姿势”、“地点”、“时间”和“状态”。[①] 利类思《超性学要》中的译名分别为“几何”、“互视”、“如何”、“作为”、“底受”、“何时”、“何所”、“体势”、“得用”等。[②]

逻辑学为哲学之一支，《名理探》所用的“哲学”译名为“爱知学”，不见于此前耶稣会士翻译的汉文西书：“爱知学者，西云斐录琐费亚，乃穷理诸学之总名。译名，则知之嗜；译义，则言知也。”[③] 又释“爱知学”说：“译名，则言知之爱；译义，则言探取凡物之所以然，开人洞明物理之识也。”[④]《名理探》开篇的第一卷主要介绍了西方学科分类知识与逻辑学的基本原理，其分科观念为4世纪至16世纪欧洲的“七艺”分学，即逻辑、语法、修辞、数学、几何、天文、音乐七科。其所译学名多采取译音与译义相结合的方式。如《五公》卷一论三种“言语之伦”说：“一曰谈艺，西云额勒玛第加；二曰文艺，西云勒读理加；三曰辩艺，西云络日伽；而又有史，西云伊斯多利亚；又有诗，西云博厄第加。诗史，属文艺中之一类。”[⑤] 对于意译的名称，大多会在后面加上“西言”或是“西云”的音译，如“克己”后有“西云额第加（Ethica）”，“治家”后有“西云额各诺靡加（Economica）”，“治世”后又“西云薄利第加（Politica）”，“形性学”后有“西言斐西加（Physica）”，“审形学”后有“西言玛得玛第加（Mathematica）”，“超性学”后有“西言陡禄日亚（Theologia）”，“医学”后有“西云默第际纳（Medicina）”，“量法”后有“西云日阿默第亚（Geometria）”，“算法”后有“西云亚利默第加（Arithmatica）”，“视艺”后有“西云百斯伯第袜（Perspectiva）”，“乐艺”后有“西云慕细加（Musica）”，“星艺”后有“西云亚斯多落日亚（Astronomia）”，“主画天地之全图”后有“西云阁斯睦加费亚”，“主画全地之图”后有“沃加费亚”，“主画各国之图”后有“西云独薄加费亚”，[⑥] 等等。

在《名理探》之前，艾儒略的《西学凡》和《职方外纪》曾对逻辑学作过简单介绍，其使用的音译词是“落日加”，并加以注释称之为“辨是非之法”、“明辨之道”。傅、李二人除了借用艾儒略使用的音译词“落日伽”之外，使用的译义包括“名理探”、“名理学”、“名理之论”、“名理之学”及“推论之总

---

① 高圣兵：《Logic 汉译研究》，上海译文出版社 2008 年版，第 41 页。

② ［意］利类思《超性学要·凡例》，《法国国家图书馆明清天主教文献》第 2 册，第 555 页。

③ ［葡］傅汎际、李之藻：《名理探·五公卷之一》，三联出版社 1959 年版，第 7 页。

④ ［葡］傅汎际、李之藻：《名理探·五公卷之一》，第 17 页。

⑤ ［葡］傅汎际、李之藻：《名理探·五公卷之一·诸艺之析》，第 11 页。

⑥ ［葡］傅汎际、李之藻：《名理探·五公卷之一·诸艺之析》，第 11～12 页。

艺”、“推论之法”、“理学”、“推理之学”等。南怀仁的《穷理学》译为“理推之法”和“理推之学”等。[①] 清末中国士人将“逻辑学”翻译成“名学”、“论理学”、“辩学”等，均可以从《名理探》中找到渊源。[②]

《名理探》中所运用的术语及其解释，许多在后来都被日译汉字词所替代，包括用以对译 Logica 的“名理探”、“名理学”等。然而傅、李二人在当时的背景下能将亚里士多德的逻辑学知识译入中国殊为不易，其中译出的不少用语虽然多数未能沿用至今，但在西方逻辑学输入中国过程中曾作为重要的译词被广泛传播。其要者如下：

人性　推理　爱欲　推论　超识　人类　知识　文艺　辩学　解释　剖析　推辩　推论　明显　确定　修词　内理　外用　内象　作用　艺术　外体　本分　内用　知学　用学　规则　全界　分界　实学　词学　直通　断通　推通　物理　名相　外名　内名　本特　偶特　特殊　形性学　超形性学　克己学　元则　公性　特有　特一　本称　正称　公称　辨艺　外性　宗模　类模　特性　属类　容德　伦属　体称　依称　限定　同类　谭艺　本然[③]

从术语的翻译和运用来说，大多比较接近拉丁文的原意，部分也能够符合中国传统文化与用语习惯。当然，由于短时间内不可能对西方哲学有精确的把握，无法在中国文化中找到固有词语与之一一对译，因而其中也出现了不少臆造之词。之所以形成这种情况，与明末清初汉文西书独特的翻译模式有直接关系：其时的大多数西书都是由耶稣会士讲解，而后由中国士人加以整理、修饰，二者之间的熔接难免存在不谐之处。但从另一方面来讲，后来借用日译的汉字词作为逻辑学术语的诸多定名，从字义上来说反而不如《名理探》中的译名更易理解，且有不少在字义上发生了转移和误植。如《名理探》以“治家”（额各诺靡加）、“治世”（薄利第加）对译 economic 和 politica，二者在含义上颇为契合，而“经济”、“政治”的传统古义，均与 economic 和 politica 有别。然而历史的选择又是一个极为复杂的过程，通过日译而形成的汉字逻辑学术语，经过清末民初一批学者的使用得以广泛传播，并最终成为今日逻辑学的基本概念。

康熙二十二年（1683）八月二十六日，南怀仁进呈《穷理学》，其中使用的术语资源，即主要来自毕方济的《灵言蠡勺》、傅汎际的《名理探》、艾儒略的《性学觕述》、高一志的《斐录答汇》和利类斯的《万物原始》等。此外，在

---

① ［比］南怀仁：《进呈穷理学书奏》，见《熙朝定案》。

② 梁启超：《墨子之论理学》云：“Logic 之原语，前明李之藻译为名理，近侯官严氏译为名学，此实用九流名家之旧名，惟于原语意，似有所未尽。”

③ 对于《名理探》中人名、术语的译名与英文名及现代译名之间的对应关系，参见王建鲁：《〈名理探〉比较研究——中西逻辑思想的首次大碰撞》，西南大学 2010 年博士学位论文，未刊稿，第 107 ~ 113 页。又可参见李天纲：《从〈名理探〉看明末的西书汉译》，《传统文化与现代化》1996 年第 6 期。

《穷理学》中，南怀仁还提及了“人之知识记忆皆系于头脑”的“脑主记忆之说”，但并未被中国士人所接受。[①]

五、高一志《童幼教育》

高一志（Alfonso Vagnone，约1566～1640）为意大利传教士，初入中国时的汉文名字为王丰肃。1605年抵达澳门，同年赴南京。“南京教案”后被逐往澳门，后来返回中国内地，改名高一志，在山西传教。著译的汉文西书有《空际格致》、《斐录汇答》、《修身西学》、《齐家西学》、《治民西学》、《童幼教育》等19种，主要集中于人文社会科学和基督教神哲学领域。[②] 其中《童幼教育》中对西方教育的介绍，反映了明清之际输入之西学的一个重要侧面。

《童幼教育》分上、下两卷，各十篇。卷首署“远西耶稣会士高一志著，晋绛段衮、韩霖阅”，并有“耶稣会中同学费奇规、龙华民、邓玉函共订，值会阳玛诺准”等字。诸人中，邓玉函卒于1630年5月11日。而据韩霖（1596～1649）所作《童幼教育序》言：“西儒高则圣先生居东雍八年，所著天学之书以十数，其厄弟加之学，译言修齐治平者，为斐禄所费亚之第五支，童幼教育又齐家中之一支也。稿成，先生俾余同九章段子订付剞劂。”[③] 高一志入山西绛州传教在1624年，至韩氏作序为1632年。可知其书之成应在1630年之前，而刊行则在1632年之后。又其书非成于一日，应是出于多年之积累，可以书中的《西学》篇题名下的注释为证：“此稿脱于十七年前，未及灾木。同志见而不迂，业已约略加减，刻行矣。兹全册既出，不得独遗此篇，遂照原稿并刻之。”[④] 此条注解不见于《齐家西学·西学》篇下。其所说的“同志”，被认为可能即是艾儒略，所谓“刻行”，则指艾氏所撰《西学凡》。[⑤]

---

① 康熙二十二年十一月十四日明珠等奏陈，见《康熙起居注》（二），中华书局1984年版，第1104页。

② 参见［法］费赖之著、冯承钧译：《在华耶稣会士列传及书目》，中华书局1995年版，第88～97页；金文兵《高一志译著考略》，《江南大学学报》2011年第2期。《治民西学》，又作《民治西学》，被认为是《西学治平》（或作《治平西学》）的续论。该书共四卷十一章，存于国家图书馆。又有抄本一卷（卷上）八章，存法国国家图书馆，未著撰人。

③ ［意］高一志：《童幼教育》卷首，钟鸣旦等编：《徐家汇藏书楼明清天主教文献》（一），台北方济出版社1996年版，第239页。

④ ［意］高一志：《童幼教育·西学》，钟鸣旦等编：《徐家汇藏书楼明清天主教文献》（一），第370页。

⑤ 参见法国学者梅谦立（Thierry Meynard）：《理论哲学和修辞哲学的两个不同对话模式》，景海峰主编：《拾薪集：中国哲学建构的当代反思与未来前瞻》，北京大学出版社2007年版。对于艾儒略《西学凡》与高一志《童幼教育·西学》中词语的对比研究，可参见王彩芹：《艾儒略与相关学科用语的创制及传播——通过比较〈西学〉与〈西学凡〉》，《東アジア文化交渉研究》第4号，日本关西大学2011年3月31日，第327～342页。不过该文将《西学》篇推远为高一志1607年撰述作品的提法，尚待进一步考证。

《童幼教育》上卷为总论，各篇分别为“教育之原第一”、“育之功第二”、“教之主第三”、“教之助第四”、“教之法第五”、“教之翼第六”、“学之始第七”、“学之次第八”、“洁身第九”、“知耻第十”，主要论述教育的方法、步骤等；下卷属分论，各篇为“缄默第一”、“言信第二”、“文学第三”、“正书第四”、“西学第五”、“饮食第六”、“衣裳第七”、“寝寐第八”、“交友第九”、“闲戏第十”，主要论述教育的内容和范围等。各篇名目，与高氏所撰《齐家西学》中的二、三两卷完全相同。① 据《齐家西学》卷二开篇《齐幼童》一段所说：“夫妇之学已明，次以生育，而教子之道当讲矣。余既以《童幼教育》书别行，实《齐家西学》一大支也。兹详列如左。”② 可知《童幼教育》之成书早于《齐家西学》。比较二书内容，除文字略有改易，并无很大出入。

《童幼教育》虽以“童幼”为名，但其输入之教育思想，却并非全就儿童教育而言，其中尤以卷下《文学》、《西学》两篇对西方学科知识的介绍最受研究者重视。③ 其中出现的诸多学科术语，可与艾儒略《西学凡》中的译词进行对照。如论“文学”，《童幼教育·西学》开篇云：“或问：文学既为国家之急务，童幼之要业，当如何则可？余曰：国有道必有学焉。但学之序彼此不同，吾将陈西学之节，或有所取而助中国之学。”④ 在此之下，高一志列举“太西之文”总归而成的五个方面说：其一，“先究事物人时之势，而思具所当言之道理，以发明其美意焉”；其二，“贵乎先后布置有序，如帅之智者，节制行伍勇者置于军之前后，而懦者屯之于中”；其三，“以古语美言润饰之”；其四，“以所成议论娴

① 《齐家西学》五卷，其中钟鸣旦等编：《徐家汇藏书楼明清天主教文献》（二）所印仅一、二卷，法国国家图书馆藏本三、四、五卷在前，一、二卷在后，钟鸣旦等编：《法国国家图书馆明清天主教文献》第 2 册仅影印三、四、五卷。法国国家图书馆藏本有全书封面，见于第五卷之后，中间题“齐家西学”，右下题“极西高一志撰著”，左下题“古绛景教堂藏板”，内页题“遵教规，凡译经典诸书，必三次看详，方允付梓。兹镌订阅姓名于后：耶稣会中同学黎宁石、阳玛诺、伏若望共订，值会傅汎际准”，后附五卷目录。然于第二卷目录后，有“耶稣会中同学费奇规、龙华民、邓玉函共订，值会阳玛诺准”等字，《徐家汇藏书楼明清天主教文献》（二）所印《齐家西学》于卷一、卷二目录后均有同样文字。各卷署名亦略有不同：其中卷一署“极西高一志撰，虞城杨天精、河东卫斗枢、段衮、韩霖较”；卷二署名，校订者少卫斗枢；卷三署名与卷二同；卷四署名，校订者较卷一多陈所性；卷五署名，校订者较卷一少卫斗枢而多陈所性。由各卷内容来看，五卷所述为四方面的内容：卷一为“齐夫妇”，卷二、三为“齐幼童”，卷四为“齐仆婢”，卷五为“齐产业”。考以各卷的署名情况，四部分内容当写成于不同时期。

② ［意］高一志：《齐家西学》，法国国家图书馆藏本。又见钟鸣旦等编《徐家汇藏书楼明清天主教文献》（二），第 537 页。

③ 关于《童幼教育》传入之西方儿童教育思想，参见肖朗：《〈童幼教育〉与明清之际西方儿童教育思想的导入》，载《浙江大学学报》2005 年第 5 期。

④ ［意］高一志：《童幼教育》，钟鸣旦等编：《徐家汇藏书楼明清天主教文献》（一），第 370 ~ 371 页。“中国之学”，《齐家西学·西学》作“大明之学”。

习成诵，默识心胸”；其五，“至于公堂或诸智者之前辨诵之”。[①] 根据文中所说，高氏是将“文”作为“小童开蒙之后”所习之内容，是出于“言者，人所以别而交接于物”[②] 的人的基本特征而存在的，因而是“始学无不宜修”的必然途径。则其所谓“文”，含有语言文字之意；而所谓“文学”，虽与《西学凡》所谓“文科”近似，然而因并无确指，很难从中看出学科分类的含意。

由“文学”而进入更高一等的学习，才有了“众学者分于三家”的分科之学：其一为“法律之学”，其二为“医学”，其三为“格物穷理之学”，三者构成了“西学之大端”。[③] 论及“法律之学”，高一志概述说：“本浩博且重，不可忽也。盖诸法典，自天主之命始，质正理而正，据圣贤而施，志于均治而行先知者。”[④] 使用的译词有“法典”、“法度”、“公法之学”、“国度之学”、“法学”等。论及“医学”，高一志称其为“修疾治命之学”，并描述西方的情形说：“吾泰西古俗有医之公学，诸名士释古医之遗经，发明人性之本原，辨外体百肢之殊，内脏诸情之验，及其万病之所以然，而因设其所当用之药方。又大约六年中，师教其弟子以切脉及疗治之法。六年之后，须严考试，而非领考司之命，不得擅行医也。”[⑤] 此一“医学”，即《西学凡》之“医科”。第三家为“费罗所非亚”，与《西学凡》译作“斐录所费亚”均属音译，但用字不同，《西学凡》的意译名是“理学”或者“理科”，高一志则解作“格物穷理之道”。下分为五家，音译名称与《西学凡》也不相同：其一，“落热加”，“译言明辨之道”，即今之“逻辑学”；其二，“非西加”，“译言察性理之道”，即今之“物理学”或“自然哲学”；其三，“玛得玛弟加”，“译言察几何之道”，即今之“数学”；其四，“默大非西加”，“译言察性以上之理”，即今之“形而上学”；其五，“厄第加”，“译言察义礼之学”，即今之“伦理学”。使用的译名有“人学”。[⑥]

《童幼教育·西学》中所述第三层次的学科为“天学”：“人学之上尚有天

---

① ［意］高一志：《童幼教育·西学》，钟鸣旦等编《徐家汇藏书楼明清天主教文献》（一），第 371 ~ 372 页。

② 《齐家西学·西学》中此段文字为：“吾西小童开蒙之后，遂习于文。盖言者，人所以别于兽，而交接于物。”（《法国国家图书馆明清天主教文献》第 2 册，第 27 ~ 28 页）

③ 艾儒略《西学凡》介绍西方学术分科，较《童幼教育·西学》多出“教科”一类。虽然《西学凡》的学科分类名称，以“文科”、“理科”、“法科”、“医科”、“教科”、“道科”等使用较为普遍，但其中也称“文学”、“理学”、“法学”、“医学”、“教学”及“道学”等。而在艾氏所撰的另一本著作《西方答问》中，亦称“学”而不称“科”。

④ ［意］高一志：《童幼教育·西学》，钟鸣旦等编：《徐家汇藏书楼明清天主教文献》（一），第 373 页。

⑤ ［意］高一志：《童幼教育·西学》，钟鸣旦等编：《徐家汇藏书楼明清天主教文献》（一），第 376 ~ 377 页。

⑥ ［意］高一志：《童幼教育·西学》，钟鸣旦等编：《徐家汇藏书楼明清天主教文献》（一），第 377 ~ 381 页。

学，西土所谓陡罗日亚也。”[1]“陡罗日亚”，《西学凡》作“陡禄日亚”，即所称之“道科”或“道学”，今译为“神学”。《童幼教育》将其视作诸学的归依，“太西总学之大略”：“天学已备，即人学无不全，而修齐治平之功更明且易，行道之力更强矣。故吾西大学之修，从认己始，而至于知万有之至尊。”文中将“天学”与“人学”并举的提法，在后来传教士的汉文著译中也有使用：“大西之学凡六科，惟道科为最贵且要。盖诸科人学，而道科天学也。”[2]而其所用的译名，如“陡禄日亚”、“道科”、“多玛斯”等，均见于《西学凡》。

总体来说，从明清之际汉文西书所用学科名称、人名的译词来看，《童幼教育》中对西学分科的介绍及其译名，在当时并未能如《西学凡》中的译名一样为其他西书所采用，因而也甚少为时人所注意。《童幼教育》在近代以后重新为学者所重视，也主要是在于其关于幼儿教育、家庭教育等方面的思想。[3]

第五节　基督教、神学著作及其术语

对明清之际的耶稣会士来说，传教始终都是他们来中国最重要的工作，只是各自采取了不同的方式。因此，利玛窦在1605年5月10日的一封信中，郑重其事地谈到：“今年，我们做了一件非常重要的事，即把日常经文、信经、天主十戒以及其他有关天主教信仰的种种问答，依视察员的指示，在北京印刷，而后分发中国各教会使用，这样中国教友有了统一的经文与要理问答。”[4]从现存文献来看，在耶稣会士著译的汉文西书中，有关基督教教义及神哲学方面的著作数量最多。[5]

明清之际，西方的传教士在中国、日本等地进行基督教传播时，十分重视对其基本术语的翻译。[6]从明末进入中国的耶稣会士来看，他们在翻译基督教术语

① ［意］高一志：《童幼教育·西学》，钟鸣旦等编：《徐家汇藏书楼明清天主教文献》（一），第381页。

② ［意］利类思：《超性学要自序》，《法国国家图书馆明清天主教文献》第2册，第543页。

③ 相关论述，见马相伯1919年所作《童幼教育跋》，载《上智编译馆馆刊》1948年第3卷第6期。

④ 罗渔译：《利玛窦书信集》，第269页。

⑤ 杨廷筠：《代疑续编》叙及金尼阁携入中国的七千余部西书的一般情形说：“西教不然，其学有次第，其入有深浅。最初有文学，次有穷理之学，名曰费琭所斐亚，其书不知几千百种也。学之数年，成矣，又进而为达天之学，名曰陡琭日亚，其书又不知几千百种也。……上言二大种之书，虽不能全携在身，缃帙已七千余部，每部以单叶之纸夹印细字，在吾中国即一部又是数十部也。”费琭所斐亚，今译哲学；陡琭日亚，今译神学。金尼阁所携西书虽然并非全为神哲学著作，但二者占据多数则是事实。

⑥ 参见戚印平：《“Deus”的汉语译词以及相关问题的考察》，载《世界宗教研究》2003年第2期，第88~97页。

时采用的是译音和译义两种基本方式。如在题名为利玛窦等人编译的《圣经约录》（1605）中，诸多的译名之下均有注释："亚孟"，注云"真是之语词也"；"亚物"，注云"礼拜语词"；"玛利亚"，注云"天主圣母名号，译言海星"；"额辣济亚"，注云"译言天主"；"耶稣"，注云"天主降生后之名，译言救世者"；"亚玻斯多罗"，注云"译言遣使者"；"费略"，注云"译言子也，乃天主第二位之称"；"耶稣契利斯督"，注云"译言受油传也，古礼为王，及宗撒责耳铎德以圣油传之，故以是为号"；"斯彼利多三多"，注云"译言无形灵圣也，乃天主第三位之称"；"厄格勒西亚"，注云"译言教会也，凡天主教会皆总称之"；"撒格辣孟多"，注云"译言圣事之迹也，乃天主用以著赐恩于人"；"拔弟斯摩"，注云"译言洗也"，等等。[①] 而从译义层面来看，在基督教与中国本土文化间寻找可以通约的名称，又是他们采取的普遍做法。正如杨廷筠所说："其学不袭浮说，间用华言，译其书教，皆先圣微旨也。"[②] 这一情形，也从另一个侧面反映了基督教在中国的本土化过程。

罗明坚《天主实录》与利玛窦《天主实义》

罗明坚（P. Michel Ruggieri，1543～1607）的《天主实录》，是明清之际耶稣会士第一部以汉文撰述的天主教教义书籍。然而该书在语言的表达、名词的厘定等方面都不尽如人意，徐宗泽认为"此书文理不甚清顺，名词亦多牵强"，不过也肯定其成书之不易："罗公不过到肇庆之后年也，而已能成书，且天主教之道理已能以华语宣述之。"[③] 而根据意大利学者柯毅霖（Gianni Criveller）的研究，《天主实录》的初稿完成于1581年，以拉丁文写成，并以手稿方式流传，后经多人（包括利玛窦）的翻译、修订，最后于1584年形成了一个在中国广为传播的版本。[④] 今存的原刊本藏于罗马耶稣会档案馆，书名题作《新编西竺国天主实录》，又书《天主实录正文》，作者署名为"天竺国僧辑"。[⑤] 后来经过阳玛诺、费奇规、孟儒望等人重订，题名改为《天主圣教实录》，于崇祯年间出版，作者署名改为"后学罗明坚述"。书前罗明坚撰写的引言，初刊本署名"天竺僧"，

---

① ［意］利玛窦等：《圣经约录》，钟鸣旦、杜鼎克编：《耶稣会罗马档案馆明清天主教文献》第1册，台北利氏学社2002年版，第89～115页。

② 杨廷筠：《七克序》，《七克》卷首，四库全书存目丛书子部第93册，第511～512页。

③ 徐宗泽：《明清间耶稣会士译著提要》，第105页。

④ ［意］柯毅霖，王志成等译：《晚明基督论》，四川人民出版社1999年版，第109～121页。

⑤ ［意］罗明坚：《天主实录》，钟鸣旦、杜鼎克编：《耶稣会罗马档案馆明清天主教文献》第1册，台北利氏学社2002年版。

崇祯本改为“远西罗明坚”。[①]

《天主实录正文》（1584 年版本）以答问的形式展开，其中使用的诸多宗教译语，如“天主”、“宠爱”、“天堂”、“魔鬼”、“地狱”、“复活”、“十字架”等，一直被沿用至今。其中汉字词“天主”，被认为欧洲传教士在日本进行传教时就已经开始使用。罗明坚使用这一译名，可能是援引了日本教会的通行用法。[②]罗明坚对“天主”译名容纳的具体内涵尚缺少深入的理解，在面对“敢问天主之说何如”这样的问题时，他的回答是：“凡物之有形声者，吾得以形声而名言之。若天主尊大，无形无声，无始无终，非人物之可比，诚难以尽言也。”[③] 并举了两位西方“贤臣”、“贤士”苦思“天主之说”而不可得的例子，进而为其“天主诚非言语之所能尽，吾且解其略”的论说提供事实的依据。或许正是出于这一原因，利玛窦在重新编译《天主实义》时，才会在“天主”之外另以“上帝”与基督教的惟一神进行对译，以解决“天主”译名在汉语世界难以进一步予以阐说的困境。[④] 此外，在《天主实录正文》中出现的“言语”、“知觉”、“运动”、“人身”、“世界”、“真理”、“家庭”、“形象”等词语，也成为明清之际耶稣会士译书时常用的语汇。日本学者福泽渝吉《西洋事情》中“事情”一词的用法，也可能是源于书中“天主事情”的用例。

另一个方面，《天主实录正文》中虽然有驳斥佛教的言论，如《解释世人冒认天主》一章中对轮回之说的辩驳；但同时却采用了大量中国佛教中通用的语汇来翻译天主教术语，如将 angel（天使、天神）译为“天人”，将 soul（灵魂）译作“魂灵”。从文献记载来看，罗明坚、利玛窦二人均曾以“和尚”、“僧”自称，《天主实录正文》书名中的“新编西竺国”称谓，显示了耶稣会士最初进入中国时身份上的自我定位。而在崇祯年间出版的《天主圣教实录》中，《天主实录正文》中所使用的佛、道用语大多数已被删改，反映在书前目录中，改“天人亚当”（正文或作“哑噹”、“亚噹”）为“天神亚当”，“理人魂不灭”改为“人魂不灭”，“魂归四处”改为“魂归五所”，“僧道诚心修行升天之正道”改为“天主劝谕”，“净水除前罪”改为“圣水除罪”，增加“天主圣性”一条，合

---

① ［意］罗明坚：《天主圣教实录》，吴相湘主编：《天主教东传文献续编》，台湾学生书局 1986 年版。相关考证，参见方豪：《影印天主圣教实录序》，《天主教东传文献续编》卷首，第 25 页。

② 参见戚印平：《“Deus”的汉语译词以及相关问题的考察》，《世界宗教研究》2003 年第 2 期。

③ ［意］罗明坚：《天主实录》，钟鸣旦、杜鼎克编：《耶稣会罗马档案馆明清天主教文献》第 1 册，第 13 页。

④ 庞迪我在 1616 年“南京教案”时期所上奏疏《具揭》中曾对“天主”、“上帝”译名与中国思想的共通之处进行解说。从中可以看出，明末耶稣会士对“天主”、“上帝”等译名的使用和解说，一定程度上也是以对中国文化的适应性为出发点的。见钟鸣旦等编：《徐家汇藏书楼明清天主教文献》第 1 册，台北方济出版社 1996 年版，第 77～80 页。

"天主降世赋人第三次规诫"与"第三次与人规诫事情"为一。正文中用以自称的"僧"，也一律改为"坚"或"余"以表罗明坚，"天竺"也被改为"西国"，"天庭"改为"天地"或"天堂"，等等。对基督教中人名等的音译，也尽量去佛教化色彩，如改"噜只咈啰"为"路祭弗尔"，改"啰哆"为"落德"，改"妈利呀"为"玛利亚"，改"（嗞）所"为"耶稣"等。内容方面的改易也非常明显，如《解释人当诚信天主事实》等章。其间产生的变化，乃是缘于随着传教活动的进展，利玛窦开始认识到"僧"的身份所存在的局限，以及天主教思想与佛教思想间诸多不和谐之处，不得不予以改变。[①] 在此情况下，罗明坚《天主实录》中频繁使用的佛、道用语也就变得不合时宜。[②] 而在崇祯时期阳玛诺等人重订《天主实录》时，由利玛窦改译的基督教术语已成为明清之际耶稣会士通用的宗教语汇。

利玛窦对罗明坚《天主实录正文》中术语翻译不当情况所作的改变，是通过重新编译《天主实义》来完成的。在1594年写给高斯塔神父的信中，利玛窦提到自己正在编写《天主实义》："今年已决定要请位老师教我国文；大约七八年了，因事务繁忙，早没请老师。看看能否用中文编写书籍。结果还算不错，我每天听他授课两小时，而后编写，全由我执笔，这样准备写本有关教义的书，用自然推理证明教义为真，印刷后将在全中国使用。"[③] 利玛窦晚年撰写的回忆录中也提到说："就是在这一段时间里（1595～1596），利神父重新改写了罗明坚出版的《天主实录》，命名为《天主实义》，将西僧及和尚的名词取消，改用司铎或神父，文体的风格也比较适合文人阅读。使人读了有耳目一新之感。新书出版之后，旧的版本即完全销毁。"[④]《天主实义》可以说是明末耶稣会士进入中国之后最重要的一部关于基督教义的汉文著作。

---

① 对利玛窦出韶州之后服装和身份的改变，宋黎明的最新研究认为，利玛窦并未由"西僧"一变而为"儒士"，而是以居士和术士的身份出现，即是他自己所铸造的新词"有文化的传道人"（predicatore letterato）。其据以考辨的重要一点是利玛窦穿戴的是直裰和东坡巾，而不是表示"儒士"身份的方巾。参见宋氏著：《神父的新装——利玛窦在中国（1582～1610）》，南京大学出版社2011年版，自序第1～4页、第94～98页。事实上，明末知识界是一个相对开放和自由的社群，不同的士人可以各种身份出现。直裰和东坡巾的装束，在明代山人中十分普遍。利玛窦的这一装扮，或许是为了表明自己虽然并非科举仕途出身，却也是一个满腹经纶的士人，类似"山人"的身份。《交友论》卷首称谓，原刊本题作"大西洋修士"（罗马国家图书馆藏），《天学初函》本改作"大西域山人"。可见在利玛窦改变形象后，在士人眼中他已成为一个民间知识分子。

② 利玛窦在1593年12月10日写给罗马总会长阿桂委瓦神父的信中说："今天视察员神父要我把《四书》译为拉丁文，此外再编一本新的要理问答。这应当用中文撰写。我们原有一本（指罗明坚神父所编译的），但成绩不如理想。"（《利玛窦书信集》上册第135页）

③ 罗渔译：《利玛窦书信集》上册，第139页。

④ 刘俊余、王玉川合译：《利玛窦中国传教史》上册，《利玛窦全集》第1册，台北光启出版社、辅仁大学出版社1986年版，第260页。

《天主实义》最初成稿于利玛窦进入北京之前，后来经由冯应京修改、润色，于1604年前后刊行。[①] 该书又名《天学实义》，共八篇，分上下两卷，将天主教的基本知识设为"中士"、"西士"之问答，前后往返一百十余次。今存的版本有原刊本、燕贻堂校梓本、明刻《天学初函》本、同治间土山湾重刻本等。该书曾被译为日文、安南文、满文、蒙文、朝鲜文、法文、英文等多种文字。[②]

在著译基督教教义过程中，利玛窦对名词、术语的厘定十分重视。他在1605年5月9日写给德·法比神父的信中，提出著译阐发基督教经文的要理问答，"必须使用许多教会术语，并应创造新词方能在中国使用"。[③] 事实上，利玛窦在翻译基督教典籍过程中，对名词、术语的使用同样也采取了"本土化"的策略，尽可能地使用中国传统文化中固有的语汇来表达基督教教义。对于其书主旨，四库提要的评论是："大旨主于使人尊信天主，以行其教。知儒教之不可攻，则附会六经中上帝之说，以合于天主，而特攻释氏以求胜。然天堂地狱之说，与轮回之说，相去无几也。特小变释氏之说，而本原则一耳。"[④] 虽然将天主教与佛教视为"本原则一"，反映的是明清之际中国士人的普遍认识，但从中也可以看出天主教在该时期传播过程中适应"本土"的努力及其所作的调整。[⑤] 明末天主教与佛教之间发生数次争论，论辩双方对名词的内涵已有较多辨析，其中比较有代表性的有杨廷筠所作《天释明辨》等。

《天主实义》的著译与出版，经历了一个较长的过程。从利玛窦1596年10月给罗马耶稣会总会长的信中提到"撰写已久的《天主实义》目前正在校正之中"，到1604年正式刊行，其间产生的变化已难以逐一考辨清楚。但可以肯定的

---

① 利玛窦在1602年9月2日的信中说：《天主实义》"已经过一位大官文豪，也是我们的朋友润色一番。他校正非常仔细，任何一笔一画要修改，必先和我商议讨论、因此我非常满意。"（《利玛窦书信集》下册第261页）又在1605年2月的信中说："去年在这里出版了《天主实义》。"（《利玛窦书信集》下册第268页）同年5月的信中也说："有《额我略历书》、世界地图、《论友谊》，尤其《天主实义》，这后者是去年印刷的。"（《利玛窦书信集》下册第277页）

② 参见方豪：《〈天主实义〉发覆》，《中国天主教史论丛甲集》，商务印书馆1947年版，第1～14页；张晓林：《天主实义与中国学统：文化互动与诠释》，学林出版社2005年版，第16～25页；谢莺兴《馆藏〈天主实义〉版本述略》，台湾《东海大学图书馆馆讯》新29期，2004年2月。今存的明刻《天学初函》本（《四库全书存目丛书》子部第93册）也有"燕贻堂较梓"字样，版式也相同，但较燕贻堂校梓本（《续修四库全书》第1296册）多出汪汝淳万历三十五年（1607）的《重刻天主实义跋》一篇。

③ ［意］利玛窦，罗渔译：《利玛窦书信集》下册，第278～279页。

④ 永瑢等：《四库全书总目·天主实义》提要。

⑤ 在利玛窦遭受的诸多指责中，有一种看法认为，他所传播的基督并非基督全体，而只是其中的某一个方面，正如他自己所说的，"这部要理问答并没有面面俱到地介绍天主教信仰，即应向慕道者和基督徒阐述的，而只提及若干教理，特别的那些可用自然理性理解和证实的。"虽然柯毅霖（《晚明基督论》第127～128页）对此问题进行了辨析，但显然，利玛窦在该时期向中国介绍的基督，仍是他认为能够被中国人所容易接受的那部分"基督"的内容，而并非完整的基督论所具有的各个方面。

是，随着利玛窦传教策略和自定身份的改变，用以传译基督教教义的语汇也随之作出了调整。刊刻行世的《天主实义》中出现的“上帝”、“灵魂”等用语，成为明清之际耶稣会士通用的译词，后来尽管由于明清之际中国传教士内部的“礼仪之争”，“上帝”、“天”等概念遭到禁用而改称“上主”、“主宰”，依然未能阻碍“上帝”译名在清代以后的流行。

“上帝”的译名，被认为最早出现在1588年由利玛窦起草的献给万历皇帝的“国书”中，其中有“惟天主上帝，其事未解明否”一句。然而这封“国书”始终未能得以进献，也未正式公布，最后只是被刻在一块木板上。现藏于法国巴黎国家图书馆。[①] 由此可见，将基督教的“天主”译为“上帝”并在明清之际广泛传播，仍要归功于利玛窦《天主实义》的翻译。利玛窦在《天主实义》中明确提出：“吾国天主，即华言上帝，与道家所塑玄帝玉皇之像不同。”[②] 所引诸书，均为儒家典籍。冯应京在《天主实义序》中也表述说：“天主何？上帝也。”“天主”与“上帝”在中国古代文献中均有相关用例出现，但经耶稣会士将其与基督教的惟一神进行对译，遂成为基督教最重要的汉语译名。晚清新教传教士入华，由于存在基督教不同派别之间的争议，曾就 Deus/God 是否应当被译成“上帝”展开过持久而激烈的争论。[③]

万历、天启间，福建漳州人严谟（教名严保禄）曾撰《天帝考》，对儒家典籍中出现的“上帝”之名予以考辨，以论证利玛窦“吾天主，乃古经书所称上帝”之说法，为“上帝”作为天主教惟一神译名的合理性进行辩护：“天主无名，因人之互视而名。上帝与天主之称，共以表其至尊无上而已，非有异也。……不知上帝二字之称，比天主二字更好。盖必如太西称为天地万物之主宰，始为恰当。若纽摄作天主二字，及不如上帝之称为更妙也。帝者，君也。上则天上之大君，其包则天地万物在其中矣。称为天主，彼不知者，但以为属于天。汉世亦有天主、地主、山主之分，不几乎小哉？然天地万物之主宰，多字难以名呼，无奈

---

① 参见宋黎明：《神父的新装——利玛窦在中国（1582～1610）》，南京大学出版社2011年版，第1～10页。

② ［意］利玛窦：《天主实义》卷上第二篇《解释世人错认天主》，续修四库全书第1296册，第494页。本文所引《天主实义》均据此本。

③ 论辩双方争论的文章，主要见于《万国公报》，李炽昌编有《圣号论衡——晚清〈万国公报〉基督教“圣号论争”文献汇编》，上海古籍出版社2008年版。相关讨论，可参见赵稀方《1877～1888年〈万国公报〉的“圣号之争”》，《现代中文学刊》2010年第4期；李天纲《从“译名之争”到“圣号论”》，《“经典的翻译与诠释”国际学术研讨会论文集》，2006年6月；罗中《“格义”与“反向格义”——“圣号译名”论争中的中西宗教比较研究》，中央民族大学硕士学位论文，2010年5月；程小娟《中国基督教知识分子对God汉语译名的理解——对〈万国公报〉“圣号”讨论的研究》，《圣经文学研究》第1辑，2007年。程小娟的《God的汉译史——争论，接受与启示》（社会科学文献出版社2013年版）对God在汉语世界中翻译的历史有比较详细的叙述。

纽摄，自有解说显明，亦不妨也。初来诸铎德，与敝邦先辈，翻译经籍，非不知上帝即天主，但以古书中惯称，人见之已成套语。又后代释老之教，目上帝为人类，又其号至鄙，其位至卑，俗人习闻其名不清，故依太西之号纽摄称为天主，非疑古称上帝非天主而革去不用也。今愚忧新来铎德，有不究不察者，视上帝之名如同异端，拘忌禁称，诬敝邦上古圣贤以不识天主，将德义纯全志人，等于乱贼之辈、邪魔之徒，其谬患有难以详言者。"① 从某种程度上来说，利玛窦将"上帝"作为基督教惟一神的译名，是与其在中国传教活动中自我身份的转换相一致的。

利玛窦对基督教名、义的解释，并非只是一种基于西方语境的阐说，而是力求从中国古代文献中寻找参证。《天主实义》全书以"中士"与"西士"问答形式展开的行文方式，从某种意义上即暗示了作者的这一意图。如第四篇"辩释鬼神及人魂异论而解天下万物不可谓之一体"关于鬼神之说的辨析，就是在儒、耶互释的空间中展开："西士曰：夫鬼神非物之分，乃无形别物之类，其本职惟以天主之命司造化之事，无柄世之专权。故仲尼曰：'敬鬼神而远之。'彼福禄免罪，非鬼神所能，由天主耳。而时人谄渎，欲自此得之，则非得之之道也。夫'远之'意，与'获罪乎天，无所祷'同，岂可以'远之'解'无之'，而陷仲尼于无鬼神之惑哉!"虽然其关于孔子"敬鬼神而远之"的理解未必能得到广泛认同，但从中可以看出明清之际"以耶补儒"、"以耶合儒"等论说生成的基本结构。明清之际耶稣会士对基督教名词、术语的厘译及解析，从某种程度上来说依循的也是这一结构，而反教人士相关论说的展开，也同样由对术语的辨析切入。②

《天主实义》作为明清之际较早的汉文西学经典著译，在汉字术语的厘译方面为后来的汉译西方神哲学著作翻译提供了思想资源和概念工具。如他将亚里士多德哲学中的两个重要概念 substantia 和 accidens 翻译成"自立者"（今译"实体"）和"依赖者"（今译"依附体"），被《寰有诠》、《名理探》、《性学牖述》、《超性学要》等沿用，成为明清之际输入西方神哲学的重要语汇。又如其中出现的"论理"、"物理"、"穷理"等用语，也被明清之际的汉文西书著作所广泛采用。

---

① 严谟：《天帝考》，吴相湘主编：《天主教东传文献续编》第1册，台湾学生书局1986年版，第90～92页。

② 如杨光先《辟邪论》云："天主教之论议行为，纯乎功用，实程子之所谓鬼神，何得擅言主宰。"邹维琏《辟邪管见录》亦抨击天主教"谬以天主合经书之上帝"。

第二章

早期英汉词典与新语生成

1807年9月，英国传教士马礼逊到达广州，以新教传教士为主角的新一轮西学东渐由此发端，蔚然成风。这些传教士入华以后，和明清之际的耶稣会士一样，采取了文化适应、学术传教策略。他们办学校，开医院，设立印书馆，创办报刊，译介西书。其所有活动均需解决语言障碍问题。于是，17世纪20年代以降，马礼逊、卫三畏、麦都思、罗存德、卢公明等入华传教士及中国士人邝其照相继编纂、出版了多种英汉词典。这些词典基本上问世于各种西学正式、大量传入之前，即洋务运动展开之前及之初，可称之为“早期英汉词典”。它们构成了一道东西交会的“文化锋面”，而新名词就像锋面雨一样由此生成。

第一节　早期英汉词典概述

早期英汉词典有多种，最具代表性的就是如下六种（见表2－1）。

表2－1　　代表性早期英汉词典

词典名	作者名	出版地	出版年
英华字典（全1卷）	［英］马礼逊 Robert Morrison 1782～1834	澳门	1822

续表

词典名	作者名	出版地	出版年
英华韵府历阶（全1卷）	［美］卫三畏 S. Well Williams 1812～1884	澳门	1844
英华字典（全2卷）	［美］麦都思 W. H. Medhurst 1796～1857	上海	卷一 1847 卷二 1848
英华字典（全4卷）	［德］罗存德 W. Lobscheid 1822～1893	香港	卷一 1866 卷二 1867 卷三 1868 卷四 1869
英华萃林韵府（全2卷）	［美］卢公明 Justus Doolittle 1824～1880	福州	1872
华英字典集成（全1卷）	邝其照 1843～民国初年	上海、香港	1887

一、马礼逊《英华字典》

马礼逊（Robert Morrison，1782～1834），英国人，自幼学习拉丁文、希伯来文和希腊文，先后就读于霍克斯顿学校（Hoxton Academy）和戈斯波特传教士学院（Gosport Missionary Academy），除攻读神学课程外，还学习天文、医学和汉语。1798年加入长老会（Presbyterian Church）。1804年成为伦敦传教会（London Missionary Society）传教士。经两年严格训练后，于1807年1月被派来中国，成为第一位来华新教传教士。在东西文化交流方面，马礼逊多建首功。其中，影响最为深远、最引人注目的就是他所编纂的《字典》（Dictionary of the Chinese Language）。这是中国历史上第一部汉英、英汉词典。

《字典》自1808年至1823年，历时十五年，陆续编成、出版，共三大部分，六卷。第一部分三卷，为《华英字典》；第二部分两卷，为《五车韵府》；第三部分一卷，为《英华字典》（Ån English and Chinese Dictionary）。《英华字典》于1822年出版，内容包括单字、词汇、成语和句型的英、汉对照，解释颇为详尽，例句都有汉译，堪称中国英汉词典之嚆矢。

二、卫三畏《英华韵府历阶》

卫三畏（S. Well Williams，1812～1884）于1833年抵达广州，是最早来华的美国传教士，也是美国的汉学之父。其语学成果主要有《拾级大成》（Easy Lessons in Chinese，澳门香山书院，1842年）、《英华韵府历阶》（An English and Chinese Vocabulary，澳门香山书院，1844年）、《英华分韵撮要》（Tonic Dictionary of the Chinese Language，羊城中和行，1856年）等。其中代表性成果，当首推《英华韵府历阶》。

三、麦都思《英华字典》

麦都思（Walter Henry Medhurst，1796～1857）英国传教士，自号墨海老人。曾在马六甲参与编辑第一份中文刊物《察世俗每月统记传》（Chinese Magzine）。1843年代表伦敦会到上海，与慕维廉、艾约瑟等人创办墨海书馆，印行中文书籍。1847年、1848年，墨海书馆先后出版了麦都思《英华字典》（English and Chinese Dictionary）卷一和卷二。

四、罗存德《英华字典》

罗存德（Wilhelm Lobscheid，1822～1893），德国人，基督教中华传道会传教士。1864年，在香港出版《汉语文法》（Grammar of the Chinese Language）。1866～1869年，其所作《英华字典》（English and Chinese Dictionary）亦逐年在香港出版，每年一卷，共四卷。在早期英汉词典中，罗存德《英华字典》堪称集大成之作。就其规模、质量、影响而言，代表着早期英汉词典的最高水平。

五、卢公明《英华萃林韵府》

卢公明（Justus Doolittle，1824～1880），美国公理会传教士。先后就读于美国汉密尔顿学院（Hamilton College）和奥本神学院（Auburn Theological Seminary）。1850年抵达福州，开始其在华二十余年的传教生涯。在福州先后创办了格致书院和文山女中。1872年，编成《英华萃林韵府》（Vocabulary and Hand－book of the Chinese Language），于福州出版。《韵府》共两卷，第二卷包括八个领域的专用语（见表2－2），此为《韵府》一大特色。

表 2－2　　《英华萃林韵府》八领域名称英汉对照表

英文名	汉文名
GEOGRAPGICAL TERMS	地理学之语
MATHEMATICAL AND ASTRONOMICAL TERMS	数学及星学之语
TERMAS USED IN MECHANICS, WITH SPECIAL REFERENCE TO THE STEAM ENGINE	机关学之语
MINEROLOGICAL AND GEOLOGICAL TERMS	金石学及地质学之语
SHIPPING AND NAUTICAL TERMS	船舶及船具运用之语
TERMS USED IN NATURAL PHILOSOPHY	理学之语
COMMERCIAL WORD AND PHRASES	商法之语
TERMAS USED IN DIPLOMATIC AND OFFICAL INTERCOUSE	人伦之语

六、邝其照《华英字典集成》

邝其照（1843～民初），字容阶，广州聚龙村人。1868 年，以麦都思词典为底本，编成《字典集成》（English and Chinese Dictionary），在香港的中华印务总局出版。这是第一本由中国人编著的英汉词典。1879 年，点石斋出版其第二版，题名《华英字典》。1882 年又增订成《华英字典集成》，1887 年在上海出版。许应鏴题写书名，许应锵（1886 年冬）、胡福英（1887 年夏）为之序。1899 年，《华英字典集成》复刊，香港《循环日报》承印。

第二节　从早期英汉词典看学科名称的厘定

本节以下编所涉学科名称为例，考察它们在上述六部有代表性的早期英汉词典中的译名厘定情形。

一、早期英汉词典中学科名称厘定概观

早期英汉词典中学科名称的厘定情况，由表 2－3 可见一斑。

表 2－3　　早期英汉词典中学科译名例举表

序号	英文词	今汉译	马礼逊《英华字典》	卫三畏《英华韵府历阶》	麦都思《英华字典》	罗存德《英华字典》	卢公明《英华萃林韵府》	邝其照《华英字典集成》
1	Philosophy	哲学	进于道矣	道；义理之学	性理，性学，格物穷理之学	理学，性学；natural philosophy，性理之学，博物理学，格物总智格物穷理之学；moral philosophy，五常之理，五常总论；natural philosophy，心论，心学；intellectual philosophy，知学；reasoning，理论	道，格物穷道理之学，性理，性学	性理，格物穷理之学，性理之学，格物总伦；a moral philosophy，五常之理
2	Logic	逻辑学	（无此条）	（无此条）	明论之法，推论明理之学	思之理，理论之学，明理，明理之学，理学	明论之法	推论之法，学扩心思之法
3	Ethics	伦理学	（无此条）	劝善书	五常五伦之道，修行之道，修身齐家之箴规	五常、五常之理、五常之道、修行之道、修德之理、修齐之理	修行之道	五常，五伦之道
4	Aesthetics	美学	（无此条）	（无此条）	（无此条）	佳美之理，审美之理	（无此条）	（无此条）
5	Literature	文学	学文	（无此条）	文字，文墨，字墨，文章，学文	文，文学，文字，字墨，文章	字墨，文墨，文字	文，文字，文学
6	Linguistics	语言学	（无此条）	（无此条）	（无此条）	话学，博话，博话之事	（无此条）	（无此条）

续表

序号	英文词	今汉译	马礼逊《英华字典》	卫三畏《英华韵府历阶》	麦都思《英华字典》	罗存德《英华字典》	卢公明《英华萃林韵府》	邝其照《华英字典集成》
7	International law	国际法	（无此条）	（无此条）	（无此条）	万国公法，国中通行之法，天下通法，万国通例	（无此条）	（无此条）
8	Public law	公法	（无此条）	（无此条）	（无此条）	公法	（无此条）	（无此条）
9	Politics	政治	（无此条）	国政；朝政	国政，政事，衙门之事	政，政事；政知，治国总知；论政；学政；国事	国政，朝政，国政之事，谈论国政，讲政事	国政，国事；Political economy，理国宝之事
10	Economics	经济	（无此条）	Economy，节用；节俭	Political economy，治国之法，国政之事	Political economy，治国之道，治国之法	Political economy，国政之事，治国之法	Political economy，治国之法
11	Education	教育	教学	教学	教学，教道	养者、育者；教者、教训、教学；教之道；教法	教学，教道	教习，学，教育
12	Psychology	心理学	（无此条）	（无此条）	（无此条）	灵魂之学，魂学，灵魂之智	（无此条）	（无此条）
13	Mathematics	数学	算学，算法	数学；算法	算学，数理	数学，算学，数理	数学，算学，算法，数理	算学，数理
14	Chemistry	化学	（无此条）	Chemist，丹家	丹灶之事，炼用法	炼法，炼物之学，炼物之理，炼用法	丹灶之事，炼丹石法，炼用法	制作法，炼药的化学

二、早期英汉词典中学科名称厘定分析

如表2－3所示，始终未见收录的词条有2个，即Private law（私法）和Folklore（民俗学）。这与它们成学和传播较晚不无关系。而其收录并厘定译名的14个词条，则主要由马礼逊、卫三畏、麦都思和罗存德所创译。

（一）马礼逊的创译

1. Philosophy　马礼逊译“进于道矣”，不成学名，但也以中国固有的“道”的概念标示出了Philosophy的基本宗旨。卫三畏袭之，简称之“道”，并增设“义理之学”一名。麦都思以下众人循此继进，使中国固有的“性理之学”、“理学”与西方的Philosophy相互观照。

2. Literature　马礼逊译“学文”。“学文”一词，早见于《论语·学而》：“行有余力，则以学文”，意为学习文化知识。马译将其用作名词，指文化知识，与古典词“文学”（文章博学）同义。Literature一词后来定译为“文学”，可谓所来有自。

3. Education　马礼逊译“教学”，出典于《礼记·学记》：“古之王者，建国君民，教学为先。”“教学”一词，可谓晚清新一轮西学东渐中Education的最早汉译名，并构成了早期英汉词典Education汉译名的第一共同项。

4. Mathematics　马礼逊译“算学”和“算法”。中国古有《周髀算经》，早以一“算”字指称数学。“算学”亦该学之古称，《新唐书·选举志上》：“龙朔二年，东都置国子监，明年以书学隶兰臺，算学隶祕阁，律学隶详刑。”直至民国初年学名统一之际，仍有“算学”与“数学”之争。此下编第十三章有述，兹不赘。

（二）卫三畏的创译

1. Ethics　卫三畏译“劝善书”。作为学名虽不稳当，但“劝善”二字确实点出了Ethics功用与归趋之所在。

2. Politics　卫三畏译“国政”与“朝政”。麦都思等人所立译名，实以此为发端。而“朝政”一名的厘定，显然考虑到了当时中国的政治实况——朝廷的存在。麦都思所译“衙门之事”，与此异曲同工。

另，Economics和Chemistry两条虽不见于卫三畏词典，但其Economy与“节用、节俭”、Chemist与“丹家”的对译，对于Economics和Chemistry的汉译名的厘定不无提示作用。

（三）麦都思的创译

1. Logic　麦都思译“明论之法，推论明理之学”。此译名虽不及明末“名理探”、“名理学”简洁明快，但也揭示了Logic的学科要领。而且言“法”，言“学”，也显示了Logic兼具学问与方法的双重属性。其为罗存德等人所沿袭，也是显而易见的。

2. Political economy　麦都思译“治国之法”和“国政之事”。当时西方，Political economy仍是通用的学科名称，其易名为Economics乃是19世纪60年代以后的事情。所以，“治国之法”和“国政之事”亦可被视为Economics所指学问的早期译名。而“治国之法”则为罗存德等人所沿用。

3. Chemistry　麦都思译“丹灶之事，炼用法”。此可谓Chemistry的最早汉译名。罗存德、卢公明词典虽增设了译名，其实并未出麦都思译名之范围。这种情形，直到邝其照那里才大有改观。

另，麦都思还将Ethics译作“五常五伦之道，修行之道，修身齐家之箴规”，将Literature译作“文字，文墨，字墨，文章”，使Ethics和Literature的意涵在汉文语境中得到了更为丰富的表达，而且使西方的Ethics与中国固有“五常”、“五伦”、“修身齐家”等开始达成相互通约。

（四）罗存德的创译

1. Aesthetics　罗存德译“佳美之理，审美之理”。后来厘定的“审美学”一名，当渊源于此。

2. Linguistics　罗存德译“话学，博话，博话之事”，此当为Linguistics汉译之始。清末汉译西方教育书，介绍西方学校课程时，时时出现“话学”一词。而“话学”和现今采用的“语言学”其实并无轩轾。

3. International law　罗存德译“万国公法，国中通行之法，天下通法，万国通例”。西方International law的汉译东渐，罗存德并无功劳，但该门学问的汉译名之入辞书，则自罗存德始。

4. Public law　罗存德译“公法”。该名自罗氏而生，由罗氏而立，直至今日，尤可称奇。

5. Psychology　罗存德译“灵魂之学，魂学，灵魂之智”。“灵魂”概念乃由明末入华耶稣会士携来，但以“灵魂”立其学名，则亦罗氏居首功。

另，罗存德将Chemistry汉译称“学”，较前人进一大步，此亦不可忽视。

第三节 从早期英汉词典看新闻用语的生成

本节选取20个至今仍然常用的新闻用语，考察它们在上述六部有代表性的早期英汉词典中的汉译情形，寻找新闻用语的生成轨迹，透见早期英汉词典中新语生成状况之一斑。

一、早期英汉词典中新闻用语生成概观

（一）所选20个英文词在早期英汉词典中的汉译情况（见表2－4）

表2－4　　所选20个英文词在早期英汉词典中的汉译情况一览表

序号	英文词	今汉译	马礼逊《英华字典》	卫三畏《英华韵府历阶》	麦都思《英华字典》	罗存德《英华字典》	卢公明《英华萃林韵府》	邝其照《华英字典集成》
1	advertise	广告	Advertise，报知（p. 17）	Advertise，遍传（p. 4）	To advertise，告知，告白；告示；报消息 Advertisement，告白，榜示；出榜（卷一 p. 29）	Advertise，to，告白，报告，告知，报知；报消息；卖新闻纸 Advertisement，告白，榜示，标红，长红，街招，花红单，赏格，赏贴（卷一 p. 31）	长红，街招（卷一 p. 8）	告白；榜示；标红；长红；街招（p. 8）
2	bulletin	新闻简报	无	无	无	钦定报，皇谕，上谕；部诏，火票，长红，公报（卷一 p. 272）	无	军务警报；上谕；长红(p. 45)
3	Contributor	投稿人	无	无	乐助之人，出力帮补者（卷一 p. 307）	捐银者，签银者，乐助者，助力者（卷一 p. 492）	乐助之人，出力帮补者（卷一 p. 97）	出力相助者，捐银者(p. 78)

续表

序号	英文词	今汉译	马礼逊《英华字典》	卫三畏《英华韵府历阶》	麦都思《英华字典》	罗存德《英华字典》	卢公明《英华萃林韵府》	邝其照《华英字典集成》
4	daily	日报	日日，天天（p. 103）Daily paper from the governor and vice governor's office，督抚宪日报（p. 104）	每日；日日（p. 59）	日日；每日、平日、天天（卷一 p. 356）a daily announcement，日报（卷一 p. 357）	日日，每日，天天，每天；a daily paper，日报（卷二 p. 554）	每天，每日，日日；日报（卷一 p. 114）	每日；日日；天天（p. 70）
5	digest	文摘	无	消食（p. 69）	digest of law，律例大全；Digest of astro nomy，天理撮要（卷一 p. 411）	撮要，要略（卷二 p. 616）	digest of law，律例大全；Digest of astronomy，天理撮要（卷一 p. 133）	digest of law 会典（p. 102）
6	editor	编辑	无	无	Editor，of a book，述者；作书之人（卷一 p. 480）	作者，出者；出书者；校订书者；出新闻纸者；作新闻纸者；作及出新闻纸者（卷二 p. 704）	述者，作书之人（卷一 p. 157）	作书之人，述新闻者，秉笔先生，主笔者（p. 118）
7	editorial	社论	无	无	无	出新闻纸嘅，作新闻纸的，管新闻纸所写的（卷二 p. 704）	无	无
8	journal	日报	日知录（p. 238）	日记录（p. 157）	日记，日录（卷一 p. 752）	日录，日记，言行录，行为录，日记部；a daily newspaper，日报，日录（卷三 p. 1065）	日记，日记录（卷一 p. 270）	日记簿，日录（p. 187）
9	journalism	新闻业 新闻学	无	无	无	写日录之事（卷三 p. 1065）	无	无

续表

序号	英文词	今汉译	马礼逊《英华字典》	卫三畏《英华韵府历阶》	麦都思《英华字典》	罗存德《英华字典》	卢公明《英华萃林韵府》	邝其照《华英字典集成》
10	journalist	新闻记者	无	无	无	写日录者，书日报者（卷三 p. 1065）	无	作日报者，主笔者（p. 187）
11	magazine	杂志	无	火药局（p. 171）	库，栈房，包庄(卷二 p. 841)	局，栈房，库；火药局，火药房；a pamphlet periodically published，杂报（卷三 p. 1139）	栈房，火药局（卷一 p. 295）	新闻书，栈房，战船之火药仓，火药局（p. 202）
12	news	新闻消息	新闻，消息，信息（p. 293）	新闻（p. 188）	消息，新闻（卷二 p. 878）	消息，新闻（卷三 p. 1221）	信息，新闻，消息，声气(卷一 p. 324)	新闻，消息（p. 221）
13	newspaper	报纸	京抄，邸报，辕门报（p. 293）	新闻纸；辕门报（p. 188）	新闻篇；京抄，邸报，辕门报，京报（卷二 p. 878）	新闻纸（卷三 p. 1221）	新闻纸，新闻篇，辕门报，京报，京抄(卷一 p. 324)	新闻纸，日报（p. 221）
14	periodical	期刊	无	无	一时一时有的（卷二 p. 946）	定时出之新闻纸；a monthly periodical，月报；a quarterly periodical，季报（卷三 p. 1303）	Periodically，一时一时有的（卷一 p. 355）	定时的，运的，一时的；periodical，a 间日出之新闻纸 a monthly periodical 月报 a quarterly periodical 季报（p. 243）
15	press	报界新闻界	压着；压一压（p. 334）	印书（p. 220）	印书（卷二 p. 1000）	印书，印 liberty of the press，任人印，随人印（卷三 p. 1363）	印书(卷一 p. 376)	印书，印字（p. 262）
16	Public opinion	公共舆论	无	众论（p. 224）	众论，清议，乡评，籍籍（卷二 p. 1024）	众议，众心（卷三 p. 1397）	众论（卷一 p. 385）	众论，众议（p. 270）

续表

序号	英文词	今汉译	马礼逊《英华字典》	卫三畏《英华韵府历阶》	麦都思《英华字典》	罗存德《英华字典》	卢公明《英华萃林韵府》	邝其照《华英字典集成》
17	Publish	出版	颁行（p. 343）	刊发；梓行；著（p. 224）	著；著述；标榜；播扬；纂辑（卷二 p. 1024）	出，布扬，播扬，布告，宣传（卷三 p. 1397）	刊发，梓行，著；刊刻颁行（卷一 p. 385）	著，播扬，刊发，述，初出售新书（p. 270）
18	quarterly	季刊	无	按季（p. 227）	无	季报（卷三 p. 1414）	按季（卷一 p. 389）	每季（p. 274）
19	report	报道	n. 风闻，风声（p. 361）	n. 风声 v. 报；禀 Report，widely 传扬（p. 236）	n. 风声，声闻，声音，音闻，风闻 v. 报信，陈奏，奏，奏上，参奏；参劾，章奏（卷二 p. 1076）	n. 报，报单；奏上，禀命；流言，传言，声气，声音，风声，声闻，风闻，音闻 v. 报，禀，禀报，伸禀，复，伸，报知，报告，报信 Reporting，报禀；奏；说，讲（卷四）p. 894	n. 声音，风声，音闻，风闻，响声； v. 报，禀，条陈；详，禀报，奏销，具禀（卷一 p. 405）	n. 风声，风闻，报 v. 报，禀，陈，奏，说知（p. 292）
20	reporter	记者	无	无	无	报者（卷四）p. 894	无	无

（二）早期英汉词典中新闻用语的生成轨迹

据表 2－4 可知，所选 20 个英文词汇中，被收入词典并被译出新闻义项的词汇数，从马礼逊词典，到罗存德词典，均呈从无到有、从少到多之势（参见表 2－5）。

表 2－5　所选 20 个词汇被列入词条及译出新闻义项的词汇数变化表

词典	马礼逊词典	卫三畏词典	麦都思词典	罗存德词典	卢公明词典	邝其照词典
词条数	8	12	14	20	15	17
有新闻义项者	7	9	11	19	12	13

在有新闻义项的词汇中，由马礼逊词典创译者有7个：

1. advertise 马礼逊译“报知”，该译名为罗存德所采用；卫三畏译“遍传”；麦都思、罗存德、邝其照译名的最大共同项为“告白”和“榜示”；罗存德、卢公明、邝其照译名的共同项为“长红”和“街招”。

2. daily 译名“日报”，在马礼逊、罗存德词典中对译“daily paper”；在麦都思词典中对译“a daily announcement”；在卢公明词典中对译“daily”。

3. journal 马礼逊译“日知录”，但多为采用的译名是麦都思词典首出的“日记”、“日录”。而“日记”一词，则可以看作是卫三畏词典所见之“日记录”的略语。罗存德词典还将该词解释为“a daily newspaper”，译名“日报，日录”。

4. news 马礼逊译作“新闻，消息，信息”。其中“新闻”和“消息”为各词典所通用，“信息”一词也多为采用。

5. newspaper 马礼逊译“京抄，邸报，辕门报”，但多为采用的译名是卫三畏词典厘定的“新闻纸”。

6. publish 马礼逊译“颁行”，但多为采用的译名是卫三畏词典厘定的“刊发”和“著”。

7. report 作为名词，各词典共通的译名为马礼逊厘定的“风闻”和“风声”；作为动词，其多为采用的则是卫三畏词典首出的“报”和“禀”。

由卫三畏词典创译者有2个：

1. press 译名“印书”，为麦都思、罗存德、卢公明、邝其照各词典所沿用。

2. public opinion 译名“众论”，为麦都思、卢公明、邝其照各词典所沿用。罗存德创译而邝其照所沿用的“众议”一词，实与“众论”并无轩轾。

由麦都思词典创译者有2个：

1. digest 马礼逊词典未收此条；卫三畏词典虽收此条，但其义项毫无新闻意味。麦都思词典列“digest of law”和“Digest of astronomy”两条，译为“律例大全”和“天理撮要”。“大全”和“撮要”可视为“digest”的译名。罗存德词典沿用了“撮要”一词，增译“要略”。

2. editor 麦都思词典中收录了词组“Editor of a book”，译作“述者、作书之人”。罗存德词典为“editor”厘定的译名“作者，出者；出书者；校订书者；出新闻纸者；作新闻纸者；作及出新闻纸者”，可谓源自麦都思，只是其新闻意味更为浓厚而已。

由罗存德词典创译者有8个：

1. bulletin 译名“钦定报，皇谕，上谕；部诏，火票，长红，公报”。

2. editorial 译名“出新闻纸嘅，作新闻纸的，管新闻纸所写的”。

3. journalism　译名“写日录之事”。

4. journalist　译名“写日录者，书日报者”，后邝其照译“作日报者，主笔者”。

5. magazine　译名“杂报”，后邝其照译“新闻书”。

6. periodical　译名“定时出之新闻纸”；且将“a monthly periodical”译作“月报”，“a quarterly periodical”译作“季报”。

7. quarterly　译名“季报”，与“a quarterly periodical”同义。

8. reporter　译名“报者”。

很显然，早期英汉词典中新闻用语的生成，乃以马礼逊词典发其端，卫三畏、麦都思词典承其绪，罗存德词典集其成。在译名厘定上，各词典皆有其独特贡献，尤以马礼逊和罗存德词典为大宗。

二、早期英汉词典中新闻用语生成的文化透视

（一）新闻专业自觉的初现

在罗存德词典中，不仅新闻用语数量可观，而且初步显现出了新闻的专业自觉。其主要表现如下：

第一，新闻用语的首创性。如上所述，在有新闻义项的词汇中，由罗存德词典创译者最多。其中，最值得一提的是“magazine”一词的翻译。1815年8月，马礼逊在传教士米怜（William Milne，1785～1822）协助下，于马六甲创办历史上第一份中文刊物《察世俗每月统记传》，麦都思也参与了编辑工作。该刊英文名为*Chinese Magazine*。然而，在马礼逊的词典中，却居然不见“magazine”一条，更不用说译名“统记传”了。卫三畏、麦都思词典，虽收录了“magazine”一条，但其义项与新闻毫无关系。在罗存德词典中，“magazine”的新闻义项才被译出，名曰“杂报”，与今日所谓“杂志”仅一字之差。关于这一点，合理的解释似乎只能是：与罗存德不同，马礼逊和麦都思虽然从事了新闻活动，但并未在主观上将新闻视为相对独立的专门事业。

“newspaper”的翻译，并非罗存德创始。马礼逊译“京抄，邸报，辕门报”，卫三畏译“新闻纸；辕门报”，麦都思译“新闻篇；京抄，邸报，辕门报，京报”。在众多译名中，罗存德只选用了一个——“新闻纸”，干净、利落、明了，给人以专业成型之感。

第二，新闻用语的成套性。在罗存德词典中，有成套的新闻载体名称：“杂报”（magazine）、“新闻纸”（newspaper）、“长红、公报”（bulletin）；“新闻纸”又包括“定时出之新闻纸”（periodical）；“定时出之新闻纸”又分“日报”

(journal/daily/a daily newspaper)、“月报”（a monthly periodical）和“季报”（a quarterly periodical）；有成套的新闻人员名称：editor（“作者，出者；出书者；校订书者；出新闻纸者；作新闻纸者；作及出新闻纸者”）、editorial（“出新闻纸嘅，作新闻纸的，管新闻纸所写的”）、journalist（“写日录者，书日报者”）和reporter（“报者”）。虽不完备，但其成套之势依稀可见。

第三，新闻关键词的创译。journalism 是新闻专业的最大关键词，其他5部词典均无词条，唯有罗存德词典收录之，译为“写日录之事”。这一点最能表明新闻的专业自觉。

不仅如此，罗存德词典中收录了“liberty of the press”这一短语，译作“任人印，随人印”。“liberty of the press”亦表为“freedom of press”，今译“出版自由”或“新闻自由”。列宁在《关于“出版自由”——给R. 米雅斯尼科夫的信》(1921年8月5日）中称：“出版自由”这个口号从中世纪末直到19世纪成了全世界一个伟大的口号。

（二）古今中西的文化互摄

从早期英汉词典中新闻用语的生成，可以透见语义文化的古今演绎、中西通约。其表现主要有两个方面：

第一，中西对译中语义的古今迁衍

“日知录”与“日报”

“日知录”本是明清之际著名学者、思想家顾炎武“稽古有得，随时札记，久而类次成书”的学术巨著之名，马礼逊以之对译 journal，演为新词。

而取代“日知录”成为“journal”、“daily”等词译名的“日报”也是由古典词化用而来。“日报”一词，古有两意：一为天天审判定罪。《汉书·食货志下》：“夫事有召祸而法有起奸，今令细民人操造币之势，各隐屏而铸作，因欲禁其厚利微奸，虽黥罪日报，其势不止。”一为谓逐日呈报。顺治、康熙年间士人黄六鸿《福惠全书·钱谷·流水日报簿》：“日报簿与日收簿，同时印发。”

“新闻”、“消息”与“信息”

“新闻”　唐李咸用《春日喜逢乡人刘松》诗：“旧业久抛耕钓侣，新闻多说战争功。”明陈继儒《安得长者言》：“吴俗坐定，辄问新闻。”《红楼梦》第一回：“当下哄动街坊，众人当作一件新闻传说。”此“新闻”是指新近听到的事、新近发生的事。宋东坡《次韵高要令刘湜峡山寺见寄》：“新闻妙无多，旧学闲可束。”此“新闻”是指新学问。宋赵升《朝野类要·文书》：“朝报，日出事宜也。每日门下后省编定，请给事叛报，方行下都进奏院报行天下。其有所谓内探、省探、衙探之类，皆衷私小报，率有漏泄之禁，故隐而号之曰新闻。”此

"新闻"是指有别于正式朝报的小报。与"news"对译后，"新闻"一词，外延缩小，似只余"新近听到的事、新近发生的事"一义。

"消息"　最早出现于《易经》："日中则昃，月盈则食，天地盈虚，与时消息。"此"消息"是指世间万物的消长、荣枯、聚散、得失等转换过程。《伤寒论·辨霍乱病脉证并治》："吐利止而身痛不休者，当消息，和解其外，宜桂枝汤小和之。"此"消息"是指体察病情。《金匮要略·疟病脉证并治》："弦数者，风发也，以饮食消息止之。"此"消息"意为调养。与"news"对译后，"消息"发生语义转化，成为"新闻"的同义词。

"信息"　南唐李中《暮春怀故人》诗："梦断美人沉信息，目穿长路倚楼台。"宋陈亮《梅花》诗："欲传春信息，不怕雪埋藏。"此"信息"即音信、消息。

第二，中西"格义"间中国古代新闻的发现

"杂报"　该词亦古已有之，见于"开元杂报"。唐开元年间（713～741），朝廷每日于长安皇宫门外，分条发布有关皇帝及百官动态的朝政简报。这种朝政简报被抄寄各地，广为传播。唐人孙樵《经纬集·读开元杂报》提到他在襄樊得到数十幅简明朝政公报的抄件，并称之为"开元杂报"。其中的"杂报"与magazine对译后，"杂报"这是我国最早的官报，也是世界上最古老的报纸。

"京抄"、"邸报"与"辕门报"　这是马礼逊"newspaper"厘定的三个汉译名。

"京抄"即指"京报"。"京报"于明末即已出现，实为"邸报"的别称，至清初与"邸报"亦同一所指。明清两代，各省都派有专司文报的提塘长驻京师，兵部则派出提塘分驻各省。驻京提塘称为"京塘"，京塘抄发的邸报称为"京报"；驻省提塘称为"省塘"，抄录的各省辕门钞称为"省报"。这种"省报"往往印成单张随"京报"一同发出。故"邸报"这一名称逐渐为"京报"所取代。

"邸报"　汉唐时，地方长官均于京城设立办事处——"邸"。邸中传抄诏令奏章，以通报诸侯、藩镇，称"邸报"。后世又以"邸报"指称朝廷官报，亦称"邸钞"。《宋史·曹辅传》："自政和后，帝多微行，……始，民间犹未知。及蔡京谢表有'轻车小辇，七赐临幸'，自是邸报闻四方。""邸报"又称"邸抄"（亦作"邸钞"），并有"朝报"、"条报"、"杂报"之称，是专门用于朝廷通报朝政的文书和政治信息的文抄。

"辕门报"即"辕门抄"　清代各省督、抚官署发抄，分寄所属各府、州、县的文书和政治信息。经官署辕门抄出，故有此名。"辕门抄"初为手工抄写，后由报房刻成木板印发。

虽然“京抄”、“邸报”与“辕门报”等最终为新制的译名“新闻纸”所取代，但如此“格义”却从语词的角度，为中国古代新闻的发现并融入现代新闻学体系预留了文化接点。亦即说，新名的厘定也蕴含着古今中西学术文化的重组。

总之，早期英汉词典开启了新语生成之先河。从19世纪20年代至70年代，以马礼逊词典发其端，罗存德词典集其成，新闻用语经历了一个从少到多、从无新闻专业义项到有新闻专业义项、从“格义”到创译的演进过程。此一语言镜像，折射出了新闻的专业自觉从无到有的转化轨迹；语义、概念的古今演绎、中西通约的文化场景由此亦可见一斑。

第四节　早期英汉词典在日本的影响

一、柳泽信大校正训点《英华字汇》

1869年初秋，松庄馆翻刻《英华字汇》。其封面标明“柳泽信大校正训点”、“清卫三畏鉴定，英斯维尔士威廉士著”字样。亦即说，该字汇的底本为卫三畏的《英华韵府历阶》。柳泽在其所作《英华字汇序》中写道：

> 余尝欲编述英汉倭对译之字书，起稿而未成，子达森川君夙有字汇一册，英士斯维尔士威廉士所著也。顷将刷行，公诸世，就于而谋焉。余喜其所见之符也，怂恿赞成，不敢自揣，加之训点，且弁一言，以为其唱道云。

该词典翻刻的缘起与经纬，由此可略知一二。

至于翻刻本与底本相比发生的变化，《英华字汇凡例》有述：

> 此书，英人斯维尔士威廉士所著，卷首本名《英华韵府历阶》，详释华国字义、文法，并辨明各邦字音异同，卷中别名“英华字汇”。然不欲其简帙重大，况本邦初学英话，要在字汇。故今舍彼取此，以从简约。①

亦即说，为了适应当时日本人学习英语的实际情况和需求，柳泽、森川舍去

① 《英华字汇》，（东京）松庄馆1869年版，序第3~4页。

了卫三畏《英华韵府历阶》的前（Introduction）、后（Index Of The Chinese Characters In This Vocabulary）两部分，只抽取了其主体部分——An English and Chinese Vocabulary，译名《英华字汇》。

凡例还指出了底本的两点不足：其一，未标词性；其二，汉字词不能像英文词那样，通过词形变化表达时态。故翻刻本“加转声”，以便日本读者理解。如“論理”作为动词，一般日本人不知其何意；通过标注假名，读成“理ヲ論スル”，便知其意了。此外，翻刻本还在汉字词旁标注假名，有的起标音功能（如“並無”一词标作“並に無シ”），有的是解释词义（如“没有”一词旁注“ナシ”）。

二、津田仙《英华和译字典》

1879～1881 年，东京的山内輹出版津田仙、柳泽信大、大井镰吉作成的《英华和译字典》。该词典是以罗存德《英华字典》为底本，标以日语读音，个别译词后附日文译名（参见表 2－6），分乾、坤、别三册，乾坤两册为正文，别册为勘误，中村正直校正。

表 2－6　　《英华和译字典》汉、日译名举例

英文词	汉译名	日译名
Feeling	觉官	感触
Geometry	量地法、量地之法	幾何学
Gymnastic exercises	鞦韆之事	体操
humanites	古话文理之学	羅甸希臘語等語
Metaphysics	理学、理知、万有理之学	格物致知之学 物理性理之学
Normal school	范馆、模范书院	師範学校
Revolution（rebellion）	变、乱、反叛、叛逆	革命
Rhetric（the science of oratory）	善论之理、善言之法、口才	修辞学
Right（justice）	公道	正義

以罗存德词典为蓝本的，还有井上哲次郎《增订英华字典》。该字典 1883 年完成，1885 年由东京的藤本次右卫门出版。据井上哲次郎《英华字典叙》可知，之所以作此增订本，原因有三：其一，日本“虽既有二三对译字书，而大抵不完备”；其二，罗存德的《英华字典》“最便象胥家”；其三，“此书乏坊间，而价

极贵，学者憾其难得。”而促成此事的，首先是经营书店的藤本次右卫门。他“欲刷此书，以便学者”，谋于井上哲次郎，得其赞同，遂成此事。①

三、永峰秀树训译《华英字典》

1881年1月，竹云书屋出版永峰秀树训译《华英字典》。其底本为邝其照编《华英字典》1879年点石斋本。

永峰秀树（1848～1927）一方面称赞底本“英语汉译相对比，简而得要，从事斯学者一日不可阙”，一方面批评“其译字系支那之俚语，印刷亦漫漶”，令人“苦于搜索”。于是，他决定自己着笔，“施假名译，成鲜明之袖珍册子，播于世。”此即其训译《华英字典》之由来。

其具体做法是：

> 其汉译字义相类者，数语约为一译；其含蓄数义之原语，而汉译阙其要义者，及以为译语不稳当者，或意义相同，但如施我日用语更为明亮者，以译者之意加○，附记其下。且汉译之意难解者，就支那人某，质问而揭其要。凡下训译，皆基于原语，再三玩味，然后参照汉语而译之。②

四、矢田堀鸿《插译英华学艺辞书》

1881年7月，东京的片山平三郎出版矢田堀鸿（1829～1887）《插译英华学艺辞书》，学兼东西的学问大家中村正直（1832～1891）为之题词。矢田1880年11月所作绪言称：

> 近者，得西历千八百七十二年上海刊行英人Doolittle氏著述《英华萃林韵府》一部。本书系从英语索支那语而分门者，有若干名称，有言语，其所载颇浩，此皆同氏尝亲炙支那人而蒐辑者也。其间虽不免有上海地方俚近之语，但……比之造生语者，大相径庭……。予繙之，大慰前日之憾。手不能措，则与旧友山田昌邦谋，删其烦，摘其要；支那语之难解者，考之于原语，附之译辞；两语难解者，姑存之，以俟后贤，题以《学艺辞书》，欲质诸今日之从事翻译者也。

① 井上哲次郎：《增订英华字典》，（东京）藤本次右卫门1885年版，叙。

② 永峰秀树训译：《华英字典》，竹云书屋1881年版，序。

矢田之所以"插译"《韵府》一书，乃基于他对当时日本学语状况的不满："今日我国之学艺，较昔日大改其辙，苟欲读西书，译西语者，虽欲竞脱支那之圈套而写巧妙之机、精微之理，但苦于其径路梗塞，不能长驱。虽间或有以私意在生语而求辞达者，其文字颇不雅训；理义舛错，使人不喜见者亦多。予尝以为至憾。[①]"

他认为《萃林韵府》远胜过"造生语者"。他希望自己"插译"的《学艺辞书》能够改善日本的学语状况。《辞书》收地理、数学等八类学语，译名多采《韵府》原本汉译；日人难解之语，括号内附以"和译"，此之谓"插译"。1884年6月，东京的早川新三郎刊行该辞书第二版，题名更为《英华学术辞书》，其余未变。

对于这些东传英汉词典在日本人译名厘定中所发挥的作用，不能估计过高。因为就当时中日两国知识阶层西语、西学的总体水平而言，日本要高于中国。当这些词典东传之际，日本已拥有一批洋学家了——包括"兰学家"、"英学家"、"法学家"等，而且人数正日益增多；也早已形成了自己的洋和对译辞书谱系，包括葡和对译、兰和对译、英和对译等。更重要的是，明治维新以降，日本奉行"开国进取"的国策，求知识于世界，很快成了近代化的弄潮儿。各领域的新名词、新术语，是日本人自己在各领域的翻译实践中，在对各专业深入体认的基础上创译而成的。在这种具有很高专业性和文化渗透性的过程中，早期的、一般的语学词典的效应力无疑是相当有限的，至多只是为其提供某种参照而已。

① 矢田堀鸿："英华学艺辞书绪言"（1880年11月）。

第三章

清末教科书

清末是中国近代术语形成的重要时期。清末教科书作为一种重要文本载体在其中发挥了特殊的作用。一方面，清末教科书作为近代学校教育的主要知识传授载体，因为其高阅读率、高重复率，成为了近代术语传播的重要媒介；另一方面，清末教科书作为现代课堂教学体系中的核心教具而具有的“权威性”，使其又成为推动近代术语形成的关键文本；而清末国人对于教科书中术语的厘定统一更直接促进了中国近代术语厘定机制的形成。

第一节　清末教科书的编写

清末是中国由传统步入现代的一个关键时期，无论是政治经济，还是文化制度，甚而语言词汇，在此期间都发生了急剧的蜕变。作为整个社会变迁的一部分——中国教育，也经此阶段初步完成了由传统教育向现代教育的过渡，迥异于以往的现代教育理念、课程设置、教学内容、教学方式等逐步在中国确立。正是在这一背景之下，在中国应用、沿袭了数千年的传统教材——“四书五经”及“三百千”① 等蒙学读本被现代意义的“教科书”所取代，成为了中国教育现代化的重要一环。

① 即《三字经》、《百家姓》、《千字文》。

从整个清末教科书的编纂历程来看，可以按教科书的编辑主体，以1895年为界分为两个阶段。前一阶段的教科书主要以来华西人编辑为主，后一阶段则主要是由国人自编。

一、甲午以前的教科书

清末教科书的出现与来华西人，特别是传教士密不可分。1807年马礼逊东来后，为开展传教事业，继承了明清耶稣会士"学术传教"的模式，以传播西学、兴办学校作为推动传教的主要手段。因当时清政府仍厉行禁教政策，所以马礼逊最早开办的学校是位于马六甲的英华书院，招收的学生主要面向当地的华人子弟。马礼逊的这一做法取得了良好的效果。后续来华的传教士也认同了马礼逊的这一传教方式，纷纷在华兴办新式学校。这些新式学校除了教授中国传统的"四书五经"外，还增添了许多西方教育的内容，包括地理、英语、数学等新式课程。中国传统教育中并没有这些新式课程，当然也就没有适合这些课程的教材。因而来华传教士自开办新式学校迄始就面临着教科书缺乏的困境，甚至有些学校出现"学生必须等待教科书，方能由读与写进修初浅的知识"。[①] 为解决这一问题，来华传教士们不得不在传教的同时，承担起编纂清末早期教科书的工作。

最初，来华传教士从事编辑教科书的工作还是各自为政，独自编写。早期来华的传教士几乎都有过单独编写教科书的经历。如麦都思1819年就编写了《地理便童略传》"以课塾中弟子"。[②] 而理雅各担任英华书院教习期间，也为该书院编写了两本教科书：一为《英、汉及马来语词典》，该教科书编成于1841年，虽被人认为"体例混乱"，但却仍被英华书院作为教材使用；一为《智环启蒙塾课初步》，该书是理雅各编写的英语教科书，初版于1856年，共二十四篇二百课，内容包括地理、物理、天文、动植物、伦理、贸易等各方面知识。全书上列英文，下列中文，十分适合英语初学者。因为该书编撰体例优良，课文难易程度适宜，不仅可以作为英文学习读本，也可用来学习西方知识，所以出版后很受欢迎，在国内多次再版，直到1895年该书还被香港文裕堂重版。不仅如此，该书也被日本翻刻，用作日本许多学校的教科书。[③]

但单靠某个传教士或某一所教会学校显然难以编辑出成套的可供使用的教科

① 王树槐：《基督教教育会及其出版事业》，林治平：《近代中国与基督教论文集》，台湾宇宙光出版社1980年版，第198页。

② 《麦都思行略》，《六合丛谈》第1卷第4号。

③ 关于《智环启蒙塾课初步》在日本的翻译情况及传播情况，可参看沈国威：《近代启蒙的足迹——东西文化交流与言语接触：〈智环启蒙塾课初步〉的研究》，关西大学出版部平成14年版。

书，在这一情况下，势必要求来华传教士们联合起来，组建团体、机构共同应对。1834年在广州成立的“益智会”就是较早的一个由传教士组成的教育团体。该会的主要宗旨就是“出版能启迪中国人民智力的一类书籍，把西方的学艺和科学传播给他们”。[①] 基于这一目的，该会曾制订过一个规模不小的出版计划，但从后来出版的情况看，显然没有达到其预期目的。该会存在期间只出版了12种书籍，包括一本被用于马礼逊学校的教科书。[②] 稍后来华传教士又成立了马礼逊教育会等团体，但在教科书编辑方面都没有发挥多大的作用，直到1877年“益智书会”（School and Text - books Series Committee）成立，中国才真正出现了一个专门负责出版、编辑教科书的全国性的传教士机构。

“益智书会”是第一次基督教在华传教士大会召开之后成立的，成立之初主要成员有丁韪良、韦廉臣、狄考文、林乐知、黎力基和傅兰雅，其中丁韪良为主席，韦廉臣任总干事。[③] 该会成立后的主要任务就是“负责筹备编写一套小学课本，以应当前教会学校的需要”，经过几次讨论，委员会决定编写初级和高级两套教科书，初级由傅兰雅负责，高级由林乐知负责。这两套教科书包括的科目如下：[④]

1. 初级和高级的教义问答手册。
2. 算术、几何、代数、测量学、物理学、天文学。
3. 地质学、矿物学、化学、植物学、动物学、解剖学和生理学。
4. 自然地理、政治地理、宗教地理以及自然史。
5. 古代史纲要、现代史纲要、中国史、英国史、美国史。
6. 西方工业。
7. 语言、文法、逻辑、心理哲学、伦理科学和政治经济学。
8. 声乐、器乐和绘画。
9. 一套学校地图和一套植物与动物图表，用于教室张贴。
10. 教学艺术，以及任何以后可能被认可的其他科目。

从上述目录可知，“益智书会”计划编辑的教科书已包括了人文、自然各个学科，且初级、高级两套教科书分别编辑，更能适合新式学堂的班级教学制。

“益智书会”经过多年努力，基本完成了上述各科教科书的编辑。据傅兰雅报告，“益智书会”到1890年为止，出版书籍50种，74册，图表40幅，另外审定合乎学校使用之书48种，115册。以上共计98种，189册。发行书籍的总

① 顾长声：《从马礼逊到司徒雷登——来华新教传教士评传》，上海人民出版社1986年版，第31页。

② 王树槐：《基督教教育会及其出版事业》，林治平：《近代中国与基督教论文集》，台湾宇宙光出版社1980年版，第195页。

③ *Records of the General Conference of the Protestant Missionaries of held at Shanghai*, May 10 ~ 24, 1877, p. 473.

④ ［英］韦廉臣：《学校教科书委员会的报告》，朱有瓛编《中国近代学制史料》第四辑，第33 ~ 34页。

印刷量约3万余册，销售数约占其半。[①] 这一出版业绩及编辑教科书的种类就当时而言，可谓表现不俗。

1890年第二次基督教在华传教士大会召开，在这次会议上“School and Text-books Series Committee”被“The Educational Association of China”取代，中文名仍为“益智书会”，并继续“编辑适用的教科书，以应教会学校的需要”。不过同“School and Text-books Series Committee”相比，此时的“The Educational Association of China”更关注的是“谋教授上的互助”与“探求和解决中国一般教育问题”。因为在“The Educational Association of China”看来，“School and Text-books Series Committee”已做了大量关于编辑教科书的工作了，现在“我们学校中，几乎所有的学科都已有了可用的教材”，现在在教科书方面可做的：一是统一教科书中的术语，一是编辑“供医学校和神学学校使用的教科书”，另外就是“扩大我们教科书的销量”。[②] 正是基于这一认识，1890年以后，“益智书会”虽然仍从事教科书的编辑工作，但发展势头已明显慢了下来。到1905年，“The Educational Association of China”自己也承认他们教科书的出版量在不断下滑，而导致这一情况的因素是多方面的：一是那些本该承担教科书编写任务的传教士，由于本身工作太过繁忙以至于无力兼顾教科书的编辑；二是商务印书馆等中国出版机构的竞争；三是出版委员会通过信函联系的工作方式不被一些教科书的作者所接受。[③] 因而，“益智书会”1890年改组以后，其在编辑教科书上所发挥的作用是日渐减少。据统计，1890~1912年，“益智书会”仅出版了30种教科书，远远低于1890年前13年的出版量。[④] 当然，此一阶段“益智书会”在教科书编辑中的作用减弱，也与甲午战后清末教科书编辑主体由来华西人向中国人自身转移这一演变趋势有关。

除了“益智书会”外，还有其他一些传教士出版机构与团体也参与了清末教科书的编辑。如墨海书馆、美华书馆、上海土山湾印书馆、博济医局、金陵汇文书院等，但无论数量还是影响都远远比不上“益智书会。”

值得注意的是，在第一阶段教科书编辑中，当时来华西人除围绕传教士机构编辑教科书外，还参加了中国官方早期的译书活动，并成为其中的主导者。因而

---

① 王树槐：《基督教教育会及其出版事业》，林治平：《近代中国与基督教论文集》，台湾宇宙光出版社1980年版，第200~201页。

② ［加］福开森：《我们教育会的工作》（1893年），朱有瓛等编：《中国近代教育史资料汇编——教育行政机构及教育社团》，上海教育出版社1993年版，第621页。

③ *Records of the Fifth Triennial Meeting of the Educational Association of China held at Shanghai*, May 17 ~ 20, 1905, p. 41.

④ 王树槐：《基督教教育会及其出版事业》，林治平《近代中国与基督教论文集》，台湾宇宙光出版社1980年版，第210页。

在第一阶段，来华西人所编译的教科书当中有相当一部分是由中国官方机构，主要是京师同文馆与江南制造局翻译馆出版的。

京师同文馆成立于1862年。最初开办时，该馆只设有英文馆，后来才归并了俄文馆，并增设了天文、算学、德文、东文诸馆。随着办学规模的扩大，其开设的课程也不限于外国文字的学习，还包括了其他新式的课程，如数学、物理、天文、化学、法学、医学等。这些课程的教材在当时中国都无现成，因而除了借用外国原版教科书及已译的汉文西书外，主要由同文馆教习及其学生编译的西书来充当。

自京师同文馆创办到1902年被并入京师大学堂，在这三十余年中，京师同文馆究竟编译出版了多少著作，目前学界仍无定论。熊月之在《西学东渐与晚清社会》一书称“京师同文馆师生共译西书25种”，且“所译西书可以分为三类，一是关于国际知识，如《万国公法》、《各国史略》；二是科学知识，如《格物入门》、《化学阐原》；三是学习外文工具书，如《汉法字汇》、《英文举隅》”。[①] 但苏精的统计显示有35种，计有法律7种、天文学2种、物理数学类6种、化学3种、语言学5种、医学2种、历史学2种、经济学2种、游记等6种。[②] 不过无论数量多寡，可以肯定的是这些编译的西书都被用于同文馆的教学中，并成为清末新式学堂教科书的重要来源。同文馆的译书大多由其附设的印书处承印，不过印好后的书籍主要并不是为了销售，而是“免费分发全国官吏”[③]，因而在当时影响颇大。

江南制造局翻译馆是清末中国翻译书籍最多、存在时间最长的官方出版机构，也是来华西人从事译书工作的另一重要据点。

该馆成立于1868年，至1912年，共刊行翻译馆译书183种，地图2种，译名表4种，连续出版物4种，共193种；他处所刊翻译馆译书8种；已译未刊译书40种。总计已刊未刊各种译著共241种。[④] 绝大部分都是1896年前所译的。1896年作为该馆的主要专职口译人员——傅兰雅离华后，该馆新出的译书就极少，并逐渐被后起的民间出版机构所超过。

翻译馆所译各书，正如梁启超所言：“专以兵为主。其间及算学、电学、化学、水学诸门者。”[⑤] 就翻译馆译书深浅程度论，既有如傅兰雅所言的“深奥”之作，像翻译馆所译的《数学理》就被梁启超视为“于初学不甚相宜”[⑥]；但也

① 熊月之《西学东渐与晚清社会》，第317页。

② 苏精：《清季同文馆及其师生》，台北上海印刷厂1985年版，第158～161页。

③ 丁韪良：《同文馆记》，朱有瓛编《中国近代学制史料》第一辑上册，第184页。

④ 王扬宗：《江南制造局翻译书目新考》，《中国科技史料》1995年第2期。

⑤ 梁启超：《论译书》，黎难秋主编《中国科学翻译史料》，第322页。

⑥ 梁启超：《读西学书法》，夏晓虹编《〈饮冰室合集〉集外文》下册，第1159页。

有不少适用于教学的教科书。此点可以从当时人对翻译馆所出诸书的评价中窥知一二。兹列举如下：

《代数术》："习代数者当以《代数术》为正宗，而以《代数备旨》辅之。"①

《代数难题》："其解题之法整齐简易，最便初学。"②

《声学》："此书所载，半属浅说，然论发声、传声、成音、音浪，颇觉透辟。"③

《化学鉴原》："欲习化学，应以此为起首工夫。"④

《化学求数》："习化学最要之本。"⑤

《地学浅释》："是书透发至理，言浅事显，各有实得，且译笔雅洁，堪称善本。"⑥

因翻译馆所译诸书有不少是适宜初学者的，所以时有被新式学堂择用为教科书的。傅兰雅 1880 年就曾记载："局内已刊之书，有数种在北京同文馆用之，在耶稣教中大书馆内亦有用之者"。⑦ 可见当时确有一些新式学校以翻译馆的译书作为教科书。另据《教科书之发刊概况》列举的历年教科书统计，1897 年以前共列举教科书 17 种，属于江南制造局出版的就有 10 种，占 58.8%。由此可知，翻译馆所出的译书应是当时新式学堂教科书的一重要来源。而翻译馆译书的销售量也可侧面印证这一点，至 1879 年 6 月，翻译馆译书就售出 31 111 部，共计 83 454本。⑧ 这一数量远远超出了同期专以教科书编辑为主业的"益智书会"的销书量。

而翻译馆所出诸书绝大多数都是以"西译中述"方式完成，故皆可视为来华西人的译作，因而江南制造局翻译馆也是来华西人编译教科书的另一重要出版机构。

---

① 梁启超：《读西学书法》，夏晓虹编《〈饮冰室合集〉集外文》下册，第 1160 页。

② 《江南制造局译书提要》，卷二，第 35 页。

③ 徐维则：《增版东西学书录》，熊月之编《晚清新学书目提要》，第 109 页。

④ 孙维新：《泰西格致之学与近刻翻译诸书详略得失何者为最要论》，《格致书院课艺》，光绪己丑春季，第 8 页。

⑤ 赵惟熙：《西学书目问答》，熊月之编《晚清新学书目提要》，第 593 页。

⑥ 徐维则：《增版东西学书录》，熊月之编《晚清新学书目提要》，第 117 页。

⑦ ［英］傅兰雅：《江南制造总局翻译西书事略》，黎难秋主编《中国科学翻译史料》，第 422 页。

⑧ ［英］傅兰雅：《江南制造总局翻译西书事略》，黎难秋主编《中国科学翻译史料》，第 424 页。不过另有资料显示，翻译馆译书的销售情况并不好。据梁启超言："盖制造局译出之书，三十余年，而销售仅一万三千本"。（翦伯赞等编《戊戌变法》第 2 册，上海人民出版社 1957 年版，第 18 页。）此一说法是梁启超在戊戌期间提供的，考虑当时的语境，及梁并非翻译馆中人，梁氏此说应有缩小翻译馆译书销量的嫌疑，故暂存疑待考。

除了京师同文馆与江南制造局翻译馆外，来华西人编译教科书的官方机构还有一些，但大多出版教科书的数量不多、质量不高。不过例外的是，海关总税务司却于1886年翻译出版了一整套颇受时人欢迎的教科书——《西学启蒙十六种》。该套书籍出版后，无论是时务学堂所开设的"涉猎之书"，还是蔡元培、张之洞开列的可使用的教科书清单中也都将其纳入。[①]

总之，甲午战争以前，来华西人或依托传教机构或依托中国官方出版机构编辑、出版了一批数量不少的教科书，为后来国人自编教科书提供了一定的借鉴。

二、甲午以后的教科书

在来华西人编译教科书数十年后，国人自身编译的教科书在1897年也出现了。自此之后，在短短十余年里，国人教科书的编辑历史经历了由翻译外国教科书，到改编外国教科书，最后自行编撰教科书这一演变历程。与此前来华西人编译的教科书相比，国人编译的教科书不仅数量巨大，而且编辑出版教科书的机构众多，直接配合了清末的学制改革，完成了中国教育的初步近代化。

学界公认最早出现的由国人自编的教科书是1897年由南洋公学师范生陈懋治、杜嗣程、沈庆鸿等编撰的《蒙学课本》，共三编。但据《教科书之发刊概况》记载，在《蒙学课本》出版前，国人已有几种自编的教科书。最早的是1889年由江南制造局出版的谢家木编的《算学》；稍后1893年王亨统编辑了《地理问答》一种，后经江楚书局改订出版；同年周保璋也编著了《童蒙记诵》上下编，内分天文、地理、人事、刑政、六艺、文学、史事等20余类，不过该书被批评为"不合体裁"。[②] 这三种应该都早于南洋公学的《蒙学课本》，不过现在都难于寻觅，所以不知道确否为国人自编。

将南洋公学《蒙学课本》认定为国人最早自编教科书的是蒋维乔。据蒋维乔记载："民元前十五年丁酉（1897年），南洋公学外院成立，分国文、算学、舆地、史学、体育五科。由师范生陈懋治、杜嗣程、沈庆鸿等编纂《蒙学课本》，共三编，是为我国人自编教科书之始。"最初出版是铅字印刷，且无图画，故被人评为"形式不佳"。但从体裁看，已模仿"外国课本"，按章节体安排教学内容。如第一编第一课，即为"燕、雀、鸡、鹅之属曰禽。牛、羊、犬、豕之属曰

---

① 蔡元培：《拟绍兴东湖二级学堂章程》，高平叔编：《蔡元培全集》第一卷，中华书局1984年版，第130页；《湖广总督张之洞：筹定学堂规模次第兴办折》，璩鑫圭、唐良炎编《中国近代教育史资料汇编——学制演变》，第105页。

② 《教科书之发刊概况》，中华民国教育部编《第一次中国教育年鉴》（戊编·教育杂录），上海开明书店1934年版，第115页。

兽。禽善飞，兽善走。禽有两翼，故善飞。兽有四足，故善走。”[①] 1901 年南洋公学又出版了一种同样以《蒙学课本》为名的教科书，不过此一教科书并不是由陈懋治等人所编，著者是朱树人，仿照的是“英美读本体例”，也“无画”。[②]

南洋公学之所以热衷编辑教科书，与其创办人盛宣怀有关。盛宣怀在南洋公学筹设开始，就有编译教科书的计划。南洋公学的章程中规定“师范院及中上两院学生，本有翻译课程，另设译书院一所，选诸生之有学识而能文者，将图书院购藏东西各国新出之书课令择要翻译陆续刊行。”[③] 当时南洋公学负责编辑教科书的，除了师范院的学生外，主要集中在 1899 年增设的译书院。该译书院由张元济负责，并聘请稻村新六、细田谦藏、卢永铭、孟森、杨志洵、樊炳清、沈紘、葛胜芳、陈昌绪、周仲玉等人为译员。译书范围为“专译中西国政治、教育诸书，以应时需及课本之用”。[④] 南洋公学编译的教科书也不是随意的，而是经过精心选择的，“专取其（外国）文部所订、教员所授之本，咫闻杂学，概不兼收。以西学佐子史之旁通，不敢以俗说代经文之正本。……但令西学课本条理秩然，促足备当世之取材，亦不忧无暇日以毕经书之业，不必遽求速化转滋流弊也”。[⑤] 换言之，翻译的课本必须是经过外国“文部”审定、教学实践过的教科书；在内容安排上，必须合理安排中学与西学的比重，不能因西学而“无暇日以毕经书之业”。

据霍有光统计，至译书院结束时，共编译出版书籍 60 种，其中属于教科书的 14 种。包括《本国中等地理教科书》、《万国地理教科书》、《科学教育学讲义》、《格致读本》、《中等格致课本》、《小学图画范本》、《化学》、《蒙学课本》、《大本蒙学课本》、《代数设问》、《心算教授法》、《物算笔算教科书》、《习字范本》、《几何》。[⑥]

南洋公学所编译的教科书在当时很受欢迎。有资料显示，仅南洋公学张相文

---

① 蒋维乔：《编辑小学教科书之回忆》，李桂林、戚名琇、钱曼倩编：《近代教育史资料汇编——普通教育》，上海教育出版社 2007 年版，第 188～189 页。

② 《教科书之发刊概况》，中华民国教育部编《第一次中国教育年鉴》（戊编 · 教育杂录），上海开明书店 1934 年版，第 116 页。

③ 《光绪二十四年四月二十四日（1898.6.12）大理寺少卿盛宣怀折（附南洋公学章程）》，朱有瓛编《中国近代学制史料》第一辑下册，第 515 页。

④ 《光绪二十八年（1902）前工部侍郎盛宣怀奏陈南洋公学历年办理情形》，朱有瓛编：《中国近代学制史料》第一辑下册，第 522 页。

⑤ 《光绪二十八年（1902）工部侍郎盛宣怀奏陈南洋公学翻辑诸书纲要折》，朱有瓛编：《中国近代学制史料》第一辑下册，第 521 页。

⑥ 霍有光：《南洋公学译书院及其译印图书》，载《西安交通大学学报》1999 年第 4 期。

编辑的地理学教科书，印行总数就在 200 万册以上。[①] 南洋公学也因它所编译的教科书而“四远驰名了”。

除南洋公学外，在戊戌前后还出现了其他国人编译的教科书。如 1898 年无锡三等学堂开始编撰的蒙学课本，同年上海三等公学钟天纬编辑的《字义教科书》，张仲球翻译的《蒙学图说》；1899 年陆基编辑的《蒙学编》、《启蒙图说》与《启蒙问答》等。

值得注意的是，戊戌前后出现的这些国人编译的教科书因为还处于初创阶段，所以还常留有传统教材的痕迹。以当时流传最广的无锡三等学堂的《蒙学读本》为例。该套教科书共七编 422 课，体例上虽仿照西方教科书采用章节体，且课后设有“问辞”，具备了新式教科书的形式，但在内容上却还没有分科意识，将各科知识都融合在一种教科书中。如其前三编“就眼前浅理引起儿童读书之兴，间及地理、历史、物理各科之大端”，第四编“专重德育”，第五编“专重智育”，第六编“前半为修辞……后半为达理”，第七编“选史汉通鉴最有兴会之文，暨左国周秦诸子隽美之篇，以及唐宋迄近代名家论说”。即便是俞复自己也承认，此套教科书前三编“为今初等小学国文教科之具体”，第四编“盖完全为今修身教科之具体”，后三编“为今高等小学国文教科之具体也”。[②] 换言之，即便是遵循俞复自己的分类，这套教科书也包括初小国文课本、修身课本、高小国文课本三种不同的科目，课本具体内容更远不止这三科。这将各种知识混杂在一书的情况其实还是延续以往蒙学读本《三字经》、《千字文》的做法，是一种混编教材，并不适宜现代的分科教学。不过当时学制还没颁布，各科课程还没确定，此种新旧杂陈的教科书并没有因此而被人诟病，反而恰好适合了当时处于过渡时期学子们的需要，从而大为流行。

在国人编译教科书的最初出现阶段，除了书籍出版外，当时还出现了以期刊为平台，连载教科书的现象。最先是叶瀚等人于 1897 年发行的《蒙学报》，该报“七日一册，所译皆东西文蒙养之书”。稍后 1898 年《求我报》出版，每半月发行一次，“内容分方名、正蒙二编，由浅入深，与今日初小教科书略同”。同年朱开甲等人也创办了《格致新闻》，“报中设问答栏以便初学；并设学舍，请教师演讲，并实地试验，虽非教科书，彼时实作教科防用”。1901 年普通学报社也每月出版石印报一小册，所载分经史、文算、格致、博物及外国语等，当时学堂亦多用为教学”。[③] 而当时以期刊形式连载教科书的还有罗振玉创办的《教育世界》

① 《中国现代地理学的先驱张相文》，泗阳县政协学习文史委员会编《泗阳文史资料》2000 年第 12 辑，第 57 页。

② 《无锡三等公学堂蒙学读本》，朱有瓛编：《中国近代学制史料》第一辑下册，第 759 页。

③ 《教科书之发刊概况》，中华民国教育部编《第一次中国教育年鉴》（戊编·教育杂录），第 116 页。

及后来的《学部官报》等。这些刊物所载教科书囊括了各个学科。如蒙学报1897年第2册就分文学类、算学类、智学类、史事类、舆地类、格致类、格致汇编7个栏目，分别刊载了《中文识字法》、《启蒙字书》、《东文读本书》、《东文修身书》、《西文舆地启蒙》多种教科书。每期每种教科书刊载的内容都不多，约1课的分量。而教科书的来源既有自编的，也有译自外国教科书的，像《东文读本书》、《东文修身书》明显就是译自日本，《西文舆地启蒙》则是由曾广铨译自英文。

之所以会出现这些刊载教科书的期刊，主要是因为国人无论是自编教科书还是翻译教科书，都需一定时间。如俞复等人所编的《蒙学读本》就历时三载，直到1902年才正式出版。如此长的编辑周期对于当时急需教科书用于教学的国人而言是等不及的，因此就出现了以刊代书的形式，7天或半个月的出刊周期、每期每科刊载1课左右的内容正好可以充当一周或半月的教学量，满足了当时新设学堂的教学需求。不过这毕竟属于应急之策，随着大量国人编译教科书的出版，这一以刊代书的形式也就被淘汰了。

戊戌变法前后国人编译教科书的出现，拉开了国人自编教科书的序幕，自此之后，从事国人编译教科书编辑出版的机构、人员越来越多，成为20世纪初年一道别样的出版风景。

就清末国人编译教科书的出版机构而言，按机构性质可分为两类：一是官方出版机构，一是民营出版机构。其中前者包括京师大学堂、学部编译图书局、江楚编译局、南洋官书局、山西大学译书院、湖北官书局、北洋官书局、湖北学务公所、浙江学务公所、直隶学务处、两广学务处、江苏宁属学务处、天津官报局等。这些官方出版机构因都由主管学务的行政机构或地方要员附设而来，所以大都带有官僚衙门的习气，因而总体看来，编译教科书虽不少，但得到时人认可的却并不多。以1906年学部公布的《第一次审定初等小学暂用教科书目》与《第一次审定高等小学暂用教科书目》为例，其中属于官方出版机构编译的教科书仅有28种，占15.7%，远远低于当时民营出版机构所占的比例。不过官方出版机构所拟定的编译教科书章程及审定机制，对于教科书编辑的规范化、正规化仍有相当的促进作用。

而与前者相比，从事教科书编译的民营出版机构则更多，据统计，仅在1899～1900年，出版过教学用书的民营出版机构就多达37家。[①] 可以说，清末绝大部分教科书都是由他们编译、出版的。其中比较著名的有商务印书馆、文明书局、金粟斋、作新社、教科书译辑社、广智书局、会文学社、中国图书公司、图书集

① 汪家熔：《民族魂——教科书变迁》，商务印书馆2008年版，第21页。

成公司等。

值得一提的是，由于当时提倡留学日本，以日本为模仿对象，加上日文易学，所以不少民营教科书出版机构专以翻译日本教科书为主，如作新社、教科书译辑社、东京清国留学生会馆等。由此，在清末最后20年，国人编译的教科书中就有相当一部分是来自日文教科书的翻译。据统计，仅数学教科书，清末译自日本的就高达151种，其中翻译过5种以上日本教科书的出版社有9家，包括商务印书馆（19种）、文明书局（10种）、益群书社（10种）、科学书局（9种）、上海群益书社（7种）、会文学社（7种）、东亚公司（7种）、昌明公司（7种）、教科书译辑社（6种）。①

当时之所以有出现如此多民营出版社编辑出版教科书：一方面固然是因为当时新式学堂猛增，需求新式教科书甚多，所以此时编译出版教科书有利可图。②另一方面则因为清政府的鼓励。清政府1901年宣布实行“新政”后，“兴学堂”成为从中央到地方的要政，但师资的匮乏、教科书的短缺直接制约了新式学堂的增设与扩展。为了解决后一问题，清政府除了设立编译局等官方机构加紧编纂外，另一重要的举措就是鼓励民营机构也加入到教科书的编译中。1904年清政府颁布的《学务纲要》就特别指出“查京师现设编译局，专司编辑教科书。惟应编各书，浩博繁难，断非数年所能蒇事，亦断非一局所能独任”，若是由各官书局分编，“亦需时日”，如今之计，“尤要在使私家各勤编纂，以待裁择，尤为广博而得要”。同时该纲要还进一步规定了奖励措施：“如有各省文士能遵照官发目录编成合用者，亦准呈送学务大臣鉴定，一体行用，予以版权，准著书人自行印售，以资鼓励。”③ 正是有了巨额利润的吸引，加上政府的鼓励，所以清末最后十年中涌现出大批专以编译出版教科书为业的民营出版机构。

而无论是从出版教科书的种类，还是教科书的出版速度及教科书编译质量来看，民营出版机构都要优于官方出版机构。此点在1906年学部公布的第一次审定教科书暂用书目中表现得最为明显，在总计372种教科书中，民营机构出版的有304种，占总数的81.7%。可以说，没有民营出版机构出版的教科书，清末新式教育的发展不可能如此迅猛，新式学堂的增设也不可能如此迅速。

综上所述，清末教科书的编辑经历了由来华西人编译为主到以国人自编为主这样一个演变历程。而无论是出版种类还是出版数量，这批近代教科书在清末出

---

① 据冯立昇《中日数学关系史》统计所得，山东教育出版社2009年版，第234~246页。

② 有资料显示，文明书局从1902年创立，到1906年，短短4年间就将最初的5万元资本经营到了30余万元。可见当时编译出版教科书的确是有巨利可图。见陆费逵《六十年来中国出版业与印刷业》，张静庐《中国出版史料补编》，第276页。

③ 《光绪二十九年十一月二十六日（1904.1.13）张百熙、荣庆、张之洞〈学务纲要〉》，朱有瓛编《中国近代学制史料》第二辑上册，第93页。

版界都蔚为可观，成为影响中国近代变迁的一重要阅读文本。正如高梦旦所言："教育之普及，常识之具备，教科书辞书之功为多。"[①] 清末这批数量巨大的教科书的出版发行对于近代中国而言，不仅仅只是一次教材的更替，更是对国人思想观念的一次大洗涤。近代的众多新知识、新观念、新词汇，正是通过新式教科书源源不断地传输到每一位接受新式教育的学子的头脑中，成为他们认识世界、了解世界的一个基点。

三、近代术语厘定中的清末教科书

教科书在近代术语厘定中能够发挥独特的作用，主要在于其作为现代知识传授载体的特殊性。正如前文所述，教科书是现代课堂教学体系中的核心教具，由此让其拥有了不同于一般文本的某些特性，其中与术语厘定最为相关的有两条：一是受众的广泛性。凡是经过现代学校教育的学子，无一例外都要经受教科书的熏陶，且由于考试制度、升学机制的存在，使得学生对于教科书的阅读具有强制性与高重复率。此点对于术语的传播、厘定是极为有利的。二是教科书作为学校教育的主要知识传授载体而具有的权威性。按照韦伯对于"权威"的解释，"权威"的产生可来源于三种方式：（一）传统权威（traditional authority），即在长期的传统因素影响下而形成的权威；（二）感召权威（charismatic authority），即由个人魅力所获得的权威；（三）合理——合法的权威（rational-legal authority），具体可分为两类，一类是官方的（offical）或法定的（legal）权威，另一类是专业的（expert）或理性的权威。[②] 依据韦伯的说法，清末教科书权威性的确立来自两个方面：一方面来自传统权威。中国古代传统的教材主要是四书五经，这都是中国经过千百年的传承、遗留下来的传世经典，长久以来在读书人心中都处于至高无上、不容怀疑的地位。因这一思维定势的影响，在近代接替它们充当读书人学习对象的新式教科书也自然获得了类似的权威。另一方面来源专业的或理性的权威。在近代教育理念中，教科书是成人社会为学生准备的走向社会的必备知识的集合，这些知识被认为是正统性的、经典性的，故而在近代课堂教学中，教与学依据的都是教科书。教科书由此在专业性与知识性上成为了超越教师的存在，对学生而言，具有绝对的权威性。

正因教科书具有上述两种特性，使得其在近代术语传播、厘定中发挥了不可

① 高梦旦：《〈新字典〉缘起》，陆尔奎等编《缩本新字典》，商务印书馆 1934 年版，第 1～2 页。

② ［英］R. 马丁，罗述勇译：《论权威——兼论 M. 韦伯的"权威三类型说"》，载《国外社会科学》1987 年第 2 期。

替代的作用。一方面，清末教科书是近代术语传播的重要媒介。清末教科书作为近代西学东渐的产物，不少学科更是中国原来没有的，必然会出现对大量新术语、新概念的引入。以商务印书馆出版的《最新教科书》为例，其各科教科书引入的新术语、新名词可略举如下：

《最新中学教科书地文学》：结力、化合力、南冰洲、反贸易风、空气、极光、苔藓类、水汽表、地文学、古生物时代、有机物质、原生质、寒暑表。①

《最新中学教科书植物学》：植物界、植物学、显花植物、隐花植物、胚、胚轴、胚乳、气生根、寄生根、吸枝、鳞茎、雌雄同株。②

《最新格致教科书》：格致、液体、固体、气体、传热、显微镜、望远镜、透光体、淡气、炭气、有机物。③

《最新理科教科书》：雄蕊、雌蕊、细菌、空中飞艇、无线电报、无线德律风、曷格司光、天然淘汰、人为淘汰、进化论、物质不灭。④

《最新中学教科书瀛寰全志》：经济学、社会学、热带、温带、寒带、同寒暑线、主权、国体、政体、民主政体、专制政体。⑤

《最新修身教科书》：爱国、博爱、责任。⑥

由上可知，清末教科书中包含了众多的新名词、新术语。伴随着清末教科书的使用，这些新名词、新术语也被各级学堂的学生所接受，成为他们知识构成中不可分离的一部分。因而就教科书的受众广度、强制性阅读特性而言，教科书是传播近代术语名词的最为重要的媒介之一。

另一方面，清末教科书又是推动术语厘定的关键。这包含两个层面的含义，首先是教科书作为高重复率的文本，⑦ 很容易给读者造成书中术语已经“约定俗成”的假象，从而提高该术语被确立为标准译词的概率。其次是教科书的权威性，使得被纳入了教科书中的术语也相应获得了其作为合法性、正统性知识的地位，从而易于被人们所认同。此点对于清末术语译名的抉择极为关键。如前所述，日译汉字术语之所以能取代来华西人所拟译名及严复译词，汉译日本教科书在清末最后十年的盛行起到了相当重要的作用。

因而，清末教科书对于近代术语的传播、厘定是起到了重要的作用。

---

① ［美］忻孟，王建极、奚若译：《最新中学教科书地文学》，商务印书馆 1906 年版。

② 亚泉学馆编译：《最新中学教科书植物学》，商务印书馆 1906 年版。

③ 杜亚泉：《最新格致教科书》，商务印书馆 1910 年版。

④ 谢洪赉：《最新理科教科书》，商务印书馆 1904 年版。

⑤ 谢洪赉：《最新中学教科书瀛寰全志》，商务印书馆 1903 年版。

⑥ 商务印书馆编译所：《最新修身教科书》，商务印书馆 1905 年版。

⑦ 这一高重复率，既是指单个学生因考试制度、教学机制而不得不反复阅读教科书，也是指每种教科书往往会使用若干年，故而再版率极高，会被若干届的学生反复阅读。

第二节 清末教科书术语的审定

正如前文所述，近代教科书对于中国而言，是一个西式的产物，而包含在其中的许多新知识、新学科、新观念，更是中国亘古未闻、亘古未见的。如何在教科书的编写过程中将这些新知识、新学科、新观念用中文词汇准确地表述出来，成为清末教科书编译者面临的一道难题。为解决这一难题，不同的编译者采取了不同的方式，或意译或音译，或利用古语制造新义或自撰新词以对译西语。"八仙过海"，各行其是。但如此一来，却给读者造成了更大的困惑，读者在阅读这些译名各异的教科书时，"不独读之难、记之艰，实使学者不能顾名思义"①。因而随着编译教科书的日渐增多，如何统一教科书中的术语名词也变得日益急迫。在清末，推动教科书术语统一的主要有两个机构，一是"益智书会"，一是编订名词馆。前者是教会民间组织，后者则是官方机构。两者在清末为统一教科书中的术语名词相继开展了一系列的工作，为后来术语名词的最终统一奠定了基础。

一、"益智书会"与教科书术语的统一

近代最早注意到教科书中术语混乱的是来华西人，他们在编译教科书及从事教会学校的教学实践中，察觉到术语名词的混乱既不利于西学的传播，也不便于学生的学习，因而较早就开始着手统一术语译名，但初期并不成功，直到"益智书会"成立后，这方面的工作才有所推进。

1877 年第一次基督教在华传教士大会召开，在该次会议上，传教士们终于成立了一个可以协调在华各差会的全国性的组织——"School and Text-books Series Committee"，即"益智书会"。自此以后，近代教科书中术语的统一工作方有了专门的组织加以积极推动。

"益智书会"以 1890 年为分界点，可以分为前后两期。前期的"益智书会"指的是"School and Text-books Series Committee"，后期的"益智书会"则指的是"The Educational Association of China"。相应的，"益智书会"统一教科书术语译名的工作也可以分为前后两个时期。

① 虞和钦：《有机化学命名草自序》，《有机化学命名草》，文明书局 1909 年版。

1. 1877 ~ 1890 年

"益智书会" 1877 年成立后，就立即着手开展编辑教科书的工作。作为该书会的重要成员狄考文在"益智书会"成立不久，就发表了一篇题为《中国的学校用书》（School Book of China）的文章，叙述了他对教科书编辑的具体意见，其中就包括教科书术语的翻译。狄考文首先指出：术语在教科书编辑中具有重要的作用。因为每一种新的科学都会产生新的专门术语，如果把这种科学介绍进中国，则必须把这种术语转换成相应的汉语。这是必要的，而且也是不能逃避的。[①] 通过该文，狄考文说明了术语在教科书编辑中占有重要地位，并就术语的厘定提出了几点原则性的看法。

一年后，狄考文又发表了一篇题为《汉语数学》（*Mathematics in Chinese*）的文章。该文主要讨论的是如何编辑数学教科书，但狄考文也继续表示了对教科书术语一如既往的重视。在文章开头，狄考文就指出：在过去的几百年间，西方数学在不同的时代以不同的方式被介绍进中国。这种混杂的介绍方式使得数学术语变得十分混乱。现在中国人对于数学科学给予很高的期望，与以前相比，西方数学得到了广泛的传播，因此，确定一套合适的、一致的数学术语是十分重要的。但是到目前为止，即便是各个数学分支学科的译名都是混乱的，给读者造成了极大的困扰，因而现在应首先将各个数学分支学科的译名尽快地确定下来，越快越好。[②] 狄考文此处虽然讨论的只是数学术语，但其文中所指的状况却在其他学科中都存在，因而狄考文关于统一术语译名的建议，其实是适用于各个学科教科书的编辑的。

"益智书会"的其他成员对于狄考文的意见，表示了认同，经过几次会议后，作出了以下决议：[③]

为适应需要，这两套书的术语应该统一，并尽可能地与现有出版物的术语相一致。为此，从有关各科的现有主要出版物（不管是本地的还是外国的）中整理出各种术语和专有名词的汇编，是切实可行的。为达到此项目的，建议：

1. 有可能的话，应要求作者或译者本人提供他们所使用的中文和英文词汇表。

2. 完全出自本地的书籍和出自外国而发行人又不在中国的中文书籍应予以仔细检阅，把使用的术语与名词分别列入不同的词汇表。并希望凡愿意承担这项工作中任何一部分的人都迅速将他们准备编制术语和专有名词表所要使用的书籍名称通知秘书。

3. 应将上述词汇表收集起来，统一划分为三类，即：(1) 技术、科学和制造

---

① C. W. Mateer. *School Booka for China*. The Chinese Recorders, Vol. 8 (1877), p. 428 ~ 432.

② C. W. Mateer. *Mathematics in Chinese*. The Chinese Recorders, Vol. 9 (1878), p. 372 ~ 375.

③ ［英］韦廉臣：《学校教科书委员会的报告》，朱有瓛编：《中国近代学制史料》第四辑，第 34 页。

类；(2) 地理类；(3) 传记类。然后印制成册，给参加这项工作的人各寄一册。

4. 指定傅兰雅先生负责第一类词汇表的准备工作，其他二类词汇表交由林乐知牧师负责。

5. 请伟烈亚力先生提供专有名词的词汇表，并请麦加缔博士提供外国著作的日文编译本中使用的术语和名词表。

由上述决议可知，“益智书会”统一教科书术语译名的举措主要就是编辑一份包括各种术语和专有名词的译名表作为标准词汇，以供教科书编辑之用，而这份译名表的术语译名来源，一是由已有译作的译者、作者提供，一是由“益智书会”指派专人负责收集。为此，“益智书会”做了分工，由傅兰雅负责技术、科学和制造类术语译名的收集，林乐知则负责地理类与传记类术语，伟烈亚力提供专有名词的词汇表，麦加缔收集日文编译本中使用的术语名词表。

按照前述决议，“益智书会”也给许多传教士发出了公函，邀请他们予以合作。[①] 经过几年的努力，到 1890 年“益智书会”在术语统一上已有较大进展。最突出的成果就是由傅兰雅负责的《译者手册》全部完成，包括《金石中西名目表》、《化学材料中西名目表》、《西药大成药品中西名目表》与《汽机中西名目表》四个译名表。这四个译名表不仅体现了傅兰雅选订译名的思想，也代表了“益智书会”在术语厘定方面的主张与意见，成为“益智书会”1890 年前统一术语的最主要成果。

尽管傅兰雅的卓越工作，使得“益智书会”到 1890 年为止获得了大约 18 000个词的译名表，但“益智书会”统一教科书术语译名的努力却并没有达到预期目的。他们自己也承认“深感遗憾的一件事是无法统一术语”，特别是“关于科学、地理和历史方面的术语统一，都一直没有成功”。之所以如此，一部分原因是“有些作者坚持用他自己的术语；另外有些人只容许委员会有部分的修正权”。[②] 换言之，传教士内部的不团结、不合作，导致“益智书会”的译名表难以推行。除此以外，另一个不容忽视的因素是，当时在“益智书会”中，真正热心推动术语统一工作的似乎只有傅兰雅一人，最被“益智书会”看重的《译者手册》几乎都是由傅兰雅一人整理、编辑、出版的，而其他人所承担的术语译名收集的任务最终都没有任何成果出现。仅靠傅氏一人，结果当然可想而知。不过“益智书会”前期统一教科书术语译名的努力还是为后期术语统一工作的继续进行打下了一定的基础。

---

① ［英］韦廉臣：《学校教科书委员会的报告》，朱有瓛编：《中国近代学制史料》第四辑，第 35 页。另可参见 *Correspondence*: *the Text Book Series*. The Chinese Recorders, Vol. 10 (1879), p. 307.

② ［英］韦廉臣：《学校教科书委员会的报告》，朱有瓛编：《中国近代学制史料》第四辑，第 37 页。

2. 1890～1905 年

1890 年 5 月，第二次基督教在华传教士大会在上海召开，傅兰雅建议：希望能成立一个"以富有实践经验的教育家为主体的新委员会"，"这个新委员会能够继续上一届委员会未完成的工作"。[①] 于是，"The Educational Association of China"成立了，取代了原有的"School and Text-books Series Committee"，而"School and Text-books Series Committee"所积累起来的各种书籍、材料和资金也在大会上移交给了"The Educational Association of China"。不过"The Educational Association of China"的中文名仍沿用"益智书会"。"益智书会"由此迈入了一个新的阶段。

改组后的"益智书会"，其职能已不再局限于编辑、审定、出版教科书，而是"以提高对中国教育之兴趣、促进教学人员友好合作"为宗旨。该会下设两个委员会：一为执行委员会，主席为傅兰雅、卜舫济，秘书由莫尔担任；一为出版委员会，主席为狄考文，秘书为傅兰雅，成员还包括谢卫楼、潘慎文、李安德。教科书的编辑与统一术语的工作最初是由出版委员会负责的。

1891 年出版委员会在上海召开第一次会议，决定继续术语译名的统一工作，其采取的措施有两条：一是成立一个委员会，以"编制出一个尽量完备的中英文对照的地名、人名索引"。这个委员会的成员包括金曼、赫士（后辞职由施美志担任）与那夏理，主席由傅兰雅担任。不过从后来施行情况看，"益智书会"地名、人名索引表编制得十分缓慢，直到 1896 年独立的人名地名术语会成立后，进度才有所加快。二是技术术语由出版委员会成员分头收集，以"编制各种中英文对照技术术语索引"。其中狄考文负责算术、代数、几何、三角、测量、航海、解析几何、微积分、水、空气、光、热、电、蒸汽、天文、印刷、机械工具术语，傅兰雅负责化学、矿物学、气象、平板印刷术、电镀、化学仪器、哲学注解、铸造模型、射击、造船、采矿、工程学术语，李安德负责物质媒介、解剖学、手术、疾病、地学、官员头衔、国际法、神学术语，潘慎文负责生理学、植物学、动物学、音乐（器乐与声乐）、蒸汽机术语。出版委员会还对"编制各种中英文对照技术术语索引"的方式、程序作了具体的规定。[②]

由上可知，出版委员会采取统一教科书术语的办法与前期"益智书会"的方式一致，都是先要编辑一套术语译名表，作为教科书编辑使用的标准词汇。

尽管出版委员会第一次会议就将编辑术语译名表的工作分派了下去，但却进展缓慢。一个重要的原因就是很多承担此任务的传教士并没有将此作为他们的首

① ［英］傅兰雅：《总编辑的报告》，朱有瓛等编：《中国近代教育史资料汇编——教育行政机构及教育社团》，第 611 页。

② 《〈教务杂志〉记中国教育会起》，朱有瓛编：《中国近代学制史料》第四辑，第 40～41 页。

要任务来对待。以当时"益智书会"会长兼出版委员会主席——狄考文为例，他虽然承担了技术术语的收集编辑工作，但他"更多的时间与精力放在了《圣经》官话和合译本以及其他一些事项上，因此他只能把科技术语工作放在了各类事务的次要位置上"。[①] 作为"益智书会"的首要负责人对于统一术语译名的工作都是如此态度，其他人可想而知。

1896年，"益智书会"召开第二次三年会议。[②] 在傅兰雅的再次呼吁下，该次会议成立了两个委员会，专门负责术语译名的统一，一是科技术语委员会，成员包括狄考文、傅兰雅、潘慎文、赫士、文教治（G. Qwen）、嘉约翰与师图尔；二是人名地名术语委员会，成员有谢卫楼、狄考文、潘慎文、施美志（Rev. G. B. Smyth）与卫理（E. T. Williams）。[③] 在这两个术语委员会成立后，"益智书会"编订术语译名表的速度明显加快。

1899年，"益智书会"举行第三次三年会议时，这两个委员会在术语统一上都取得了一定的成绩。人名地名委员会完成了对卓别林（Chaplin）的《地理》与谢卫楼的《万国通鉴》中所用人名、地名名词的编纂，并在厘定人名地名术语上初步总结了几条经验。[④] 科技术语委员会则在1898年发表了 *The Revised List of Chemical Elements*（即《修订化学元素表》）。[⑤] 这是"益智书会"在统一化学术语上的最新成果。

在完成《修订化学元素表》后，狄考文等人开始"准备一个完整的无机化学术语译名表，这个表以新旧对比的形式呈现。这样做的目的，是为了给国内外的化学家、药物学家、医学人员能够自由使用这些术语，且不致发生误解的困难"。[⑥] 狄考文等人准备的这个表就是1901年正式出版的《协定化学名目》（*Chemical Terms and Nomenclature*）。该名目应该在1899年5月就已初步编好了，并提交科技术语委员会，获得了委员会初步认可。当时科技术语委员会高度评价

---

① ［美］丹尼尔·W. 费舍，关志远等译：《狄考文传——一位在中国山东生活了四十五年的传教士》，广西师范大学出版社2009年版，第102页。

② "The Educational Association of China" 的章程规定："本会每三年开一次大会，于五月份第一个星期三举行。会址设上海。会议主要进行人员改选和报告会务等工作。"（见《中国教育会章程》，朱有瓛编《中国近代学制史料》第四辑，第45页。）"益智书会"的第一次三年会议召开于1893年，至1912年为止，共召开了七次三年会议。

③ *Notes and Items.* The Chinese Recorder, Vol. 27 (1896), p. 349. 此前人名地名术语委员会并不是一个独立的委员会，而是附属在出版委员会之下。

④ *Report of the committee on Geographical and Biographical Names to be used in Chinese*, Records of the third triennial Meeting of the Educational Association of China held at Shanghai, May17～20, 1899, p. 17～18.

⑤ C. W. Mateer. *the Revised List of Chemical Elements*, the Chinese Recorders, Vol. 29 (1898), p. 87～94.

⑥ *Report of committee on Technical and Scientific Terms*, Records of the fourth triennial Meeting of the Educational Association of China held at Shanghai, May21～24, 1902, p. I～III.

了这个名目表，认为《协定化学名目》的完成标志着书会在统一化学术语上的巨大进步，并且将为其他学科术语的厘定统一提供一个可以遵循的方式。①

在《协定化学名目》准备期间，科技术语委员会也开始编辑一个包括各门学科的科技术语总表。这一总表即是后于1904年出版的《术语辞汇》（*Technical Terms*）。负责该辞汇编纂的主要是狄考文、赫士、师图尔、潘慎文等人，但该辞汇所利用的术语资料却是“益智书会”经过好多年的收集整理才积累起来的。该书序言就说：“印刷这样一个术语表，是书会诸多委员连续多年来准备材料和研究的结果。”② 因而一定意义上，《术语辞汇》的编纂实质上是对“益智书会”自成立以来在统一术语方面所做工作的一个全面总结。

《术语辞汇》共收录1.2万个英文术语和大约1.8万个相对应的中文术语，包括地理、语法、算术、代数、几何、三角、测量、土木工程、航海、分析几何、微积分、力学、热学、矿物学、结晶学、地质学、地理学、天文学、心理学、国际法、神学等50余类。③ 此外在该辞汇中还附录了一个人名译名表，收录人名大约250个。该辞汇以英汉对照的形式，按字母顺序依次排列，每一英文术语后通常罗列一到数个汉语译名。在译名选择上，《术语辞汇》与前述《协定化学名目》不同，主要是收录已有的术语译名，编纂者并不新拟译名。因而《术语辞汇》能反映当时术语译名的大致状况。可以说，《术语辞汇》既是“益智书会”统一术语译名的最终成果，也是中国第一部综合性的专门术语辞典，更是中国统一各科术语的第一次全面尝试。

需要说明的是，《术语辞汇》的术语译名除了来自“益智书会”自身的收集外，“博医会”也提供了一部分医学术语。在《术语辞汇》初稿完成后，博医会也曾进行过审阅。④ 因而，一定程度上，《术语辞汇》的编纂也有博医会的一份功劳。

《术语辞汇》在1904年出版后，师图尔又进行过修订与增补。师图尔的修订本最终于1910年出版。同1904年的版本相比较，该版本增加了部分生物学、矿物学和机械术语，并对部分译名作了修改，使得《术语辞汇》更趋完善。

与此同时，人名地名术语委员会在谢卫楼的带领下，在1899年后也有所进展。据1902年人名地名术语委员会的报告可知，该委员会此时已制定出了一份人名地名英汉对照表。除了编辑译名对照表外，人名地名术语委员会统一名词的

---

① *Report of committee on Technical and Scientific Terms*, Records of the Third triennial Meeting of the Educational Association of China held at Shanghai 15 ~ 16.

② C. W. Mateer, *Preface*, Technical Terms in English and Chinese, Shanghai, 1904, p. 3.

③ *Report of committee on Technical and Scientific Terms*, Records of the fourth triennial Meeting of the Educational Association of China held at Shanghai, May21 ~ 24, 1902, p. II.

④ *Report of committee on Technical and Scientific Terms*, Records of the Fifth triennial Meeting of the Educational Association of China held at Shanghai, May17 ~ 20, 1905, p. 59.

另一措施就是出版历史、地理书籍，通过这些使用了该委员会统一人名、地名的书籍来推广他们所编订的译名。到1902年，他们已出版的这类书籍有季理斐翻译的怀特所著的《十九世纪的基督教》（*Nineteen Christian Centuries*）与万卓志修订后的卓别林（Chaplin）的《地理》（*Geography*）。[①] 到1905年，这类书籍又增加了谢卫楼编写的《教会历史》（*Church History*）。在1905年的三年会议上，人名地名术语委员会还建议将该委员会编辑的人名地名英汉对照表发放给在华的外国人与从事文学工作的中国人，并认为这样有利于终止目前人名地名混乱的局面。[②] 总的看来，人名地名术语委员会在统一译名方面所取得的成果不如科技术语委员会那么大，他们所翻译的人名地名也大多没有被沿用下来。[③]

"益智书会"统一译名的工作自1904年狄考文等人出版《术语辞汇》后，就停滞了下来。科技术语委员会与人名地名委员会在1905年的三年会议上也被改组，经师图尔提议，将这两个委员会合二为一，组建术语委员会（Committee on Terminology）。新组建的术语委员会下辖地理与科学两个工作组。其中地理工作组的成员有谢卫楼、窦乐安（J. Darroch）、库寿龄（S. Couling）、科纳比（W. A. Cornaby）与奥凌格（F. Ohlinger）。科学工作组的成员有赫士、师图尔、狄考文、潘慎文与哈特（S. Lavington Hart）。[④] 尽管新组建的术语委员会在人员配置上并不弱于前述两个委员会，但从后来工作情况看，除了1910年出版过由师图尔修订的《术语辞汇》外，其余的都乏善可陈。因而可以说，"益智书会"从事统一译名的工作主要是在1905年以前。

除"益智书会"外，另一重要统一译名的传教士组织是博医会。该组织成立于1886年，其主要任务之一就是统一医学术语。为此，1890年博医会成立了名词委员会。该委员会到1905年，已出版了多种医学术语词典，包括：《疾病名词词汇》（1894年）、《眼科名词》（1898年）、《疾病词汇》（1898年）、《解剖学词汇》与《生理学名词》等。在1908年，博医会在前述工作基础上又出版了《英汉医学词典》和中文的《医学字典》，为中国医学术语名词的统一奠定了基础。随着博医会医学术语词典的编辑出版，也推动了医学教科书中术语的一致，出现了一批依据博医会审定名词而编辑出版的医学教科书，如格氏解剖学、哈氏治疗学、欧氏内科学等。

---

① *Report of the Committee on Geographical and Biographical Names to be used in Chinese*, Records of the Fourth Triennial Meeting of the Educational Association of China held at Shanghai, May21 ~ 24, 1902.

② *Report of the Committee on Geographical and Biographical Names to be used in Chinese*, Records of the Fifth Triennial Meeting of the Educational Association of China held at Shanghai, May17 ~ 20, 1905, pp. 58 ~ 59.

③ 王树槐：《清末翻译名词的统一问题》，《中研院近代史研究所集刊》第1期。

④ *Records of the Fourth Triennial Meeting of the Educational Association of China held at Shanghai*, May, 17 ~ 20, 1905, pp. 91. 94.

可以说，在学部编订名词馆出现以前，推动清末术语统一的主要机构就是“益智书会”与博医会这两个传教士成立的民间团体。而直接以推动教科书中术语名词统一为目的的则主要是“益智书会”。尽管“益智书会”从1877年成立开始即开展术语统一工作，但到1904年《术语辞汇》出版为止，其并没有最终达到在教科书中统一术语的目的，当时无论是“益智书会”本身出版的教科书，还是国人自编教科书，术语译名混乱的状况依然如故。

就最终结果而言，“益智书会”并没有达到统一教科书术语的预期目的，但毕竟由它开始开启了中国近代第一次有组织、成系统的统一术语的工作，其编辑的术语译名表、术语辞典及其他厘定、命名术语的原则、统一术语的方式，对于后来中国术语统一工作的开展都有极为重要的借鉴与参考价值。稍后的编订名词馆，其编订名词表就多有借鉴“益智书会”的工作方式之处。而“益智书会”审定的一些译名也一直沿用至今。以《术语辞汇》K字部为例，K字部共收词56条，至今仍在使用的至少有16条，占28.6%。如：万花筒、高岭土、白垩、龙骨、石油、定音、钥匙、肾、肾积血、国君、国、风筝、粥厂、膝、海里、已知。[①] 由此可见，“益智书会”在统一术语译名上仍做出了不少成绩。

二、清政府对教科书术语的审定

在“益智书会”之后，清政府在编辑部编教科书的过程中，也感觉到了统一教科书中术语译名的重要，故而在1909年设立了编订名词馆，作为其统一教科书中术语名词的专门机构。该馆存在时间虽短，却开创了官方系统审定、统一术语名词的先例，为后来历届政府所效仿，由其颁布的部定词作为近代官方公布的第一批标准词汇更是意义重大，体现了作为政府一方在术语译名选择上的考量取舍。

1. 编订名词馆的设立及大致情况

编订名词馆隶属于学部，是继京师大学堂译学馆所设文典处之后的另一个官方审定名词的专门机构，甚而被不少论者视为“中国历史上第一个审定学术名词的统一机构”。[②] 但学部在最初的行政架构中只有五司十二科三局两所，编订名词馆并没有包含在内。

直到1909年4月18日学部向清政府提交了《分年筹备事宜折并单》，在该奏折陈列学部分年应办各事的清单中明确规定宣统元年（1909年）应“编定各

---

① C. W. Mateer, *Preface*, Technical Terms in English and Chinese, Shanghai, 1904. pp. 234 ~ 236.

② 《中国大百科全书·语言、文字》，中国大百科全书出版社1988年版，第363页。另范祥涛也持此说，认为：编订名词馆是“国内第一个审定科学技术术语的统一机构”。（《科学翻译影响下的文化变迁》，上海译文出版社2006年版，第104页。）

种学科中外名词对照表（择要先编以后按年接续）”、宣统二年（1910 年）应“编辑各种辞典（以后逐年续编）”。[①] 于是学部才有了筹设编订名词馆的动议。1909 年 10 月 29 日学部正式奏请开办编订名词馆，作为“编订各科名词、各种字典”的专门机构，并委派严复为总纂；此议迅速获清政府批准[②]。4 日后，编订名词馆正式开馆。

关于编订名词馆设立的目的，按学部的公开说法是：“查各种名词不外文实两科，大致可区六门。……惟各种名词繁赜或辨义而识其指归，或因音而通其假借，将欲统一文典，昭示来兹，自应设立专局，遴选通才，以期集事”。[③] 换言之，这一机构出台的目的就是为了纠正术语、名词的混乱以“统一文典，昭示来兹”。对照前述名词馆设立的经过及当时出版界的状况，可以发现此一说法应为当时实情。

编订名词馆所需审定的名词，按照学部的分类，大致可以分为六类：“一曰算学。凡笔算、几何、代数、三角、割锥、微积、薄记之属从之。二曰博物。凡草木、鸟兽虫鱼、生理卫生之属从之。三曰理化。凡物理、化学、地文、地质、气候之属从之。四曰舆史。凡历史、舆地、转音译义之属从之。五曰教育。凡论辨、伦理、心灵教育之属从之。六曰法政。凡宪政、法律、理财之属从之。”[④] 要将如此多的学科名词都加以审定、统一，编订名词馆所承担的任务不谓不重，再加上“部中诸老颇欲早观成效”，严复等人“不得不日夜催趱”。[⑤] 作为总纂的严复更是以身作则，不仅“常日到馆督率编辑”，而且每天工作都长达 6 小时左右。[⑥]

具体各类名词的审定，大致是由各分纂分头进行。据严复在劝说伍光建担任名词馆分纂的信中所言：“名词一宗虽费心力，然究与译著差殊；况阁下所认诸科，大抵皆所前译，及今编订，事与综录相同，何至惮烦若此?”[⑦] 从严氏此言，我们可以得出如下推断：一、编订名词馆所审定的名词“大抵皆所前译，及今编订，事与综录相同”，换言之编订名词馆更多的只是对已有译名的审定，而非重新翻译。二、从“阁下所认诸科”一语可知各科名词是由分纂各自分认，分头编辑。当然就后来编订名词馆所刊印的《中外名词对照表》来看，作为总纂的严复

---

① 《奏分年筹备事宜折并单》，《学部官报》第 85 期。

②③ 《奏本部开办编订名词馆并遴派总纂折》，《学部官报》第 105 期。

④ （清）刘锦藻：《皇朝续文献通考》，《续修四库全书八一七·史部·政书类》，上海古籍出版社 2002 年版，第 150 页。

⑤ 《与甥女何纫兰书 十九》，王栻编：《严复集》第三册，中华书局 1986 年版，第 841 页。

⑥ 《与夫人朱明丽书 二十五》，王栻编：《严复集》第三册，中华书局 1986 年版，第 750 页。

⑦ 《与伍光建书 四》，王栻编：《严复集》第三册，中华书局 1986 年版，第 585 页。

应该对于各个学科名词的审定都有所参与。

经过严复等人的努力，编订名词馆成立第二年即见成效。据学部奏呈："编订名词馆，自上年奏设以来，于算学一门，已编笔算及几何、代数三项；博物一门，已编生理及草木等项；理化、史学、地学、教育、法政各门，已编物理、化学、历史、舆地及心理、宪法等项。凡已编者，预计本年四月可成；未编者，仍当挨次续办。"① 严复在 1910 年 4 月的家书中也言道："吾此时正忙名词馆事，因开馆半年，须行缴活，经此小结束之后，再做与否，尚未可知。"② 而笔者所见的由编订名词馆刊印的《中外名词对照表》即包括了上述某些学科。

自 1910 年，编订名词馆在完成上述那些学科的名词审定后，其馆务就有松懈的迹象。作为总纂的严复不仅一度有过离开北京的打算，而且即便后来留在馆内也大部分时间忙于其他琐事，对于名词审定的工作已不甚上心。直到 1911 年严复离京前，此一情况仍没有多大的改观。

1911 年 10 月 10 日武昌起义爆发，北京出现局势不稳的情况，京中官员纷纷离京避难。编订名词馆所属的学部也因"学部司员出京者多，以致部中公务无从举办"。③ 而作为名词馆总纂的严复更早在 1911 年 11 月 9 日就离开了北京。严复离京后，编订名词馆的工作自然也陷于停顿。随着清王朝的穷途末路，开办两年有余的名词馆也走到了尽头。民国建立后，蔡元培担任教育总长。1912 年 4 月 25 日蔡元培发布《接收前清学部谕示》，其中规定编订名词馆由原任名词馆分纂的常福元负责接收，并定于 4 月 26 日上午十点正式办理。④ 至此编订名词馆最终退出了历史舞台。

而本应由编订名词馆编撰的各科辞典最终并没有完成，名词馆审定、统一名词所取得的成果也仅限于各科中外名词对照表。另据赫美玲《官话》所言，名词馆至其结束时为止共审定名词 30000 余条，其中收录于《官话》的大约 16000 余条。⑤《官话》由此也成为了探讨编订名词馆所拟部定词的另一重要文本。

2. 编订名词馆的成效——以《中外名词对照表》为例

笔者所见的《中外名词对照表》，现藏于北京师范大学图书馆。该书总计 325 面，并无版权页与目录页，其封面应为后来收藏者所加，自题名为"中外名词对照表"。该书共计收录了辨学、心理学、伦理学、外国地名、算学、代数学、

---

① 《学部：奏陈第二年下届筹办预备立宪成绩折》，陈学恂主编：《中国近代教育史教学参考资料》上，人民教育出版社 1986 年版，第 760 页。

② 《与夫人朱明丽书 三十九》，王栻编：《严复集》第三册，中华书局 1986 年版，第 760 页。

③ 《学部之调查司员》，《大公报》，1911 年 11 月 18 日。

④ 高叔平：《蔡元培年谱长编》第一卷，人民教育出版社 1999 年版，第 437 页。

⑤ K. Hemeling, Preface, *English—Chinese Dictionary of the Standard Chinese Spoken Language and handbook for Translators*, The Presbyterian Mission Press, Shanghai, 1916.

形学、平三角、弧三角、解析形学十个学科的对照表。从书中页面中缝所印“学部编订名词馆”字样来看，这些对照表应为编订名词馆所刊，且刊印时间应在民国以前，而表中所录的那些学科名词即为由编订名词馆所审定的“部定词”。

这十个中外名词对照表的编排体例大致类似。首先是“名词对照表例言”，说明该对照表定名的标准、主要词源以及排列顺序等。个别对照表例言还会对该学科的形成有一定的回溯，并说明已有哪些重要的关于该学科的著作。紧接“例言”之后就是各个学科具体名词的对照表，主要包括三个内容：一、“定名”，即中文译名，二、“西文原名”，三、“定名理由”。

各个学科名词对照表的具体情况如下：

（1）《辨学名词对照表》，该表共收逻辑学术语 209 条，表中西文原名“取诸穆勒 System of logic、耶芳 Element legson in logic 二书，而以耶氏书为多”，① 中文译名主要采用严复《穆勒名学》与王国维《辨学》中所使用的译词及少量日译词。

（2）《心理学、伦理学名词对照表》，表前有一《心理学名词引》与《心理学、伦理学名词对照表例言》，该表共收心理学术语 252 条，伦理学术语 70 条。其收词范围在例言中特别作了说明：凡是心理学名词关于名学、伦理学、生理学及哲学知识论的都不列入，本表“所订以关于心之现象者为限”；而伦理学名词如“世所习用不容更定”的、“本馆所编法律名词表”中有收录的及关于哲学的，也都不录入。② 其所定译名一部分来自严译词，一部分来自日译词。如觉、内主、内籀法、觉性、信等词就都是来自严译词，概念、判断、义务、观念等，则是典型的日译词，甚而心理学、伦理学这两个学科名也都是日译词。之所以编订名词馆不用严复所翻译的“心学”，而采用日译词“心理学”，是因为“希腊语 Psyche 本训灵魂，即训心，而 Logos 训学，故直译之当云心学。然易与中国旧理学中之心学混，故从日本译名作心理学”。③

（3）《外国地名对照表》，表前有一《外国地名对照表例言》，详细规定了外国地名命名的方法。该表共收录外国地名约 1 000 余条，按字母顺序依次排列，并在每一地名下都加一简明注释，说明该地大致位置，使读者不易产生混淆。

（4）《算学、代数名词对照表》，该表共收录算学名词 153 条，代数学名词 125 条。表中译名多从“旧有算书，如《数理精蕴》、《算经十书》及徐、李、梅、戴诸家著作采辑，遇有后出名词乃行译补”。④

---

① 《辨学名词对照表例言》，《中外名词对照表》，北京师范大学图书馆藏铅印本。

② 《心理学、伦理学名词对照表例言》，《中外名词对照表》，北京师范大学图书馆藏铅印本。

③ 《心理学名词对照表》，《中外名词对照表》，北京师范大学图书馆藏铅印本。

④ 《算学、代数名词对照表例言》，《中外名词对照表》，北京师范大学图书馆藏铅印本。

（5）《形学名词对照表》，该表收录的名词“以欧几里得形学应有者为断”，中文译名主要依据徐光启所译的《几何原本》与狄考文的《形学备旨》，如果此两书“原定之名欠切合，或后出之名为原书所未载者”，则“搜索古义、依据新说而酌订之”。该表共收形学名词 437 条，各词排列次序是“各以类从。先之以总论，继之以点、线、面、体，而以浑员面终焉”。①

（6）《平、弧三角名词对照表》，该表共收录平三角名词 76 条，弧三角名词 23 条，按“先总名，次测角法、三角率，次各率真数造法”次序排列，选词范围“以近日适用之三角教科书为准”，中文译名则“多从旧有算书，如《三角数理》《八角备旨》及诸名家著作中采辑，遇后出者则补译”。②

（7）《解析形学名词对照表》，该表共收录解析形学名词 213 条，选词范围“以初等解析形学应有者为断”，中文译名主要来自李善兰的《代微积拾级》与潘慎文的《代形合参》，不过由编者自拟的约 65 条。③

统观各表，由《中外名词对照表》可得出以下信息：

首先，《中外名词对照表》共收词 2 500 余条，其中文译名来源主要有三：一、严复译词，因严复为编订名词馆总纂，所以名词馆收录严复译词自属应当，收录严复译词最多的是《辨学名词对照表》。二、来华西人所拟译词，从各表例言可知，《形学名词对照表》《平、弧三角名词对照表》与《解析形学名词对照表》，这三个对照表的中文译词主要来源于《几何原本》、《形学备旨》、《三角数理》、《代微积拾级》与《代形合参》。而上述诸书无一例外都是由来华西人与中国士人采用“口译笔述”的方式翻译出来的。之所以如此，是因为来华西人翻译诸书中以数学类书籍最佳，所定译名也最为合适。梁启超就曾指出：“西人政学，日出日新，新者出而旧者废。然则当时所译，虽有善本，至今亦率为彼所吐弃矣。惟算学一门，西人之法，无更新于微积者。而当时笔受诸君，又皆深于此学，不让彼中人士。故诸西书中，以算书为最良。”④ 梁氏此论应是当时人的共识。另一位近代藏书家徐维则也有类似的表述，说：“算学一门，先至于微积，继至于合数，已超峰极，当时笔述诸君类皆精深，故伟烈氏乃有反索诸中国之赞，是西书中以算学书为最佳。”⑤ 证诸史实，也确如此，甚而不少来华西人所翻译的数学类著作还东传日本，直接影响了日本数学术语的近代厘定。因此，编订名词馆厘定数学术语译名时，自然以来华西人所拟译名作为首选。当然，除了

① 《形学名词对照表例言》，《中外名词对照表》，北京师范大学图书馆藏铅印本。

② 《平、弧三角名词对照表例言》，《中外名词对照表》，北京师范大学图书馆藏铅印本。

③ 《解析形学名词对照表例言》，《中外名词对照表》，北京师范大学图书馆藏铅印本。

④ 梁启超：《读西学书法》，夏晓虹编《〈饮冰室合集〉集外文》下册，第 1159 页。

⑤ 徐维则：《增版东西学书录叙例》，熊月之《晚清新学书目提要》，第 4 页。

数学术语外，名词馆在厘定其他一些学科术语对照表时，对来华西人所拟译词也多有采用，其中采用较多的还有化学类术语（详见后文）。三、日译词，尽管作为名词馆总纂的严复是比较排斥使用日译词的，但因不少名词馆的分纂都是日文翻译者，如王国维、刘大猷、王用舟等，再加上当时"日本所造译西语之汉文"已"以混混之势而侵入我国之文学界"，欲使日译词弃而不用已不可能，甚至就是严复自己的译著中，使用日译词的也不在少数，[①] 在此背景下，编订名词馆所厘定的学科术语中自然也少不了采用日译词的。而且日译词在名词馆所定译名中分布广泛，几乎各科对照表中都或多或少可以见到其踪影。

其次，尽管如前所述，编订名词馆所厘定的名词"大抵皆所前译，及今编订，事与综录相同"，编订者并不需自撰译词，证诸《中外名词对照表》也确如此，前人已有译词占据了绝大部分，但除此之外，编订者自撰译词也不少，而这些自撰词恰恰反映了名词馆编订者在译名择定上的某些倾向。以《解析形学名词对照表》为例，由编者自拟的译词约 65 条。具体名词如下：

解析形学、狄嘉尔形学、立体解析形学、圆锥曲线学、圆锥曲线割锥、经纬、定位法、经距、纬距、角距定位法、定轴、向角、辐距、几何、不变几何、可变几何、原定之不变、臆定之不变、自变几何、因变几何、方程、截轴、坡切、经纬直方程、经纬斜方程、角距方程、直线之截轴方程、直线之垂距方程、圆之影切线、圆之影法线、圆之枢点、圆之纽线、等切轴、等切心、毕弗、毕弗之匀点、匀辐、毕弗之通弦、椭圆之长轴、椭圆之短轴、副圆、小副圆、椭角、椭圆之导圆、交偭径、交偭弦、椭圆之导线、匀点之纽线、拨弨、拨弨之属轴、等势拨弨、钜形拨弨、鹿独曲线、外鹿独曲线、内鹿独曲线、贝鲁利曲线、阿烈细曲线、拨弨螺线、毕弗螺线、戴俄克利斯曲线、挂藤曲线、尼柯米地斯曲线、蚌甲曲线、卜杖螺线

在上述名词中，编订者之所以弃原有译名不用而自拟译词，大致有以下几种情况：

一、原有译名与英文原词意义不合。如"解析形学"英文名为"analytical geometry"，"旧译作，代数几何，《代形合参》近译作解析几何、经纬几何"，名词馆的编订者认为"analytical 之译解析最妥"，但 geometry 却不能翻译为"几何"。[②] 因为"几何一字在英文为 quantity，而几何学一字在英文为 geometry。几何者，物之大小多寡之谓也，论之者不专属 geometry，下而算学上而微积，皆为论几何之书。而 geometry 之所论者，不过几何之一种耳。乌得以全体之名，名其

① 据朱京伟统计，在严复译著中，被使用的日译词多达 201 个。朱京伟《严复译著中的新造词和日语借词》，《人文论丛》2008 年卷，第 76 页。

② 《解析形学名词对照表》，《中外名词对照表》，北京师范大学图书馆藏铅印本，第 1 页。

一部分之学。考 geometry 一字，乃由 Geo、metre 相合而成。Geo 者，地也。metre 者，测量也。是其初义乃专指地。顾测地则不能无形，而测山陵丘壑又不能无体。故其界说曰：geometry 者，论点线面体之本德状态及其度量也。而点线面体之总称在英谓之 Figure，在我则为形。故定名为形学”，[①] 故而 analytical geometry 应定名为“解析形学”。诸如此类的还有不少。又如 quantity，原译作“量”或“数量”，但按英文原义则应定名为“几何”；Lituns spiral or litmus，“近译作利窦螺线，误以 Lituns 为人名”，而 Lituns 实为“古罗马卜官所执之杖上端卷曲”，故该词应定名为“卜杖螺线”。[②]

二、原有译名与中文名词习惯不合。如 Polar system of Co-ordinates，旧译作“极角距”，就被名词馆编订者认为该译名“不成名词”，因而“今取旧译而去极字，下缀定位法三字”，定名为“角距定位法”。又 Co-ordinates，“近译作坐标”，也被编订者认为“不词”，而改定名为“经纬”；Supplemental chords，“近译作补弦。按 Supplemental 之译补，虽与原文尚合，但用之于弦字之上，在中文则费解”，故编订者将之改译为“交俪弦”。值得注意的是，名词馆编订者在译名厘定时，除了考虑译名本身与中文习惯吻合与否外，还常考虑由此译名衍生的其他相关词是否也与中文习惯吻合，若不合，则也另拟译名。如 Parabola，就是突出一例。Parabola，“新旧译都作抛物线”，名词馆编订者也认为这一译名与英文原义相合，但是却因若将 Parabola 定名为“抛物线”，则 Parabolic Mirror 将译为“抛物镜或抛物线镜”，这在中文词汇中是“不可通矣”，所以将之改译为“毕弗”。[③] 随之相关 Parabola 的英文术语都做了修改，包括毕弗方程、毕弗之直方程、毕弗之角距方程、毕弗之轴等。

三、原有译名不雅。如 Cartesian，“旧译作代加德，不甚通行，近译作笛卡尔，字面太俗”，于是编订者将之改译为“狄嘉尔”，Cartesian geometry 相应定名为“狄嘉尔形学”。本来 Cartesian 为一人名，音译为“笛卡尔”或“狄嘉尔”都属恰当，但名词馆编订者却仅仅因为前者“字面太俗”而特意另拟译名，由此可见在名词馆编订者眼中这译名雅否也是其重要的一择定标准。为了追求这一“雅”字，编订者自拟译名中甚而有不少直接取自于中国古代典籍的。如前述“毕弗”就是如此。据编订者自承：“按《诗·小雅》：‘觱沸槛泉’，觱沸，泉涌出貌。凡泉水涌出，布满四垂，未有不成 Parabola 者。又玉篇，觱作滭。今用滭沸以传其义，而简作毕弗，以便书写。”又“拨弜”，因为 Hyperbola（今译双曲线）形如“两弓反背”，而“说文足剌也，读若拨。今即以拨字代之。弜反弓

① 《形学名词对照表》，《中外名词对照表》，北京师范大学图书馆藏铅印本，第 1 页。

② 《解析形学名词对照表》，第 3、14 页。

③ 《解析形学名词对照表》，第 2、10、7 页。

也。以拨字存两支相背之意，以弨字象其形”，故定名为“拨弨”。[①]

此外，还有些是因为与其他名词术语有相混淆的嫌疑而另拟译名的。如 Auxiliary circle，《代形合参》将之译为“外切圆”，编订者以为这一译名“与英文 Circumscribing circle 混”，故另拟译名为“副圆”。Normal equation of a straight line，旧译作“法线方程”，因与“Equation of the normal to a curve 混”，改译为“直线之垂距方程”。[②]

由上可知，编订者自拟译词既有因为术语厘定本身需要而另撰的，也有因编订者喜好而改译的，且在这些自拟译词中，明显有受总纂严复影响的痕迹。严复厘定译名讲究的即是“翻限大名义，常须沿流讨源，取西学最古太初之义而思之，又当广搜一切引申之意，而后回观中文，考其相类，则往往有得，且一合而不易离”。[③] 此与前述编订者所讲究的要与英文原词意义相合、追求译词雅驯正相对应。不过，不可否认的是，上述这些自拟译名尽管在理论上有其定名、改译的某些合理性，但在后来实践中却几乎都被淘汰了，而取代它们的恰恰是原有译名。如“解析形学”今译为“解析几何”、“毕弗”今译为“抛物线”、“拨弨”今译为“双曲线”、“副圆”今译为“外切圆”，甚而“狄嘉尔”都仍被“笛卡尔”所代替。因而就流传、沿袭而言，编订名词馆的自拟译名大多是失败的。

四、以往学界常沿袭章士钊的观点，对名词馆的评价一直不佳，但据《中外名词对照表》所定各科名词，可知章士钊之说并不可靠。

章士钊之言最先刊载于《青鹤》杂志上，说：“（民国）七年（1918 年），愚任北大教授，蔡校长（元培）曾将先生（严复）名词馆遗稿之一部，交愚董理，其草率敷衍，亦弥可惊，计先生借馆觅食，未抛心力为之也。”[④] 章氏所言，证诸当时史实，应确有其事。据 1917 年 2 月 5 日《晨钟报》报道：“蔡孑民氏近因中国科学名词向不统一，研究学术，殊多困难，特于日昨商同教育部范总长，取前清名词馆所编各科名词草稿五十六册，分发文、理、法、工各科学长、教员，请其分别审定。闻拟俟审定之后，即编订成书，呈请颁布，以为统一科学名词之基础。”[⑤] 因章氏该年正担任北京大学逻辑学教授，兼图书馆主任（即馆长），所以作为北大校长的蔡元培计划整理名词馆所编各科名词时，章士钊应也为蔡元培拟请的整理人员之一。但章士钊仅据其所见名词馆遗稿的一部分就断言严复所定名词“草率敷衍”则不免过于孟浪。

---

① 《解析形学名词对照表》，第 1、7、10 页。

② 《解析形学名词对照表》，第 9、6 页。

③ 严复：《与梁启超书》，王栻编：《严复集》第三册，第 519 页。

④ 章士钊：《孤桐杂记》，章伯锋，顾亚主编：《近代稗海》第 13 册，四川人民出版社 1989 年版，第 313 页。

⑤ 高平叔：《蔡元培年谱长编》中卷，人民教育出版社 1999 年版，第 12 页。

严复出任编订名词馆总纂，虽有“借馆觅食”的经济因素，但却绝非如章士钊所言“未抛心力为之”。据严复自陈：自名词馆开馆后，因“馆事极繁重”，所以其“日日到部到馆”，并表示“既受责任，不能不认真去做耳”。[①] 严复在此并非虚言，据其日记考察，仅1909年11月2日至1910年2月9日间，严复记载的“到馆”记录就多达55次。由于后续1910年的日记遗失，所以此后严复的行踪无法具体考察。但至少可以肯定，在名词馆开馆初期，严复的确为审定名词花费了不少精力，而名词馆其他分纂在严复以身作则的带领下，应也不会太过敷衍。此点从前述《解析形学名词对照表》的自拟译名也可看出。这些自拟译名尽管后来大多没有沿袭下来，但每一译名都是经过编订者反复考求才最终确定的。若名词馆编订者确为“草率敷衍”，那么就不可能自寻烦恼，在名词对照表中厘定出如此多的自拟译名。而此一情况也非《解析形学名词对照表》独有，其他各科名词对照表都或多或少的有自拟译名存在。而更能说明名词馆编订者工作态度的，就是他们编订出来的各科名词对照表确有不少可取之处，从中能看出他们为之付出心力绝不为少。

如《外国地名对照表》，其中所定的许多地名也都延续了下来。以《外国地名对照表》中A字部为例：该表A字部共收词119条，通过与《外国地名译名手册》（中型本）相对照，可发现其中沿用至今的有28条，包括亚琛、阿公加瓜、亚当桥、亚当峰、亚丁、爱琴海、阿富汗、阿非利加、阿拉斯加、阿尔卑斯、亚美利加、黑龙江、安第斯、安多拉、安哥拉、安南、亚平宁山、阿拉佛拉、咸海、北冰洋、爱珲、亚细亚、小亚细亚、雅典、阿特巴拉、大西洋、奥格斯堡、阿瓦；与现译名仅一字之差的有17条，如阿比沁尼亚、亚尔萨斯、亚马孙、亚烈山大、阿剌伯、阿根庭等；另外未被《外国地名译名手册》收录的有14条。[②] 若除去未被收录的，则《外国地名对照表》中A字部厘定的地名中被沿袭的占据了26.7%，仅一字之差的占据了16.2%，两者相加占据了42.9%。可见《外国地名对照表》所厘定的译名与现行译名重合率已非常之高。这也反证了章士钊指责严复主持名词馆时“草率敷衍”，并非实情，应是章只据一部分名词馆遗稿而作的误判。再以《伦理学名词表对照表》为例，也可得出类似的结论。《伦理学名词表对照表》共收词70条，其中被现行《伦理学大辞典》沿用的有23条，占34.3%。[③]

因而就《中外名词对照表》所审定的各科名词来看，严复及编订名词馆诸人应为统一名词花费了相当心力。虽然名词馆最终因时局变动及某些学科名词厘定

① 《与夫人朱明丽书 三十一》，王栻编：《严复集》第三册，第755页。

② 参见中国地名委员会编：《外国地名译名手册》（中型本），商务印书馆1993年版。

③ 朱贻庭：《伦理学大辞典》，上海辞书出版社2002年版。

方针的失误，并没有实现其统一名词的预期目标，但不能以此就全然抹杀严复等人为编订名词表及各科辞典所作的种种努力。

此外，值得注意的是，名词馆所拟的各科名词对照表应是直接针对教科书的。此点在一些学科的名词对照表中就有所呈现。如《外国地名对照表例言》就曾指出："本编所集地名，依原议，先为对照表，义取简明，以敷中学堂以下之用"。[①]《算学、代数名词对照表例言》也言："本编所列名词系照原议备中学堂以下之用。"[②] 由此可见，名词馆所拟的各科名词对照表从一开始就明确了其规范的主要对象，即中学以下的教科书，但后来此一规范对象应有所扩大，因为不少学科是中学以下没有的，如逻辑学、伦理学等，所以编订名词馆编订的名词对照表相当程度上是主要针对教科书的。

不过，清政府在编订名词馆成立后不到三年就被民国政府所取代，这使得名词馆所编订的名词表有可能未能及时公布。赫美玲就宣称：名词馆所编审的这些名词术语在其编辑的《官话》出版以前，未曾被政府正式公布过。[③] 赫美玲的这一说法应大致不差。

尽管编订名词馆编辑的名词对照表在当时流传不多，但其在近代中国名词统一进程中却影响深远。一方面，编订名词馆着手编辑名词对照表及各科辞典，实为近代中国官方统一名词的第一次大规模尝试，开启了官方介入名词统一的先河。自此以后，历届政府都沿袭清政府的做法，设置专门官方机构负责审定、统一名词，如后续民国的大学院译名统一委员会、国立编译馆，一直到如今的全国科学技术名词审定委员会。另一方面，编订名词馆审定、统一的各科术语名词，也是中国官方完成的第一份标准词汇，为后来各科术语名词真正统一提供了借鉴与基础，一些学科的术语也正是经过编订名词馆的审定后而被正式确定了下来。而后来从事名词统一的民间机构或团体也正是受编订名词馆的启发，看到了政府力量是实现统一名词的一大关键，因而加强与政府的合作，从而在民国期间呈现出民间团体与政府机构互相配合、共同推进名词统一的融洽局面。

综上所述，清末教科书术语的统一工作主要由"益智书会"与编订名词馆这两个机构一前一后相继进行。经过各自的努力，这两个机构分别编辑出了一批术语辞典与中外名词对照表，极大地推动了近代中国术语统一的进程。但由于各自的局限，这两个机构都未能最终实现中国术语名词的真正统一，这一工作只能留待后来者继续进行。

---

① 《外国地名对照表例言》，《中外名词对照表》，北京师范大学图书馆藏铅印本。

② 《算学、代数名词对照表例言》，《中外名词对照表》，北京师范大学图书馆藏铅印本。

③ 赫美玲：《官话·序言》，美华书馆1916年版。

第四章

晚清民初报刊

汉语近代新词语的研究是本世纪以来学界的一个热门领域，也是多学科合作研究的一个重要领域。作为语言样本或语料库的近代文献由档案资料汇编、个人著述所构成，[①] 也可细分为官方文件、工具书、教科书、报刊文章与一般性的个人著述。不过，在这方面，近代报刊受到足够重视只是最近几年的事。

近代报刊是近代文献的重要构成部分，但最初也许只被当作一般史料来对待，虽然有些学者的用意在于证明它的不可缺少，其实并未离开史料学的范围。[②] 稍后有些学者发现了它的独特价值，甚至称其为近代文献中的“最大亮点”。[③] 在近代新词语的产生与传播方面，早先的研究对19世纪初来华的第一批新教传教士的办报活动存在着严重的忽视，如意大利学者马西尼的《现代汉语词汇的形成——十九世纪汉语外来词研究》，而这正是明末清初来华的耶稣会士与《海国图志》之间的重要环节。[④]

本研究中的晚清民初报刊，起自1815年的《察世俗每月统纪传》，至1915年创刊的《新青年》，大约一百余年的时间跨度，涉及报刊多达近百种。其中，有报纸，有期刊，总体上讲，期刊居多；有中文报刊，也有外文报刊，但以中文

---

① 刘晓梅：《现代汉语词语近代寻源——兼谈近代史料的语言学价值》，载《宁夏大学学报》（人文社会科学版），2007（2）。本文的语言样本为《中外旧约章汇编》（1689～1901）、《鸦片战争档案史料》（1810～1842）、《万国公法》（1864）、《海国图志》（1842）。

② 严昌洪：《中国近代史史料学》，北京大学出版社2011年版。

③ 周振鹤：《中国印刷出版史上的近代文献述略》，载《中国典籍与文化》2011年第5期。

④ 周振鹤：《东西洋考每月统纪传在创制汉语新词方面的作用》，载氏著《逸言殊语》。

报刊为主。按创办者的情况划分，有外人报刊，也有国人报刊。外人报刊中，也有商人投资办报，但以传教士所办报刊为主。一般认为，国人自办报刊始于19世纪70年代初，至康梁时代，风头已盖过传教士报刊。

本研究选取12种重要的近代报刊，如《察世俗每月统纪传》（马六甲，1815～1822年）、《东西洋考每月统纪传》（广州、新加坡，1833～1838）、《遐迩贯珍》（香港，1853～1856）、《六合丛谈》（上海，1857～1858）、《上海新报》（上海，1861～1872）、《万国公报》（上海，1868～1907）、《申报》（上海，1872～1949）、《时务报》（上海，1896～1898）、《清议报》（日本横滨，1898～1901）、《新民丛报》（日本横滨，1902～1907）、《东方杂志》（上海，1904～1948）、《新青年》（上海，1915～1925）。其中，期刊10种，报纸2种，均为沿海或海外口岸城市出版，而上海一地就有7种，所占比例最高。

本研究工程浩大，需要较长时间的团队合作才能取得明显进展。因此，目前我们所做的只能说是较为初步的工作，我们采用整理前人的成果与本团队独立考察相结合的方式加以推进。所选取的报刊在近代报刊发行总量上尚未达到1/3的比重，一些报刊未被重点考察，如《大公报》（1902年创刊于天津）、《时报》（1904年创刊于上海）等，这倒不是它们的重要性不够，而是因其相关研究成果几乎空白。但已入选的12种报刊仍具有相当的说服力。

第一节　传教士中文报刊中的术语

中国古代虽然也有邸报、小报和京报等，但其用途主要是被官方用作传递信息。[1] 而真正具有近代意义的报刊，则是源于19世纪前期的新教传教士。从1815年第一份中文报刊诞生至1949年中华人民共和国成立，传教士为中国创办的期刊不下数百种。[2] 本文所称“传教士中文报刊”，指由传教士创办、主编或主笔的中文报刊。

19世纪初期，以马礼逊、米怜为代表的外国传教士开启了新教入华传教的序幕。然而其时清政府依然奉行锁国政策，传教士只能在广州、澳门以及东南亚一带进行传教活动。中国近代的第一份中文报刊《察世俗每月统记传》，就是在

① 参见戈公振：《中国报学史》，上海古籍出版社2003年版，第31～59页；方汉奇主编：《中国新闻事业通史》第1卷，中国人民大学出版社1992年版，第12～165页。

② 参见赵晓兰、吴潮：《传教士中文报刊史》根据范约翰：《中文报刊目录》、汤因：《中文基教期刊》所作的统计与分析，复旦大学出版社2011年版，第7页。

马来半岛的马六甲刊行的。《察世俗每月统记传》（*Chinese Monthly Magazine*, 1815～1822年）由英国伦敦布道会传教士米怜（1785～1822年）于1815年8月在马六甲以“博爱者纂”的名义创办，刊名“察世俗”可能是Chinese的音译，也可能是传教士对佛教用语“观世音”的模仿。在选译这三个汉字作音译时，又借用其字面义——考察世俗人心，刊物封面引述了《论语》中的警句“子曰多闻择其善者而从之”，以呼应“察世俗”的语义。该刊以传播基督教教义为主，兼及介绍西方地理、历史、天文等知识。其中宗教术语的厘定，多借用了早期汉文西书中的译词，如圣经、圣事、灵魂、耶稣、神主，等等。颇有意味的是一些天文学术语的翻译，如静星（恒星）、行星、侍星（卫星）、天球等，较明清之际的天文学术语已有明显不同。

《察世俗每月统纪传》中还出现了不少法律语词，如“赋税、犯罪、处治、证据、问罪、被告、审司、刑罚、法律、总理”等，除“审司”一词被后来的“审判官”“法官”代替外，其余的均为现今的法学界所沿用。值得一提的是，一些外来概念是以类似短语的形式出现的，如世代公侯之会、百姓间凡乡绅世家大族者之会、有名声的百姓。世代公侯之会，对应英文House of Lords，今译贵族院、上议院；百姓间凡乡绅世家大族者之会，对应英文House of Commons，今译平民院、下议院。此处可能是中文里关于英美国家议会概念最早的来源。有名声的百姓，对应英文juror，今译陪审员。[①] 有学者将这种短语形式称为初步词化[②]。

此后发行的《特选撮要每月纪传》（*A Monthly Record of Important Selections*, 1823～1826年）和《天下新闻》（*Universal Gazette*, 1828～1829年），出版地也都在国外，其影响则不及《察世俗每月统记传》。[③]

中国境内出现的第一份中文刊物，是普鲁士传教士郭实腊（又作郭士立、郭实猎，Charles Gutzlaff，1803～1851年）在广州以“爱汉者纂”名义创办的《东西洋考每月统记传》（*Eastern and Western Ocean's Monthly Investigation*, 1833～1835年在广州，1837～1838年迁往新加坡）。从刊物的名称来看，明显是继承了《察世俗每月统记传》。尽管如此，该刊在译名的厘定上较之前的几种中文刊物有很大的进步，沿用和创译了一批近代以来具有重要影响的学科新语，如南北极、

① 崔军民：《萌芽期的现代法律新词研究》，中国社会科学出版社2011年版，第34～35页。

② 如沈国威说：“在引入域外新概念时，能否发生词化要受到各种因素的左右。一般来说，在容受社会出现频率高的概念比较容易词化，否则将停留在词组和短语等说明性（非命名性）表达的层面上。外来的新概念在引介初期常常采取词组或短语的形式来表达；词组、短语常常在反复使用中逐渐凝缩成一个词，完成词化。”（《近代关键词与近代观念史》，关西大学文化交涉学教育研究中心、出版博物馆编：《印刷出版与知识环流——十六世纪以后的东亚》，上海人民出版社2011年版，第424页）

③ 关于《察世俗每月统记传》的研究，参见戈公振《中国报学史》，上海古籍出版社2003年版，第75～78页；赵晓兰、吴潮：《传教士中文报刊史》，复旦大学出版社2011年版，第35～53页。

赤道、经纬线、国会、文艺复兴、新闻纸、犹太人、新加坡、葡萄牙、西班牙、法兰西，等等。具体情形，将在下文予以列述。

《东西洋考每月统记传》在中国报刊史上占据重要地位，戈公振称“我国言现代报者，或推此为第一种”①。继起的传教士报刊，有麦都思1838年10创刊于广州的《各国消息》（*News of All Nations*，1838～1839年）；由英华书院、马礼逊教育会主办，麦都思、奚礼尔、理雅各等人编辑、1853年8月发刊于香港的《遐迩贯珍》（*Chinese Serial*，1853～1856年），美国传教士玛高温、应思理等先后主持，1854年5月发刊于宁波的《中外新报》（*Chinese and Foreign Gazette*，1854～1861年）；英国传教士伟烈亚力主编，1857年1月创刊于上海的《六合丛谈》（*Shanghai Serial*，1857～1858年）；英国传教士湛约翰、丹拿先后主编，1865年2月创办于广州的《中外新闻七日录》（1865～1870年），北华捷报馆创办，英国传教士傅兰雅、美国监理会传教士林乐知等主编、1861年11月创刊于上海的《上海新报》（*The Chinese Shipping List & Advertiser*，1861～1873年）；林乐知创办；1868年9月发刊于上海的《中国教会新报》（1872年8月31日更名《教会新报》，1874年9月5日更名《万国公报》，1883年后停刊6年，1907年终刊）；美国传教士丁韪良与英国传教士艾约瑟主持，1872年8月创刊于北京的《中西闻见录》（1872～1875年）；英国传教士傅兰雅主编，1876年2月创刊于上海的《格致汇编》（1876.2～1878.3，1880.4～1882.1，1890～1892年）；范约翰创办，1880年5月创刊于上海的《花图新报》（*The Chinese Illustrated News*，1881年更名《画图新报》，1914年更名《新民报》，1880～1921年）；广学会主办、林乐知主编，1891年2月创刊于上海的《中西教会报》（*Missionary Review*，1893年12月停刊，1895年1月复刊，1912年1月更名《教会公报》，1917年停刊）；比利时传教士雷鸣远创办，1915年10月创刊于天津的《益世报》（1915～1949年，几经停刊），等等。②

传教士创办中文报刊，最初都是旨在传教，同时也兼载部分非宗教性的内容以吸引中国读者。但在后来的发展过程中，有的完全演变为传播西学的综合性报刊（如《六合丛谈》、《万国公报》），或成为知识性专刊（如《格致汇编》、《西医新报》、《博医汇报》），厘定的学科术语甚多。以下选择其中影响较大的几种报刊，对其间出现的新术语予以简要考索。

---

① 戈公振：《中国报学史》，上海古籍出版社2003年版，第79页。

② 参见方汉奇主编：《中国新闻事业通史》第1卷，中国人民大学出版社1992年版；陈玉申：《晚清报业史》，山东画报出版社2003年版；赵晓兰、吴潮：《传教士中文报刊史》，复旦大学出版社2011年版。

一、《东西洋考每月统纪传》

《东西洋考每月统纪传》（以下简称《东西洋考》）虽然不是第一份中文近代报刊，但与此前的新教传教士所创办的《察世俗每月统记传》相比，较具代表性，创译、承袭的新术语更加丰富。[①] 经过初步统计与整理，大致可以确定的新词语约有 150 个，分类词汇如下：

天文类（13 个），如：白洋、金牛、阴阳、天蝎、狮子、双鱼等

地理类（23 个），如：地球、赤道、南极、冰海、南纬、北纬、中海、中地海、南球、北球、太平洋、印度洋、质、层累、昼长线、昼短线、平流、压下之气等

政法类（20 个），如：乡绅房、批判士、兼合国、爵房、统领、副统领、首领主、魁首领、自主之理、副审良民、宪票、国政公会、国政会、国公会、公会、国会等

经济类（10 个），如：保举会、公司、公班衙、关税、出口、入口、海关、代理等

教育类（7 个），如：公学院、公学堂、女学馆、医学院、教师等

宗教词汇（40 个），如：圣书、新约、旧约、天主堂、耶稣教、耶稣圣教、耶稣之徒、基督、圣城、福音、乐园、新教、伊甸、禁果、洗礼、忏悔、上帝、神、真主、圣主、天父、天主、天皇、夏娃、大教主、天后、神权等

新事物（24 个），如：显微镜、千里镜（指望远镜）、火蒸机（指蒸汽机）、气舟（指热气球）、甲板、文艺复兴、海图、医院、铁辙之道（即铁路）、火蒸水气所感动之机关（即蒸汽机）、火蒸车/蒸车（即火车）、火蒸船/水蒸船/蒸船/蒸舟/吹气船（即轮船）、商务、可可、自主、香水等

动物类（7 个），如：海狗、鸵鸟、大凤鸟、大白熊、海犬等

国名/城市名译词（21 个），如：北亚墨利加合郡（指北美合众国）、亚米利加兼合国（指美利坚合众国）、英吉利（指英国）、耳兰地（指爱尔兰）、者耳马尼国（指德国）、大尼国（指丹麦）、新架波（指新加坡）、亚

① 相关成果有王健：《西方政法知识在中国的早期传播——以〈东西洋考每月统纪传〉为中心》，《法律科学》2001 年第 3 期；卫玲：《〈东西洋考每月统纪传〉传播的经济学新概念》，《西北大学学报》（哲学社会科学版）2003 年第 4 期；郑军：《〈东西洋考每月统纪传〉与西学东渐》，《广西社会科学》2006 年第 11 期；高静：《西学东渐视域中的〈东西洋考每月统纪传〉研究》，西北大学 2006 年硕士论文；刘昊：《〈东西洋考每月统纪传〉的汉语学习与传播史价值研究》，陕西师范大学 2009 年硕士论文。

墨理驾/亚墨哩驾/亚默利加（指亚墨利加）、南亚墨利加、欧逻巴/欧逻吧/友罗巴（指欧罗巴）、佛啷晰/佛兰治（指佛兰西）、幾罗斯/哦罗斯/鄂逻斯（指俄国）、牛约尔克/牛要尔客（指纽约）、巴黎等

在《东西洋考》中，由天主教传教士所创而为新教传教士沿用的，如地球、赤道、经纬度等，但更多的为新教传教士所独创。新事物用语、新地名用语大量涌现，其中一些译语非常准确，固而延用至今，如以“文艺复兴”意译 renaissance，十分恰当。“文艺”和“复兴”两词均为汉语固有，两相结合成为汉语中少见的四音节名词。但它们的定译都曾遭遇到困难，如 united states（合众国），在《东西洋考》中出现的译词有兼郡、兼合国、兼合邦、兼合列邦、兼摄列邦、合邦、列邦、总郡、统邦、总郡兼合邦等，今均已废止不用。又如“国会”一词的创译，在《东西洋考》中对译为国政公会、国政会、国公会、公会，其均对应英文的 parliament，今译国会。指某些国家的最高权力机关，也叫议会。[①] 又如“新闻纸”一词，在同一篇文章中居然可以看到四五种不同的说法。

新闻纸略论

在西方各国有最奇之事，乃系新闻纸篇也。此样书纸乃先三百年初出于义打理亚国，因每张的价是小铜钱一文，小钱一文西方语说加西打，故以新闻纸名为加西打，即因此意也。后各国照样成此篇纸，至今各处都有之甚多也。惟初系官府自出示之，而国内所有不吉等事不肯引入，后则各国人人自可告官而能得准印新闻纸，但间有要先送官看各张所载何意，不准理论百官之政事，又有的不须如此各可随意论，诸事但不犯律法之事也。其新闻纸有每日出一次的，有二日出一次的，有七日出二次的，亦有七日或一月出一次不等的，最多者乃每日出一次的，其次则每七日出一次的也。其每月一次出者，亦有非记新闻之事，乃论博学之文。于道光七年在英吉利国核计有此书篇，共四百八十多种，在米利坚国有八百余种，在法兰西国有四百九十种也。此三国为至多，而其理论各事更为随意，于例无禁，然别国亦不少也。

文中“新闻纸”一词同时还有加西打、新闻纸篇、书纸、篇纸、书篇五种说法，而此“新闻纸”显系 gazette 的汉译，gazette 今多译为公报。而 newspaper 在马礼逊字典中最初译为京抄、邸报、辕门抄，稍后卫三畏字典才补入“新闻纸”译名的。此种一名多译的情况，也可称为试用名现象。

---

① 关于“国会”一词，在 19 世纪有许许多多说法不一但大同小异的译词，据统计竟有 32 个之多：公会、国家公会、国公会、国会、国政公会、办国政会、巴厘满衙门、巴厘满、巴里满、会议、公会所、总会、议事厅、议会、议政院、集议院、议士会、民委员会、国大公会、议院、会堂、开会堂、议事院、议堂、巴力门会、巴力门、拍拉蛮、聚谋国事之大会、议事亭、公议院、民撰议院、全国民会。参见崔军民：《萌芽期的现代法律新词研究》，中国社会科学出版社 2011 年版，第 40 ~ 41 页。

二、《遐迩贯珍》

《遐迩贯珍》很长一段时间内不受学界的重视，主要原因是全本难以寻觅。相比较而言，日本方面几乎一开始就购读《遐迩贯珍》，日本至今还珍藏有其手抄件。中国方面也许因为研究太平天国的需要，20 世纪 50 年代有学者（如王重民）抄录其中的相关史料。但就报刊史而言，《遐迩贯珍》实是承先启后的重要传媒，与《东西洋考》相比，它对新闻报道尤其是国际新闻报道相当注重，《近日杂报》也成了它的办报特色，可以说不仅比《东西洋考》对变动的信息或形势更加敏锐，而且更具有国际视野。后续的《六合丛谈》继承了它的一些做法，据研究，《中外杂志》对它发表的文章也有过转载。

《遐迩贯珍》所提供的汉语新词语比《东西洋考》多十数倍，达到 1 789 个。将近 2 000 个新词是从将近 20 000 个词语中整理出来的。需要说明的是，最初的词语整理者采取了比较宽泛的标准，凡能切分的即为单词。实际上，诸如“孰劣孰优”、“冠红顶者”、“戚戚于怀”之类，是可以不必收录的。

有研究者整理出《遐迩贯珍》的新词共有 1 789 个，并将新词分为两类：新造词（本土新造词和受外来因素影响的新造词）与新义词。[①] 本土新造词在《遐迩贯珍》中大量存在，有以下特点：其一，同义、近义并列复合词共 665 个，占新词总数的 37.2%，包括戚党、裁汰等；其二，语素的结合构词不紧密，往往只是根据表意的需要，例如略言、趾行等；其三，部分在近代汉语文献中的单音节词组，随着时间的推移意义逐渐固定，例如委员、董事、薪水等。其四，词头词尾很少，这类词语极少，如有定、塞子；其五，四音节词汇系统发达。《遐迩贯珍》共收四音节词 314 个，其中新造词 209 个，如遐迩同观、各零碎数、泛舟偏察、余区细地等。研究者将新义词大致分为两类：一是古无其义，在《遐迩贯珍》的年代开始派生出新的义项，并直接影响了现代汉语的词义系统，包括灵魂、鱼贯、公爵等；二是古有其义，但是在相当长一段时间内很少甚至不再使用，在近代又重新流行的“复活词”，例如上院、下院。据统计，《遐迩贯珍》中出现频率只有 1 次的新造词共计 465 个，占新词总数的 26%。《遐迩贯珍》中产生了大量的同义词、近义词，也许正是创制者犹豫不定心态的表现吧。

《遐迩贯珍》可称之为《东西洋考》与《天下新闻》的完美结合体，其中关于西学新知的词汇大量涌现，成了名副其实的知识库。而且专科词汇的比例也明

---

① 相关研究，参见沈国威、内田庆市、松浦章：《遐迩贯珍：附题解·索引》，上海辞书出版社 2005 年版；朱振伟：《〈遐迩贯珍〉新词研究》，浙江财经学院 2009 年硕士论文。

显提高，如医学类词汇：血脉管（即动脉）、回血管（即静脉）、微丝血管（即毛细血管）、脑气筋（即神经）等。[①] 我们整理了其中的新闻传播类词汇，如下：

《遐迩贯珍》的新闻传播词语（共计60个）：

报（报道） 册书 册子 代印 邸抄 订刊 风闻 访探 付梓
附录 告帖（广告） 告示 官报 捷报 纪事 京报 近报 京抄
刊行 刊印 刊送 刊派 刊入 留影 捏报 清议 前号 日报
手书 省报 首号 投稿 探访 新报（最新报道） 新闻 新刊
宣传 印务 音报 音译 杂志 杂报 布告编（广告栏、广告版）
凸字书 袖珍版 新文纸 新闻纸 印字局 印字馆 著作权
纸笔银（报费） 杂志钱（报费） 不偏不倚 差馆日报（警察局消息）
火轮邮船 近日杂报 省城新闻 上海新闻 表白事款编（广告规章）
欧罗巴新闻

以上60个专科词汇中，除风闻、清议、京报等少数旧词外，接近90%的词汇为新词。单刊总量不仅超过了此前的传教士中文报刊新闻传播类词汇的总和，也使后继的《六合丛谈》相形见绌。《六合丛谈》仅有少量的新闻传播类新词出现，如“新闻纸局”（2次）、“邮报”（2次）、“报局主”（1次）。但《遐迩贯珍》中“新文纸”与“新闻纸”并用的情况不见了，一律改用“新闻纸”，表明“新闻纸”的用名也开始固定下来了。

三、《六合丛谈》

《六合丛谈》为墨海书馆出版的一份杂志，由伟烈亚力、慕维廉、艾约瑟、韦廉臣、王韬等人编辑，虽存世时间不长，但一般认为，该刊为《万国公报》1889年出版之前最具影响力的新教中文报刊。该刊较早地为新闻史家所注意，如戈公振、小野秀雄；对其新词语的研究日本方面则做得相对早一些，如佐藤亨的《六合丛谈的词汇》、荒川清秀的《六合丛谈中的地理学术语》。

《六合丛谈》的词语整理者依旧按照比较宽泛的整理标准，与《遐迩贯珍》略同。词语总量近20 000个，但让人意外的是，其中新词并不多见。若以新闻专科词语为例，可以看到新词相当少，目前发现的只有“新闻纸局”“邮报”“报局主”等，总数不超过10个，而《遐迩贯珍》则有约60个之多。其他领域

① 尹延安：《传教士中文报刊译述语言文化研究（1815～1907年）》，第61页，华东师范大学，2013。

的新词生产与之类似。[①] 已经整理出来的科技类词语80个，如下：

巴贝奇　许茨　计算机　重学　杆　轮轴　滑车　斜面　劈　螺旋　铁路　察地之学　鸟兽草木之学　微分法　听视诸学　动植物学　天文学　西方新出算器

造表新法　新出算器　线性差分法　地理　地质　地质学　行星　定星·恒星　月　彗星　轨道　自转　公转　吸力　空际　本轴/轴　半球　地壳　层累　北极/南极　经线/纬线　赤道　子午线　地平·地平线　昼长圈/昼短圈　北极圈/南极圈

大州·州　群岛　平原　岭·山岭　高原　冈岭　冈峦　地震·地动　火山　温石

洋面/洋海面　海底　海滨　平流　湾流　潮汐　海湾　海峡·峡　涨退　气候·地气　热带　温带　寒带　贸易风　气·大气　平气圈　水气　压力化学　化学力元素

下压之力·压下之气·下压　氧气　淡氧　湿气　硫磺酸　淡酸

据最新对《六合丛谈》新词的研究，有学者分其新词为“结构新词”和“语义新词”。所谓“结构新词”，即在《六合丛谈》发行年代新出现的词，依其产生的影响因素不同，可分为“本土结构新词”和“域外结构新词”。所谓“语义新词”，即旧有的词被赋予了新意义。这种词也可分为两类：一是古无其义，即在《六合丛谈》年代才开始衍生出的新的义项。二是古有其义，但在很长一段时间不见或很少见到，在近代又重新“复活”的词。[②] 如下：

结构新词（63个）：

昂长　昂贱　北大西洋　北温带　兵站　波斯湾　扁圆球　扁圆　卑点　辟火油　搬演　赤经　车票　乘方　乘法　钞票　传教士　漕粮表　大行星　大州　代数　地产　地学　多伦多　定星　东经　岛民　岛国　动力　动植物　等高　对数　德黑兰　淡气　方程式　防盗　放枪　法文　法国　法语　负数　负号　发报　阀阅　光学家　高度　购物　化学　货车　滑车　火山石　火枪　火轮车路　火轮船　火轮路　函数　弧度　红木　红茶　荷兰语　和力　接轨　进出口　经纬度　简括　讥哂　开矿　里昂　里斯本　漏斗　列表　螺钉　离心力　轮摆　面商　马达加斯加　马德里　藐忽　末后　南

---

① 相关研究，可参见沈国威：《六合丛谈：附题解·索引)》，上海辞书出版社2006年版；王扬宗：《〈六合丛谈〉中的近代科学知识及其在清末的影响》，《中国科技史料》1999年第3期；姚远、杨琳琳、亢小玉：《〈六合丛谈〉与其数理化传播》，《西北大学学报》（自然科学版）2010年第3期；杨勇：《〈六合丛谈〉研究》，苏州大学2009年硕士论文。

② 凌素梅：《〈六合丛谈〉新词研究》，浙江财经学院2013年硕士学位论文。

纬 虐待 欧洲 欧亚 平方 皮质 拍卖 婆罗洲 劈理 浅海 清单 枪械 清濛气 如下 润胃 水汽 水质 收发 受洗 受益 时钟 售货 售卖 速率 数据 湿地 施医所 施医院 税费 税额 丝茶 视力率 视差 驶行 兽畜 胜会 世界末日 手枪 天王星 土煤 探明 推力 推定 铁工 椭员 委员 误伤 星云 行李车 吸引 希腊文 协助 雪线 析冤 嘻苦 斜度 斜纹布 倚点 印发 印标 预订 预定 语汇 语病 养老院 余数 豫言 盐湖 眼目 芽雨 主教 左旋 自习 自责 周末 阻力 炸弹 装订 装运 质点 钟摆 脂肉 辙迹

语义新词（130个）：

包涵 部长 本质 常数 处女 参赞 地轴 大气 顶点 大会 典型 定位 东方 单词 等分 董事 服役 发行 发明 翻译 轨道 高原 国民 规模 割地 隔膜 观光 会堂 弧度 海市 和会 合法 合力 合成 教友 教师 教授 缄默 禁烟 级数 简编 介绍 交际 交点 军政 校正 飓风 刊发 考察 空气 客车 开拓 矿 螺旋 轮轴 螺钉 流通 历时 联合 煤气 贸易风 墨水 民事 名誉 面积 马力 欧 拍卖 平流 平气圈 皮带 配合 启示 千里镜 全体 气质 绕日 驶行 水兵 水龙 司令 生成 生理 申诉 始祖 省会 声明 声称 时速 算学 条目 统计 提纲 踏板 体格 温石 卫道 委任 文书 危机 小数 消化 吸力 线索 星气 行李 医院 宇宙 邮报 邮筒 邮寄 预订 月历 以下 轴心 自转 重力 真数 折衷 祝福 振动 真主 自觉 知觉 重印 组织 职业

四、《上海新报》（附《格致汇编》）

《上海新报》为近代上海第一份中文报纸（英文名称为 *The Chinese Shipping List & Advertiser*，直译应为《中文船期广告纸》），由字林洋行创办，传教士伍德、傅兰雅、林乐知先后担任主编。该报原为上海第一份近代英文报纸《北华捷报》的中文子报，从1861年11月创刊，至1872年12月在与《申报》的同城同业竞争中落败，共出版发行了12个年头。与之前三份杂志不同，《上海新报》最初为周报，1862年5月起改为每周出版三次，星期日停出，1872年7月改为日报，刊期较短，报道量相对大一些，最高期发行量达到400份。

现有的研究以《上海新报》第45期至第228期为样本，从1862年6月到1863年8月，时间上仅一年有余，但已有不少的发现。研究者从中整理新词或外来词主要有引情、马力、拍卖、铁线、大玻璃房、新报、美士、水龙等。①

马西尼认为“马力”（horsepower）一词始见于1866年斌椿《乘槎笔记》，实际上1862年《上海新报》上已有用例，还可以看到“马力”由“马之力”“匹之力”演变而定型。关于“水龙”（hydrant，消防龙头），马西尼认为始见于1868年的《教会新报》，也有误判。关于“大玻璃房”（hothouse，温室、暖房），马西尼认为始见于张德彝的《航海述奇》，现在至少可以提前至1862年。

“新报”首见于《遐迩贯珍》，是最新报道之意，义同“新闻”，是“news”的又一说法，在《上海新报》中，可以看到“新报”与“新闻”互换的明确证据。

“美士”即“Mr”，今译为“先生”。《上海新报》使用“美士”译“Mr”是音义兼译，比后来使用全音译的“密司脱”更为恰当。

《格致汇编》，是最早以传播近代科技知识为宗旨的中文科学杂志。自第2年第1卷起，《格致汇编》的英文名称由原来的 *The Chinese Scientific Magazine*（中国科学杂志）改作 *The Chinese Scientific and Industrial Magazine*（中国科学与工艺杂志）。该刊期发行量最高达4 000册，代售点遍布中国各地。提到《格致汇编》往往就会想到化学元素的中译，其实它的科技传播范围非常之广，比如其中的《虫学略论》，该文将西方引入中国的所有昆虫最早分为16类（目），分别为：晶膀类（今膜翅目，Hymenoptera）、鳞膀类（今鳞翅目，Lepidoptera）、蛉蝇类（今双翅目，Diptera）、吸蚤类（今蚤目，Siphonoptera）、蚧膀类（今同翅目，Homoptera 蚧科 Coccidae）、毛膀类（今毛翅目，Trichoptera）、蝎蝇类（今脉翅目，Neuroplera）、筋膀类（今同翅目蝉科，Cicadidae）、锥嘴类（今半翅目，Hemiptera）、绥膀类（今缨翅目，Thysanoptera）、蜉蝣类（今蜉蝣目，Ephemerida）、蜻蜓类（今蜻蜓目，Odonata）、寓虫类（今虱目，Anoplura）、纲膀类（今鞘翅目，Coleoptera）、钳尾类（今革翅目，Dermaptera）和跳尾类（今弹尾目，Collembola）等。又比如《格致略论》中对心理学知识的译介，《格致略论》第282~301节“论人之灵性”（mental nature）。首先阐述灵性（mental，精神）、思念（consciousness，意识）等概念，接着将人之性情分为才智之性情（faculties of intellect，即智能）和恃血气之性情（affective or sentimental faculties，即情感）。其中才智之性情分为知觉（knowing faculties，感觉）和思念（reflecting faculties，反省、思索）。思念包括比较（comparsion）和明理（reason，分析）。而才智之培养可通过以下途径：专心（Attention，注意）、觉悟（perception，知觉）、记性

① 相关成果有马光仁：《上海新闻史》（1850~1949），复旦大学出版社1996年版；颜静：《〈上海新报〉外来词札记》，《中山大学研究生学刊》（社会科学版）1999年第1期等。

(memory，记忆)、思念（Conception，概念)、幻想（imagination，想象)、幻梦(association，联想)。[①]

五、《万国公报》（附《申报》）

《万国公报》原名《教会新报》，是来华传教士所办的报刊中社会影响力最大的一份杂志，其影响力在戊戌变法时期达到顶峰。该报除19世纪80年代几年的停刊，共出版发行了近40年。

《万国公报》全方位、大容量地译介西方的新学新知，词汇量多，尚在进一步整理当中。根据已有研究，可以确定的新词语有以下21个[②]：

> 化学（6个）：元质（元素)、轻（氢)、养（氧)、淡（氮)、炭(碳)、磺（硫)
>
> 政法（15个）：新民、化民、安民、富民、行政、掌律、上下两院、三权分立、掌律（司法)、议法（立法)、公议堂（议会)、议法之员（议员)、证据、章程（宪法)、审司（法官)
>
> 在其庞杂的新词语中，新学科、新科技方面所占比例相当高，大致有12大类：数学、化学、农学、生物学、医药学、天文学、地理学、物理学、水利工程技术、矿冶工程技术、通讯信息技术、交通运输技术。其中初步判断为新词的有：
>
> 医疗卫生（9个）：治疗、溺水、救治、生理学、病理学、止血术、输血法、临床诊断、疠病预防
>
> 科技（11个）：电话、电灯、X射线、麦克风、挖泥船、镭元素、潜水艇、极地考察、人工降雨、诺贝尔奖、电话传真机
>
> 教育（24个）：初学、中学、上学、算学、物理、化学、电学、重学、力学、医学、地学、画学、农学、商学、交涉学、格物学、制造学、生理学、动植学、地质学、金石学、矿物学、音乐学、体操学

《申报》为中国近代三大报之一，报史长达77年，较长时间里老百姓将新报

---

① 赵中亚：《〈格致汇编〉与中国近代科学的启蒙》，复旦大学2009年博士学位论文，第107、108页。

② 相关研究，参见杨代春：《〈万国公报〉与晚清中西文化交流》，湖南人民出版社2002年版；王林：《西学与变法——〈万国公报〉研究》，齐鲁书社2004年版；孙邦华：《〈万国公报〉对西方近代教育制度的植入》，《北京师范大学学报》（人文社会科学版）2002年第3期；王红霞：《晚清华人了解西医的窗口——〈万国公报〉》，《中国科技史杂志》2006年第3期；雷晓彤：《论晚清传教士报刊的西学传播——以〈万国公报〉为例》，《北方论丛》2010年第2期；邓绍根：《〈万国公报〉传播近代科技文化之研究》，福建师范大学2001年硕士论文。

纸等同于《申报》纸，该报堪称中国国民日常生活的百科全书。目前关于《申报》新词语的研究成果尚不多见，可以确认的新词不到100个，如：西历、总统、香水、香皂、香粉、香蜜、牙膏、播送、广播、轿车、化学、共产党、联合国、卓别麟、按摩行、自来火、花露水、影戏院、大戏院、三民主义、电车公司、留声机器、化学原料、五彩印墨、打字机带、维生素A、葡萄球菌、国民革命军、国际联盟、法西斯大舞台、水门汀、国货、补品、利服尔 livephor、儿安式美容膏 Doan's facecream 等。[①]

第二节　早期国人中文报刊中的术语

晚清国人对于近代报刊的重视，始于林则徐、魏源。第一次鸦片战争前后，林则徐出于“采访夷情”的需要，开始编译外籍人士创办的中外文报刊。其间因果，正如魏源所说：“探阅新闻纸，亦驭夷要策。”[②] 其编译资料汇集为《澳门新闻纸》和《澳门月报》，一般认为系译自《广州纪录报》（*Canton Register*）和《中国丛报》（*Chinese Repository*），其中大部分内容后来又被编入魏源的《海国图志》。[③] 但《澳门新闻纸》、《澳门月报》不是近代报刊，所以不能说林魏办报，只能说林魏译报。但在外国人士所创办的中文报刊中，很早就有一批中国籍人士参与其中，如梁发、沈毓桂、蔡尔康等，他们被称为“秉笔华士”。

由国人自办的第一批中文报刊，出现于19世纪70年代初，如《昭文新报》（汉口）、《羊城采新实录》（广州）、《汇报》（上海）、《新报》（上海）等。近代国人创办第一份有重要影响的报刊，是中华印务总局主办、王韬主笔、1874年2月4日创刊于香港的《循环日报》。正如中华印务总局发布的布告中所说的：“本局创设《循环日报》，所有资本及局内一切事务，皆我华人操权，非别处新闻纸馆可比。”[④] 王韬有影响的西学论著，大多是他主持《循环日报》时所撰。自此以后，国人创办报刊驶上了历史的快车道。甲午战争以后，国人办报更成了实现变法图强、开启民智的有效途径，《中外纪闻》、《强学报》、《时务报》、《知新报》、《湘学新报》、《湘报》、《国闻报》、《经世报》、《新学报》、《国闻汇

---

① 参见顾亚芹：《从新词产生的角度看〈申报〉词汇的时代性》，《文教资料》，2009年，第31～33页；董陆璐：《民初的法律广告与法律文化（1912～1926）——以〈申报〉为中心的考察》，《学术研究》，2011年，第45～51页。

② 魏源：《海国图志》卷五十二，日本早稻田大学图书馆藏光绪二年刻本。

③ 参见方汉奇主编：《中国新闻事业通史》第1卷，第303～310页。

④ 《循环日报》1874年2月12日《本局布告》。

编》、《实学报》、《译书公会报》、《女学报》、《清议报》、《新民丛报》、《新小说》、《新中国报》、《大公报》、《外交报》、《东方杂志》、《中外日报》、《中国日报》、《广东日报》、《译书汇编》、《国民报》、《游学译编》、《湖北学生界》、《浙江潮》、《苏报》、《大陆》、《国民日日报》、《安徽俗话报》、《时报》、《民报》、《醒狮》、《四川》、《神州日报》、《警钟日报》、《国民公报》、《时事新报》等一大批具有较大影响的报刊，在中国近代舞台上竞相登场，传播新语，引入新知，成为国人汲纳新知识、新思想的重要窗口。

辛亥革命以后，除了诸多创办于晚清时期有影响的报刊如《万国公报》、《申报》、《大公报》、《东方杂志》等继续发行之外，首先大量涌现的是鼓吹发展实业的报刊，如《铁道》、《工业世界》、《实业杂志》、《实业公报》、《铁路协会杂志》等，此外还有一些政府机关报，如《中华民国公报》、《临时政府公报》等。国民政府的成立，标志着一种新的政权形式的诞生，民众接受新思想、发表新言论的愿望也变得更加迫切，同时出于宣传思想的需要，新式报刊如雨后春笋般涌现，较为重要的如《太平洋报》、《中华民报》、《民国新闻》、《亚东新报》、《民主报》、《民立报》、《中央新闻》、《民意报》、《国风报》、《民心报》、《大江报》、《民国日报》、《震旦日报》、《长沙日报》、《国民日报》、《中原报》、《平民日报》、《民生报》、《中国日报》、《四川公报》、《中华国民报》、《新中华报》、《群报》、《民风报》、《大共和日报》、《北京时报》、《庸言》、《中国民国公报》、《国民新报》、《共和日报》、《日日新闻》、《益报》、《公言报》、《不忍》、《国民杂志》、《甲寅》、《中华新报》、《民国》、《公民日报》，等等。

“五四”新文化运动以后，报刊的发展进入一个新的阶段。据不完全统计，仅 1919 年一年中涌现的新思潮报刊就有 400 余种。[①] 报刊成了表达新思想、传播新观念、新术语最有力的工具和媒介。“五四”新文化运动之所以能产生那样重大的影响，从某种程度上来说与《新青年》的刊行密不可分。

一、《时务报》

《时务报》是国人创办的第一份政论杂志，旬刊，共出 69 期，梁启超为该报总撰述，其长篇政论《变法通议》连载 21 期，产生了重大的影响，由此奠定了梁启超在清末民初舆论界第一人的地位。

① 方汉奇主编：《中国新闻事业通史》第 2 卷，中国人民大学出版社 1996 年版，第 1 页。

目前可以确认源于该报的新词语有200个左右，其中朱京伟整理出121个①，如下：

进化　退化　进步　保守　革新　急进　义务　权力　权益
人权　文明　文化　开化　开发　野蛮　卫生　参政　民权
民族　民主　关系　议案　议员　议院　议会　议决　议席
主权　公权　司法　政体　陆军　海军　移民　归化　特权
霸权　国家　国会　国旗　国语　国民　国际　国土　世纪
帝国　警察　共和　公理　公例　宗教　宪法　立宪　平等
演说　哲学　伦理　心理　艺术　理论　知识　思想　殖民
理事　起点　设备　推论　演说　议题　组织　军备　基地
演习　舰队　经济　理财　资本　财政　预算　决算　银行
市场　保险　军团　士官　罢工　代表　发明　工科　工业
汉学　机关　历史　普通　前期　世纪　妥协　文科　协会
学科　血球　影响　杂志　保守党　革命党　虚无党　急激党
参政权　殖民地　民主国　共和国　常备军　革命党员　虚无主义
虚无党人　治外法权　殖民政策　自由干事　社会主义

蒋英豪整理出228个②，如下：

人种　人头税　下士　大法官　大革命　大队　大学校　小儿科　工力　不冻港　中世　中立国　中佐　中尉　中队　中脑　中枢　内耳　公园　公路　化学家　天球　天学　支出　日本文　日币　月刊　水轮　火车路　以脱　代理人　代议院　加工　加盟　北线　右院　司机　外耳　外资　左院　本土　本位货币　生的迈当　生学　用语　休会　任免　全球　共和国　冰箱　同盟军　名单　字纸篓　年利　年报　旬报　行政学　佛朗克　兵学　改选　旱桥　汽机　系词　事件　使馆　来电　制造业　卒业　周报　委员会　定律　弦器　枕木　东文　果实　武官　注册　法国大革命　法规　邮箱　物质学　状师　社会主义者　肥料　初等教育　金本位　金币　金属　附注　保守　保守党　南北战争　政法　政家　政学　星气　星云　星期报　洋钉　炮火　炮击　相片　美金　美观　要件　重力　重音　风向　风扇　食品　倒装　候补　刚百度　岛国　旅居　海流　海员　特有　特定　留声机　砧骨　起重机　高等法院　高等教育　高等算学　停会　停课　参政　参政权　国际　基利斯督教　将官　庶民院　排水量　教民　教育家　教宗

① 朱京伟：《〈时务报〉(1896～1898) 中的日语借词——文本分析与二字词部分》，载《日语学习与研究》，2012年第3期。

② 蒋英豪：《梁启超与近代汉语新词》，载《中国文化研究所学报》，2003年第44期。

船台 设计 通航 都市 陈列馆 鱼肝油 单线 喉舌 喉科 复本位制 普通法 暑假 智力 智学 殖民 殖民地 测定 焦炭 无线电 发布 萎缩 虚字 虚构 贵族院 买办 越权 邮务 圆径 塞门德士 新教徒 暗轮 概论 炼焦 照片 当选 节译 群学 圣地 董事会 装甲 资料 铅印 电告 电气力 电势 电镀 实字 演讲 涨落 熔化 舞蹈 蒙古人种 蒸汽机 远洋 银本位 银币 需要 领土 领地 领事馆 领港 德语 摩擦 枢密院 缔结 机要 燃料 独立国 舱位 办事员 选举法 选举权 钢板 钢轨 环球 缝纫器 总论 声带 声称 亏本 礼拜报 绘图 矿水 矿脉 议士 议院会 译者 译音 译员 体性 罐头

以上两位学者整理的词汇表，实际上是有若干重复的，如参政、参政权、殖民、殖民地等，而且其中一些是否为新词，似可再作斟酌，但“杂志”肯定不是《时务报》所提供的新词，“杂志”早在《遐迩贯珍》中就已出现①。

二、《清议报》

《清议报》是梁启超流亡之初所创办的一份政论性杂志，旬刊，共发行100期。与《时务报》受“大府奖许”完全不同，《清议报》的第一批读者为留日学生，其在内地为秘密发行，但越禁越传，《清议报》发行量并不比《时务报》差多少。

由近代最著名的启蒙思想家主编的《清议报》，其宣传新学新知方面超过了同时代的《万国公报》，表现了很强的话语优势。我们整理了其中有关民族国家方面的词汇及词频，如下：

世界（987）、自由（935）、政治（849）、满洲（805）、文明（773）、志士（727）、华人（644）、地球（484）、权力（463）、改革（454）、朝廷（439）、殖民（431）、权利（419）、社会（384）、主权（374）、帝国（357）、政体（311）、内地（283）、新政（280）、同胞（276）、海外（272）、国人（259）、东方（245）、政变（244）、革命（203）、平等（199）、中华（186）、民政（172）、自主（171）、民权（168）、利权（165）、国权（163）、公理（155）、国事（139）、民族（135）、自治（131）、公法（131）、政权（121）、民主（104）、国政（99）、训政（83）、人权（77）、国体（71）、社稷（64）、民生（36）、植民（35）、权理

① 参见周光明、郑昱：《“杂志”近代含义的生成》，载《武汉大学学报（人文科学版）》2008年第5期。

(34)、国是 (34)、国法 (26)、民法 (20)、公权 (18)、公民 (17)、民意 (16)、赤子 (13)、至尊权 (9)、法理 (8)、中国 (4 972)、国家 (4 063)、民 (3 672)、政府 (2 386)、支那 (2 363)、国民 (1 747)、君主 (1 662)、天下 (1 386)、清国 (1 301)、种族 (1 120)

《清议报》上的新词语也是相当多的，但尚未完全整理出来，目前可以确定的有 279 个①，如下：

政法类：(52 个)

政治的、下院、议案、女权、国策、压迫、改进、国家组织、国家主义、国家思想、专制政治、规定、殖民政策、民主共和、协定、植民主义、保全主义、文明主义、植民事业、立宪政治、自由党、反对党、民族、世界主义、国家观念、惯例、资本社会、法规、公表、国家思想、民主的、破坏的、自由派、改革派、局长、视察员、政治界、国家的、入党、公民、公民权、治者、政见、国际法、弃权、常任、救国、规律、通过、裁判官、选举人、警吏

社会进步类：(11 个)

新陈代谢、社会改良、邮便、邮政、现代、文明的、历史的、社会组织、社会思想、社会问题、劳动问题

经济类词汇：(36 个)

会长、价格、外债、商品、证券、制品、资金、加盟、经济界、广告、项目、矿山、矿物、债券、农产、用品、买收、编制、配置、财务、支店、税关、增税、管理员、统合、事务员、经济力、制造品、经济的、工业园、股份票、炭矿、消费、财政局、透支、报酬

科技类：(19 个)

化合、电话、群岛、热带、半岛、领土、重心、地理的、铁道、干线、伏线、物理学、烧点、重心点、有机体、洋岛、阴电、无机物、阳电

军事类：(28 个)

海峡、战队、少尉、少将、水雷、大尉、战线、海权、工兵、军港、列强、任务、爆弹、敌视、海员、勋章、派遣、募集、弹药、急进派、现役、十字军东征、冲突、海岸炮、航线、对抗、远航、战败国

文艺类：(37 个)

技师、发信、学期、教员、动词、教育策、干部、狂想、公报、国粹、

① 参见蒋英豪：《梁启超与近代汉语新词》，载《中国文化研究所学报》2003 年第 44 期；侯伟：《从晚清和制汉字新词的传播看中日文化交流》，南京航空航天大学 2013 年硕士学位论文。

年鉴、祝典、论坛、情报、调查、注脚、版权、书类、论理学、年报、刷新、美术品、通信员、哲学者、文学家　日动、古学复兴、助词、卒业证书、研究所、发表、策源地、发祥地、惨剧、演员、乐团、译著

医学类：（13 个）

感觉、手术、血缘、健康、健全、吸收、血统、病院、生殖学、防疫、腐蚀、霉菌、医学家

外交类：（7 个）

外部、外交问题、首都、国际事务、国际关系、外交机关、让步

其他：（75 个）

概观、概念、消极、积极、否认、初级、教徒、距离、肥料、现行、教派、极端、弱点、初期、地点、理由、要点、要件、招待、障害、绝对的、接触、悲观的、中心点、装置、发酵、对抗、单纯、简单、选定、爆发、支部、自然学、原动力、社会学、生物学、优势、劣等、理想派、生理学、普通学、可决、关心、米国、排水、住民、活动力、人种的、生死的、空想的、团结力、宗教界、绝大的、三角洲、先驱、百日维新、自然力、自然界、所在地、冒险家、咪里、活力、剥夺、海豹、神权、贡献、橡皮、烧点、兴奋、亲子、默认、跃力、观察力、高级、假名字

三、《新民丛报》

《新民丛报》是 1902～1907 年梁启超在日本横滨所办的刊物，它以一种全新的姿态出现，文字富有魔力，出版不久，销路畅旺，远过于《时务报》及《清议报》。[①]《新民丛报》对 20 世纪初期中国的影响，大大超越了一个政论报刊的范围，几乎一两个世代的中国青年都曾受到它的启蒙。[②]《新民丛报》本身就是一部百科全书。有学者整理出了其中出现的新词汇 105 个[③]，如下：

政法类：（15 个）

代议士院、囚车、市厅、公民团体、否决权、巡警兵、东印度会社、法学家、信条、保证人、看守长、警士、警察兵、国际私法、常识

社会进步：（12 个）

物质文明、社会学家、发动机、邮片、邮票、浴场、留声器、纸卷烟、

① 张朋园：《梁启超与清季革命》，吉林出版集团有限责任公司 2007 年版，第 196 页。

② 周佳荣：《言论界之骄子：梁启超与新民丛报》，中华书局（香港）2005 年版，第 1 页。

③ 参见蒋英豪《梁启超与近代汉语新词》，载《中国文化研究所学报》2003 年第 44 期。

贵妇人、时髦、黄金时代、击剑

科技类：(16个)

水蒸气、平面几何、生物学家、白铁、石棉、石蒜科、石墨、交流、有机化学、有机物、冶金学、应用科学、高等数学、测绘学、病理解剖学、摄氏

经济类：(8个)

消费品、直接税、补助货币、对外贸易、间接税、基金、购买力、供求

文艺类：(29个)

刊行物、文盲、主题、回想录、成文法、五线谱、周刊、固有名词、重版、活动写真、校歌、教案、教程、叙事诗、产物、毕业文凭、侦探小说、副词、美术馆、美感、单字、普通名词、辞典、课程表、阅览室、履历书、节拍、号外、骨干

动物学：(5个)

大猩猩、始祖鸟、昆虫学、恐龙、黑猩猩

军事类：(6个)

兵工厂、军区、敢死队、港务局、鱼雷舰、战利品

其他类：(25个)

发动、大王、白痴、劣根性、性状、林学、红印度土人、耶稣新教、神权、排泄、习惯法、透明、游泳、无意识、集合体、嗅觉、愚民政策、圣灵、叶柄、鸦片战役、鸦片战争、机能、随意科、环境、环象

四、《东方杂志》

《东方杂志》为中国近代发行时间最长的一份大型综合性杂志，其中的新词语数量巨大，已有研究成果主要是对《东方杂志》从1911年到1921年这十年间的考察，结果产生了近12 000个新词语，且多为《近现代汉语新词词源词典》和《现代汉语词汇的形成——19世纪汉语外来词研究》两书所未收录之词。有学者对其新词形式的四个方面做了初步的整理，分列如下①：

1. 音节形式：如癌、报、次、代 Era、带 Zones、碲 Tellurium、氡 Niton、费 Fee、钢、哥 Gross、根 radicals、铣、氦 Helium、核、钬 Holenium、级 Stages、季、纪 Period、钾 Potassium、架、价 Valence、界 Groups、留（印度币名，约当

① 参见杨霞：《初期现代汉语新词语研究——以〈东方杂志〉（1911～1921）为语料》，河北大学2011年博士论文；张旭：《〈东方杂志〉的新文化研究》，苏州大学2013年硕士论文；杨霞、李东霞：《〈东方杂志〉的词汇语料学价值》，载《河北大学学报（哲学社会科学版）》2011年第2期。

美金48%)、米（今试定米为 Metre 之音译，则十米为 Decametre，百米为 Hectometre，千米即为 Kilometre）等。

2. 结构形式：非纤维物、非纤维质、非现实、博爱主义、不干涉主义、催眠者、因果之关系、优良的分子、优先之权、优秀的分子、直系之亲属、装甲之巡洋舰、资养之料、自负之心、自行之车（不用人马而能自行之车）、自由的职业、自制之力、自重之心等。

3. 新词语来源：外来词数量共计 9 555 个，其中音译词 2 682 个，意译词 6 766个。如：第六感 Sechster Siun（为视听嗅味触五感以外之一种特别感觉）、电磁性自写记动器 Magnetic Cresograph、电解作用 Electrolysis、多痰质 Pitnitary、恶魔派 Diabolism、生力 Vital Energy、纯理性、饱和液 Saturated Solution、本能欲 Instinctive wish；水玻璃 Water glass、白铅 White Lead、半音 Semi - Vowel、变定状态 Metastable State、变晶玻璃 Devitrified glass、变性石 MetamorphicRock、标准律 Standard rate 等。

4. 词形特点：阿蒙尼亚 Ammonia—阿摩尼亚—阿莫尼亚 Ammonia—阿母尼亚—阿尼里尼亚—安姆尼亚 Ammonia、爱尔发光线—爱尔发线（亦称温和线）、爱司其木 Esquimau—爱思基马、爱思基马人—爱斯基摩人、盎格鲁撒克逊—盎格鲁洒逊、奥大利—奥地利、奥林庇亚—厄灵辟克 Olympic games、巴拿马运河—巴奈马运河、格利尼奇天文台 Greenwich—格林威楚天文台、里拉（意币）—里尔(Lire 意国货币）—里勒（意大利货币）、马尔克司—马克思等。

五、《新青年》

胡适曾以杂志划分清末民初中国思想界的变化，《新青年》无疑具有划时代的意义。对《新青年》中新词语的产生与分布，目前学界研究的一个重点是外来词。在已确认的878 个外来词中，研究发现：《新青年》中的汉语外来词主要有两个来源，一是来自东方的日本语，有 20 个，约占 2.3%，如一元论、伦理学等；二是来自西方的欧美语言，有 858 个，约占 97.7%，如德意志、巴黎、易卜生等。《新青年》中的外来词主要以音译为主，其他引入方式为辅。其中出现的一些印欧语言原词，据统计有 231 例，数量可观，例如 Oxford，John Ruskin，等等。《新青年》中的外来词主要涉及了政治、经济、文化、科技等领域，其中也充斥着大量的人名、地名等名词。[①]

---

① 参见原新梅、梁盟：《〈新青年〉中的外来词——兼谈“五·四”时期外来词的特点》，载《渤海大学学报（哲学社会科学版）》2006 年第 2 期。

通过对《新青年》中外来词的考察，研究者发现“五·四”时期汉语外来词具有以下特点：一是音译外来词占了外来词的大部分，如表4-1所示：

表4-1

引入方式	用例数	百分比
音译	408	46.5
意译	206	23.5
借形［日］	18	2.1
音译兼意译	4	0.4
印欧语原词	231	26.3
其他	10	1.1
合计	878	100.00

二是一些音译外来词的翻译用字与现在不同，形成不同时期的异形音译词。如摆伦（拜伦）、莫泊三（莫泊桑）、庞多拉（潘多拉）等；三是在外来词的使用上，大多采用“直接使用式”；四是人名、地名占外来词的绝大多数，《新青年》中878个外来词，人名、地名多达599个，约占68.2%，科学文化及社会方面的有279个，约占31.8%；五是外来词出现在文言文和白话文双重语境中。

分类词汇117个[①]，如下：

政治类：(41个)

权利　民主　共和　民治　德谟克拉西　赛因斯　社会　阶级　社会主义　帝国主义　世界大战　规定　权限　检查　议院　公认　公有　代议　人权　义务　特权　认识　法国大革命　十月革命　华盛顿会议　巴黎和会　公理　公例　真理　理性　个人　常识　科学　革命　国粹　个人主义　易卜生主义　人道主义　民族　国家　国民性

经济类：(9个)

经济　技术　制造　工业　生产力　外债　广告　代价　税金

社会进步类：(18个)

① 参见金观涛、刘青峰：《中国现代重要政治术语的形成》，法律出版社2009年版；马建辉：《中国文论语境中的“反映”概念研究》，载《文艺理论与批评》，2002年第4期；原新梅、梁盟：《〈新青年〉中的外来词——兼谈“五·四”时期外来词的特点》，载《渤海大学学报》(哲学社会科学版)，2006年3月第28卷第2期；李永中：《论〈新青年〉个人主义话语》，载《通化师范学院学报》，2006年5月第27卷第3期；田中阳：《论〈新青年〉的科学话语传播》，载《求索》，2006年第6期；李静：《〈新青年〉杂志话语研究》，山东大学2008年博士学位论文；邵艳红：《〈明六杂志〉在中日词汇交流中的作用和影响》，载《日语学习与研究》，2013年第3期。

时代　潮流　新　少年　青年　未来　今　现在　青春　新思想　新中国　新时代

新文化　新文学　社交　女权　女性　哲理

国名人名：(19 个)

倭根　德意志　法兰西　柏格森　巴黎　易卜生　亚里斯多德　普鲁士　那威　俄罗斯　安德雷甫　王尔德白纳少　伽司韦尔第　郝卜特曼　布若　梅特尔林克　拜伦　莫泊桑　潘多拉

其他：(30 个)

伦理学　绝对　写实主义　形式　关系　原质　一元论　趋向　破坏　推倒

作战　打倒　客观　本能　主观　实例　详述　占领　体操　正确　秘书　物质 Matter

形式 Form　原质 Elements　关系 Relation　爱国者 Patriot

时事画 Cartoon　反映　Oxford　John　Ruskin

值得一提的是，在《新青年》时代，汉语新词中的外来语比重仍然相当高，尤其是日源外来语。与此前的一般外来语新词创制不同的是，相当比例的日源汉字词此时已经成了汉语流行词汇。

第五章

清末民初汉文西书

在近代新知识、新术语输入和中西日文化互动过程中，清末民初的汉文西书始终都是一种重要的文本载体。19世纪初以来，英、美等国新教传教士梯山航海，联翩来华，通过与当时开明的政府官员和中国士人合作，进行了规模空前的西学译介工作，继明末清初之后掀起了又一次西学东渐的浪潮。在清末西书汉译过程中，作出过重要贡献的欧美传教士主要有马礼逊、米怜、麦都思、郭实腊、裨治文、卫三畏、雒魏林、理雅各、合信、玛高温、祎理哲、慕维廉、伟烈亚力、罗存德、卢公明、丁韪良、韦廉臣、狄考文、嘉约翰、傅兰雅、林乐知、艾约瑟、李提摩太、德贞等，[①] 李善兰、徐寿、王韬、华蘅芳、徐建寅、林湘东、严良勋、赵元益、郑昌棪、栾学谦、孔庆高、蔡尔康、任延旭等一大批中国士人参与其事，"西人"与"华士"相互协作，译述西书，传入新知，厘定新语。

晚清以降，根据性质的不同，出版汉译西书的机构大致可分为三类：一是由传教士创办的书会、书馆，如宁波华花圣经书房、上海墨海书馆、美华书馆、"益智书会"、广学会、土山湾印书馆等；二是由政府官办的译书局，如上海江南制造局翻译馆、京师同文馆、京师大学堂编译局等；三是民间商办的出版社，如商务印书馆、文明书局、广智书局等。[②] 在清末民初汉文西书的传播过程中，各

---

① 相关情形，参见［英］伟烈亚力著、倪文君译：《1867年以前来华基督教传教士列传及著作目录》，广西师范大学出版社2011年版。

② 熊月之：《西学东渐与晚清社会》，上海人民出版社1994年版，第475页。

类出版机构在不同时期扮演了不同的角色。据初步统计，自1811年英国传教士马礼逊出版第一本汉译西书，至1911年辛亥革命结束清政府统治，译出的西学书籍至少在2 000种以上。①

笔者曾将汉文西书作了以下划分：明清之际由耶稣会士与中国士人合作著译的介绍西学的汉文书籍称之为“早期汉文西书”；清末入华新教传教士著译或传教士与中国士人合作著译的介绍西学的汉文书籍称之为“晚期汉文西书”。概而言之，晚期汉文西书涉及“神理之学”（哲学）、“人生当然之理”（社会科学）、“物理之学”（自然科学）诸部类②。当时西学所涵盖的具体学科和门类，可据1886年艾约瑟的《西学略述》略加阐述。《西学略述》分十卷，分别论及婴幼儿教育（即训蒙，包括字母、地理、音乐、书法、身体锻炼、婴塾等）、方言（包括印度、欧洲各国方言等）、教会（包括基督教、佛教、犹太教等）、文学（包括口辩学、诗学、野史、词曲、翻译、评论等）、理学（即哲学，包括格致理学、性理学、论辩理学）、史学（包括希腊、法国、德国、英国、意大利、俄国等）、格致（包括天文、质学、地学、动物学、金石学、电学、化学、天气学、光学、重学、身体学、较动物体学、身理学、植物学、医学、算学、历学、风俗学、几何原本学、代数学、稽古学等）、经济（包括富国、租赋、富民、国债、钱制、河防、海防、户口、船制、火车铁路等）、工艺（包括绘事、雕刻、营建宫室、制石印法、音乐、葡萄酒、刊印书籍、钟表等）、游览（包括航海遗闻，波斯、回人、欧人等觅地纪游等）等。在西学东渐的过程中，中外人士共同努力复活或创制了涵盖各学科领域的大批术语。这些汉文西书术语对近代中国的维新运动及其近代化都产生了极为深远的影响。

第一节 清末民初汉文西书概述

1807年，马礼逊受英国伦敦会派遣辗转来到广州，揭开了清末民初新教传教士入华的序幕。1813年，伦敦会派遣米怜前来协助工作。鉴于清廷不准传教的禁令，他们决定将传教的重点放在南洋一带。伦敦会在马六甲、巴达维亚（今雅加达）等地成立了传教站，汇聚了来自欧洲和美国的一批传教士，比较著名的

① 熊月之《西学东渐与晚清社会》统计为2 291种，见该书绪论第14页，上海人民出版社1994年版。张晓编著《近代汉译西学书目提要》，著录明末至1919年汉译西书多达5 000余种，其中明末西书400余种。

② 冯天瑜：《新语探源：中西日文化互动与近代汉字术语生成》，中华书局2004年版，第271页。

有麦都思、杨威廉、雅裨理等。据《中国丛报》统计，1842 年以前，英美等国教会派遣来华的传教士共 61 人，传教地点主要是南洋和港、澳、穗等地。1842 年以前，汉译西书的出版地主要在马六甲、巴达维亚、新加坡、广州、槟榔屿、曼谷和澳门等 7 处，出版中文书刊 138 种，除去中文期刊 5 种，共有汉文西书 133 种，其中属于《圣经》、圣诗、辨道、宗教人物传记、宗教历史等内容的有 106 种，占 76%；属于世界历史、地理、政治、经济方面内容的有 32 种，占 24%。①

第一次鸦片战争以后，此前活跃在南洋的传教士，开始将活动地点转移到香港和广州，两地也成为汉译西书的主要出版地。然而在出版西书的内容上，仍以宗教性书籍为主，也有部分知识性书籍。以美国长老会创办的华花圣经书房（Chinese and American Holy Classic Book Establishment，美华书馆前身）为例，1844 年至 1860 年间共编译出版书刊 106 种，其中宗教类书籍有 86 种，其他天文、地理、历史等知识类书籍 20 种。② 同一时期，在香港出版的 60 种中文书刊中，纯属宗教宣传读物的有 37 种，其他教科书、字典、科学文化等知识读物 23 种；在广州出版中文书籍、刊物 42 种，宗教宣传读物 29 种，天文、地理、历史、医学等读物 13 种；在福州出版各种读物 42 种，宗教读物 26 种，天文、地理、风俗类著述 16 种；在厦门出版书籍 13 种，绝大部分属宗教读物；上海墨海书馆共出版书刊 171 种，其中宗教读物 138 种，其他科学知识读物 33 种。③ 这一时期的汉译西书，较有影响的如《华番和合通书》、《算法全书》、《地理新志》、《智环启蒙塾课初步》、《地球图说》、《天文问答》、《地理略论》、《美理哥合省国志略》（修订改名《亚美理驾合众国志略》）、《天文略论》、《全体新论》、《博物新编》、《数学启蒙》、《续几何原本》、《代数学》、《代微积拾级》、《重学》、《重学浅说》、《谈天》、《地理全志》、《大英国志》、《植物学》、《西医略论》、《妇婴新说》、《内科新说》、《中西通书》、《格物穷理问答》、《科学手册》等。此外，在《遐迩贯珍》、《中外新报》、《六合丛谈》等期刊上发表的一些译文，也产生了较大的影响，如《脑为全体之主论》、《心理论》、《生物总论》、《英国政治制度》、《花旗国政治制度》、《身体略论》、《地形论》、《西学括论》、《希腊为西国文学之祖》、《重学浅说》等。此一时期传教士翻译的西书与译文，虽然在数量上并不算多，内容也主要偏于宗教题材，但却是继明清之际耶稣会士输入

① 参见熊月之：《西学东渐与晚清社会》，上海人民出版社 1994 年版，第 104 页。

② 见熊月之：《西学东渐与晚清社会》，上海人民出版社 1994 年版，第 171 页；高黎平：《美国传教士与晚清翻译》，百花文艺出版社 2006 年版，第 55 页。相关研究，参见任桑桑：《宁波华花圣经书房与晚清科学传播》，浙江大学 2006 年硕士论文；田力：《华花圣经书房考》，《历史教学》2012 年 8 月下半月刊。

③ 见熊月之：《西学东渐与晚清社会》，上海人民出版社 1994 年版，第 144 页、152 页、164 页、165 ~ 166 页、188 页。

西学之后，打开了中国人接触西方新知识、新术语的窗口，成为晚清早期国人编纂西学书籍如《瀛环志略》、《海国图志》等重要的知识来源。其中有不少汉译西书在明治前后传入日本，对日本近代化早期接纳西学产生了广泛影响。①

19 世纪 60 年代以后，随着洋务运动的全面开展，西书汉译出现了与前一阶段不同的情形。一方面，除传教士创办的美华书馆、广学会、“益智书会”、土山湾印书馆等出版机构外，江南制造局翻译馆、京师同文馆、京师大学堂编译局等官方机构开始成为西书翻译、出版的重要力量，其中尤以江南制造局翻译馆贡献最大。另一方面，此一时期译出的四五百种西书中，纯粹宣传基督教义的读物极少，更多是关于西方科学文化知识的著作。② 以江南制造局翻译馆为例，根据翻译馆译员陈洙 1909 年编纂的《江南制造局译书提要》统计，由翻译馆出版的西书共计 160 种，多为算学、化学、医学、工艺、兵学等科技书籍，亦有部分史、政类著作。广学会等传教士出版机构在西书的汉译方面也颇有成绩，出版了一批在晚清颇具影响的汉文西书，如李提摩太的《泰西新史揽要》、花之安的《自西徂东》、韦廉臣的《格物探原》、林乐知的《文学兴国策》、《中东战纪本末》等。

自第二次鸦片战争之后至甲午战争之前汉译西书的基本状况，还可由其时对于西学的分类见其一斑。1888 年，上海六同书局刊印王西清、卢梯青所辑《西学大成》，将“泰西经济之学”分为十二门：算学、天学、地学、史学、兵学、化学、矿学、重学、汽学、电学、光学和声学。1896 年梁启超编《西学书目表》，将西书分为西学、西政、杂类三大类，其中“西学”分算学、重学、电学、化学、声学、光学、汽学、天学、地学、全体学、动植物学、医学、图学等 13 目，“西政”包括史志、官制、学制、法律、农政、矿政、工政、商政、兵政、船政等 10 目，“杂类”下列游记、报章、格致总、西人议论之书、无可归类之书 5 目。1897 年，上海飞鸿阁书林刊印孙家鼐所编《续西学大成》，所列的西学门类有算学、测绘学、天学、地学、史学、政学、兵学、农学、文学、格致学、化学、矿学、重学、汽学、电学、光学、声学、工程学等 18 类。总体来说，19 世纪末期知识体系中关于西书的分类，一方面既体现彼时国人的西学观念和对西学的认识，同时也是自鸦片战争以来汉译西书总体状况的真实反映。③

甲午战争尤其是戊戌政变之后，出于各方面的原因，及在张之洞、梁启超等

① 反映在词汇方面的表现，参见马西尼著、黄河清译《现代汉语词汇的形成——十九世纪汉语外来词研究》，汉语大词典出版社 1997 年版，第 18 ~ 102 页。

② 相关情形，可参看徐维则《东西学书录》中著录的西书。又可参见钱存训《近世译书对中国现代化的影响》（《文献》1986 年第 2 期）一文所作的统计，钱文统计的时间为 1850 ~ 1899 年。

③ 相关研究，可参看左玉河《从四部之学到七科之学——学术分科与近代中国知识系统之创建》，上海书店出版社 2004 年版，第 99 ~ 200 页。

人的倡导下，翻译日文西书成为一时之热潮。[①] 在此后较长的一段时间内，东译西书在西学翻译中占据很大比重。根据今人统计，自 1896 ~ 1911 年，中国译自日本的西学书籍至少在 1 000 种以上。[②] 所译书籍中，社科、史地类书籍大量增加，此前占主要比重的科技著作数量锐减。[③] 这也从一个侧面反映出输入之西学内容上的变化，国人开始更多地从政治、社会等层面汲纳西方新知，诸多政治、社会、文化领域的重要术语都是在这一时期开始见于士人的论述，并逐渐趋于定型。[④] 总体来看，在这一时期西学西书汉译中，欧美新教传教士已经退居次要地位，中国士人开始成为翻译的主要力量，涌现出严复、马君武、颜永京、梁启超、林纾等一批在当时产生了重要影响的译士。在汉译西学著作出版方面，传教士和官办出版机构也开始让位于民办出版机构，如商务印书馆、广智书局、文明书局、开明书局、中华书局、世界书局等。到了民国以后，随着留学欧美中国士人的迅速增加，开始涌现出一批精通西方语言、文化的新型知识分子，他们接触和汲纳西学知识，在很大程度上已经超出了汉译西书容括的范围。

第二节　清末民初汉文西书中诸学科术语

清末民初随着西学知识的输入，近代学术分科观念也开始进入中国士人的知识视野，认识上逐渐从知识分类过渡到学术分科，最终实现了由传统四部之学向近代七科之学的转变。在此过程中，基于“格致学”（化学、物理、天文、生物等）、“法政之学”（经济、哲学、法学等）等门类的知识体系因为西书翻译得以建立。[⑤] 为避免与下编内容上出现重复，本节以经济、教育、军事为例，对清末民初各科汉文西书及其中的术语从总体上进行考索。

---

① 梁启超等 1897 年创办大同译书局，明确主张翻译西学“以东文为主，而辅以西文”。时任湖广总督的张之洞在 1898 年撰成的《劝学篇》中，也有“译西书不如译东书”的看法。

② 见谭汝谦等编《中国译日本书综合目录》（香港中文大学出版社 1980 年版）统计有 958 种。熊月之《西学东渐与晚清社会》以为至少有 1014 种，见该书第 640 页。

③ 见谭汝谦等编《中国译日本书综合目录》，香港中文大学出版社 1980 年版。

④ 此方面的研究，参见实藤惠秀著，谭汝谦、林启彦译：《中国人留学日本史》（修订译本），北京大学出版社 2012 年版；马西尼著、黄河清译：《现代汉语词汇的形成——十九世纪汉语外来词研究》，汉语大词典出版社 1997 年版；金观涛、刘青峰：《观念史研究——中国现代重要政治术语的形成》，香港中文大学出版社 2008 年版；沈国威：《近代中日词汇交流研究：汉字新词的创制、容受与共享》，中华书局 2010 年版等。

⑤ 转变的具体情形及相关问题，可参见左玉河《从四部之学到七科之学——学术分科与近代中国知识系统之创建》（上海书店出版社 2004 年版）的论述。

一、经济术语

自1807年马礼逊来华至鸦片战争期间，新教传教士开始零星地向中国传播一些西方的经济学说和经济制度。1839年，普鲁士传教士郭实腊在新加坡出版《制国之用大略》一书，介绍了西方的民需、货币、税收、教育财源等经济政策。1840年，郭实腊又出版了《贸易通志》一书，介绍了西方的货币、纸币、银行兑换、保险制度等政策以及机器大工业生产方式，是鸦片战争前介绍西方商业制度和贸易情况最为详尽的书籍。它成为魏源的《海国图志》中的许多西方国家贸易商业情况的主要来源。

鸦片战争后，西方经济学主要通过书籍、学校、报纸杂志等三种途径传入中国。丁韪良、艾约瑟、傅兰雅及李提摩太等新教传教士大力译介西方经济学著作，促使西方近代经济理论开始在中国传播。美国传教士丁韪良的《富国策》，由翻译英国资产阶级经济学家法思德的《政治经济学提要》而成，1880年由同文馆出版，对当时英国经济学理论所包含的生产、交换、分配等观点进行了较为详细的论述，第一次向中国系统介绍了西方主要是英国的政治经济学理论。英国传教士艾约瑟的《富国养民策》，由翻译英国经济学家杰文斯的《政治经济学入门》而来，1886年由海关总税务司署出版，是继《富国策》之后的第二本比较重要的西方资产阶级经济学著作。英国传教士傅兰雅的《佐治刍言》，译自英国钱伯斯教育丛书中的 Political Economy, for Use in School, and for Private Instruction（即《政治经济学（适合学校教育及参考用)》)，系统介绍了西方社会主张自由、平等、以民为本等立国之理和处世之道，其中第十四至三十一章是经济学的内容。《佐治刍言》对戊戌变法以前中国思想界产生了深刻影响。英国传教士李提摩太撰写的《生利分利之别》（生利是指创造财富，分利是指产品分配)，1893年连载于《万国公报》，是一部讨论生产劳动和非生产劳动问题的经济学著作。

一些新教传教士还利用自己创办或参与的报刊杂志（如《万国公报》、《中西教会报》)，或新式学堂（如同文馆、广方言馆)、教会学校（如上海中西书院、登州文会馆）等传播了一些西方经济理论。如1867年同文馆聘请美国传教士丁韪良为“富国策”（即经济学）教习；上海中西书院、登州文会馆也先后开设了“富国策”课程。毋庸置疑，教会学校在传播西方经济学知识、培养中国第一批经济学人才、促进经济思想的早期近代化上有其不可忽视的贡献。

尽管这一时期新教传教士传播的西方经济学主要是西方资产阶级的庸俗经济学，在翻译过程存在这样那样的问题，而且打上了洋务运动的烙印，甚至有些经济理论遭到传教士刻意的歪曲篡改，但是毕竟有力地冲击了传统“重农抑商”、“贵义贱利”的经济观念，促成了中国士人尤其是早期资产阶级改良派（如王韬、郑观应、马建忠等）和资产阶级维新派（如康有为、梁启超等）的经济思想的转变。

自鸦片战争前后至戊戌变法期间，西方新教传教士在中国译介的有关经济的汉文西书主要如表5－1所示。

表5－1　　　1840～1898年有关经济的主要汉文西书

书名	著译者	卷数	年代	出版
《论谋富之法》	林乐知著		1875	《万国公报》第357～358卷
《列国岁计政要》	林乐知译 郑昌棪述	12卷	1878	江南制造局
《富国策》	汪凤藻编 丁韪良译		1880	同文馆聚珍版本
《自西徂东》	花之安	5卷	1884	《万国公报》1879～1883年刊登，1884年在香港正式出版
《佐治刍言》	傅兰雅译 应祖锡述	1卷	1885	江南制造局
《富国养民策》	Stanley Jevons著 艾约瑟译		1886	总税务司（1892年8月至1896年5月在《万国公报》连载）
《保富述要》	［英］布来德著 傅兰雅译		1896	江南制造局
《富国须知》	傅兰雅著		1892	不详
《生利分利之别论》	李提摩太		1893	《万国公报》第52册
《税敛要例》	［美］卜舫济		1894	《万国公报》第67册
《英国颁行公司定例》	哲美森		1895	
《新政策》	李提摩太著 陈炽笔述		1896	《万国公报》第87册
《重译富国策》	陈炽笔述		1896～1897	《时务报》第15、16、19、23、25册

续表

书名	著译者	卷数	年代	出版
《日本名士论经济学》	古城贞吉译		1896.12.15	《时务报》第14册
《富国策》	梁溪勿我室主人演		1897	《无锡白话报》
《国政贸易相关书》	［英］法拉撰 傅兰雅译		1897	江南制造局
《富国策摘要》	谢子荣		1897.8～1897.10	《尚贤堂月报》（后改为《新学月报》
《富民策》	［加］马林编 李玉书译		1898	《万国公报》（1899年广学会出版单行本）
《富国新策》（又称《富国真理》）	嘉托玛著 山雅谷译		1898.2	《万国公报》连载（1899年图书集成石印本）

此外，涉及农矿工商之书，为数亦多。关于农事者，有傅兰雅的《农事略论》、《西国养蜂法》、《种蔗制糖论略》，李提摩太的《农学新法》等。关于工矿者，以傅兰雅译述为最多，其重要者，有《开煤要法》、《冶金录》、《银矿指南》、《工程致富》、《考工记要》等。

基于上述文献的梳理，以下对此一时期出现的银行、商务、资本、市场等术语予以考索。

银行，英语对应词为“Bank”。1866年的罗存德《英华字典》（第一部）曾厘定此术语。[①] 可知，马西尼认为它“来自日语的原语汉字借词”[②] 之观点并非确论。1876年的《环游地球新录》曰：“有户部图书花押、银行花押，国内通行无滞”[③]。1878年，“银行”在《列国岁计政要》中出现24次，如“前议与美国轮路支干相通，业已两国立定新约，英国家许保银行借银为造路之用。”[④] 1885年的《佐治刍言》第30章以《论开设银行》为题论及银行事务，如“夫银行之设，所以浚一国财源也。国中多设银行，钱财长能流通，自不至屯积壅滞，以有用之财置诸无用之地”，“银行操地方利权，能令本处商务兴旺，亦能令商务生出

① William Lobscheid. *English and Chinese. Dictionary: with the Punti and Mandarin Pronunciation*: part1. Hongkong, 1866, p. 135.

② ［意］马西尼，黄河清译：《现代汉语词汇的形成》，汉语大词典出版社1997年版，第260页。

③ 李圭：《环游地球新录》卷二《游览随笔》，湖南人民出版社1980年版，第63页。

④ ［英］麦丁富得力编，［美］林乐知译：《列国岁计政要》卷十，《丛书集成续编》第51册，新文丰出版公司1989年版，第416页。

弊病”。[1] 此外，“银行”还频频见于《泰西新史揽要》、《三洲日记》、《航海述奇》、《日本国志》、《李文忠公奏稿》等典籍。表5-2列举了Bank在晚清传教士英汉字典中的对译情况。

表5-2　　Bank在晚清传教士英汉字典中译名一览表

字典名	作者名	Bank的译名	例句/相关词	年份
英华字典	马礼逊	岸，基围，堤坝	bank bill 银票/bankruptcy 倒行	1822
英汉字典	麦都思	岸，堤岸，纱线，银号，钱铺	bank notes 银单/bankruptcy 倒行	1847～1848
英华字典	罗存德	河岸，河旁，沙线，堤防，汇理银行，钱铺，钱庄，（the place where the collection of money is deposited）	bank-bill 银纸，银票	1866～1869
英华萃林韵府	卢公明	基围，堤坝，河岸，银行，银票，银钞，钱局，银店，银单	bankrupt，行倒，倒行，bankruptcy，倒了行	1872

商务，英语对应词为“Commerce”。《海国图志》辑录郭实腊1840年的《贸易通志》云：“日尔曼国，其国被列君分治，民雅好文，不勤商务。”[2] 由此可知，马西尼认为“商务为来自日语的原语汉字借词”不确。《列国变通兴盛记》曰：“其外复设十部：一洋务部，二戎务部，三水师部，四户部，五税粮部，六刑部，七世职部，八制造部，九矿务部，十商务部，命官分理。”[3]《列国岁计政要》曰：“罕倍克上院议员十八人内，谙练国法者九人，晓畅商务者九人，皆由下院公举终身于任不复更代”[4]。此外，“商务”一词还见于其他汉文西书、出使日记、时务奏议等，如《泰西新史揽要》27次，《出使美日秘国日记》105次，《张文襄公奏议》297次。此外，值得一提的是：“Commerce”在1862年日人堀达之助所编的《英和对译袖珍辞书》和1866年的《改正增补英和对译袖珍辞书》均被译为“商卖，交亲，骨牌”。但在1881年日人井上哲次郎等译编的

① 傅兰雅：《佐治刍言》，上海书店出版社2002年版，第130～133页。
② 魏源：《海国图志》（中），岳麓书社1998年版，第1262页。
③ 《列国变通兴盛记》卷一。
④ 《列国岁计政要》卷4《欧罗巴大洲》。

《哲学字汇》中未被收录。表5－3列举了Commerce在晚清传教士英汉字典中对译情况。

表5－3　Commerce在晚清传教士英汉字典中译名一览表

字典名	作者名	Commerce的译名	例句	年份
英华字典	马礼逊	贸易之事，生理，生意，贸易，互相市易		1822
英汉字典	麦都思	贸易之事，交易有无，生理，生意，商事，互相市易		1847～1848
英华字典	罗存德	贸易，交易，生意，买卖，生理，沽市，商事，贩者	a treaty of commerce 通商约书	1866～1869
英华萃林韵府	卢公明	生理，贸易之事，贸易，交易有无，生意，通商，交易，商事，买卖，互相市易		1872

资本，英语对应词为“Capital”。自元朝以来，此词用来指“金融资本”，《元曲选》中的萧德祥《杀狗劝夫》一：“从亡化了双亲，便思营运寻资本，怎得分文！”[①] 如“当日哥哥不曾见半点儿文墨，与我许多资本”[②]。1885年的《佐治刍言》第24章以《论资本》为题专论资本，“资本者，皆由人做工得价，铢积寸累而成之者也”，“所谓资本者，不第钱财而已也，凡值钱之物，如舟车、房屋、铁路及宝石之类，皆可谓之资本”，“一国中无论何人有资本，皆于众人有益”，“由此观之，凡有资本人，国家应设良法，加以保护”“观一国资本之多寡，可知文教之盛衰。”[③] 不过，傅兰雅的译词当时并未被中国人所用。1901年，严复在《原富》中将此一概念译作“母财”。“日本明治期间使用‘资本’一词，是采借自《佐治刍言》等中国晚清西书。”[④] 20世纪初，“资本”由日本传回中国，取代了严译“母财”。《戊戌奏稿》的《进呈日本明治变政考序》曰：“初创国家银行资本仅得二十九万，全国岁入仅逾千二百万。”此外，值得一提的是：“Capital”在1862年日人堀达之助所编的《英和对译袖珍辞书》和1866年的《改正增补英和对译袖珍辞书》均被译为“死罪”等意，在1881年日人井上哲

① 商务印书馆编辑部编：《辞源》，商务印书馆1988年版，第2960页。
② 《古今杂剧》（元刻本）。
③ 傅兰雅：《佐治刍言》，上海书店出版社2002年版，第101～104页。
④ 冯天瑜：《新语探源——中西日文化互动与近代汉字术语生成》，中华书局2004年版，第276页。

次郎等译编的《哲学字汇》中被明确译为“资本”，而在 1822 ~ 1872 年的新教传教士英汉字典中多被译为“本钱”等意。表 5 – 4 列举了 Capital 在晚清传教士英汉字典中的对译情况。

表 5 – 4　　Capital 在晚清传教士英汉字典中译名一览表

字典名	作者名	Capital 的译名	例句	年份
英华字典	马礼逊	死罪，本钱，京城，抬头字	to lose part of the capital，失本钱，亏本	1822
英汉字典	麦都思	拱斗，死罪，斩罪，京都，省城，妙计	capital stock，本钱，capital and interest，子母钱	1847 ~ 1848
英华字典	罗存德	拱斗，柱礫，京城，京都，省城，本钱	capital and interest 子母钱，血本；interest on the capital invested capital，以本取息等	1866 ~ 1869
英华萃林韵府	卢公明	本钱，柱礫，京城，死罪，斩罪		1872

市场，英语对应词为“Market”，来自日语的原语汉字借词[①]。《天下郡国利病书》曰：“遂起前都御史史道主其事，开市场于大同塞内。”1894 年李提摩太的《泰西新史揽要》曰：“及车至市场上，插青葱之树枝，此如中国之红旗报捷者，然人皆知滑铁卢之战英国大获全胜。”[②] 1895 年黄遵宪的《日本国志》曰：“及美舰、俄船迭来劫盟，乃订条约，通邻交，以横滨、箱馆、大阪、神户、新泻、夷港、长崎、筑地为通商市场而海禁大开，国势一变矣。”[③] 此外，值得一提的是：“Market”在 1862 年日人堀达之助所编的《英和对译袖珍辞书》和 1866 年的《改正增补英和对译袖珍辞书》均被译为“市场，立直段相场，卖方”，但在 1881 年日人井上哲次郎等译编的《哲学字汇》中未被收录，在 1822 ~ 1872 年的新教传教士英汉字典中多被译为“市，市井”等意。表 5 – 5 列举了 Market 在晚清传教士英汉字典中的对译情况。

① ［意］马西尼，黄河清译：《现代汉语词汇的形成》，汉语大词典出版社 1997 年版，第 239 页。

② ［英］麦肯齐，［英］李提摩太、蔡尔康译：《泰西新史揽要》，上海书店出版社 2002 年版，第 64 页。

③ 黄遵宪：《日本国志》，天津人民出版社 2005 年版，第 496 页。

表 5-5　Market 在晚清传教士英汉字典中译名一览表

字典名	作者名	Market 的译名	例句	年份
英华字典	马礼逊	市，市头，市井	to go to market 赴墟，market day，墟日	1822
英汉字典	麦都思	市，街市，墟，市头，墟场，市井	a market every fifth day	1847~1848
英华字典	罗存德	市，市头，街市，市井	a stated market，fair or country market，墟，墟市，墟场	1866~1869
英华萃林韵府	卢公明	市，街市，市头，市井	in the market，市上；the monopoly of the market，独市	1872

二、教育术语

西方教育学的传入最早可以追溯到明末清初。1620 年，意大利耶稣会传教士高一志（又名王丰肃；Alphonse Vagnoni）撰写的《童幼教育》，是第一部由西方传入的教育理论专著，从多方面阐述儿童教育的理论。1623 年，意大利耶稣会传教士艾儒略（Julius Aleni）撰写的《西学凡》比较系统地介绍了西方教育制度，尤其是欧洲大学文、理、医、法、教等专业的课程纲要、教学过程、教学方法和考试等方面的知识。艾儒略的地理专著《职方外纪》，也介绍了西方各级学校的设置、规模、学习年限、课程、考试方法和教师资格等内容。不过，这一时期西方教育学著作的传入，数量极少，内容零星，影响甚微。

19 世纪中叶，英美等国新教传教士相继来华，译介了一批关于西方教育制度的著作。自鸦片战争至戊戌变法，参与译介西方教育学著作的传教士主要有德国的花之安，美国的丁韪良、林乐知，英国的李提摩太、艾约瑟等。1873 年，德国传教士花之安的《德国学校论略》出版，并先后被收入"西政丛书"、"富强斋丛书"、"新辑各国政治艺学全书"等丛书之中，曾在晚清知识阶层中广为传阅。该书强调义务教育及在全国各地开办大量学校，尤其是职业学校的重要性。就其涉及的内容和范围而言，《德国学校论略》堪称中国近代史上第一部系统论述西方近代教育的专著。1880~1882 年，京师同文馆总教习丁韪良受清政府总理衙门的委托前往日本、美国、法国、德国、英国、瑞士、意大利七国考察教育，后撰写了《西学考略》一书，1883 年由总理衙门刊印。丁韪良指出：在古代，希腊的文学、哲学及罗马的法学占据主导地位。迨至近代，随着工商业的发展，自然科学，特别是哥白尼、牛顿、达尔文等人的学说日益受到重视，于是西方的教育也由以传统人文科学为主的教育转向以现代自然科学、社会科学为主的教育。西方近代自然科学教育的发展过程中，又呈现出由理论科学教育向应用科学教育发展的趋势。1888 年 6 月，李提摩太撰写了《新学》一文，并于次年 3 月发表在《万国公报》上，后另出单行本，改名为《七国新学备要》，收录于广学会校刊的《新学汇编》之中。在此书中，他把西方新兴的文化教育的特点概括为“横”、“竖”、“普”、“专”四点：所谓“横”，是指既要继承本国优秀的文化传统教育，又要学习外国先进的文化教育；所谓“竖”，是指对本国传统文化教育应有所“损益”，发扬优秀部分，摒弃糟粕或落后部分；所谓“普”，是指对国民进行普及教育，使其掌握古今中外基本的文化科学知识；所谓“专”，是指专业教育，“专精一学，而能因事比类，出其新解至理，于所学之中莫不惊其奇而悦其异，则专学之说也”。《七国新学备要》介绍了英国、法国、俄国、美国以及日本、印度等国的三级学校体制。此外，值得一提的是，1882 年在圣约翰书院主持院务的颜永京翻译了署名英国史本守著的《肄业要览》。这其实是英国教育家斯宾塞（Herbert Spencer）的名著《教育论》中的一篇《什么是最有价值的知识》的最早译本。

这一时期外国传教士译介的西方教育著作，对晚清教育改革思想的形成、教育改革运动的展开产生了重要而深远的影响。如郑观应的《易言》不仅所用的名词术语与《德国学校论略》几乎完全一致，而且其内容也多是抄自后者或对之加以概括提要。康有为则深知德国中等教育及高等教育的发达：“县立中学，十四岁而入，增教诸科尤深，并习各国文，务为应用之学。……凡中学专门学卒业者皆可入大学，其教凡经学、哲学、律学、医学四科。自是各国，以普之国民学为师，皆效法焉。”① 此外，康有为的政论中论及德国教育、泰西教育的文字频频可见。由此可推知，康有为的教育改革思想深受《德国学校论略》等汉文西书的影响。戊戌变法期间，康有为遂明确提出了“远法德国，近采日本，以定学制”的教育改革方针。1896 年，梁启超参考引用《七国新学备要》撰写了《变法通议》一文。可见，这一切均与晚清外国传教士翻译介绍西方教育著作有着不可分割的内在联系。

自鸦片战争前后至戊戌变法期间，他们在中国译介的有关教育的汉文西书主要作品见表 5－6。

① 汤志钧：《康有为政论集》（上册），中华书局 1981 年版，第 305 页。

表 5－6　1840～1898 年有关教育的主要汉文西书

书名	著译者	卷数	年代	出版者
《智环启蒙塾课初步》	［英］理雅各	不分卷	1856	香港
《德国学校论略》	［德］花之安	2 卷	1873	广州羊城小书会真宝堂
《教化议》	［德］花之安	5 卷	1875	广州羊城小书会真宝堂
《肄业要览》	［英］史本守　著 颜永京　译	1 卷	1882	上海美华书馆
《西学考略》	［美］丁韪良	2 卷	1883	北京总理衙门
《西学略述》	［英］艾约瑟	10 卷	1886	北京总税务司署
《七国新学备要》	［英］李提摩太	8 卷	1889	上海广学会
《文学兴国策》	［日］森有礼　编 ［美］林乐知　译	2 卷	1896	上海广学会

“学校”、“小学”、“中学”、“大学”、“学院”等教育术语在《德国学校论略》、《西学考略》和《七国新学备要》中得到比较系统全面的运用和阐发。现结合这三本汉文西书分述如下：花之安的《德国学校论略》，对上述术语的传播起了很大作用。此书主要论述德国的普通教育和专门教育。普通教育分初等、中等和高等教育。当时，德国的初等教育分为两个阶段，即相当于初级小学（初小）的“乡塾”和相当于高级小学的“郡学院”。中等教育机构主要有所谓的“实学院”和“仕学院”两类。实学院又分下院和上院两级。前者相当于初级中学，后者相当于高级中学。仕学院是与实学院中的上院属于同一层次。高等教育机构是相当于大学的“太学院”。由上实学院和仕学院考试通过的学生才能进入此院肄业。“院内学问，分列四种，一经学，二法学，三智学，四医学。”[①] 所谓经学，是指基督教神学；所谓“法学”，是指律法学，包括教会法和世俗法两大类。而有关世俗法的学问，则又包括法律学和政治学。所谓医学，包括今天的“医学”和“药学”两个专业。智学大致可分为人文社会科学和自然科学两大门类。专门教育则设有“技艺院”、“格物院”、“船政院”“武学院”、“通商院”、“农政院”、“丹青院”、“律乐院”、“师道院”（师范学校）、“宣道院”、“女学院”等。此外，还提及文会和夜学。丁韪良的《西学考略》则详细记述了西方现代学校教育体制及课程设置状况，“诸国皆有学校，而立名不同，其要分为五等，曰孺馆，曰蒙馆，曰经馆，曰书院，曰太学”。“孺馆”相当于幼儿学前教育机构；“蒙馆”相当于小学；“经馆”相当于中学，小学和中学的课程包括古

① ［德］花之安：《德国学校论略》，东京求志楼明治七年版，第 6 页。

希腊语、罗马语、各国外语、地理、历史及数学、物理。“书院”则相当于接受高等教育的大学预科，其课程广涉数学、天文学、物理学、化学、生物学及法律学、经济学、哲学等。书院毕业后再进入相当于大学本科的“太学”，分途研究神学、法学、医学三大专业。随着现代工业及各类产业的发展，大学又增设了工科、农科，所谓“营造馆”、“冶矿馆”、“机器馆”、“农政馆”、“船政馆”等各类专业技术学校以及女子教育的“女学”和师范教育的“师道馆”。李提摩太的《七国新学备要》介绍了英国、法国、俄国、美国以及日本、印度等国的三级学校体制，分别论述了“初学”（小学）、“中学”、“上学”（大学）的学级编制、课程设置、培养目标等问题。初学以 7 岁至 15 岁左右的少年为对象，以粗通本国语言文字和数学以及地理、历史等为目标，个别聪颖的学生可选学外国语言文字。初学期满经考试合格者升入中学，中学以 15 岁至 21 岁左右的青少年为对象，主修课程有：道书（修身）、史书、志书（地理）、富国学（经济）、交涉学（逻辑）、算学（数学）、格物学（物理）、化学、电学、重学（力学）、制造学（工艺）、全体功用学（生理）、动植学、地学（地质）、金石学（矿物）、画学（绘画）、音乐学、农学、商学、体操学、外国语言文字学等。中学期满经考试合格升入大学；大学以 21 岁至 26 岁左右的青年为对象，所学课程与中学相同，但较之更深，精益求精，并以培养学生的研究创新能力为目标。表 5 – 7、表 5 – 8 列举了 School 和 University 在晚清传教士英汉字典中的对译情况。

表 5 – 7　　School 在晚清传教士英汉字典中译名一览表

字典名	作者名	School 的译名	例句	年份
英华字典	马礼逊	学馆，学堂，读书的房，教馆	public or government school，学校	1822
英汉字典	麦都思	学馆，学房，学堂，学效，辟雍，书馆，书塾，序，杏坛，儒教，教门等	to go to school，入学	1847 ~ 1848
英华字典	罗存德	书房，书馆，学馆，学房，教门，学堂，学校书塾	a primary school，初学馆，启蒙馆，a free school，义馆	1866 ~ 1869
英华萃林韵府	卢公明	书馆，学堂，义学，书院，学校，教学，教馆，学馆等		1872

表 5-8　　University 在晚清传教士英汉字典中译名一览表

字典名	作者名	University 的译名	例句	年份
英华字典	马礼逊	无		1822
英汉字典	麦都思	进黉宫，黉宫		1847~1848
英华字典	罗存德	翰林院		1866~1869
英华萃林韵府	卢公明	黉宫	to go to the university，进黉宫	1872

文学，本义是文章博学，为孔门四科之一，典出《论语·先进》："文学：子游、子夏。""文章博学"包含整个学术和文字性作品。故文学的古义，"指由文献、文字记载的学术"（中岛敏夫语）。1623 年，艾儒略以现代意义的"literature"使用过此词，"欧罗巴诸国皆尚文学，国王广设学校。"① 1838 年，裨治文在《美理哥合省国志略》中也以"literature"之意使用过此词。"文学"一词先后在《海国图志》出现 70 次，《列国岁计政要》13 次，《列国陆军制》27 次等。近代日本以"文学"翻译"literature"，词义缩小、定格为"以语言塑造形象来反映现实的艺术"，如小说、散文、诗歌等。② 值得一提的是："Literature"在 1862 年日人堀达之助所编的《英和对译袖珍辞书》被译为"字知リ"，在 1866 年的《改正增补英和对译袖珍辞书》被改译为"文学"，在 1881 年日人井上哲次郎等译编的《哲学字汇》中依然被译为"文学"③。在 1822~1872 年的新教传教士英汉字典中多被译为"古文、文字、文章"之意，在 1868~1869 年罗存德的《英华字典》中曾被译为"文学"，比 1866 年的《改正增补英和对译袖珍辞书》略晚两三年。在 1886 年出版的艾约瑟的《西学略述》"第四卷文学"名目之下，列有西诗考原，希腊学传至罗马、词曲、口辩学、论说、野史、印售新闻纸考、翻译、评论等。但在 1896 年林乐知所译的《文学兴国策》中，"文学"则用来对译"education（教育）"。参见表 5-9。

表 5-9　　Literature 在晚清传教士英汉字典中译名一览表

字典名	作者名	Literature 的译名	例句	年份
英华字典	马礼逊	学文	studying ancient literature，好攻古文	1822

① ［意］艾儒略：《职方外纪》，《天学初函》（三），台湾学生书局 1978 年版，第 1360 页。
② 冯天瑜：《新语探源：中西日文化互动与近代汉字术语生成》，中华书局 2004 年版，第 362 页。
③ ［日］井上哲次郎等：《哲学字汇》，东京大学三学部明治十四年版，第 51 页。

续表

字典名	作者名	Literature 的译名	例句	年份
英汉字典	麦都思	文字，文墨，字墨，文章，古文，学文		1847～1848
英华字典	罗存德	文，文学，文字，字墨	ancient literature，古文；modern literature，今文	1866～1869
英华萃林韵府	卢公明	字墨，文字，文墨，古文，文昌		1872

博物院，始见于1838年裨治文的《美理哥合省国志略》，“省城内有一博物院，广聚天下出类拔萃之物。”① 1874年，《中西闻见录》刊有一篇题为《上海近事：议设博物院》。1883年丁韪良的《西学考略》曰：“旋被乱民焚毁其所存者大抵改为博物院，派人守护，有志瞻仰者尚可出入无阻。其最大之博物院设于旧宫，名路斐尔。”② 1885年傅兰雅的《佐治刍言》曰：“即令众人读书，开其识见，尤必设立公用书院及博物院。”③ 此词还频频见于《出使英法义比四国日记》、《航海述奇》、《英轺日记》、《三洲日记》等出使日记之中。康有为在《戊戌奏稿》中曰：“然吾兵服亦复宽衣博袖悬于各国博物院，与金甲相比岂不重可怪笑哉？”

表5－10　Museum在晚清传教士英汉字典中译名一览表

字典名	作者名	Museum 的译名	年份
英华字典	马礼逊	无	1822
英汉字典	麦都思	无	1847～1848
英华字典	罗存德	博物院，百物院	1866～1869
英华萃林韵府	卢公明	博物院	1872

① ［美］裨治文：《美理哥合省国志略》，载《近代史资料》总92号，中国社会科学出版社1997年版，第22页。

② ［美］丁韪良：《西学考略》（卷上），续修四库全书本，上海古籍出版社2006年版，第689页。

③ ［英］傅兰雅：《佐治刍言》，上海书店出版社2002年版，第47页。

三、军事术语

西方军事学的东渐，由明末清初开其端绪。其时战争频仍，明、清宫廷出于战争的需要对火器制造比较重视，这就促进了西方传教士对火器研究以及对西方军事技术的介绍和军事书籍的编译。于是，涌现出一些有关西方火器的汉文西书，如何汝宾的《兵录》、孙元化的《西法神机》、汤若望的《火攻挈要》等。在此过程中，欧洲的火器理论和制造技术在中国得到了一定的传播和长足的发展，对明末清初军事科技的进步起到了积极的推动作用。

随着19世纪初资本主义对中国的扩张以及西方传教士再次来华，被中断的译书活动开始复兴。不过，这时来华的新教传教士虽然编译了《圣经》、各国史地等方面的书籍，但西方军事著作尚未涉足。19世纪60年代前，传教士仅在香港和内地五大城市翻译出版的西书就有上百种，但西方兵学译著却非常少。

自19世纪60年代至戊戌变法，随着洋务派以“练兵”、“制器”为中心的自强活动的开展，编译西方军事著作的工作被提上了议事日程。这一时期翻译的西方军事著作主要集中在军事制度、军事装备、军事管理和教育、军事工程、军事训练、行军作战、海防、战史等方面。虽然此时译介的西方军事著作还未涉及军事后勤学、战术、战法、战略学等类别，但较之明末清初少有的几种火器译著而言，可谓数量大、范围广、种类多了。这一时期参与出版西方军事译著的机构主要有江南制造局翻译馆、天津机器局、上海格致书院、天津水师学堂、香港中华印务总局、北京同文馆等。其中江南制造局所译兵学书籍，占当时全国所译此类书籍总数的一半以上，如梁启超的《西学书目表》收录兵政书籍51种，其中32种出自江南制造局。①

这一时期参与翻译西方军事著作的传教士主要有英国的傅兰雅、伟烈亚力，美国的金楷理、林乐知、毕德格、丁韪良和罗亨利，德国的瑞乃尔、锡乐巴等。傅兰雅所译的西方军事译著中有很多都是晚清各军事领域中的开山译作，填补了中国翻译史上的一些空白。如《防海新论》是中国近代第一部全面介绍西方海防思想的理论著作。该书亦名《南北花旗战记》，系布国西理哈所撰、傅兰雅口译、华蘅芳笔述而成，译自1868年伦敦出版的“*A Treatise on Coast Defense*”（By Viktor E. K. R. Von Scheliha），于1874年初由江南制造局出版。它所阐述的保卫本国海湾冲要的专守防御战略，在晚清政治家中产生了深远的影响，为晚清国防战略由传统的“重陆轻海”战略转变为“海防、塞防并重”战略提供了重要的思想

① 熊月之：《西学东渐与晚清社会》，上海人民出版社1994年版，第515页。

资源，并实际上成为相当一段时期海防战略的主要依据。另如，《水师操练》是中国近代第一部介绍英国海军训练方法的译著。该书系傅兰雅与徐建寅合作翻译，1872 年由江南制造局出版，该书译自伦敦 1843 年出版的 "Instructions for the Exercise and Service of Great Guns on Board Her Majesty's Shlps"。《行军测绘》则是中国近代第一部全面介绍西方军事测绘的译著。该书系傅兰雅与赵元益、赵宏等合作而成，1873 年由江南制造局出版，该书译自伦敦 1869 年版的 "*A Practical Course of Military Surveying*"（by August F. Lendy, rev. by Col. Robt. Peléy）。林乐知的《列国陆军制》，1889 年由江南制造局出版，主要阐述日本、印度、波斯、意大利、俄国、奥国、德国、法国、英国 1860 年后所设军制情况，是戊戌变法前非常有影响力的一部陆军军制书籍。这一时期的西方军事著作的翻译，促进了中国资产阶级改良派和维新派军事思想的形成，推动了中国军事技术和军事学术的发展，对中国军事思想的近代化起到了"催化剂"的作用。

自鸦片战争前后至戊戌变法期间，传教士在中国译介的有关军事的汉文西书主要作品见表 5-11。同时，基于这些文献，对"武备""陆军""海军""国防"等术语进行了考察。

表 5-11　　1840~1898 年有关军事的主要汉文西书

书名	著译者	卷数	年代	出版者
《列国陆军制》	[美] 欧泼登撰，林乐知译，瞿昂来述	3 卷	1889	江南制造局
《德国陆军制》	[法] 欧盟辑，吴宗濂译，潘元善述	4 卷	1895	江南制造局
《防海新论》	[德] 西里哈撰，傅兰雅译，华蘅芳述	18 卷	1874	江南制造局
《英国水师考》	[英] 巴那比等撰，傅兰雅译，钟天纬述	1 卷	1886	江南制造局
《水师操练》	英国战船部原本，傅兰雅译，徐建寅述	18 卷	1872	江南制造局

续表

书名	著译者	卷数	年代	出版者
《法国水师考》	［美］杜默能撰，罗亨利译，瞿昂来述	1卷	1886	江南制造局
《美国水师考》	［英］巴那比等撰，傅兰雅译，钟天纬述	1卷	1886	江南制造局
《德国海军条议》	—	—	1887	江南制造局
《克虏伯炮说》	普鲁士军政局原书，金楷理译，李凤苞述	4卷	1876	江南制造局
《攻守炮法》	普鲁士军政局原书，金楷理译，李凤苞述	1卷	1875	江南制造局
《兵船炮法》	英国水师学堂原书，金楷理译，朱恩锡述	5卷	1876	江南制造局
《制火药法》	［英］利稼孙，华德斯撰，傅兰雅译，丁树棠述	3卷	1871	江南制造局
《行军测绘》	［英］连提 A. F. Lendy 撰，傅兰雅译，赵元益述	10卷	1873	江南制造局
《毛瑟枪图说》	—	—	1885	江南制造局
《铁甲丛谈》	［英］黎特撰，舒高第译，郑昌棪述	5卷，附1卷	—	江南制造局
《中东战纪本末》	林乐知	8卷	1896	广学会
《普法战纪》	王韬	14卷	1873	香港中华印务总局
《列国海战记》			1888	
《土国战事述略》		1卷	1891	
《美国地理兵要》	上海仁记	4卷	1889	

武备，英语对应词为“military”。《海国图志》补辑1838年郭实腊的《万国地理全图集》云：“其三军上下一万丁，其水师武备甚善，屡与英国交锋获胜。”[①] 1878年的《列国岁计政要》：“七十一年四月，德国议定兵制，悉循布国武备章程。”[②] 1883年的《西学考略》：“（布国）其创成丕业，虽由振兴武备，实因首崇文教也。”[③] 1889年的《列国陆军制》，“考毕，考官出报单开明与考姓名几分时交卷，已交未交者，何人与试卷同送伯灵武备院。”[④] 1894年的《列国变通兴盛记》“又念有国有家者，必文治与武备交修，乃可以长驾远驭雄长天下”[⑤]。1894年的《泰西新史揽要》：“惟业已侪于大国之中，他国竞修武备，自无独任其废弛之理。”[⑥] 1897年的《中西兵略指掌》“麦脱拉由炮，欧洲各大邦武备皆有之。”[⑦]《戊戌奏稿》：“夫与其兵败输数万万于强敌，孰若统筹武备大振兵威以先为不可胜乎”[⑧]

陆军，早在三世纪就已在汉语中使用，如《三国志》曰“彼上下相习五兵犀利，我将易兵新器未复，二也；彼以船行吾以陆军劳逸不同，三也。”[⑨] 1856年理雅各的《智环启蒙塾课初步》曰：“大不列颠之陆军，有马兵、步兵。”[⑩] 这里的陆军是对译“Army”的。1878年的《列国岁计政要》“（阿立孛第一）四十六年在本国陆军，六十七年入布国陆军”[⑪]。1883年的《西学考略》曰：“其入各等学校以自备资斧为常，惟水军陆军各武学则皆给以薪水。”[⑫] 1889年的《列国陆军制》“课程陆军章程镇中一切账目事务军法兵法要理，战地筑暂炮台法……”“陆军”一词在1895年的《日本国志》出现133次，如“陆军省陆军

---

① 魏源：《海国图志》（下），岳麓书社1998年版，第1667页。

② ［英］麦丁富得力编，［美］林乐知译：《列国岁计政要》卷四，《丛书集成续编》第51册，新文丰出版公司1989年版，第292页。

③ ［美］丁韪良：《西学考略》（卷下），《续修四库全书》第1299册，上海古籍出版社2006年版，第727页。

④ ［美］欧泼登著，［美］林乐知：《列国陆军制》，《续修四库全书》第1299册，上海古籍出版社2006年版，第649页。

⑤ ［英］李提摩太：《列国变通兴盛记》（卷一），广学会1894年版，第11页。

⑥ ［英］麦肯齐著，［英］李提摩太、蔡尔康译：《泰西新史揽要》，上海书店出版社2002年版，第330页。

⑦ 《中西兵略指掌》卷十三《军器三》《格林炮图说》。

⑧ 《请裁绿营放旗兵改营勇为巡警仿德日而练兵折》。

⑨ 《三国志》卷二十八《魏书二十八·邓艾》。

⑩ ［英］理雅各：《智环启蒙塾课初步》，日本江户开物社庆应二年版，第38页。

⑪ ［英］麦丁富得力编，［美］林乐知译：《列国岁计政要》（卷四），《丛书集成续编》第51册，新文丰出版公司1989年版，第309页。

⑫ ［美］丁韪良：《西学考略》（卷下），《续修四库全书》第1299册，上海古籍出版社2006年版，第713页。

卿一人，大辅一人，少辅一人”[①]，“可知欧洲用兵之大凡作兵志为目三：曰兵制，曰陆军，曰海军。”[②] 此外，还出现“陆军中将”、“陆军少将”和“陆军元帅”等名称。1897年的《中西兵事指掌》“布国陆军用之，即今所称布鲁斯针枪也。”[③] 此外，值得一提的是：“Army”在1862年日人堀达之助所编的《英和对译袖珍辞书》和1866年的《改正增补英和对译袖珍辞书》均被译为“军勢”。但在1881年日人井上哲次郎等译编的《哲学字汇》中未被收录。表5-12列举了Army在晚清传教士英汉字典中的对译情况。

表5-12　Army在晚清传教士英汉字典中译名一览表

字典名	作者名	Army的译名	例句	年份
英华字典	马礼逊	军，一军兵	raised an army to assail Tsaou-lsaou，起兵讨曹操	1822
英汉字典	麦都思	军，师，三军，陈，行伍，队伍，军营	to levy an army，起兵；an army of Volunteers，义兵	1847~1848
英华字典	罗存德	军，师，三军，阵，行伍，营伍，军营	general directors of the army and state 总知军国事	1866~1869
英华萃林韵府	卢公明	军士，队伍，三军	enter the army，投军；Department of the army，兵部	1872

海军，本义为“在海上作战的军队”。1885年，此词正式用于新设的“海军衙门”。1890年的《日本国志》：“海军省海军卿一人，大辅一人，少辅一人”。不过，在1874年的《教会新报》和1892年的《万国公报》中仍有使用“水军”的现象。1894年的《泰西新史揽要》：“又查英国鼐利孙海军提督之御法也，所驾兵舰皆属木质”[④] 1894年的《列国变通兴盛记》“遂乃精炼海

① 《日本国志》卷十四《职官志二》。
② 《日本国志》卷二十一《兵志一》。
③ 《中西兵略指掌》卷十一《军器一》。
④ ［英］麦肯齐著，［英］李提摩太、蔡尔康译：《泰西新史揽要》，上海书店出版社2002年版，第157页。

军，遣民人三千户，往唉兆海口，而调兵两队以资保护。”[①] 1897 年的《中西兵事指掌》：“美之海军衙门谓，现今欲阻止铁甲敌船，炮台不足专恃能阻敌于中路，而炮仍能及。”[②] 此外，值得一提的是：“Navy” 在 1862 年日人堀达之助所编的《英和对译袖珍辞书》和 1866 年的《改正增补英和对译袖珍辞书》均被译为“海军，一队，船舰”等。但在 1881 年日人井上哲次郎等译编的《哲学字汇》中未被收录。表 5－13 列举了 Navy 在晚清传教士英汉字典中的对译情况。

表 5－13　　Navy 在晚清传教士英汉字典中译名一览表

字典名	作者名	Navy 的译名	年份
英华字典	马礼逊	无	1822
英汉字典	麦都思	船帮，一帮船，二蓝	1847～1848
英华字典	罗存德	一国之船，商船，一国之兵船，一帮船，（船队）	1866～1869
英华萃林韵府	卢公明	师船，船帮，帮船，二蓝	1872

国防，1878 年的《列国岁计政要》：“（挪威）国防兵一万一千人，其愿效者王可调用宿卫，第不能过三千之数”[③] 1897 年的《中西兵略指掌》：“德国防海疆法一海疆炮台所有炮与炮架与水师同一海防，所以防敌船并防敌人上岸。”[④]《戊戌奏稿》“今何时乎？列国交通竞争，互校优胜劣败之时也。举其重要，莫若国防与民治矣。”[⑤] 此外，值得一提的是：“Defense” 在 1862 年日人堀达之助所编的《英和对译袖珍辞书》中被译为“防守，禁制”，在 1866 年的《改正增补英和对译袖珍辞书》被译为“防守，抵抗”，但在 1881 年日人井上哲次郎等译编的《哲学字汇》中未被收录。表 5－14 列举了 Defense（Defence）在晚清传教士英汉字典中的对译情况。

---

① ［英］李提摩太：《列国变通兴盛记》（卷一），广学会 1894 年版，第 4 页。

② 《中西兵略指掌》卷二十一《军防三》。

③ ［英］麦丁富得力编，［美］林乐知译：《列国岁计政要》卷十，《丛书集成续编》第 51 册，新文丰出版公司 1989 年版，第 416 页。

④ 《中西兵略指掌》卷二十一《军防三》附《泰西防守海疆法》。

⑤ 康有为：《戊戌奏稿》，沈云龙主编：《近代中国史料丛刊》第三十三辑，文海出版社 1911 年版，第 118 页。

表 5－14 Defense（Defence）在晚清传教士英汉字典中译名一览表

字典名	作者名	Defense（Defence）的译名	例句	年份
英华字典	马礼逊	卫城，城堡，以资防守，守兵		1822
英汉字典	麦都思	护卫，对敌之势，城池，堡垒，以资防守，守兵，镇守兵马		1847～1848
英华字典	罗存德	保卫，护卫，保卫之处	the defense of boundary 守境，镇境，镇守境界	1866～1869
英华萃林韵府	卢公明	防堵，防范，对敌之势，以资防守，镇守兵马		1872

第三节　政治汉文西书及其术语

在清末民初汉文西书中，政治类译著数量甚为庞大，生成的术语也异常丰富，且在民族国家建构中显得最为重要。故本节在经济、教育、军事之外将此一时期的政治汉文西书予以单独论述，并对其中出现的术语作一简单考索。

自 1807 年马礼逊来华至鸦片战争期间，英美等国新教传教士开始向中国传播一些西方的政治思想学说。1835 年，普鲁士传教士郭实腊的《东西洋考每月统记传》（1833～1835 年在广州，1837～1838 年迁往新加坡），介绍了英美两国的政治制度，并引出“国政公会”及省称“公会”（国会）一词。① 1838 年，美国传教士裨治文的《美理哥合省国志略》，以 5 卷（自“卷之十三”至“卷之十七”）的篇幅详述了美国的选举制和三权分立制度等“国政”。② 1839 年，林则徐主持编译了《四洲志》（据英人慕瑞的《世界地理大全》摘译而成），其中介绍美国的政治制度，涉及总统制，议会上下院，立法、司法、行政三权分立等。不过，这一时期对西方政治制度的介绍还不够系统全面，对中国的影响也不大。

① 冯天瑜：《新语探源：中西日文化互动与近代汉字术语生成》，中华书局 2004 年版，第 260 页。
② ［美］裨治文：《美理哥合省国志略》，中国社会科学出版社 1997 年版，第 53～60 页。

自19世纪60年代至戊戌变法，参与译介西方政治学的外国传教士主要有英国的傅兰雅、李提摩太，美国的丁韪良、林乐知，德国的花之安等。六七十年代西方的政治制度和理论主要从两个方面得以在中国传播：一方面，西方传教士编译了一批历史、地理、法律书籍，如《万国史记》、《万国通鉴》、《泰西新史揽要》、《大英国志》、《米利坚志》、《联邦志略》和《公法会通》等，其中1864年美国传教士丁韪良的《万国公法》提及孟德斯鸠，1879年日本人冈本监辅的《万国史记》也论述了孟德斯鸠、伏尔泰和卢梭的学说及其影响。同时，他们还撰写或翻译了一些专门介绍西方议会制度和民主思想的政治书籍和文章，如《译民主国与各国章程及公议堂解》等。另一方面，60年代后期清朝出使人员如斌椿、志刚等普遍将其在西方的所见所闻包括议会制度都记载在笔记、日记和著作中。[①] 70年代对西方政治制度和文化作出较为全面、准确的介绍当属1875年6月12日登载在《万国公报》上的《译民主国与各国章程及公议堂解》一文。该文介绍西方各国："按泰西各国所行诸大端，其中最关紧要而为不拔之基者，其治国之权属之于民，仍必出之于民，而究为民间所设也。"[②] 各民主国章程虽有不同，"不过分行权柄而已……约举其目，盖有三焉：一曰行权（行政），二曰掌律（司法），三曰议法（立法）。"[③] 显然，这里论及了主权在民和三权分立。

19世纪80年代后，西方的各种政治理论更为广泛地进入国人的视野。1885年傅兰雅所译由江南制造局首印出版的《佐治刍言》，是戊戌变法以前介绍西方政治思想最为系统的书籍，成为当时中国知识分子有关"西方政治之学"十分重要的来源。1894年首刊于《万国公报》，1895年由上海广学会出单行本李提摩太所译的《泰西新史揽要》，详述了19世纪西方各国的议会制度和民主制度及其确立过程。这些西方政治思想学说对资产阶级改良派和维新派产生了深刻的影响，如王韬、郑观应等早期改良派呼吁设立议院，而康有为、梁启超等维新派则试图以宪法、三权分立来重构中国的政治制度。[④]

自鸦片战争前后至戊戌变法期间，西方传教士在中国译介的有关政治的汉文西书主要见表5-15。

① 熊月之：《中国近代民主思想史》，上海社会科学院出版社2002年版，第108页。

② 本馆主（林乐知）：《译民主国与各国章程及公议堂解》，《万国公报》第340卷，1875年6月12日。载李天纲编校《万国公报文选》，上海三联书店1998年版，第437页。

③ 本馆主（林乐知）：《译民主国与各国章程及公议堂解》，《万国公报》第340卷，1875年6月12日。载李天纲编校《万国公报文选》，上海三联书店1998年版，第438页。

④ 徐国利：《关系视野中的宪政与民主》，南京大学出版社2009年版，第228页。

表 5－15　　1840～1898 年有关政治的主要汉文西书

书名	著译者	卷数	年代	出版
《大英国志》	慕维廉		1856	
《西国近事汇编》	金楷理		1873	
《列国岁计政要》	林乐知译，郑昌棪述	12 卷	1875	江南制造局
《中西关系略论》	林乐知著		1876	《万国公报》
《万国通鉴》	谢卫楼		1882	
《自西徂东》	花之安著	5 卷	1884	《万国公报》1879～1883 年刊登，1884 年在香港中华印务总局正式出版
《佐治刍言》	傅兰雅译，应祖锡述	1 卷	1885	江南制造局
《西学启蒙十六种》	艾约瑟		1886	
《东方时局略论》	林乐知		1890	上海广学会
《中西四大政考》	李提摩太		1892	上海广学会
《大国次第》	李提摩太		1893	上海广学会
《治国要务》	韦廉臣		1893	1889 年 5 月《万国公报》上海广学会
《俄国政俗通考》	林乐知译，任廷旭译	3 卷	1893	印度广学会
《泰西新史揽要》	麦肯齐著，李提摩太译	24 卷	1895	上海广学会
《时事新论》	李提摩太	12 卷	1895	上海广学会
《西铎》	李提摩太		1895	上海广学会
《新政策》	李提摩太		1895	上海广学会
《印度隶英十二益说》	林乐知		1896	上海广学会
《中东战纪本末》	林乐知		1897	上海广学会
《列国变通兴盛记》	李提摩太	4 卷	1898	上海广学会

“议会”二字，在英文中谓之“巴力门”（Parliament）。“巴力门”一字，从法文 Parlement 脱胎而来。古时英文写法，亦为 Parlement。其字母与原来法文

Parlement 完全相同。法文的 Parler 就是讲话（To speak）之意。彼此讲话，谓之 Parlement。后因时间的演进，意义渐变，凡一群的人集合议事，名之为 Parlement。① 虽然它们并不等同于现代“议会”概念，但作为近现代“议会”概念的词源，其古老的“商谈”、“谈判”、“集会”等含义或多或少还包含在现代概念中。

18 世纪的一些西方大辞典中所收入的“议会”概念，一般是指大不列颠和法国之议会；直至 19 世纪中叶，英国以及 1814 年颁布《法国民法典》的法国，被视为立宪理论的“典范”。西人以为国家权力之分权制度的原则在这两个“典范国家”的自由政治中得以充分体现。也就是说，直到 19 世纪，“议会”在西方的大多数国家并不是一个理所当然、众所周知的概念。但也就在 19 世纪，“立宪”理论在西方得到广泛传播，不少国家开始追求立宪政治。中国士大夫在 19 世纪中叶刚得知“议会”的时候，正是“议会”这个概念在西方不少国家开始流行的时候。②

19 世纪的士大夫中，林则徐较早关注西方议会制度，在其 1839 年的《四洲志》中述及了英美两国的议会制度。英国议会译为“巴厘满”（Parliament），美国则为“衮额里士衙门”（Congress）。此后，梁廷枏的《海国四说》（1846）、徐继畬的《瀛环志略》（1847）对英美议会亦有所介绍。尤其值得一提的是，魏源的《海国图志》对中国人了解西方议会制度起了很大作用，其中征引郭实腊《万国地理全图集》（1838）、马礼逊的《外国史略》等书中关于英国、美国议会制度的内容，还着重称述了中国人前所未闻的民主体制之选举规制和少数服从多数的原则。在议会术语的运用上，对晚清使臣影响较大的《海国图志》和《瀛环志略》，基本上沿袭《东西洋考每月统记传》、《美理哥合省国志略》和《四洲志》的翻译用语，如“巴厘满”、“衮额里士衙门”、“公会”和“公会所”等。在晚清汉文西书中，影响较大的慕维廉的《大英国志》（1856），开始较多地使用“国会”、“议会”。19 世纪 50 年代中期，音译议会术语开始淡出，“国会”、“议会”和“议院”在晚清汉文西书中得到较为频繁的使用。自 1866 年斌椿开始的使西日记，基本上淘汰了音译议会术语。不过，早期（同治年间）的使西日记基本上没有接受晚清汉文西书中的议会术语，而较多使用不太准确的“会堂”和“议事厅”等术语。自 1876 年郭嵩焘的《伦敦与巴黎日记》以来，这种局面开始有了明显的改观。其中，《伦敦与巴黎日记》中“议院”出现 38 次，在该书中所有指称议会的术语中所占比例为 66.7%。郭嵩焘在《伦敦与巴黎日记》中提到英国的“Parliament”时，他使用音译词“巴力门”，接着又加上了“议

① 邱昌渭：《议会制度》，上海书店 1989 年版，第 1 页。

② 方维规：《“议会”、“民主”与“共和”概念在西方与中国的嬗替》，载《二十一世纪》2000 年第 58 期，第 50 页。

院”一词。值得一提的是，前此一年影响颇大的《列国岁计政要》（1875年）中，“议院”出现200次，所占比例为75.2%。此后，这一术语在此后的使西日记的使用呈明显的上升态势，并逐渐占据绝对优势地位。在晚清使西日记中，就使用频率和普适性而言，“议院”最强，“国会”次之，“议会”最弱。这与晚清汉文西书中上述三术语走势大同小异。

与英法以外的西方国家在接受“议会”概念时可直接或基本“借用”英法概念不同，中国人在接受“议会”的初期、乃至很长的时期内，却存在着如何移译“Parliament”和“Congress”的问题。方维规先生指出：“如果我们通览1830年代至1890年对‘议会’的不同称呼，便更能增强这种印象。换言之，至1890年代，Parliament还没有基本统一的译法。现胪列如下：公会，国家公会，国公会，国会，国政公会，办国政会，巴厘满衙门，巴厘满，会议，公会所，总会，议事厅，公议厅，议会，议政院，集议院，议士会，民委员会，国大公会，议院，会堂，开会堂，议事院，议堂，巴力门会，巴力门，拍拉蛮，聚谋国事之大会，议事亭，公议院，民选议院，全国民会。”① 这种现象不仅可见于晚清汉文西书和使西日记，从当时传教士和国人编纂的英汉和汉英字典亦可见端倪。见表5-16和表5-17。

表5-16　Congress在19世纪初以来主要英汉字典中译名一览表

年份	译名	出处	补充释义或本字下所收属词、短语、例句
1847	国会、集会商量国事	麦都思《英汉字典》②	无
1866	会、公会、民委官会、绅耆公局、钦差会、比武会、交锋、媾合、钦差将会商议	罗存德《英华字典》③	无
1872	集会商量国事	卢公明《英华萃林韵府》④	无

① 方维规：《“议会”、“民主”和“共和”概念在西方与中国的嬗变》，载《二十一世纪》2000年4月第58期。

② Walter Henry Medhurst（麦都思）. *English and Chinese Dictionary*, *Volume* Ⅰ. Shanghae（上海）：Printed at the Mission press, 1847, p. 291.

③ Wilhelm Lobscheid（罗存德）. *English and Chinese Dictionary*, *with the punti and Mandarin Pronunciation*, *part* Ⅰ. Hongkong：Printed and Published at the Daily Press office Wyndham Street, 1866, p. 470.

④ Rev. Justus Doolittle（卢公明）. *Vocabulary and Handbook of the Chinese Language in two Volumes Romanized in the Mandarin Dialect*, *Vo* Ⅱ. Foochow：China, Rozario, Marcal and Company., 1872, p. 92.

续表

年份	译名	出处	补充释义或本字下所收属词、短语、例句
1906	会合，公会，议会，国会，民委官会，美国议事院	《商务书馆英华新字典》①	Congressional：合众国民委会的，美国议事院的
1916	（conference）议会、会（U. S. A）议院	《官话》②	Continental－大陆议会 Lower house of－下议院 Sixth postal－万国邮政第六次公会 Upper house of－上议院 Vienna－维也纳会议

表5－17　Parliament在19世纪初以来部分主要英汉字典中译名一览表

年份	译名	出处	补充释义或本字下所收属词、短语、例句
1847	商量国事大会	麦都思《英汉字典》③	无
1868	议士会、民委员会，国大公会	罗存德《英华字典》④	Parliamentary 国大公会的，民委员会的
1872	（or national congress）商量国事大会	卢公明《英华萃林韵府》⑤	无

① *Commercial Press English and Chinese Pronouncing Condensed Dictionary With a Copious Appendix*. Shanghai：Printed at the Commercial Press Ltd. 1911，p. 107.

② Karl Ernst Georg Hemeling（赫美玲）. *English—Chinese Dictionary of the Standard Chinese Spoken Language and Handbook for Translator*，*Including Scientific*，*Technical*，*Modern and Documentary Term*. Shanghai：Statistical Department of the Inspectorate General of Customs，1916.

③ Walter Henry Medhurst（麦都思）. *English and Chinese Dictionary*，*Volume* Ⅱ. Shanghae（上海）：Printed at the Mission press，1847，p. 926.

（1）Walter Henry Medhurst（麦都思）. *English and Chinese Dictionary*，*Volume* Ⅱ. Shanghae（上海）：Printed at the Mission press，1847，p. 926.

④ Wilhelm Lobscheid（罗存德）. *English and Chinese Dictionary*，*with the punti and Mandarin Pronunciation*，*part* Ⅲ. Hongkong：Printed and Published at the Daily Press office Wyndham Street，1868，p. 1281.

⑤ Rev. Justus Doolittle（卢公明）. *Vocabulary and Handbook of the Chinese Language in two Volumes Romanized in the Mandarin Dialect*，*Vo* Ⅱ. Foochow：China，Rozario，Marcal and Company.，1872，p. 47.

续表

年份	译名	出处	补充释义或本字下所收属词、短语、例句
1906	议士会，民选员会，议院，商议国事之大会	《商务书馆英华新字典》①	Parliamentarian 议院党 Parliamentary 国会的、民选员会的
1916	(national assembly) 国会，国民议会	《官话》②	house 议院 Clerk of – 国会记室 Colonial – 殖民议院 Dissolution of – 解散国会 King in – 在国会之王者 Lower house of – 下议院 Meeting of – 国会之聚集 Qualifications of members of – 议员资格 Upper house of – 上议院 Parliamentary 国会的，议院的

表 5 – 18 集中显示了 19 世纪初以来，“国会”一词在主要汉英字典中的译名。

表 5 – 18　　国会在 19 世纪初以来主要汉英字典中译名一览表

年份	译名	出处	补充释义或本字下所收属词、短语、例句
1847	国会、集会商量国事	麦都思《英汉字典》③	无
1866	会、公会、民委官会、绅耆公局、钦差会、比武会、交锋、媾合、钦差将会商议	罗存德《英华字典》④	无

① *Commercial Press English and Chinese Pronouncing Condensed Dictionary With a Copious Appendix*. Shanghai: Printed at the Commercial Press Ltd. 1911, p. 369.

② Karl Ernst Georg Hemeling（赫美玲）. *English—Chinese Dictionary of the Standard Chinese Spoken Language and Handbook for Translator, Including Scientific, Technical, Modern and Documentary Term*. Shanghai: Statistical Department of the Inspectorate General of Customs, 1916, p. 1000.

③ Walter Henry Medhurst（麦都思）. *English and Chinese Dictionary, Volume* Ⅰ. Shanghae（上海）: Printed at the Mission press, 1847, p. 291.

④ Wilhelm Lobscheid（罗存德）. *English and Chinese Dictionary, with the punti and Mandarin Pronunciation, part* Ⅰ. Hongkong: Printed and Published at the Daily Press office Wyndham Street, 1866, p. 470.

续表

年份	译名	出处	补充释义或本字下所收属词、短语、例句
1872	集会商量国事	卢公明《英华萃林韵府》①	无
1906	会合，公会，议会，国会，民委官会，美国议事院	《商务书馆英华新字典》②	Congressional 合众国民委会的，美国议事院的
1916	（conference）议会、会（U. S. A）议院	《官话》③	Continental－大陆议会 Lower house of－下议院 Sixth postal－万国邮政第六次公会 Upper house of－上议院 Vienna－维也纳会议

从上述英汉和汉英字典中可知，编纂者赋予“Parliament”和“Congress”的基本含义是“集会商量国事”和“民委官会”。在这里，“议会”被视为中国式的“衙门”，“议员”被看作为“官吏”，从而在相当程度上消解了议院作为最高权力机关和立法机关以及议员作为“国民代表”、“民意代表”的属性，西方议会文化的“民作主”、“民自主”的基本精神因而被不自觉地掩蔽起来。这种认识上的偏差无论是在晚清汉文西书还是在使西日记中都长期存在。从林则徐的《四洲志》和李提摩太的《泰西新史揽要》，从斌椿的《乘槎笔记》到载泽的《考察政治日记》，莫不如此。这反映晚清使臣对西方政治制度的认识在相当程度上受到了根深蒂固的传统政治构架观念的束缚。此外，我们不难看出，在西方传教士的眼中，“Congress”和“Parliament”都具有“集会商量国事”的内涵，而且二者界限亦不十分分明，如卢公明在《英华萃林韵府》中将“Parliament”和“national congress”并举，予以“商量国事大会”之释义。此外，值得一提的是：“Congress”和“Parliament”在1862年日人堀达之助所编的《英和对译袖珍辞

① Rev. Justus Doolittle（卢公明）. *Vocabulary and Handbook of the Chinese Language in two Volumes Romanized in the Mandarin Dialect*, *Vo* Ⅱ. Foochow：China，Rozario，Marcal and Company.，1872，p. 92.

② *Commercial Press English and Chinese Pronouncing Condensed Dictionary With a Copious Appendix.* Shanghai：Printed at the Commercial Press Ltd. 1911，p. 107.

③ Karl Ernst Georg Hemeling（赫美玲）. *English—Chinese Dictionary of the Standard Chinese Spoken Language and Handbook for Translator*，*Including Scientific*，*Technical*，*Modern and Documentary Term.* Shanghai：Statistical Department of the Inspectorate General of Customs，1916.

书》中分别被译为“会合、国事，集会”和“公会”，在1866年的《改正增补英和对译袖珍辞书》中依然如此，但在1881年日人井上哲次郎等译编的《哲学字汇》中并未收录。

至于方维规先生所言“至1890年代，Parliament还没有基本统一的译法”，仍有可议之余地。现拟以数据说明之。1885年张荫桓的《三洲日记》中，议会术语有国会、议院、会堂等，其出现次数和所占比例分别为：国会（87，20%）、议院（346，79.5%）、会堂（2，0.5%）；1889年崔国因的《出使美日秘国日记》中，议会术语有议院和国会，其中，议院（466，95.5%）、国会（22，4.5%）；1890年薛福成的《出使英法义比四国日记》，议会术语有议院和议政院，其中，议院（61，93.8%）、议政院（4，6.2%）；1892年张德彝的《五述奇》，议会术语已基本固定为议院，共出现33次。在同期的汉文西书中，如1894年李提摩太的《泰西新史揽要》中，议会术语出现次数和所占比例分别为：国会（36，22.9%）议院（119，75.8%）、公会（2，1.3%）。可见，“Parliament”的译名在19世纪80年代末90年代初，已基本定型。

现将关于议会的主要术语“议会”、“议院”和“国会”之变迁简要考析如下：

议会，马西尼认为，它是来自日语的原语汉字借词。[①] 这种说法似有商榷之余地。它较早地出现在1856年慕维廉的《大英国志》中，用来对译英国的“Parliament”；在1857～1858年伟烈亚力的《六合丛谈》中，指称西欧的“Parliament”；在1875年林乐知的《列国岁计政要》中，指称日本、挪威等36国的议会；在1895年的《日本国志》中指称日本的帝国议会；在1903年载振的《英轺日记》中指称日本的议会；在1905年载泽的《考察政治日记》中指称日本和英国的议会。议会在1894年黄庆澄的《东游日记》和1903年严复的《原富》中亦有用例。已频频见于《清经世文续编》、《时务通考》、《列国岁计政要》、《英轺日记》等文献典籍之中的议会在康有为的《戊戌奏稿》未见使用。在其他维新著作中，康氏也很少使用这一术语。在梁启超的著作中，亦少见使用，在《戊戌政变记》中仅用来说明南学会有地方议会之规模。此外，在维新派重要人物谭嗣同、严复等著作中，亦少见使用。这充分说明，在19世纪末20世纪初，知识阶层基本不使用“议会”这一术语。

议院，英语对应词为“Parliament”。1839年，林则徐让雇员袁德辉将瑞士法学家滑达尔的著作《国际法》翻译成中文，第一次将表示“议院”含义的“parliament”译为“巴厘满衙门”。其文为：“英吉利王无有巴厘满衙门会议，亦不

① ［意］马西尼，黄河清译：《现代汉语词汇的形成——十九世纪汉语外来词研究》，汉语大词典出版社1997年版，第259页。

能动用钱粮，不能兴兵，要巴厘满同心协议始可。”[①] 魏源在《海国图志》中也沿用“巴厘满”这一音译词，并探讨国王的权限、国王与巴厘满的关系以及官员与巴厘满的关系。“国中有大事，王及官民俱至巴厘满衙门，公议乃行。大事则三年始一会议，设有用兵和战之事，虽国王裁夺，亦必由巴厘满议允。国王行事有失，将承行之人，交巴厘满议罚。凡新改条例，新设职官，增减税饷，及行诸币，皆王颁巴厘满转行甘文好司而分布之。”[②] 魏源的《海国图志》作为旁征博引的集大成之作，被张之洞誉为“中国知西政之始”。此书对中国人了解西方议会制度无疑起到了极大的作用。同时，我们还可以从《海国图志》中看到西人有关议会的论述，如马礼逊的《外国史略》中谈论“立议事之公会，有事则调遣其丁壮，日久其民益操自主，敢作敢为”[③] 等。徐继畬在其成于1848年的《瀛寰志略》中，不用“Parliament”的音译词，如“巴厘满”，而是把这种机构称为“公会所”，他用爵房和乡绅房来意译“House of Lords”和“House of Commons”。“都城有公会所，内分两所：一曰爵房；一曰乡绅房。爵房者，有爵位贵人及西教师处之；乡绅房者，由庶民推择有才识学术者处之。国有大事，王谕相，相告爵房，聚众公议；参以条例，决其可否，复转告乡绅房，必乡绅大众允诺而后行，否则寝其事勿论”[④]。在1857~1858年伟烈亚力的《六合丛谈》中，“议院”用来指称英国、希腊、美国、瑞典、法国、澳大利亚、土耳其等国议会，可见用来对译“Parliament”和“Congress”，较具有普适性。1873年，此术语见于上海制造局刊行的《西国近事汇编》。1876年，郭嵩焘在《伦敦与巴黎日记》中提到英国的“Parliament”时，他使用音译词“巴力门”，接着又加上了“议院”一词，[⑤] 这说明在当时汉语中已经使用了此术语。在1875年的《列国岁计政要》、1894年的《泰西新史揽要》等汉文西书中使用频繁。自19世纪80年代末至1905年，“议院”在晚清使西日记中使用频率均在80%以上，相较其他议会术语占绝对优势。甚至在张德彝的后期“述奇”，已排斥了其他用语，仅使用“议院”这一术语。

国会，美国的“Congress”或英国的“Parliament”的意译词。19世纪30年代，普鲁士传教士郭实腊等主编的《东西洋考每月统记传》，多次介绍美国的政治情形，如1838年的《北亚默利加办国政之会》，比较具体地介绍了美国的政

① 魏源：《海国图志》（下），岳麓书社1998年版，第1995页。
② 魏源：《海国图志》（中），岳麓书社1998年版，第1382页。
③ 魏源：《海国图志》（下），岳麓书社1998年版，第930页。
④ 徐继畬：《瀛寰志略》，台湾商务印书馆1986年版，第602~603页。
⑤ 郭嵩焘：《伦敦与巴黎日记》，岳麓书社1984年版，第213页。

体，“（国之元首）事权在握，为所得为，惟责任尤重。议会可告且定其罪矣。”[①] 1838年，美国传教士裨治文在新加坡用中文出版《美理哥合省国志略》，介绍美国“正、副统领（总统），亦由各人选择。每省择二人至京，合为议事阁。”[②] 显然，上文所提及的“议会”和“议事阁”就是美国的“congress”。1844年，林则徐的《四洲志》在谈到英国时使用过此词。[③] 在魏源的《海国图志》中，用音译词“衮额里士衙门”来表示美国的国会“congress”，“至公举之例，先由各部落人民公举，曰依力多，经各部落官府详定，送衮额里士衙门核定人数，与西业之西那多，里勃里先特底甫，官额相若。”[④] “设立衮额里士衙门一所，司国中法令之事，分列二等：一曰西业，一曰里勃里先好司。”[⑤] 这里的西业（Senate），意为参议院；依力多（elector）；意为候选人；西那多（Senator），意为参议员；里勃里先好司（House of Representatives），意为众议院。1864年，丁韪良的《万国公法》曰：“合邦制法之权在其总会，总会有上下二房。”[⑥] 此处合邦（Union），意为联邦；总会（Congress），意为国会，下房（House of Representatives），意为众议院；上房（Senate），意为参议院。英国“盖其实权仍在国会，国会如有不允，即可不发国帑及预备军饷等事”，“按美国之国法，则国会与首领并任宣战之权”[⑦]。在此，丁韪良用“国会”来翻译英国的“Parliament”和美国的“Congress”。此外，上文提及的1875年6月12日登载在《万国公报》上的《译民主国与各国章程及公议堂解》一文，其中“公议堂”亦兼有英国的“Parliament”和美国的“Congress”之意。“国会”一词在主要汉文西书中出现的次数分别为：《万国公法》50次，《列国岁计政要》55次，《泰西新史揽要》39次。此外，在清朝官员的出使日记中也频频出现，如《出使美日秘国日记》22次，《三洲日记》87次。随着这些书籍的出版，“国会”一词渐渐在汉语中流行开来。

政治，本义为“政事得以治理；政事清明”。如《书·毕命》：“道洽政治，泽润生民。”[⑧] 魏源的《海国图志》所辑录的玛吉士1847年编译的《地理备考》曰：“（南洋诸岛）其余各岛土产丰饶，黎庶不一，政治各殊。”[⑨] 这里的政治是对译英语的“politics”的，是指治理国家所施行的一切措施。这种义项的“政

---

① 爱汉者（［德］郭实腊）等编、黄时鉴整理：《东西洋考每月统记传》，北京：中华书局1997年版，第389页。

② ［美］裨治文：《美理哥合省国志略》，北京：中国社会科学出版社1997年版，第53页。

③ 林则徐：《四洲志》，杭州古籍书店1985年版，第30页。

④ 魏源：《海国图志》（下），岳麓书社1998年版，第1652页。

⑤ 魏源：《海国图志》（下），岳麓书社1998年版，第1653页。

⑥ 惠顿，丁韪良译：《万国公法》，中国政法大学出版社2003年版，第50页。

⑦ 惠顿，丁韪良译：《万国公法》，中国政法大学出版社2003年版，第253页。

⑧ 商务印书馆编辑部编：《辞源》，商务印书馆1988年版，第1339页。

⑨ 魏源：《海国图志》（上），岳麓书社1998年版，第587页。

治”也出现在《泰西新史揽要》、《列国变通兴盛记》等汉文西书中。当然，“政治”还有其他西文译名（见表5-19），“politics”在晚清来华传教士编纂的英汉字典中亦有不同的中文译名（见表5-20）。此外，值得一提的是：“Politics”在1862年日人堀达之助所编的《英和对译袖珍辞书》和1866年的《改正增补英和对译袖珍辞书》均被译为“政治学”。在1881年日人井上哲次郎等译编的《哲学字汇》中依然被译为“政治学”①。

表5-19　　政治的早期西文译名表②

年代	译名	出处
1864	Administration、Political institution	《万国公法》
1874	governor（to govern）	《汉法语汇便览》
1886	Regeering（government）	《荷华文语类参》
1912	Administration government	《英华大辞典》
1916	Administration，politics（部定）	《官话》

表5-20　　Politics在晚清传教士英汉字典中译名一览表

字典名	作者名	Politics的译名	例句	年份
英华字典	马礼逊	国政之事，衙门之事	Chatted a little about politics，谈了些国政。	1822
英汉字典	麦都思	国政，政事，衙门之事	to talk about politics 谈论国政，讲政事。	1847~1848
英华字典	罗存德	政，政知，治国总知	to converse on politics，论政；to study politics，学政；political affairs，国事。	1866~1869
英华萃林韵府	卢公明	(or science of government)国政、朝政、国政之事	to talk about politics 谈论国政，讲政事。	1872

① ［日］井上哲次郎等《哲学字汇》，东京大学三学部明治十四年版，第68页。

② 孙青：《晚清之西政东渐及本土回应——中国现代“政治学”形成的前史研究》，复旦大学博士学位论文，第19页。

政府，唐宋时，称宰相治理政务的处所为政府。如《资治通鉴》“李林甫领吏部尚书，日在政府，遇事悉委侍郎宋遥苗、晋卿”（注：“政府，谓政事堂”）[①]。1838年，“政府”一词见于裨治文的《美理哥合省国志略》，如“其国都内立六政府，如六部尚书，惟无工部而有驿部。[②] 此书他处可见“驿政府”、“吏政府”、“户政府”等术语。可见，此书中的政府具有较为浓厚的传统意味。此词随着辑录《美理哥合省国志略》的《海国图志》传入日本。后经日语的传递，于19世纪末在汉语中正式用来指称国家的政府。“政府”多见于《泰西新史揽要》等汉文西书、《三洲日记》等出使日记以及官员的奏章奏议之中。如“（日耳曼联邦）上议院员各小邦政府所举，下议院员比户可举。”[③]

现将“Government”在晚清来华传教士编纂的英汉字典中译名情况勒成表5-21。

表5-21　Government在晚清传教士英汉字典中译名一览表

字典名	作者名	Government的译名	例句	年份
英华字典	马礼逊	政事，朝廷政事，国家之事	the rule or manner of government 制度，government property 官物，to give an opinion on the affairs of government 参政论国事	1822
英汉字典	麦都思	(of a country) 国家，国政，朝廷	good government，政治，美政，仁政；bad government，酷政，the orders of government，政令；government office	1847~1848
英华字典	罗存德	衙门，官署（此外还有商量政事，紊乱朝政，秉政，宦官，官吏，官兵等例），政，管辖	the government of a state，国政，皇家；a cruel government，酷政，虐政，苛政；a democratic government，民政；to hold the reins of government，秉政，揽政；government offices，衙门，官署；government affairs，国事；officers of the government 官，官宦，仕宦。	1866~1869

① 商务印书馆编辑部编：《辞源》，商务印书馆1988年版，第1339页。

② 魏源：《海国图志》（中），岳麓书社1998年版，第1635页。

③ ［英］麦肯齐，［美］李提摩太、蔡尔康译：《泰西新史揽要》，上海书店出版社2002年版，第411页。

续表

字典名	作者名	Government 的译名	例句	年份
英华萃林韵府	卢公明	政，治，皇家，朝廷，国政，多人乱管	the affairs of government 国家之事，to deliberate on the affairs of the government 商量政事。此外，还有紊乱朝政，官物，官田，官兵等例子。	1872

由表5-21可知，在1822~1872年来华新教传教士编纂的英汉字典中，尚未将"Government"的译词正式确定为"政府"。此外，值得一提的是，"Government"在1862年日人堀达之助所编的《英和对译袖珍辞书》和1866年的《改正增补英和对译袖珍辞书》中，均被译为"支配，命令，政府"。在1881年日人井上哲次郎等译编的《哲学字汇》中，被明确为"政治、政府"①。

① ［日］井上哲次郎等：《哲学字汇》，东京大学三学部明治十四年版，第37页。

术语群研究

下编

建立完备的学术分科，是近代文化的一大特点。而与其相表里的，则是学科术语群的构筑。我们选择哲学、文学、法学、政治学、经济学、教育学、心理学、新闻学、民俗学、数学和化学十一个学科，归为八章，在中—西—日时空坐标上展现学科术语群的生成、演变过程，透见语义、文化的古今转换、东西通约的历史景观。

引　言

词语环流与近代汉字术语生成演变

对译西洋术语的近代汉字新语，多在“中—西—日”三边互动过程中生成，有的经历了长达一二个世纪，甚至三四个世纪的游徙、变迁，方得以定型。作为汉字文化圈的一员，近代日本在汉字术语生成过程中起到了重要作用。正如有学者所指出的：“日语词汇对现代汉语词汇的影响很大，是现代汉语词汇中的外来词的主要来源之一，甚至可以说是最大的来源；许多欧美语言的词都是通过日语转移入现代汉语词汇里的。”① 一方面，甲午之役以后，借鉴日本研习西学的实绩与经验成为一种社会需求，日本“新汉语”正是日本消化西学的语文产物，中国进口日本消化了的西学，就不可避免地要进口日本新名词，正如当年日本要引进唐朝的典章制度、文艺哲思，就必然要输入汉字词汇一样；另一方面，中日同属汉字文化圈，语文互动多有便利，日本名词的制作，或借用古汉语词注入新义，或按照汉语构词法创译新词，或直接以中源汉字词对译西语，因而易于被中国人理解与接受。而许多日译西学术语，其本词都出于中国古典，为来归的侨词，是中—西—日文化互动的产物。此一方面的情形，本章后文有较为详细的论述。

近代汉字术语的生成演变是在中西日互动的语境下展开的，其间既有古与今的因袭与变革，又有中与外的碰撞与融会。就汉字术语的生成来看，主要有古典翻新、创制新名、概念误植、侨词来归等不同情形。兹分而述之，以见汉字文化圈术语生成、传播的一般状况。

---

① 高名凯、刘正埮：《现代汉语外来词研究》，文字改革出版社 1958 年版，第 158 页。

一、古典翻新

近代汉字术语生成，古典翻新为重要途径之一，即借用汉语古典词汇对译西洋术语。

日本自幕末"开国"以降，西洋的文物制度及思想观念大量传入，反映这些文物制度及思想观念的汉字词激增，良莠混杂。明治十五年（1882 年），东京大学理学部教授菊池大麓在《东洋学艺杂志》8 号发表《学术上的译语一定论》，提出汉字译词统一问题。日本先后出现了一批规范各学科术语的专门语用集，如《化学对译辞书》、《英和数学辞书》、《英华学艺辞书》、《工学字汇》、《民法应用字解》、《物理学术语和英独法对译辞书》等，其中人文学领域的集成性力作，是 19 世纪 80 年代初井上哲次郎等人译编的《哲学字汇》。《哲学字汇》在翻译西洋术语时，用力于从中国古典搜寻可资对应的汉字词，正如书前绪言中所说的，"先辈之译字中妥当者，尽采而收之，其他新下译字者，《佩文韵府》、《渊鉴类函》、《五车韵瑞》等之外，博参考儒佛诸书而定，今不尽引证，独其意义艰深者，搀入注脚，以便童蒙"，书中注明了中国古典出处的词汇有 35 个。

日本有着采借中源汉字词（包括汉译佛语）的悠久传统，这些被借取的汉字词经长期运用，渐次融入日本语文，被日本人视同己出，不以为是外来语了。由于中国有着悠久的人文传统，人文领域的古典词汇丰富，故近代日本在翻译西洋语汇，尤其是西洋人文学及社会科学术语时，很自然地从古汉语词库中挑选可以与之对应者。而首先入围的，便是原义与西洋概念基本吻合的古典汉字词，如"伦理"、"政治"、"先天"、"后天"、"转化"、"解脱"、"控告"、"真实"、"消费"、"宣传"、"人民"、"冒险"、"原告"、"国家"、"集合"、"聚会"、"全能"、"代言"，等等。在对译西洋术语时，大体保留了古汉语词的本义，但在中西会通、古今转换的过程中，词义也发生着某些变化。

相比上述情形，近代日本采借中国古典词更多的是将汉字词的原义加以引申，令其义项单一化、精确化，以对译西洋术语。词义的引申大约有三种情况：词义扩大，即概念外延扩大；词义缩小，即概念外延缩小；词义转移，即概念内涵变化。近代日本将汉字词引申以对译西洋术语，同样不出这三种情形，其中有代表性的术语如"范畴"、"演绎"、"自由"、"形而上"、"相对"、"革命"、"机器"、"文学"、"发明"、"思想"、"权利"、"历史"、"物理"，等等。

近代日本采借中国古典词，也有的只是借用汉字词的词形，而抛弃原有词义，注入新的甚至相反的含义。类似词例，如"归纳"、"推论"、"修辞"、"共和"、"民主"、"艺术"、"经济"、"现象"、"社会"、"交通"，等等。

此外，近代日本借用中国古汉语词对译西洋概念，导致词语内涵在中国、西洋、日本三个语境之间游徙，终于定格为被中日两国共同接受的现代义，其中典型的例子如“科学”、“宇宙”、“文化”、“文明”、“理性”、“农民”，等等。这些词语源于中国古典，近代日本人借以翻译西方术语时，赋予来自西学的新意义，都经历了概念在中—西—日之间的游徙，终于以现代义得以定格。这种现代义往往又与古义之间存在着某种联系性和近似性；又由于汉字具有极大的活性，可以作范围宽广的诠释和引申，从而为古义向新义转化提供可能性。这便使得译介者借用某一古典词汇翻译某一西方术语，能被使用汉字的日中两国读者所理解、所接受。

二、创制新名

除借用汉语古典词汇之外，创制新词也是近代对译西洋术语生成的重要途径。近代日本在译介西洋术语时，首先是借用中国古典汉字词，如果找不到适当的汉字旧词与之相应，便自创汉字新语，此即所谓“新译法”。相比科技类术语翻译多采用“逐字译式命名法”，人文社会科学术语多以汉语构词法创制新词，如形容词 + 动词（哲学、物理），副词 + 动词（独占、反动），动词 + 目的语（共产、动员），等等，其形态和寓意方式都与古汉语词相似。

日本自古以来采用训读与音读结合的方式创制汉字词，又时常辅之以和文构词，所制作的汉字词带有浓厚的日本气息（日本人称之“和臭味”）。而近代（幕末、明治时期）则与此不同，其时的“和制汉语”多仿效汉译西书创制新语的方法，基本上采用中国固有的汉字构词法，大多酷似中源汉字词。清末民初传入中国的日译汉字词，多为近代“和制汉语”（日本人称为“新汉语”），日本学者飞田良文在《和制汉语一览》中列举了 519 个词，除“恶德新闻”、“四月马鹿”等少数带有“和臭味”的短语，少数词如“社说”、“演舍会”等未被中国接受外，大多数传入中国后，被中国人所汲纳，并很快被中国人视同本有之词，融化于汉字词汇的汪洋大海中。究其缘由，是因为日译汉字新词采用了汉语构词法，从形态到寓意方式都与汉字古典词别无二致。

近代日译汉字术语是在翻译西洋学术概念的过程中形成的，在清末民初流入中国，对中国近代文化产生了深刻影响。其中较为典型的代表如“漫画”、“民族”、“社会主义”、“义务”、“学位”、“原则”等。就构词法而论，日译的汉字新词，偏正式的有“电力”、“背景”、“证券”、“固体”、“领土”等，联合式的“解放”、“供给”、“调整”、“试验”、“组合”、“迫害”等，支配式的有“命题”、“表决”、“宣战”、“破产”等，补充式的有“说明”、“改良”、“出庭”、

"改善"等，表述式的有"自治"、"自白"、"自发"、"思潮"、"主观"、"客观"等，综合式的有"治外法权"、"最后通牒"、"意识形态"、"财团法人"等。此外有些学科名称，如"体育"、"美学"、"心理学"、"哲学"等，以汉字新词翻译西洋学科名目，均具有范式意义和广泛影响，构成了近代中国学科建构的基本概念体系。

三、概念误植

由于汉字的多义性，汉字词往往可以在同一词形下推衍出多种含义，故以汉语古典词对译西洋概念，常发生引申和变义，这也是新语创制的必需。然而，这种"引申"应当以该词的古典义为原点，或令外延缩扩（如"机器"、"教授"、"物理"等），或令内涵发生相关性转化（如"历史"、"组织"等）。至于"借形变义"，则要能从该词词形推导出现代义来，如"民主"的古典义是"民之主"，类似君主；而对译西方概念的"民主"，变义为"人民自主"，但这种新义可以从"民主"的词形推演出来。其他如"影响"、"现象"等词的古今义演变与此同类。如果以汉字词对译西洋概念，既与古典义毫不搭界，又无法从汉字词形推导出新的词义来，其现代义全然是强加上去的，这种对译则谓之误植，是新语创制中的败笔。当然，对译中的误植都并非偶然，均有其历史、社会及文化的原因。考察这些原因，或有助于亡羊补牢，找寻固有误植译名的修正办法；或可为今后的新语创制指引正途，防止新的不确切译名的出现与滥用。

近代生成的汉字术语中，较明显存在概念误植情形的有"经济"、"封建"、"形而上学"、"自由主义"、"个人主义"等。"经济"是时下的常用词，"国民经济"、"经济改革"、"经济小吃"不绝于人们的耳际笔端。这些用例中的"经济"，是借用汉语旧词对英文术语 economy 所作的翻译，指国民生产、分配、交换、消费的总和，兼指节俭、合算。但考究起来，今天我们习用的负荷着上述新义的"经济"一词，既与该词的汉语古典义相去甚远，又无法从其词形推导出今义来，是一个在"中—西—日"语汇传译过程中步入别途的词语。

其他如"封建"、"形而上学"、"自由主义"、"个人主义"等，在以古汉语对译西方术语时，在意义传递过程中都发生了较大偏误，词义都发生了畸变。它们大多已经约定俗成，成为习惯说法，难以更改。但正因如此，更有必要指明其问题所在，揭示其在中外语文坐标系上的偏差。这样做，既有利于今人神交古人，也有利于海内外的学术沟通，有助于我辈及后辈更准确地使用概念，审慎地创制新语。

四、侨词来归

在近代汉字术语长达几个世纪的生成演变历程中，大量汉字新语的源头及发展脉络往往在漫长的时空转换中变得模糊不清，以致若干有影响的论著及外来语辞典，也将某些新语的来源张冠李戴，尤其是常将本为在中国创制的新语，当作"日源词"。明清之际入华耶稣会士、晚清入华新教传教士与中国士人合作创制的一批对译西方概念的汉字新语，当时在中国并未流行，却很快传入日本，在日本得以普及，有的还被重新改造，至清末民初中国留学生赴日，把这些新语转输中国，国人亦将其当作"日本新名词"。其实这是一批逆输入词汇，称其为"回归侨词"，较之"外来词"更为恰当。

如"卫生"一词，在许多论及中日语汇关系的著述和外来词辞典中，都把"卫生"当做日源词。厌恶"日本名词"的彭文祖在《盲人瞎马之新名词》中，还专门将"卫生"当作有"日本语臭"的词语，指责其不合文法理数，应予取消。其实，"卫生"是一个地道的中国古典词（典出《庄子·庚桑楚》），完全符合汉语构词法，也易于从词形领会词义（保全性命）。近代日本人借用这一汉语古典词对译西洋相关术语 hygiene，而且曾恭请访问日本的中国士子为之溯源，论证该词合乎理数文法。与此情形类似的还有"物理"、"小说"等词。

16、17 世纪之交入华的耶稣会士、19 世纪入华的新教传教士译介了大量的西学著作，厘定了一批对译西洋术语的汉字词。传入日本后，被日本兰学和洋学所接纳，并普及开来。相形之下，由于西学在明清时期的中国遭到冷遇，许多西学术语鲜为人知，清末民初被留日学生当作日译新名词传回中国，也被后世认为是"日源词"。然而只要我们仔细爬梳，不难发现，许多被认为是"日源词"的汉字术语，多产自明清之际或清中后期的中国。19、20 世纪之交伴随此种词语"逆输入"而在中国得以普及的汉字术语，都可以视为是"侨词来归"的典型例子，而不可以"日源词"视之。厘析近代中—西—日互动过程中生成的汉字术语，对此情形当予以详细辨析。

第六章

哲学术语

第一节　哲　　学

汉字文化圈近代创制汉字新词，以翻译西洋学科名目，较具范式意义和影响力的，是对译 Philosophy 的“哲学”一词。“哲学”的厘定，典型地展示了中—西—日三边文化互动过程中汉字新语的生成机制。

一、Philosophy 的“爱智”义

传统的中国思想文化中包含着丰富的哲学命题，诸如阴阳、道器、体用、心性、天道、人道、形神、因果、知行，等等，直逼哲学堂奥。然而，汉字文化系统内，并无“哲学”一词，也无“哲学”学科的确立，较相接近的称呼有“玄学”、“形上之道”、“理学”、“道学”等，但均不足以担当统括此一学科的总称。时至近代，在西学东渐的刺激下，学科意识渐趋明确，以研究本体论、认识论、世界观、人生观、真理观为使命的学术突现出来，需要专门术语加以界定，于是从西洋引入 Philosophy 一词便成为汉字文化圈诸国的共同诉求。

在西洋，Philosophy 一词的形成过程，正是哲学学科的界定过程。英、德、法语的 Philosophy 皆源于希腊文 φιλοσοφία。φιλο 意为“爱”，σοφία 意为

“智”，合成义为“爱智”。在古希腊，φιλοσοφία 是“爱智慧”之学，而智慧就是生活的艺术，它来源于神谕，人们热爱并追求它，这就是哲学。第一个使用“爱智之学”的，是古希腊哲人毕达哥拉斯（约前580～约前500）。稍后，苏格拉底（前469～前399）宣称自己是“爱智者”，其弟子柏拉图（前427～前347）更提出“哲学王”理念，展现“哲学”总领诸学的思想。概言之，自古希腊开始，欧洲即有“爱智”义的Philosophy一门学科的潜滋暗长，这是一种关于世界观的学说，是研讨百学之“理则”的学问，自古希腊到现代欧洲，有着一以贯之的学脉和范畴系统。

二、明末晚清中国：从“斐禄所费亚”到“理学”

西语Philosophy传入汉字文化圈，是16世纪以降西学东渐的产物。欧洲耶稣会士进入德川时代日本和明末清初中国传教，随之带来西方学术文化，Philosophy为其中之一。自16、17世纪之交，日中两国开始对这一西洋术语作翻译尝试。日本文禄四年（1595）印行的天草版《拉葡日辞典》，将拉丁词Philosophia译作“学文の好き”，意为“爱学文”。“学文”一词，典出《论语·学而》：

> 弟子入则孝，出则悌，谨而信，泛爱众而亲仁。行有余力，则以学文。

其意为学习文化知识。在日文“学文の好き”中，“学文”为名词用法，意同“学问”。“学文の好き”亦即“爱学问”，此当为汉字文化圈对拉丁文Philosophia一词的最早意译。

16、17世纪之交，较高水平的Philosophia译名，出自中国的早期汉文西书。明天启三年（1623），入华耶稣会士艾儒略所著《西学凡》出版，介绍欧洲大学的学科设置，将其分为“六科”：文科、理科、医科、法科、教科、道科。艾儒略对这六科都给定音译名称，其中理科为“斐禄所费亚”，并有“大斐禄之学”的名目。同书又将“斐禄所费亚之学”意译为“理学”。文称：

> 理学者，义理之大学也。人以义理超于万物，而为万物之灵，格物穷理，则于人全而于天近。然物之理，藏于物中，如金在沙，如玉在璞，须陶之剖之以斐禄所费亚之学。①

艾儒略的另一著作——地理书《职方外纪》，其卷二《欧逻巴总说》介绍欧洲各国教育，谈到“中学”所设“理科”分为三家：“落日伽”（逻辑学）、“费西加”（物理学或自然哲学）、“默达费西加”（形而上学），三家“总名斐禄所费亚”。这就

① 《天学初函》第1册，（台北）学生书局1965年影印版，《西学凡》第3页。

给 Philosophia 厘定了音译名“斐禄所费亚”和意译名“理学”、“理科”。[①]

明天启四年（1624）出版的“毕方济口授，徐光启笔录”的《灵言蠡勺》有“斐禄苏费亚（译言格物穷理之学）”[②] 的提法。次年（1625）“高一志译校，毕拱辰删润”的《斐禄答汇》也将“斐禄”意译为“格物穷理”。

与艾儒略大体同期入华的耶稣会士傅汎际与中国士人李之藻 1628 年合译的《寰有诠》、1630 年合译的《名理探》，将 Philosophia 音译为“斐禄琐费亚”，意译为“性学”和“爱知学”。“性学”一词出自《寰有诠》，该书称性学为“因性之学”，指根据自然探究天地万物之理、天地万物之原的学问，所谓“性学者，形性之学也”，这显然是从宋明理学的“心性”一词演化而来。

《名理探》创制的“爱知学”，更接近 Philosophia 本意。古汉语“知”、“智”相通假，“爱知”即“爱智”。《名理探》称：

> 爱知学者，西云斐禄琐费亚，乃穷理诸学之总名。译名，则知之嗜；译义，则言知也。
>
> 爱知学之本务，在通物物之性，性性之理。……凡就所以然处，推寻确义，贯彻物理，皆为爱知学之属分。[③]

《名理探》将 Philosophia 意译为“爱知学”是贴切的，甚至比两百余年后日本思想家西周（1829～1897）的译词“哲学”更为完整地表达了 Philosophia 的“爱（嗜）智慧之学”的意义。然而，明清之际耶稣会士译介的西学，在中国影响十分有限，较引人注目的是科技类（历算、地理类），《西学凡》、《寰有诠》、《名理探》等人文学著译在当时的中国可谓“泥牛入海无消息”，其 Philosophia 的译语，如《西学凡》的“理学”、《灵言蠡勺》的“格物穷理之学”、《寰有诠》的“性学”、《名理探》的“爱知学”，鲜为人知，关于 Philosophia 的译名尝试并未在中国知识界留下多少印象。

直至 19 世纪中后叶，入华新教传教士与中国士人译介西学时，哲学的译名与 17 世纪明清之际时译名大同小异。1877 年出版的《格致汇编》载英国传致士慕维廉（1822～1900）撰《培根格致新法》，称哲学为“格学”或“学”。德国传教士花之安（1839～1899）撰《德国学校论略》，介绍德国大学学科，把哲学称之“智学”。中国士人王韬在《西学原始考》中称：“梭公（指苏格拉底）以理学著名”，把希腊哲学家称“希腊理学”；严复翻译的《天演论》亦把希腊哲学家称“希腊理（学）家”。英国来华传教士艾约瑟的《西学略述》也有类似翻译。至于清末的官私学校，尚未把哲学视为独立学科，哲学所涉及的论题混杂在

① 《天学初函》第 1 册，（台北）学生书局 1965 年影印版，《职方外纪》卷二，第 3～4 页。

② 《天学初函》第 1 册，（台北）学生书局 1965 年影印版，《灵言蠡勺》引第 1 页。

③ 傅汎际译义、李之藻达辞：《名理探》上册，商务印书馆 1941 年版，第 1 页、第 7 页。

"经学"的总名之下。

三、幕末明治初期日本：从"究理"到"玄学"

日本德川幕府中后期相继兴起的兰学和洋学，主要译介西洋自然科学，也涉及人文、社会科学。宽政八年（1796）出版的稻村箭撰《波留麻和解》，将西洋的世界观学问译作"鸿儒"、"硕学的学修"、"究理"、"学文"。兰学家志筑忠雄（1760～1806）1801年译注《极西检夫尔著异人恐怖传》，创"穷理科"一词，以对译西洋哲学科。

天保十年（1839），洋学家渡边华山（1793～1841）的《外国事情》创"物理学"、"格智"二词，以译介西洋哲学。

洋学家高野长英（1804～1850）在《闻见漫录》中，将Philosophy译作"学师"，取义"学问之师"、"总体之学"、"至要之学"。

安政二至五年（1855～1858），洋学家桂川甫周（1751～1809）编《和兰字汇》，用"理学"译西洋哲学。

类似的翻译还有：津田真道（1829～1903）文久元年（1861）的"性理论"；元治元年（1864）村上英俊（1811～1890）在《佛语明要》（此处"佛"为"佛兰西"省称，指法国）中的"天道之说"；庆应二年（1866）堀达之助等在《英和对译袖珍辞书》中的"理学"；明治元年（1868）《学舍制案》中的"玄学"；明治二年（1869）《舍密局开讲之说》中的"知识学"、"熟考知察学"、"考察学"；明治三年（1870）《大学规则二月》中的"性理学"，等等。①

总之，在幕末至明治初年，日本关于Philosophy的译名，纷纭杂陈，莫衷一是。直至西周以"哲学"翻译，方获得规范、统一的译名。

四、明治日本"哲学"的确立

日本学习西洋文化是从科技入手的，德川时代称之"艺术"（采自古汉语的"艺术"义，指技艺）。洋学家佐久间象山（1811～1864）的"东洋道德，西洋艺术"是典型表述。日本人对西洋"哲学"的发现，是幕末洋学机构"蕃书调所"（1856年创办）—"洋书调所"（1862年创办）—"开成所"（1863年创办）培育出的启蒙思想家的贡献，其代表人物是西周与津田真道。西周等人对西学的认识，也是从科技层面入手的。庆应四年（1868）夏，西周在译作《万国

① 参见斋藤毅《明治のことば》，讲谈社1977年版，第327～329页。

公法》的卷头语中说："方今天下一家，四海一国，火车俭地，汽船缩海，电机以通十里之信，新纸以广四海之闻"，对火车、汽船（轮船）、电机（电话）、新纸（报纸）等西洋物质文明成就发出由衷赞叹。西周等人的可贵之处在于，对西学的关注并未停留在技艺领域，而是由西洋物质文明推究其精神文明，将研习的目标直指哲理层面。

津田真道于文久元年（1861）撰《性理论》一文，探讨哲学问题，"性理论"一词，相当于 Philosophy。"性理"指心性与天理，借自宋明理学的关键词。西周还于 1870 年以"理性"译 Reason。西周在《尚白札记》（1870）、《生性发蕴》（1873）等文中论及："哲学家"探讨"百科学术"的"统一观念"。"哲学"是成体系的学问，追求"究极的原理"。哲学所论之"理"，包括生理与性理，心理与物理，为此征引《易》的易象、易数之理，《中庸》的中和之理，《说文》的治玉之义，包括脉理、条理、文理，进而与西洋哲学涉及的理性、原理相比拟。西周论哲学之理，有一种打通中西的气势，从而为"哲学"术语的译制奠定基础。关于 Philosophy 的译名，西周启用"希哲学"，是打通中西哲思的产物。西周在为津田《理性论》一文作跋时，使用"希哲学"一词：

> 西土之学，传之既百年余，至格物、舍密、地理、器械等诸科，间有窥其室者，独至吾希哲学一科，则未见其人矣。遂使世人谓西人论气则备，论理则未矣。独有见于此者，特自吾友天外如来始。今此论颇著其机轴，既有压夫西哲而轶之者，不知异日西游之后，将有何等大见识以发其蕴奥也。西鱼人妄评。①

津田真道的论文和西周的跋语写于二人 1862 年赴荷兰莱顿大学留学的前一年。西周跋语中的"希哲学"为"希求哲智之学"的简称，是从宋代理学家周敦颐（1017～1073）《太极图说》中"圣希天，贤希圣，士希贤"一语中套用过来的。以"希哲学"或"希贤"对译 Philosophy，颇有沟通东西方哲理的意蕴，也生动地显示出：近代日本思想家接受西洋哲理，以中国传统学术作依凭，用汉文古典词充作"格义"西学的工具，汉字固有语汇是译介西洋概念的得力中介。

作为通晓东西哲理的思想家，西周并未在西方哲学与东方学术之间划出不可逾越的鸿沟，他在《开题门》一文中指出：

> 东土谓之儒，西洲谓之斐卤苏比，皆明天道，而立人极，其实一也。②

他既看到东西哲理"明天道"、"立人极"的一致性，也不把东洋的儒学与西洋的斐卤苏比（即哲学）混为一谈。他的学术工作的重心，是向东洋介绍西洋

① 大久保利谦编：《西周全集》第 1 卷，日本评论社 1945 年版，第 3 页。
② 大久保利谦编：《西周全集》第 1 卷，日本评论社 1945 年版，第 19 页。

的斐卤苏比，从而成为一系列哲学术语的厘定者。西周充分利用自己对汉字文化和西语文化的通识，在“中—日—西”三方语文世界间游徙，完成了富于创意的沟通工作，而“哲学”一词的创制，便是这方面的突出成果。

西周与津田真道留学荷兰莱顿大学，对西方哲学的认识更加深一层。返回日本后，西周在明治三年（1870）的东京讲学中开始使用“哲学”一词，该讲义的笔记多年以后方由西周的学生永见裕整理出版，此即《百学连环》。《百学连环》称，Philosophy 有“爱贤、希贤”之义，“亦可直译为希贤学”，又说：

> 凡事物皆有其统辖之理，万事必受其统辖。所以哲学是诸学的统辖，诸学皆一致归哲学统辖，正如国民之受辖于国王。①

这里强调哲学是诸学统帅，是“诸学之上之学”，与柏拉图“哲学王”的提法相通。

古汉语没有“哲学”一词，“睿智”、“聪明”义的“哲”字却多次出现，《尚书》有“哲”字十八例（如《尚书·皋陶谟》“知人则哲”等），《左传》有“哲”字五例（如《左传·文公五年》“并建圣哲”等），《诗经》中“哲”字十二例（如《诗经·小雅·鸿雁》“或哲或谋”等），《礼记》中“哲”字三例。中国古来常将有大智慧的人称“哲人”、“圣哲”，如《礼记·檀弓》：“泰山其颓乎，梁木其坏乎，哲人其萎乎！”《左传·文公六年》：“古之王者，知命之不长，是以并建圣哲。”西周深悟此意，所创“哲学”一词是“睿智之学”的意思，虽然未能将 Philosophy（爱智）的“爱”义突现出来，而“智慧之学”的意思则是一目了然的。1870 年西周在书简《复某氏书》中出现“哲学的巨擘”② 等语。而在公开书籍中首见“哲学”一词，是西周于明治七年（1874）出版的《百一新论》。该书“卷之下”论及学科分类，明确地将 Philosophia 译为哲学，他在该书中说：

> 把论明天道人道，兼之教法的斐卤苏比译名哲学。③

并说哲学体现了“百教一致”的精神，物理、心理皆遵奉哲学的法则。④

山本觉马明治七年（1874）二月一日为《百一新论》作序，也多次出现“哲学”字样。其序文曰：

> 教之与政其理混淆，学者之惑数千年，于兹心理之与物理其学交错，世人之疑亦数千年。于兹我友西氏忧之，由哲学明政教所别，又晰道理之所歧，将辨世人之惑，著斯书名曰《百一新论》，取于百教一致之义也。……西氏于和

---

① 西周：《百学连环》，《西周全集》第 4 卷，第 145 ~ 146 页。

② 大久保利谦编：《明治启蒙思想集》，筑摩书房 1967 年版，第 30 页。

③ 西周：《百一新论》，《西周全集》第 1 卷，日本评论社 1945 年版，第 289 页。

④ 见《明治启蒙思想集》，筑摩书房 1967 年版，第 23 ~ 24 页。

> 汉西洋之书莫不讲究，……且能明哲学者，我邦未尝闻有其人也，故余请而刻之以公于世，识数言于卷首云。①

这里的“哲学”，取“百教一致之义”，也即“万事统辖之理”。

明治七年（1874）日本建立“东京开成学校”，明治十年（1877）开成学校与东京医学校合并成立东京大学，包括法、理、文、医四个学部，文学部内设“哲学科”。这是“哲学”一词在日本获得正式地位的开端。但“哲学”与相关词纷然并用，在日本延续了十余年。

西周于19世纪70年代使“哲学”一词面世，但并未立即受到社会及学者的认同。关于西洋世界观之学，另有种种译名，与“哲学”并用，如中村正直（1832～1891）明治四年（1871）译《自由之理》，使用“理学”；明治五年（1872）出版的《和英语林集成》，使用“学术”、“理”、“道理”、“道”；西周本人明治六年（1873）著《生性发蕴》，并用“哲学”、“理学”、“理论”；同年柴田昌吉等编《英和字汇》使用“物理”、“理论”、“理科”；福地源一郎（1841～1906）明治七年（1874）为《东京日日新闻》撰《社说》，使用“性理学”；儿岛彰二明治十年（1877）撰《民权问答》，使用“理学”；尺振八明治十三年（1880）译《斯氏教育论》，使用“理学”。

明治十四年（1881）井上哲次郎（1855～1944）等据英国人Wiliam Fleminq 1856年编的《哲学词典》，参考《佩文韵府》、《渊鉴类函》和佛学典籍，编译《哲学字汇》，界定“哲学”一词，并以“哲学”作书名，又收录西周创译的一系列哲学术语，如“演绎”、“归纳”等，“哲学”一词的影响力自此大增。但此后一段时间，仍然有西村茂树（1828～1902）的《日本道德学的种类》（1882）、中江笃介（即中江兆民，1847～1901）的《政理丛谈》第三号（1882）等书使用“理学”。中江笃介明治十九年（1886）翻译《理学沿革史》、编著《理学勾玄》两部名著，仍赫然使用“理学”一词。文部大臣森有礼（1847～1889）明治二十年（1887）发表《伦理教科书凡例案》，使用“哲学”一词，日本大学课程也用“哲学”名目。此后，“哲学”一词才在日本通行，成为规范术语。

五、“哲学”的入华

19世纪末叶，中国学界开始介绍西洋哲学，但当时尚未使用“哲学”一词，书刊上出现的是“理学”、“心智之学”、“思维之术”、“心理学”等驳杂的名

① 见《明治启蒙思想集》，筑摩书房1967年版，第3页。

词。严复（1854～1921）译著《天演论》，将 phoilosophy 译为“天人会通论”，译著《穆勒名学》将 phoilosophers 译为“智学家”。

“哲学”一词传入中国，大约开端于傅云龙（1840～1901）的《游历日本图经》（1889 年刊于东京）和黄遵宪（1848～1905）的《日本国志》（1887 年撰毕，1895 年初刻）。

傅云龙著《游历日本图经》列《杂学校科表》，该表说明文字曰：“有所谓哲学者，西学中之性学也。”黄遵宪著《日本国志》的《学术志一·西学》，列举“东京大学校”的学科，“分法学、理学、文学三学部”，其中“文学分为二科，一哲学（谓讲明道义）、政治学及理财学科，二和汉文学科。”[①] 黄氏撰定《日本国志》的 1887 年，正是日本文部大臣森有礼使用“哲学”一词的同一年，也是东京大学设“哲学科”后的第 10 年。稍晚于黄撰《日本国志》，顾厚焜 1888 年撰《日本新政考》，介绍东京大学，提及“哲学科”。黄遵宪的《日本国志》延至中日甲午战争之后（1895）方获刊印，而傅云龙、顾厚焜 19 世纪 80 年代的编著影响甚微，故“哲学”一词在中国直到 19 世纪 90 年代中后期才得以流传。

在《日本国志》刊印前的光绪十九年（1893），曾游历日本的黄庆澄（1863～1904）在《东游日记》中论及日本广设学会，其中提及“哲学会”。光绪二十四年（1898）康有为上奏皇帝的《请开学校折》，介绍德国大学所设科目，列“哲学”一目。光绪二十八年（1902）梁启超撰《论宗教家与哲学家之长短得失》一文，出现“哲学”、“哲学家”、“哲学思想”等用例，并分论“哲学两大派”：唯物派与唯心派；又区分哲学与宗教：“哲学贵疑，宗教贵信”。光绪二十九年（1903）梁启超据日文资料，撰《近世第一大哲康德之学说》，文中多次出现“哲学”一名，称哲学为“庶物原理学”。足见 20 世纪初梁氏已具体把握“哲学”一词的内涵。

1903 年印行的《浙江潮》第 4 期，刊登署名公猛的《希腊古代哲学史概论》一文，是中文报刊较早介绍“哲学”这一新概念的论文。该文对哲学下定义：

> 哲学二字，译西语之 phoilosophy 而成，自语学上言之，则爱贤智之义也。毕达哥拉士所下之定义，以为哲学者，因爱智识而求智识之学也；亚里士多德亦以为求智识之学；而斯多噶学派以为穷道德之学；伊壁鸠鲁学派以为求幸福之学。
>
> 哲学之定义如此纷纷不一，虽然，希腊人哲学之定义，则以相当之法研究包举宇宙与根本智识之原理之学也，约言之，则哲学者，可称原理之学。

① 见《日本国志》卷 32，《学术志一》。

“原理之学”，即探求事物一般规律之学。此说颇能切中“哲学”的本质。

至20世纪初，以“哲学”命名的日文书籍被大量译为中文出版，如井上圆了（1858～1919）著、罗伯雅翻译的《哲学要领》1902年印行；井上圆了著、王学来翻译的《哲学原理》1903年印行；藤井健次郎著、范迪吉翻译的《哲学泛论》1903年印行；井上圆了著、游学社翻译的《哲学微言》1903年印行。

清末影响较大的哲学译著是，德国科培尔在日本的讲演集《哲学要领》（1903年印行），由下田次郎记录并日译、蔡元培（1868～1940）中译。文曰：

> 哲学者，本于希腊语之费罗索费。费罗者，爱也，费罗者，智也，合而言之，则爱智之义也。

认为“哲学”是“求知此原理及一切运动发现之公例”的“原理之科学”。蔡元培还撰《哲学总论》一文，指出“哲学为统合之学”，是“以宇宙全体为目的，举其间万有万物的真理原则而考究之”，颇得哲学之真谛。

中国人自著的以“哲学”名书的著作，较早的是侯生编撰的《哲学概论》。1906年，上海广学会刊印冯葆瑛的《哲学源流考识》，以“哲学”为全书关键词，并指出：“哲学一家遂为过渡时代转移之目的矣”，具有“唤醒国民之灵魂，持示教科之正轨”的作用。

总之，清民之际，日源词“哲学”逐渐取代中国原用的同类词“理学”、“玄学”、“性理学”、“形上学”，正式以学科名目被国人认可。其间王国维劳绩卓著。

国学大师王国维（1877～1927）学涉文、史、哲。他早年译介西洋哲学论著十余种，署名译著便有7种，其中日本桑木严翼（1874～1946）的《哲学概论》（海宁王国维译本，1902年刊于上海教育世界社出版的《哲学丛书初集》），直接涉及Phoilosophy译名“哲学。”《哲学概论》的“第二章　哲学的定义”，王氏的译文为：

> “哲学”之语，本译字而非本来之成语，人人知之。其原语谓之“斐洛苏非”或“斐洛苏非亚”，即于：
>
> 英语：Phoilosophy
>
> 德法语：Phoilosophie
>
> 腊丁语：Phoilosophia
>
> 其他于意大利、西班牙、俄罗斯等，或代Ph以f。此由文字之变更，而其义略同。此等诸语皆出于希腊语之斐洛苏非亚phoilosophia。今分析此希腊语，则自斐利亚phoila与苏非亚sophia二语（合）成。斐利亚译言“爱”，而苏非亚者，“智”之义也。故“斐洛苏非”，若以其语源译之，则可称为“爱智”。然其真义必非但爱智之义，而有究理探真之义者也。然而考其译语

"哲学"之"哲"字，《尔雅·释言》曰："哲，智也。"扬子《方言》亦曰："哲，智也。"又如《书·舜典》所谓"哲，文明"，睿《说命》所谓"知之曰明哲"，皆与原语之"苏非亚"有所似者。……求之古来我国（按，日本）及支那所用之文字，如宋儒所谓"理学"，与其真义相近。然理学之语，今日用为自然科学之总纲，即总称物理学、化学、天文学、地质学、博物学等。故不关其意义之远，而袭用哲学之名称，或反有避误解之益欤？况哲学之语义反近于斐洛苏非之原义欤？①

王国维的这一译文，相当周全地论述了以哲学翻译斐洛苏非的过程及理由。

清末中国朝野尚不接受"哲学"一词，管学大臣张百熙（1847～1907）上奏称："盖哲学主开发未来，或有骛广志荒之弊"，认为哲学使人好高骛远、不切实际，故朝廷1903年颁布的《奏定学堂章程》（即"癸卯学制"）从大学科目中取消哲学一门，以"防士气之浮嚣，杜人心之偏宕"。有鉴于此，王国维1903年撰《哲学辨惑》一文，论证"哲学非有害之学"、"哲学非无益之学"、"研究西洋哲学之必要"，并申述译名"哲学"与中国固有名词"理学"相通，委婉地规劝国人不必惊骇，用不着诟病外来的"哲学"一名：

甚矣名之不可以不正也！观去岁南皮尚书（按，张之洞）之陈学务折，及管学大臣张尚书（按，张百熙）之复奏折：一虞哲学之有流弊，一以"名学"易"哲学"。于是海内之士颇有以哲学为诟病者。夫哲学者，犹中国所谓"理学"云尔。艾儒略《西学凡》有"斐洛苏非亚"之语，而未译其义。"哲学"之语实自日本始。日本称自然科学曰"理学"，故不译"斐洛苏非亚"曰理学，而译曰"哲学"。我国人士骇于其名，遂以哲学为诟病，则名之不正之过也。②

王氏此议的主旨中肯，对两位张姓尚书排斥"哲学"的谬说所作的批判，及时且有力。然而，王氏关于日本译名的"理学"、"哲学"之辨稍有偏误：日本早在幕末即以"理学"意译 Phoilosophy，至明治初，西周等以"哲学"意译 Phoilosophy，方把"理学"作为自然科学的总名。王氏认为日本称自然科学曰"理学"在先，这是千虑一失。

时过两年，王国维撰《论新学语之输入》（1905）一文，更明确地强调新语输入的重要性：

近年，文学上有一最著之现象，则新语之输入是已。言语者，思想之代表也。故新思想之输入，即新言语输入之意味。③

---

① 转引自佛雏：《王国维哲学译稿研究》，社会科学文献出版社2006年版，第7～9页。

② 王国维著：《哲学辨惑》，载《教育世界》第55号（1903年）。

③ 王国维：《论新学语之输入》，载《教育世界》第96号（1905年）。

王氏同文还特别强调，不仅要引进科技类术语，包括“哲学”在内的“形而上”新语的引入，对“文学”（指人文社会科学）的发展至关紧要。当时朝廷讨厌从日本输入的“新名词”，《奏定学堂章程》的《学务纲要》专列“戒袭用外国无谓名词以存国文端士风”一条，对“袭用外国名词谚语”的行为大张挞伐，声明“中国自有通用名词，何必拾人牙慧。”针对此种保守之风，王氏充分肯定输入新名词的必要性，认为日本人创制的汉字译词，理当为中国人借用：

十年以前，西洋学术之输入，限于形而下学之方面，故虽有新字新语，于文学上尚未有显著之影响也。数年以来，形上之学渐入于中国，而又有一日本焉，为之中间之驿骑，于是日本所造译西语之汉文，以混混之势而侵入我国之文学界。……至于讲一学、治一艺，则非增新语不可。而日本之学者既先我而定之矣，则沿而用之，何不可之有？[①]

王国维不仅是译语“哲学”较早的推介者，而且也是理性地对待外来术语的倡导者。其哲人风范，殊堪效法。

总之，清末虽有蔡元培、梁启超、王国维等人倡导译介“哲学”，但由于张百熙、张之洞等管学大员的抵制与阻挠，“哲学”这一学科名目并不能在中国通行，京师大学堂光绪二十四年（1898）建立，迟至宣统三年（1911）方有哲学专业之设，而且还称为“理学门”，直到民国三年（1914）才更名“哲学门”。足见“哲学”一名在中国被承认并得以通用，是颇历坎坷的。

第二节　论　理　学

一、明末中国：从“落热加”到“名理探”

关于西方逻辑学的汉文介绍，最早见于1620年刊刻的入华耶稣会士、意大利人高一志（Alfonso Vagnoni，1566～1640）著《童幼教育》。其卷之下西学第五有云：

费罗所非亚者，译言格物穷理之道，名号最尊。学者之慧明者文学既成即立志向此焉。此道又分五家：一曰落热加，一曰非西加，一曰玛得玛弟加，一曰默大非西加，一曰厄第加。落热加者，译言明辨之道，以立诸学之

① 王国维：《论新学语之输入》，载《教育世界》第96号（1905年）。

根基而贵辨是与非、实与虚、里与表。盖开茅塞而于事物之隐蕴不使谬误也。[①]

其中，“落热加”即拉丁文 Logica 之音译，“明辨之道”为意译。以高一志所述，“落热加”与物理、数学、形而上学、伦理学并列，为“费罗所非亚”（Philosopia，今译“哲学”）的一个分支。

不久，来华的意大利耶稣会士艾儒略所撰《西学凡》于 1623 年刻成，后由李之藻编为《天学初函》第一册。《天学初函》于 1628 年刻成，流播广远[②]。《西学凡》有云：

理学者，义理之大学也。人以义理超乎万物，而为万物之灵。格物穷理，则于人全而于天近。然物之理藏在物中，如金在砂，玉在璞，须淘之剖之以斐禄所费亚之学。此斐禄所者立为五家，分有门类，有支节，大都学之专者，则三四年可成。初一年，学“落日加”。落日加者，译言明辩之道，以立诸学之根基，辩其是与非、虚与实、表与里之诸法，即法家、教家必所借经者也。[③]

其中，“落日加”为 Logica 的译名，与高一志的译名仅一字之差：音译，高氏为“落热加”，艾氏为“落日加”；意译，高氏为“明辨之道”，艾氏为“明辩之道”。

关于“落日加”的内涵与外延，《西学凡》有较为简明而透彻的叙述：

落日加者，译言明辩之道，以立诸学之根基，辩其是与非、虚与实、表与里之诸法，即法家、教家必所借径者也。总包六大门类：一门是落日加之诸预论，凡理学所用诸名目之解；一门是万物五公称之论，即万物之宗类……；一门是理有之论，即不显形于外，而独在人明悟中义理之有者；一门是十宗论……；一门是辩学之论，即辩是非得失之诸确法；一门是知学之论，即论实知与憶度与差谬之分。[④]

同年，“西海艾儒略增译，东海杨廷筠汇记”的《职方外纪》亦于杭州刊刻。其卷二“欧逻巴总论　二　建学设官之大略”述曰：

学者自七八岁学至十七八岁，学成而本学之师儒试之，优者进于中学，曰理科，有三家：初年学落日加，译言辩是非之法；二年学费西加，译言察性理之道；三年学默达费西加，译言察性理。以上之学总名斐录所费亚。[⑤]

---

① 钟鸣旦等编：《徐家汇藏书楼明清天主教文献》第一册，（台北）辅仁大学神学院 1996 年版，第 377 ~ 378 页。

② 笔者所据即《天学初函》第一册（台北），台湾学生书局 1965 年影印版，第 21 ~ 60 页。

③ 艾儒略：《西学凡》，杭州，1623 年版，第 3 页。

④ 艾儒略：《西学凡》，杭州，1623 年版，第 3 ~ 4 页。

⑤ 艾儒略、杨廷筠：《职方外纪》，杭州，1623 年版，第 3 ~ 4 页。

与《西学凡》相比，Logica 的音译未变，仍为“落日加”；意译则稍异，为“辩是非之法”。

就西方逻辑学东传而言，最须一提的是《名理探》的翻译与刊行。该书为中国士人李之藻（1569～1630）与来华葡萄牙耶稣会传教士傅汎际（Francois Furtado，1587～1653）于1627～1630年间合译而成，凡十卷，1631年刊刻于杭州，是中国乃至整个汉字文化圈的最早的一部汉文逻辑学专著。其底本是17世纪葡萄牙高因盘利（Coimbra）大学的逻辑学讲义 *In Universam Dialecticam Aristotelis*（《亚里士多德辩证法概论》）。

关于《名理探》的历史地位，徐光启的后人徐宗泽（1886～1947）1931年秋所作《名理探重刻序》有所评述：

> 吾国于名理探一门，素鲜研究。古虽有邓析、惠施、公孙龙等之东鳞西爪，聊供诡辩，持之非有故，言之非成理。至历代科举，束缚人智，障窒人心，士大夫空谈理论，趋重文辞，以致九流三教，并为一谈。明末西士东来，灌输西学。一六三一年，傅泛际与李之藻同译《名理探》，而我国于是始有亚氏之论理学，而理学始有形上形下之等级，而不凌乱矣。[①]

1931年，上海徐汇光启社重刻《名理探》，凡五卷。1941年3月，商务印书馆又将《名理探》作为“汉译世界名著”之一种出版发行。该书地位，由此可见一斑。

在逻辑术语的厘定方面，《名理探》可谓辞能达意。其所采用的学名当然主要是“名理探”。除此之外，该书还厘定了其他诸多译名，见表6－1。

表6－1　　《名理探》逻辑学译名表

译名	语例
落日伽推论名理	亚利因人识力有限，首作此书，引人开通明悟，辨是与非，辟诸迷谬，以归一真之路，名曰《落日伽》。此云推论名理，大旨在于推通（第3页）
辨艺络日伽	凡艺所论，或是言语，或是事物。言语之伦有三：一曰谈艺，西云额勒玛第加；二曰文艺，西云勒读理加；三曰辨艺，西云络日伽（第8页）
辨学	韫艺复分为二：一属辨学，其本分在制明悟之作用；一属修学，其本分在制爱德之作用（第9页）
名理之学	名理之学，以制明悟之用，固当贵于言语之艺（第15页）

① 徐宗泽：《名理探重刻序》，《名理探》，（上海）商务印书馆，1941年版，序第2页。

续表

译名	语例
名理推	名理推自为一学否（第 16 页）
名理学 致用之学 致知之学	名理学总一习熟，而兼明用二义……为致用之学……为致知之学（第 25 ~ 26 页）

资料来源：李之藻、傅汎际译：《名理探》卷之一，杭州，1631 年。

康熙二十二年（1683），在华比利时耶稣会士南怀仁（Ferdinand Verbiest，1622 ~ 1688）编撰完成《穷理学》，于北京刊刻，并呈康熙皇帝。该书煌煌六十卷，堪称“明末清初中西会通的集成之作”。其中“《理推之总论》和《理辩五公称》两部分内容都引自《名理探》”①。

《名理探》在先，使后人不得漠视，至清末民国亦如此。光绪乙巳年（1905）冬，上海金粟斋刊行严复译《穆勒名学》。所据原本为英国逻辑学家弥尔（J. S. Mill，1806 ~ 1873）著 *A System of Logic，Ratiocinative and Inductive*。严复在其所加按语中，就 Logic 的译名问题做了简短论证。其中有云：

> 逻辑最初译本，为固陋所及见者，有明季之《名理探》，乃李之藻所译。近日税务司有《辨学启蒙》。曰探，曰辨，皆不足与本学之深广相副，必求其近，姑以名学译之。②

此外，1924 年，马良（相伯）在《致知浅说》卷之一中探讨 philosophia 和 logica 的翻译问题时，均曾提及《名理探》③。

对于《名理探》，不仅有评述者，亦有祖述者。1925 年 1 月中华学艺社出版的屠孝实著《名学纲要》，书名虽用“名学”，但书中却也用“名理之学”。作者于 1924 年 4 月所作《序》云：

> 名理之学，我国素不讲求，近年以来，识者始稍稍注重之。顾坊间善本，多系西籍，国人所著，鲜有佳者。严译穆勒名学，信而能达，允为良书。

1929 年 11 月，高佣著《名理通论》在（上海）开明书店出版。书中主要以“名学”指称 Logic，书名却谓“名理”。其原因虽在于作者强调“研究哲学须从

① 尚智丛：《南怀仁〈穷理学〉的主体内容和基本结构》，《清史研究》2003 年第 3 期，第 73 页、第 80 页。

② 严复译：《穆勒名学》（全七册）第一册，（上海）金粟斋 1905 年版，第 2 页。

③ 参见马相伯：《致知浅说》卷之一，商务印书馆 1924 年版，《小引》。

名学下手，解决问题要合逻辑”[①]，但在哲学语境中使用“名理”二字，与《名理探》不无渊源。比屠、高二人更为明显沿袭《名理探》译名的，还有徐宗泽和景幼南。徐宗泽1931年秋所作《名理探重刻序》云：

> 名理探，东译论理学，又译音逻辑，为哲学之一份。哲学为研究事物最终之理由。理由非明思慎辨不可，故哲学以名理探为入门。[②]

在承袭“名理探”方面，景幼南有过之而无不及。他编著一逻辑书，名曰《名理新探》，1947年12月由正中书局出版。其中有云：

> 本书名理新探之名，取引申义。明末清初，葡萄牙人傅泛际（Francisco Furtado）与李之藻氏初译西洋亚里士多德论理学之一部份为中文，称名理探，近有翻印本。[③]

> 名理学之名取引申义，包含语文思之种种、词句论辨等。[④]

如果说1620年高一志的《童幼教育》中的“落热加”及“明辨之道”是西方Logica东传中国及学名厘定的起点；那么李之藻、傅汎际的《名理探》则可谓此一轮西学东渐之顶点，且其影响超越明清，远及300年后之民国学人。

二、晚清中国：从“明论之法”到“名学”

在晚清的新一轮西学东渐中，Logic的译名先见于早期英汉词典（参见上编第二章第二节）。此外，自19世纪70年代以后，在一些汉文西书及报刊中，亦有关于逻辑学的介绍及学名厘定，如：

路隙、意法　1873年花之安《大德国学校论略》说“太学院”的课程时有云：

> 性理即根所当然之理，中凡数类，一西音路隙，译即意法，乃论灵魂如何发出意思。在意思复分数端，且释是所以为是、非所以为非，论知觉一由五官而入，二由灵府所起，二者如何相合，论明之所以明。此中国未有之学，苦无名目，难以译出。如公孙龙以马喻马，以指喻指，仿佛近之，然所类者，不过入门之定名耳。夫意法乃由灵府所起，故各意思须从其法，凡出言作事胥奉之为宗师，略如几何之数，多非实有是形，然各物类总不出其范围之外也。[⑤]

详审之理　罗吉格　《中西闻见录》乃在入华美国传教士丁韪良（William

---

① 高佣：《名理通论》，开明书店1929年版，作者序第1页。
② 徐宗泽：《名理探重刻序》，《名理探》，商务印书馆1941年版，序第1页。
③ 景幼南编著：《名理新探》，正中书局1947年版，第7~8页。
④ 景幼南编著：《名理新探》，正中书局1947年版，第16页。
⑤ 花之安：《大德国学校论略》，（羊城）小书会真宝堂1873年版，第24页。

A. P. Martin)、英国传教士艾约瑟（Joseph Edkins）主持下，1872 年 8 月创刊于北京。1876 年英国传教士傅兰雅（John Ferrier）在上海创刊的《格致汇编》，乃《中西闻见录》之“补续”[①]。艾约瑟在《中西闻见录》1875 年 4 月号上发表《亚里斯多德里传》，述及亚氏的十种著述，首列“详审之理”，并评价说：

> 其所谓详审之理者，在昔无人论及，斯学亚为首创之也。[②]

兹所谓“详审之理”，当指亚里士多德首创的逻辑学，其书名曰《工具论》。

该传记还介绍了亚里士多德的逻辑学三段论：

> 亚所立辩论之矩，盖其法每如升阶然。……西语名为西罗吉斯莫斯，而亚之此学则名为罗吉格也。[③]

其中，“西罗吉斯莫斯”是 Syllogism 之音译，“辩论之矩”为意译，而“罗吉格”则指 Logic。

辨学　有清一代，西方逻辑学的正式传入，则自艾约瑟译《辨学启蒙》开始。该书 1886 年冬于总税务司署印。原著为伦敦大学教授杰文斯（W. Stanley Jevons，1835～1890）所作 *LOGIC*。该书为赫胥黎（Huxley）等人编写的 *Science Primers*（《科学启蒙》或《科学入门》）丛书中的一种。

1898 年广学会出版的丁韪良著《性学举隅》中有“辩学”一名：

> 西国专论辩学者，其式甚繁。如周易卦爻之变化无穷，而无济实事者多。盖遇事无须如此周折，如遇禽，查其为联掌，而水禽之；捕船，查其实为敌船，而充公；遇病人，恐其染，而避之。此皆捷径，无待辩论者也。若必欲条析缕分，则以推步之法揆之，亦无不可。[④]

其中的“辩学”，无疑是指 Logic（逻辑学）。“辨”、“辩”相通，“辩学”一名亦可归于“辨学”系列。

“辨学”一名，虽传播不广，但曾获得官方认可。1908 年，清学部尚书荣庆聘严复为学部编订名词馆（或谓“审定名辞馆”）总纂，致力于学术名词的厘定与统一。此项工作，凡历三年，至 1911 年，积稿甚多。其学部编订名词馆《中外名词对照表·辨学名词对照表》[⑤] 以“辨学”对译 Logic。其“定名理由”：

> 旧译辨学，新译名学。考此字语源与此学实际，似译名学为尤合。但

---

① 《格致汇编》1892 年春季号封面注曰：“是编补续中西闻见录，上海格致书室发售”。

②③　艾约瑟：《亚里斯多德里传》，《中西闻见录》1875 年 4 月号，第 12 页。

④　丁韪良：《性学举隅》，（上海）广学会 1898 年版，第 35 页。

⑤　该表为学部编订名词馆所编《中外名词对照表》之一部分。据王蘧常编《严几道年谱》第 79 页：1908 年“学部尚书鄂卓尔文恪公荣庆聘先生为审定名辞馆总纂。自此凡历三年，积稿甚多。”这些“积稿”后存于中华民国教育部。该表见于 http：//www. cadal. zju. edu. cn/book/13052871/1。

《奏定学堂章程》沿用旧译，相仍已久，今从之。[①]

此外，还有王国维译《辨学》一书问世。

名学　在清末民初，影响最大的 Logic 译名是“名学”。此名见于严复译《天演论》(1898)，其自序有云：

> 及观西人名学，则见其于格物致知之事，有内籀之术焉，有外籀之术焉。内籀云者，察其曲而知全者也，执其微以会其通者也；内籀云者，据公理以断众事者也，设定数以逆未然者也。乃推卷起曰：有是哉！是固吾《易》、《春秋》之学也。迁所谓本隐之显者，外籀也；所谓推见至隐者，内籀也，其言若诏之矣。二者即物穷理之最要途术也，而后人不知广而用之者，未尝事其事，则亦未尝咨其术而已矣。[②]

光绪乙巳年（1905）冬，上海金粟斋刊行严复译《穆勒名学》。所据原本为英国逻辑学家弥尔（J. S. Mill，1806 ~ 1873）著 *A System of Logic*，*Ratiocinative and Inductive*。严复按语有云：

> 案：逻辑，此翻名学。其名义始于希腊，为逻各斯一根之转。……本学之所以称逻辑者，以如贝根言，是学为一切法之法，一切学之学，明其为体之尊、为用之广，则变逻各斯为逻辑以名之，学者可以知其学之精深广大矣。逻辑最初译本，为固陋所及见者，有明季之《名理探》，乃李之藻所译。近日税务司有《辨学启蒙》。曰探，曰辨，皆不足与本学之深广相副，必求其近，姑以名学译之。盖中文名字所函，其奥衍精博，与逻各斯字差相若。而学问思辨，皆所以求诚正名之事，不得舍其全而用其偏也。[③]

1902 年，由入华新教传教士创建的中国教育协会（The committee of the Educational Association of China）厘定、编纂的 *Technical Terms*，*English and Chinese*（《英华专业用语》）中收有 Logic 一条，译名“名学，辩学”[④]。1905 年，商务印书馆出版上海圣约翰书院教习颜惠庆编纂的《华英翻译捷诀》，其中 Logic 的译名为“名学；理学”[⑤]。

在此，“名学”当源于严复；“辩学”当源于艾约瑟；“理学”则早见于罗存德《英华字典》卷三。1898 年，格致书室出版傅兰雅编写的《理学须知》。该书所据底本和严复的《穆勒名学》一样，是英国逻辑学家弥尔的 *A System of Logic*，

---

① 《中外名词对照表・辨学名词对照表》，第 1 页。

② 严复译：《天演论》，商务印书馆 1981 年版，《译〈天演论〉自序》第 3 ~ 4 页。

③ 严复译：《穆勒名学》（全七册）第一册，（上海）金粟斋 1905 年版，第 2 页。

④ The committee of the Educational Association of China：*Technical Terms*，*English and Chinese*，Shanghai：Printed at the Presbyterian Mission press. 1904. p. 258.

⑤ 颜惠庆编：《华英翻译捷诀》，商务印书馆 1905 年版，第 67 页。

Ratiocinative and Inductive。亦即说，罗存德为 Logic 厘定的“理学”这一译名，在此得到了专业性运用。严复在 1905 年译成的《穆勒名学》中，提及了前朝的《名理探》和本朝的《辨学启蒙》，却仿佛不知道《理学须知》的存在。可见，《理学须知》一书问世后，并未引起多大反响。

三、明治日本：从“致知学”到“论理学”

东亚近代逻辑学史乃由明治日本重开纪元。在迎受西方逻辑学的过程中，日本学人创制的 Logic 的汉字译名有多种多样，其中“论理学”一名得以最后确立，并影响及中国。

（一）“致知学”及其他译名

1. 致知学

西村茂树（1828～1902）曾于 1886 年 12 月记述说：西方逻辑学“初传日本，盖当余学友西周、津田真道二君留学荷兰之时”①。而西周则堪称近代日本 Logic 译名厘定第一人。1869 年旧历 4 月，他在《沼津学校规则书》（草案）中译作“论学”②，同时在《德川家沼津学校追加规则书》中译作“论科”③，继而又在《文武学校基本规则书 · 国学规则大略 · 史道科本业之课目》中译作“致知学（Logic）”④。

1874 年 9 月，西周刊行《致知启蒙》（全二卷），介绍西方逻辑学的基本知识。他在自序中将逻辑学在人类文明中的作用推重备至，称：西洋文明之所以“浩大”，在其学术之“精微”；而其学术之所以“精微”，则本于严谨精熟的逻辑思维。他申明，用以对译 Logic 的“致知”一词出自儒家经典《大学》：“致知在格物”⑤。关于“致知”，朱子《大学章句》解道：“致，推极也。知，犹识也。推极吾之知识，欲其所知无不尽也。”意即通过“知识”的推演，达到扩充“知识”的目的。不过，西周并未将 Logic 与《大学》的“格物致知”说混为一谈。他记述道，Logic 乃初创于古希腊的亚里士多德，其本意为“论辨之术”，久

① 西村茂树：《洛日克与因明之异同》（1886 年 12 月 25 日），日本弘道会编纂《西村茂树全集》（全 3 卷）第二卷，（东京）思文阁 1976 年版，第 144 页。

② 大久保利谦编：《西周全集》第二卷，（东京）宗高书房 1981 年版，第 482 页。

③ 大久保利谦编：《西周全集》第二卷，（东京）宗高书房 1981 年版，第 474 页。

④ 大久保利谦编：《西周全集》第二卷，（东京）宗高书房 1981 年版，第 499 页。

⑤ 西周：《致知启蒙》第一卷，（东京）甘寐舍 1874 年版，第 1～2 页。

经演变，至近代被定义为“思虑法之学（Logic is the science of the laws of thought)”[①]，即关于思维规律的科学。他认为，“日本、支那自古皆无此学”；《大学》只是提出了“致知在格物”，“别无致知之术”，而且颠倒了“致知”与“格物”的关系，依他之见，不是“致知在格物”，而是“欲格物，则致知”[②]。

在1875年出版的《心理学》和1877年出版的《利学》中，西周继续使用“致知学”译名。《心理学》第一卷中译曰：“讲求思维论辩理法之学，即致知学(logic)”，它是“心理学”（Mental philosophy）的组成部分[③]。他在《译利学说》中阐述道：

> 人性之作用区之为三：一曰智，是致知（logic）之学所以律之也；一曰意，是道德（moral）之学所以范之也；一曰情，是美妙（aesthetics）之论所以悉之也。是以三学取源乎性理之学，而开流于人事诸学所以成哲学之全驱也。[④]

他认为，“致知学”源于“人性之作用”，它和道德学、美学一起共同构成哲学的完整形态。

1874年9月大阪文荣堂刊行的黑田行元著《民法大意》（下）第19页：

> 唯在致知学上论，正与善并非同一之念。[⑤]

2. 其他译名

西周堪称近代日本逻辑学第一人，他所创制的“致知学”一名亦堪称近代该科学名之首。但此译名并未占据独尊地位，与其同时及稍后产生的还有其他多种译名。

理论学　1873年10月，同人社出版中村正直（1832～1891）编译的《西国童子鉴》（全2册）。该书卷之三记述英国 Lord Jeffrey（1773～1850）生平时，将 Logic 为“理论学”：

> 同年，热氏复为 Logics［理论学］之生徒，才能远超同辈。[⑥]

“理论”为古典汉字词。晋人常璩《华阳国志·后贤志·李宓》：“著述理论，论中和仁义儒学道化之事凡十篇”，说理立论之义。《文苑英华》690常衮《咸阳县丞郭君墓志铭》：“惟公博识强辨，尤好理论”，据理论辩之义。中村以“理论”作为 Logic 的译名，可被视为古典汉字词义的引申。该译名一度为官方文件所采用，1872年8月17日文部省发布的《外国教师教授之中学教则》中即列有“理论学大意”课程，并指定所用教本为英国人《怀德氏理论书》（*Element*

① 西周：《致知启蒙》第一卷，（东京）甘寐舍1874年版，第2～4页。

② 西周：《致知启蒙》第一卷，（东京）甘寐舍1874年版，第2页。

③ 西周译：《心理学》第一卷，文部省1875年版，第3～4页。

④ ［英］J. S. Mill（1806～1873）著，西周（1829～1897）译述：《利学·译利学説》（原汉文），（东京）岛村利助1877年版，第6页。

⑤ 黑田行元：《民法大意》下，（大阪）文荣堂1874年版，第19页。

⑥ 中村正直编译：《西国童子鉴》（2册），（东京）同人社1873年版，卷之三第11页。

of Logic)[①]。

中村并非逻辑学的专门家，但他在为清野勉著《归纳法论理学》所作的序中，阐发了自己关于逻辑学的基本看法：

> 孔子曰：温故而知新。故者，既知者也；新者，未知者也。求真理之法，不外于以既知者推究未知者。孟子曰：天之高也，星辰之远也，苟求其故，千岁之日至，可坐而致也。观察试验，以求其原理，乃求其故也。清野君著《归纳法论理学》，归重于归纳，谓为真理研求之法，其卓见矣。吾意者，孔孟之曰温故，曰求故，若似归纳法者，惜哉引而不发，岂非千古恨事。[②]

在他看来，作为探求真理的方法，孔子的“温故””、孟子的“求故”之中，包含着归纳逻辑学的思想萌芽。

明理学　箕作麟祥（1846～1897）译“明理学”，首见于1874年6月文部省出版的箕作麟祥译《统计学》（又名《国势略论》）。原著为法国统计学家 Alexandre Moreau de Jonnes（1778～1870）所作，1856年刊于巴黎。译著第一卷论及统计的方法部分译曰：

> 依明理学（logic）之法则，整理其散杂之素材，以分其部类之事，却无一人为之。[③]

法文 Logique 译作“明理学”。直到参与文部省组织摘译英国人 Robert Chambers（1802～1871）等著《百科全书》[④] 时，在 Logic 的译名已被厘定为“论理学”的情况下，箕作麟祥仍然在自己担当的“教育论”部分坚持使用自己的译名“明理学”。其译曰：

> 所谓明理学，正确立理之学，即自所知及所未知，以正定其理之学……[⑤]

论事矩　户田钦堂（1850～1890）译，铃木信校正《论事矩》卷之一（读作 ronjiku），（东京）聚星馆1877年6月（格致舍藏梓）。英人 Willian Stanley Jevons（1835～1882）原著，曾风行各国，专供学校之用，颇为世人称道。清人严复所译，亦即此书。户田译曰：

> 此论事矩学可谓明白道理之是非，将论事之方法教于余辈学士之一大紧要之学也。[⑥]

---

① 东京大学百年史编集委员会编：《东京大学百年史　资料一》，东京大学出版会1984年版，第53页。

② 清野勉：《真理研究之哲理　归纳法论理学》，（东京）哲学书院1889年版，序。

③ 箕作麟祥译：《统计学》第一卷，（东京）文部省1874年版，第19页。

④ 《百科全书》凡4册，丸善出版商社出版，上卷1884年1月，中卷同年5月，下卷同年10月，别卷（索引）1885年1月。

⑤ 文部省摘译《百科全书》下卷，第774页。

⑥ 户田钦堂译：《论事矩》卷之一，（东京）聚星馆1877年版，第5页。

此译名可谓兼音、意两译之妙。

论法　1881年东京大学三学部出版的井上哲次郎（1855~1944）、有贺长雄（1860~1921）编《哲学字汇》将Logic译作“论法”①。此译名为添田寿一（1864~1929）所沿用。添田将英人William Stanle Jevons（1835~1882，日译名“惹稳”，中译名“耶方斯”）所著*Elementary Lessons in Logic*（1882年刊行，添田直译为《论法初学须知》）编译成日文，题名《论理新编》，经井上哲次郎阅，于1883年8月由东京丸家善七出版。该书“译字多依《哲学字汇》”②，包括Logic的译名“论法”。其第一章题为“论法之定义及范围”，其起笔译曰：

> 论法，依最简短义解，可谓推论道理之学。③

1886年3月东京有志学术攻究会通信部出版英人Walter Dening（1846~1913）讲述、日人雨仓子城笔记的《通信讲授录　论法篇　第一》；同年9月东京教育报知社复刊行之，题为《论法讲义》（全3卷）。Walter Dening对“论理学”、“明理学”、“论辩学”、“致知学”等名均持保留态度，对“论法”一名则情有独钟：

> 余今所解之学，曰论理学，曰明理学，曰论辩学，曰致知学，其他所译亦不相同。余于诸多译语之中，以“论法”为可。理由：译作论法，比他语皆广。广则易附众多意义；若使之狭，其语中终至不能含其意义……故余将Logic译作论法。④

他认为，“论法”一词不仅简短，而且表现出了Logic的学科属性。

在古典汉文中，“法”与“理”在法则、规范、道理义上有相通之处，故译名“论法”与下文所述“论理”，彼此几无轩轾。

推理学　尾崎行雄（1858~1954）译“推理学”。曾撰逻辑学专著，题名《演绎推理学》。

> 推理学，推道理之学科也。⑤
>
> 推理学，非唯论言语文章布置形式顺序者，其与显于言语现于文章可为水源之思想即心之动关系甚为绵密者……⑥

与此相类，醍醐忠顺（1830~1900）译“推理之法”。1887年8月（东京）二

---

① 《哲学字汇》东洋馆1884年版沿用东大三学部1881年版译名“论法”（1884年版第71页及初版绪言）。丸善株会社1912年版改为“论法、论理学”（第87页）。

② 添田寿一编译：《论理新编》，（东京）丸家善七1883年版，译者绪言第2页。

③ 添田寿一编译：《论理新编》，（东京）丸家善七1883年版，第1页。

④ Walter Dening（1846~1913）讲述，雨仓子城笔记：《通信讲授录　论法篇　第一》，（东京）有志学术攻究会通信部1886年版，第3~4页。

⑤ 尾崎行雄译：《演绎推理学》，尾崎行雄1882年版，第6页。

⑥ 尾崎行雄译：《演绎推理学》，尾崎行雄1882年版，第7~8页。

西轩出版其所著《议论推理之法》，介绍西洋“议论法”（论辩、修辞之学——引者）和“可谓学问之学问之推理法”[①]。

（二）从“论理术”到“论理学”

论理术　在近代日本，Logic 最早的汉字译名是“论理术”，主要见于以下辞书：

1. 堀达之助（1823～1894）编《英和对译袖珍辞书》，1862 年版第 465 页，1866 年改订增补版版第 466 页，1867 年改订增补版第 233 页。

2. 高桥新吉（1843～1918）等编《和译英辞书》，（上海）American Presbyterian Missi on Press 1869 年 1 月出版，第 330 页。

3. 荒井郁之助（1835～1909）编《英和对译辞书》，（东京）小林新兵卫 1872 年 9 月出版（开拓使藏版），第 272 页。

4. 《英和小字典》（一名《小学校辞书》），编者不明，（东京）江岛喜兵卫 1873 年 12 月出版，第 158 页。

5. 东京新制活版所编《禀准和译英辞书》，同所 1873 年 12 月出版（天野芳次郎藏版），第 385 页。

据冯天瑜考，“论理”乃古典汉字词，意谓议论道理。《史记·李斯列传》：“谏说论理之臣间于侧，则流漫之志诎矣。”范仲淹《赋林衡鉴序》：“商榷批义者，谓之论理。”其内涵与中国古代的“形名学”和西方的 Logic 没有直接联系[②]。但也应该看到，此词也为容受 Logic 预留了语义空间，将 Logic 之义注入其中，并非全无理据。当然，以上所列，只是日常词典而非专学术语辞书，以“论理术”对译 Logic，还基本属于语学层面的词汇对译，至于译者对作为 Logic 之学的认识究竟到什么程度，则很难说。但这毕竟为作为术语的 Logic 汉字译名的厘定提供了语学基础。

论理　1875 年 2 月东京开成学校编纂、出版的《东京开成学校一览·预备课程》中列有“论理（Logic）”[③]。1886 年 6 月集成社刊行“日本最早的哲学概论”[④]——中江兆民（1847～1901）著《理学钩玄》，该书第九章专论“论理（Logic）”。兆民乃著名的“法学者”（即以法语研习西学者），“论理”一词当为法语 Logique 的译名。他认为，“论理”是以“讲求言论之理为主”

① 醍醐忠顺：《议论推理之法》，（东京）二酉轩 1887 年版，第 2 页。

② 冯天瑜：《新语探源——中西日文化互动与近代汉字术语生成》，（北京）中华书局 2004 年版，第 406 页。

③ 东京开成学校编：《东京开成学校一览》，（东京）开成学校 1875 年版，第 15 页。

④ 小岛祐马：《中江兆民之学问与文章》，《政论杂笔》，みすず书房 1974 年版，第 152 页。

的一门科学，“论理之法得当，旨意即或有远理处，但就文章而言，则可前后齐整而无矛盾之病。论理之法不得当，旨意即合于理，议论之间亦不免暧昧或紊乱之病。”①

论理学　1882 年 12 月同盟舍出版的菊池大麓（1855～1917）编述《论理略说》，是迄今可见最早的一部以“论理”为题的逻辑学著作，它开宗明义道：

> 论理学，论理以判断其正不正之学科也。②

学名“论理学”似亦由此首出。1883 年 8 月东京丸家善七出版的添田寿一（1864～1929）的《论理新编》，也以“论理”为书名。1884～1885 年，丸善商社陆续出版了文部省组织摘译的《百科全书》（上、中、下三卷，并索引一卷），其下卷（1884 年 10 月刊行）列塚本周造译“论理学（Logic）”条，其中有云：

> 论理学，英语称 Logic……有言语及谈论之意义。天下真实之自然联系，乃诸种学术之课题，Logic 则辅助、指导人智发明此联系且证明已确定之联系及可信不可信之事件，百物之实据因之而得判然也。
>
> 论理学所专论之真实，既混居群伍于言语之间，须先定宇宙间事物之名称，此另当别论。③

此为“论理学”正式列入学术辞书之始。1885 年，普及舍编述、出版了《教育心理论理术语详解》，其中逻辑学译语引用菊池大麓编《论理略说》、添田寿一译《论理新编》，将 Logic 的译名厘定为“论理学”④。依笔者迄今的考阅，赫然以“论理学”直接命名的逻辑学著作，似当首推通信讲学会 1886 年 10 月出版的平沼淑郎著述《通信教授论理学》。此后，日本出版的逻辑学著述，多以“论理学”命名，“论理学”遂作为 Logic 的译名占据“正统”地位。

此译名显然是从“论理术”中经“论理”脱胎而来。由“术”而“学”，其中包含着 Logic 观念的转变。关于 Logic 是“学”（Science）是“术”（Art），还是半“学”半“术”的问题，在近代西方学界本自众说纷纭。对此，《论理新编》的观点是：“完全之学亦必含术”；Logic 既是“诸学之学”，也是“诸术之术”；在“学”、“术”之间，Logic“更近于学”⑤。中江兆民在《理学钩玄》中认为，论理是“以讲求言论之理而示之为主”的“一种之学（science）”⑥，所以

---

① 中江兆民：《理学钩玄》，（东京）集成社 1886 年版，第 69 页、第 68 页。
② 菊池大麓编译：《论理略说》，（东京）同盟舍 1882 年版，第 1 页。
③ 文部省：《百科全书》下卷，（东京）丸善商社 1884 年版，第 87 页。
④ 普及舍编：《教育心理论理术语详解》，（东京）普及舍 1885 年版，例言。
⑤ 添田寿一译：《论理新编》，（东京）丸家善七 1883 年版，第 16～18 页。
⑥ 中江兆民：《理学钩玄》，（东京）集成社 1886 年版，第 69 页。

在该书行文中也有“论理之学”之语[①]。清野勉在《演绎归纳论理学》中论道：“学以理论或知识为目的”，而“术”则“论述处理实际问题之手续、方法”，是对“学”的实际应用；“论理一科，兼带学、术”[②]。

（三）对“论理学”的异见与“屈从”

1. 格致学

1883 年 4 月，东京岳山楼刊行清野勉（1853 ~ 1904）著《格致哲学绪论》。清野认为，译名“论理学”容易使初学者“专注于论词，误认为 Logic 只是论说学”[③]，所以“将 Logic 译作论理学，乃全然颠倒目的与手段之缪见”，有“伤此学之面目”[④]。他主张将 Logic 译作“格致哲学”，简称“格致学”[⑤]。依其训释，“所谓格致，穷格极致之格致，一名穷极”，即“为学之人心作用之义”，亦即“要在探讨事物之理，或以此理（已探得之理）解明训示其他理或事实之人心作用之义”[⑥]。此译名可谓与西周的“致知学”异曲同工。不过，此时“论理学”一名已为世人耳熟能详，无论清野的训义如何精深，译名如何达意，终难得到广泛响应。不久，清野本人也放弃了重定译名的努力，接受了“论理学”一名，1892 年 3 月他在东京金港堂书籍会社出版的论理学著作，即题名《演绎归纳论理学》，此后刊行的诸多著作也都以“论理学”命名。

值得注意的是，清野在该书例言中指出：“盖论理学之本干固唯一也，不可有东洋西洋之异，但至于其应用，则不可一意望之于欧西之著作。如演绎法论理，与言语之方法、文章之体裁尤有密切关系。我邦有固有言语、文章之方法、体裁，不可不利用此言语、文章之体裁，讲求其实际应用之道。”此可谓构建有日本特色逻辑学之先声。

2. 洛日克

1886 年 11 月，西村茂树作《洛日克与因明之异同》一文，对 Logic 采用了音译名“洛日克”：

> 洛日克（Logic）初兴于希腊，后行于欧罗巴诸国，西人解洛日克有诸说：或曰明思想之法则，或曰论辩之术，或曰推理之术，或曰发现真理之

---

① 中江兆民：《理学钩玄》，（东京）集成社 1886 年版，第 70 页、第 71 页。

② 清野勉：《归纳演绎论理学》，（东京）金港堂书籍会社 1892 年版，第 9 ~ 10 页。

③ 清野勉：《格知哲学》，（东京）岳山楼 1883 年版，第 192 页。

④ 清野勉：《格知哲学》，（东京）岳山楼 1883 年版，第 193 ~ 194 页。

⑤ 清野勉：《格知哲学》，（东京）岳山楼 1883 年版，第 250 页。

⑥ 清野勉：《格知哲学》，（东京）岳山楼 1883 年版，第 204 ~ 205 页。

法。以此等之说，可知洛日克为何物。[①]

西村此文乃为反驳入江文郎（曾任“大学教授”）将“洛日克”与因明视为同一的观点而作，认为“印度之因明、西国之洛日克，乃各自分别之发明，决非同源者也”[②]，“自因明与洛日克性质而言，两者亦决非同一者也”[③]。文中还论及中国古代“公孙龙之学”，认为“公孙龙之白马非马论、指物论、坚白异同辨等，为其著名者，与因明、洛日克相似”，“若十分发达，必至于因明、洛日克之地位”，但在起源上与其他两者并无关系，它乃是古代中国人的独自发明[④]。

后来，西村也采用了“论理学”译名，1890 年 4 月在学士会院做关于日本教育的讲演时，即称 Logic 为“论理学”：

> 教育中发现开发法，与论理学中发现归纳法相同，皆近代之事……[⑤]

“论理学”一名之强势，由此可见一斑。

四、“论理学”之入华

1903 年，管学大臣张百熙在议奏湖广总督张之洞等奏次第兴办学堂折中称：

> 至于名学一科，中国旧译为辨学，日本谓之论理，与哲学判分两派，各不相蒙，其大旨主于正名实，明基非，尚无他弊。盖哲学主开发未来，或有骛广志荒之弊，名学主分别条理，迥非课虚叩寂之谈。[⑥]

显然，时值 1903 年，日译学名“论理”已进入中国官方语用实践之中。亦即说，学名“论理”的传入当是在 1903 年之前。

总体说来，日译学名“论理学”正式传入中国，乃是中日甲午战争之后的事情。1897 年，康有为编成《日本书目志》，1898 年由上海大同译书局刊行。其卷二“理学门”部分收录的日本逻辑学书目有 24 种。其中，除西周译《致知启蒙》、日下部三之介著《会议论法》之外，其余书目均以“论理”题名，如平沼淑郎著《通信教授论理学》、清野勉著《论理学》、三宅雄次郎编《论理学》、文部省藏板《论理学》等。[⑦]

---

① 西村茂树：《洛日克与因明之异同》，日本弘道会编纂：《西村茂树全集》第二卷，（东京）思文阁 1976 年版，第 144 页。

② 日本弘道会编纂：《西村茂树全集》第二卷，（东京）思文阁 1976 年版，第 149 页。

③ 日本弘道会编纂：《西村茂树全集》第二卷，（东京）思文阁 1976 年版，第 150 页。

④ 日本弘道会编纂：《西村茂树全集》第二卷，（东京）思文阁 1976 年版，第 149 ~ 150 页。

⑤ 西村茂树：《日本教育论续》（1890 年 4 月学士会院讲演），日本弘道会编纂：《西村茂树全集》第二卷，（东京）思文阁 1976 年版，第 458 页。

⑥ 朱有瓛主编：《中国近代学制史料》第二辑上册，华东师范大学出版社 1987 年版，第 66 页。

⑦ 康有为编：《日本书目志》卷二，（上海）大同译书局 1898 年版，第 74 ~ 75 页。

甲午战争后，中国掀起“西学东游”热潮。许多中国士人游历日本，并以日记、考察报告等形式向国人介绍日本教育情况。这些文本成为学名“论理”入华的重要载体，如：1900 年 3 月刊于福州的沈翔清所撰《东游日记》关于高等师范学校课程记述中有“哲学心理論理哲学史”①；1901 年关庚麟所作《参观学校图说》“官立高等师范学校”预科教学科目中有“論理学”②；1902 年 10 月日本三省堂出版的京师大学堂总教习吴汝纶《东游丛录》的《学科课程表》中，亦录“高等学校”课程“論理及心理”、帝国大学文科大学哲学科课程“論理学及認識学”③；1903 年正月江南高等学堂发行的缪荃孙撰《日游汇编·日本考察学务游记》所记“高等学校大学预课”科目中，也有“論理及心理”。

学名“论理”之入华并发生实际影响，终究有赖日本专业书籍的翻译。最早从日本翻译西方逻辑学书者，当首推杨荫杭（1878～1945）。他以日文逻辑学著作为底本，于 1901 年译成《名学》一书，光绪二十八年（1902）年五月在东京日新丛编社出版，同年又在上海文明书局再版，易名《名学教科书》。杨荫杭虽沿用了严复创译的“名学”，却开启了中国翻译日本逻辑学书之先河。

最早在哲学译著中引进“论理学”的，当是陈鹏译《理学鉤玄》一书。该书于光绪二十八年（1902）七月在上海广智书局出版，三卷两册，原著者是日本近代著名学者、思想家中江兆民（笃介，1847～1901）。书中便有“论理学”内容。而最早在逻辑学专书中引进“论理学”的，则当首推《译书汇编》1902 年 10 月刊载的汪荣宝（1878～1933）译高山林次郎著《论理学》。同年 12 月，上海文明书局出版林祖同译《论理学达旨》。该书原为 1889 年日本哲学书院出版的日本学者清野勉著《归纳法论理学》。自此以迄民初，以“论理”题名的逻辑学书有颇多，兹摘列如下：

1. 《论理学问答》，富山房编、范迪吉等译，上海：会文学社，1903 年。

2. 《论理学讲义》，服部宇之吉著，东京：合资会社富山房，1904 年 8 月。

3. 《论理学》（初级师范学校教科书），商务印书馆编译所编纂、杨天骥校订，商务印书馆，光绪三十二年（1906）三月。

4. 《论理学》，高岛平三郎讲授、江苏师范编辑，江苏宁属学务处、江苏苏属学务处发行，光绪三十二年（1906）四月。

5. 《论理学》，大西祝著、胡茂如译，上海：泰东图书局，1906 年。

6. 《论理学教科书》，宏文学院编辑、宏文学院教授、女子大学教授高岛平三郎讲述，金太仁作译，东京：东亚公司发兑，1907 年 8 月。

---

① 沈翔清：《東遊日记》，福州 1900 年版，第 34 页。

② 该图说后经增补，易名《日本学校图论》，于 1903 年出版。“论理学”见于图论第 68 页。

③ 吴汝纶编：《东游丛录》，（东京）三省堂 1902 年版，第 12 页、第 53 页。

7.《最新论理学教科书》，服部宇之吉著、唐演译，上海：文明书局，光绪三十四年（1908）五月。

8.《论理学》，韩述组编辑，上海：文明书局，光绪三十四年（1908）八月。

9.《论理学讲义》（*Lectures on Logic*），蒋维乔编，上海：商务印书馆，1912年3月初版，1924年1月七版。[①]

10.《师范学校适用新制论理学》，姚建猷编辑，上海：中华书局，1916年10月。

11.《中华论理学教科书》，顾公毅编译，中华书局印行，1921年12月。[②]

12.《师范学校用论理学纲要》（*Essentials of Logic*），高山林次郎原著、李信臣译述，上海：商务印书馆，1925年5月初版。

"论理学"来华并形成很大势力，不仅在于大量的译自日本的逻辑学书本身，更在于这些书几乎都是作为教科书被用于最正规的文化传承机制——学校教育。而承担逻辑学教育的首先是应聘来华的日本教习，其中最需一提的就是服部宇之吉（1867～1939）。清末"新政"的第一举措是重开京师大学堂。在新任管学大臣张白熙、总教习吴汝纶的运作下，日本东京帝国大学文科大学教授、文学博士服部宇之吉应聘，于1902～1909年在京师大学堂任师范馆正教习，主讲心理学、伦理学、逻辑学等课程。他自1904年正月起，开始讲授逻辑学，并将其讲义稿本"稍事润色"，撰成汉文《论理学讲义》，于1904年8月交东京合资会社富山房出版，1905年12月再版。该书版权页注"清国专卖所劝学会分社"（上海英租界河南路）字样。亦即说，该书是面向中国发行的。其凡例云：

> 一、予之以论理学讲授京师大学堂师范馆学生也，自本年正月始。中国既无适宜之课本，东西文课本又未便遽用之。盖学生虽颇解东文，然其程度不齐。西文则各随所好，或英，或德，或法，不划一也。故讲义皆予自草创而编辑之……
>
> 二、予讲论理学，本定每星期四小时，约六月而可讫。然其间须经助教习之口译，则钟点不啻减其半矣。故本书止揭论理学最要纲目，其余则均在讲堂讲解铺陈之。

---

① 该书卷首小字云："商务印书馆出版《论理学纲要》一书，系日本文学士十时弥君原著，彼国福冈县教育会夏期讲习会尝取为教科书，请文学博士中岛力造君讲演。今即以中岛君之讲义译出，供本社讲义。惟原书中语过繁冗者，加以删节，以期简明。或有语焉不详者，更增补之。或引喻不适我国人者，改用适当之语。至《论理纲要》中已详者，则不再引申。略者，更补述之。读者宜与《论理学纲要》参看，则可互相发明矣。"

② 该书《编辑大意》云："本书系取日本大濑甚太郎、立柄教俊合著之修订论理学教科书，编译而成。其原本根据（1）*The Logical Bases of Education*；（2）*Elements of Logic* 二书甚多。""本书编译时，求其内容完备，有据日本今福忍及纪平正美诸氏书改译原本之处。"

三、……予每讲讫一节，辄多发题目，所以使学生悟运用之妙也……①

服部在京师大学堂师范馆教授论理学的情形，由此可略见一斑。

服部来华任教之所以最需一提，主要是因为：第一，它生动体现了西方近代论理学自日入华的文化传播路径。第二，这一传播过程是通过最正规的文化传承机制——学校，而且是学校中的首善之府——京师大学堂展开的。第三，他是清末应聘来华的第一位真正学者。第四，他在教学实践基础上，又有汉文论理学专著问世。其在伦理学、心理学传播上的地位亦同此理。

1908 年，韩述组编辑、出版了《论理学》一书。其凡例第二则云：

是篇纲目，悉因京师大学教授日本文学博士服部先生之论理学讲义，取其繁简适宜，条理井秩，便于学者肄习。惟原书只列最要纲目，本篇特逐条详为解释；且原书因授课日促，故归纳法中，所讲甚略，本书特加增之。务使学者备得应用之术。（他书中易明之例，本书亦间采取。）②

亦即说，韩述组作为京师大学堂师范馆的学生，乃受服部宇之吉的亲传；而他所编辑出版的《论理学》，既是时韩氏的学习成果，也是服部的教学成果。

当然，其他地方也有日本教习讲授论理学。如：1906 年，北洋大学堂暑假后设“师范科”，因师资短缺，权请直隶提学使顾问官日本哲学博士渡边龙圣为名誉教员，讲授生理、心理、论理、教育学、教授法、管理法诸科。渡边龙圣本是日本高等师范学校教授，1902 年应聘来华，任直隶师范学堂总教习。直隶师范学堂“是全国最早设立的师范学堂之一，招聘的日本教习最多，先后有 23 人。”③ 当时，各地多办师范学堂，而逻辑学是师范必修课，如果没有日本教习，则教学科目是很难完备的。

面对来势猛烈的日译“论理学”，也有人坚持沿用严译“名学”。1903 年上海文明书局出版的汪荣宝、叶澜编《新尔雅》即两名并用。其《释名》篇有述：

论人心知识之用于推知者。谓之名学。亦谓之论理学。察一曲而知全体者。谓之内籀名学。亦谓之演绎论理学。据公理以断众事者。谓之外籀名学。亦谓之归纳论理学。④

宣统三年（1911）四月科学会编译部刊行陈文编《中等教育名学教科书》凡例云：

一、英语 Logic，旧译“辨学”，和译“论理学”，侯官严先生译为“名

① 服部宇之吉：《论理学讲义》，（东京）富山房 1904 年版，凡例第 1 页。

② 韩述组编：《论理学》，（上海）文明书局 1908 年版，凡例第 1 页。

③ 刘宏：《中国近代教育改革中的日本影响——以直隶省师范、军事学堂为例》，《河北大学学报》（哲学社会科学版），2004 年第 2 期，第 15 页。

④ 汪荣宝、叶澜编纂：《新尔雅》，（上海）文明书局 1903 年版，第 75 页。

学”。然以严译为善，今从之。

一、名学学语，近已分为二派：一严译，一和译。然严译自是汉文的义，非和译所能及。今本书从严译者十居八九。惟严书所无，及“积极”、“消极”、“肯定”、“否定”等字样，和译较为真切者，始从和译。①

经过短暂、零星的抵抗，“名学”成为陈迹，“论理学”一名得势。1921 年上海世界书局出版的郝祥浑编辑《百科新词典》：

【论理学】(Logic)　研究思想底形式的法则就是概念，判断，推论和研究法等的学问，叫论理学。②

1926 年商务印书馆出版樊炳清编纂的《哲学辞典》，是中国第一部哲学专业辞书。其中 Logic 的译名也被确定为“论理学”③。

就这样，19 世纪末、20 世纪初，“论理学”一名通过中国人的日本教育考察、汉译日书、来华日本教习等渠道传到中国，很快取代艾约瑟厘定的“辨学”、严复厘定的“名学”等，成为占据主导地位学科名，直到 20 世纪 40 年代以后其地位才逐渐被严复厘定的音译名“逻辑”所取代。不过，时至今日，“论理”仍然作为“逻辑”的别名，保留在一些主要的汉语词典、英汉词典之中。

第三节　伦理学

伦理学（Ethics）是哲学的一个分支，是关于道德的学问，亦称道德学、道德哲学（Moral Philosophy）或道德科学（Moral Science）。

在西方，Ethics 一词源于希腊语，一为 ēthika，今所谓伦理学之义；一为 ethos，风俗、习惯之义；一为 ēthos，人性、人格之义。亚里士多德将 ēthos 视为 ethos 的产物，结合 ethos 论述 ēthikē aretē（伦理之德）。这些词汇进入古罗马以后，转变为不同的文字表记：mos（复数 mores）指风俗；moralia 指道德、伦理等，此为英文 Moral 等近代欧洲各国词汇之源。④ 亚里士多德之子尼各马可依乃父译稿编辑而成的 *Ethika Nikomachea*（《尼各马可伦理学》，约成书于公元前 335 ~ 前 323 年）为西方最早的伦理学专著。

在中国，“伦理”一词古已有之。一谓事物的条理。《礼记·乐记》：“乐者，

---

① 陈文编：《中等教育名学教科书》，（上海）科学会编译部 1911 年版，凡例第 1 页。

② 郝祥浑编：《百科新词典》，（上海）世界书局 1921 年初版，1926 年五版，第 216 页。

③ 樊炳清编：《哲学辞典》，（上海）商务印书馆 1926 年版，第 902 页。

④ 此段参见石塚正英、柴田隆行监修《哲学·思想翻译语事典》，（东京）论创社 2003 年版，第 289 页。

通伦理者也。”郑玄注：“伦，犹类也。理，分也。”一谓人伦道德之理，即人与人相处的各种道德准则。汉贾谊《新书·时变》：“商君违礼义，弃伦理。”“道德”亦是古典词，指人们共同生活及其行为的准则和规范。《韩非子·五蠹》：“上古竞于道德，中世逐于智谋，当今争于气力。”《后汉书·种岱传》：“臣闻仁义兴则道德昌，道德昌则政化明，政化明而万姓宁。”

中国自古有着丰富的伦理道德思想，但无“伦理学”、“道德学”之名。此类学名，乃是在西学东渐之际，中日两国迎受来自西方的 Ethics、Moral Philosophy、Moral Science 的结果。

一、明末晚清中国：从“厄第加”到“道义学”

早在 17 世纪，西方的伦理、道德之学即见于所谓“早期汉译西书”。艾儒略撰《西学凡》，1623 年刻成，后由李之藻编为《天学初函》第一册。《天学初函》于 1628 年刻成，流播广远[①]。其中述及伦理学：

> 修齐治平之学，名曰厄第加者，译言察义理之学。复取斐录之所论物情性理，又加一番学问，是第五家。大约括于三事：一察众事之义理，考诸德之根本，观万行之情形，使知所当从之善、当避之恶，所以修身也；一论治家之道，居室处众资业孳育，使知其所当取、所当戒，以齐家也；一区别众政之品节，择贤长民，铨叙流品，考核政事，而使正者显庸邪者迸弃，所以治天下也。[②]

其中，“厄第加”当为拉丁文 Ethica 的音译，而“修齐治平之学”和“察义理之学”则是 Ethica 的意译。依《西学凡》所述，该门学问乃是 philosophia（理学、理科）之一支，包括“修身”、“齐家”、“治天下”三部分。

该时期译介西方伦理学成就最高者，当推高一志。他撰有《修身西学》、《齐家西学》、《治民西学》。高一志《修身西学》卷之一《义礼西学大旨》记述“西庠费罗所非亚”（即西方学校所传授的 philosophia）的基本构成：

> 学分二派，一曰性理之学，一曰义礼之学。性理者，指物之内蕴，而穷其妙者也。义礼者，指身之极诣，而欲其妙者也。性理言知；义礼兼言行。余尝云：性理之学照人心了然喜；义礼之学照人心独善兼善，喜未可言喻也。二三友人陈性理之学矣，余进而述义礼之学焉。[③]

---

① 李之藻编：《天学初函》第一册，（台北）台湾学生书局 1965 年影印版，第 21～60 页。

② 艾儒略：《西学凡》，杭州 1623 年版，第 7～8 页。

③ 高一志：《修身西学》卷之一，古绛景教堂 1630 年版，《义礼西学大旨》第 1 页。

“性理之学”当指自然哲学或物理学；“义礼之学”当指伦理学。《修身西学》开宗明义曰：

> 所贵义礼之学者三：曰身，曰家，曰国。人生非止为己生也，兼为家国。然必为己而后可以为家国也，则身之先修焉必也。盖诸实学繇内及外，繇近及远。修身者，剖诸义礼、诸德之源也。正邪善恶之界，各识所当取、所当避焉。进而齐家，有居室、生殖、畜养之事，各识所当取与弃焉。进而治国，有王公、群臣、兆民之宜，各明所当从与戒焉。①

此外，在《齐家西学》第三卷第十五章“西学”部分，高一志对西方的“厄第加”做了简单绍述：

> 厄第加者，译言察义礼之学也。其务不外乎三者：先以义礼修身，次以身齐家，终以家治国是也。②

1631 年问世的李之藻、傅汎际译《名理探》中有云：

> 韫艺复分为二：一属辨学，其本分在制明悟之作用；一属修学，其本分在制爱德之作用。修学又分有三：一在克己，西云“额第加”；一在治家，西云“额各诺靡加”；一在治世，西云“薄利第加”也。③

其中“额第加”与“厄第加”音同，当为拉丁文 Ethica 之音译，意译“克己”；“额各诺靡加”为 Oeconomia 音译，意译“治家”，即今之所谓经济学；“薄利第加”为 Politica 音译，意译“治世”，即今之所谓政治学。

很显然，在明末汉文西书中，Ethica 概念的把握不尽相同。在艾儒略的《西学凡》与高一志的《修身西学》、《齐家西学》中，Ethica 乃修齐治平之学，包括今之所谓伦理学、经济学、政治学；在傅泛际的《名理探》中，修齐治平之学则被统称为“修学”，而 Ethica 则仅为其中一支，与治平之学并列。

不仅如此，高一志的《齐家西学》亦含《童幼教育》。此部分曾出单行本，“寓菴居士韩霖”作《童幼教育序》，有云：

> 西儒高则圣先生，居东雍八年，所著天学之书以实属。其厄第加之学，译言修齐治平者，为斐录所费亚之学之第五支，童幼教育又齐家中之一支也。④

亦即说，在高一志那里，Ethica 还包括教育学的内容。

在晚清的新一轮西学东渐之际，Ethics 及相关词条首先出现在早期英华词典中（参见上编第二章第二节）。此外，许多汉译西书中也可见 Ethics 等词的译名。

---

① 高一志：《修身西学》卷之一，古绛景教堂 1630 年版，第 1 页。

② 高一志：《齐家西学》第三卷，古绛景教堂 1630 年版，第 15～17 页。

③ 李之藻、傅汎际译：《名理探》卷一，杭州 1631 年版，第 9 页。

④ 钟鸣旦等编：《徐家汇藏书楼明清天主教文献》第一册，（台北）辅仁大学神学院 1996 年版，第 239 页。

性理 1864年，丁韪良译《万国公法》于北京刊行。其中有云：

布氏门人，以公法之学为性理之一派。盖视为人人相待之性法，而推及诸国交际之分也。[①]

其所据美国人亨利·惠顿（Henry Wheaton，1785～1848）所著 *Elements of International Law* 原文为：

The public jurists of the school of Puffendorf had considered the science of international law as a branch of the science of ethics. They had considered it as the natural law of individuals applied to regulate the conduct of independent societies of men，called States. [②]

"性理"一词，古已有之，盖有三义：一指生命的原理或规律。《后汉书·赵咨传》："王孙裸葬，墨夷露骸，皆达于性理，贵于速变。"一指性情、情绪和理智。《世说新语·文学》："（习凿齿）后至都，见简文，宣武问见相王如何。答云：'一生不曾见此人。'从此忤旨，出为衡阳郡，性理遂错。"一指人性与天理，即宋儒开创的性理之学。宋陈善《扪虱新话·本朝文章亦三变》："唐文章三变，本朝文章亦三变矣，荆公以经术，东坡以议论，程氏以性理，三者要各自立门户，不相蹈袭。"在《万国公法》中，"性理"被用来对译 Ethics。

论人行 1873年，羊城的小书会真宝堂刊行了入华德国传教士花之安（Ernst Faber，1839～1899）所撰《大德国学校论略》一书。其述德国"太学院""智学"科中的一"课"有云：

六课论人行，有三，即论福之所以为福，第一情福，即寓世之五福；第二以不迷本性为福，即克胜诸欲是也；第三以归源上帝，冀获天福为福。第二与第三大同小异，在第二则有数说，如讲本分一属自己，二属身外，即人中五伦并世间所有者，三向上帝之本分所应行。凡各端，均释明本分之所以为本分。若不能指出其所以然，则不是性理。第三论善德，即人之所目为善举并察厥德须根于真理。

伦学 1898年，《光绪二十四年中外大事汇记》（版心名曰《格致汇第十一》）所载中西格致异同考一文有云：

理学而深之，则为心学，首言心之体，次言心之用。心学明，乃有伦学。伦学者，修齐治平之学也。[③]

其中，"伦学"当伦理学，而且其"修齐治平之学"之释义，仿佛明末汉文西书《西学凡》中的译名之重现。

---

① 丁韪良译：《万国公法》卷一，京都崇实馆1864年版，第5页。

② Henry Wheaton, *Elements of International Law.*（Boston：Little，Brown and Company，1855）pp. 9～10.

③ 《光绪二十四年中外大事汇记·中西格致异同考》，（上海）广智报局1898年版，第9页。

道义学、是非学　1902 年，由入华新教传教士创建的中国教育协会（The committee of the Educational Association of China）厘定、编纂的 *Technical Terms, English and Chinese*（《英华专业用语》）中收有 Ethics 一条，译名“道义学，是非学”①。

上述学名，早已成为历史陈迹。如今所用“伦理学”一名，乃由日本传来。

二、明治日本：从“名教学”到“伦理学”

汉字文化圈关于西方伦理学的译介及其近代伦理学的构筑，乃由明治初年日本人重开纪元。随着“文明开化”风潮的涌起，西方近代教育和学问的引进全面展开。在此过程中，Ethics 和 Moral Philosophy（Science）获得了诸多译名。

（一）名教、名教学

在近代日本，从专学角度为 Ethics 和 Moral Philosophy 的厘定译名者，当首推西周。在 1869 年阴历四月制定的《德川家沼津学校追加规则书》中，西周将「泰西名教（エチック）大意」② 列入学校课程。其中，片假名エチック为 Ethic 之音译，“名教”为意译。

翌年，在《百学连环》讲义中，西周又将 Ethics 和 Moral Philosophy 的汉字学名厘定为“名教学”。他讲述道：

> Ethics（名教学　中略）英之 usage（风俗）也。罗甸语又谓 Moral Philosophy（名教学）。Moral 之语为自 mos 之字生者，即英之 custom（风俗）也。虽有此二名，皆为同一意义。名教者自习而起，（中略）以人之风俗为名教之元。③

在论列“名教学”所要解决的基本问题之后，西周又将西方的 Ethics 与中国的儒学做了对比，认为：

> 此名教学与所谓汉之儒学大处相同，仅于小处有异。④

他总结出二者的四点不同：其一，人伦之序不同。“孔子之道”为（中略）夫妇→父子→君臣；西洋“名教学”为夫妇→父子→兄弟→君臣。其二，前者男尊

---

① The committee of the Educational Association of China: *Technical Terms, English and Chinese*, Shanghai: Printed at the Presbyterian Mission press. 1904. p. 157.

② 大久保利谦编：《西周全集》第二卷，（东京）宗高书房 1981 年版，第 474 页。

③ 大久保利谦编：《西周全集》第四卷，（东京）宗高书房 1981 年版，第 159 页。

④ 大久保利谦编：《西周全集》第四卷，（东京）宗高书房 1981 年版，第 160 页。

女卑，妻妾不定；后者“一夫一妻”，“夫妇相亲”。其三，“唯汉儒以孝弟为人道之基”。其四，汉儒不说“人民生养一事”、“social 即相亲之道”，而“以君主臣民为先”。[①]“名教”为汉籍古典词，指以等级名分为核心的礼教。《世说新语·德行》：“欲以天下名教是非为己任。”

（二）性理学

在日本近代文本中，以此词作为伦理、道德学名的，当首推 1869～1870 年（东京）大学南校出版绪方正《经济原论》[②] 卷三。其“经济学要旨”部分述道：

> 亚当·斯密于格拉斯加（苏格兰都府之名）大学讲此学时，尚如性理学之一枝派。其后公于世之《富国论》书中之事，始亦口授予弟子等，为讲性理学之一手续。
>
> 性理学专勉力于正心性之事，故称扬善行。[③]

译者绪方正还在卷三加按语云：

> 所谓以道之交，父子之亲、君臣之义、夫妇之别、朋友之信、长幼之序，即关性理学者。所谓因利而交，有无相通，缓急相救，即涉经济学者。[④]

该书后来又有太政官史官本局译本，题名《彼理氏著理财原论》（一名《经济学》）上下两册，1876 年 11 月由须原量坪刊于东京。绪方正所译“性理学”，在此改称“修身学”。显然，绪方译“性理学”和史官本局译“修身学”，名异实同，均今之所谓伦理学。

“性理学”一名，亦见于 1874 年 7 月书林·西山堂刊小川为治编《学问之法》（全 4 帙）初帙第 16 页。其所述也是关于亚当·斯密的内容，“性理学”一名当为绪方译本之沿用。

1872 年《学制》规定的中学教科中有“性理学大意”，盖指道德、伦理之学。

丁韪良译《万国公法》（1864 年刊于北京，迅即东传日本）第一章第七节中有“不氏门人以公法之学为性理之一派”之语。日本人的语用与此不无渊源。

---

① 大久保利谦编：《西周全集》第四卷，（东京）宗高书房 1981 年版，第 160～163 页。

② 该书共 7 册，绪方正、箕作麟祥合译，引文部分为绪方正译。所据原书为美国 Arthur Latham Perry（1830～1905）著 *Element of Political Economy*，1867 年刊于纽约。

③ 绪方正译：《经济原论》卷三，大学南校 1870 年版，第 1 页、第 3 页。

④ 绪方正译：《经济原论》卷三，大学南校 1870 年版，第 6 页。

（三）劝善学

1871年秋，名古屋学校刊行箕作麟祥译述《泰西劝善训蒙》[①]，全三册。其第一篇开宗明义：

劝善学，人之务之学，其本旨在使人行善。

人之务，谓人之当为。行人之务，谓为劝善学之所教，而避其所禁。[②]

1873~1875年，（东京）中外堂又刊箕作麟祥译述《泰西劝善训蒙后篇》，全八册。《后篇》乃摘译1866年刊行于美国纽约的Hubbard Winslow（1799~1864）著*Moral Philosophy*，并“参考他书”而成[③]。后来，他又“抄译”1868年美国纽约刊行的Laurens Perseus Hickok（1798~1888）著System of Moral Science中的“国政论之一部”[④]，作《泰西劝善训蒙续篇》（全四册），于1874年由爱知县二书房出版。很显然，箕作的“劝善学”，乃是Moral Philosophy和Moral Science的汉字译名。

需要注意的是，在1873年6月所作《后篇》绪言中，箕作麟祥也采用了“修身学”这一译名。其述曰：

余尝译《劝善训蒙》一书，已公之于世，示泰西修身学之梗概（下略）。

可以说，“劝善学”和“修身学”，箕作是兼而用之的。

（四）修身学

最早以此题名的道德之书为山本义俊译述《修身学训蒙》，1873年5月（东京）咏诚堂出版。同年6月，淮兰德（Francis Wayland，1796~1865）原著、山本义俊译述的《泰西修身論》（全三卷）出版（出版者不明）。其卷之一凡例述曰：

此书原名Element of Moral Science，即修身学问之义也。[⑤]

Moral之语，汉有心学、正经、端正、善良、劝善等数译，然皆不能尽其义，故今暂假心学之字而填之。盖心学者，犹谓人之所为，当为人之所当为、人固不可不为。[⑥]

夫修身学者，所谓形而上者，毕竟是仁义性理之说也。[⑦]

---

① 原作者为Louis Charles Bonne。

② 箕作麟祥译：《泰西劝善训蒙》第一册，名古屋学校1871年版，第1~2页。

③④ 箕作麟祥译：《泰西劝善训蒙》第一册，名古屋学校，绪言。

⑤ 山本义俊译：《泰西修身论》卷之一，（东京）咏诚堂1873年版，凡例第1页。

⑥ 山本义俊译：《泰西修身论》卷之一，（东京）咏诚堂1873年版，凡例第7~8页。

⑦ 山本义俊译：《泰西修身论》卷之一，（东京）咏诚堂1873年版，凡例第9页。

（五）崇行

1873 年 10 月，中村正直在为保田久成译《修身学初步》（东京：三报舍 1873 年 10 月）所作汉文序中披露道：

余亦欲訳修身書之類。名曰《西国崇行篇》。未竟功緒。

亦即说，中村曾将 moral 译作“崇行”。只因该项译业未竟，此一译名不传。在同一序言中，中村还申明自己关于西方伦理、道德之学的认识：

夫修身学有二種。一止論人倫。一首論神人之倫。

依保田久成在《修身学初步》绪言（1873 年 5 月）中介绍，该书原为美国《神学师》淮兰德所著 Moral Science。保田称，“此书要旨，在使人进善避恶”，他译述此书的目的在于“供童蒙妇女之庭训，使人知劝善之道”。

（六）伦理学

近代日本最早以“伦理”题名的著作，当推 1874 年（福山）明六舍刊行的河村重秀编《伦理略说》。其“绪言”曰：

会惟新之盛运，天下改其面目，百般日新。就中如修身学，亦新闻日出，诚为可愕。然若不因其国体而稍加取舍斟酌，不能复无扞格（中略）。近世修身书中分父子，为父之务与子之务，长幼之序云兄弟姊妹之务；或有人间交际，人人互相之务等，称呼细密；又将夫妇措于父子之上，皆近世之体裁，然理固一贯，故姑编记五伦之目次，欲被开化之余光，求教中学之益……

可见，该书是按“近世之体裁”写成的“修身书”，只是“因其国体而稍加取舍斟酌”而已。虽非译著，但其所谓“伦理”亦可视为 Ethics 或 Moral 之学的译名。

1881 年 4 月，东京大学三学部印行井上哲次郎等编《哲学字汇》：

Ethics 倫理学　按、礼楽記、通于倫理、又近思録、正倫理、篤恩義
Moral philosophy/ Moral science 道義学

该译名为 1884 年 5 月东洋馆发行的改订增补版所沿用。

此外，井上哲次郎还著有《伦理新说》一书，乃依其 1881 年初在东京大学的授课笔记整理而成，1883 年 4 月由东京的酒井清造刊行。井上在绪言中阐述道：

凡讲伦理之法有二种：第一，以伦理为人之当守之纪律，绝不论其根底；第二，以伦理为天地间一种之现象，论其有无如何。此篇本于第二之主义，论何为道德之基址。道德之基址，善恶之标准之谓也。

很显然，其所谓“伦理”，就是《哲学字汇》所对译的 Ethics。以井上哲次郎的

名望，《伦理新说》一书无疑对学名“伦理”的确立有着决定性影响。日本近代著名哲学家井上圆了（1856～1917）即采此名，著有《伦理通论》，（东京）普及社1887年刊行。

赫然完整地以“伦理学”题名的著作，当首推中村清彦译、国府新作阅《珂氏伦理学》，1888年（东京）开新堂出版。译本凡例称：“哲学上之用语，依《哲学字汇》或先辈所定。”但其“伦理学”一名却未依《哲学字汇》。译本凡例申明，其所据原书为英国人 Henry Calderwood（1830～1897）著 *Hand-book of Moral Philosophy* 第13版，1886年于伦敦刊行。亦即说，中村的“伦理学”乃是 Moral Philosophy 的译名。

（七）道德学→德学

学名“道德”，早见于本节第一目所引西周《利学·译利学说》（1877年）之文，其称：“人性之作用”分“智”、“情”、“意”三个方面，对于“意”，“道德（モラル）（Moral）之学所以范之也”。至于最早以“道德学”题名的著作，则当推西村茂树译述《殷斯娄道德学》，1882年5月修身学社印行。所据原书为美国人 Hubbard Winslow（1799～1864，西村译“殷斯娄”）所著 Moral Philosophy; Analytical, Synthetical, and Practical（纽约：D. Appleton and Company1856年初版）。译文有云：

> 道德学者，讲明为人者之责任与职分之学也。①

西村茂树译述的《殷斯娄道德学》出版以后，又有以“道德”题名的著作问世，如：山口松三郎译《道德之原理》（东京：须原铁二等1883年7月初版，1884年2月再刊）②、松田正久译《布氏道德学》（东京：牧野书房1887年4月出版）等。其中，松田正久所据原书为德国人 Friedrich Wilhelm Fricke（1810～1891）所作，1872年刊行。松田译本“例言”称原书“于英国译之，题为《伦理学》”，“于佛国译之，题为《道德学》”③。

后来，西村茂树又撰伦理道德之学专著，1893年出版。该书行文中虽仍用“道德学”一名，但书名却是《德学讲义》。亦即说，西村茂树又为厘定了一个新的汉字学名——“德学”。

---

① 西村茂树：《殷斯娄道德学》，东京修身学社1882年版，第3页。

② Herbert Spencer（1820～1903）原著。

③ 松田正久译：《布氏道德学》，（东京）牧野书房1887年版，例言第3页。

（八）道学、彝伦学

西周在 1877 年 2 月所作《译利学说》中述道：

所谓道德之学有二：一曰谟罗尔（Moral），本篇中译道学、人道、道德之论等是也；一曰埃智哥（Ethic），本篇中译彝伦学。两者所岐，唯在大本与枝叶之别，而彝伦学则论涉乎行实动作之法者，其实一物二名。[①]

在古典汉籍中，“道学”同理学，即以程、朱等人为代表的以“理”为核心概念的学说体系。“彝伦”意即常道。《后汉书·蔡邕传》：“登天庭，序彝伦。”杨炯《大唐益州大都督府新都县学先圣庙堂碑文序》：“彝伦斁而旧章缺。”西周以之标识 Moral、Ethic 之学，应该说是他“百教归一”思想的具体体现。

需要注意的是，虽然西周强调“道学”和“彝伦学”“其实一物二名”，但毕竟在“名”的层面使 Moral 与 Ethic 开始发生了分化。

（九）人道学

1879 年 3 月，文部省刊行山成哲造译《和氏授业法》。该书所据原本为美国的 Alfred Holbrook（1816～1909）著 The Normal：or Methods of Teaching，1869 年第四版。该书第一篇有一庞大的“叙类知识即知学”系统图，其中 Ethics 译作“人道学”，属“宗教”，而“宗教”又属“神教”。[②]

其实，“人道学”一名也并非山成哲造的原创，前引西周《译利学说》的一段文字中即包含了“人道”，加之以“学”字，不过是“添枝加叶”而已。

“人道”，汉籍古义同“人伦”，指人与人的特定关系。《礼记·丧服小记》：“亲亲、尊尊、长长、男女之有别，人道之大者也。”亦指做人的道德规范。《周易·系辞下》：“有天道焉，有人道焉。”《史记·礼书》：“人道经纬万端，规矩无所不惯。”以之表 Ethics，应该说是合辙的。

（十）道义学

此名早见于《哲学字汇》，对译 Moral philosophy/Moral science。1885 年 1 月（东京）林包明（1852～1920）著并出版的《学理泛论》采用之。书中阐释道：

道义学（中略）即自学理上审明名为“道德教”或“纶理教”者，考究理论上错误与否之学也。[③]

---

① 西周：《译利学说》，西周译：《利学》，（东京）岛村利助 1877 年版，第 7 页。

② 山成哲造译：《和氏授业法》，（东京）文部省 1879 年版，第 10 页。

③ 林包明：《学理泛论》，（东京）林包明 1885 年版，第 72～73 页。

林包明依据汉籍《大学》之语，将人类的学问划为三大部分：一为“对物类别（格物致知）”，一为“对身类别（诚意正心修身）”，一为“对人类别（齐家治国平天下）”。各“类别”又称“门”，而“道义学”属“诚意正心修身门（对身门）”①。1886年6月，《学海泛论》于东京再版，出版人木村己之助。

1886年12月，北畠茂兵卫于东京出版的三浦应编《百科熟語辨》，将“道义学”和“道德学”作为Ethics译名。

总体说来，包括西周在内，人们一开始都将Ethics和Moral视为一物，后来才加以区分。此种区分以西周为二者分别厘定“道学”和“彝伦学”为开端，至《哲学字汇》以“伦理学”译Ethics，以“道义学”译Moral philosophy/Moral science，这种区分基本成为定局。至于“道义学”被“道德学”取而代之，不过是这一定局之中的一个小小变动而已。

人们创制的译名很多，最后稳固下来的是“修身（学）”、“道德（学）”与“伦理（学）”。其中，“修身（学）”和“道德（学）”被基本固定为Moral philosophy/Moral science的译名；“伦理（学）”被固定为Ethics的译名。而作为学校教科名目的则主要是“修身”与“伦理”。

有趣的是，Ethics和Moral Philosophy（Science）译名厘定经历了这样一个过程：初为“一实一名”，继而“一实二名”，最终“二名二实”。不仅如此，人们还对此“二名二实”进行了辨析。1888年10月文部省刊行的《伦理书》凡例：

> 道德之于伦理，关系虽密，但其间自有原理与法则之区别。伦理为原理，道德为法则。

亦即说，“伦理”是关于人与人之间关系的基本原则，“道德”是人与人之间关系的基本规范。以中国古语而言之，伦理为体，道德为用。

无独有偶，1890年2月，须永金三郎（1866～1923）在其所著《通俗学术演说》中的讲解，与文部省刊《伦理书》的阐释如出一辙：

> 此Moral之语，本自罗甸语mores传讹而来，有道德、容仪等意味，加之Philosophy即哲学、Science即科学等文字，成为Ethics之代用语，此似无疑，但其实决非可混用。盖道德与伦理，虽其关系极密，但其间自有原理与法则之区别。伦理为原理；道德不过为其法则而已……故为使初学者为其区别所迷，予今以Ethics为伦理学，以Moral Philosophy为道德学……②

与此相对，西村茂树则另有持论。他于1890年8月作《修身教科书说》（《修身教科書の説》）一文，散发给地方官员，文后“附言”论道：

---

① 林包明：《学理泛论》，（东京）林包明1885年版，绪言。

② 须永金三郎：《通俗学术演讲》（博文馆丛书第一册），（东京）博文馆1890年版，第98～99页。

> 近五六年间，有修身学、伦理学之名目，余不知其为何义。问某教育家，答曰：修身学宜用于小学科者，英语（Moral）之译语；伦理学宜用于中学以上者，英语（Ethics）之译语。若果如此，则此语用法大谬矣。Moral与Ethics同义，并无轻重之别，唯Moral出自拉丁语，Ethics出自希腊语，遂成二语。且伦理一语与Ethics不同，为支那之成语，支那已有其定义。明儒丘琼山解释之曰："人之所以异于禽兽者，伦理而已。何谓伦？父子、君臣、夫妇、长幼、朋友，五者伦序是也。何谓理？父子有亲，君臣有义，夫妇有别，长幼有序，朋友有信，此五者之天理是也。"故伦理，支那特色之道德，未闻西国有如此之学问。西国之Ethics中，虽不无伦理之教（不说君臣长幼等），其学之范围甚广，其所重不独在伦理，命之伦理学之名颇不适当。国人乃依译语判断其学问之性质，译语不当，关系甚大，此不赘辩。[①]

此段议论，要点有三：其一，Moral与Ethics只是语源有别，所指同一。其二，"伦理"与Ethics所指学问各有其特殊性，不能会通。其三，作为原则，学名须显所指学问之性质，否则会使人们对学问产生误解。尽管西村茂树固守"伦理"一词的东方本义，但终究阻挡不住它承载Ethics的意涵而演变为新语汇的大趋势。

19世纪末、20世纪初，"伦理学"一名通过各种渠道传入中国，虽一度遭遇"抵抗"，终究作为正式学名被接受下来。

三、"伦理学"之入华

总体说来，日译学名"伦理学"传入中国，乃是中日甲午战争之后的事情。

1897年，康有为编成《日本书目志》，1898年由上海大同译书局刊行。其卷二"理学门"列有"伦理学十七种"，后加按语：

> 中古之圣，不务远而务近，不谈鬼神而谈人事，故伦理尤尊。吾土之学，始于尽伦而终于尽制。所谓制者，亦以饰其伦而已。然春秋三世，具有变通。是时为帝而是非大相反，以至极相碍焉。如夫穷极万国，橅思百世，则其变益大，置数千年之风俗于无量劫中，岂能如寒暑之在一岁哉？若君主、民主之异，一夫数妻、一夫一妻之殊，非其倪之一端耶？然夏葛冬裘，当乎其时，不可少易。先圣因时立制，条理粲然，黔首惟有率从而已。[②]

康有为多半只是看到了日本书目，并未得到各书本文——他不通日文，得到

① 日本弘道会编纂：《西村茂树全集》第二卷，（东京）思文阁1976年版，第543页。

② 康有为编：《日本书目志》卷二，（上海）大同译书局1898年版，第80页。

各书也难能读懂。所以，从其按语来看，他对西方近代伦理学并无深透的认知与把握。

甲午战争后，中国掀起了“西学东游”的热潮，其间有数十种日本教育考察记问世。1899 年，姚锡光的《东瀛学校举概》刊于京师，这是晚清第一部官派专门考察日本教育的报告书。其中有云：

> 日本教育之法大旨，盖分三类：曰体育，曰德育，曰智育……言伦理，言修身，在德育也……①

1902 年 10 月，日本东京的三省堂刊行吴汝纶的《东游丛录》，这是清末级别最高、影响最广的官派日本教育考察记。其述日本帝国大学文科大学所设课程中即有“伦理学”②。

1902 年，王国维译《教育学教科书》，刊于《教育世界》第 25 ~ 29 号。译著所据原本为日人牧濑五一郎著《最新教育学教科書》，日本大阪三木书店 1900 年 10 月刊行，“二十世纪教科丛书”之一种。牧濑五一郎著《最新教育学教科书》后附《哲学小辞典》，亦为王国维译出，题名《哲学小辞典》。《哲学小辞典》原版依译名—原语—释义顺序排列，规模很小，其中既有“伦理学（Ethics）”一条。

和逻辑学在华传播一样，在西方伦理学自日入华方面，应聘到京师大学堂任正教习的日本学人服部宇之吉居功非小。光绪三十四年（1908）六月，商务印书馆出版了其编译所译述的服部宇之吉著《伦理学教科书》，其版权页所标英文名为 *Moral Science*。

清末以降，译自日本的伦理学书很多，其中最早的当推上海广智书局光绪二十九年（1903）五月出版的麦鼎华译《中等教育伦理学》。该书于光绪二十八年（1902）译成，蔡元培九月为之作序，原著为元良勇次郎（1859 ~ 1912）著《中等教育伦理讲话》，前编和后编，凡 2 册，东京右文馆 1900 年 2 月出版。麦氏译本颇应时需，初版当年九月再版，光绪三十（1904）年四月三版，光绪三十一年（1905）三月四版，光绪三十二年（1906）三月五版。

还须注意人物就是蔡元培（1868 ~ 1940）。他不仅早在 1902 年即为麦鼎华译《中等教育伦理学》作序，而且翻译数种颇有影响的伦理学书。己酉年（1909）九月，商务印书馆出版蔡元培编译的《伦理学原理》。该书所据，原为德国柏林大学教授泡尔生（Friedrich Paulsen，1846 ~ 1908）所著 *System der Ethik*。日本学者蟹江义丸（1872 ~ 1904）序论及 *Grundbegriffe und Principienfragen*（概念与原

---

① 姚锡光编：《东瀛学校举概》，北京 1899 年版，第 19 页。

② 吴汝纶编：《东游丛录·学校图录·学科课程表》，（东京）三省堂 1902 年版，第 15 页。

理）卷译成日文，题名《伦理学》，作为“帝国百科全书第24编”，于1899年2月由东京的博文馆出版。不久，蟹江又在其译作基础上，与藤井健治郎、深作安文合译泡尔生的 *System der Ethik*——蟹江译“序论”及“第二篇 伦理学原理”，藤井译“第一篇 伦理学史”、深作安文译“第三篇 德论及本务论”，题名《伦理学大系》，1904年5月由博文馆出版。[①] 至于蔡元培译本，则如其序所言：

> 今之所译，虽亦参考原本，而详略一仍蟹江氏之旧。蟹江氏之译此书也，曰取其能调和动机论、功利论两派之学说，而论议平实，不滋流弊也。今之重译，犹是意也。[②]

很显然，蔡译“伦理学”直接来自蟹江，与德文 Ethik、英文 Ethics 对译。不过，在蔡译《伦理学原理》版权页，却标有英文名 *Paulsen's Principles of Moral Philosophy*。亦即说，“伦理学”在此也与 Moral Philosophy 对译。

壬子年（1912）五月，商务印书馆出版蔡元培编纂的《订正中学修身教科书》，其版权页所标英文名为 *Ethical Readers for Middle Schools*。亦即说，在此书中，“修身”与 Ethical 对译。该书至1919年8月即出十二版，其传播之速、影响之大，由此可见一斑。1913年2月商务印书馆出版樊炳清（1877～1929）等编纂的《修身要义》，其版权页所标英文名为 *Essentials of Ethics for Middle Schools*，也是以“修身”对译 Ethics。该书为“中学校用共和国教科书”，初版后多次复刊，至1921年2月出十一版，其影响不言而喻。

1908年，清学部尚书荣庆聘严复为学部编订名词馆（或谓“审定名辞馆”）总纂，致力于学术名词的厘定与统一。此项工作，凡历三年，至1911年，积稿甚多。其中包括《伦理学名词对照表》（版心题曰《伦理学中英名词对照表》）[③]。该表以“伦理学”对译 Ethics，以“道德哲学”对译 Moral philosophy。[④] 该表虽未及公布即改元民国，但它足以表明，时值清末，学名“伦理学”、“道德哲学”已在中国被正式确定。

英国传教士李提摩太（Timothy Richard，1845～1919）、加拿大传教士季理斐（D. MacGillivray，1862～1931）撷取日本的《哲学大辞书》一小部分，编成 *A Dictionary of Philosophical Terms*，1913年于上海出版。其中，Ethics 及相关词条及其译名如下：

Ethical hedonism　　　伦理快乐说

---

① 蟹江义丸等译：《伦理学大系》，（东京）博文馆1904年版，序第1～2页。

② 蔡元培译：《伦理学原理》，商务印书馆1924年七版，序第2页。

③ 该表为学部编订名词馆所编《中外名词对照表》之一部分。据王蘧常编《严几道年谱》第79页：1908年“学部尚书鄂卓尔文恪公荣庆聘先生为审定名辞馆总纂。自此凡历三年，积稿甚多。”这些“积稿”后存于中华民国教育部。该表见于 http://www.cadal.zju.edu.cn/book/13052871/1。

④ 学部编订名词馆《中外名词对照表·伦理学名词对照表》，第1页。

Ethical idealism	伦理的唯心论
Ethical religion	伦理的宗教
Ethical theories	伦理学说
Ethico-esthetical idealism	伦理的美的唯心论
Ethics	伦理学①

而 Moral philosophy 则译作“道德哲学”，Moral science 译作“伦理学”②。

1926 年 5 月，商务印书馆出版樊炳清编《哲学辞典》（*Dictionary of Philosophy*）。这是中国人自主编纂的第一部哲学辞典。其中，“伦理学”一名的地位再次得以确认：

伦理学　英　Ethics，Moral science
　　　　法　Ethique
　　　　德　Ethik，Sittenlehre③

该辞典中亦收有“道德哲学”一条，对译拉丁文 Philosophia moralis，英文 Moral philosophy，法文 Philosophie morale，德文 Moralphilosophie。该条释义云：

> 与伦理学同。……今皆曰伦理学，罕有用道德哲学之名者。④

此后，虽然有张东荪著《道德哲学》（上海中华书局印行 1930 年）、黄方刚著《道德学》（上海世界书局 1934 年）、余家菊译《道德学》（上海中华书局 1935 年）、温公颐著《道德学》（上海商务印书馆 1937 年）等书问世，但它们绝非排斥“伦理学”一名。黄方刚申明道：

> “伦理学”原是英文 Ethics 的译名，这个名词现在已经很通行了。但这是我们中国原有的道德的学问，那么称他为道德学岂不很好？所以在本书内“伦理学”与“道德学”两个名词是绝对通用的，他们的意义是绝对相同的。⑤

温公颐在为《道德学》所作的自序（1936 年 7 月）中述曰：

> 余以为“伦理”与“道德”，名异而实同。“伦理”意指人与人相处之人群的道理，而“道德”一词亦然。江袤言：“道者人之所共由，德者人之所自得。”（焦竑《老子翼》卷七引）。许慎《说文》言：“外得于人，内得于己”之谓德，则“道德”之意，亦即指己立立人之理，方诸泰西 Ethics

---

① DR. RICHARD AXD DR. MAcGILLIVRAY, *A DICTIONARY OF PHILOSOPHICAL TERMS*. Shanghai: CHRISTIAN LITERATURE SOCIETY FOR CHINA, 1913. p. 22.

② DR. RICHARD AXD DR. MAcGILLIVRAY, *A DICTIONARY OF PHILOSOPHICAL TERMS*. Shanghai: CHRISTIAN LITERATURE SOCIETY FOR CHINA, 1913. p. 40.

③ 樊炳清编：《哲学辞典》，商务印书馆 1926 年版，第 452 页。

④ 樊炳清编：《哲学辞典》，商务印书馆 1926 年版，第 809 页。

⑤ 黄方刚：《道德学》，世界书局 1934 年版，第 1 页。

原意亦恰。“道德学”之名既与“伦理学”无若何违异，则选用之，当无不可也。（国人亦有已采此名者，如张东荪先生之《道德哲学》是。）①

时值今日，专业人士仍将“道德哲学”或“道德学”当作“伦理学”的别称，可谓所来有自。

第四节 “美学”与“审美学”

1750年，德国哲学家、教育家鲍姆加登（A. G. Baumgarten，1714～1762）所著Aesthtica（今译《美学》）一书问世，这是人类历史上第一部美学专著，美学从此成为一门独立学问，而鲍姆加登也因此被称为“美学之父”。Aesthtica一词即其首创，英文记作Aesthetics。19世纪，该词及其所指称的学问，于新一轮西学东渐之际，传入汉字文化圈（主要是中、日两国），获得诸多汉译名，最后定于“美学”，别称“审美学”，以至今日。

一、Aesthetics译名的三阶段

Aesthetics一词的汉译历程是在中、西、日文化互动间展开的。依译名的“身份”及载体不同，这一历程可分为三个阶段：

第一阶段为一般译词，载体为一般语学词典　据迄今所见资料，Aesthetics一词传入汉字文化圈，最早出现在晚清入华传教士罗存德（Wilhelm Lobscheid）《英华字典》第一卷（1866年）第32页。其英文解释是*philosophy of taste*，汉译名“佳美之理、审美之理”。该词典一经出版，即东传日本，并成为东传日本的英华字典中影响最大者。1879～1881年出版《英华和译字典》就是日本学人津田仙、柳泽信大、大井镰吉在罗存德《英华字典》基础上编纂而成的，译名“佳美之理、审美之理”亦为其所沿用。此外，如黄兴涛《“美学”一词及西方美学在中国的最早传播》② 一文所述，1875年，在中国人谭达轩编辑出版、1884年再版的《英汉辞典》里，Aesthetics则被译为“审辨美恶之法”。

第二阶段为课程译名，载体为西方教育著译　1870年夏，东京尚古堂刊行小幡甚三郎撮译、吉田贤辅校正的《西洋学校轨范》（全二册）。其第2册所列

① 温公颐：《道德学》，商务印书馆1937年版，自序第5～6页。

② 该文载于《文史知识》2000年第一期。

“大学校”（university）“技术皆成级”（master of art）的课程中有「審美学」一科。「審美学」后注片假名「エスタチックス」[①]，为 Aesthetics 之音译。这是迄今学界不曾披露的“审美学”的最早出处。1912 年东京丸善株式会社刊行的井上哲次郎（1855～1944）等人编纂的《哲学字汇》第三版，Aesthetics 译名“美学”后加按语道：“旧云审美学等”[②]，其所指当是小幡甚三郎《西洋学校轨范》中的创译。

应该说，“审美学”一词，也并非完全是小幡甚三郎的独创，其与罗存德《英华字典》中的“审美之理”当不无渊源。因为，一则该词典在日本影响巨大，一则当时日本洋学书籍奇缺，每有新书，洋学者们无不心向往之，争相传阅。“审美学”的创译者小幡甚三郎自然也不例外。

中国的情况比日本稍晚。1873 年，羊城的小书会真宝堂刊行了入华德国传教士花之安所撰《德国学校论略》一书。依其所述，“太学院”（大学）内“学问分列四种”：“经学”（神学）、“法学”、“智学”（理学）、“医学”。“智学”中“第七课”即是美学，称之“如何入妙之法”[③] 和“论美形”：

> 七课论美形，即释美之所在。一论山海之美，乃动飞潜动植而言；二论各国宫室之美、何法鼎建；三论雕琢之美；四论绘事之美；五论乐奏之美；六论词赋之美；七论曲文之美，此非俗院本也，乃指文韵和悠，令人心惬神怡之谓。[④]

“如何入妙之法”和“论美形”是继罗存德《英华字典》之后在中国的最新出现的美学的汉译名；而“释美之所在”以下文字则是关于美学概念的最早汉文表述。该书还很快东传日本，“多次翻刻，流传颇广”[⑤]。

第三阶段为专学名称，载体为专门美学著译。

二、从“佳趣论”到“美妙学”

在日本，最早讲述鲍姆加登美学并为 Aesthetics 厘定译名的，是“日本哲学之父”西周。1870 年冬，他在《百学连环》讲义中将 Aesthetics 译作“佳趣论”，Science of Beauty 译作“卓美之学”，并将美学作为“哲学/理学/穷理学/希贤学”（Philosophy）的一个分支。他阐述道：

---

① 小幡甚三郎译：《西洋学校轨范》第二册，（东京）尚古堂 1870 年版，第 9 页。
② 井上哲次郎等编：《哲学字汇》（第三版），（东京）丸善株式会社 1912 年版，第 5 页。
③ 花之安：《大德国学校论略》，（羊城）小书会真宝堂 1873 年版，第 17 页。
④ 花之安：《大德国学校论略》，（羊城）小书会真宝堂 1873 年版，第 20 页。
⑤ 冯天瑜：《新语探源》，中华书局 2004 年版，第 335 页。

Aesthetics　此佳趣论虽说自太古希腊时代即有之，但成学问则实近来之事。使其成为学问者，日耳曼之 Baumgarten（1714～1762），名此学为 Guman。古昔称之 Science of Beauty（卓美之学）。①

西周还由人的“性理”（心理）上的“智→知”、“意→行”、“感→思”，论及哲学三目的“真、善、美”，进而阐发了“致知学”（逻辑学）、“名教”（伦理学）和“佳趣论”（美学）的作用与价值：

凡知由智而知，行由意而行，思由感而思，此依性理分而六，以真、善、美三者为哲学之目的。知要真，行要善，思要美。使知真者，致知学也；使行善者，名教也；使思美者，佳趣论也。②

西周还绍述了“美”的美学定义：

所谓美者，外形具足而无所缺之谓也。③

1872 年，西周在给明治天皇“进讲”时，将译名改为“美妙学”。其《美妙学说》（进讲草案）阐述道：

哲学之一种云美妙学（Aesthetic），是所谓与美术（art）相通而穷其元理者也。④

在 1874 年 3 月东京相应斋出版的《百一新论》卷之下中，西周又译“善美学”⑤。在 1877 年 5 月东京的岛村利助出版的译著《利学·译利学说》中，西周复称“美妙之论”⑥。很显然，关于 Aesthetics 的译名，西周一直在探索之中。

在西周厘定的诸多译名中，被采用一时的是“美妙学”。井上哲次郎等人编纂的《哲学字汇》是当时日本乃至整个汉字文化圈“人文学领域的集成性力作”⑦，更是人文学领域术语定型化的关键一环。其东京大学三学部 1881 年初版、东洋馆 1884 年 5 月改订增补版，都采用了西周厘定的“美妙学”⑧ 一名。亦即说，Aesthetics 自传入之日起，最早在专业辞书中被确认的译名是“美妙学”。

1883 年 11 月获得版权、1886 年 9 月由东京茗溪会出版的高岭秀夫（1854～1910）译《教育新论》（全四册）第三册亦采“美妙学”一名，其“第十二章　美育”第一部分题为「美妙学ノ性質」⑨。此外，1884 年 6 月京都清雅堂出版的坪井

①② 大久保利谦编：《西周全集》第四卷，（东京）宗高书房 1981 年版，第 168 页。

③ 大久保利谦编：《西周全集》第四卷，（东京）宗高书房 1981 年版，第 169 页。

④ 大久保利谦编：《西周全集》第一卷，（东京）宗高书房 1981 年版，第 477 页。

⑤ 西周：《百一新论》卷之下，（东京）相应斋 1874 年版，第 35 页。

⑥ 西周：《利学》上卷，（东京）岛村利助 1877 年版，《译利学说》第 6 页。

⑦ 冯天瑜：《新语探源》，中华书局 2004 年版，第 351 页。

⑧ 井上哲次郎等编《哲学字汇》（初版），东京大学三学部 1881 年版，第 3 页。《哲学字汇》（改订增补版），（东京）东洋馆 1884 年版，第 5 页。

⑨ 高岭秀夫译：《教育新论》第三册，（东京）茗溪会 1886 年版，第 447 页。

仙次郎著《心理要略》所见“美妙论”①，1896 年 1 月东京文学同志会出版的大月隆的《美妙》之“美妙”均属这一系列。

三、审美学

如前所述，“审美学”一名，最早见于小幡甚三郎的《西洋学校轨范》(1870 年夏)。但那只是出现在教育文本中的一个课程名称而已，并无专业阐释。较早采用“审美学”一名并进行专学阐释的，是近代日本著名哲学家井上圆了(1858~1919)。其所著《心理摘要》一书，1887 年 9 月由东京哲学书院出版。该书第八十七节专述「審美学の大意」(“审美学之大意”)：

审美学……情感之实用学，应用书画诗歌音乐等原理于实际者。②

此外，东京博文馆 1890 年刊涩江保（1857~1930）著《通俗教育演说》“第二十七席　美育”部分亦采用“审美学”③。

赫然以“审美”为美学专著题名的，是近代日本文学才子森欧外（一名林太郎，1862~1922）。1900 年 2 月，东京春阳堂出版森欧外著《审美新说》，所用学名为“审美学”。此后以迄 20 世纪初，以“审美学”见诸标题的专著主要有：

《マーシャル氏審美学綱要》：岛村滝太郎解说，东京专门学校出版部 1900 年。

《审美极致论》：森鸥外（林太郎）著，春阳堂 1902 年 2 月。

《审美学要义》：菅野枕波（永直）著，文学同志会，1903 年 5 月。

《风采与审美学》：今井叉川著，文学同志会，1903 年 5 月。

1901 年，东京哲学馆出版的田中治六著《哲学名义考》（哲学馆第 13 学年度高等学科讲义录），也以“审美学”作为 Aesthetics 和 science of beauty 的译名。该书述曰：

Aesthetics 之言辞出于希腊，感觉论之义，而被用于所谓审美学之义。然特适用之于审美学者，乃独逸之 Alexander Gottlieb Baumgarten（纪元千七百十四年生，同六十二年死）氏著题为 Aesthetica 之书，系统叙述审美学，释义美云通觉官而认知之完全也。④

---

① 坪井仙次郎：《心理要略》，（京都）清雅堂 1884 年版，第 84 页

② 井上圆了：《心理摘要》，（东京）哲学书院 1887 年版，第 156 页。

③ 涩江保：《通俗教育演说》，（东京）博文馆 1890 年版，第 272 页。

④ 田中治六：《哲学名义考》，（东京）哲学馆 1901 年版，第 79 页。

四、美学

“美学”一词，最早见于明末入华耶稣会士高一志所撰《童幼教育》，也称“洁美之学”。依《童幼教育·卷之上　洁身第九》所论，其词义是指人戒淫养智，正色养德的身心修炼功夫，因为“智与淫、德与色终不并容”，所以人须“千计万谋，以免淫欲之害，而获洁美之学。”① “美学”又有卫生、养身之意，《童幼教育·卷之下　寝寐第八》：“所谓寐寝，乃孩童之次食也。但使寝寐不得其道，将溺清神而负美学。”②

黄兴涛《“美学”一词及西方美学在中国的最早传播》一文称，在汉字文化圈，近代学名“美学”乃德国入华传教士花之安率先创用，最早见于花氏1875年所著《教化议》一书。黄文述曰：

> 书中认为：“救时之用者，在于六端，一、经学，二、文字，三、格物，四、历算，五、地舆，六、丹青音乐。”在“丹青音乐”四字之后，他特以括弧作注写道：“二者皆美学，故相属。”

然而，黄文所据乃花之安《泰西学校·教化议合刻》1897年商务印书馆活字版重印本。实际上，《教化议》1875年版本中并无黄文所说的括弧注释。黄文所说的括弧注释，当为1897年合刻时所加。

不过，花之安在《教化议》中也确实阐述了关于“音乐、丹青”之美及美育的见解：

> 音乐丹青，二者本相属。音乐为声之美；丹青为色之美……音乐本为天籁，得于心而应于口，善者可以陶情悦性，为养心之善法，亦文人之韵事，故圣会男女皆学之。③

至于近代学名“美学”，迄今仍可断定，乃由日本著名学者中江兆民（1847～1901）首创。1883年11月及翌年3月，文部省编辑局先后刊行中江兆民译《维氏美学》上、下册。其凡例申明：

> 此书原本题曰 Esthétique，即美学之义，法朗西国技艺新闻报社长 E·Véron 氏之著述也。而今所翻译者，依西历一千八百七十八年刊行之本。④

---

① 高一志：《童幼教育》，钟鸣旦等编《徐家汇藏书楼明清天主教文献》第一册，辅仁大学神学院1996年版，第323页。

② 高一志：《童幼教育》，钟鸣旦等编《徐家汇藏书楼明清天主教文献》第一册，辅仁大学神学院1996年版，第399页。

③ 花之安：《教化议》，（羊城）小书会真宝堂1875年版，第52～53页。

④ 中江兆民译：《维氏美学》上册，（东京）文部省编辑局1883年版，凡例。

自《维氏美学》问世起，至20世纪初，以“美学”见诸标题的专著大略如下：

《美学》：松本孝次郎述，哲学馆1898年。

《美学讲义》：松本孝次郎述，哲学馆1898年。

《近世美学》：高山樗牛（林次郎）编，博文馆1899年9月（帝国百科全书第34编）。

《泰西美学史》：岛村泷太郎述，东京专门学校1900年。

《美学讲义》：松本孝太郎述，哲学馆1901年。

《实验派美学》：纲岛荣一郎述，东京专门学校1901年。

《俳谐美学》：中川四明著，博文馆，1906年3月。

《美学概论》：岛村泷太郎述，早稻田大学出版部1909年。

《美学讲话》：青木吴山（正光）著，晴光馆1910年7月。

《触背美学》：中川四明著，博文馆1911年。

《教育的美学》：佐佐木吉三郎著，敬文馆，1911～1912年。

其中，1898年（东京）哲学馆刊行松本孝次郎的《美学》和《美学讲义》二书为哲学馆高等教育学科讲义录，可见在其出版之前，松本即在教学过程中将“美学”作为正式学名了。岛村泷太郎（1871～1918）的《泰西美学史》和《美学概论》也属此类情况。《泰西美学史序言》有云：

> 在我国，美学或审美学，其名既表审美之学之意，也表美之哲学之意。斯学之形式的定义于是尽矣。在西洋则不然，洋语普通称之 Aesthotik 或 Aesthetics，其语本含“关于感觉”之意，后转用于美学之名。解释此语，则生出谓 Philosophe das Schonen 或 Philosophy of the beautiful（美之哲学）之必要……。我国直名此解释之方，有趣而简明也。①

此外，1900年1月东京专门学校出版部刊桑木严翼（1874～1946）著《哲学概论》第六章第二十节为“自然之理想——宗教哲学及美学”。该书出版不久，便由近代中国著名学者王国维于1902年译成中文出版，“从哲学的角度，最早向中国人较详细地介绍了西方美学的发展历程。”②

1912年，东京丸善株式会社刊行井上哲次郎等人编纂的《哲学字汇》第三版，名曰《英独佛和哲学字汇》，将 Aesthetics 的译名由以前的“美妙学”改为“美学”（另有“感觉论”）③。

“美妙学”被取代了，但“美学”并未占据“独尊”地位，而是有“审美

---

① 岛村泷太郎述：《泰西美学史》，东京专门学校1900年版，序言第1页。

② 黄兴涛：《“美学”一词及西方美学在中国的最早传播》，载《文史知识》2000年第一期。

③ 井上哲次郎等编：《哲学字汇》（第三版），（东京）丸善株式会社1912年版，第5页。

学”一名与之并存，两者因使用者的偏好而“各领风骚”。如前所述，同样是哲学馆的讲义，松本孝次郎的《美学》和《美学讲义》采“美学”一名，而田中治六的《哲学名义考》却用“审美学”一名。更有甚者，岛村泷太郎的《マーシャル氏審美学綱要》(东京专门学校文学科第四回第三部讲义录)，书名用的虽是“审美学”，行文中用的却是“美学”。其序言称：

> 兹欲解说者，英国 Henry Rutgers Marshall 氏西历千八百九十四年出题名 Pain, pleasure, and Aesthetics 即《苦感、快感与美学》之书也。翌年又有题名 Aesthetic principles 即《美学原理》之著。……此书如其名所示，美学即主要为自心理学上快苦感之性质说明关于美之诸原理者……①

五、“美学”与“审美学”之入华

正是在“美学”和“审美学”两名并立的状态下，近代美学经由日本传入了中国。关于近代“美学”及其所指学问在中国的传播，黄兴涛先生《“美学”一词及西方美学在中国的最早传播》一文，兹不赘，只补充如下两点：

第一，就日制新词在华传播的载体与方式而言，各类文本的翻译、流布当然非常重要，但相关人员尤其是清末“新政”之际应聘来华的大批日本教习及其教学活动，也应予以足够重视。如 1901 年 1 月，张百熙出任京师大学堂管学大臣，继而于 1903 年辞退丁韪良等西文教习，另聘日本学者服部宇之吉、岩谷孙藏、高桥作卫为教习。服部宇之吉（1867～1939）是日本东京帝国大学教授、文学博士，应聘担任京师大学堂正教习，为师范馆学生讲授心理学、伦理学、逻辑学等课程。在此过程中，他将一系列日制新名词传入中国，其中就有“美学”一词。服部 1904 年 8 月交由日本东京合资会社富山房印行的《论理学讲义》(原汉文) 起笔云：

> 学者往往分学问为轨范学及说明学二类……物理、化学、心理等学属说明学类；论理、伦理、美学等诸学则属轨范学类……美学则辨诗歌、音乐、绘画、建筑等之美恶。②

第二，和“美学”同时期从日本传入中国的还有“审美学”。1902 年夏，王国维应聘到张謇在江苏通州（今南通市）创办的通州师范学堂任心理学、哲学、伦理学教员，是年译《教育学教科书》，刊于《教育世界》第 29～35 号。所据原本为日本大阪三木书店 1900 年 10 月刊行的牧濑五一郎著『最新教育学教科書』。书后附《哲学小辞典》，亦为王国维译出，其中 Aesthetics 一条即有“美

---

① 岛村泷太郎解说：《マーシャル氏审美学纲要》，东京专门学校出版部 1900 年版，序第 1 页。

② 服部宇之吉：《论理学讲义》，(东京) 富山房 1904 年版，第 1 页。

学"、"审美学"两个译名。1903 年 7 月日本东京并木活版所印刷、上海文明书局发行的汪荣宝、叶澜编纂的中国第一部近代专业辞书——《新尔雅》，除零星沿用了"名学"、"群学"等严复创译的新词外，基本上采用的都是在日本定型的新名词、新术语，包括"审美学"。其中有云：

研究美之性质，及美之要素，不拘在主观、客观，引起其感觉者，名曰审美学。①

1926 年 5 月，樊炳清（1876～1929）编纂的《哲学辞典》（*Dictionary of Philosophy*）由上海商务印书馆出版。其中收录"美学"一条：

英 Aesthetics
美学　法 Esthétique
德 Aesthetica

或作审美学。就最广谊之美，而研究其性质及法则之学也。②

该辞典是中国第一部哲学专业辞书，也标志着 Aesthetics 的汉译名在中国的正式确立——以"美学"为正名，以"审美学"为别称。

不过，就清末民初中国的语用实践而言，诸多美学奠基之作所采用的却大都是"美学"一名。除众所周知的王国维、蔡元培二位大师的美学著作之外，还有刘仁航译《近世美学》（日本高山林次郎原著，上海商务印书馆 1920 年），俞寄凡译《美学纲要》（日本黑田鹏信原著，上海商务印书馆 1922 年）、吕澂《美学浅说》（上海商务印书馆 1931 年）、李安宅《美学》（世界书局 1934 年）。亦即说，"美学"对于"审美学"的优势，在中国比在其来源国日本要大。这也许与中国偏爱单字命名的文化心理不无关系。

① 汪荣宝、叶澜编：《新尔雅》，文明书局 1903 年版，第 61 页。
② 樊炳清编：《哲学辞典》，商务印书馆 1926 年版，第 431 页。

第七章

文学术语

第一节 文 学

“文学”本义为“博学古文”、“文章博学”及“学于《诗》、《书》、《礼》、《乐》之文而能言其意”。魏晋以降，随着“文”、“学”的分野，“文学”之义逐渐演化为指称“文章”、“儒学”，相关论述基本在“学问”、“学术”等层面展开。19 世纪七八十年代，日本学者首先以中国古典词“文学”对译 Literature，“文学”遂被用于专指以语言为表达方式的艺术，成为近代学科体系的一支。清末民初，一部分先进的中国学者开始接触并采用这一汉外对译形成的新名，在此基础上对中国传统学术予以重新认识。与此同时，伴随近代教育改革而发生重大转变的近代学科体系，也开始逐渐摆脱传统四部分学的分科观念，“文学”作为独立的学科被正式确立。“五四”时期，胡适、陈独秀等人提倡“文学革命”，西方“文学”观念成为文学界思想界的主流意识。受此影响，学术界对于中国文学历史的认识，也开始由此前的“大文学”史观向“纯文学”史观转变。诸如“什么是文学”、“文学的边界”等与“文学”相关的一系列论题被重新予以讨论，其结果，“文学”概念日趋狭窄，最终确立了以“纯文学”观念为核心的文学观。

一、"文学"的中国古义

汉字古典词"文学"，其义虽十分丰富，但均有别于近代意义上的"文学"概念。汉字古典词"文学"，其义或偏于"文"（文章），或偏于"学"（学问）。据今存文献所见，"文学"一词首出于《论语·先进》：

子曰：从我于陈蔡者，皆不及门也。德行：颜渊、闵子骞、冉伯牛、仲弓；言语：宰我、子贡；政事：冉有、季路；文学：子游、子夏。

围绕"文学"一词，存在两种不同的解释。一种解释出于南朝梁皇侃的《论语义疏》：

四科者，德行也，言语也，政事也，文学也。……云"文学子游子夏"者，第四科也，言偃及卜商二人合其目也。范宁曰："文学，谓善先王典文。"王弼曰："弟子才不徒十，盖举其美者以表业分名，其余则各以所长，从四科之品也。"侃案：四科次第，立德行为首，乃为可解。而言语为次者，言语，君子枢机，为德行之急，故次德行也。而政事是人事之别，比言语为缓，故次言语也。文学，指博学古文，故比三事为泰，故最后也。[①]

根据范宁（339～401）、皇侃的理解，"文学"一词是指对上古元典的学习、掌握和传述。颜师古（581～645）注：《汉书·西域传》"为文学"一语云："为文学，谓学经书之人。"[②] 《汉书·武帝纪第六》："选豪俊，讲文学。"范仲淹（989～1052）《选任贤能论》于"文学子游子夏也"一语下注云："经纬天地曰文，礼乐典章之谓也。游、夏能述之者也。"[③] 真德秀（1178～1235）持说亦同："或问四科之目何也。曰：德行者，潜心体道，默契于中，笃志力行，不言而信者也。言语者，善为辞令也。政事者，达于为国治民之事者也。文学者，学于《诗》、《书》、《礼》、《乐》之文，而能言其意者也。盖夫子教人，使各因其所长，以入于道。然其序则必以德行为先，诚以躬行云云。其卒莫之能及者，则以其自暴自弃而已。"[④] 其中所指之"文"，并非泛指一般的"文章"而言，而是专指上古记载典章制度的文字，即后人所谓的"经"[⑤]。据此，则所谓"文学"，亦

---

① ［魏］何晏集解，［梁］皇侃义疏：《论语集解义疏》卷六《论语·先进第十一》，文渊阁《四库全书》本。

② ［汉］班固著，［唐］颜师古注：《前汉书》卷九十六下，文渊阁《四库全书》本。

③ ［宋］范仲淹：《范文正集》卷五，文渊阁《四库全书》本。

④ ［宋］真德秀：《西山读书记》卷二十一《教法》，文渊阁《四库全书》本。

⑤ 又如宋濂《讷斋集序》云："昔者孔子生于周末，悯先王道衰，以四科教学者，而游夏以文学名，其所谓文学者，仪章、度数之间，或损之，或益之，以就夫厥中，欲使体用之相资，而本末之兼该也。"（《文宪集》卷六）

大致相当于后世的“经学”和“儒学”。

另一种解释出自北宋邢昺（932～1003）的《论语注疏》：

正义曰：此章因前章言，弟子失所，不及仕进，遂举弟子之中才德尤高可仕进之人。郑氏以合前章，皇氏别为一章。言若任用德行，则有颜渊、闵子骞、冉伯牛、仲弓四人；若用其言语，辩说以为行人，使适四方，则有宰我、子贡二人；若治理政事，决断不疑，则有冉有、季路二人；若文章博学，则有子游、子夏二人也。然夫子门徒三千，达者七十有二，而此四科唯举十人者，但言其翘楚者耳。或时在陈言之，唯举从者，其不从者虽有才德，亦言不及也。①

根据邢昺的理解，“文学”包含“文章”（文学作品）和“博学”（学术性著作）两层内涵②。这一说法，成为后世对“文学”的主流释义。今人所编《辞源》、《辞海》、《汉语大词典》、《中文大辞典》等均采引此说③。

产生以上二说的根本原因在于：随着时代的发展，“文”的概念在不断地发生变化，与之相对应的“文学”词义也随之改变。不同时期对于“文学”词义的不同解释，与各自该时期“文”概念的演变是一致的。胡祗遹（1229～1295）曾以历史主义的眼光对古今“文”、“辞”之不同做过对比：“三代之学，学为文辞乎？曰：若今之生徒执笔操纸，受题措辞，则不经见所见诵诗读书习礼明乐射御书数而已。虽然，如子夏之门人小子，学洒扫应对进退，应对则习其辞也，进退则习其文也。孔鲤过庭，训以学《诗》曰：‘不学《诗》，无以言。’则非辞而何？学礼则非文而何？又曰：‘使于四方，不能专对。’专对非辞而何？又曰：‘言语宰我、子贡。’言语，即辞也。盖古之所谓文辞者二事，辞则言语应对，文则威仪进退。礼乐刑政，父子君臣、朋友宾主之间，粲然可观，秩然有序者，皆谓之文，非其辞之谓也。后世指以辞语为文章，则误矣。文学子游子夏，岂若今之所谓文学也欤？古之学辞，始于应对，中于学《诗》，终于专对，其先后次第，皆自养德性、博古今、明义理，以精其辞。今之学不养德性，不博古今，不明义理。今日入学，明日付以纸笔，使之措辞为文，岂理也哉？故至老师宿儒，动笔

① ［魏］何晏集解，［唐］陆德明音义，［宋］邢昺疏《论语注疏》卷十一《先进第十一》，文渊阁《四库全书》本。

② “博学”一词，较早出现是在《荀子·大略》中：“多知而无亲、博学而无方、好多而无定者，君子不与。”内涵虽有不同，表达的意思却是接近的。

③ 此外，如黄人《中国文学史》第四编《分论》解释认为：“孔门之所谓文学者，实以‘文’与‘学’对举，非如后世以文为一种特别之学。盖文则仅限于《诗》、《书》、六艺，则学则心传口授者皆属之，惟对于德行、政事、言语，其义皆若骈枝，不易分析，故可合为一名词。”（黄人著，江庆柏、曹培根整理《黄人集》一七，上海文化出版社2001年版，第352页。）

数千言，而能不谬于义理，精粹可采者几何人哉？盖亦失其本矣。”① 正是这种基于“文”的观念的差异，导致了对于“文学”概念的不同理解。

郭绍虞（1893～1984）解释“文学”诸名的意义，在采纳邢昺说法的基础上，又部分地吸收了皇侃等人的意见：

《论语·先进篇》云：“文学子游、子夏。”此处所谓“文学”，其义即广漠无垠；盖是一切书籍，一切学问，都包括在内者。扬雄《法言·吾子篇》云：“子游、子夏得其书矣。”邢昺《论语疏》云：“文章博学则子游、子夏二人。”曰“书”、曰“博学”，则所谓“文学”云者，偏于学术可知。故邢氏所谓文章、博学，并非分文学为二科，实以孔子所谓“文学”，在后世可分为文章、博学二科者，在当时必兼此二义也。是则“文学”之称，虽始于孔子，而其义与今人所称的文学不同。

不过孔子虽不曾分文章、博学为二科，而在“文学”总名之中，实亦分括文章、博学二义。大抵时人称名：就典籍之性质言，则分为“诗”、“书”二类；就文辞之体裁言，则别为“诗”、“文”二类。孔子所谓“诗”，即邢昺所谓“文章”一义；其所谓“文”或“书”，则邢昺所谓“博学”一义：而“文学”一名，又所以统摄此二种者。②

根据以上论述，不难看出郭氏试图弥合两种释义的努力：一方面认为《论语》中的“文学”一词含义广泛，是指古代的文献典籍；另一方面，又认为“文学”一词包含“文章”、“博学”两层含义，只不过在《论语》中是合一的，而到了汉代以后出现了分化。事实上，两种说法之间并非截然对立，只是在不同程度上以后世的观念解释前代的事实，未免会有所偏差。缘于此，郭氏的解释遭到了日本学者中岛敏夫的批驳。③

二、“文学”译名的诞生

近代意义上的“文学”（literature）概念，首先是在西方生成、定型并得以广泛使用的。其后在19世纪七八十年代，由日本学者以中国古典词“文学”与之对译。近代意义上的汉字术语“文学”用例，普遍认为首先出现于意大利传教

① 胡祗遹：《紫山大全集》卷二十六《语录》，文渊阁《四库全书》本。

② 郭绍虞：《中国文学批评史》上卷，百花洲文艺出版社1999年版，第14～15页。上卷问世于1934年，由商务印书馆印行。在此之前，郭氏曾先后发表《文学观念与其含义之变迁》（《东方杂志》第25卷第1号，1928年1月）、《所谓传统的文学观》（《东方杂志》第25卷第24号，1928年12月）等文，对中国古代“文学”概念的变迁予以辨析。

③ 中岛敏夫：《关于“文学”的概念》，北京大学中国传统文化研究中心编《文化的馈赠——汉学研究国际会议论文集（语言文学卷）》，北京大学出版社2000年版，第71～82页。

士艾儒略的《职方外纪》[1]。所据艾儒略：《职方外纪》中的文字出自该书卷二《欧逻巴总说》：

欧逻巴诸国皆尚文学。国王广设学校，一国一郡有大学、中学，一邑一乡有小学。小学选学行之士为师，中学、大学又选学行最优之士为师，生徒多者至数万人。……此欧逻巴建学设官之大略也。[2]

从其所论皆学校之事来看，此处所谓“文学”，可作两种解释：一种是指中国和欧洲古典义“学问”，另一种则与今日之“教育”接近，二者均与近代意义上的“文学”概念有很大差异[3]。前一义可以艾儒略所作的《西学凡》予以映证[4]，后一义则在日本得到了普遍使用[5]。参照后一种用法，1896 年，林乐知、任廷旭在合作翻译日人森有礼所编的“*Education in Japan*”一书时，将其译为《文学兴国策》。

根据马西尼的说法，尽管 19 世纪末至 20 世纪初日本对“文学”一词在汉语中的传播起到了很大的作用，但由于 19 世纪前期的中国已以“literature”之意来使用，因此不能将其视作日语借词。马西尼所举的诸多用例，包含两类文献：一、日译词“文学”传入中国之前的用例：1. 艾儒略《职方外纪》，2. 裨治文《美理哥国志略》，3. 魏源《海国图志》引马礼逊语，4. 艾约瑟《希腊为西国文学之祖》（《六合丛谈》1857 年 1 期）；二、日译词“文学”的用例：如王韬《扶桑游记》、黄遵宪《日本杂事诗》、傅云龙《游历日本》、黄庆澄《东游日记》等[6]。下面我们主要对第一类后三种文献中出现的被马西尼认为属于现代意义的“文学”用例予以辨析。

《美理哥合省国志略》，又被题作《美理哥国志略》，为美国传教士裨治文（Elijah Coleman Bridgeman，1801～1861）用汉语撰写而成，1838 年在新加坡出版，是一部关于美利坚合众国的历史著作，后来以摘录的形式被收入《小方壶斋

---

① 如香港中国语文学会编：《近现代汉语新词词源词典》释证“文学”云：“文学，原指文章博学。后指以语言塑造形象来反映现实的艺术。（拉丁）litteratura。例如：‘欧逻巴诸国皆尚文学。’”（香港中国语文学会编：《近现代汉语新词词源词典》，第 272 页，上海：汉语大词典出版社，2001 年。）意大利学者马西尼曾参与词典的编纂，这一说法又见于其所著《现代汉语词汇的形成——十九世纪汉语外来词研究》。

② ［意］艾儒略：《职方外纪》卷二，《天学初函》本，台北学生书局 1978 年版。

③ 美国学者刘禾认为，马西尼对近代意义的“文学”起源的判断，犯了年代颠倒的错误。参见刘禾著宋伟杰等译：《跨语际实践——文学，民族文化与被译介的现代性（中国，1900～1937）》（三联书店 2002 年版）第一章《导论：跨文化研究的语言问题》注释 105（第 69 页）。

④ ［意］艾儒略：《西学凡》，《天学初函》本。

⑤ 具体用例，可参见聂长顺：《Education 汉译名厘定与中、西、日文化互动》（《中国地质大学学报》2008 年第 4 期）一文。

⑥ ［意］马西尼著，黄河清译：《现代汉语词汇的形成——十九世纪汉语外来词研究》附录 2，《十九世纪文献中的新词词表》，第 250 页。

舆地丛钞再补编》。书中出现了“文学”、“法律”等词，这些词语因为被收入《海国图志》而在日本明治维新前夕输入日本[①]。《海国图志》所引《美理哥国志略》中涉及“文学”的段落，诸如：“城中文学最盛，书楼数所，内一楼藏书二万五千本，各楼共藏公书约七八万本。官吏士子，皆可就观，惟不能携归而已。”“文学日盛，书馆万有一百三十二所，学童五十四万一千四百，费用银四十一万九千八百七十八员。尚有各技艺馆，不在此数。先浚运河，费官银千余万员。”“俗奉加特力教，波罗特士顿教。禁贩人口。近来文学亦有起色。”“先日文学迂劣，千八百三十六年（道光十六年），渐见起色。”“有书馆教文学，宽恤奴仆，有残害其肢体性命者罪之。”[②] 虽然未就“文学”展开论述，但从其用例来看，其义与中国古典以“文学”为广义学术的用法更为接近。

《海国图志》所引马礼逊语，原载于《澳门月报》：“马礼逊自言只略识中国之字，若深识其文学，即为甚远。在天下万国中，惟英吉利留心中国史记言语，然通国亦不满十二人。而此等人在礼拜庙中，尚无坐位，故凡撰字典、撰杂说之人，无益名利，只可开文学之路，除两地之坑堑而已。”[③] 就其词义而言，显然要比近代意义上的“文学”要宽泛得多。

至于艾约瑟（Joseph Edkins，1823～1905）的《希腊为西国文学之祖》一文，同样是在广义的“学术”意义层面使用“文学”一词，而并非仅仅局限于近代用于指称语言艺术的“文学”概念：“今之泰西各国，天人理数，文学彬彬。”“希腊全地文学之风，雅典国最盛。雅人从幼习拳勇骑射，以便身手。其从事于学问者凡七：一文章，一辞令，一义理，一算数，一音乐，一几何，一仪象。其文章、辞令之学尤精，以俗尚诗歌、喜论说也。”在艾约瑟看来，希腊为西方各国的“文学之祖”，并不仅在于诗歌、辞令，“希人之为列邦所矜式者，不宁惟是。……近人作古希腊人物表，经济、博物者……辞令、义理者……工文章、能校定古书者……天文、算法者……考地理、习海道者……奇器、重学者……制造五金器物者……刻画金石者……建宫室者……造金石象者……诗人、画工、乐师……凡此皆希腊人。自耶稣降生前一千二百年至二百年，中国商末至楚汉之间，前后有八百六十三家，所著于典籍者，至今人犹传诵之。猗欤盛哉！希腊信西国文学之祖也。”[④] 虽然近代“文学”观念在西方已渐趋定型，但艾氏在以中文论述希腊的“文学”时，借用了中国古典词“文学”的用法，其所谓“文学”，实是无

① ［意］马西尼著，黄河清译：《现代汉语词汇的形成——十九世纪汉语外来词研究》，第28页。

② 均见《海国图志》卷六十二，光绪二年（1876）重刻本。

③ 魏源辑：《海国图志》卷八十一，光绪二年（1876）重刻本。

④ 艾约瑟：《希腊为西国文学之祖》，慕维廉编《官板六合丛谈》（删定本）1857年第1期，1月26日，第7a～9b页，东京老皂馆，出版年不详。

所不包的学术——既有如经济、天文、算法、地理等“学”，又有如建宫室、造金石象、造五金器物、刻画金石等“术”。

除以上马西尼所举的用例外，在德国传教士罗存德（Wilhelm Lobscheid，1822～1893）编译的《英华辞典》（1866～1869）中，Literature 被译作“文”、“文学”、“文字”、“字墨”等义。西方近代指语言艺术的 Literature，与中国古典词“文学”之间，显然还未形成固有的对应关系。

综合上述，可以认为，近代意义的汉字术语“文学”的生成仍应归功于日本学者[①]：20 世纪初普被中国的“文学”概念，最初是由日本学者对译英文 Literature 并加以厘定的。鲁迅在《门外文谈·不识字的作家》（1934）指出：“用那么艰难的文字写出来的古语摘要，我们先前也叫‘文’，现在新派一点的叫‘文学’。这不是从‘文学子游子夏’上割下来的，是从日本输入，他们的对于英文 Literature 的译名。”[②] 需要指出的是，日本学者将 Literature 译作“文学”，可能是借鉴了罗存德《英华辞典》的翻译。证据之一，在日本学者津田仙（1837～1908）所编的《英华和译字典》（1879～1881）中，罗存德关于 Literature 的翻译被原封不动地加以照搬，而这一译例，为后来 Literature 与“文学”的对译关系提供了基础。证据之二，《哲学字汇》的编者之一井上哲次郎（1855～1944），在明治十六年（1883）曾出版过《订增英华字典》，虽然出版晚于《哲学字汇》，却可说明在《英华字典》传入日本后，该书已成为日本学者的必备参考书。

在日语文献中，Literature 最初对应的译词是“文字”与“学问”。如高桥新吉（1843～1918）等编《和译英辞书》（1869），将 Literature 译作“文字”，而将 Literary 译作“文学的”[③]；又如荒井郁之助（1835～1909）等编《英和对译辞书》（1872），将 Literature 译作“文字”、“学问”[④]。明治十年（1877），原田道义撰《文学必要助字解》一书，就其所述内容来看，其所谓“文学”，乃是“文字”之义[⑤]。日本近代以前的“文学”概念，直接借用了中国古典的“文学”含义，因而在词义上与中国古典“文学”概念基本一致。

日本学者较早将 Literature 一词译作“文学”的用例，是西周任教家塾育英

---

① 根据日本学者新村出编《广辞苑》，日本的“文学”概念，在明治西学输入之前，其义主要来自中国文化，用于泛指一般的学问、学术；西学输入后，逐渐演变为指以语言表达想象力和情感的艺术。（《广辞苑》“文学”条，第 2288 页，东京：岩波书店，1993 年。）

② 鲁迅：《且介亭杂文》，人民文学出版社，1975 年，第 76 页。

③ 高桥新吉：《和译英辞书》，上海美华书馆 1869 年版，第 327 页。

④ 荒井郁之助等：《英和对译辞书》，东京小林新兵卫 1872 年版，第 270 页。

⑤ 原田道义：《文学必要助字解》，东京香共堂 1877 年版。

舍期间的讲义《百学连环》（1870）[①]。在《百学连环》中，Literature对应的译词还有“文章学”、“文章”。就Literature的近代意义来说，确实与中国古典的“文章”更为接近。见之具体论述，西周又以“语典”（Grammar）、“形象字”（Hieroglyph）和“音字”（Letter）、“文辞学”（Rhetoric）、“语源学”（Philology）、“诗学”（Poetry）等类对“文学”展开论述。一方面，我们可以看到，西周在“文章”的意义上使用“文学”概念，显然是对译Literature的近代义而来；另一方面，西周的“文学”词义又具有多义性，有不少与近代意义指语言艺术的“文学”概念不同的用例，被用于指广义的学术，如在1869年由西周起草的《德川家沼津学校追加掟书》中，“文学”被看作是“政律”、“史道”、“医科”、“利用”四科的总称[②]。此外，由于《百学连环》是以讲义的形式保存下来，直到昭和七年（1932）才被发现，公开刊行更是要到昭和二十二年（1947），因而其对于当时日本学界的影响并不广泛，并未对近代意义“文学”概念的普及予以实质的推动。

明治十四年四月（1881），和田垣谦三（1860～1919）、井上哲次郎等人编撰《哲学字汇》，将“文学”作为Literature的唯一译词[③]。这是公开出版的日语文献中Literature第一次与“文学”确立对译关系。然而，《哲学字汇》将Literature译为“文学”的做法并未因此得以定型。明治十八年（1885），箱田保显纂译《大全英和辞书》，Literature仍被译作“文字”、“学问”[④]。直到明治十九年（1886）长谷川辰二郎编译《和译英辞书》，明治二十一年（1888）Eastlake Frank Warrington（1858～1905）、棚桥一郎合译《和译字汇》，Literature的译名尽管仍存在多义性，表示“文字”、“学问”、“学识”等义的用例仍较为普遍，但其中发生了一个重要变化：“文学”开始成为Literature的第一译词[⑤]。继此以后，Literature与“文学”之间的对译关系被固定下来，并逐渐排除其他义项，进而完成词义的“净化”，并最终成为附着了新义的“新名词”。

辞书的编纂，对于术语、概念的形成有重要作用：一方面，术语、概念能够进入辞书，说明其在社会上已具备一定的言说群体，已进入大众的话语体系；另一方面，作为文化传播的重要载体，辞书编纂是某种带有权威性的言说，在某种程度上将有利于术语、概念的普及。19世纪80年代日语辞书中Literature与“文

① 参见西周：《百学连环》第一编《普通学》第三《Literature文章学》，大久保利谦编：《西周全集》第4卷，第83～100页。其中，在第95页出现Literature一词，被译作“文学”。

② 大久保利谦编：《西周全集》第2卷，第532～533页。

③ 井上哲次郎等：《哲学字汇》，东京大学三学部1881年版，第51页。

④ 箱田保显：《大全英和辞书》，东京诚之堂1885年版，第348页。

⑤ 长谷川辰二郎：《和译英辞书》，东京长谷川辰二郎1886年版，第343页。Eastlake Frank Warrington，棚桥一郎：《和译字汇》，东京三省堂1888年版，第565页。

学”间确立的对译关系，由于被载入辞典当中而得到广泛传播，并最终得以定型。

在日译汉字新名“文学”的形成过程中，另一重要因素是大学教育制度的确立。日本明治维新的一个重要举措是引进欧美大学教育体系，而其中学科体系的引入对于近代日本“文学”概念的形成起着直接的作用。

日本学者较早在学科意义上使用“文学”一词的，是福泽谕吉（1834～1901）。福泽谕吉《西洋事情》（1866）初编卷一“文学技术”条介绍欧洲文化说：

> 尔后，欧罗巴诸邦的文学技术开始皆为亚喇伯人所赐。……一千四百二十三年版刻发明以后，文学获得了极大的进步，经学、性理、诗歌、历史等遂盛美至极。[①]

此处所谓“文学”，是与“技术”相对而言的广义学术，具体而言，包括“经学”（神学，相当于现在的哲学）、“诗歌”（今世文学的一种）、“历史”等，与西方18世纪的Literature概念基本一致。中国19世纪末20世纪初对学术分科体系中“文学”科的认识，也与此大体类似。由此而言，“文学”作为学科的范围由包括今世文、史、哲的人文学科转向专指今世的文学一科，实为西、日、中学术分科体系发展的共通之路。

明治三年（1870），明治政府发布《大学规则》，日本近代大学制度初步确立。《规则》参照欧美大学分科体系，将日本大学分为教科、法科、理科、医科和文科。其中，文科大学所授科目包括纪传学、文章学和性理学等。明治四年（1871），设立文部省。明治五年（1872）七月，文部省颁布《学制》，其中对大学的分科为理学、文学、法学、医学四科[②]。其后经过明治十二年（1879）颁布的《教育令》，明治十三年（1880）的修改《教育令》，明治十九年（1886）3月以后，内阁文部大臣森有礼先后制定颁行《帝国大学令》、《师范学校令》等，正式奠定了日本近代教育体系和学科体系[③]。

《帝国大学令》确立了以大学院和分科大学作为基本结构的教育体系，并规定大学院以学术技艺研究为宗旨，分科大学以教授学术技艺的理论及应用为宗旨。其中，分科大学包括法科、医科、工科、文科、理科等[④]。虽然对分科大学科目并未作详细说明，但在《师范学校令》中，对高等师范学校各科所授科目作

---

① 福泽谕吉纂辑：《西洋事情》卷一《备考》（初编再刻），东京尚古堂1870年版，第25b～26b页。

② 文部省《学制》，东京文部省1872年版，第22页。根据坂本太郎的说法，最早设立法、理、文、医四个系的综合大学，是明治十年（1877）由东京开成学校和东京医学校合并而成的东京大学。（参见坂本太郎著、汪向荣等译：《日本史概说》，商务印书馆1992年版，第418页。）

③ 参见坂本太郎著、汪向荣等译：《日本史概说》，第487～488页。

④ 明治二十三年（1890）增设农科大学。

了明确规定，其中“文学科”课程涉及“文学”的为“国语、汉文”，教授的内容包括：日本的文法、文学及作文；中国的文法、文学及作文[①]。

与这一近代的教育制度相关，明治二十三年（1890）以后产出了大量的文学作品选本和文学史著作。从某种意义上来说，“文学”观念的演进，正是通过诸多文学作品选本和文学史类型著述的不断操练而得以完成的。

明治二十三年四月，芳贺矢一（1867～1927）、立花铣三郎（1867～1901）编选《国文学读本》（东京富山房）出版。五月，上田万年（1867～1937）编选的《国文学》出版。同年十月，由三上参次（1865～1939）、高津锹三郎（1864～1921）合著的《日本文学史》，由东京金港堂刊行，这是日本第一本公开出版的国家文学史著作[②]。自此以后，日本的文学研究，开始逐渐摆脱中国和日本本国文学传统的束缚，以西方“文学”观念观照日本文学的历史。该书的出版，标示了日本文学研究的新方向：由“国文学”的研究步入“国家文学”的建构。《日本文学史》的理论支撑，正如书前绪言所说，该书以西方“文学”观念作为参照编写而成：

> 两位作者在大学时常翻阅西洋文学书籍，每叹其编法得宜。又有所谓文学史，于其文学之发达可详观之，喜其研究顺序之完备。当时我国并无文学书籍，亦无文学史，因而倍感研究本国文学较之外国文学更加困难，每每羡彼怜此，于是兴起了让我国有不逊外国的文学书和文学史的慷慨之念。[③]

西方近代“文学”观念的传入，大学教育制度的逐步完善，编纂各类教科书的实际需要，促使日本学者开始思考书写自己国家文学的历史，各类文学作品选和文学史遂应运而生。而作为一种“史无前例”的文学研究方式，文学史写作借镜西方也是必然途径。20世纪初，中国文学史书写之借镜日本，与此如出一辙。

从《日本文学史》对于西方和中国古代“文学”概念的梳理来看，作者对于这一概念的古今演绎有着清楚的认识。在此基础上，作者根据西方“纯文学”（pure literature）的概念对“文学”进行重新定义：

> 文学乃指以某一文体巧妙表达人的思想、感情、想像者，兼具实用与快乐之目的，并传授大多数人大体上之知识者。[④]

《日本文学史》在对“文学”进行重新定义时，强调感情和想像的意义，以此将“文学”与“科学”相区别。由此可以看出，其所谓“文学”概念，是在

---

① 东京府学务课《学令类纂》，东京博闻社1886年版，第24～25页。

② 此前发表的关于日本文学的论述，如山路爱山发表于《国民新闻》（1890年3～5月）的《明治文学史》，北村透谷发表于《评论》（1891年4～5月）的《明治文学管见》，内田鲁庵发表于《国民之友》（1891年11月至1892年1月）的《现代文学》，均为连载文章，篇幅有限，且主要以明治文学为主。

③ 三上参次、高津锹三郎：《日本文学史·绪言》，东京金港堂1890年版，第1～2页。

④ 三上参次、高津锹三郎：《日本文学史·总论》第二章《文学的定义》，第13页。

融入了西方近代意义的“文学”概念的基础上达成的。见之于具体论述，《日本文学史》将“文学”作为与法律学、政治学、理财学、道义学、审美学、哲学、历史学等并列的独立学科。基于此，《日本文学史》将传统观念下不受重视的小说、戏曲纳入论述范围。

尽管如此，《日本文学史》的“文学”概念与近代意义的“文学”概念仍存在区别。如其中关于“散文”类别的限定上，就与近代以文学性定义“散文”的做法不同。所谓“散文”，除了“纯文学”意义上的散体文章之外，以哲学、政治、宗教、方略等为表现内容的散体文章，也可以不失三上参次等人所谓的“文学”特性。有鉴于此，《日本文学史》的作者将这类文章也作为“日本文学”的内容①。这一问题，在中国近代“文学”概念的转换过程中同样存在。正是在这一方面，体现了“文学”概念的复杂性。

《日本文学史》刊行之后，撰写文学史成为日本学术界的“风潮”。仅以日本文学史为例，明治二十三年十二月，落合文直（1861～1903）编《中等教育日本文典》由博文馆刊行。明治二十五年（1892）九月，小中村义象、增田于信合著《中等教育日本文学史》由博文馆刊行；同年十一月，大和田建树（1857～1910）著《和文学史》由博文馆刊行；同年，铃木弘恭（1843～1917）著《新撰日本文学史略》由东京青山堂刊行。明治三十一年（1898）十月，佐佐政一（1872～1917）著《日本文学史要》由东京内外出版协会刊行。明治三十二年（1899）十二月，芳贺矢一著《国文学史十讲》由东京富山房刊行。明治三十三年（1900）出版的日本文学史，有铃木忠孝（1862～1918）的《日本文学史》（兴文社），内海弘藏（1872～1935）的《日本文学史》（明治书院）。明治三十四年（1901）出版的日本文学史，有笹川种郎（1870～1949）的《日本文学史》（文学社），藤冈作太郎（1870～1910）的《日本文学史教科书》（开成馆），坂本健一编《日本文学史纲》（大日本图书）。此外，还有各高等学校、专科学校印行的各种日本文学史讲义，如东京哲学馆明治二十七年（1894）由关根正直（1860～1932）讲述的《日本文学史》，东京专门学校明治三十年（1897）由池谷一孝（1868～1958）讲述的《日本文学史》，等等。

随着对文学作品与文学史关注的日益深入，一方面，小说、戏曲等处于边缘的文学体类开始进入主流视野。小说方面：坪内逍遥（1859～1935）较早对小说进行专门论述，先后发表刊行《小说文体》（《明治协会杂志》1883年9～10月）、《小说神髓》（松月堂1885年）等；坂崎紫澜发表《小说稗史本分论》

---

① 参见《日本文学史·总论》第三章《文学与其他学问的差别、文学的目的》，第16～19页，第六章《文学的种类》，第38～43页。

(《自由灯》1885年3月)、《政治小说的效力》(《自由灯》1885年5月)、《小说文体一家言》(《自由灯》1885年9月)等文;二叶亭四迷(1864~1909)发表《小说总论》(《中央学术杂志》1886年4月);德富苏峰发表《近来流行政治小说评论》(《国民之友》1887年7月);《女学杂志》1887年10~11月发表题为《小说论》的社说;森鸥外(1862~1922)发表《小说论》(《读卖新闻》1889年1月);等等。戏曲方面:末松谦澄等于1886年8月创立演剧改良会;岩本善治发表《演剧的改良》(《女学杂志》1886年8~9月);外山正一发表《演剧改良论私考》(1886年9月);末松谦澄发表《演剧改良演说》(《时事新报》1886年10月)、《演剧改良意见》(1886年11月)等。小中村清矩则发表《小说与演剧的关系》(《女学杂志》1887年4月)一文,直接讨论两种新兴文体之间的关系。另一方面,"纯文学"、"美文学"等概念被提出来,用以限定"文学"的范围。如内田鲁庵(1868~1929)《文学一斑》论"诗"云:"纯文学即诗,英语为poetry。其范围颇广,如汉诗、和歌、宣妙、祝词、狂言、谣曲、净瑠璃、台帐、小说野乘等,都可以看做诗歌界的产出物。"[①]"美文学"的概念,较早见于坪内逍遥发表于《早稻田文学》明治二十四年(1891)11号的《外国美文学的输入》一文[②]。类似路径,与西方Literature概念的近代转换极为相似。中国20世纪初"文学"概念的"净化",在结合中国文学传统的基础上,又沿着西、日的道路进行了演绎。

虽然关于"文学"概念的论争直到当代仍然不绝,"文学"与"非文学"之间的区分依旧存在诸多不明确之处[③],也并非所有的文学史都以近代意义的"文学"观念作为支撑[④],但在经过了19世纪70~90年代西方"文学"观念的引入,"文学"学科的建立,文学史写作的日渐成熟等阶段后,近代意义的"文学"概念在19世纪末的日本趋于定型。19世纪末、20世纪初,中国士人接触到的,正是在接受西方"文学"观念后实现了近代转换的日本"文学"概念。

三、清末民初"文学"概念的转换

鸦片战争以后,虽然中国士人不得不承认西学在某些方面胜过中学,在学术

① 内田鲁庵《文学一斑》,东京博文馆1892年版,第27页。

② 坪内逍遥:《文学その折々》,东京春阳堂1896年版,第25~28页。

③ 关于"文学"与"非文学"之间区界的不明确,参见岛村泷太郎(1871~1918)《文学概论》第二《文学的语义》(早稻田大学出版部明治四十二年,第3~4页)的相关论述。

④ 比如内藤湖南(1866~1934)的《近世文学史论》(东京政教社1897年版),其所谓"近世文学",乃是指儒学、国学(日本学术)等,仍取汉字古典词"文学"涵义。

分科上开始接受西方近代“学有专科”的分科观念，但也主要是集中在“术”的层面，以及与此有关的自然科学诸科（所谓“格致学”），而在“学”（道）的层面则依然固守中国传统学术的基本框架，维护传统学术体系的结构。见之于议论，清末开明士人眼中的“西学”，也就主要是近世中国传统学术中不甚发达的“术”。薛福成《治术学术在专精说》（1892）：

泰西诸国，颇异于此。……士之所研，则有算学、化学、电学、光学、声学、天学、地学，及一切格致之学，而一学之中，又往往分为数十百种，至累世莫殚其业焉。……余谓西人不过略师管子之意而推广之，治术如是，学术亦如是，宜其骤致富强也。①

薛福成注目泰西学术，关注的是算学、化学、天文学等与“致富强”有关的自然科学和应用科学。在物质文明远远落后西方国家的背景下，重视技术科学无疑是缩小彼此差距最直接的方式。因此，即便在那些积极接纳新学的士人的论述中，“文学”一词仍沿用古义，指文字、礼仪制度及广义的学术、学问等，西方近代意义上的“文学”概念并未进入他们的视野。

值得注意的是，伴随近代西式学堂的兴起，这一时期的部分开明士人，在西方学术分科理念的影响下，开始从分科角度讨论“文学”。如王韬曾说：

学校书院之设，当令士子日夜肄习其中，必学立艺成而后可出也。其一曰文学，即经、史、掌故、词章之学也。经学俾知古圣绪言，先儒训诂，以立其基；史学俾明于百代之存亡得失，以充其识；掌故则知古今之繁变，政事之纷更，制度之沿革；词章以纪事华国而已。此四者，总不外乎文也。其二曰艺学，即舆图、格致、天算、律例也。舆图能识地理之险易，山川之阨塞；格致能知造物制器之微奥，光学、化学悉所包涵；天算为机器之权舆；律例为服官出使之必需，小之定案决狱，大之应对四方，折冲樽俎。此四者，总不外乎艺也。②

王韬的分科理念，显然是在糅合中学与西学基础上形成的。此处所谓“文学”，即以中学为主，与包含了今世文、史、哲等在内的人文学科类同。而其中的“词章之学”，则相当于今世的文学。这一分科思想，对清末士人的学科观念有重要影响。梁启超、康有为等人早期的学科分类思想，即源于此。

郑观应在谈到中国大学的学科设置时，以传统科举的文、武二分法予以区分：

凡文学分其目为六科：一为文学科，凡诗文、词赋、章奏、笺启之类皆属

---

① 薛福成：《庸庵海外文编》卷三，《续修四库全书》第1562册影光绪刻《庸庵全集》本，第23～24页。

② 王韬：《变法自强中》，《弢园文录外编》卷二，第88页。

焉。一为政事科，凡吏治、兵刑、钱谷之类皆属焉。一为言语科，凡各国语言文字、律例、公法、条约、交涉、聘问之类皆属焉。一为格致科，凡声学、光学、电学、化学之类皆属焉。一为艺学科，凡天文、地理、测算、制造之类皆属焉。一为杂学科，凡商务、开矿、税则、农政、医学之类皆属焉。①

在郑观应的文学六科中，并没有其他士人通常所列的"经学"，而他所谓的"文学科"，虽然其中的章奏、笺启等文类，在当今的文学史叙述中很少出现，却已经与近世"文学"概念颇为接近。

类似情形同样发生在郭嵩焘（1818～1891）、薛福成（1838～1894）身上。郭、薛二人在光绪年间都出使外国，是晚清较早直接接触西方文明的知识分子。然而，他们身当洋务运动兴盛之时，当时中国政府和知识界对于西学的关注，主要集中在对西方先进科技和政治文明的引入和仿效方面，近代意义上的"文学"并非他们瞩目的焦点。如郭嵩焘在《伦敦与巴黎日记》中曾经提到自己光绪四年（1878）出访英国期间，日本公使上野景范曾赠示《东京开成学校一览》一书，其中对日本明治初期的学科设置有详细介绍：

又见示《东京开成学校一览》，凡分列三十九目，其中亦各有子目。略记其学科：曰普通科，曰法学科，曰化学科，曰工学科，曰物理学，曰制作学，曰史学、理学，曰数学，曰动物学、植物学，曰金石学科，曰地质学科，曰采矿学科，曰画学科，曰冶金学，曰机械工学，曰土木工学。……物理、化学二者，名类尤繁。重学、热学、磁学、动电作用、磁电作用、听学、视学，皆归物理。其物理之学又有诸项考核，归入普通科者，曰天体运动，曰六合中引力，曰天体光，曰大气中光线现象，曰地上寒暖，曰大气压力及流动，曰水气象学，曰大气中电气，曰大地磁气力。化学分三科：曰普通化学，曰分析化学，曰制造化学。及其所论学科本末，条理俱极分明。其诸国之学，则惟英文学法文学及汉学而已。大抵皆务实之学也。②

《东京开成学校一览》，由东京开成学校（东京大学前身）明治八年（1875）二月刊行。其中对日本大学建置的各个方面有详细介绍。明治五年（1872）八月，日本政府更定全国学制，翌年4月，将东京开成学校改为专门大学，分设法学、理学、工学、诸艺学、矿山学等五门。上野景范赠示给郭嵩焘的，即是明治六年定立的东京开成大学的规章制度③。无论从此一时期日本大学的学科设置来说，还是就郭嵩焘关注的重心而言，注重"务实之学"是其共同兴趣。

① 郑观应：《盛世危言·考试下》，夏东元编：《郑观应集》上册，上海人民出版社1982年版，第299～300页。

② 郭嵩焘：《伦敦与巴黎日记》卷十六，湖南人民出版社1984年版，第462～463页。

③ 东京开成学校编：《东京开成学校一览》，东京开成学校1875年版。

甲午战争以后，中国汲纳西方学术文化的重心开始转到社会文化制度上来，日本成为中国人汲纳西学的重要中介，大量由日本学者创译的汉字新语输入中国。其中梁启超、王国维、蔡元培等人的相关论述反映了这一时期“文学”概念演绎的轨迹。

在梁启超早期的文章中，“文学”一词仍以“学术”、“博学”等中国古典义出现。如《变法通议·学校余论》(1896)：

> 故虽以丁韪良、傅兰雅等为之教习，不可谓非彼中文学之士，然而所成卒不过是，何也？所以为教者未得其道也。[①]

作为晚清来华传教士的代表人物，丁、傅二人在汉文西书的翻译方面取得了突出的成就：丁韪良翻译的《万国公法》，为近代第一部汉文国际司法著作；傅兰雅在翻译西方科技书籍方面成绩卓著，单独翻译或与人合译西方书籍多达120余部。基于以上认识，梁启超称丁、傅二人为“彼中文学之士”，显然不是就其文学创作而言，而是着眼于广义的学术。

关于这一时期梁启超对西方学术分类的认识，可以《西学书目表序例》(1896)中的相关论述作为代表：

> 译出各书，都为三类：一曰学，二曰政，三曰教。今除教类之书不录外，自余诸书分为三卷：上卷为西学诸书，其目曰算学，曰重学，曰电学，曰化学，曰声学，曰光学，曰汽学，曰天学，曰地学，曰全体学，曰动植物学，曰医学，曰图学；中卷为西政诸书，其目曰史志，曰官制，曰学制，曰法律，曰农政，曰矿政，曰工政，曰商政，曰兵政，曰船政；下卷为杂类之书，其目曰游记，曰报章，曰格致，总曰西人议论之书，曰无可归类之书。[②]

以上分类，虽主要是就戊戌变法以前翻译的汉文西书的类别而言，但从中我们可以看出，在其时的书籍分类中，文学类书籍并未成为单独的类别。其时梁氏关注的重心，在政、艺二学——社会科学和应用科学，而“文学”尚不具备成为独立分科的资格[③]。

在《译印政治小说序》(1898)中，“文学”一词虽然仍指广义的“学术”，但因为与后来作为近代“文学”分类之一的小说联系在一起，为后来概念的转换提供了条件：

> 善夫南海先生之言也，曰：“仅识字之人，有不读经，无有不读小说者。”故六经不能教，当以小说教之；正史不能入，当以小说入之；语录不能谕，当以小说谕之；律例不能治，当以小说治之。天下通人少而愚人多，

---

① 梁启超：《饮冰室合集》第一册《饮冰室文集》之一，中华书局1989年版，第61页。

② 梁启超：《梁启超全集》第一卷，第82页。

③ 类似看法，还体现在《湖南时务学堂学约》(1897)等文中。

深于文学之人少，而粗识之无之人多。……今中国识字人寡，深通文学之人尤寡。然则小说学之在中国，殆可增七略为八，蔚四部而为五者矣。[①]

有见于小说的政治功能，而将小说从中国传统知识分类体系中独立出来。梁启超的这一看法，为后来接纳新名“文学”奠定了思想基础。

梁启超较早在近代意义上使用“文学”一词，是1899年所作的《爱国论》：

虽然，英人所设之学堂，其意虽养成人才，为其商务之用耳。非欲用养成人才为我国家之用也，故其所教偏优于语言文学，而于政学之大端盖略焉。[②]

1898年10月，戊戌变法失败后，梁启超流亡日本，接触到了大量日译西籍，对其中的新思想、新知识产生了浓厚兴趣，尤其是在日本已颇为流行而中国尚未闻及的大量新词，更是对梁氏撰文产生了直接冲击，日译新词“文学”即其中之一。此后，梁氏文中出现的“文学”一词，将近代新义与传统古义参错使用。

梁氏接纳新名“文学”并对其予以阐发，是从对“小说”文体的认识开始的。梁启超《论小说与群治之关系》(1902)：

此二者实文章之真谛，笔舌之能事。苟能批此款、导此窍，则无论为何等之文，皆足以移人。而诸文之中能极其妙而神其技者，莫小说若。故曰：小说为文学之最上乘也。[③]

在中国传统目录学上，“小说”或被当作诸史之余归入史部，或被视作九流之末列为子书。虽然梁启超所谓“小说为文学之最上乘”，与后来将小说作为文学之一类的看法并不相同，然而他将“小说”作为文章之一，却极大推动了小说文体的独立，为民国以后接受西方近代“文学”概念提供了基础。

民国以后，随着近代学科体系的确立，梁启超使用“文学”概念，已基本脱离了古典词义，而将其用作表述诸多学术之一的概念，与他使用其他概念的情形类似。如《国学入门要目及其读法》附录二《治国学杂话》(1923)：“我所希望熟读成诵的有两种类：一种类是最有价值的文学作品，一种类是有益身心的格言。好文学是涵养情趣的工具，做一个民族的分子，总须对于本民族的好文学十分领略，能熟读成诵，才在我们的‘下意识’里头，得着根柢，不知不觉会‘发酵’。”[④]《清代学术概论》三十三《结语》：“我国文学美术根柢极深厚，气象皆雄伟，特以其为‘平原文明’所产育，故变化较少。然其中徐徐进化之迹，历然可寻，且每与外来之宗派接触，恒能吸受以自广。清代第一流人物，精力不用诸此方面，故一时若甚衰落，然反动之征已见。今后西洋之文学美术，行将尽

① 梁启超：《梁启超全集》第一卷，第172页。
② 梁启超：《梁启超全集》第二卷，第271页。
③ 梁启超：《梁启超全集》第四卷，第884页。
④ 梁启超：《梁启超全集》第十四卷，第4243页。

量收入，我国民于最近之将来，必有多数之天才家出焉，采纳之而傅益以己之遗产，创成新派，与其他之学术相联络呼应，为趣味极丰富之民众的文化运动。”[①]

与此同时，作为史学分支的文学史开始进入研究视野。梁启超：《国学入门要目及其读法·政治史及其他文献学书类》：

> 此外又可就其所欲研究者而择读，如欲研究学术史，则读《儒林传》及其他学者之专传；欲研究文学史，则读《文苑传》及其他文学家之专传。[②]

梁启超《中国近三百年学术史》（1923～1925）：

> 专史之作，有横断的，有纵断的。横断的以时代为界域，如二十四史之分朝代，即其一也。纵断的以特种对象为界域，如政治史、宗教史、教育史、文学史、美术史等类是也。中国旧惟有横断的专史而无纵断的专史，实史界一大憾也。（《通典》及《资治通鉴》可勉强作两种方式之纵断的政治史。）内中惟学术史一部门，至清代始发展。
>
> ……
>
> 文学、美术等宜有专史久矣，至竟阙然。……最近则有王静安（国维）著《宋元戏曲史》，实空前创作，虽体例尚有可议处，然为史界增重既无量矣。[③]

“文学史”一词，较早见于梁启超1899年所作《东籍月旦》。他在介绍《明治三十年史》（上海广智书局译本作《日本维新三十年史》）一书时说：“内分学术思想史……文学史……等十二编。”[④] 及至中国近代学科体系确立以后，文学史随着“文学”地位的提升而登堂入室，成为史学研究的重要分支。梁启超对王国维《宋元戏曲史》的高度评价，显示了“文学”观念转换后文学地位的提升。

随之改变的还有梁启超对“文学”分类的认识。在1920年所作《清代学术概论》中，梁氏完全具备了近代意义“文学”的分类观念。他在总括清代文学的总体成就时说：

> 其文学，以言夫诗，真可谓衰落已极。……直至末叶，始有金和、黄遵宪、康有为，元气淋漓，卓然称大家。
>
> 以言夫词，清代固有作者，驾元明而上，若纳兰性德……皆名其家，然词固所共指为小道者也。
>
> 以言夫曲……李渔、蒋士铨之流，浅薄寡味矣。
>
> 以言夫小说，《红楼梦》只立千古，余皆无足齿数。

---

① 梁启超：《清代学术概论》，上海古籍出版社1998年版，第107页。

② 梁启超：《梁启超全集》第十四卷，第4237页。

③ 梁启超：《中国近三百年学术史》十五《清代学者整理旧学之总成绩》（三），山西古籍出版社2001年版，第283～285页。

④ 梁启超：《梁启超全集》第二卷，第335页。

以言夫散文，经师家朴实说理，毫不带文学臭味，桐城派则以文为“司空城旦”矣。……①

梁氏所概括的清代“文学”成就，包括诗、词、曲、小说、散文等方面，显然是受到了民国后以“纯文学”史观划定中国传统文学范围做法的影响。

作为“文学”观念近代转换的一个重要表征：小说、戏剧代替诗、文成为“文学”的核心。梁启超高扬“小说”，虽是出于政治改革的目的，然而却从实际效果上提高了小说的地位，使之走向了通往“文学”主流的道路。“五四”新文化运动进一步张扬梁启超“小说界革命”的旗帜，小说以其内容的丰富性和社会表现功能的强大，开始成为“文学”的核心。

梁启超之外，王国维是较早接受新名“文学”，并对之进行论述使之广为传播的学者。其主要论说见于1906年12月发表于《教育世界》第139号上的《文学小言》一文。王氏所谓“文学”，即指以语言作为表达方式的艺术。虽然采用的是日译新词“文学”，从其具体论述来看，却是直接由西方典籍寻求对“文学”概念的理解，并以此为基础对中国古典文学展开论述。

王国维对“文学”的认识，受德国学者的影响尤为显著。据《静庵文集自序》所说，光绪二十九年（1903）之后，王国维开始陆续接触德国哲学家康德（王氏译作汗德）、叔本华等人的思想，由此对中国哲学、思想、文化等有了新的理解，“文学”即其中之一。

王国维关于“文学”的一个重要看法是：文学是游戏之事。《文学小言》第二则：“文学者，游戏的事业也。”② 王氏这一看法来自于康德的相关论述。康德曾经说过：“跟劳动比起来，艺术可以看作是一种游戏。”强调将没有任何功利目的和闲暇心态作为艺术的基本特征，而“文学”既然是艺术之一种，自然也应该符合这一特性。与此相对，出于功利目的而进行的创作，即“文绣的文学”、“馆餟的文学”，并不能算作“真文学”。由其具体论述来看，王国维对中国古代文学家的评判，大体均以此为标准。

本于此种认识，王国维对中国古典文学中的“真文学”做了简要概述，涉及的文体包括诗、词、戏曲、小说，均属于今世“文学”概念所囊括的范围。虽然《文学小言》算不上完整系统的文学史著作，而较之稍前编成的林传甲所编的《中国文学史》讲义，显然更接近近代“文学”的观念。而在另一部专史《宋元戏曲史》中，王国维更是提出了对近代“文学”史具有重要影响的观点：“凡一代有一代之文学：楚之骚，汉之赋，六代之骈语，唐之诗，宋之词，元之曲，皆

---

① 梁启超：《清代学术概论》，第101～102页。

② 王国维：《文学小言》，《静安文集续编》，《王国维遗书》第5册，第27b页。

所谓一代之文学，而后世莫能继焉者也。"[①] 民国以后的文学史写作，在很大程度上都遵循了王国维对中国古代"文学"范围的规限：《楚辞》、汉赋、唐诗、宋词、元曲，成为近世中国文学史论述的主要对象。

由"游戏说"生发形成的"剩余势力论"，是王国维关于"文学"的又一重要看法。王国维《人间嗜好之研究》：

> 若夫最高尚之嗜好，如文学、美术，亦不外势力之欲之发表。希尔列尔既谓儿童之游戏存于用剩余之势力矣，文学、美术亦不过成人之精神的游戏。故其渊源之存于剩余之势力，无可疑也。且吾人内界之思想情感，平时不能语诸人或不能以庄语表之者，于文学中以无人与我一定之关系故，故得倾倒而出之。易言以明之，吾人之势力所不能于实际表出者，得以游戏表出之是也。[②]

但凡是人，都免不了有"势力之欲"，免不了会有各种嗜好，遂又必然需要将情感宣泄于外，达到内心的平衡。儿童之游戏，成人之"文学"，均为这种"势力之欲"宣泄于外的一种表现。类似看法，又见于《文学小言》第二则：

> 人之势力用于生存竞争而有余，于是发而为游戏。婉娈之儿，有父母以衣食之，以卵翼之，无所谓争存之事也。其势力所发泄，于是作种种之游戏。逮争存之事亟，而游戏之道息矣。唯精神上之势力独优，而又不必以生事为急者，然后终身得保其游戏之性质。而成人以后，又不能以小儿之游戏为满足，于是对其自己之感情及所观察之事物而摹写之，咏叹之，以发泄所储蓄之势力。[③]

缘于此，王氏认为，凡是杰出的文学作品，必然包含了带有普世性的情感：

> 若夫真正之大诗人，则又以人类之感情为其一己之感情。彼其势力充实，不可以已，遂不以发表自己之感情为满足，更进而欲发表人类全体之感情。彼之著作，实为人类全体之喉舌，而读者于此得闻其悲欢啼笑之声，遂觉自己之势力亦为之发扬而不能自已。故自文学言之，创作与鉴赏之二方面亦皆以此势力之欲为之根柢也。[④]

人之情感，必然会有所依附，不是寄托于此，就是寄托于彼。文学作为"最高尚之嗜好"，一方面可以承载创作者的个人情感；另一方面，因其表现的情感具有普泛性，不同的读者又可以从中发现自己情感的投影，获得现实的慰藉。由此而

---

① 王国维：《宋元戏曲史·自序》，东方出版社 1996 年版。"一代有一代之文学"的看法，据孔齐《至正直记》记载，最初是由元人虞集提出的。然而，虞集所谓"文学"，与王国维的"文学"概念不同，是指广义的学术，因为在他所列举的"一代之文学"中，宋代的是理学。

② 王国维：《人间嗜好之研究》，《静安文集续编》，《王国维遗书》第 5 册，第 8a 页。

③ 王国维：《文学小言》，《静安文集续编》，《王国维遗书》第 5 册，第 27b～28a 页。

④ 王国维：《人间嗜好之研究》，《静安文集续编》，《王国维遗书》第 5 册，第 8a～b 页。

言，“文学”在教育体系中应获得更高的地位。近代“文学”概念获得王国维的认可，其改造国民性的历史功能是其中一个重要因素①。

王国维关于“文学”的另一看法是：“叙事的文学”地位要高于“抒情的文学”。这一认识，影响了今世对于“文学”分类中各文体地位高低的定位。《文学小言》第十四则：

> 上之所论，皆就抒情的文学言之（《离骚》、诗词皆是）。至叙事的文学（谓叙事传史诗、戏曲等，非谓散文也），则我国尚在幼稚之时代。元人杂剧，辞则美矣，然不知描写人格为何事。至国朝之《桃花扇》，则有人格矣，然他戏曲则殊不称是。要之，不过稍有系统之词，而并失词之性质者也。以东方古文学之国，而最高之文学无一足以与西欧匹者，此则后此文学家之责矣。②

之所以有如此看法，王国维认为是由从事二者创作的难易程度决定的：“抒情之诗，不待专门之诗人而后能之也。若夫叙事，则其所需之时日长，而其所取之材料富，非天才而又有暇日者不能。”（《文学小言》第十五则）“因为难能，所以可贵”，叙事文学获得更高的地位似乎理所当然。根据这一分类观念，小说、戏剧进入主流文学领域并获得了超过诗、文的地位。而王氏名著《宋元戏曲史》的出版，更是大大地提高了戏剧在文学分科中的地位。

一方面，王国维对日译新词“文学”予以肯认和接纳；另一方面，他在相关论述中又融入自己对中国传统学术的独到见解。王国维《国学丛刊序》（1911）：

> 学之义广矣。古人所谓学，兼知行言之。今专以知言，则学有三大类：曰科学也，史学也，文学也。凡记述事物而求其原因、定其理法者，谓之科学；求事物变迁之迹而明其因果者，谓之史学；至出入二者间而兼有玩物适情之效者，谓之文学。然各科学有各科学之沿革。而史学又有史学之科学，如刘知几《史通》之类。若夫文学，则有文学之学，如《文心雕龙》之类焉。有文学之史，如各史文苑传焉。而科学、史学之杰作，亦即文学之杰作。故三者非斠然有疆界，而学术之蕃变，书籍之浩瀚，得以此三者括之焉。③

王国维的这一看法，深切把握了“文学”作为“学”的特性，同时也点出了近代以“纯文学”为主体的“文学”概念的缺失：如果“文学”仅包含那些以语言为表达方式的艺术创作，那么中国传统的大量经典著作诸如《史记》等都无法被列入其中，而事实上这类著作作为文学作品同样具有很高的艺术价值。那些在近代“文学”观念下属于不同学科的作品，事实上并没有它们表面上看上去的那

---

① 相关论述，可参见王国维：《去毒篇（鸦片烟之根本治疗法及将来教育上之注意）》，《静安文集续编》，《王国维遗书》第5册，第42b～46a页。

② 王国维：《文学小言》，《静安文集续编》，《王国维遗书》第5册，第30b页。

③ 王国维：《观堂别集》卷四，《王国维遗书》第4册，第6b～7a页。

样差异明显，优秀的文学作品与学术著作，在文学性方面具有共通之处。

王国维关于文学范畴的辨析，为今世的文学史写作提出了一个具有挑战性的问题：究竟哪些作品该被我们纳入文学史？文学史既然作为历史之一种，应该如何反映“史”之品格？民国以后，随着西方文学史观的流行，文学史涉及的作品对象日渐狭窄，从而使今世的文学史著作无法全面真切反映“文学”的历史面貌，一部分在中国古代知识系统中属于“文”的作品，因为“文学”观念的转换，被排除在了作为“学”的文学史之外。在拥有了数以百计的文学史著作后，再对王国维的以上论述予以重新检视，或许能为后继的文学史书写带来不同的面貌。

作为民国新教育体系的缔造者之一，蔡元培是中国教育近代转换的关键人物。其“文学”观念的转化，也是伴随这一过程完成的。

1900年前后，蔡元培开始积极倡导教育改革。在《学堂教科论》（1901）一文中，蔡元培对中国传统科举及与之有关的学校教育作了全方位的批判，在此基础上提出以新式学堂取代传统学塾。关于新式学堂的具体分科，蔡元培在参照日本学者井上甫水将学术分为有形理学、无形理学、哲学的基础之上，将近代以来的学术分为有形理学、无形理学和道学。其中，“文学”被作为“无形理学”的一支，包括：音乐学、诗歌骈文学、图画学、书法学、小说学①。并具体解释说：

> 文学者，亦谓之美术学，《春秋》所谓文致太平，而《肄业要览》称为玩物适情之学者，以音乐为最显，移风易俗，言者详矣。（希腊先哲及近代西儒论音乐关系，与《乐记》义同。）

此处所谓“文学”，与今世的“艺术”概念较为近似。而值得注意的是，虽然蔡元培在具体论述中仍将小说视作“民史之流”，承袭了中国传统视小说为正史之余的观念，但他将小说作为“文学”中与诗文并立的类别，在一定程度上突出了小说作为“文学”体类之一的重要性，从而在分类上肯定了这一时期流行的小说文体的独立地位。基于上述认识，蔡元培在对上古经典作学科分类时，将《乐记》和《诗经》同归为“美术学”②，也就是今世的艺术，已经初具了与近代“文学”作为艺术一支的基本观念。

另一方面，蔡元培在谈到中国传统文学时，又在古典义上使用“文学”概念。这一点，在他的《国文学讲义》（1906）中体现的颇为明显。在所作叙言中，蔡元培说：

> 且夫居今日而述国文之义法，正不患无所凭藉。自国朝汉学家精研小

① 蔡元培：《学堂教科论》，《蔡元培全集》第1卷，中华书局1984年版，第144页。

② 蔡元培：《学堂教科论》，《蔡元培全集》第1卷，中华书局1984年版，第145页。

学，于文字之源流及其应用之方法，业已推阐靡遗。至于词品，则非特近人所译之英、日、德、法文典，均足以资对证。而丹徒马氏《文通》一书，义证该洽，尤厘然有当于人心。自刘氏《文心雕龙》、章氏《文史通义》以外，纯正文学之书，虽不可多得，而论文之作，散见于别集、选本者颇多，选取而鳃理之，于作文之法，当亦十得其九矣。[①]

将《文心雕龙》、《文史通义》并视作“纯正文学之书”，其所谓“文学”，正如文中所说，主要是“论文之作”，讲“作文之法”一类的典籍。这一看法，与章太炎关于“文”、“文学”的看法一致。

事实上，对处于清民之际的开明知识分子来说，他们的思想观念往往带有双重性：一方面，他们接受并汲纳西方先进文明以改造中国传统文化；另一方面，他们又清醒认识到，必须保存并发扬民族文化传统的精义，才能在世界文化体系中占据一席之地。“五四”以后，不少学者从富民强国的角度出发提倡全盘西化，民族文化传统遭到破坏，西方观念遂成为社会主流意识。

及至中华民国成立，新式教育得到全面推行。蔡元培作为民国教育体系的主导者，先后主持民国教育部和北京大学，积极推进大学学制改革[②]。此后随着胡适、陈独秀等人提倡“文学革命”，西方文学观念占据主导地位。蔡元培虽然甚少发表关于“文学”的意见，但从他支持陈独秀、胡适等人与林纾进行论辩的事实来看，其“文学”观念开始转向新文学则是无疑的。

陈独秀提倡文学革命，认为白话文学的推行有三大要素，其中一条是“国之闻人多以国语著书立说”[③]，强调知名学者文人的身体力行对推行白话文学的示范作用。事实上，陈独秀所说的因素，在西方近代“文学”概念的传播过程中同样至关重要。梁启超、王国维、蔡元培等人民国前后的相关论说，对近代意义“文学”概念的播衍有极大的推动作用。

四、近代学术分科观念的变迁与“文学”学科的建立

作为知识分类体系的“文学”，较早出现于晚清开明知识分子对西方学术文化体系的介绍当中。近代学人中较早从学术分科角度介绍“文学”的是黄遵宪。黄遵宪光绪三年（1877）出任驻日公使馆参赞，留日期间，陆续撰编了《日本杂事诗》（1879）、《日本国志》。在《日本杂事诗》之五十四《西学》诗注中，

① 蔡元培：《国文讲义叙言》，《蔡元培全集》第1卷，第391页。
② 参见蔡元培：《大学改制之事实及理由》（1918年1月），《蔡元培全集》第3卷，第130页。
③ 陈独秀：《方孝岳〈我之文学改良观〉识语》，《新青年》3卷2号，1917年4月。

黄遵宪对日本东京大学的分科作了简要介绍：

学校隶属于文部省。东京大学生徒凡百余人，分法、理、文三部。法学则英吉利法律、法兰西法律、日本今古法律；理学有化学、气学、重学、数学、矿学、画学、天文地理学、动物学、植物学、机器学；文学有日本史学、汉文学、英文学。①

1887 年，黄遵宪编成《日本国志》，介绍日本东京大学的学科设置，与《日本杂事诗》略有不同：

有东京大学校，分法学、理学、文学三学部。……文学分为二科：一，哲学（谓讲明道义）、政治学及理财学科；二，和、汉文学科。②

彭玉麟作《广学校》（1883 年前后）一文，曾根据德国传教士花之安所著《德国学校论略》（1874），提出“大学院”分经学、法学、智学、医学四科③。在此，黄遵宪虽未对所谓“汉文学、英文学”及“和、汉文学科”的具体课程设置加以描述，却是中国士人第一次将“文学”作为一门学科予以介绍。

然而，正如梁启超所说，“黄子成书十年，久谦让不流通”④，黄遵宪借用的日译汉字术语“文学”，在当时并未受到学界的关注。尽管如此，自此而后，中国知识界介绍西方学术分科的论说却越来越多。1892 年，郑观应介绍日本大学的学科设置说：“校中分科专习，科分六门，即法、文、理、农、工、医六者，但较预科为专精耳。”⑤ 康有为在《请开学校折》（1898）中也注意到欧美及日本大学的学科设置：“英大学分文、史、算、印度学、阿拉伯学、远东学，于哲学中别自为科。美则加农、工、商于大学，日本从之。”⑥ 1902 年，康有为作《大同书》，以农学、工学、商学、法学、医学、矿学、渔学、政学、文学、动物学、植物学等科分学。

较早对日本大学“文学”科加以重点介绍的是宋恕（1862 ~ 1910）。1899 年 4 月 3 日，宋恕写信给俞樾，信中谈到日本的大学课程设置，认为日本自建立大学以来，“经史诸子各置专科”，并详细解释说：

群经及《淮南》以上诸子，列为支那哲学科正课书，史学别为一科。卒业考取者号文学士，又进一等号文学博士，为科名之颠。博士、学士虽分六号曰文、法、理、农、工、医，而文学出身最重于国人焉。⑦

---

① 黄遵宪：《日本杂事诗》卷一。
② 黄遵宪：《日本国志·学术志一》。
③ 陈忠倚编：《皇朝经世文三编》卷四十一，宝文书局 1898 年刊本。
④ 梁启超：《日本国志后序》（1897），《梁启超全集》第一卷，第 126 页。
⑤ 郑观应：《盛世危言·学校上》。
⑥ 《戊戌变法》（二），第 218 页。
⑦ 宋恕：《上曲园师书》，胡珠生编《宋恕集》上册，中华书局 1993 年版，第 599 页。

将诸子归入哲学，又别立史学一科，宋恕所认识的，正是日本在汲纳西方近代分科观念基础上形成的学科体系。在此基础上，宋恕对日本大学设科精神作了进一步的阐发："大学分六科：法、理、文、医、工、农……然六科尤以文科为荣，盖法科重在政法，与文科重在政理稍异。理科重在物理，与文科重在心理稍异。"[①] 然而，这并不意味着宋恕已经具备了近代意义的"文学"观念。从1896年7月3日给日本学者冈鹿门的信中可以看出，宋恕所理解的"文学"，其范围仍然仅限于中国传统的诗文："敬询汉文学要端：一，日本历代诗文派别有专书可考否？一，明治改元以来诗文名家姓名？一，统计今日汉文学会社有几？一，明治改元后诗文比前代何如？一，新出诗文总集或别集以某几种为最佳？"[②]

一方面绍介日本（源于西方）的学科分类体系；另一方面，中国知识界结合中西学术的特点，在传统学术体系的基础上，根据自己的认识对近代学术进行分科。光绪二十三年（1897），申江袖海山房刊行钱颐仙选辑的《万国分类时务大全》四十卷。其中二十至二十二卷为"文学类"。然而所录内容，包括"各国学校"、"各国文字"、"各国书院"、"各国学馆"、"各国算学"、"各国声学"、"各国光学"、"各国电学"等。除了"各国文字"中略及西方之"文学"外，其他诸如算学、声学、光学、电学等"时务"之学，均被纳入"文学类"，很难以今世之"文学"观念加以理解。对此，编者也认为有予以辩解的必要：

> 是编所收光学、声学、电学、重学等类，其中所学，虽皆制造工艺之事，原与"文学"两字判若天渊，似不能附入文学类。然编中所汇辑者，皆西国事西国学也。即"文学"两字，亦不过第就泰西各国语言文字所见诸纸笔者而言，故光学等类，统以算学，均分隶诸文学之末。[③]

如果照此逻辑，凡是文字记载的，均可入文学类中；那么一切的学科分类，都显得毫无必要。此处所谓"文学"，与"文学"之中国古义"见于文字记载的文献"颇为近似。

1898年，康有为刊行《日本书目志》，将日本出版的西学书目分为十五门：生理门、理学门、宗教门、图史门、政治门、法律门、农业门、工业门、商业门、教育门、文学门、文字语言门、美术门（方技附）、小说门、兵书门[④]。其所谓"文学门"，包括文学、作诗及诗集、诗集、新体诗、歌学及歌集、歌集、俳书及俳谐集、俳人传记、俳谐集、戏文集、唱歌集、俗歌集、戏曲（义太夫稽古本附）、谣曲本、脚本、习字本、习字帖小学校用、往来物。而其中如和文学、

① 宋恕：《〈周礼政要〉读后》，胡珠生编《宋恕集》上册，第609页。

② 宋恕：《致冈鹿门书》，胡珠生编《宋恕集》上册，第588页。

③ 钱颐仙：《万国分类时务大全·凡例》，申江袖海山房，光绪二十三年（1897）。

④ 康有为：《康有为全集》第3集。

教育小说，又分别被归入“文字语言门”和“教育门”，又另立“小说”一门。由此而言，康有为所谓的“文学门”，与今日之“文学”概念仍相去甚远。

京师大学堂的开办，为近代学科分类的诸种讨论提供了一个契机。其中，“文学”作为近代学科一支的成立，即首先出现在京师大学堂。

光绪二十四年（1896）五月，清政府拟设大学堂，派孙家鼐为管学大臣。二十六年五月，因义和团运动，校舍被毁，遂停止办学。在孙家鼐所上《议复开办京师大学堂折》中，曾对拟开的京师大学堂的科目予以分类，其中之一即为“文学科”，各国语言文字附在其中①。后来在《奏筹办大学堂大概情形折》中有所变更，将诸子文学门从大类中撤除②。

1901 年，清政府再次下令筹办京师大学堂，张之洞等人参照英、法、德、日等国大学的课程设置，提出了“七科分学”方案：经学、史学、格致学、政治学、兵学、农学、工学③。“文学”尚未单独立科，而是隶属于经学科之下。

1902 年 10 月，张之洞上《筹定学堂规模次第兴办折》，分文高等学堂科目为八科：经学、中外史学、中外地理学、算学、理化学、法律学、财政学、兵事学，其中文学亦附于经学之下，而国朝掌故学则附于史学下。之所以未列农、工、医，则是因为有专门的实业学堂④。

1902 年 8 月，袁世凯上《奏办直隶师范学堂暨小学堂折》，所附章程中分别将小学堂与师范学堂课程分为十科和九科，前两科均为“经学”与“文学”，其中“经学”指“四书”、“五经”，而“文学”则指经义、策论，大致相当于文章之学⑤。在同时拟订的《中学堂暂行章程》中，袁世凯将中学课程分为中学、西学两大类，中学共四科：经学、文学、史学、政治学，其中“文学”除经义、策论外，另增古文一项，仍主要指文章之学⑥。

在京师大学堂建制过程中，日本学制成为重要的参考。一方面，清政府派遣学者往日本考察学习；另一方面，不少日本学者及访日留日的中国学人，纷纷发表对京师大学堂学科设置的意见。如日本《教育时报》主笔辻武雄《清国两江学政方案私议》云：“大学专究国家需用之学艺之奥蕴，分政法、文学、格致、工艺、农务、医术、商务七门。”⑦ 在其规划的各学堂中，有专门的“文学堂”。

---

① 《戊戌变法》（二），第 427 页。

② 《戊戌变法》（二），第 436 页。

③ 张之洞等：《变通政治人才为先遵旨筹议折》，《张文襄公全集》奏议五十二，河北人民出版社 1998 年版，第 1397～1398 页。

④ 张之洞：《张文襄公奏议》卷五十七。

⑤ 《光绪朝东华录》卷一七四。

⑥ 《钦定章程类纂》，《中国近代教育史资料汇编 · 学制演变》，第 91 页。

⑦ 《教育世界》第 19 册，壬寅年（1902）正月上，《中国近代教育史资料汇编 · 学制演变》，第 195 页。

罗振玉从“国力齐等，必教育齐等”的逻辑出发，认为学科设置应照搬日本和西方的模式：“今日世界各国并处地球之上，必国力平等，乃能并存；否则，强弱相形，并吞随之矣。欲国力齐等，必教育齐等。欲教育齐等，则凡教育制度及各级科目无不齐等，不得以意变更其次序，增损其学科。可知今日谋教育者，多有议东西各国通行各学科中，某科可省、某科宜增者，不知教育之说也。合地球各国教育家智识，然后定此各国不能移易之学科，初非强同也，亦非立协会公议订也，道理在是也。”①

1902年，张百熙出任管学大臣，着手制定各类学堂章程。在其负责制定的《钦定大学堂章程》（1902年8月）中，大学分科被确立为以下七科：

政治科：政治学、法律学

文学科：经学、史学、理学、诸子学、掌故学、词章学、外国语言文字学

格致科：天文学、地质学、高等算学、化学、物理学、动植物学

农业科：农艺学、农业化学、林学、兽医学

工艺科：土木工学、机器工学、造船学、造兵器学、电气工学、建筑学、应用化学、采矿冶金学

商务科：簿计学、产业制造学、商业语言学、商法学、商业史学、商业地理学

医术科：医学、药学②

与张之洞所拟的分科方案相比，二者虽然都以日本学制为主要参考对象，但在具体分科设置上却有明显不同：《钦定大学堂章程》将“文学科”提升为七科之一，而将“经学”置于其下，与“史学”、“诸子学”等并列。这一做法，一方面从客观上弱化了传统“经学”在近代学术体系中的地位，无形中为后来废除“经学”埋下了伏笔；另一方面突出了“文学”，为“文学”在近代学术体系中地位的确立奠定了基础。

光绪二十九年十一月二十六日（1904年1月13日），两种意见汇集，最终折中形成《奏定学堂章程》。该章程将大学堂分作八科：

一、经学科大学。分十一门，各专一门，理学列为经学之一门。二、政法科大学。分二门，各专一门。三、文学科大学。分九门，各专一门。四、医学科大学。分二门，各专一门。五、格致科大学。分六门，各专一门。六、农学科大学。分四门，各专一门。七、工科大学。分九门，各专一门。八、商科大学。分三门，各专一门。

---

① 罗振玉：《教育赘言八则》之五，《教育世界》第21册，壬寅年（1902）二月上，《中国近代教育史资料汇编·学制演变》，第159页。

② 《钦定学堂章程·钦定大学堂章程》，1902年湖北学务处刊本。

将经学科大学列在首位，反映了传统学术观念的势力仍然十分强盛。其中，位列第三的文学科大学的九门分别为：

> 一、中国史学门。二、万国史学门。三、中外地理学门。四、中国文学门。五、英国文学门。六、法国文学门。七、俄国文学门。八、德国文学门。九、日本国文学门。

据此可以看出，章程所谓“文学科大学”，包括了历史学、地理学和文学三个学科。从中国文学门的主修科目来看，包括文学研究法、说文学、音韵学、历代文章流别、古人论文要言、周秦至今文章名家、周秦传记杂史周秦诸子等，与民国以后所谓“文科”仍存在较大差异。其中未将哲学列为一科的做法，受到了王国维的尖锐批评。

对于京师大学堂中无关实用的“文学”一科的立科用意，张之洞等人在《奏定学务纲要》中有详细说明①。《奏定学堂章程》将“经学”与“文学”分作二科的做法，受到了一部分先进士大夫的尖锐批评，王国维即是其中之一。在王国维看来，张之洞在《奏定学堂章程》体现其尊经卫道的思想方面固是无可非议，然而在学理和教育层面确颇为不妥。王氏分别从“根本之大谬”和“枝叶之谬”两方面对《奏定学堂章程》提出批评：“其根本之误何在？曰在缺哲学一科而已。”② 而其立足点，又在于惟有不废“哲学”，才能更好地传承和发扬“经学”与“文学”：“若不改此根本之谬误，则他日此二科中所养成之人才，其优于占毕帖括之学者几何？而我国之经学、文学，不至坠于地不已。”达成对“经学”和“文学”的深度理解，同样离不开“哲学”：“今舍其哲学，而徒研究其文学，欲其完全解释，安可得也？”王氏批评《奏定学堂章程》的“枝叶之谬”，则包括三个方面：一，“经学科大学与文学科大学之不可分而为二也”；二，“群经之不可分科也”；三，“地理学科不必设也”。

针对《奏定学堂章程》存在的两方面的“谬误”，王国维在详细阐发其分科思想的基础上，对文学科大学的立科门类和所授科目提出了自己的看法：

> 由余之意，则可合经学科大学于文学科大学中，而定文学科大学之各科为五：一、经学科，二、理学科，三、史学科，四、中国文学科，五、外国文学科（此科可先置英、德、法三国，以后再及各国）。

对于各科所应开设的具体课程，王国维也有自己的方案，其中“中国文学科”和“外国文学科”二科所授的课程为：

---

① 张之洞等：《奏定学堂章程·学务纲要》，湖北学务处1903年刊本。

② 王国维：《奏定经学科大学文学科大学章程书后》，《静安文集续编》，《王国维遗书》第5册，第36a～42b页。原载《教育世界》1906年第2、3期。《东方杂志》1906年第6期、《广益丛报》1906年第24期均予以转载。

四、中国文学科科目：（一）哲学概论，（二）中国哲学史，（三）西洋哲学史，（四）中国文学史，（五）西洋文学史，（六）心理学，（七）名学，（八）美学，（九）中国史，（十）教育学，（十一）外国文。

五、外国文学科科目：（一）哲学概论，（二）中国哲学史，（三）西洋哲学史，（四）中国文学史，（五）西洋文学史，（六）□国文学史，（七）心理学，（八）名学，（九）美学，（十）教育学，（十一）外国文。

王国维关于文学科大学的分科意见，一方面是出于对当时文化情状的深切理解，另一方面则是受欧洲尤其是德国教育思想的影响。民国成立以后，蔡元培等人在接受王国维“文学”设科思想的基础上予以进一步推进，并最终确立了“文学”在近代学术体系中的独立地位。

“今代学制，仿自泰西；文学一科，辄立专史。”① 近代教育体系，经过京师大学堂时期的模仿西方又牵强于传统，到了民国初期进行的教育改革，彻底摆脱传统学术体系。“文学”作为独立学科的成立，就在这种教育的改革进程中最终完成。

1912 年 7 月 10 日，民国政府教育部举行第一次临时教育会议。蔡元培作为教育总长，对民国教育改革的基旨进行了详细论述，第一次提出了废除经学科而将其归入哲学、史学、文学的学科改革思想：

我中国人向有一弊，即是“自大”。及其反动，则为自弃。自大者，保守心太重，以为我中国有四千年之文化，为外国所不及，外国之法制，皆不足取。及屡经战败，则转而为崇拜外人，事事以外国为标准，有欲行之事，则曰“是某某国所有也”；遇不敢行之事，则曰“某某等国尚未行者，我国又何能行”。此等几为议事者之口头禅，是由自大而变为自弃也。普通教育废止读经，大学校废经科，而以经科分入文科之哲学、史学、文学三门，是破除自大旧习之一端。②

1913 年 1 月 12 日，民国教育部在 1912 年 10 月发布的《大学令》基础上，公布《大学规程》，正式将文学、历史、哲学作为各自独立的学科门类：

大学之文科分为哲学、文学、历史学、地理学四门，理科分为数学、星学、理论物理学、实验物理学、化学、动物学、植物学、地质学、矿物学九门，法科分为法律学、政治学、经济学三门，商科分为银行学、保险学、外国贸易学、领事学、税关仓库学、交通学六门，医科分为医学、药学二门，

① 刘永济：《十四朝文学要略》，黑龙江人民出版社 1984 年版，第 1 页。

② 我一《临时教育会议日记》，载《教育杂志》第 4 卷第 6 号，1912 年 9 月。璩鑫圭、唐良炎编：《中国近代教育史资料汇编·学制演变》，第 647 页。

农科分为农学、农艺化学、林学、兽医学四门，工科分为土木工学、机械工学、船用机关学、造船学、造兵学、电气工学、建筑学、应用化学、火药学、采矿学、冶金学十一门。①

民国《大学规程》在分科上确立了文、理、法、商、医、农、工的七科分学方案，与《钦定大学堂章程》、《奏定学堂章程》相比，最大区别在于废除“经学”在学术分科体系中的突出地位：“经学”不仅未能成为一科，甚至失去了成为文科门类的资格，其位置已由“哲学”代替。这一变化，显然是秉承了蔡元培在第一次教育会议中讲话的精神。

《大学规程》将文学、历史、哲学统于“文科”的做法，在若干年后受到了在北大求学的傅斯年的批评。他在写给时任北大校长蔡元培的信中说：

以哲学、文学、史学统为一科，而号曰文科，在于西洋恐无此学制。日本大学制度，本属集合，殊国性质至不齐一之学制，而强合之。其不伦不类，一望而知。即以文科一端而论，卒业于哲学门者，乃号“文学士”。文科之内，有哲学门，稍思其义，便生“觚不觚”之感也。②

以下的论述，主要着眼于两点：一，文学、史学，二者虽然殊属两途，一为艺术，一为科学，然而“相用至殷”，且“文史”一称，自古已然，循名责实，“宜不必分也”。二，文学、哲学，二者看似密切，实则相去甚远，“其本异，其途殊”，“文学与哲学合为一门，于文学无害也，而于哲学则未当”，“哲学所取资于文学者较之所取资于科学者固不及什一也”。基于这一情况，傅斯年建议，要使哲学“足当哲学门之名”，仅从“教员之选”、“课程之革”等方面下手是不够的，“若不出哲学门于文学，入之理科，一般人之观念，犹如昔也”，学科建设理路，才是推动学科发展的关键。

对于傅斯年的建议，蔡元培从两个方面予以回应：一，文学、史学、哲学三者与科学的分野与联系，主要基于研究方法，而并非学科性质；二，文学、史学、哲学三者，彼此之间联系密切，分而设科，“彼此错综之处更多”，由此涉及的学科设置、教学体系等问题，势必很难得到有效的融合。

民国初年颁布的《大学规程》，对于各科科目做了详细的规定，其中“文学”门被分作八类，各类的课程设置，以文学与语言为主体③。从学科设置上来看，《大学规程》较《奏定学堂章程》有重大调整：一，将“英国文学”等门降

① 《教育杂志》第5卷第1号，1913年4月。璩鑫圭、唐良炎编：《中国近代教育史资料汇编·学制演变》，第708～709页。

② 傅斯年：《致蔡元培：论哲学门隶属文科之流弊》，欧阳哲生编：《傅斯年全集》第1册，湖南教育出版社2003年版，第37页。

③ 《教育杂志》第5卷第1号，1913年4月。璩鑫圭、唐良炎编：《中国近代教育史资料汇编·学制演变》，第710页。

格为类，而同属于“文学”门下，文学学科体系初步建成；二，各类所授科目，主要以语言、文学课程为主，这一做法，为后世的文学系所采用；三，中国文学史成为文学类专业的必修课。而在文学教育的课程设置方面，体现出重新解读传统中国文学与传播西方文学经典和文学理论的双重目的。

需要说明的是，《民国大学规程》虽然从学科体制上确立了“文学”的独立地位，但从民国初年的中国文学史书写来看，新文化运动之前，“文学”的观念并未因此而迅速摆脱传统的束缚，而是多表现为在传统与近代之间徘徊。如王梦曾《中国文学史》（1914），是经过当时的教育部审定，以“共和国教科书”名义出版的一部中学教材，其《编辑大意》云：“编纂方法，以文为主体，史学、小说、诗、词、歌曲等为附庸。文字为文章之源，亦著其因革，其他经学、理学等，只旁及焉。”“凡文章诗词歌曲之源流，悉博考精稽，著之于册，其有一时异制，如唐末皮、陆等之诗，宋世白话之诗词，元世白话之文告，亦刺取其精华，列入以明歧趋，并以博读者之趣。”[①] 由此可以看出，王氏的“文学”观，因为处于清民之际的文化观念转型时期，不可避免地带有两面性：传统的大“文学”观念是基础，同时对近世新“文学”的元素又有所汲纳。

同样以“教育部审定”名义出版的，还有张之纯编写的“师范学校新教科书”《中国文学史》。然而从其编纂大意来看，此时的文学史书写并未完全与传统文学史观划清界限。一方面，京师大学堂时期以经传为文学中心的思想，仍在一定程度上被带入到了民国初年的文学史教学当中：“经传为文学之正宗，一切文章体例，本于经传者居多。故于经传之有关文学者，叙录较详。”以文学史而叙述学术史的内容，仍占很大比重：“研究文学，不可不知训诂、性理。故汉之经师，宋之道学，本书一一指明其传派。”另一方面，对于晚清以降兴起的新的文学观念，也尽量吸纳：“词章一科，起于最古之韵文。本书为循流溯源起见，于古代韵文，采取颇多。”“近世小说、戏曲，日益发明，稽之古昔，实以宋元时代为最盛。本书亦择要叙列，俾知概略。”[②] 文学教育体制的确立，“文学史”、“文学概论”等专门的文学课程的设置，成为民国以后知识体系中重要内容。

五、“文学”的重新定义

“五四”文学革命对新旧文学观念的转换，起到了极大的推动作用。在此基础上，20世纪20年代以后，知识界对“文学”的内涵、范围等问题展开了广泛

① 王梦曾编：《中国文学史·编辑大意》，商务印书馆1914年初版，1926年20版，第1、2页。
② 均见张之纯：《中国文学史·编辑大意》，商务印书馆1915年初版，第1~2页。

的讨论，由批驳传统文学观念出发，对“文学”概念予以重新定义，以此确立新的知识框架与理论体系。

随着新旧学术体系的更替与转换，对“文学”予以重新定义成为摆在学者面前的首要问题。胡行之说：“在研究文学上底诸问题之先，最初摆在我们面前的，就是文学本身底问题——‘什么是文学’？这个题目，确为大家所喜欢研究的；可是研究出来的答案，各各不同，正如人底面孔！无论在本国，无论在外国，他们所说，虽各有一方的理由，但总是一个很暧昧的问题。”①

要回答“什么是文学”，首先须对近代“文学”概念与传统中国之“文章”予以区分。对此，还在新文化运动之前，部分先进知识分子已有所认识。1915年，黄远庸为梁漱溟编《晚周汉魏文钞》作序，认为：中国传统“文章”，与西方近代“文学”，二者指称的对象存在差异，具有不同的概念内涵。

> 由今之说言之，科学与文艺，皆各有其独立之区域。而文艺之中，文学与文章，又实为二事。文章者，梁君所谓综事布意，不以耀观览，在今则文法学、修辞学之类属之，凡古文家所称作文之法，意多主于修辞，若文法之学，吾国当以马氏眉叔所著《文通》为嚆矢。若夫文学，在今日则为艺术之一部。艺术之简单定义，曰以人类之想象，举自然而理想化之之美术也，凡建筑、园艺、雕塑、绘画、舞蹈、诗歌之类皆属之。其要素有三：（一）曰自然，（二）曰〔理〕想化，（三）曰美之述作。故文学者，乃以词藻而〔理〕想化自然之美术也，其范畴不属于情感，不属于事实，其主旨在导人于最高意识，非欲以之浚发知虑。②

黄远庸将中国传统“文章”理解为“文法学”、“修辞学”，虽然只是从其一个侧面做出的解释，但他在参照西方近代“艺术”概念基础上对“文学”所做的定义，却具有明确的近代意识。

1919年，朱希祖作《文学论》，对民国以降形成的新的“文学”观予以概述，指出“文学”观念的主流已由此前泛指一切学术，缩小为指“纯文学”：“今世之所谓文学，即Bacon所谓文学，太田善男所谓纯文学，吾国所谓诗赋、词曲、小说、杂文而已。”③“五四”新文化学人对于“文学”的重新定义，大体从两个方面着手：一方面，对传统旧学文人的“文学”观予以清理，加以批判；另一方面，评介西方近代学人关于“文学”的定义，征以为据④。罗家伦1919

---

① 胡行之：《文学概论》第一篇《绪论》第一章《文学底界说》，乐华图书公司1933年版，第1页。

② 黄远庸：《晚周汉魏文钞序》，《远生遗著》卷四，沈云龙主编《袁世凯史料汇刊续编》本，第183页。

③ 朱希祖著，周文玖选编：《朱希祖文存》，第50页。

④ 傅斯年作：《文学革新申义》，从两方面对文学革新的要义予以概括：“其一，对于过去之文学之信仰心，加以破坏。其二，对于未来文学之建设加以精密之研究。”（《新青年》第4卷第1号，1918年1月15日。）究其实质，这两方面的具体做法，均是首先从“文学”概念的厘析着手。

年2月发表在《新潮》第1卷第2号上的《什么是文学？——文学界说》一文，立足批判阮元、章太炎的“文学”观和评介西方近代学人“文学”观的二维思路，对“文学”概念作出新的界说：

> 文学是人生的表现和批评，从最好的思想里写下来的，有想像，有感情，有体裁，有合于艺术的组织；集此众长，能使人类普遍心理，都觉得他是极明了、极有趣的东西。[①]

罗文立论的依据，是西方近代学人关于“文学”概念的论述。在罗列了15位西方近代学人的“文学”定义后，罗家伦从中概括出8条作为“文学”的一般性质：（一）文学是人生的表现同批评，（二）最好的思想，（三）想象，（四）感情，（五）体裁，（六）艺术，（七）普遍，（八）永久。这些性质，中国传统文学未必没有，然而罗氏根据这些性质得出的结论是中国传统文学违背了“文学”的真义，而这个真义，显然是以西方文学为支撑的。

根据罗家伦对“文学”的定义，刘经庵发挥说：

> 从这个定义里，我们可以知道文学是人生的写照，是思想和艺术的结晶，文学家对于人生的种种，观察得最为周到，或主观，或客观，或片面，或综合，或内里，或外表，都能深刻的详为写述。他们无论是写诗歌，写戏剧，或写小说，皆是人生的表现和批评。换言之：离了人生便无所谓文学。文学固不外乎人生，亦当有高尚的思想和丰富的想象，用艺术的手腕、创作的精神，去委婉的、灵妙的、真挚的表现出来，绝不剿袭，不摹仿，使读者感到清爽有趣与作者起共鸣之感。否则，便无文学上的价值。[②]

显然，刘经庵对于“文学”表现精神和内在实质的阐发，是以小说、戏剧、诗歌等文学体类作为论述依据的。虽然也承认文学可以表现崇高的思想，然而其主体观点仍是“为艺术而艺术”的“纯文学”观念。

对于西方近代文学观念输入中国后“文学”定义的变化，日本学者长泽规矩也将其概括为四义：“自西洋文化输入后，文学一词多用以翻译Literature，但在英文原义，亦有广狭之别，遂致更含混。我人今日所用的文学一语，假使检阅各种字典，除了上述的解释外，还有三义，第一，凡将人类的思想感情，以言语文章来表现的作品，总称为文学，相当于广义的Literature，近来已不大使用。第二，根据上述的意思，凡自然科学、政治、经济、法律以外的各种学问，都泛称为文学，语言是不用讲了，即历史、哲学，亦包含在内，如今一般大学中学科上所用那样。第三，是很狭义的，不泛指以语言文章来表现人类思想感情的作品，

---

① 罗家伦：《什么是文学？——文学界说》，载《新潮》第1卷第2号，1919年2月。

② 刘经庵：《中国纯文学史纲·绪论》，东方出版社1996年版，第2页。

而专指诉诸感情的美的作品，因此是专指诗歌、戏曲、小说之类，这已不是学问，因此先辈往往称之为纯文学，或美文学，以与学问区别。近来，更生出第四义，特别着重一个学字，所以是指从学术的见地，来批评考究美文学的作品，则称文学。近来的趋向，倒是第四义最普通。”①

然而从20世纪20年代以后的主流意识来看，虽然“文学”的定义各有相同，但其基本要义却是一致的。对此，容肇祖在援引胡适概括的“文学三要件”基础上，指出：

> 现今世界上文学的界说，各家所说虽微有不同。而文学的要素：一、情绪（emotion）；二、想像（imagination）；三、思想（thought）；四、形式（form），似乎为一般人所承认。②

显然，容肇祖所谓“为一般人所承认”的文学的四个要素，是在新文化运动以后西方近代“文学”观念的广泛传播的背景下达成的。

“文学革命”发生以后，为“文学”重下定义成了划清新旧文学界限最直接的途径。见诸论述，以西方“纯文学”观念作为界说文学的依据成为普遍趋势。如凌独见认为：“文学就是人们情感想象思想人格的表现。”③ 周作人说：“文学是用美妙的形式，将作者独特的思想和感情传达出来，使看的人能因而得到愉快的一种东西。”④ 不脱容肇祖所谓情感、想象、思想等定义“文学”的要素。

也有学者在定义“文学”时，游走于传统与近代观念之间。如刘永济说：“故今日之文学，一方面必求其真义愈明，一方面又必求其真用愈广。真义愈明，则表现之方法愈精妙。真用愈广，则人类之幸福愈增进。然则文学之义，虽至难确定，要不出此二点之外……概括言之，则文学者，乃作者具先觉之才，慨然于人类之幸福有所供献，而以精妙之法表现之，使人类自入于温柔敦厚之域之事也。”⑤“真义”与“真用”，“精妙之法”与“温柔敦厚之域”，刘永济对“文学”要素的概括，显示了弥合中西文学观念的努力。

对于造成“文学”定义不同的原因，胡行之曾援引英国学者波斯奈特（H. M. Posnett，1855～1927）《比较文学》（1886）一书中的分析：“第一，所谓

---

① ［日］长泽规矩也著，胡锡年译：《中国学术文艺史讲话》，世界书局1943年初版，第11～12页。

② 容肇祖：《中国文学史大纲》第一章《绪论》，朴社1935年初版，第1页。

③ 凌独见：《新著国语文学史》第一编《通论》第一章《文学的定义》，第1页，上海：商务印书馆，民国1923年2月初版，6月再版。书名下注明“中等学校用”。据书前自序，该书为民国十一年三月，作者受浙江省教育会之邀，为开办的国语传习所讲授的内容。序中有这样一句话：“我这部书，着重在抄出历代许多最好的作品，所以这部东西，希望读者不要当国语文学史纲看，最好当作古今白话诗选去读。”

④ 见周作人：《中国新文学的源流》。

⑤ 刘永济：《文学论》第一章《何为文学》第八节《近世文学之定义》，商务印书馆1934年版，第23页。

文学这词底出发底不同；第二，由于轻视了文学词的历史底意义而生的；第三，文学制作的诸方法底微细的变迁；第四，文学制作的诸目的底微细的变迁。”[①]古今“文学”词义的不同，中西文学历史和传统的错致等因素，加上不同学者间关注层面和视角的差异，“文学”的定义不同也是势有必至。

随着“文学”被重新定义，文学的范围也发生了明显变化。容肇祖概括20世纪20年代以后文学史的“进步的倾向”，第一点就是“对于文学的意义与范围之限定，由泛说中国学术，而到一定范围的”[②]。然而，由于中国古代并无明确的“文学”分类，因而要以近代观念对传统中国的“文学”进行分类，不可避免地存在诸多困难。蒋鉴璋甚至发出了“文学范围，至为渺茫，说者纷然，莫衷一是”[③] 的感叹。

类似分类的困境，在中国文学史的书写中表现得尤为突出。如胡怀琛作《中国文学史略序》，即认为文学史书写的困境，主要来自中国古代“文学”类属界限的模糊：“就分类言，则史学、哲学与文学，真不易区分。故《史记》、《左传》，将谓之为文学乎？为史学乎？《孟子》、《庄子》，为哲学乎？为文学乎？此界限不为划清，则以后文学，均无分界之标准。况经学之名目，犹有人横亘胸中，而不能打销，太炎贤者，亦所不免。（章先生讲《国学概论》，分国学为三部：曰经学，曰哲学，曰文学。）存经缺史，不知何故也。”[④] 在此基础上，胡氏明确提出文学分类的标准：

> 鄙意以一切学术，当以智、情、意三字分类：智者，事也，即史也；情者，感情也，文学属于情；意者，理也，即哲学也。如此则经学之已无存在之余地。……文学有形，有质。后世作品，有形是文学，而质非文学者，如清人诗云：‘夜半横吹风不断，青山飞过太湖来。’又诗云：‘谁云摄山高，我道不如客；我立最高峰，比山高一尺。’此乃惠施、公孙龙辈之诡辩也。与其谓为文学，不如谓为哲学尤相近，然其形式则明明诗也。《长恨歌》，记事诗也。与其谓为文学，不如谓为史学尤相近，然其形式，明明诗也。[⑤]

作为划分文学类属的依据，形式（形）与内容（质）之间，胡怀琛所取无疑是内容；而他据以将《长恨歌》划入史学，自是很难得到今人认同。就其分类的依据而言，自是有诸多尚可议论的地方；然而由此反映的文学分类的繁复多致，却是无可回避的事实。即便是文学日益深入的当下，类似的困境依然存在。

---

① 胡行之：《文学概论》第一篇《绪论》，第1页。

② 容肇祖：《中国文学史大纲》第一章《绪论》，朴社1935年初版，第2页。

③ 蒋鉴璋：《文学范围论略》，胡适、郁达夫等著《文学论集》，中国文化服务社1936年10版，第52页。

④ 胡怀琛：《中国文学史略》，梁溪图书馆1926年3版，第3页。

⑤ 胡怀琛：《中国文学史略》，第3~5页。

文学分类的困难，表现出的最为直接的问题，即：在中国文化发展的历史进程中，到底哪些属于“文学”，哪些属于“非文学”。由此产生的关于中国“文学”的边界的问题，成为民国初期定义“文学”的最为重要的问题之一。对此，郑振铎曾说过这样一段话：

> 文学的范围，极不易确定。如果我们说《诗经》是文学，《西游记》是文学，或是《日知录》不是文学，《朱子语录》不是文学，那是谁也不会反对的。如果一进到文学与非文学的边界，那么，便不易十分确定了。譬如问：“王充《论衡》是不是文学？”“《北梦琐言》、《世说新语》，算不算文学？”或是“《陆宣公奏议》、《贾子新书》，是不是文学？”便不易立刻回答了。至少也要把文学的性质懂得清楚，并且把这种书的价值与影响研究得详详细细，才能够无疑的回答说“这是文学”或“这不是文学”。[①]

见于具体论述，郑振铎将文学分为九类：（1）诗歌，包括各体诗、词、长歌、赋等；（2）杂剧、传奇，弹词附入；（3）长篇小说；（4）短篇小说；（5）笔记小说；（6）史书、传记，所举数例为《左传》、《史记》、《两汉书》、《三国志》；（7）论文，周秦诸子及贾谊、扬雄、王充、仲长统、韩愈、苏轼、黄宗羲等所作如《论衡》、《昌言》、《明夷待访录》等；（8）文学批评，如《文心雕龙》、《文史通义》、《诗品》、《唐诗纪事》等；（9）杂著，如书启、奏议、诏令、赞、铭、碑文、祭文、游记等。临末，不忘加上一句：“惟文学与非文学之间，界限极严而隐。有许多奏议、书启便不能算是文学。所以要定中国文学的范围，非靠研究者有极精确的文学观念不可。”[②] 一方面显示中国“文学”复杂多致的情形，另一方面为以后“文学”范围的调整预留了足够的空间。

谭正璧指出，造成古今“文学”范围不同的原因，乃是缘于文学观念的差异：“讲到文学的体制，古人所见，与今人完全不同。这种不同的原因，全在古今文学观念的转变。”“总之，前人所分体制的种类，所以不为吾们所赞同者，全在观点的不同。因为前人以文章为文学，所分为‘文章’的体制；吾们所要分的，则为‘文学’的体制。‘文章’的范围，既与‘文学’不能一致；那么他们的分类，自然不是吾们所需要了。”[③] 观念不同，分类自然会有所差异。在此基础上，谭正璧提出自己对中国“文学”分类的意见：

> 本书所分体裁，完全依照现代的分法，而斟酌中国文学的特殊情形，分为：诗、赋、乐府、词、曲、小说、弹词七体。其中赋、乐府、词、弹词四

① 郑振铎：《整理中国文学的提议》，《郑振铎全集》第6册，花山文艺出版社1998年版，第2页。原载《文学旬刊》第51期，1922年10月。

② 郑振铎：《整理中国文学的提议》，《郑振铎全集》第6册，第3～4页。

③ 谭正璧：《文学概论讲话》第一讲《总论》第四节《文学的体制》，第17、21页。

体，为中国所特有；其余诗、小说、曲三体，则为世界各国文学所共有。然中国所有的文学体裁，除普通的散文外，可说已尽于此了。[①]

在此，谭正璧提出了划分中国"文学"范围的两个重要支点：一，"依照现代的分法"；二，"斟酌中国文学的特殊情形"。

谭正璧所说的上述情形，在20世纪20年代的文学史著作中都有很好的体现。如凌独见撰《新著国语文学史》将国语文学分为有韵文、有韵兼无韵文、无韵文三大类，其中有韵文包括诗、词，有韵兼无韵文指戏曲，无韵文包括散文、小说。再予细分，有韵文又分为歌谣、箴、铭、戒、祝、赞、颂、雅、辞赋、骚、操等。[②] 由此可以看出，即使以"纯文学"史观作为建构中国文学历史的依据，其所谓"文学"的范围仍比今世文学史论述的内容更为广泛。

事实上，即便20世纪30年代以后，"纯文学"史观开始在文学理论界占据主导地位，多数论者在具体展开论述过程中不可避免地呈现出受此文学史观规限的痕迹，但对"纯文学"史观界定的文学范围仍有所保留。陈彬龢（1897～1945）撰《中国文学论略》，虽以狭义文学观念作为建构中国文学的基本依据："是编所论，虽不尽从狭义，要以韵文为主体，散文则从略焉。"[③] 但在具体论述中，则能注意到中国文学的独出特点，《中国文学论略》所论内容，包括诗、楚辞、赋、骈文、词、曲、小说。

论及由文学观念的转换引起"文学"范围的变化，蒋鉴璋指出，以"纯文学"史观为标准梳理中国文学，只有少数作品具有"文学"的资格：

不过吾国文学，时代悠久，成就各异，文学范围，漫漶特甚。若就纯粹文学，严格而论，则上古作品，惟有《诗经》、《楚辞》；秦汉以下，惟有赋、颂、诗、歌，及骈文、词曲等类，方足为文学史料。[④]

然而，由此建构的文学史图景，是否能真实反映中国文学的历史呢？答案不言自明。中西文学历史毕竟不同，以西方"文学"观念叙述中国文学的历史，如何确定论述对象的范围，观念与历史之间如何成功对接，是摆在文学史家面前最切实的问题。浦江清（1904～1957）曾以陆侃如（1903～1978）、冯沅君（1900～1974）的《中国诗史》为例，说明中西"文学"概念对接的困难，以及由此造成文学史叙述的扞格不协：

名为"诗史"，何以叙述到词和曲呢？原来陆、冯两先生所用的这个

① 谭正璧：《文学概论讲话》第一讲《总论》第四节《文学的体制》，第21页

② 凌独见：《新著国语文学史》第二编《本论》第七章《国语文学的分类》，商务印书馆1923年版，第8页。

③ 陈彬龢：《中国文学论略》第一章《绪论》第三节《文学之界说》，商务印书馆1931年初版，第5页。

④ 蒋鉴璋：《中国文学史纲》第一章《文学与文学史》，亚细亚书局1933年版，第4～5页。

“诗”字，显然不是个中国字，而是西洋 Poetry 这一个字的对译，我们中国有“诗”、“赋”、“词”、“曲”那些不同的玩意儿，而在西洋却囫囵地只有 Poetry 一个字；这个字实在很难译，说它是“韵文”罢，说“拜伦的韵文”，“雪莱的韵文”，似乎不甚顺口，而且西洋诗倒有一半是无韵的，“韵”，曾经被弥尔顿骂做野蛮时期的东西。没有法子，只能用“诗”或“诗歌”去译它。无意识地，我们便扩大了“诗”的概念。所以渗透了印度欧罗巴系思想的现代学者，就是讨论中国的文学，觉得非把“诗”、“赋”、“词”、“曲”一起都打通了，不很舒服。①

赋、词、曲等文类，在西方文学历史中都缺乏与之匹配对应的文学体裁，如何将其纳入西方“文学”框架予以叙述，显然无法脱离中国文学发展的历史实际。在此背景下，以“诗史”而叙及诗、赋、词、曲，又都在情理之中。

正是认识到中西文学历史图景的不同，即便在“纯文学”史观盛行的 20 世纪 30 年代，仍有不少学者坚持以“大文学”史观建构中国文学的历史。如刘永济（1887～1966）撰《文学论》（1934），将文学分为“属于学识之文”、“属于感化之文”两大类，其中前者属于广义文学，包括：史传、碑志、水经、地志、典制、制造，彼此告语之信札、布告群众之文字，解析玄义、辨论事理、研究物质；后者属于狭义文学，包括：纪游纪事之诗歌、辞赋、乐府、词、曲及小说，舞曲、戏剧、传奇，抒情写志之诗歌、辞赋、乐府及哀祭、颂赞、箴铭。② 即使是所谓“狭义文学”，仍非“纯文学”史观所能容纳。

基于对中国文学历史的认识，蒋鉴璋指出，论述中国“文学”的历程，对于历代不以“纯文学”进行文学划分的中国文学而言，难以近代以来兴起的“纯文学”观念对其加以概括：

自刘著（即刘师培《中古文学史》）问世，颇为时人所称道，而对于其他各种文学史之书，多所非难。以为近日编文学史者，将《易》、《书》、“三礼”，以及后代议论记事散文，均行采取，而为文学史料。其弊也，文学范围，漫漶特甚，如此做去，则《四库全书》，尽皆中国之文学耳，宁非大谬。于是有主张中国文学，上古作品，惟有《诗经》、《楚辞》。秦汉以下，惟有诗歌赋颂及骈文词曲等有韵之文，方足为文学史料。余意欲奉此标准，而成一全部中国文学史，于势未能。③

蒋鉴璋曾著《中国文学史纲》（亚细亚书局 1933 年出版），对中国文学的历史进

---

① 浦江清：《评陆侃如、冯沅君的〈中国诗史〉》，《浦江清文史杂文集》，清华大学出版社 1993 年版，第 100 页。原文载《新月》（月刊）第 4 卷第 4 期，1932 年 11 月 1 日。

② 刘永济：《文学论》第二章《文学之分类》第二节《文学的原质》，第 30～31 页。

③ 蒋鉴璋：《文学范围论略》，胡适、郁达夫等著：《文学论集》，第 59 页。

程予以梳理。由此来说，其所谓“余意欲奉此标准，而成一全部中国文学史，于势未能”，乃是出于对“纯文学”史观的不认同。蒋鉴璋所谓文学的范围，并非是以诗、词、曲、小说为内容的“纯文学”，而是《文心雕龙》以来的“大文学”和“杂文学”观念。

本着对传统中国文学历史面貌的认识，蒋鉴璋指出，概论中国文学的范围，须建立一套符合中国文学自身历史实际的分类体系：

> 晚近西洋文学思潮，流入中土，嗜文之士，常以西洋文学界说，用以范围中国文学。夫西洋文学，小说诗歌戏剧三者，乃其最大主干，故其成就者为独多。我国则诗学成就，亦足自豪。而小说戏剧，诚有难言。近数年来，以受西洋思潮，始认小说戏剧为文学，前此而直视为猥丛之邪道耳，亦何有于文学之乎？今虽此等谬见，渐即捐除。然而中国文学，范围较广。历史之沿革如此，社会之倾向如此，若必以为如西洋所指纯文学，方足称为文学，外此则尽摈弃之，是又不可。①

西洋文学有西洋文学的历史实际，中国文学有中国文学的历史实际，硬要以西洋关于“文学”的定义作为衡量中国文学的标准，不可能获得对中国文学的正确认识。由此出发，蒋氏认为：“至于诗词小说戏剧，以及不朽之散文，取其有关情感者，皆应列入文学范围之中。”以是否有关情感作为判断“文学”的标准，体现了这一时期部分知识分子在传统与近代“文学”观之间寻找契合点的努力。

第二节　从“小学”到“语言学”

从很早开始，汉民族就开始研究自己的语言文字，这种研究源远流长，成果丰富。不过，指称这门学问的术语很晚才与世界接轨，在漫长的历史年代，人们称这门学问为“小学”。本节考察汉民族语言文字之学指称术语由“小学”到“语言学”的演变过程，揭示各个阶段的特点，探讨演变动因。

这一演变过程可循三条线索考察：

一、小学

“小学”一词在能确认为先秦的文献中不见，始见于汉代的文献中，如：

① 蒋鉴璋：《文学范围论略》，胡适、郁达夫等著：《文学论集》，第61页。

天子命之教，然后为学。小学在公宫南之左，大学在郊。天子曰辟雍，诸侯曰頖宫。（《礼记·王制》）

及太子少长，知妃色，则入于小学，小者所学之宫也。（《大戴礼记·保傅》）

周礼八岁入小学，保氏教国子，先以六书。（许慎《说文解字叙》）

令天下小学，戊子代甲子为六旬首。（《汉书·王莽传第六十九中》）

始入小学，诵孝经章句，和熹皇后甚嘉之，以为宜奉大统。（《东观汉记》卷三“敬宗孝顺皇帝”）

砚冰释，命幼童入小学，学篇章。（崔寔《四民月令》）

《东观汉记》是东汉官修的本朝纪传体史书，“敬宗孝顺皇帝”即东汉顺帝。《四民月令》的作者崔寔是东汉人，书中反映的主要是东汉时期洛阳地区的经济与文化生活。这里的六条材料，前三条说的是先秦的情况，后三条说的是汉代的情况。《大戴礼记·保傅》本身已明言“小学”是“小者所学之宫”，近人黄侃《文字声韵训诂笔记》指出：“《说文·叙》云：‘周礼八岁入小学，保氏教国子先以六书。’《大戴礼·保傅篇》卢注：‘外舍，小学。谓虎门师保之学也。’《白虎通》：‘八岁入小学，十五岁入大学。’则古之所谓小学者，自名其舍曰学，固非今日之所谓小学也。”①

依据以上材料可知，先秦的“小学”指的是初级学校，汉代依然如此。

也就是在汉代，“小学”由指初级学校发展出转指文字学的用法。这是因为，儿童入小学首先学的是文字，诚如《汉书·艺文志》所说：“古者八岁入小学，故《周官》保氏掌养国子，教之六书，谓象形、象事、象意、象声、转注、假借，造字之本也。”《汉书》中多处以“小学”指称文字之学，如：

征天下通知逸经、古记、天文、历算、钟律、小学、史篇、方术、本草及以五经、论语、孝经、尔雅教授者，在所为驾一封轺传，遣诣京师。至者数千人。（《汉书·平帝纪》）

至元始中，征天下通小学者以百数，各令记字于庭中。（《汉书·艺文志》）

初，邺从张吉学，吉子竦又幼孤，从邺学问，亦著于世，尤长小学。邺子林，清静好古，亦有雅材，建武中历位列卿，至大司空。其正文字过于邺、竦，故世言小学者由杜公。（《汉书·杜邺传》）

颜师古注《杜邺传》曰：“小学，谓文字之学也。周礼八岁入小学，保氏教国子以六书，故因名云。”《后汉书·卢植传》李贤注曰：“《前书》谓文字为‘小学’也。”《前书》即指《汉书》。

① 黄侃：《文字声韵训诂笔记》，上海古籍出版社1983年版，第1页。

尤其重要的是，《汉书》中的《艺文志》是史志图书目录之作，它在给图书分类时列有“小学”一类，称“凡小学十家，四十五篇。”这一类所列的十家四十五篇是：《史籀》十五篇、《八体六技》、《苍颉》一篇、《凡将》一篇、《急就》一篇、《元尚》一篇、《训纂》一篇、《别字》十三篇、《苍颉传》一篇、扬雄《苍颉训纂》一篇、杜林《苍颉训纂》一篇、杜林《苍颉故》一篇。显然，这些都是属于文字学范畴的书籍。

以“小学”作为图书的小类名，表明其作为学科术语的身份已完全确立。

“小学”自汉代确立为语言文字学科的学科术语后，一直沿用至近现代。但其具体内涵历代有变化发展。

在汉代，“小学”主要指文字之学，不含音韵，基本上也不含训诂。说它基本上不含训诂，由下面的事实可见：一是上引《汉书·平帝纪》中以“小学”与《尔雅》并列；二是《汉书·艺文志》将《尔雅》、《小尔雅》列在“孝经”类中，不入“小学”类。这都说明，作为训诂学奠基之作的《尔雅》汉代是不在“小学”范围之内的。至于音韵学，魏晋以后才兴起，汉代“小学”自然不包含这一分支。钱大昕曰：“汉世言小学者，止于辨别文字，至魏李登、吕静，始因文字，类其声音。”

魏晋南北朝，“小学”的范围扩大，其所指已不限于文字之学了。如：

> 家君以为外戚传称史佚教其子以《尔雅》。《尔雅》，小学也。又记言孔子教鲁哀公学《尔雅》，《尔雅》之出远矣。（晋葛洪《西京杂记》卷三）
>
> 世间小学者，不通古今，必依小篆，是正书记；凡《尔雅》、《三苍》、《说文》，岂能悉得苍颉本指哉？（《颜氏家训·书证篇》）
>
> 及宣成二帝，徵集小学，张敞以正读传业，扬雄以奇字纂训，并贯练雅颂，总阅音义，鸿笔之徒，莫不洞晓。（《文心雕龙·练字》）

《西京杂记》明言《尔雅》属于“小学”；《颜氏家训》谈到“小学”研究，也将文字学方面的《三苍》、《说文》与训诂学方面的《尔雅》相提并论；《文心雕龙》谈到汉代征召的“小学”家张敞、扬雄，赞扬他们“总阅音义”。凡此都表明，魏晋南北朝时期学者的心目中，“小学”已包含侧重“义”的《尔雅》和“音”。

至唐魏征等撰的《隋书·经籍志》，“小学”范围的扩大在学科意义上得以确立。《隋书·经籍志》分经、史、子、集四部，经部十小类，六经之外，另四小类是“孝经”、“论语”、“图纬”、“小学”。隋志的情况可总结为以下三点：

1.《隋书·经籍志》谈“小学”类时并没有《汉书·艺文志》“凡小学十家”那样明确的类别标示。志中只在行文中作为学科名提到“小学”三次：言晋秘书监荀勗《中经新簿》分图书为四部，“一曰甲部，纪六艺及小学等书”；言刘宋王俭“又别撰《七志》：一曰《经典志》，纪六艺、小学、史记、杂传”；

言将石经拓本“附于此篇，以备小学”。前两次皆出现在《经籍志》开头的总论部分，后一次倒是在谈“小学”的部分，但是在这一类的后序的最后。没有将“小学”作为类别名标示，这是一件憾事。

2. 志中“小学”类著录的有《埤苍》、《急就章》、《古今字诂》、《杂字解诂》、《说文》、《玉篇》、《要用杂字》、《声类》、《韵集》、《四声韵林》、《韵略》等，基本上都是文字学和音韵学的书籍。

3. 志中《尔雅》、《集注尔雅》、《尔雅音》、《广雅》、《小尔雅》、《方言》、《释名》等被列入“论语”类，可见隋志还没有把训诂之学正式确认为“小学”之组成部分。

总起来说，《隋书·经籍志》把音韵学正式纳入了小学的范围，但它还没有把训诂之学正式确认为“小学”之组成部分。有学者说：“一般认为，《隋书·经籍志》把‘小学’分为训诂、体势、音韵三类，标志着‘小学’成为独立的学科。”① 这种说法是不准确的。

第一次确立“小学”由文字、训诂、音韵三大部分组成的格局的，是《旧唐书·经籍志》（后晋刘昫等撰）。此志亦以经、史、子、集区分大类，经部下有十二小类。其第十一小类虽标名“诂训”，但这类书籍的内容大概是志中另一处所说的“以纪六经谶候”，并非一般的语义训解；且志中前面虽单独标为一小类，但后面著录具体书目时与“谶纬”、“经解”两小类混同不分。而其第十二类“小学”，总括之辞曰：“右小学一百五部，《尔雅》、《广雅》十八家，偏傍音韵杂字八十六家，凡七百九十七卷。”著录之书，训诂类有《尔雅》、《集注尔雅》、《尔雅音义》、《续尔雅》、《别国方言》、《释名》、《广雅》、《博雅》、《小尔雅》等，文字类有《三苍》、《埤苍》、《说文解字》、《字林》、《字统》、《玉篇》、《字海》、《文字要说》、《字书》等，音韵类有《声类》、《韵集》、《韵略》、《四声韵略》、《四声部》、《韵篇》、《切韵》等。显然，此志“小学”类已实际上囊括了文字、训诂、音韵三个分支。

宋代是从理论上最终确定“小学”范围的时期。

欧阳修在这方面颇有贡献。其一，欧阳修等撰的《新唐书·艺文志》较《旧唐书·经籍志》有一大进步，这就是在后者经部十二小类中，删去“诂训”一类，存十一类；其“小学类六十九家”中囊括文字、训诂、音韵之书。这样，在经部小类体系中，“小学”就从名到实纯正不杂了。其二，欧阳修《崇文总目叙释·小学类》在理论上阐明了小学的范围：“《尔雅》出于汉世，正名命物，讲说者资之，于是有训诂之学。文字之兴，随世转易，务趋便省，久后乃或亡其

① 王贵元：《马王堆帛书汉字构形系统研究》，广西教育出版社1999年版，自序。

本，《三苍》之说始志字法，而许慎作《说文》，于是有偏旁之学。五声异律，清浊相生，而孙炎始作《字音》，于是有音韵之学。篆、隶、古文，为体各异，秦、汉以来，学者务极其能，于是有字书之学。”这里从理论上把“训诂之学”、“音韵之学”、“偏旁之学”、“字书之学”都归在小学名义之下。

宋人晁公武《郡斋读书志》的理论表述就更进一步，其书卷四说：“文字之学凡有三：其一体制，谓点画有纵衡曲直之殊；其二训诂，谓称谓有古今雅俗之异；其三音韵，谓呼吸有清浊高下之不同。论体制之书，《说文》之类是也；论训诂之书，《尔雅》、《方言》之类是也；论音韵之书，沈约《四声谱》及西域反切之学是也。三者虽各一家，其实皆小学之类。”这里在理论上明确认为“小学”由“体制”、“训诂”、“音韵”三者构成。晁氏此卷“小学类”名目下所列书涵盖文字、训诂、音韵。

自宋最终确立小学之范围之后，此名及其内涵一直沿用至近现代。黄侃《文字声韵训诂笔记》说：“今之所谓小学者，则中国文字、声韵、训诂之学也。”[①]

二、文字之学、文字学

在“小学”一名流行的同时，从唐初起，出现了“文字之学”的说法。

颜师古为《汉书·杜邺传》作注曰：“小学，谓文字之学也。周礼八岁入小学，保氏教国子以六书，故因名云。”在这里，颜师古提出了“文字之学”的说法。前面已经说到，在汉代，“小学”主要指文字之学，不含音韵，基本上也不含训诂，因此，这里与汉代“小学”对应的“文字之学”，从现代学科的角度看，是狭义的。

宋代晁公武《郡斋读书志》卷四亦言“文字之学”，他的用法与颜师古不同。他说：“文字之学凡有三：其一体制，谓点画有纵衡曲直之殊；其二训诂，谓称谓有古今雅俗之异；其三音韵，谓呼吸有清浊高下之不同。”显然，晁氏的“文字之学”总括形、音、义，是广义的。

应该指出，“文字之学”的名称自唐讫清，使用不广。我们利用“汉籍全文检索系统”进行检索，结果是：隋唐五代1见，宋辽金6见，元代无，明代1见，清代7见。

“文字之学”狭义、广义两种用法后代曾并用。《清史稿》列传第二六八：“于训诂、声音、文字之学，用力尤深。”这是狭义用法。近现代，一般用的是狭义，但也有广义用法。如钱玄同《文字学音篇》一书，本讲音韵，却冠以“文

① 黄侃：《文字声韵训诂笔记》，上海古籍出版社1983年版，第1页。

字学”。

晚唐又出现“文字学”的说法。不过，一直到清代，经利用“汉籍全文检索系统”检索，总共只见十来次：隋唐五代1见，宋辽金1见，元代3见，明代1见，清代稍多一点。

本无文字学，何有往来书？（晚唐齐己《拟嵇康绝交寄湘中贯微》）

得者只是文字学，与他祖师大远在。（《景德传灯录》卷二八“临济义玄和尚”）

所习皆天文、地理、算学、化学、矿学、电学、机器学、医学、格致学、方言学、文字学、舆图学、律例学，分门别类，幼而习，壮而行，故能人才日出。（清《皇朝经世文统编》卷一百三通论部四）

府考试以文字学、策问学。（清《皇朝经世文统编》卷一百三通论部四）

清《皇朝经世文统编》中的“文字学”是严格的学科术语。

三、言语文字之学、语言文字之学、语言文字学、语言学

明代出现了“言语文字之学”的说法，不过仅2次，且在“汉籍全文检索系统”之“清”、“民国”部分不再能见到。明代的两次是：

每于退朝之暇日，取是书参质圣经贤传，以增益所谓知，扩充所谓仁，坚忍所谓勇，务求不为言语文字之学，而直以今日天下之势验之前代既往之迹。（明代《大明宪宗纯皇帝实录》卷之一百一十九）

或曰：“先生与白沙之诗，可谓世称两绝者；曰言语文字之学，昔人谓落第二义矣。”（明代《泉翁大全》卷之六十）

这两处似不能视为严格意义上的学科术语。

自清代始，语言学方面术语性词语出现了“语言文字之学”、“语言文字学”、“语言学”三个。据“汉籍全文检索系统”，“语言文字之学”清代4次，民国1次；“语言文字学”清代1次，民国无；“语言学”清代2次，民国无。

“语言文字之学”的5次如下：

初不能复为西国语言文字之学，而与西儒交接三十余年，其人之学问心术知之者深。（清代《皇朝经世文》四编卷四十七·外部治道）

语言文字之学，则为修好睦邻之所系。（清代《皇朝经世文》统编卷八十九考工部三·矿务）

假令人自从事于语言文字之学，则必得真矣。（清代《皇朝经世文新编》续集卷十六·外史下）

二女既长，亦工语言文字之学，尝夤缘入宫为通译，西国命妇之觐慈禧

者，皆二女为传言，以故势倾中外。（清代《清代野记》卷下）

及十字军罢役以后，西欧与希腊、亚剌伯诸邦，来往日便，乃大从事于希腊语言文字之学，不用翻译，而能读亚里士多德诸贤之书，思想大开。（《梁启超文集·论学术之势力左右世界》，1902 年 2 月 8 日）

此数处“语言文字之学”，显然作为学科术语使用。这里要特别提出来的是，章太炎先生在《国粹学报》1906 年第十二号、十三号上，发表了《论语言文字之学》一文，他认为，作为文字、音韵、训诂总称的“小学”，“则以袭用古称，便于指示，其实当名‘语言文字之学’，方为确切。”章氏的观点很有意义，他以一代大家的身份正式宣告传统“小学”的终结，标志现代语言学的开始。

“语言文字学”的 1 次见于修于 1914 ~1927 年的《清史稿》：

课程分普通、专门两类。普通学，学生必须通习，专门学，人各占一门或二门。普通学科目为经学，理学，掌故学，诸子学，初级算学，初级格致学，初级政治学，初级地理学，文学，体操学，语言文字学。（《清史稿》卷一〇七·志第八二）

“语言学”的 2 次见于晚清曾朴（1872 ~1935）1905 年出版的《孽海花》：

“这位姑娘是敝国有名的人物，学问极好，通十几国的语言学，实在是不敢渎犯。”（《孽海花》第九回）

现据先生说，那贵国夏姑娘精通语言学，还会中文，没有再巧的好机会了。（《孽海花》第九回）

“语言学”一语在学术著作中出现，较早是 1923 年乐嗣炳的《语言学大意》，后有 1931 年张世禄的《语言学原理》。“当时，‘语言学’这一名称还不稳定。日本人译为‘博言学’，中国不少人用‘言语学’。张世禄在《原理》中强调‘语言学’是指英语中的 linguistics，而不是指 philology，后者容易与‘文献学’相混。”①

总之，汉语中语言学这一学科的指称术语经历了从“小学”到“语言学”的演变。“小学”一名，汉代就已作为学科名，初指狭义的文字之学，后渐发展为兼包文字、音韵、训诂三大分支，长期沿用，直至近现代。而在“小学”行用的同时，初唐以后，渐次出现“文字之学”、“文字学”、“言语文字之学”、“语言文字之学”、“语言文字学”、“语言学”等说法。章炳麟倡言“小学”改称“语言文字之学”，正式宣告传统“小学”的终结。在现代中西文化的交融中，“语言学”之称得以确立，从此开辟了语言学的新时代。

① 何九盈：《中国现代语言学史》，广东教育出版社 1995 年版，第 63 页。

第八章

法学术语

第一节　国　际　法

一、从 Law of Nations 到 International Law

众所周知，无论东方、西方，作为国与国交往的原则、规则、制度等，国际法古已有之；但作为一种独立自觉的存在、一种专门的学问，国际法则是近代欧洲的产物。它直接渊源于中世纪末期人们对于罗马法的研究，如著名的《宗教法汇编》（1144）和《罗马法大典》（1234）。此时的国际法观念受罗马法影响，多借用罗马古称 Jus Gentium（万民法），或附以 Jus Civile、Jus Naturale 等名。1625 年，荷兰法学家胡果·格劳秀斯（Hugo Grotius，1583 ~ 1645）出版的《战争与和平法》一书，是西方古典自然法学派和近代国际法学的奠基之作。其中，以 Jus gentium（万民法）指称国际法。此后，Jus gentium 一词广为移译，传播久远，如：law of nations［英］、droit des gens［法］等。近代国际法学的另一位代表人物瑞士人瓦泰尔（Emmerlich de Vattel，1714 ~ 1767）的代表作即题名为 *Le Droit des Gens*（法文版 1758 年初版）、*The Law of Nations*（英译本 1760 年刊行）。

1635 年，塞尔顿著《海上版图》（Dominio Maire），称国际法为 Jus intergentes（国民间法）。1650 年，牛津大学教授苏世（Richard Zouche，1590 ~ 1660）著 *Juris et judicii fecialis sive Juris Inter gentes et quaestionum de eodem explicatio*，正式以 Jus intergentes 代替 jus gentium。1789 年，英国的边沁（Jeremy Buntham）出版《道德与立法原理导论》（*An Introduction to the Principle of Morals and Legislation*），其序言中写道：

> Principles of legislation in matters betwixt nation and nation, or, to use a new though not inexpressive appellation, in matters of *international* law. ①

此为 international law 这一英文词的最早用例。19 世纪初，边沁的朋友都蒙特（Etinne Dumont）将 international law 译成法语 Droit international。此后，意大利语译为 Diritto internazionale，西班牙语译为 Derecho international，德语译为 International Recht。

International law 一词创生后，并未迅即取代先出的 law of nations 一词，两者一度同时被使用。其间，学者们还对二者予以分疏。1860 年，英国学者霍伦（D. C. Horon）在其所著《法学史导论》（*Introduction to the History of Jurisprudence*）中认为，law of nations 是指应该遵守的规则，international law 是指已被遵守的规则。1864 年，美国学者吴尔玺（T. D. Woolsey，1801 ~ 1889）在其所著《国际法研究导论》（*Introduction of the Study of International Law*）中认为，law of nations 乃说明国际法的由来，international law 则说明其适用情况。1879 年，法国学者路易斯·雷诺（Louris Renault，1843 ~ 1918）在其所著《国际法导论》（*Introduction a l'etude du Droit international*）中认为，droit des gens（英译 law of nations）droit international（英译 international law）在语义上并无大的差别，只是前者用于国际法的理论方面，说明其"当然"；后者则用于国际法的实用方面，说明其"已然"。

不过，即便是在两者混用阶段，international law 一词也已开始占据主要地位，这一点从吴尔玺的书名 *Introduction of the Study of International Law* 上即可看出。后来，除德国和北欧少数国家之外，欧美的国际法学家、学会及专业杂志等，一般都采用 international law 之名，而 law of nations 一词则渐渐成为历史陈迹。②

二、从"各国律例"到"万国公法"

西方近代国际法传入中国始于林则徐，当时传入的文本是瑞士人瓦泰尔（时

① Jeremy Buntham: *An Introduction to the Principle of Morals and Legislation*, 1789, p. 6.

② 本部分参酌刘达人、袁国钦：《国际法发达史》（商务印书馆 1936 年版）第二章《国际法名称之演变》而成。英文文献，笔者核对。

译“滑达尔”Emmerlich de Vattel，1714～1767）所作《国际法》。该书原著最早为法文（*Le Droit des Gens*），1758年初版；1760年刊行英译本*The Law of Nations*，1793年再版；1797年经美国人威廉·考柏特（William Cobbet）校订，刊行第三版。自此，该书在美国广为流传，直到19世纪仍多次刊行，为解决拿破仑战争、英美战争引发的诸多问题发挥了作用。传入中国的可能是1833年或1835年的英国版本，也可能是1835年或1839年的美国版本。

1839年7月，为了查禁鸦片，应对中英争端，林则徐委托美国传教士、医生伯驾（Peter Parker）翻译瓦泰尔《国际法》中有关贸易争端等章节。同时受命从事此项翻译的，还有中国人袁德辉。袁德辉1800年生于四川，1820年左右在广州学习拉丁语和英语，后任理藩院通事；林则徐到广州后，他充任通译，收集外语文献，卓有成效。虽然译文水平以袁德辉为高，但国际法汉译名创制的首功却为伯驾所获。1839年9月，伯驾译出了林则徐所要求的内容，并将瓦泰尔的《国际法》译作《滑达尔各国律例》。亦即说，“各国律例”与Law of Nations对译，成为西方国际法的最早汉译名。

后来，《滑达尔各国律例》被魏源收入《海国图志》卷八十三《夷情备采三》中，“各国律例”一名亦随之流传。

然而，在西方近代国际法东传及译名厘定方面，影响最大者，当首推入华传教士、美国人丁韪良（William Alexander Parsons Martin，1827～1916）。参与大沽口事件等外交交涉等经验，使丁韪良深感译介西方国际法之必要。据丁韪良《花甲记忆》载：

> 我本打算翻译瓦岱尔（Vattel）的作品，但华若翰先生建议我采用惠顿氏的，他的书同样权威，且更现代一些。①

丁韪良接受这一意见。后来，在总理衙门委托、支持下，丁韪良等人于1864年底译成《万国公法》，继而在北京崇实馆出版。其所据原书为美国人亨利·惠顿（Henry Wheaton，1785～1848）所著*Elements of International Laws*。惠顿此书初版于1836年。据日本岩波书店1991年初版、加藤周一等人校注的《翻译的思想》所收张嘉宁《文献题解·万国公法》，原著1855年第六版（1857年重刊）与丁韪良等人的汉译本最为接近。

《万国公法》一出，作为International Law汉译名的“万国公法”亦随之播扬。入华传教士、英国人罗存德（Wilhelm Lobscheid）编《英华字典》（香港1866～1869年）即收录此名。而作为“万国公法”省称的“公法”译名，则更

① 丁韪良著、沈弘等译：《花甲记忆——一个美国传教士眼中的晚清帝国》，广西师大出版社2004年版，第150页。

传之广远，以至于今日。

需要说明的有两点：其一，罗存德《英华字典》中另有译名“国中通行之法”和“天下之法”；其二，丁韪良等译《万国公法》中亦有“万国律例”之别称，其凡例第二条云：

是书所录条例，名为“万国公法”，盖系诸国通行者，非一国所得私也。又以其与各国律例相似，故亦名为“万国律例”云。①

此名之立，虽基于对国际法的理解，但亦与伯驾厘定的“各国律例”不无关联。

《万国公法》一经问世，即东传日本，并为德川幕府直辖的开成所翻刻（全6册），西周训点，老皂馆1865年出版。此翻刻本为日本最早的《万国公法》，翌年被呈献给幕府将军德川家茂，对日本维新之初开国方针的确立发生了影响。此书后复于1869年、1871年及1882年重版，一度被奉为权威经典。属于丁韪良系列的国际法著译还有：（1）吴硕三郎、郑右十郎和译的《和解万国公法》（1868年，未刊）。（2）堤彀士志的《万国公法译义》（御用御书物制本书版，1868年，全4册）。只译至丁韪良本第二卷第二章第十三节。该书还有京都书林版、山城屋版等版本，其传播之广，由此可见一斑。（3）重野安绎（鹿儿岛藩）注译《和译万国公法》（全3册，1870年），亦译至丁本第一卷第二章（重译本）。独具特色的是，注译者在注释中引用中国儒家学说解释国际法，将格劳修斯的自然法与阳明学相提并论。（4）高谷竜洲注释、中村正直批阅并序文《万国公法蠡管》（全8册，济美黉1876年）。

除丁韪良本系列之外，以“万国公法”见称的国际法著译有很多，如：（1）《万国公法·始战论二》：东京：须原铁二等1875年4月刊行，明法寮藏版。（2）《坚氏万国公法》：［美］James Kent（1763～1847）著，蕃地事务局译，东京坂上半七1876年11月刊行。（3）《万国公法》：［英］亚么士（Sheldon Amos，1835～1886）著，东京：海军兵学校译，1879年12月刊行。（4）《万国公法·战争条规第一篇》：［德］Johann Kaspar Bluntschli（1808～1881）著，山胁玄（1849～1925）饭山正秀译，东京：近藤幸正1882年11月刊行。（5）《惠顿万国公法》：［美］惠顿（Henry Wheaton，1785～1848）著，大筑拙藏译，东京：司法省1882年6月刊行。（6）《万国公法问答》：中村孟著，沼崎甚三记，东京：海军兵学校1887年12月。（7）《万国公法要诀》：沼崎甚三著，东京：博文社1888年8月刊行。（8）《海上万国公法》：藤田隆三郎著，东京：博文馆1894年9月刊行。（9）《万国公法》：藤田隆三郎编，大阪：冈岛宝玉堂博文馆1895年10月刊行。（10）《万国公法》：鸠山和夫（1856～1911）述，东京：东

① 丁韪良译：《万国公法》，京都崇实馆1864年版，凡例第1页。

京专门学校 1896 年刊行。"万国公法"一名在日本流传之久，由此可见一斑。

三、International Law 在日本的多样译名

随着对 International Law 研习的展开、理解的加深，日本学人于"万国公法"之外，又为 International Law 创制了诸多译名。

（一）外国交际公法

1869 年 10 月，福地源一郎（1841～1906）在东京翻译、出版了《外国交际公法》一书。该书原本为德国学者马儿颠（今译马顿斯，Karl Freiherr von Martens，1790～1861）所著 *Diplomatique Guide*（1832）后由英国学者霍德逊（Hodoson）据其 1864 年刊本译成英文，于 1867 年在伦敦刊行。丁韪良等译《星轺指掌》亦本此书。据福地源一郎《外国交际公法·绪言》称，他认为该书乃"记外国交际之首务"，初题名"交际规范"，后改为"外国交际公法"。[①] 可见，该名并非与原著书名对译，而是对其所载国际法的命名。

（二）列国公法

1875 年，文部省刊行荷兰人毕洒林（Simon Vissering，1818～1888）原著、津田真道（1829～1903）翻译的《泰西国法论》（全 4 册）。津田在 1866 年阴历九月所作《泰西国法论凡例》中阐述法学体系时，不采"万国公法"之名，而用"列国公法"之称。依其所述，法学"别为三大种"："第一列国公法　第二国法　第三民法"。

> 列国公法又细别为三：曰列国公法理论，曰列国通用公法，曰通信礼式。[②]

就其字义而言，"列国"与"万国"，彼此并无轩轾。津田真道如此易名，也许是为了表示相对于汉文西书的学问独立性而已。

（三）交道

1868 年 5 月，（京都）竹苞楼刊行爪生三寅译《交道起源》一名《万国公法全书》。该书乃爪生三寅直接以惠顿原著为底本翻译而成。比较原著第一章的译文可知，爪生三寅的译文没有因袭丁韪良的《万国公法》。不仅没有因袭，而且

① 福地源一郎译：《外国交际公法》，东京，1869 年，绪言。

② 津田真道译：《泰西国法论》，日本文部省 1875 年版，凡例。

大有摆脱、超越丁韪良译本的意向。从该书题名即可看出这一点：他将“交道”作为 International Law 的正名，将“万国公法”作为另名；而保留此一另名，或许只是为了不使人感觉陌生而已。

“交道”为汉籍古典词，意为交友之道或交友的方法。李白《古风五十九首》之五十九：“世途多翻覆，交道方崄巇。”陈师道《五子相送至湖陵》诗：“高怀已为故人尽，交道应留后代看。”以“交道”译 International Law，不能不说表现了译者对近代国际交往所抱的乐观态度。这与维新伊始天皇政权发布的《五条誓文》所昭示的“开国进取”的精神是分不开的。就 International Law 本身而言，也不是一般意义上的具有强制力的法律，毋宁说是标识人类行为底线的国际伦理，故此处之 Law 译释为“理”或“道”更合其本义。

（四）列国法

1874 年 7 月书林・西山堂刊小川为治编《学问之法》初帙将 International Law 称为“列国法”。其初帙专列“列国法之大意”一节起笔述道：

> 列国法，定列国相关系之规律者也，其所干涉非仅止于一国之上。[①]

（五）列国交际法

虽然“万国公法”广为专著者采用，但实际列为学校教科名目却是“列国交际法”。1875 年 2 月洋学重镇东京开成学校编辑、出版的《东京开成学校一览》第 17 页列入法学科课程的就是“列国交际法（International Law）”。不过，在其第 47 页“外国教授”一栏，却又有“万国公法教授”字样。1879 年 3 月，文部省刊行山成哲造译《和氏授业法》。该书所据原本为美国的 Alfred Holbrook（1816～1909）著 *The Normal: or Methods of Teaching* 1869 年第四版。译著第一篇有一庞大的“叙类知识即知学”系统图，其中亦有“列国交际法”一名。

此外，还有下文将要提到的“国际法”。这些译名都是在“万国公法”占据主导地位的情况下创制出来的，它们同时也意味着“万国公法”一名主导地位的相对化。就 International Law 译名厘定大势而言，或可概括为从“万国公法”到“国际法”。

四、从“万国公法”到“国际法”

译名“国际法”乃日本明治初期洋学泰斗、译业巨擘箕作麟祥首创。箕作麟

① 小川为治编：《学问之法》初帙，（东京）书林・西山堂 1874 年版，第 13 页。

祥译有《国际法》一书，凡五卷册，1873~1875年由（东京）弘文馆陆续出版。原书为美国人吴尔玺（Theodore Dwight Woolsey，1801~1889）所著《国际法研究导论》（*Introduction of the Study of International Law*），1872年于纽约刊行。箕作麟祥在厘定新名同时，也为“万国公法”留下一席之地，并作为译著之另名，标于封面。其例言述曰：

此学科之书，曩时米人丁韪良氏用汉文译同国之人惠顿氏之书，始以“万国公法”命名。其后，我国西氏上梓荷兰人毕洒林氏之口授成稿，亦题《万国公法》。故其名广传布于世，宛似此书普通之称。然若仔细考原名，“国际法”之字近乎允当，故今改名《国际法》。然先辈之命题，非余之管见可全空也，故存“万国公法”之字，以为此书之一名。[①]

“国际”一词，为箕作麟祥新造。“际”之本义为两墙相合的缝隙。《说文·阜部》：“际，壁会也。”引申为中间、交界处。《左传·定公十年》：“居齐鲁之际而无事，必不可矣。”复生分界[②]、会合[③]、交际[④]、人之间关系[⑤]等义。英文词前缀Inter-，意为“—之间”。以“际”字译之，不仅达意，而且丰富了Inter-的语义。

1879~1880年，（东京）律书房刊行岛田三郎（1852~1923）译《法律原论》，凡三卷四册。原书为美国法律学者Henry Taylor Terry（1847~？）于受聘在日本授课之余所著，岛田谓之“以英、美之法律为基址，繁简得中，理制共载”，足使人“开卷而见概要”，遂将其译出。其卷三下，专题阐述“国际法”。其第四册译云：

虽称法，但非国法者，亦有数种。其第一为国际法，又称之万国公法……国际法依诸国互交通或其人民、属民互交通之各国一般承认之习惯而成。[⑥]

1886年12月（东京）时习社出版的河地金代译《法学通论》也采“国际法”一名，并作其第五篇之题名。其译云：

国际法，一名万国公法，规定国间相互关系者也。称万国公法，或与国

---

① 箕作麟祥译：《国际法》卷一，（东京）弘文馆1873年版，凡例。

② 《庄子·知北游》：“物物者与物无际。”

③ 《周易·泰》：“无往不复，天地际也。”

④ 《左传·昭公四年》：“尔未际，飨大夫以落之。”《庄子·则阳》：“田猎毕弋，不应诸侯之际。”

⑤ 《韩非子·难一》：“君臣之际，非父子之亲也，计数之所出也。”《史记·外戚世家》：“夫妇之际，人道之大伦也。”

⑥ 岛田三郎译：《法律原论》第四册，（东京）律书房1880年版，第50页。

内公法（政法）相对，称国外公法，此释义适于真正之国际法者也。①

从箕作麟祥到河地金代，虽用“国际法”一词，但均未完全摒弃“万国公法”一名。但到三宅恒德那里，情形便大不相同了。1888 年 3 月，其所译《国际法》由东京的横田四郎出版。原书为英国人 William Edward Hall（日译“威廉义瓦浩儿”）所著 *Treatise on International Law*（英国奥克斯菲尔德大学出版局 1884 年第 2 版）。三宅在译著凡例中申述道：

> 国际法，旧名万国公法，此本 Law of Nations 之译语，于泰西诸国，亦夙以为不当，至于今之通用名，除支那之外，无复称旧名者。
>
> 国际法之学语，多不外乎法律语，是以支那之译语，盖不用之。②

依笔者检阅所及，三宅所译为继箕作麟祥之后最先以“国际法”题名之作；而三宅本人则是将“万国公法”及其所连带的“支那之译语”一概抛却不用的日本第一人。依他之见，“万国公法”与 Law of Nations 对译，“国际法”与 International Law 对译；前者为不当之旧名，后者则是当立之新名。

三宅之论，并未获公允。1889 年 11 月 29 日至 1890 年 3 月 17 日，要塞炮兵干部练习所法学博士丰岛铁太郎讲授国际法，凡 16 次，后将笔记草稿整理成书，题名《国际法讲义录》，于 1891 年 4 月在东京出版，出版人即丰岛铁太郎。该书阐述道 International Law“即国家与国家间法律之义”，Law of Nations 乃其别称；译“国际法”或“万国法”，“语皆允当，无论何采，俱无妨也。”③

实际上，译名“国际法”的优势地位已经不可阻挡地确立起来了。其标志性事件就是，1884 年东京大学放弃“万国公法”一名，正式采用“国际法”作为学科名称。不过，此二名之间发生的只是优势地位的转换，而不是“非此即彼”。在井上哲次郎等编《哲学字汇》（1881）、《改订增补哲学字汇》（1884），均以“万国公法”作为 International Law 的译名；而在《英独佛和哲学字汇》（1912），International Law 的译名则并列两个——“国际法、万国公法”。④

日制“国际法”译名于清末传入中国。康有为 1897 年作成、1898 年由上海大同译书局刊行的《日本书目志》第六卷“法律门”中即收录了日本出版的国际法著作书目，并标注曰“国际法九种”。这应该是“国际法”一词传入中国的最早证据。20 世纪初，中国掀起留日热潮，许多日本出版的国际法著作被译成汉文，如：(1) 岸崎常、中村孝著、章宗祥译《国际法》（东京：译书汇编社，

---

① 河地金代译：《法学通论》，（东京）时习社 1886 年版，第 401 页。

② 三宅恒德译：《国际法》，（东京）横田四郎 1888 年版，凡例。

③ 丰岛铁太郎：《国际法讲义录》，（东京）丰岛铁太郎 1891 年版，第 5 页。

④ 井上哲次郎等编：《哲学字汇》，东京大学三学部 1881 年版，第 50 页；《改定增补哲学字汇》，东京东洋馆 1884 年版，第 68 页；《英独佛和哲学字汇》，（东京）丸善株式会社 1912 年版，第 85 页。

1902年)，(2) 今西恒太郎著、江郁年译《国际法学》(上海：文明书局，1903年)，(3) 花井桌藏著、黄皋瑞译《非常国际法论》(1904年)，(4) 中村近午编、华开琼译《平时国际公法论》(东京：湖北法政编辑社，1905年) 等等。

1903年 (上海) 文明书局出版的汪荣宝、叶澜编纂的《新尔雅·释法》有云：

> 凡规定国与国之关系，谓之国际法。规定国与国权利、义务关系之规则者，谓之国际公法。规定国民与国民权利、义务关系之规则者，谓之国际私法。[①]

这应该是中国人在“日源”新知、新名背景下自主阐述“国际法”的最早文字。而1908年上海商务印书馆印行的马德润著《中国合于国际公法论》，则当是中国人在“日源”新知、新名背景下独立撰成的最早的国际法著作。“国际法”自此正式进入中国人的语用实践。

综上所述，International Laws→“万国公法”→“国际法”，既是在西学东渐背景下汉字术语的生成、演变与确立的过程，也是西学概念及其汉字表记跨语际、跨文化旅行的过程。其运行轨迹，在甲午战争之前为“西→中→日”流向；甲午战后尤其是清末民初之际，文化往还的轨迹一度发生回旋，呈“西→日→中”之势。其间中日文化势差的转换耐人寻味。

第二节 “公法”概念在近代中国的演进：从公义到公共

中国古代的法文化，乃是中国古代文化的重要组成部分，它在发展的过程中形成了自己独特的法学语言。这些法学术语不但扎根于中国社会，而且还影响到了日本、朝鲜以及东南亚等国，对东亚文化圈的形成和发展产生了深远的影响。但是，近代以来，中国特有的法学术语严重影响到了西方法学的输入，因此建立一套新的法学术语，也就成为了引进西方法学所要解决的首要问题。

从现有的资料来看，我国近代以来第一个法律新词，乃是“公法”一词，并沿用至今。虽然“公法”一词早在我国先秦时期便已有使用，但它与近代作为法学术语的“公法”一词有着很大的差异，这一点已为学人所发觉[②]，并且作为法学术语的“公法”一词的定义并没有在其第一次出现后便确定下来，而是不断得

---

① 汪荣宝、叶澜编纂：《新尔雅》，第29页。

② 李贵连：《二十世纪初期的中国法学》，载《中外法学》1997年第2期。

到修改和完善，这恰恰反映了西方的法学思想在中国受容的过程。那么，作为近代法学术语的“公法”一词是怎样摆脱它的传统定义而转向近代的，它在走向近代的过程中，其涵义又是怎样变迁的呢？

一、古词新用：“公法”概念的古今转换

“公法”一词早在我国先秦时期就已经使用，而后一直沿用至近代，3000 年未有变局。然而，近代以来大量西方作品开始被翻译成中文，而西方的法学作品也正是此时进入中国。近代学人在翻译西方法学著作的过程中，“公法”一词被他们从中国古典文献中搜寻出来，摇身一变成为了近代的法学术语。“公法”一词出现在近代的法学作品中时，它便偏离了其古典意义，而被赋予法学术语的新含义。那么，“公法”一词含义的古今转换是怎样完成的，它是如何被重新定义的，近代学者又是为何要选择它来作为近代第一个法学术语呢？

从现有的传世文献来看，“公法”一词在古代中国一直都有使用，早在我国古代典籍《管子》、《尹文子》中便有出现：

> 君宠臣，臣爱君，公法废，私欲行，乱国也。①
>
> 故善为政者，田畴垦而国邑实，朝廷闲而官府治，公法行而私曲止，仓廪实而囹圄空，贤人进而奸民退。②

在这两段话中，“公”对应“私”，指的乃是国家的法令制度，与个体的情理原则相对应，因此这里的“公法”可以算作是一个法学用语，并且在后世广泛使用：

> 当今之时，能去私曲就公法者，民安而国治，能去私行，行公法者，则兵强而敌弱。③
>
> （高）乾性明悟，俊伟有知略，美音容，进止都雅，少时轻侠，数犯公法。④
>
> 今有径得职事官者，私意胜，而公法为虚文。⑤
>
> 问：“以德报德，以直报怨。”曰：“以德报德，盖它有德于我，自是着饶润它些，子所谓公法行于上，私义伸于下也。”⑥

① 钱熙祚校：《诸子集成》第 6 册，《尹文子》，中华书局 1954 年版，第 8 页。
② 黎翔凤撰、梁运华整理：《管子校注》，中华书局 2004 年版，第 192 页。
③ 王先慎撰、钟哲点校：《韩非子集解》，中华书局 1998 年版，第 32 页。
④ 李百药：《北齐书》，中华书局 1972 年版，第 289 页。
⑤ 陈亮：《陈亮集》，中华书局 1974 年版，第 391 页。
⑥ 黎靖德编：《朱子语类》，中华书局 1985 年版，1136 页。

但是在古代中国，“公法”一词除了被视为国家法令制度之外，还有另外的含义：

> 治天下者，当得天下最贤者一人，加诸众人之上，则是至公之法，后世既难得人，而争夺兴，故以与子，与子虽是私，亦天下之公法，但守法者有私心耳。①

此处的“公法”指的不再是国家的法令制度，而是为众人所服膺的道理，更接近于“公理”这一概念。“公法”一词的两个含义在古代中国一直都有使用，二者可谓是“并行而不悖”，但随着近代西方的入侵，这种情况也随之被打破。

鸦片战争前夕，在林则徐的主持下，美国人伯驾和中国人袁德辉，将18世纪瑞士法学家滑达尔的《国际法》一书中的部分内容翻译成中文，定名为《各国律例》，后又被魏源收录进《海国图志》中，并被称为《滑达尔各国律例》，而作为法学术语的“公法”一词正是出现在这本译作之中：

> 公法者，但有人买卖违禁之货物，货与人正法照办。②

虽然该书中所用的“公法”已与中国古典文献中的“公法”一词有了一定的差异，它指的乃是国际交往中的通行惯例，这主要是为林则徐寻找与西方接触提供法理依据。虽然这种“公法”的概念很快便被抛弃了，但是其作为近代以来第一个法律新词，也有着开创性意义：其强调各国在接触过程中的公平原则，彰显法律的普遍意义，在西方的法律秩序中融入儒家伦理，并在一定程度上打破了中国传统的天下观，将中国纳入了世界的范畴之内。

虽然在《各国律例》中，“公法”已经转变为了法律新词，但是它还不能算作是一个真正意义上的法律术语，因为其含义仍然模糊不清，且《各国律例》并没有广泛发行，其意义也没有为众人所接受，以至于英国传教士伟列亚力在其创办的刊物《六合丛谈》中使用的竟是“公法”一词的古典含义：

> 推叠杆公法，以各杆力简距连乘力，亦以各重倚距连乘重，尔得数相等，则力重相定。③

这里的“公法”并无法律意义，其含义乃是物理学上的公理，接近于中国古典文献中“公法”的第二种含义。由此可见，当时“公法”一词虽然已经作为法律新词存在，但是它流传的范围甚小，且在实际运用中未获法学术语的独属意义，因此才会出现混用的情况。那么作为法学术语的“公法”一词是何时出现的，对它的专业定义又是什么呢？

1864年丁韪良所译的《万国公法》一书由清政府资助出版，《万国公法》

---

① 程颐、程颢：《二程遗书》，潘富恩导读，上海古籍出版社2000年版，第279页。

② 魏源：《海国图志》（下），岳麓书社1998年版，第1993页。

③ 沈国威编著：《六合丛谈——附解题·索引》，上海辞书出版社2006年版，第743页。

一书，第一次比较完整、系统地将近代西方的国际法介绍到了中国，“公法”一词在书中大量使用。在该书中，“公法”主要是用作对译英文的 International Law，但丁韪良并没有在该书中做定义性的解释，也许是他注意到了这一问题，在 1877 年出版的《公法便览》一书中，丁韪良在“凡例”中首先对“公法”加以定义：

> 公法者，邦国所持以交际者也，谓之法者，各国在所必遵，谓之公者，非一国所得而私焉。①

至此，“公法”正式作为一个法学术语出现在了近代中国的话语体系之中。随后，大量关于国际法方面的作品出版，它们都沿用了丁韪良对“公法”的定义，至此，具有古典意义的“公法”概念转化为了作为国际法的“公法”，“公法”一词的古今转换至此告一段落。

“公法”从古典词汇转变为近代法学术语，并不仅仅是一个简单的翻译问题，其中涉及复杂的文化互动：丁韪良为何要将 International Law 译为“公法”，他的目的何在，当时的国人又为何能接受一个西方人将具有中国古典意义的词汇转化为一个解释西方法律的术语呢？

二、对公义的追求：作为国际公法的“公法”

虽然《万国公法》早在 1864 年便已出版，但是它的影响并没有马上凸显出来，在之后的近十年中，国际法的意义并没有被国人所认可，② 当时主持朝政的恭亲王奕䜣在对待《万国公法》一书上，采取的便是一种实用主义的态度，视其为技术性的交涉工具，并没有意识到其中的价值意义。③ 随着西方的入侵，国人越来越意识到外交的重要性，“公法”也就进入到了他们的视野之中，丁韪良在翻译过程中的苦心开始彰显出来，国人也开始了对“公法”价值意义的诠释。

International Law 一词的含义中并没有“公”的概念，而丁韪良却将 International Law 翻译成了“公法”，并且他这么做也非一蹴而就。在丁韪良翻译《万国公法》之时，他在该书的开篇之处，他就定义了他笔下的“公法”：

> 天下无人能定法，令万国必遵；能折狱，使万国必服。然万国尚有公法，以统其事，而断其讼焉。或问此公法，既非由君定，则何自而来耶？曰：将诸国交接之事，揆之于情，度之于理，深察公义之大道，便可得其渊

① ［美］吴尔玺：《公法便览·凡例》，［美］丁韪良译，同文馆 1877 年版，第 1 页。

② 林学忠：《从万国公法到公法外交——晚清国际法的传入、诠释与运用》，上海古籍出版社 2009 年版，第 56 页。

③ 宝鋆：《筹办夷务始末·同治朝》，中华书局 2008 年版，第 1184～1185 页。

源矣。[1]

在丁韪良笔下，“公法”的概念带有对公义的追求，这与中国传统知识分子眼中的“公法”十分接近，而中国传统的知识分子对中国古典意义的“公法”有着极深的情结，在他们看来，“公法”象征着公义，符合儒家的道德理念，康有为在19世纪末所作的《实理公法全书》中便是以“理”来解释中国传统“公法”的含义：

凡天下之大，不外义理、制度两端。义理者何？曰实理，曰公理，曰私理是也。制度者何？曰公法，曰比例之公法、私法是也。实理明则公法定，间有不能定者，则以有益于人道者为断，然二者均合众人之见定之。[2]

在这段文字中，康有为将“公”与“理”放在了一起讨论，将“实理”与“公法”的关系辖之于传统概念“义理”与“制度”的关系。从康有为的自编年谱中可知，其在1885年和1886年分别写作了《人类公理》与《公理书》二书。[3] 由此可见，虽然此时的康有为对“公法”的解释还是来源于对中国古典的认识，但是他将“公”与“理”放在一起思考，也可看出中国的知识分子对“公”这一价值取向的推崇，而丁韪良的翻译正是看中了这一点。虽然中国的知识分子推崇“公”的概念，但是近代国际法中并没有“公”的含义，那么丁韪良又是怎样将让中国知识分子接受作为国际法的“公法”概念呢？

近代国际法的产生与西方自然法有着重要关联，二者紧密相关，又有着一定的区别。丁韪良在《万国公法》的翻译过程中也注意到了这一点，他将自然法译作“性法”，并指出了自然法与国际法之间的联系与区别：

公法之学，创于荷兰人名虎哥者。虎哥与门人，论公法曾分之为二种。世人若无国君，若无王法，天然同居，究其往来相待之理，应当如何？公法之一种，名为“性法”也。夫诸国之往来，与众人同理，将此性法所定人人相待之分，以明各国交际之义，此乃第二种也。[4]

各国制法，以利国为尚；诸国同议，以公好为趋。此乃万国之公法与人心之性法，有所别也。[5]

此处，丁韪良所讲的“公法”指的并非国际法，而应被理解为“公义之法”，自然法与国际法都是由其发展而来的，这也就论证了国际法与自然法之间的联系，同时也说明了丁韪良在翻译《万国公法》之时还没有将“公法”直接

① ［美］惠顿：《万国公法》，［美］丁韪良译，中国政法大学出版社2002年版，第5页。

② 康有为：《康有为全集》，中国人民大学出版社2007年版，第147页。

③ 康有为：《康有为自编年谱（外二种）》，中华书局1997年版，第13~14页。

④ 《万国公法》，第6页。

⑤ 《万国公法》，丁韪良译，第7页。

视作国际法，在“公法”之前加上万国，正是将“公法”概念窄化的表现，但他的这一用法并未持续很长时间，因为在这之后不久，丁韪良就在其翻译的《公法便览》一书中，直接以近代国际法的概念定义了“公法”。由此可见，《万国公法》中，“公法”只是一个过渡，它代表的乃是“公义之法”，但正是因为这个过渡，中国知识分子找到了接受“公法”的依据。

上文已经指出，“公法”概念的传入过程中是与“性法”概念绑在一起的，因此，国人在对待“公法”这一问题上，也不得不首先去考虑“公法”与“性法”的关系。如何将二者加以区分，强调“公法”概念中的公义，从而将丁韪良所译介的“公法”概念纳入到中国传统的世界秩序观之中，是中国知识分子在接受这一观念时首先需要处理的问题：

> 性法，揆之于心之是非；公法，揆之于往来交际之公义。后来诸家，或截然分公法、性法为二事，而铢铢而称，寸寸而度，遂流为法律之学。犹孔子正名之旨，为名家学。《春秋》律意轻重，以礼为衡，而习于名、法者，具失其真，宰我遂有使民战栗等语，开后世压力无穷之祸，其支脉遂为申韩，为荀李。①

这时的中国学人已经开始将“公法”的价值意义与中国传统思想世界融合在一起，丁韪良所强调的“公法”中的公义思想也开始为国人所接受。早在1953年，日本国际法学家大平善梧就对丁韪良将国际法称为“万国公法”以至“公法”作出了高度评价，他认为丁韪良的做法有利于将西方的法律与制度移植到东洋，并将丁韪良视为自然法主义者。② 而在林学忠看来，丁韪良在翻译的过程中，并不是简单地将自然法的价值取向纳入“公法”这一概念中，而是超出了原文中的自然法色彩，使之暗合中国传统的世界秩序观。③ 刘禾则更进一步，她认为，丁韪良在翻译“性法”和“公法”这两个观念之时，“造成了儒家的‘性’和‘公’等概念部分的摆脱；与此同时，natural law 和 positive law 被分别译为‘性法’和‘公法’以后，也让惠顿原来的概念，部分地脱离了西方法学语言的地方性和局限性。”可见，丁韪良的翻译开启了东西方接触的一个“公共空间”，东西方的话语在这里面寻找属于它们的“公度性”。④ 以上三人的观点，虽然有着一定的差异，但是他们都肯定了丁韪良在翻译过程中的苦心：通过自然法和中国传统思维中的公义思想架起了西方法律文化前往东方的桥梁。正是因为丁韪良

---

① 《湘报释公法》，载《集成报》，1887年第17期，第16页。

② 大平善梧：《日本の国際法の受容》，《商学研究》4卷3号（1953年12月），第308~309页。转引自林学忠：《从万国公法到公法外交——晚清国际法的传入、诠释与运用》，第63页。

③ 林学忠：《从万国公法到公法外交——晚清国际法的传入、诠释与运用》，第65页。

④ 刘禾：《帝国的话语政治》，三联书店2009年版，第177页。

的努力，中国人接受了具有公义意义的“公法”。

除了文化间的互译之外，当时的国际环境也是人们不得不去接受“公法”的重要原因。19世纪后期，中国为列强所环视，国人接受了具有公义意义的“公法”概念，这与当时中国外交的需要紧密相关，中国在当时的国际环境下，处于劣势地位，因此，当时的国人希望通过“公法”来约束列强：

> 万国不相统，谁能为一定之法，使之必遵，将各国交接之事，揆之于情，度之以礼，为一定之法则，万国不能外矣。公法之说创于荷兰儒者虎哥（初名平战条例），各国公师互相辨论，其大旨有二：一曰性法，本人心之所同然，以定是非，即所谓率性之谓道也；一曰义法，本人心之所是非，以定各国交接和战之准则，所谓修道之教也。而推其所出，仍本于天人心所同是，即天之所谓嘉，即万国所当共守；人心所同非，即天人之所弃，万国所当共戒，即所谓天命之性也。[①]

可见，当时的国人接受了具有公义意义的“公法”概念，并且认可了丁韪良将 International Law 翻译成“公法”的做法，以此来为中国在当时的国际舞台上赢得生存空间。正如主持晚清外交的李鸿章所言：“公法者，环球万国公共之法，守之则治，违之则乱者也。”[②] 由此可见，“公法”在晚清很长的一段时间内是被国人直接认定为了国际法。

丁韪良将 International Law 译为“公法”，完成了“公法”一词的古典含义向近代的转换。然而，虽然“公法”之中的公义思想符合中国的需求，但是当时的中国积贫积弱，仅靠所谓的公义根本无法在当时的国际舞台上立足：

> 泰西各国于亚非两洲纯以野蛮待之，其于泰西各国亦非乐守公法，特恐其报复，恐其仇怨，故谨守之。今我国势凌弱如此，其能与诸国抗衡乎？[③]

因此，国人对“公法”的认识并没有简单地停留在公义的层次。可见，最初接受将 International Law 译作“公法”，乃是文化传播的结果，公义作为一个媒介，沟通了东西方文化，但这里面并不涉及使用的问题。随着国际法在晚清政府外交领域中的广泛使用，“公法”中的公义理念不断受到冲击，同时中国知识分子对西方法学的认识逐步加深，“公法”的含义也随之发生了第二次变迁。

三、处理公共关系的法律：“公法”概念的再变迁

丁韪良所创制的“公法”一词中含有公义的概念，这对当时中国引进国际法

① 朱克敬辑：《边事丛钞》，文海出版社1968年版，第442页。
② 李鸿章：《李文忠公〈公法新编〉续》，载《万国公报》1902年第158期，第39页。
③ 《湘报》第六十二号，第254页。

起到了重要作用，但是随着西方法律作品大量被翻译为中文，中国学者对西方的法律文化有了更深层次的了解。同时，日本法学家箕作麟祥发明了“国际法”一词，[①] 随后传入中国。据金观涛、刘青峰统计，在中国，“国际法”一词最早出现在1897年康有为的《日本书目志》中，而且“国际法”一词很快得到了人们的认可。[②] 后来，由于“国际公法”中的“公”字实无必要，“国际公法”也就为“国际法”所代替了，[③] 这种转变正说明了丁韪良所强调的公义的消解。但是，丁韪良所创制的“公法”一词并没有消亡，在之后的很长一段时间内，它依然用于指代国际法，这主要因为对公义的强调，能够为当时的中国在外交上赢得生存空间，然而这只是延缓了作为国际法的“公法”概念之消亡。在作为国际法的“公法”概念走向消亡的同时，“公法”一词在日本被赋予了新的意义，并通过留日学生再次传入中国。

1896年，清政府选派了唐宝锷、朱忠光、胡宗瀛、戢翼翚等13人，由中国驻日公使裕庚与日本外务大臣兼文部大臣西园寺公望接洽，到日本学习日语及普通学科课程，这就是清朝官派学生留日的开端，随后大量中国留学生前往日本，开启了“到此时为止的世界史上最大规模的学生出洋运动。”[④] 这些早期的留日学生掌握了日语之后，便开始了翻译和出版活动，日本学人所创制的术语通过这些留日学生出现在中文世界，而在这其中便有日本学人所创制的“公法”一词。

明治时期，日本在法律继受以及法学术语的选择中，德意志法制度作为模范国、模范理论处于支配地位，[⑤] 德意志法制度中的公法、私法体系也为日本所接受。大量中国留学生在日本学习法政，日本的法政思想与法学术语通过他们传入中国，国人也开始接触到日本法律中的公法、私法体系，“公法”的新含义也出现在了中文世界中。

留日学生在翻译书籍的过程中，由于时间紧迫和专业知识的限制，使得留日学生在译词的创制上遇到了很大的困难，因此他们大多数选择直接使用日本翻译的术语，但这也就造成了译语的混乱。1903年，汪荣宝与叶澜编译了《新尔雅》一书，该书可以算作是第一本日译术语的词汇集，书中对“法”和“公法”加以了如下定义：

> 规定国家生存必要之条件，以国家之强力而履行者，谓之法。规定国家与国民之关系者，谓之公法。[⑥]

---

① 寺泽一、山本草二主编：《国际法基础》，中国人民大学出版社1983年版，第5页。

② 金观涛、刘青峰：《观念史研究》，法律出版社2009年版，第247页。

③ 王铁崖：《国际法引论》，北京大学出版社1998年版，第17页。

④ ［美］费正清主编：《剑桥晚清史》（下），中国社会科学出版社1985年版，第393页。

⑤ 梁慧星主编：《民商法总论》，总第26卷，香港金桥文化出版有限公司2003年版，第732页。

⑥ 沈国威编著：《新尔雅：附解题·索引》，上海辞书出版社2011年版，第283页。

这里的"公法"已经不再有国际法的含义了，而变成了一种国内法的形式，这正是由日本法学体系中的公法、私法概念演变而来的。而是书中的观点十分简单，而且在今天看来，这一说法也不一定正确，这应与当时留日学生的法学水平有关。

1904年3月，在日本宏文学院学习的范源濂鉴于国内的法政人才匮乏，而是日本的正规法政教育的时间又太长，因此他和东京法学院的留学生曹汝霖出面请求法政大学的校长梅谦次郎在法政大学内为中国留学生开设法政速成科（全称"清国留学生法政速成科"），借此快速造就法政人才。① 梅谦次郎非常重视此事，随即与中日双方政府联络，在得到双方的支持后，于同年5月7日便招收了第一期学生。梅谦次郎招揽了一批日本的著名法学家为法政速成科授课，而他自己也在其中担任民法与法学通论课程的讲授，作为日本著名的法学家，梅谦次郎十分了解日本法律体系中的公法、私法概念，他在授课的过程中就谈到了"公法"这一概念：

> 公法者，关于一国及其一部，以其资格而为行动所定之法律也。所谓国之行动者，如征收国税、征兵、为战争、结条约是也。所谓国之一部者，以地方团体为主，即府、县、郡、市、町、村之类也，必为有形之一部。然亦有自成一部而无形者，例如商业会议所，为公之机关，成为法人，关于其行动之法律，亦为公法。②

梅谦次郎在此处所谈的"公法"概念，比之《新尔雅》中所提的"公法"更为完善，而且与欧洲法律体系中的公法十分接近。法政速成科为中国培养了大量法政人才，他们回国后便积极传播他们所学习到的法政知识，梅谦次郎所使用的"公法"概念也跟随着这些法政留学生来到了中国。

学习法政知识的留日学生回国后，积极参与到了清末的立宪运动，其中部分人选择了传播他们所学到的法政知识，开始翻译并出版日本法学作品，以及创办法政刊物，"公法"的新含义通过他们在中国传播开来。留日中国学生汇辑了梅谦次郎在法政速成科的讲义和他所著的《民法原理》、《民法要义》，编为《民法总则》一书，并在中国出版，其中就有关于公法和私法的讨论，虽不能确定是否是最早，但"公法"的新含义正是伴随着这些作品出现在了中国。除去翻译日本法律书籍之外，清末的留日学生还积极参与办理法政类报刊，传播法政知识。从现有的材料可知，最早在中文刊物中讨论公法、私法问题的文章乃是黄宗麟、徐

① 曹汝霖：《曹汝霖一生之回忆》，中国大百科全书出版社2009年版，第25~27页。

② 梅谦次郎：《法学通论及民法》，载《法政速成科讲义录》第46号，日本法政大学1907年版，第80页。

家驹所翻译的文章，[①] 此二人均为法政速成科毕业，所翻译的也是同一篇文章，文中仔细探讨了西方关于公法、私法关系的四种不同看法，虽然对公法的定义没有超出梅谦次郎之处，但更加深刻、细致。至此，"公法"除去它的古典含义以及国际法外，又有了新的含义，即处理公共关系的法律。

随着日本传入的法政知识在中国的发酵，晚清政府也认识到了西方的公法、私法之分，清末修律，这一条也开始为政府所讨论：

> 查东西各国法律，有公法、私法之分。公法者，定国家与人民之关系，即刑法之类是也。私法者，定人民与人民之关系。二者相因，不可偏废。[②]

虽然此处对于"公法"的定义不尽正确，但从现有材料看，这是官方第一次讨论公法与私法的问题，这表明"公法"一词的新含义已不再仅仅是学理上的讨论，而已经进入到了国家法律的层面。

至此，"公法"一词与中国古典文献中的公法已无任何关系，它变成了处理公共关系的法律术语，完成了"公法"这一概念的再变迁。这一变化与日本法政思想紧密相关，可以说"公法"一词在近代中国能够成为法学术语，乃是日本法学家筚路蓝缕之结果，中国学人不过是将其带回中国罢了。

"公法"一词虽然在清末乃至民国仍用于指代国际法，但这主要是因为当时的中国仍然希望结果公义的理念来赢得在国际舞台上的生存空间，因此作为国际法的"公法"在解放后就很少被提及了。而作为处理公共关系的"公法"概念则被确立了下来，并沿用至今。

沟口雄三曾详细探讨了中国公、私观念的演进，但他并没有涉及法律中的"公"的变化，[③] 而"公法"一词的变化，反映的正是公的观念在中国法律体系中的变化。丁韪良在创制"公法"一词时，强调的乃是法律中的公义理念，这与中国的"公"的理念十分接近，这也是"公法"一词能够在晚清迅速得到认可的原因，但是所谓的公义并不符合当时的国际环境，对公义的强调说明当时的人们对法律的认识还停留在中国传统的价值体系之中，并未真正了解近代的法制。法律并非是道德主义的产物，它还涉及现实的需要及国家、部门之间的调节，因此日本学者创制了"公法"，这里的"公"不再是公义，而是强调公共，这是近代法律发展的产物，这也是这一概念能够被中国人所接受并传承下来的原因。

从公义到公共，反映的乃是"公法"这一概念在近代中国的变迁，而这更是

---

① コンボテクラ（著）、［日］竹山三郎（日译）、黄宗麟（汉译）：《公法私法之区别》，载《法政学交通社杂志》1906 年，第 1 期；徐家驹译：《论公法私法之区别》，载《北洋法政学报》1906 年，第 2 期。

② 朱寿朋编：《光绪朝东华录》，中华书局 1958 年版，第 5682 页。

③ 沟口雄三著，郑静译：《中国的公与私·公私》，三联书店 2011 年版。

中国在接受近代法律的过程中，理念与价值的变迁。

第三节　晚清"私法"概念的转变与传播

法律乃是社会的产物，它与风俗习惯、社会伦理紧密相关。中国有着悠久的法律传统，但这并不意味着中国的法律文化有着完整的体系，梁启超先生就认为："我国法律界最不幸者，则私法部分全付阙如一事也。"① "私法"一词在中国古已有之，梁先生所说之"私法"乃是近代西方法律中所论之私法，它主要指的是规范私权关系、保护私人利益的法律。中国传统法律与中国文化紧密相关，正如陈寅恪先生所言："夫政治社会一切公私行动，莫不与法典相关，而法典为儒家学说具体之实现。"② 儒家学说强调"三纲五常"，这种社会构型拒斥个人，因而中国古代的法律往往排斥个人，中国古代法律中也不会出现西方法学意义上的"私法"概念。

近代以来，西方的法律观念开始进入中国，中国传统的法律制度不断受到冲击。随着大量国外法学作品被翻译成中文，以及国人留洋学习法政知识，西方的法学系统逐渐为国人所认可。"私法"一词的语义也就在近代发生了变化，它开始作为法学术语出现在中文世界。那么作为法学术语的"私法"一词是如何出现在中文世界中的，它的出现对近代中国的法律转型又起到了怎样的作用呢？

一、作为法学术语的"私法"

"私法"一词在中国古已有之，而对于近代"私法"观念的由来，已有学者做过相关的研究，③ 然而他们的研究重心并不在于"私法"这一概念作为法学术语在近代中国的传播，以及其间所反映的东西方文化互动，因此对于"私法"这一概念的研究仍有进一步挖掘的空间。

一门学科的形成，必须要有一套属于它的话语体系，而这套话语体系的基础

① 梁启超：《论中国成文法编制之沿革得失》，载《饮冰室合集》文集之十六，中华书局1989年版，第52页。

② 陈寅恪：《冯友兰中国哲学史下册审查报告》，载《金明馆丛稿二编》，三联书店2001年版，第283页。

③ 俞江：《近代中国民法学中的私权理论》，北京大学出版社2003年版，第55～57页；崔军民：《萌芽期的现代法律新词研究》，中国社会科学出版社2011年版，第139～140页。

便是专业术语，中国传统的法律体系中就有着这样的术语，如：徒、流、耐、杖、连坐、律、令、格、式等，但这些术语均根植于中国传统文化，与西方的法律文化有着极大的差异。近代中国面临来自西方的挑战，法律文化的革新也被搬上了日程，因此凝练出一套新的法学术语也就成了当务之急，"私法"一词正是在这一历史背景下被人们挖掘出来，并重新加以定义的。

"私法"一词在中国很早便已存在，从现有的文献看，"私法"一词最早出现在唐代编写的《晋书》中：

> （祖）纳尝问梅陶曰："君乡里立月旦评，何如？"陶曰："善褒恶贬，则佳法也。"纳曰："未益。"时王隐在坐，因曰："《尚书》称'三载考绩，三考黜陟幽明'，何得一月便行褒贬！"陶曰："此官法也，月旦，私法也。"①

可见，此处的"私法"并不是一个法律术语，它与官法相对应，指的乃是民间的行为规范，魏晋南北朝时期，乃是中国历史上皇权最为衰弱的时期之一，地方豪族势力强大，因此文中的"私法"尚无贬义。随着皇权的加强，强调民间自我规范的"私法"一词，也就成了贬义词：

> 自王道衰，人风薄，居上莫能公道以御物，为下必踵私法以希时。上下相蒙，君臣义失，义失而政乖，政乖而人困。②

因此，在中国古代，"私法"一词最早出现时并无褒贬之义，但是随着皇权的加强，"私法"一词也就成为了贬义词，这一情况直到近代才得以改变。

公私对立是中国传统文化中最常见的对立关系之一，"公法"一词在《万国公法》一书出版之后便被人们视作国际法，而相对应的"私法"则被人们视作国内法："泰西之例有公法，有私法；有万国所共有，有一国所颁行。"③ 但将"私法"一词理解为国内法，仅在此处出现，影响不大，且并未定义为法学术语，因此这种"私法"概念并没有在中国传播开来。

"私法"作为近代法学术语最早出现在傅兰雅译、钱国祥校的《各国交涉便法论》一书中，④ 该书乃是译自英国法学家费利摩罗巴德的《国际法评论》之第4卷，该卷原名为 *Private International Law of comity*，因为该书前三卷均为国际公法，为了加以区别，译者便将其译为"便法"，也称"私法"：

> 前三集俱论各国交涉公法，此为是书之末集，论各国交涉便法，又谓之

① 房玄龄：《晋书》，中华书局 1974 年版，第 1699 页。

② 魏征、令狐德棻：《隋书》，中华书局 1973 年版，第 51 页。

③ 王韬编：《法国志略》卷 17《广志下》"志刑律"，1871 年（原序），1890 年淞隐庐本。转引自俞江：《近代中国民法学中的私权理论》，北京大学出版社 2003 年版，第 55 页。

④ 崔军民：《萌芽期的现代法律新词研究》，第 139 页。

交涉私法。[①]

书中虽然没有明确定义“私法”这一概念，而且主要使用的乃是“便法”一词，但是书中将“便法”等同于“私法”，因此也可以看出傅兰雅对“私法”一词的界定：

各国交涉便法，据以上各节为本，又取材于各案中所得之理，渐行创设，以副交涉便法之称。至公法与便法之分，分于何事，盖公法为国与国交涉之事所用，便法为士人与客民交涉之事所用。[②]

从文中可以看出“便法”的含义与今日所说的国际私法之含义较为接近，而取名“便法”，主要是取其“便于用”之意，而傅兰雅又认可“私法”之名，主要是因为它处理的乃是本国居民与外国国民之间的法律问题，因此可以用“私”来概括。[③] 同时，傅兰雅翻译该书的目的更是与当时的国际环境紧密相关：

自中华与日本境内，准令外国人居住以来，欧洲以至于世界各国，无不有外国人之踪迹，或暂时流寓，或携家久居，均听其便。此种远人，虽籍非本国，然既在本国境内，则必保护之，不令受害，此固为理所当然者，如其人受害，无论其害为应得之益，靳而不与，或不应得之苦，加乎其身，均为其人所居之国家诘问伸理，如所居之国，不肯理其冤枉，则可因此为用兵之本，又如长居此国，已准令受若干利益，习惯已久，虽此各利益，为所居之国自愿让给者，苟一旦断绝之，而不先行宣露其意，则本人亦与受害等，其本国当令所居之国补偿，如不肯补偿，则本国视其事之轻重，可行取质，或因以动兵，但各国交涉之内，分所当得者，至此为止。而交涉之便法，则又至此为始。[④]

由此可见，傅兰雅翻译《各国交涉便法论》一书，主要为的是当时寓居中国的外国人，以“交涉便法”之名保护他们的利益，“私法”作为法学术语也是由此而来。因此，“私法”一词作为法学术语出现在近代中国，主要是由于西方法学思想的输入，它在此处已体现出了保护个人利益之内涵，但当时，“私法”一词并没有被明确定义，国人也未能真正认识“私法”这一法学术语。

据研究显示，《各国交涉便法论》一书最有可能是1898年出版的，[⑤] 正如上文所言，书中虽然已将“私法”一词作为一法律术语呈现出来，但并没有对其加

---

① ［英］费利摩罗巴德，［英］傅兰雅口译，钱国祥校：《各国交涉便法论》，江南制造总局铅刻本，第1页。

② ［英］费利摩罗巴德：《各国交涉便法论》，第3页。

③ ［英］费利摩罗巴德：《各国交涉便法论》，第4页。

④ ［英］费利摩罗巴德：《各国交涉便法论》，第1~2页。

⑤ 林学忠：《从万国公法到公法外交——晚清国际法的传入、诠释与运用》，上海古籍出版社2009年版，第61页，注3。

以明确定义，那么“私法”一词作为法学术语是何时为人们所认可，且在中国传播开来的呢？

从现有的材料看，“私法”一词作为法学术语出现在国内报刊之上并加以讨论，始于1906年。该年，《北洋法政学报》上刊登了徐家驹所译的《论公法与私法之区别》一文，该文译自日本法学家井上密，该文讨论了区分“公法”与“私法”的四种理论，可以说是当时国内最为详细的讨论“公法”与“私法”区分的理论文章之一。[①]《北洋法政学报》乃是清末新政中宣传西方法政思想的重要阵地，徐家驹翻译这篇文章主要是为了推动清末的法制改革：

> 我国法律，外人谓仅趋于公法一方面，虽大清律例中不无私法之规定，一视各国之单一法律，未免有间。近今商法既布，私法之编制，当必日臻完备，用译是篇，以供我立宪国民之参考也。[②]

可见，徐家驹的这篇文章中，“私法”已成为了法学术语，其文中对“私法”的定义虽有模糊之处，但并非是其未能理解“私法”的确切涵义，而是“私法”这一概念的定义在西方法学中有着多种学说。由此可知，徐家驹对“私法”这一概念的认识已不是简单的对其加以定义，而是能够上升到了法理之探讨。通过这样的文章，国人对“私法”这一概念的认知也必然能上升到一个新的高度。

中国传统的“私法”概念有着与国家法律相冲突的一面，并含有贬义。近代以来，西方的法学思想传入中国，作为处理私权关系、保护私人利益的“私法”概念也进入了中国，但是当时的中国并没有适合它的土壤，《各国交涉便法论》一书中才会使用“便法”来指代“私法”，这主要是因为当时西方的法学思想还未能触及中国法律之根本，国际法早期的引入主要是作为交涉工具的存在，这从奕䜣对《万国公法》一书的态度便可看出，[③] 因此“私法”一词的新含义也就未能得到明确定义。然而，1906年之时，徐家驹便已翻译了关于“私法”的理论性文章，其专业程度也远非傅兰雅所能相比。不到十年的时间，何以国内会出现如此专业的关于私法的文章，这短短的几年时间内发生了什么，“私法”一词的新含义是如何被确立下来的？

二、“私法”之入华

明治年间，日本不遗余力地引进西学，面对西学中的新事物与新概念，一批

① ［日］井上密著，徐家驹译：《论公法与私法之区别》，载《北洋法政学报》1906年第1期。

② ［日］井上密：《论公法与私法之区别》，徐家驹按语第2页。

③ 宝鋆：《筹办夷务始末·同治朝》，中华书局2008年版，第1184～1185页。

具有深厚汉学修养的日本学者选择了以汉语词汇来表达西方的新事物与新概念，这些词汇中有不少改变了其汉语本意，因此也被称为日制汉语。这些日制汉语中有不少传回中国，现今汉语中便有不少日制汉语存在，它们一般被称为日语借词。对于“私法”一词，有的学者认为它是日语借词，[①] 但也有学者认为其并非日语借词。[②] 要了解“私法”一词是否为日语借词，就需要弄清日本学人是在何时创制“私法”一词的，以及日制“私法”一词的含义是怎样传播到中国的。

日语中“私法”一词的源流至今无考，但在1886年的《佛和法律字汇》中便有“私法”一条，因此，有学者认为日语汉字中的“私法”可能是依法语而来。[③] 而在中国，“私法”作为法学术语出现在出版物上，晚至1898年，因此日本所使用的“私法”一词应是由日本启蒙学者创译而来的，那么他们创译的“私法”一词，又是怎样传播到中国的呢？

1896年，清政府选派了唐宝锷、朱忠光、胡宗瀛、戢翼翚等13人，由中国驻日公使裕庚与日本外务大臣兼文部大臣西园寺公望接洽，到日本学习日语及普通学科课程，这就是清朝官派学生留日的开端，随后大量中国留学生前往日本，开启了“到此时为止的世界史上最大规模的学生出洋运动。”[④] 这些早期的留日学生掌握了日语之后，便开始了翻译和出版活动，日本学人所创制的术语通过这些留日学生出现在中文世界，而日本学人所创制的“私法”一词也就呈现在了中文世界之中。

明治时期，日本在法律继受以及法学术语的选择中，德意志法制度作为模范国、模范理论处于支配地位，[⑤] 德意志法制度中的公法、私法体系也为日本所接受。大量中国留学生在日本学习法政，日本的法政思想与法学术语通过他们传入中国，国人也开始接触到日本法律中的公法、私法体系，“私法”的新含义也出现在了中文世界中。

留日中国学生最早使用“私法”一词，见于1900年创刊的《译书汇编》。《译书汇编》创办于日本，它主要目的在于传播西方的法政知识。该刊第一期便登载了译自伯伦知理的《国法泛论》一文，文中首次出现了对“私法”一词的定义：“私法之根据在民人，定私权之规律者也。”[⑥] 不仅如此，文中还讨论了“国法”（即公法）与“私法”之间的关系，并得出了二者关系“难辨”之结

① 刘正埮等编：《汉语外来词词典》，上海辞书出版社1984年版，第322页。

② 朱京伟：《现代汉语中日语借词的辨别和整理》，载北京大学日本学研究中心编《日本学研究》3，今日中国出版社1994年版。

③ 俞江：《近代中国民法学中的私权理论》，北京大学出版社2003年版，第56页。

④ ［美］费正清主编：《剑桥晚清史》（下），中国社会科学出版社，1985年，第393页。

⑤ 梁慧星主编：《民商法总论》，总第26卷，金桥文化（香港）出版有限公司，2003年，第732页。

⑥ ［德］伯伦知理：《国法泛论》，《译书汇编》1900年第1期，第2页。

论。这是国人第一次在翻译中使用“私法”一词，并且对它加以了定义，这种定义与中国传统的“私法”概念差别极大，因此这一新的“私法”概念应是中国留学生从日本人处学得的。随后，大量留日学生在日本创办刊物，翻译西方、日本的法学作品，很多法学术语通过这些刊物传播开来。

虽然早在1900年时，留日学生中便有人开始使用“私法”的新含义，但是当时留日学生数量巨大，知识储备参差不齐，因此在翻译日文作品的过程中，往往会出现术语的混用。1903年，汪荣宝与叶澜编译了《新尔雅》一书，该书可以算作是第一本日译术语集，书中对“法”、“公法”与“私法”做了如下定义：

> 规定国家生存必要之条件，以国家之强力而履行者，谓之法。规定国家与国民之关系者，谓之公法。规定人民相互之关系者，谓之私法。[①]

虽然《新尔雅》中对“私法”的定义颇为简单，比之《国法泛论》中对“私法”的讨论相距甚远，但是，《新尔雅》作为第一本日译术语的词汇集，影响深远。辞书对术语的解释往往直观而简单，虽然比不上那些深刻的法学文章，但它这种简单的方式更适合当时的留日学生，因此辞书的影响往往更为深远。在《新尔雅》之后，国内相继出版了一批专门的法学辞典，如《日本法规解字》、《法律名词通释》、《四大法典法律顾问》，这些辞书无一例外地来自日本。[②] 由此可见，当时日本的法学类辞书对中国产生了深远影响，而日制“私法”一词也正是通过这些辞书改变着中国学人的知识结构。

辞书乃是传播新术语的重要途径，但是辞书对术语的解释往往十分简单，难以满足专业需求，因此专业教育在术语的传播过程中也就起到了十分重要的作用。中国近代最早的法学留学生乃是伍廷芳，随后又有马建忠、陈季同等人，[③] 但当时留洋学习法学的人并不多，影响也不是很大。然1895年至1911年，法科留学进入蓬勃发展的阶段，形成了一个颇具规模的法科留学潮，[④] 而在此法科留学潮中，又以留学日本居多。

日本著名的法学家梅谦次郎在为法政速成科中国留学生授课的过程中就谈到了“私法”这一概念：

> 私法者，规定同国，或异国之人民，又以与人民，同一资格，而为行动之国，或其一部之间之关系之法律。

① 沈国威编著：《新尔雅——附解题·索引》，上海辞书出版社2011年版，第283页。

② 钟少华：《人类知识的新工具——中日近代百科全书研究》，北京图书馆出版社1996年版，第70～71页。

③ 王健：《中国近代的法律教育》，中国政法大学出版社2001年版，第54～75页。

④ 裴艳著：《留学生与中国法学》，南开大学出版社2009年版，第70页。

所谓同国者，就国法而言也。所谓异国之人民者，就国际私法而言也。所谓以与人民同一资格而为行动者，国家不以国之资格而为行动，如取得所有权、债权等行为。有特别法者，依特别法，无特别法规定者，不可不依民法及其他私法规定，故用如是之文字也。①

梅谦次郎在此处所谈的“私法”概念，比之一般辞书中所提之“私法”更为完善，而且与欧洲法律体系中的私法十分接近，这应与梅谦次郎留学法国有关。法政速成科为中国培养了大量法政人才，他们回国后便积极传播他们所学习到的法政知识，梅谦次郎所使用的“私法”概念也跟随着这些法政留学生来到了中国。

“私法”一词虽然在中国古已有之，但是其含义绝非国家法律，而是与国家法律对立的存在。近代以来，西方法律思想传播到中国，傅兰雅使用了“交涉便法”、“交涉私法”来翻译国际私法，“私法”一词的含义发生了变化，但是这种变化影响的范围很小。日本学人在翻译西方法学作品这条路上，走在了中国学者之前，他们较早地定义了西方的 Private International，并将其译为“私法”。随着中国留学生大量前往日本，大量日制汉语被他们带回了中国，“私法”一词也在其中。

综上所述，虽然“私法”一词在中国古已有之，但其含义并非近代意义上的私法概念；傅兰雅虽然使用了“私法”一词的近代含义，但其并未明确定义“私法”这一概念，且影响甚小。直至留日中国学生将日本创制的“私法”概念引入中国，且大量专业的法政留学生从日本回国，弥补了国内法政人才的不足，因此才会有徐家驹那篇讨论法理文章的出现，“私法”的新含义才真正确立下来。“私法”从日本来，正是由此而来。中国从日本输入了“私法”一词，那它对中国又产生了什么影响呢？

三、清末私法中的“个人”缺席

梁启超认为中国古代的成文法中没有私法，这主要是因为中国传统法律中并没有西方意义上的“个人”概念。在晚清，“个人”也不是一个好词汇：“个人一语，入中国未三四年，号称识时之士，多以为大诟，苟被其谥，与民贼同。”②近代以来，用于表达个人观念的此语有很多，如“人人”、“私”、“己”、“独”

---

① ［日］梅谦次郎：《法学通论及民法》，《法政速成科讲义录》第46号，日本法政大学1907年，第81页。

② 鲁迅：《文化偏至论》，《鲁迅全集》第一卷，人民文学出版社2005年版，第51页。

和“个人”等。[①] 直到1902年，梁启超先生提出个人概念。他在其《论政府与人民之权限》中称：“国家之主权，即在个人”，并在“个人”之下注明“谓一个人也”，[②]“个人”这一观念至此确立下来。但是西方的“个人”观念根植于个人权益与西方的社会契约论，因此西方的“个人”观念正是西方私法理论的价值依据。中国在清末引进了西方的“私法”概念，并加以了讨论，这对清末法律中的“个人”观念的判定又有着怎样的影响呢？

在西方的私法理论中，对于个人的权益有着诸多讨论，这些讨论经过日本传入了中国，加深了中国知识分子对私法的认识及对“个人”的观感：

> 公法、私法区别这一基础者，利益也。而一般的公共之利益，为公法之目的；特别个人之利益，为私法之目的也。……公益、私益者，有极密切之关系，不能划然以定二者之范围。盖国家之分子的各人之特别利益，有其集合团体之利益也。反之，国家的分子之集合团体之利益，有其分子的各人之利益也。[③]

> 公法者，关于公益之法也。私法者，关于私益之法也。……国家及社会共同团体之利益为公益，一人之利益为私益。或以公益为多数人之利益，私益为一人之利益。[④]

从以上材料可以看出，清末“私法”概念的输入为个人权益的保障提供了法理上的认识，通过这些法学知识，为中国的知识分子通过法律来保护个人的权益提供了法理依据，也加深了他们对“个人”观念的认知。然而法律的传入是一方面，而落实到清末具体的法律修订则又是另一方面，那么在清末的法律中是否有关于“个人”观念的实践呢？

随着日本传入的法政知识在中国的发酵，晚清政府也认识到了西方的公法、私法之分，清末修律，这一条也开始为政府所讨论：

> 查东西各国法律，有公法、私法之分。公法者，定国家与人民之关系，即刑法之类是也。私法者，定人民与人民之关系。二者相因，不可偏废。[⑤]

虽然此处对于“私法”的定义不尽正确，但从现有材料看，这是官方第一次讨论公法与私法的问题，这表明“私法”一词的新含义已不在仅仅是学理上的讨论，而已经进入到了国家法律的层面。因此清末修律也开始了中国私法的修订，而这些私法的修订也必然会涉及个人的问题。

---

① 金观涛、刘青峰：《观念史研究》，法律出版社2009年版，第153页。

② 梁启超：《饮冰室合集》文集之十，中华书局1989年版，第1页。

③ ［瑞西］コンボテクラ著，［日］竹山三郎日译、黄宗麟汉译：《公法私法之区别》，载《法政学交通社杂志》1906年第1期，第25页。

④ ［日］井上密，徐家驹译：《论公法私法之区别》，载《北洋法政学报》1906年第2期，第2页。

⑤ 朱寿朋编：《光绪朝东华录》，中华书局1958年版，第5682页。

中国近代法律的变革始于1901年的“清末新政”与“变法修律”。从这一时间开始到1911年辛亥革命为止，也即清王朝的最后十年中，清政府实施了大规模的宪政改革和修律变法实践，前后颁布推行的新政法令也达到两千余件。西方对私法之概念一直存有争议，对私法所包括之法令亦有争论，然一般认为私法应包括商法和民法，清末的法学家也认可这种观点。[①] 清末新政中订立了大量法令，然订立的民律草案和商律草案局未通过，清朝便宣告灭亡。因此，要了解清末对“私法”的认知，只能通过当时订立的部分法令来看当时清廷对“私法”的认知，及对“个人”观念的看法。

在西方的私法概念中，民法乃是私法的基础，民法主要是保护个人的权益。清末修律的民律草案中虽然没有出现“个人”一词，但在其文中存有关于“人”条款：

> 人（即自然人）为权利及义务之重要主体。故第二章规定人之权利能力、行为能力、责任能力、住址、保护人格及宣告死亡等。[②]

这些条款对“人”之权利及义务的概括不可谓不全面，反映出了近代民法的精神。然而在民律中却未能出现“个人”一词，也在一定程度上反映出了民律草案对“个人”观念的排斥，法律的制定者并不认可“个人”在民法中之地位，他们更倾向于用“人”来代替。

清末的民律草案中并未出现“个人”一词，而商律草案中则多次出现“个人”一词，但这并不意味着“个人”观念在商律草案中便被认可了。清政府的商律草案未能施行，主要是因为各地商会认为其大多采用日本法制，不符合中国国情，提出“商法调查案”，该案未获结果，清朝即告灭亡。“个人”一词在商律中出现的次数并不是很多：

> 知招商局用红地黄月商旗，行用已久，仍应照旧，未便纷更。招商系官督商办公司，与民间个人及合众公司产业不同，亦与外洋公司自设旗号之例相符，自应仍如其旧。惟现据通州大生等公司，均请自设旗号，恐滋案牍而炫观瞻，转不足以昭慎重，趁此重加规定，将个人事业与合众事业各定画一旗式，大众遵守，与各绅董及平日考究商务者详核，请以前定之黄月中一龙者为商民个人事业寻常通用之旗，另定一黄月中一行龙者，为商民合众公司事业特别之旗，凡经奏准及禀定有案者，方准悬用，亦不得另定别样旗式。[③]

---

① 《修律大臣沈家本等议覆朱福诜奏慎重私法编别选聘起草客员》，载《东方杂志》1908年第5期，第117页。

② 俞廉三：《大清民律草案》，清宣统修订法律馆本，第一编，第二章。

③ 上海商务印书馆编译所编纂：《大清新法令：1901～1911》（点校本）第二卷，商务印书馆2011年版，第811～812页。

凡银行或个人营业改为公司办法，或原系公司变为个人营业，或欲变更其公司之制度，或欲与他公司合并等事，均应查照第二条办理。①

凡商人，无论独资、合资、附股营业，应得爵实，即以个人资本之大小，所用工人之多寡为差。②

从以上材料可以看出，清末商律中对“个人”的认识主要集中在作为企业法人的“个人”，因此在这里的“个人”不应被认作是法律中的“自然人”，而是经济行为上的个人。这里的法令更多的是在规范个人的行为，而不是去保护个人的权益。因此这些法令中的“个人”并非近代意义上的个人，这里的个人没有任何价值含义在其中，可见清末商律中对个人的认知只是停留在“人”的层面，这仍然是中国传统的思维模式，而未能触及“个人”的近代意义。

有的法学家认为：“就本质而言，私法不是调整个人对国家的关系。而是规范个人与个人之间的关系。”③ 但是就晚清的私法订立情况来看，清末的法律制定者更倾向于“人”而非“个人”，这主要是因为中国“人”的概念并不涉及权利问题，而由西方引进的“个人”概念则带有了西方所特有的权利概念。

中国接受了来自日本的“私法”概念，接触到了西方的“个人”观念，并且意识到了“私法”之中对私权的讨论，但这种讨论仅仅是学理上的，并没有进入到制度层面。然而随着清末新政的展开，对“私法”的认知也进入了立法层面，在订立私法的过程中，清政府的法律修订人员采取的乃是排斥个人利益，凸显公共利益的做法，作为私法主体的个人并未得到相应的重视，从而导致了晚清私法中的“个人”缺席。

再者，中国近代的“私法”概念来自于日本，清末修律亦聘请了日本顾问参与其中，然当时日本占主流者乃是德国法系，因此中国近代的私法很大程度上亦是德国法系。④ 德国法系相对保守，其私法的内容也更加重视国家利益而非个人，因而也造就了清末所修订的私法中对个人利益的排斥。可见，虽然中国在清末便引进了“私法”这一概念，并将其纳入了具体的法律实践，但中国引进的“私法”并不注重个人的利益，“个人”的概念并未在清末的私法中得以彰显，这一切便只能留待后来人了。

中国古代虽然存在一些关于私法的法律条款，但却没有“私法”这一概念，

---

① 上海商务印书馆编译所编纂：《大清新法令：1901～1911》（点校本）第四卷，商务印书馆 2011 年版，第 126 页。

② 上海商务印书馆编译所编纂：《大清新法令：1901～1911》（点校本）第四卷，第 257 页。

③ ［日］星野英一，王闯译：《私法中的人》，梁慧星主编《民商法论丛》第 8 卷，1997 年第 2 号，法律出版社 1997 年版，第 152 页。

④ 王泽鉴：《民法五十年》，《民法学说与判例研究》第 5 册，翰芦图书出版有限公司 2009 年版，第 4 页。

这主要是因为中国古代“私”这一概念往往对应的乃是奸邪之义，因此“私法”一词在中国古代也不是什么好的词汇。近代以来，西方的法律思想传播到中国，“私法”的西方含义出现在汉语世界中，然而，由于当时国人对西方的“私法”概念只是采取一种实用主义的态度，因此“私法”概念并没有真正进入中国人的思想世界。日本在明治维新之后，学习西方的法政知识，“私法”概念进入了日语世界，并为日人所理解和消化。伴随着清末的留日热潮，中国留日学生在日本学习法政知识，同时大量翻译日本的法政作品、辞书，他们也就接受和理解了西方的“私法”概念，并将其传回了中国。虽然中国也很早就接触到了西方的“私法”概念，但真正理解和消化“私法”这一概念则是借助了日本。虽然中国通过日本接受和消化了西方的“私法”概念，但是由于“私法”观念本身仍有着许多难以辨别之处，从而导致清末在私法的立法实践中压制个人权益，个人观念未能在清末的立法中得以展现。

“私法”概念在近代中国之演进，恰恰反映出了近代中国从“亚洲之中国”转变为“世界之中国”的过程：近代“私法”的概念乃是由英国传教士带来的，然而未能在中国扎根，中国的留日学生通过日本带来了德国的“私法”理念，并进入到了晚清的立法实践之中，西方意义上的“个人”理念也未能在法律中得以彰显。可见，这种转变乃是被动的过程，没有近代的理念与价值，有的只是形式主义的存在，又何来近代的法律。因此，中国私法的实践在晚清仅仅是开始，中国法制近代化的道路依旧漫长。

第九章

政治、经济术语

第一节 “政治”：通向关键词的理路

“政治”在古汉语中是一个双音节的组合词。翻检19世纪的文献资料，就会发现一个很重要的现象：在19世纪的上半期，“政治”的使用并不广泛，倒是与“政”有关的政本、政事、政体，或者与“治”相关的治术、治体、治本等成为当时的常用词汇。但60年代以后，“政治”的使用逐步频繁，并逐渐固定成为一个词，词义也发生很大的变化。至20世纪初，“政治”进一步上升为一个核心概念、一个关键词语。这一变化既是中西日文化交流的产物，也反映了近代中国人政治认知的转型过程。因此，探讨“政治”概念在晚清的变化，对进一步认识近代中国人的政治观念变化，并进一步理解近代中国的政治转型都是有益的。

一、甲午战争前“政治”词义的扩展

“政治”在古汉语中，最早是一个词组，而非一个词语。“政”是名词，“政”，来源于形容词“正”。孔子《论语·颜渊》篇说：“政者，正也”；《说文解字·攴部》释曰：“政，正也。从攴正，正亦声。”由此可见，“政”的本义是纠之使正。例如，《逸周书·允文》：“宽以政之，孰云不听”；《大戴礼记·千

乘》："此所以使五官治执事政也"。而"政"作为一种纠之使正的行为方式，其目标在"正"，其取义在"正"，是由"正"的使动用法发展而来的，多用于上对下。所以，中国第一部词源学著作《释名》在《释言语》里总结道："政，正也，下所取正也"。

由于"政"有上对下并"纠之使正"的含义，所以，引申出的词组多与国家、政权有关，如政本、政事、政体、政典、政制、政法、政道，等等。其中指向并不相同，对于统治者，"政"与治理、管理、规则相连；对于民，"政"则是防民而使之正。

"治"是动词，本义为治水，后引申为治理、统治、管理之意。《荀子·君道》："明分职，序事业，材技官能，莫不治理，则公道达而私门塞矣，公义明而私事息矣。"此处作"治理"解。汉贾谊《新书·数宁》："以陛下之明通，因使少知治体者得佐下风，致此治非有难也。"治体，即治国的纲要。

由于二词都与国家统治相连，所以也就出现了"政事得以治理"的"政治"这一个词组。如《尚书·毕命》："道洽政治，泽润生民"。汉贾谊《新书·大政下》"有教然后政治也，政治然后民动之。"又由于在国家治理的过程中常产生各种典章制度，所以"政治"又引申为治理国家所施行的措施，如《汉书·京房传》："显告房与张博通谋，非谤政治，归恶天子，诖误诸侯王。"这是政治作为一个合成词使用的开始。

但是即便如此，在古汉语中，"政治"的使用范围仍很狭窄，在更多的场合，"政"与"治"作为两个词，分别与其他相关词进行组合，这种情况一直延续到清朝。如成书于道光年的《皇朝经世文编》（贺长龄辑），分学术、治体、吏政、户政、礼政、兵政、刑政、工政几个大类；在"治体"下则分原治、政本、治法、用人、臣职几个方面。虽然这些内容在今天都可归入"政治"之中，但是在当时，"政"与"治"仍然属于两个范畴，一个属于"政事、行政"的范畴，一个属于"治理、管理"的范畴。这种分类一直延续到清末编辑的几部经世文编中。①

"政治"在近代所发生的变化，首先源于传教士对西方政治制度和政治学说的介绍。传教士在介绍西方有关政治制度和政治学说时，注意到它们在内容上与汉字中的"政"与"治"的关联性，政事、政体、治术等中国传统用词习惯屡屡出现在他们笔下。

光绪元年四月初十日（1875 年）《万国公报》发表的《译民主国与各国章程

① 如葛士濬：《皇朝经世文续编》（光绪辛丑年刊印），陈忠倚：《皇朝经世文三编》（光绪壬寅年刊印），何良栋：《皇朝经世文四编》，体例皆延续贺本。

及公议堂解》一文，是较早的介绍西方政治制度的文章。其中说："最紧要而为不拔之基者，其治国之权属之于民，仍必出之于民"；"治国之法亦当出之于民非一人所得自主矣"，[①] 文章不仅带来了全新的治国理念，而且带来了"章程"（即宪法）、公议堂的知识。

1885年，由傅兰雅口译，应祖锡笔述，出版《佐治刍言》一书，原书为英人钱伯斯兄弟所著，为介绍政治经济学原理的书，虽然后来在梁启超眼中，这是一本"言立国之理及人所当为之事"，是"论政治最通之书"，但通观全书，并没有出现"政治"一词，用的最多的却是"国政"："所谓国政者，固合众人之意见，寄于一人之身，假手以行之者也。故国家行政，除代众人兴利除弊外，不得妄作好恶，致戾舆情。"[②]

而在1896年出版的林乐知、任廷旭译《文学兴国策》中却数次提到"政治"：

> 夫文学之事，实为国家利益中至大、至要之图，然窃以为一国之文学，不专恃乎庠序学校之规模，尤必恃乎律例、政治、伦常、商贾诸端之教训。[③]
>
> 凡国有美善之政治以尽人事，有肥沃之田野以溥地利，更有温和之气候以得天时。[④]

第一例中的"政治"，虽然还没有完全脱离"治理国事"的内涵，但已把政治与律例、伦常、商贾并列，实际已从类别的角度谈论政治；从全文看，后一例者讲的是"国政律法"，但其内涵早已超出了中国传统的政治内涵的范围："凡一国之律法，有行之者焉，有立之者焉。行之者谁？官司是也。立之者谁？议员是也。"

总之在这一时期，传教士在介绍西方政治制度和政治学知识时，并没有完全用"政治"一词，而是沿用中国人的习惯，采用"治国"、"国政"、"政事"、"治国之道"、"政务"等词。这一情况也反映在早期外国人编的英汉字典中，politc 就有朝政、治法、政法、政知、国政、政事、政治等译法；反过来，19世纪传教士所编的西中、中西字典中，对"政"、"政事"的解释则有 national affairs、politics、to serve、to rule、government 等，包含国家事务、规则、管理等内容。这些情况表明，由于中国词汇中的"政治"在当时多数还是作为两个字的复合词使用，所以早期传教士还没有把"政治"固定对译 politics，但他们也已注意到中国传统词汇中的"政"、"政事"与英文 politics 具有对应之处，正是通过

---

① 《译民主国与各国章程及公议堂解》，《万国公报》光绪元年四月初十日。

② 傅兰雅口译，应祖锡笔述：《佐治刍言》，上海古籍出版社2002年版，第29页。

③ 林乐知、任廷旭译：《文学兴国策》，上海古籍出版社2002年版，第8页。

④ 林乐知、任廷旭译：《文学兴国策》，上海古籍出版社2002年版，第31页。

他们的翻译活动，建构起二者之间的联系。另一方面，中国传统词汇中的政、政事在使用上是很狭隘的，主要与皇权统治相联系，所以，当传教士在建构起"政"、"政事"与英文 politics 联系的同时，也忽略了 politics 所包含的"学理"、"知识"、"公共事务""科学"等含义。[①]

尽管如此，传教士早期关于西方政事的介绍已大大突破传统范畴，相关新的知识和观念也无不撞击中国人的心灵。显然，这些东西都是中国传统"政治"及相关词汇无法包容的。正是这些影响和人们相关认知的丰富，一些中国人笔下的"政治"也在不知不觉地发生变化。

如 19 世纪 80 年代王韬《重民》中有这样一段话："朝廷有大兴作、大政治，亦必先期告民，是则古者与民共治天下之意也。"[②] 在这里，"政治"还没有完全脱离原有的范畴，仍是复合词。但在下面两段话中就不同了：

《达民情》中云："试观泰西各国，凡其骎骎日盛，财用充足，兵力雄强者，类皆军民一心。无论政治大小，悉经议院妥酌，然后举行。"《纪英国政治》一文则介绍了英国的政治、经济、社会福利制度，并称："英不独长于治兵，亦长于治民，其政治之美，骎骎乎可与中国上古比隆焉。其意富强雄视诸国，不亦宜哉!"[③] 在这两段话中，"政治"已包含"与民共治"、"议院妥酌"等新的内容了。

19 世纪后半期，正是西方作为独立的政治学科诞生的时期，与此同时，大学中也出现了政治学科。这些情况通过在早期出国人员的记载传递到中国。如马建忠 1877 年在《上李伯相言出洋工课书》中就谈到巴黎"政治学院"及其学习内容："其因时递变之源流与夫随时达变之才识则为政治学院所考论，而政治学院孜孜所讲求者，则尤为相时制变之实学也。"[④]

邻国日本比中国早一步接受了西学，不仅在政治体制上开始转型，而且在大学中设置政治学科。1877 年，东京大学文学部第一科开设史学、哲学和政治学。1884 年，早稻田大学教授山田一郎出版了日本近代最早的政治学专著《政治原理》；另一位教授高田早苗则于 1886～1889 年发表了《函授政治学》，包括政体论、宪法论、行政论等。[⑤] 可以说，正是日本在大规模输入西方政治学说的同时，比较固定地用"政治"对应翻译了英文中的 politcs 一词，这些信息又通过早期

① 这些内容在孙青《晚清之"西政"东渐及本土回应》一书中有详尽的论证，该书由上海世纪出版集团上海书店出版社 2009 年出版。

② 王韬：《弢园文录外编》，上海古籍出版社 2002 年版，第 18 页。

③ 王韬：《弢园文录外编》，上海古籍出版社 2002 年版，第 56 页、第 90 页。

④ 马建忠：《上李伯相言出洋工课书》，《适可斋纪言纪行》卷 2，《近代中国史料丛刊》第一辑，文海出版社影印本。

⑤ 蒋立峰主编：《日本政治概论》，东方出版社 1995 年版，第 448～449 页。

出国人员介绍到中国。1887年，黄遵宪撰成《日本国志》，在叙述日本东京大学学科设置时注意到："分法学、理学、文学三部分……法学专习法律（以日本法律为主，并及法兰西律、英吉利律、唐律、明律、大清律等）并及公法（若列国交际法、结约法、航海法、海上保险法之类）……文学分为两科：一、哲学（谓讲明道义）、政治学及理财学科……"[①] 这是把政治作为学科的最早提出。

正是吸取了来自西方和日本各种知识的影响，立志"变法"的康有为极为关注"政治"及其知识。1888年，康有为办"万木草堂"，教育大纲中就列举了政治原理学、中国政治沿革得失、万国政治沿革得失、政治实际应用学等学习科目。虽然今天我们无法进一步了解相关科目的具体内容，但有一点是可以肯定的，即这些"政治"中包含可为变法提供资源的制度及其思想，"政治"中关于知识的意义开始显现。

总之，检索这一时期的史料，可以发现一个有趣的现象：即19世纪80年代以前，无论传教士还是早期维新思想家的著作，多采用传统词汇谈"政"和"治"，而从80年代开始，采用"政治"一词的逐渐增多。这说明，正是传教士的介绍和西学书籍的进入，在逐步改变着人们对"政治"的理解和使用习惯，"政治"越来越多地成为一个合成词，连起来使用；"政治"的权力里开始包含议院等"民权"，原来的"防民以正"的含义逐渐退却；"政"不仅仅是狭义的"政事"，而是包含国家治理的一切方面；"政治"还进一步成为一种"知识"、一种"学科"、一种分类的方式。然而，在这一时期，政治的使用还比较混乱，与"政治"的含义开始扩大的同时，是传统的"政事"、"政教"、"国政"仍是士大夫们习惯的用法。

二、维新变法时期"政治"使用的广泛化

1888年，在"国事蹙迫"的"危急存亡"之时，康有为第一次上书光绪皇帝，提出"变成法、通下情、慎左右"的主张；1895年4月《马关条约》签订，康有为又联合在京参加会试的1 300多位举人上书清政府，要求皇帝"下诏鼓天下之气，迁都定天下之本，练兵强天下之势，变法成天下之治。"[②] "变法"不仅成为一股强劲的思潮，而且立即发展成一个轰轰烈烈的运动。维新派"变法"的核心是"变制"，即变革君主专制制度，近代中国社会的变革也由此进入谋求政

① 黄遵宪：《日本国志》卷32，光绪二十四年上海图书集成印书局印，第10页。

② 康有为：《上清帝第一书》、《上清帝第二书》，载《康有为政论集》，中华书局1981年版，第57页、第116页。

治与制度变革的阶段。这一变化的直接原因，是由于洋务运动成效不大和甲午战争失败的惨痛教训，另一个不可忽视的因素，则是19世纪以来的西学启蒙，尤其是西学中关于西方民主制度的知识，成为维新派谋求“变法”的思想资源。而反过来，“变法”进入实践阶段的现实需求，又促使人们进一步渴求了解“西政”。维新派报刊纷纷开辟专栏，转载西报和日本学者的译著，西方政治之学和政治制度知识进一步得以传播，在不断给中国人以新的启迪的同时，也使“政治”用语进一步发生变化。

就以《时务报》而论，每期都开辟“英文译报”和“东文译报”栏目，后者大部分译自日文报刊，翻译者为日本人[①]，这就使这一时期在日本产生的大量借用汉语形成的新词得以传播到中国。如《时务报》第十七册有译自《大日本杂志》的《政党论》一文，其中云：“君主专制，黔首无力，国家以愚其民为能，不复使知政治为何物。当是之时，安有政党兴起哉？及文明大进，世运方转，教化浃洽，国民智慧渐起，类能通晓治体，而国家亦令国民参与大政，相与论议，于是乎政党始兴，盖必然之理也。何则？政党之兴立宪政治犹如鸟有双翼，非有立宪之政，则政党不能兴。”[②] 这段文字一针见血地指出，专制体制下，国家实行愚民政策，“不复使知政治为何物”，而文明社会的重要特征，是国民“通晓治体”、“参与大政”，于是才有政党、有立宪政治。它不仅带来了“政党”、“立宪政治”的概念，还进一步揭示“政治”中也包含国民的参政权，从而大大加深了中国人对“政治”的认知。

相关知识的丰富，加上“变法”本身也涉及皇权体制和制度的层面，使得人们的用语进一步发生变化。

郑观应在19世纪80年代的著作中，更多的是用“政事”、“政体”这一类词，但在甲午后续的《自强论》中，也表达了“政治”的新的含义：“论者谓变法之易，莫如专制政治。所言不为无见，然蒙谓专制政治，究不如立君政治之功。何则？专制政治即君主之国，乾纲独断……立宪政治者，即君民共主之国，政出议院，公是共非，朝野一心，君民同体。”[③]

《盛世危言》十四卷本（1895年出版）所增加的《商务五》有：“尝阅西书，英国每岁集刊《列国政治》一书出售，西名《士得士文也卜》，凡各国政治、兵船、铁路、火器新旧多寡，国用土产等项，无不备载。”[④]“政治”被区分

① 沈国威指出，《时务报》“东文报译”的翻译者是日本汉学家古城贞吉。参见《近代中日词汇交流研究：汉字新词的创制、容受与共享》，中华书局2010年版，第363~401页。

② 《政党论》，《时务报》第十七册，光绪二十二年十二月十一日。

③ 郑观应：《自强论》，载《郑观应集》，上海人民出版社1982年版，第338页。

④ 郑观应：《商务五》，载《郑观应集》，上海人民出版社1982年版，第626页。

为不同的国家政体和治理方式。

康有为1888年的《上清帝第一书》中有这样的话："今皇太后端拱在上，政体清明……诚以自古立国，未有四邻皆强敌，不自强政治而能晏然保全者也。"① 在这里，"政治"还没有脱离传统意义。在康有为看来，"政之本源，治之肯棨，则在君心之操舍而已。"所以此后在给光绪皇帝的各次上书中，他谈的最多的是"国政"层面上的"求治"、"图治"、"论治"、"兴治"问题。但在1898年的《请广译日本书派游学折》中，他也明确提到："列国竞争者，政治、工艺、文学知识，一切相通相比，始能并立。"② 政治被视为与工艺、文学并列的知识。

同期的梁启超比他的老师更多的介绍了西方的知识。光绪二十二年（1896年），他作《西学书目表》，在后序中说："当知二千年政治沿革，何者为行孔子之制，何者为非孔子之制……"该书用"西政"来概括西方政治之学，"西政诸书，其目曰史志曰官制曰学制曰法律曰农政曰矿政曰工政曰商政曰兵政曰船政。"③ 可见这时他所理解的"政治"，是涉及国家管理各个方面的治理之学。

一年后，他又进一步说道："政无所谓中西也。列国并立不能无约束，于是乎有公法土地。人民需人而治，于是乎有官制，民无恒产则国不可理，于是乎有农政、矿政、工政、商政……此古今中外之所同，有国之通义也。"④ 在这里，梁启超实际表达了两层意义：一是"政"产生于人的社会生活的需要；二是"政"表现于国家管理的各个方面。梁启超虽然强调"政"的中西共通之处，但也无意中表达了中西的不同：它已摒弃了中国传统"政"中的"防民以正"的内容。

在同一篇文章中，他又说，欧洲"百年以来更新庶政，整顿百废，始于相妒，终于向师，政治学院列为专门议政之权，逮于氓庶，故其所以立国之本末每合于公理……"⑤ 梁所说的"政治学院"，似同"议院"，但也表明他已将立法权视为"政治"之一部分。

在他们的使用中，"政治"不单单是君主制下的"政事治理"，也包含君主立宪制度下议会与民权的运作与程序，"政治"还是与经济等并列的社会类别。

"政治"使用的广泛化，也悄然改变了传统的知识分类体系。1896年，孙家鼐上《议复开办京师大学堂折》，提出设置的课程中应包括"政学科"，即学习

① 康有为：《上清帝第一书》，《康有为政论集》上册，中华书局1981年版，第53页。
② 康有为：《请广译日本书派游学折》，《康有为政论集》上册，中华书局1981年版，第301页。
③ 梁启超：《西学书目表后序》，《西学书目表序例》，《饮冰室合集》文集之一，第128页、第123页。
④⑤ 梁启超：《西政丛书叙》，《饮冰室合集》文集之二，第62页。

“西国政治及律例”。[①] 1898 年康有为编《日本书目志》，将日本书分成十五门：生理、理学、宗教、图史、政治、法律、农业、工业、商业、教育、文学、文字语言、美术、小说、兵书。“政治门”开列了国家政治学、政体书、议院书，也包括财政学、经济学、统计学的书。[②] 同年出版的应祖锡编《洋务经济通考》则分十六门类：干象、坤舆、史略、交涉、军政、学校、经商、矿政、政治、礼法、人才、农桑、工艺、教务、轮路、防务。其中“政治”介绍了立宪与自治。[③]

这些情况说明，“政治”作为一门知识、一门学科，正逐渐被中国人所接受，所使用。

然而即便如此，在传统意义上使用“政治”的仍不乏名家，就连对西学了解比较深入的严复也未能幸免。1898 年，在《西学门径功用》中，他写道：“又必事心理之学，生、心二理明，而后终之以群学之目，如政治，如刑名，如理财，如史学，皆治世者所当有事者也。”此时严复眼中的“群学”，即是“用科学律令，察民群之变端，以明既往测方来也。”[④] 显然，严复是将“群学”视为“政治学”，而“政治”则是其中的“治理国事”之学。

三、20 世纪初“政治”上升为关键词

20 世纪初，在庚子事变、八国联军侵华、慈禧携光绪西逃的政局巨变之时，清政府不得不宣布实行新政，其中的重要举措之一是变通科举、办学堂。在 1901 年至 1902 年的办学浪潮中，我们发现，在官方文书中，“政治”已成为考试的内容而被屡屡提及。1901 年政务处、礼部《会奏变通科举事宜折》中提出会试第一场“以中国政治、史事命题”，实际是“按《通典》、《通志》、《通鉴》诸书命题”；而第二场五策“以各国政治、艺学命题”，所包含的内容，则是“以学校、财赋、商务、兵制、公法、刑律、天文、地理为大纲。”[⑤] 虽然这里所用的“政治”还只是中国和各国制度的通称，但也表明，随着社会的发展，清政府也开始把通晓各国制度作为选拔人才的标准，并扬弃传统的“治体”一类的旧词，改换以更加宽泛的“政治”。

---

① 孙家鼐：《议复开办京师大学堂折》，《戊戌变法》（二），第 436 页。

② 康有为：《日本书目志》，《康有为全集》第 3 集，第 583 页。

③ 应祖锡编：《洋务经济通考》，光绪二十四年上海鸿宝斋石印本。

④ 严复：《西学门径功用》、《译〈群学肄言〉自序》，载《严复集》第 1 册，第 95 页、第 123 页。

⑤ 潘懋元、刘海峰编：《中国近代教育史资料汇编》（学制演变），上海教育出版社 1992 年版，第 32 页。

1904年，受日俄战争中日胜俄败的刺激，朝野上下立宪呼吁日盛。在这种情况下，1905年，清廷作出了派大臣出洋考察政治的决定，同时设立“考察政治馆”。光绪三十一年十月二十九日（1905年11月25日）的上谕曰：“前经特简载泽等出洋考察政治，著即派政务处王大臣设立考察政治馆，延揽通才，悉心研究，择各国政法之与中国治体相宜者斟酌损益，纂辑成书，随时进呈，候旨裁定。”① 这时清政府所说的“政治”，主要是西方国家的制度与法律，从总体上还停留在传统的“政事治理的法规”的范围。但即便如此，清政府用“政治”来代替以前的“政事”、“治体”等用语，也说明“政治”的内涵在扩大，成为涵盖以往“政”、“治”词族的具有包容性的词语。与此同时，官方的使用，也在一定程度上抬高了“政治”的地位，使其成为一个引人注目的词语。

然而也正在这个时期，随着大批青年学子走出国门，特别是到日本留学，来自于西方政治学说借道日本大规模进入中国。顾燮光的《译书经眼录》列举的1902年至1904年翻译的以“政治学”命名的书籍就有：《国家学原理》（日本高田早苗讲述，稽镜译）、《政治学》（德那特硁著，冯自由译）、《政治一斑》（日本桧前保人著，出洋学生译）、《政治泛论》（日本高田早苗译，美韦尔孙著）、《政治学》（德来独恩著，白作霖译）、《政治学》（日本石原健三著，日本木三郎译）、《政治原论》（日本市岛谦吉著，张少海、笃斋主人译）、《政治史》（日本高田著，张少海译）、《泰西政治类典》（杭州译林社译）等。在“本国人辑著书”的“政治法律”类中，也有《皇朝政治学问答》（文明书局本，北洋官报局本）、《政治思想篇》（杜士珍，《新世界学报》本）、《政治学教科书》（杨廷栋，作新社洋装本）等。②

20世纪初的留学生刊物上，也大量介绍了西方的政治学说。如《浙江潮》第二期《新名词释义》中介绍的国家学说；《游学译编》第四期的编者语中说：“本编自本年第九期起，大加改良，作为政法学报，体例分政治、法律、经济、历史、哲理诸门。”③ 并连载《政治学说》，介绍柏拉图、亚里斯多德等的学说。

与此同时，梁启超在《清议报》、《新民丛报》上介绍了亚里斯多德、孟德斯鸠、伯伦知理等政治学大家的理论。《新民丛报》从第二号（光绪二十八年正月）起，将栏目确定为论说、学说、教育、时局、政治、地理、宗教等类。政治栏目中刊载了梁启超的《中国专制政治进化史论》、康有为的《官制议》等文章。

---

① 《考察政治馆上谕交片簿》（第一册），第一历史档案馆藏，宪政编查馆档案，全宗号：9，案卷号：99。

② 熊月之主编：《晚清新学书目提要》，第254页、第352页。

③ 《游学译编》第四册，光绪二十九年正月十五日。

20世纪初西方政治学说借道日本的大规模和系统进入，丰富了中国人对“政治”内涵的认识。加以20世纪初中国面临的内忧外患局面进一步严峻，使很多人将学习西方之政作为救国良方。当时有人说：“处二十世纪列强竞争之世，内治外交之繁杂迥非春秋战国之可比，苟无应对之方法，有见其立败而已矣。故政治学之研究实为今日之急务，且此不独为政府诸公之所当研究者，即一般人民亦不可不研究之。”[①] 在这种情况下，“政治”越来越多地成为人们讨论的话题、关注的焦点。1906年清政府宣布“预备仿行宪政”后，请愿速立国会、制定宪法，要求组织政党等等的政治实践活动得以开展。正是在这种局面下，“政治”上升为一个关键词、一个核心概念。这一时期的中国人在不断吸收来自日本的西方政治学说的基础上，对“政治”做了新的诠释。

1. “政治”之目的

梁启超《政治与人民》（光绪三十三年）中说：“政治之目的，一以谋人民之发达，一以谋国家自身之发达。”[②] 在《宪政浅说》中指出，如果仅将政治视为国家行为，是“义有所未尽也”，“谓政治所以达国家之目的，是已然国家之目的，具如前述，一曰为国家本身谋利益，二曰为构成国家之个人谋利益。”[③]

与此同时，也有人进一步明确提出：“政治之善恶，常视国民之进化程度为正比例，其民为自主独立之人民，其国即为自主独立之国。故政治者不过人民之集合体而放一回光返照者也。”[④] “政治者，社会最大之组织，求有以达吾人栖息于此社会之目的者也。”[⑤]

2. “政治”与国家

康有为《官制议》中云：“政治之原起于民，纪纲之设成于国。”“野蛮之世，国治简略，故分职可少，文明之世，政治繁剧，故分职宜多，故多职优于少职。”[⑥] 康有为在阐述文明之世时用“政治”取代“国政”，说明他认为“国治”一词已无法包含文明之世的治国内容了，故需代之以“政治”。

梁启超则进一步明确地说：“国家者，政治之所自出也。”“政治者，丽于国家以行者也，欲明政治之意义，必当先知国家之功用，欲论政治之得失，必当先

① 《江苏法政学堂讲义·政治学》序。转引自孙宏云：《小野塚喜平次与中国现代政治学的形成》，载《历史研究》2009年第4期。

② 梁启超：《政治与人民》，《饮冰室合集》文集之二十，第7页。

③ 梁启超：《宪政浅说》，《饮冰室合集》文集之二十三，第46页。

④ 《论中国之前途及国民应尽之责任》，原载《湖北学生界》，《辛亥革命前十年时论选集》第一卷上册，第463页。

⑤ 《政体进化论》，《辛亥革命前十年时论选集》第一卷上册，第540页。

⑥ 康有为：《官制议》，《康有为政论集》上册，第549页。

审国家之目的。”① 政治与国家密不可分。

3. 作为政体和制度的“政治”

20世纪初年，从政体的角度谈论“政治”是一非常普遍的现象，《浙江潮》一篇文章说：“专制政治之结果，人民皆推其国威政府所有，而不与闻其休戚也。”②

《政闻社宣言》中说：“夫所谓改造政府，所谓反对专制，申言之，则不外求立宪政治之成立而已。立宪政治非他，即国民政府之谓也。”③

4. 作为学术之一科的“政治”

1902年，梁启超在《亚里斯多德之政治学说》中说：“亚氏者，实古代文明之代表人也，而所谓politics即政治学之一学科，所以能完全成一颛门，渐次发达，以驯至今日之盛者，其功必推亚氏。”④ 该文发表于《新民丛报》，正是梁启超到日本后大量吸收西方学说的时期，这说明，中国人将“政治学”固定对译politcs，显然是受日本影响的结果。

1904年，严复悄悄纠正了自己以往的说法，在《读新译甄克思〈社会通铨〉》中明确地说：“是书原名《政治短史》。盖西国晚近学术分科，科各有史，而政治为学术之一科，其史所载，必专及治理之事。”

1905年，严复撰写《政治讲义》，这是依照英国剑桥大学近代史钦定讲座教授西莱爵士的《政治科学导论》一书内容写成。⑤ 在自叙中，他感叹道：“伟哉科学！五洲政治之变，基于此矣。”政治一学“在西国已成科学”。那么，什么是政治学？严复说：“政治学所论者，政府之事也。政字从文从正，谓有以防民，使必出于正也。然则政治，正是拘束管辖之事。”“政治问题曰国家。凡是国家，必有治权，而治权以政府为器，故天下无无政府之国家。政治之论治权、政府，犹计学之言财富，名学之谈思理，代数之言数，形学之言线、面、方、圆。而其论国家也，分内因外缘为二大干。内因言其内成之形质、结构、演进、变化及一切政府所以用事之机关；外缘言其外交，与所受外交之影响。”⑥ 政治学是国家、政府之学。

5. 作为学科分类的“政治”

在20世纪初中国人编写的西学书目中，则通行政、教、艺三分法，把“政

① 梁启超：《政治学大家伯伦知理之学说》，《饮冰室合集》文集之二十，第40页。
② 《民族主义论》，原载《浙江潮》，《辛亥革命前十年时论选集》第一卷上册，第490页。
③ 《政闻社宣言书》，《辛亥革命前十年间时论选集》第二卷下册，三联书店1979年版，第1059页。
④ 梁启超：《亚里斯多德之政治学说》，《饮冰室合集》文集之十二，第69页。
⑤ 戚学民：《严复〈政治讲义〉文本溯源》，载《历史研究》2004年第2期。
⑥ 严复：《政治讲义》，载《严复集》第5册，第1247页。

治”作为西学门类之一。[①] 如赵惟熙编《西学书目问答》（1901 年出版）分政学、艺学两类，“政学”中又有史志学、政治学、学校学、法学、辨学、计学、农政学等十五小类。该书目所讲“政治学”，乃“西政之书”，多为介绍各国政治制度和地理的书籍。

又如徐维则《增版东西学书录》（1902 年出版）设史志、政治法律、学校、交涉、兵制等目，其政治法律目中“首政治，次制度，次律例，次刑法”，包括了政治学，以及法制、官制、邮政等各项制度。[②]

这些西学分类方法，极大地提升了“政治”的地位，所以梁启超在《政治大家伯伦知理之学说》的案语中说：“天道循环，岂不然哉！无论为生计、为政治，其胚胎时代，必极放任……”[③] 将生计、政治并列。

6. 作为“权力”的“政治”

梁启超在《论立法权》中论到：“立法、行政、司法，诸权分立，在欧美日本，既成陈言，妇孺尽解矣。然吾中国立国数千年，于此等政学原理，尚未有发明者。”又说：“立法则政治之本原也。”另一篇《大同日报缘起》中说：“中国汉人，无政治之权，无国统之系，二百五十年于兹矣……冀其有所悟，论革政治。”[④]

革命派从“天赋人权”出发认为：“政治者，一国办事之总机关也，非一二人所得有之事也。譬如机器，各机智能运动，要在一总枢纽，倘使余机有损，则枢纽不灵。人民之于政治，亦犹是也。”[⑤] 他们提出不仅国家有政治责任，国民亦有“政治上之责任”：“政治上之责任维何？则莫有大于合我血统同、地理同、历史同、文字同之一黄帝民族，组织一民族的国家者也。”他们还提出设立“平民政治之国”，即“开浚人民之政治思想，培养人民之政治智识，习练人民之政治能力之一大机关。”[⑥] 明确提出人民亦有政治权利。

《游学译编》第十册在介绍《政治学大纲》的说明中有这样一句话：“近人言西学者，渐言政治法律之学矣”，[⑦] 这深刻揭示了一个重要的文化现象，即到了 20 世纪初，政治与法律知识的介绍与传播则成为主流，这与 19 世纪后半期，西学的传播还是以声光电化等格致知识为主流的情况成为鲜明对照。这里既有中

---

① 熊月之：《晚清新学书目提要·序言》，第 7 页。

② 以上两书见熊月之《晚清新学书目提要》。

③ 梁启超：《政治学大家伯伦知理之学说》，《饮冰室合集》文集之十三，第 67 页。

④ 《辛亥革命前十年间时论选集》第一卷上册，三联书店 1979 年版，第 368 页。

⑤ 邹容：《革命军》，《辛亥革命前十年间时论选集》第一卷上册，三联书店 1979 年版，第 667 页。

⑥ 汉驹：《新政府之建设》，《辛亥革命前十年间时论选集》第一卷上册，三联书店 1979 年版，第 581 页、第 585 页。

⑦ 《游学译编》第十册。

国人希望进一步了解西方的内在驱动力，也有希望从政治层面上改革中国的现实需求，西方各国近代政治制度以及在此基础上产生的政治学说就成为中国人探索改革之路的知识来源。这正是“政治”上升为核心概念的内因外缘。

作为核心概念，还表现在大学科目中开列政治门。1902年，管学大臣张百熙奏《筹办大学堂大概情形折》中提出：大学预备科分为二科，一曰政科，一曰艺科，“以经史、政治、法律、通商、理财等事隶政科。”[①] 同年公布的《钦定京师章程》也“仿日本例”，设政治、文学、格致三科。政治科分政治学和法律学二目。[②] 到1904年修订高等学堂章程时，又将政治科改为“政法科”。

教科书中，1902年杨廷栋撰写了一部由中国人自己编写的中学《政治学教科书》，体例包括：政治学及学派、国家、法律、权利自由、政体、国宪、主权、三权说，并介绍欧洲和美国的政治。大体反映了这一时期国人对“政治学”这门学科的理解。

当时国人的“政治”的全新理解还体现在1903年出版的《新尔雅》[③] 中。该词典沿用《尔雅》的体例，设置了“释政”、“释法”、“释计”等十四个门类。在“释政”类中，虽然没有使用完整的“政治”一词，但却给“政”以全新的解释：“有人民有土地而立于世界者谓之国，设制度以治其人民土地者谓之政。政之大纲三：一曰国家，二曰政体，三曰机关。”在“释政”这一类中，该书列出了以下条目：

第一篇　释国家

国家之定义　国家　国家之起源　国家之种类　国家之变迁

第二篇　释政体

德意志之立宪君主政体　英吉利之立宪君主政体　日本立宪君主政体　北美合众国之立宪民主政体　法兰西之立宪民主政体

第三篇　释机关

英吉利政府　德意志政府　法兰西政府　日本政府　合众国政府　议会　民之义务　三权分立　中央行政　地方自治行政

显然，这些内容已完全超越了传统的“政治”内容，体现了当时国人在西方政治学理论启示下所形成的全新的政治观。

当时曾有人分辨旧“政治”与新“政治”之别：“政治二字，我国所称者，若钱谷兵刑盐漕河工之类，与各国所称者大异。各国之称政治，必关系于国家根本者，方足当之。我国经史子集所散见合乎各国政治范围者虽多，然未尝别树一

---

① 《中国近代教育史资料汇编》（学制演变），上海教育出版社1992年，第65页。

② 《中国近代教育史资料汇编》（学制演变），上海教育出版社1992年，第237页。

③ 汪荣宝、叶澜编纂：《新尔雅》，（上海）文明书局1903年版。

帜，名为政治专学而加以研究，即如言经济家，取经世济民之义，而范围亦属狭隘，所谓关于国家根本者则寥寥焉，斯学之微，较法律为尤甚。"① 传统的"政治"侧重于统治者的"治理之术"，而新的"政治"则关乎国家之根本。

四、"政治"上升为关键词时相关词族的变化

在"政治"词义发生根本性变化、政治学科逐渐形成、政治类新词大量产生的背景下，原来与"政"、"治"有关的一些旧词，如政本、政道、治牧、治制、治具、治教、治体等逐渐退隐，而国家、政体、国体、政府等则被赋予了新的意义。

国家

"国家"在春秋战国之际是一个词组，是诸侯"国"和大夫"家"的连称。后来凝定成一个词，用来作为国的通称。《孟子·离娄上》有："人有恒言，皆曰天下国家。天下之本在国，国之本在家，家之本在身。"天下国家一体，而"天下"又是帝王的别称，这样，"国家"就与君主统治紧密相连。

20 世纪初，"国家"被赋予了新的含义。《浙江潮》一篇文章说："国家二字，我国素有，然以其为新名词者，盖今之所谓国家，与旧之所谓国家者，其义较异也。"该文用日本人井上留北之言给国家下了定义：

> 国家者何？具机关机能，有自治权力之社会之谓也。精密言之，则国家者有一定之土地及支配人民之权力，而为权利义务之主体而有人格者也。②

《东方杂志》1906 年的一篇文章说：

> 国家者，聚无数人民而成立者也，故国家之盛衰强弱，必视国民之爱力以为衡，而国民之爱力之深浅，又视政治思想之有无多寡以为衡。③

《新尔雅》给国家下的定义更为概括："有一定之土地与宰制人民之权力，而为权利义务之主体、备有人格者，谓之国家。"④ 这一解说，说明近代国家观念已被国人所了解和吸收了。

政体

古汉语中，"政体"意为"为政的要领"。汉荀悦《申鉴·政体》谓："承天

---

① 《法政学报序》，载《北洋法政学报》第 1 册，光绪三十二年八月。

② 《新名词释义》，载《浙江潮》第二期，光绪二十九年二月。

③ 《论国民不可无政治思想》，《东方杂志》1906 年第 4 期。

④ 汪荣宝、叶澜编纂：《新尔雅》，（上海）文明书局 1903 年版，第 1 页。

惟见，正身惟常，任贤惟国，恤民惟勤，明制惟典，立业惟敦，是谓政体也。"①

而到了近代，"政体"的意义已完全不同于古代。1903年《江苏》上发表《政体进化论》一文，开篇就说："政体者，因时而异趣，视民而为之高下。"政体是有新旧、有变化的，而政体之善，必适合国民之程度。文章将政体的种类分成少数政体和多数政体两大类，认为"后者之政权，或在民，或君与民共之，幸福之范围亦广被多数人者也。"② 政体是国家统治的一种形式，是发展变化的。

梁启超在《论专制政体有百害于君主而无一利》一文中，从与民主政体相对的角度论述专制政体，明确地称政体是"政治统治的一种形式"。光绪二十六年，在《立宪法议》中进一步说：

> 设制度施号令以治其土地人民谓之政。世界之政体有二种，一曰有宪法之政（亦名立宪之政），二曰无宪法之政（亦名专制之政），采取一定之政治以治国民谓之政体。世界之政体有三种：一曰君主专制政体，二曰君主立宪政体，三曰民主立宪政体。③

政体已具有了与古汉语完全不同的含义，故1903年出版的《新尔雅》对"政体"的解释是：

> 凡国家必有统治之机关，其机关之组织及举行之迹象谓之政体。政体有二，一曰专制政体，二曰立宪政体。

这大致反映了那个时代人们对政体的基本认识。

国体

在古汉语中，"国体"有三种用法，一比喻大臣辅佐国君，犹人之有股肱。如《谷梁传·昭公十五年》："大夫，国体也。"范宁注："君之卿佐，是谓股肱，故曰国体。"二指国家的典章制度，治国之法。如《汉书·成帝纪》："儒林之官，四海渊原，宜皆明於古今，温故知新，通达国体，故谓之博士。"三是国家或朝廷的体统、体面。如《明史·徐溥传》："外国相侵，有司檄谕之足矣无劳遣使。万一抗令，则亏损国体。"④

然而，随着西方政治学知识的传播，"国体"的含义发生了根本的变化，更多地从学理意义上来使用。《法政学报》1903年发表的《立宪论》第一章中，区别政体与国体：

> 国体者，因一国之主权之所在而定国家组织之谓也，政体者，定统治法

① 《汉语大字典》（缩印本），汉语大词典出版社1986年版，第2915页。
② 竞盦：《政体进化论》，《辛亥革命前十年时论选集》第一卷下册，三联书店1978年版，第542页。
③ 梁启超：《立宪法议》，《饮冰室合集》文集之四，第1页。
④ 以上材料和解释均见《汉语大词典》（缩印本），汉语大词典出版社1986年版，第1717页。

之形式以活动此主权之谓也。

在他们看来，国体与历史有直接的关系，“故欲更改国体，不得不深察乎历史上种种之性质及种种之原因而不可轻易，政体则随社会群欲之程度为变迁。”①

1910年，梁启超在《宪法浅说》中也说：“国体之区别以最高机关所在为标准，前者大率分为君主国体、贵族国体、民主国体之三种。”又说“有以国家结合形态而区别国体者，则其种类曰单一国、曰复杂国。”后者指“以二国或多数国相结合而为共同团体也”。②

上述理论，显然受西方政治学，尤其受日本学者建构的政治学的影响，③虽然表述还不太一致，但均已脱离了传统的使用范畴，把国体视为国家的根本所在。

政府

政府一词产生较晚，大约出现于宋朝，一直到辽、金、元时，都主要是代指丞相或相府。明朝废宰相制度之后，“政府”成为内阁大学士的代称。鸦片战争以后，在与外国交涉的文书中，“政府”逐渐成为外国行政机关的通称。19世纪90年代，在不平等条约中，开始有了“中国政府”的提法，多指内阁、军机处、总理衙门等中央机构。④

然而，在20世纪初年政治学理论的介绍中，“政府”的含义有了变化。1903年出版的《新尔雅》的解释是：“掌行政之机关者谓之政府”，并分别介绍了英吉利、德意志、法兰西、日本和合众国政府的组织机构。⑤ 1906年严复撰《政治讲义》，其中说：“政治问题曰国家。凡是国家，必有治权。而治权以政府为器。”“政府者，一国主权之所属”；“政府权界，与所处之时地为对待”。⑥政府泛指实施治理的国家机构。

上述这些词和其他新产生的诸如“政党”、“权利”等词都逐渐归入“政治”门下，共同组成那个时代的“政治”知识体系。在传统词汇中，“政治”专指“政事治理”、“治理政事的法规”，指称对象是皇权及其官僚体系，狭窄而明确。

---

① 耐轩：《立宪论》，《政法学报》（原名《译书汇编》），1903年第2期。

② 梁启超：《宪政浅说》，《饮冰室合集》文集之二十三，第36页、第38页。

③ 孙宏云的研究指出，在20世纪初，日本学者建构的政治学对中国的影响更大，其学说的特点是强调“循序渐进的稳健立场，体现了作为‘统治学’的政治学特征”；“至20世纪20年代，中国大学主流政治学教科书中仍然存在着比较明显的国家学风格，应该说这是包括小野塚政治学在内的德意志国家学影响的结果。”见《小野塚喜平次与中国现代政治学的形成》，《历史研究》2009年第4期。

④ 王宏斌：《历代“政府”考》，《晚清国家与社会》，社会科学文献出版社2007年版，第401页。

⑤ 汪荣宝、叶澜编纂：《新尔雅》，文明书局1903年版，第12页。

⑥ 严复：《政治讲义》，《严复集》第五册，第1247页、第1293页、第1295页。

而成为一个知识体系的总称的“政治”，则成为一个涵盖与国家相关的各个概念的通词，其中不仅包括国家政权，而且包含人民及其民权，从而树立起了一种全新的政治观。

梁启超曾说：“政无所谓中西也”，是指汉语中的“政”与西文 politics 有相通之处，都与国家事务有关联，正是因为这一关联，在传教士介绍西方政治制度时，在两者之间建立起联系，但由于中文中有关“政”的词不仅多，而且使用时有具体的指称，所以他们没有完成使二者固定化的任务。正是日本在学习西方并寻求政治改革的过程中，借用了汉语中的“政治”一词来固定对译 politics。随着借道日本的西方政治学说的引进，汉语“政治”一词的词义完成了向现代意义的转化。

实际上，任何词义的变化都是与社会互动的结果，正是中国近代社会的变化，救亡国存之路的探索，成为近代中国人不断吸取新知的内在驱动力，从而使“政治”一词在中国人寻求新知的过程中不断发生着变化。然而，从互动的角度来看，词义变化的意义却远远超出了词汇变迁本身，它实际是建构起一种新的文化知识体系，建构起一种全新的观念体系。正如冯天瑜先生在《封建考论》一书中所言：“概念、范畴的演变，是人类思想更变的表征，反映了知识总量的扩大和认识过程的迁衍、深化。”[①] 尽管这个知识体系在当时更多地受日本学者建构的政治学体系的影响，尽管当时人们对很多概念的把握还不准确、甚至混乱，但也足以使当时的中国人在努力推动中国社会变革的过程中认真去思考诸如国家主权、政体改革、人民权利、政府与人民关系等问题，并据此提出革命共和、君主立宪等改革方案，进而引导了近代中国的政治转型。从这个意义上我们可以说，“政治”概念在近代的变迁，既是近代中国政治思想的演进史，也是近代中国政治变革的发展史，其中涉及的问题非常丰富。本节只是就词义演变做了一个初步的梳理，相关研究期待进一步的深入。

第二节　“经济”概念转化的历史考察

“经济”是时下的常用术语，“国民经济”、“经济改革”、“经济小吃”不绝于人们的耳际笔端。这些用例中的“经济”，是借用汉语旧词对英文术语 economy 所作的翻译，指国民生产、分配、交换、消费的总和，兼指节俭、合算。但

① 冯天瑜：《“封建”考论》，武汉大学出版社 2006 年版，第 3 页。

考究起来，今天我们习用的负荷着上述新义的“经济”一词，既与该词的汉语古典义相去甚远，又无法从其词形推导出今义来，是一个在“中—西—日”语汇传译过程中步入别途的词语。而“经济”所指概念的转变，正透露了近代日本人以及随后的中国人对于社会生计问题的认识，从泛政治、泛道德理念摆脱出来的取向。

一、“经济”的古典义：经世济民、经邦济国

作为汉语古典词的“经济”，是“经”与“济”的合成词，其构词法为联合结构。

“经”本为名词，甲骨文、金文均为织机中由卷纱棍和绞纱棒横撑的多条直线的象形，金文作“巠”，像纺织的纵线，与横线“纬”对应，《说文·糸部》释曰：“织从（纵）丝也。”段玉裁注：“经文从丝谓之经，必先有经而后有纬。”“经”又通“径”，初见于《周易》，指阡陌（田间小路），东汉刘熙《释名·释典艺》谓：“经，径也……如径路无所不通”。“经”后转为动词，含“治”义，常与“纶”联用（“纶”指用丝编成的绳，引申为有条理义），如《周易·屯卦·象传》说：“云雷屯，君子以经纶。”《中庸》说：“惟天下至诚，为能经纶天下之大经。”这些句式中的“经纶”作“治理”、“匡济”解。此外，“经”还与“略”组成“经略”，与“制”组成“经制”，意近“管辖”、“治理”。总之，作为动词的“经”，义与“治”同，《周礼·天官·大宰》谓：“以经邦国”，《淮南子·原道训》谓：“有经天下之气”，这里的“经国”、“经天下”，意即“治国”、“治天下”，又称“经世”。“经世”连用，首见于《庄子·齐物论》：

> 六合之外，圣人存而不论。六合之内，圣人论而不议。春秋经世，先王之志，圣人议而不辩。

这里的“经世”，据王先谦、章太炎考证，庄子的本意是纪世、世纪编年，后来被援儒入庄的儒生释为治世、救世，这与儒家的入世主义有关，并不切合道家的出世理念。而在儒术占主导的时代，“经世”正是以治世、救世这些儒家意旨得以流传、广为运用的。

“济”与“齐”相通假，有整齐调和之意；济从水旁，可释为“渡”，意为渡水。济又引申为拯济、救济之意，组成“济民”一词，如《尚书》有“以济兆民”一类句式。

“经世”与“济民”联合成“经世济民”、“经世济俗”等词组，如晋人葛洪（约281～341）的《抱朴子·明本》说：“经世济俗之略，儒者之所务也。”该书还有“以聪明大智，任经世济俗之器”的句式。隋唐以降，“经世济民”之

类渐为流行语，如唐高祖李渊（566～635）颁布的文告中有“经邦济世”短语出现（见《大唐创业起居注》卷一）。此语还成了命名的源泉，远者如唐太宗李世民（599～649）的名字，取自“经世安民”之义（见《旧唐书·太宗本纪》）；近人如辛亥革命武昌首义的重要参加者蔡济民（1886～1919），其名更直取“经世济民”的后二字。

“经济”一词，作为“经世济俗”、“经世济民”的缩语，首见于西晋。《晋书·长沙王乂传》载，“八王之乱”间，长沙王司马乂（277～304）致书其弟成都王司马颖（279～306），称他们兄弟“同产皇室，受封外都，各不能阐敷王教，经济远略。”《晋书·纪瞻传》载，东晋元帝（317～322年在位）褒奖纪瞻的诏书称：“瞻忠亮雅正，识局经济。”《晋书·殷浩传》载，东晋简文帝（371～372年在位）在致殷浩书中，评价殷浩（？～356）曰：“足下沉识淹长，思综通练，起而明之，足以经济。”隋代王通（？～617）《中说·礼乐篇》称赞当时一个儒学世家：

是其家传，七世矣，皆有经济之道。

王通这段话常被多种辞书作为“经济”一词的首出先例用，其实它晚于上述史籍中的“经济”用例约三个世纪。

唐代以降，“经济”的使用频率日高。如《唐书》的《玄宗本纪》赞曰：

庙堂之上，无非经济之才。

李白（701～762）《嘲鲁儒》：

鲁叟谈五经，白发死章句。
问以经济策，茫如坠烟雾。

杜甫（712～770）《水上遣怀》：

古来经济才，何事独罕有。

晚唐文士袁郊的传奇《甘泽谣·陶岘》言及王岘：

岘之文学，可以经济。

《宋史·王安石传》：

朱熹论安石，以文章节行高一世，而尤以道德经济为己任，被遇神宗，致位宰相。

古有名联，夸司马迁、司马相如的文学才华，赞诸葛亮治国平天下（经济）的能力：

文章西汉两司马，经济南阳一卧龙。

《宋史》对事功派士人每以“经济”评论之，如《宋史·叶适传》说叶适“志意慷慨，雅以经济自负”；《宋史·陈亮传》说陈亮“志存经济，重许可。”

《红楼梦》中贾政赞扬贾雨村注意“经济”，责骂儿子贾宝玉迷恋风月，不习“经济”。

上列文句中的“经济”，都是“经世济民”、“经邦济国”的简写，意指为政者“治理国家”、“拯济生民”，含义类似“政治”。当然，古义“经济”也包含国家财政、国计民生义，如明代刘若愚的《酌中志》卷七，论及万历年间司礼秉笔太监陈矩，“是以有志经济，每留心国家岁计出入。”而留心国家岁计出入，关注国计民生，乃是经邦济国的一部分，故这里的“经济”没有脱离传统的“经邦济国”含义。

与“经济”含义相近的“经略”、“经制”等词多入官名，如唐、宋、明、清于沿边要地，设“经略使”，为边防军事长官（《水浒传》中八十万禁军教头王进受高太尉迫害，夜走延安府，投奔的便是小经略使）；宋、明又有经理东南财赋的“经制使”一职。而“经济”成为职官名的，则有金代的“经济使”（见《金史·傅慎微传》）。

时至晚清，“经济”一词仍沿用其古典义（经世济民），然日益增多盐务、河工、漕运等关系国计民生方面的内容。林则徐的弟子冯桂芬（1809～1874）1861年在《校邠庐抗议·采西学议》中讨论“经济所从出”时，主张“辅以诸国富强之术”，开“西学经济”之先河。随后，薛福成、王韬等也竞相谈论“富强”，使经国济世之学走向实务。当然，晚清引领这一学术走向的是曾国藩。

曾国藩（1811～1872）作为经世派士子，其一贯主张乃是“义理、经济合一”。早在道光二十三年（1843）正月的《致诸弟》中，他便主张在传统儒术的“义理之学”、“考据之学”、“辞章之学”之外，加上“经济”之学。这里的经济，指经邦济国的实学。以后，同治八年（1869）曾氏在《劝学篇·示直隶士子》中，将孔学分为义理、考据、辞章、经济四科，又在《求阙斋日记类钞》卷上《问学》详论曰：

> 有义理之学，有词章之学，有经济之学，有考据之学。义理之学，即《宋史》所谓道学也，在孔门为德行之科。词章之学，在孔门为言语之科。经济之学，在孔门为政事之科。考据之学，即今世所谓汉学也，在孔门为文学之科。此四者阙一不可。

将“经济之学”列入孔门的政事之科，以突现理学的经世功能，表明曾国藩仍在“经邦济国”，也即政治意义上使用“经济”一词，而涉及国计民生的实学（兵学、农学、理财等），又是“经济之学”的重要展开部。因曾氏在咸丰、同治、光绪年间的巨大影响以及时势的需求，“经济之学”在晚清渐成士子倾心研习的学问，此一词组也就不胫而走，普遍使用。

清光绪二十四年（1898）五月，戊戌变法前夜，湖广总督张之洞（1837～1909）与湖南巡抚陈宝箴（1831～1900）会奏《妥议科举新章折》，主张在科考中废除八股时文，代之以中国史事、国朝政治论为内容的“中学经济”，以各国地理、学校、财赋、兵制、商务、刑律为内容的“西学经济”（见《张文襄公全集》卷48）。同年，贵州学政严修（1860～1929）请设选拔“洞达中外时务”人才的经济科目。因戊戌政变，此议搁置，旋即于清末新政时重新启动，光绪二十七年七月（1901年8月），清廷发布上谕，废除八股时文，在科举考试中设立“经济特科”、“经济正科”，以策论试时事。经济特科于1903年开始实行，御试经济特科人员于保和殿，清末新政的主持人张之洞曾担任过“经济特科阅卷大臣”。经济特科课试内容涉及“中学经济”、“西学经济”，其“经济”仍指经邦济国、经世济民，不过已包含中、西学术关于国家治理（财政、贸易、交通等为其大宗）的新近内容。这是清末科举制度改革的一项重大进展，使八股时文退出科考舞台，实为1905年废除科举的前奏。

晚清入华的新教传教士也在传统含义上使用“经济”一词。如林乐知（Allen，Y. John 1836～1907）1875年10月（光绪元年九月）开始在《万国公报》三五八卷上连载《中西关系略论》，其首篇《论谋富之法》便有“讲求尧舜禹汤之经济”的句式；《万国公报》四九七卷（光绪四年六月）刊载隐名氏的《关爱中华三书》，其第三书，有“天下万国之中，中华多经济之才，故为富强之国”的句式，其下文又反复出现“经济”一词，如“此本为当强之经济”、“欲为富强之国，经济须预储也”、“当实求其经济”、“虽有经济而无近益”，等等。同刊五三三卷，载署名“稍知时务者”的《劝士习当今有用之学论》，内有“大学问、大经济”的用语。西方传教士主办的《万国公报》里多处出现的“经济”一词，皆指“经世济民”、“经邦济国”，但重点已在“富强之国”、“富足之道”，展示着“经济”这一政治性古典词向国计民生含义转化。

二、中日近古经世实学“经济”论：国计民生

“经世”是中国的一种传统精神。先秦以降，“经国济民”的经济之道为历代士子所孜孜求索，清人龚自珍说：

> 自周而上，一代之治，即一代之学也；一代之学，皆一代王者开之也。……是道也，是学也，是治也，则一而已矣。①

这种“道、学、治”一以贯之的儒学经世精神，又有思孟派的“内圣”与荀子的“外王”两种走向。荀子倡言“一天下，财万物，长养人民，兼利天下”（《荀子·非十二子》），展示了“经济”之学研讨国计民生的内容。此种走向，

① 《龚自珍全集》，上海人民出版社1975年版，第4页。

南宋的陈亮、叶适等“事功派”加以发扬，他们力主“义利双行”，财政、兵政等实学成为“经济”的展开部。至明清之际，经世实学达到新的高峰，“利用厚生”被学人奉为圭臬，农政、盐务、漕运、商贾、理财充实着“经济”的内涵，经世之学渐成独立学科。

据赵靖《中华文化通志·经济学志》、叶坦《“中国经济学”寻根》二文考，“经济”进入书名，常见于宋元以降，如宋人刘颜著《经济枢言》、马存著《经济集》、滕珙编《经济文衡》，元人李士瞻撰《经济文集》。明代以“经济”名书者更多，如《经济文辑》、《皇明名臣经济录》、《经济类编》、《经济言》、《经济文钞》、《经济名臣传》、《经济宏词》、《经济总论》等。清朝更有《皇朝经济文编》、《皇朝经济文新编》。明清涌现的种种“经济文编”，与两朝联翩而出的“经世文编”的内容及编辑体例相近，多为经世济民的方策结集，其间包含着愈来愈具体的关于财政工商方面的内容，诸如财计、赋役、屯田、盐法、茶法、河渠、漕运、工虞、货殖等类目[①]。可见，宋元以下，“经济”所蕴含的国计民生意义日渐张大。当然，这一切都纳入“经世济民”的总题之内，也就是说，从属于国家治理此一政治性题目之下。

“经邦济国”义的“经济”一词随同汉籍，很早便传入日本，时见于古代日籍之中。至近世（江户时代），以“经济”命名的日籍更多，如古学派太宰春台（1680～1747）的《经济录》（享保一四年，1729年刊），开宗明义诠释“经济”

凡天下国家治理，皆经济云。

尧舜以来，历世的圣贤，尽心立言，垂教后世，皆此经济一事为之。

兰学家青木昆阳（1698～1769）的《经济纂要》、晚期儒学者海保青陵（1755～1817）的《经济谈》、将神道与洋学“混同”的佐藤信渊（1769～1851）的《经济要录》，以及中井竹山的《经济要语》、古贺精里的《经济文录》、正司考祺的《经济问答录》等书，所论“经济”，涵义皆为“经国济民”，或为其发挥，如佐藤信渊在《经济要录》卷一五称：

所谓经济，乃是经营天地之神意，救济世界人类之业。

佐藤信渊还在《经济问答》中宣示：“经济者，国土经营，万货丰饶，人民济救之道。”讲的当然还是经世济民的政治论，然其重心放在物质财富的创造和分配上。这种注重研讨国计民生的经济论，正是日本江户时代力纠空谈虚议的实学精神兴盛的一种表现，预示着“经济”一词发生词义近代转换的趋势。

江户晚期的洋学，其经济论更倾向于国计民生问题的探索，而且将学习西洋

---

① 参见冯天瑜、黄长义：《晚清经世实学》第十一章《晚清“经世文编”的编纂》，上海社会科学院出版社2002年版。

科学和生产技术引入经济论。洋学家本多利明（1744~1821）所著《经世秘策》，提出国政的四大急务：第一，焰硝（掘采硝石，破碎岩石暗礁，开通水陆交通）；第二，诸金（开采金银铜铁铅诸矿物，作国家之大用）；第三，船舶（造船及发展海运，使天下物产得以流通）；第四，属岛开业（周边岛屿开发，尤其是拓殖北部边疆）。其“经世”一词，虽仍取古汉语的“经邦济世”之义，但“经世”的内容，已在物质生产、流通、交换、分配等方面展开，并主张学习西洋科技。本多利明还著《经济放言》一文，其“赘言”讨论房屋、道路、桥梁的筑造，以及石材、铁材的运用如何仿效西洋之法；其“经济总论”讨论物产增殖，以满足万民的衣食住之需用，进而提出：作为“海国”的日本，解决此一问题的出路在扩大海外贸易。可见，江户时代日本人的经济论，虽然仍为经世济民的政治论，其重心已放在涉及国计民生的物质生产、流通、交换、分配上，并带有开放色彩。这为近代日本人以“经济”对译 economy 埋下了伏笔。

江户时期的日本除在“经济”名目下议论国计民生问题外，还常用“富国”一词。早于本多利明的林子平（1737~1793）曾撰《富国策》一文，探讨贫富问题。林子平的篇名效法中国宋代李觏（1009~1059）的专论《富国策》。当然，“富国”一词更有远源，司马迁即称春秋时的管仲治齐，“通货积财，富国强兵。”（《史记·管晏列传》）战国时的荀子更有题名“富国”的专文（《荀子·富国》）。19 世纪 60 年代末，清朝的京师同文馆设“富国策”课程，美国传教士丁韪良（1827~1916）讲授；来华的英国传教士艾约瑟（1823~1905）则著《富国养民策》（连载《万国公报》第 43 至 88 册，时在光绪十八年至二十二年，即 1892~1896 年）。日本方面，启蒙学者福泽谕吉（1834~1901）在明治十八年（1885）著文，亦题名《富国策》（见《福泽谕吉全集》第 10 卷）。

可见，日本人和入华西方传教士曾经不约而同地借用中国古典词，以“富国策”命名探讨国计民生问题的论著，并一度以之对译西洋术语 economics。

至于“经济学”一词，亦为中国古来素有。《全唐诗》卷 263 所载严维诗曰：

还将经济学，来问道安师。

此为较早之例。宋人朱熹评《陆宣公奏议》，有“此便是经济之学”的句式。《元史》卷一七二也出现短语“经济之学”。明清史籍中，品论时人，常有“当务经济之学”、“好讲经济之学”的说法，并往往将“经济之学”与“性命之学”、“义理之学”、“掌故之学”相并列，作为学问的一个类别。前述晚清曾国藩在义理之学、考据之学、词章之学以外，加入“经济之学”，认为是士人必修之业。这些“经济学”、“经济之学”用例，皆指“经世济民之学”，然已包藏着愈益增多的国计民生内容，但毕竟未能突破泛政治、泛伦理的故套。日本江户前中期的经世家所用“经济学”一词，大体与中国唐宋元明清时期的“经济学”含义类似：在“经邦济国之学”的总题之下，包含着日渐增多的国计民生内容，但尚未突破“经济”的政治性框架。至江户末期，此一格局发生变化，这与西洋术语的东传直接相关。

三、西方 Economy 语义古今演绎与定型

汉字文化圈内的“经济”一词，从“经世济民”这一古典义转化为意指社会生产关系的总和，成为国民生产、分配、消费的总称，又兼有节约、合算之义，始于近代日本人以它充作英语 economy 的译词。而在西方，economy 一词有相当复杂的发展过程。

英语 economy 一词从希腊文 οικονομικοδ 演变而来，西元前 4 世纪，希腊思想家色诺芬（Xennophon）著《经济论》（οικονομικοδ），其中希腊文 οικου 作家庭（家族）解，υομοδ 原意为法律或支配，引申为经营，二者组合成词，意谓“家政”、“家计管理”、“家族经营”，故色诺芬此书可译作《家政学》、《家政论》。这便是西方文化中 economy 一词的始源。晚于色诺芬半世纪的亚里士多德（前 384 ~ 前 322）将经济学的任务确定为研究取财、致富之术，关于奴隶的分配也是题中之义。亚里士多德著《家政学》和《政治学》二书，认为“家政学先于政治学而产生。……家政学有别于政治学，正如家庭之别于城邦。”[①] 他将致富之途分作两种：家庭管理与城邦管理，他认为前者才是自然的、正当的。[②] 总之，在西方，economy 的“家政学”含义是久远的，不过逐渐发生演变。

至中世纪，古典的城邦社会不复存在，然而国家及封邦的政治治理与家庭生计（economy）仍然分裂，与中国古来即有的“身—家—国—天下”一体，“修、齐、治、平”是统一过程的观念大相径庭。故古汉语词“经济”（经邦济国）的概念域大于欧洲古典时代及中世纪使用的 economy（家政、家计）。

16 世纪，economy（家政学）与农学结合，乡村贵族多研习之。economy 又与基督教神学结合，含“神的摄理”意味，逐步具有法律含义。17 世纪，economy 渐由“家政”义放大为国家治理义，其概念域扩张，与中国古典词“经济”（经邦济国）所含概念接近，如法国早期重商主义者蒙特克里田（A. de Montchretien）1615 年出版的 *Political Economy* 一书，可意译为“国家的秩序与统

① 亚里士多德：《家政学》，《亚里士多德全集》卷 9，中国人民大学出版社 1994 年版，第 289 页。

② 参见亚里士多德《政治学》，《亚里士多德全集》卷 9，中国人民大学出版社 1994 年版，第 22 ~ 23 页。

治”，其书还声称是“献给国王和王太后的政治经济学”，蒙氏谓其所论已超出家庭生活、家族管理范围，而广涉社会治理、国计民生问题，包含治国平天下的政治内容，是一种供“君主鉴”的读物，故称 Politcal Economy（可译作“政治经济学”）。

18 世纪西欧的经济学论著渐多，启蒙思想家卢梭（J. J. Rousseau 1712 ~ 1778）1755 年为法国《百科全书》（修纂于 1751 ~ 1780 年）撰写“政治经济学”条目，与古希腊的“家计学”相区别，突出治国平天下的内容。古典经济学家亚当·斯密（Adam Smith 1725 ~ 1790）、大卫·李嘉图（David Ricardo 1772 ~ 1825）、马尔萨斯（Thomas Robert Malthus 1766 ~ 1837）、穆勒（John Stuart Mill 1806 ~ 1873）等都采用 political economy 一名。如李嘉图 1817 年发表代表作，书名即 *On the Principles of political Economy, and Taxation*（《政治经济学和赋税原理》）。马克思写过《政治经济学批判》；其巨著《资本论》，副标题也为“政治经济学批判”。当然，欧洲 18 世纪以降的这些重要哲人的经济思想，也包含着对社会生产、分配、交换、消费的法则的探求，这使得 economy 一词不再是政治的附庸，而是指与政治相联系而又自成格局的国计民生活动。

近代西方，economy 具有“经济”和“经济学”双重含义，19 世纪英语国度有人提出，“一学”宜加 ics 词尾，使其成为规范的学科名目，遂有 economics 一词出现。英国 1843 年创刊的著名周刊 *The Economist*（《经济学家》），推动了 economics（经济学）一词的普及。至 19 世纪后期，西方的经济学与政治学分野渐趋明确，经济学专事社会生产、分配、交换、消费问题的研究。如威廉·杰文斯（W. S. Jevons）于 19 世纪 70 年代末提出，以 economics（经济学）取代 political economics（政治经济学）。英国经济学家马歇尔（A. Mayshall）1890 年出版 *Principles of Economics*（《经济学原理》），以“经济学”名书。此后，economics（经济学）与 political economics（政治经济学）的分野渐趋明显。

19 世纪初叶以降，随着经济生活的进展，economy（经济）的内涵渐趋细密，英国经济学家詹姆斯·穆勒（James Mill 1773 ~ 1836）在所著《政治经济学要义》中，首倡“经济”含义的“四分法”：生产、分配、交换、消费。此后 J. R. M.（1789 ~ 1864）在《商业辞典》中有类似论说。经济的今义（社会生产、分配、交换、消费的行为、过程，及在此基础上形成的人的社会关系之总和）由此大体定型。

综论之，西方经济学（economics）的理念历经了一个“否定之否定”的发展过程：古代和中世纪，家计、家政之学（economy）与城邦及国家政治之学（political）相分离；近代初中期，二者趋于结合，在政治经济学（Political Economy）名目下得以发展；19 世纪中叶以降，随着工业文明、商品经济的成熟，在新的层次上，经济学与政治学分途发展，经济学（Economics）从政治经济学（Political Economy）离析出来，成为探讨国计民生问题的专门之学，社会生产、分配、消费、交换是其研究对象。

汉字文化圈的日本与中国翻译 economy 一词的时间有先后之别（日本在19世纪中期，中国在19世纪末、20世纪初），而19世纪中后期在西方正在发生economy所含概念从“政治经济学”向“经济学”的演化，因此两国学人对 economy 的理解不尽相同，从而导致对于汉字译词选择的差异。

四、幕末明治间日本“经济”与 Economy 对译

由于西语 economy 曾在很长时段上与 political（政治）连用，兼容政治治理义，而19世纪中叶尚处在欧美以 economy 作为“政治经济学”（political economics）的省称之际。正当此间（幕末明治初，也即19世纪中叶），日本人翻译西方经济学论著，在寻求与 economy 对应的汉字译词时，挑选含有“经邦济国”义的“经济”，就势在必然。此外，如前所述，江户中期以来经世实学发展，“经济”一词已包含愈益增多的国计民生义。这两方面的结合，导致“经济”与 economy 含义的相互靠拢，促成近代日本人以“经济”对译 economy。

日本幕末洋学渐兴，英和辞典应运而生。文久二年（1862）出版的洋书调所教授堀达之助编纂的《英和对译袖珍辞典》，该辞典首次将 economist 译作“经济家”，将 political economy 译作“经济学”。

同年，启蒙学者西周（1829～1897）在留学荷兰前夕，给松冈鳞次郎的书信中使用“经济学”一词，该信函说：

> 小生顷来西洋之性理之学，又经济学取之一端窥探，实可惊公平正大之论耳。①

从书信的语境看，所论“经济学”已不是古汉语中传统的“经邦济世之学”，而是指与“性理之学”（后来西周译作“哲学”）相并列的西学的一种，但信中尚未展开论述。而该信下文出现的与程朱“性命之理”相对应的“经济之大本”②，所论之“经济”显然又是“经邦济国”之义。可见，西周当时所用“经济”一词，含义尚处在游移状态，还没有正式形成近代意义的“经济”概念。

文久三年（1863），西周与津田真道（1829～1903）留学荷兰，师事法学博士毕洒林，毕洒林撰一简牍，以示授受之法，内中将“政事学”分为五科：“一

①② 《西周全集》第一卷，第8页。

曰性法之学，二曰万国公法之学，三曰国法之学，四曰制产之学，五曰政表之学。"[①] 这五科的今译为：自然法、国际公法、国法学、经济学、统计学。西周此时以"制产学"对译 staatshuishoudkunde。他在"讲论学术之次序"时，对"制产学"作诠释道：

制产学，是富国安民之术……[②]

而在《记五科授业之略》的改稿本《五科口诀纪略》中，将毕洒林简牍所称五科翻译为：

一曰性法学，二曰万国公法学，三曰国法学，四曰经济学，五曰政表学。[③]

又将毕洒林"讲授业之次序"附记如下：

第一论性法，是为凡百法律之根源也，次论万国公法并国法……，而后论经济学，是富国安民之术，而论其道如何也，而终之以政表学……。[④]

西周所用"制产学"与"经济学"含义同一，均指"富国安民之术"。

在《性法万国公法国法制产学政表口诀》中，西周又用"制产学"，并释为"国富民安之道"[⑤]。

可见，此时的西周徘徊在"制产学"和"经济学"两个译词之间。西周所用"经济学"，与"政表学"、"经国学"相对应，而"政表学"、"经国学"均指政治学，故西周所谓"经济学"已脱离"经邦济国之学"即政治学的意味，专指国计民生之学。

与西周类似，津田真道使用"经济"一词，所蕴概念也有前后之别。津田真道留学荷兰前夕著《性理论》，文末附识有与"天文地理数量博物之学"相对应的"经济政律"的提法。此处的"经济"仍是经世济民义，与政治学类同。（见《性法万国公法国法制产学政表口诀》，第 15 页）而津田真道于 1868 年刊行的《泰西国法论》中，使用"经济的学"这一语，诠释为"良好的财利之法"，这已是在新义上使用"经济"和"经济学"。

稍晚，旅日美国传教士黑本（J. C. Hepburn，1815 ~ 1911）庆应三年（1867）编纂的《和英语林集成》在"政治经济学"意义上，用"经济"对译 economy。

曾先后担任蕃书调所教授、开成所教授的神田孝平（1830 ~ 1898），明治初

① 西周 1863 年 11 月所作笔记《记五科授业之略》，《西周全集》第二卷，第 134 页。

② 《西周全集》第二卷，第 137 页。

③ 《西周全集》第二卷，第 138 页。

④ 《西周全集》第二卷，第 139 页。

⑤ 《西周全集》第二卷，第 141 ~ 142 页。

年著《经世余论》一书，在“经世济民”这一传统名目下讨论殖产、贸易等问题。而正是这位神田孝平，庆应三年（1867）将译作定名《经济小学》，以“经济”对译 economy。该书原本为英国学者义里士（W. Ellis）所著 *Outlines of Social Economy*（1846 年出版，1850 年再版，可直译为《社会经济学概论》），荷兰学士毕洒林 1857 年将其译成荷兰文，神田孝平据此荷兰文本译成日文。神田在序文中介绍，西方学校分五科（教科、政科、理科、医科、文科），其中政科分为七门（民法、商法、刑法、国法、万国公法、会计学、经济学），其前五门均属法学，第七门“经济学”已是今意之经济学。1868 年该书更名《西洋经济小学》再版。该书还创制了一批对译西洋术语的汉字词，如“求取（今译需用，以下括号内省‘今译’），金馆（银行），工人又雇作（劳动者），财主（资本家），财本（资本），作业（劳动），相迫（竞争），品位（价格），利分（利润）”，当然最重要的是“经济”。该书还出现“经济的学”，已逼近“经济学”这一学科名目。

《经济小学》是汉字文化圈中较早以新义“经济”作标题的书，为以“经济”对译 economy 的先驱之作。

明治初年以“经济”名书的译作颇多（偶有撰著），除上列外，再略举如次：

《经济原论》，箕作麟祥、绪方仪一译，明治二年（1869）出版。

《经济说略》（英文），明治二年（1869）出版。

《英氏经济论》，小幡笃次郎译，明治四年（1871）出版。

《经济荛言》，长江受益著，明治五年（1872）出版。

《经济便蒙》，何礼之译，明治五年（1872）出版。

《经济入门》，林正明译，明治六年（1873）出版。

《经济新说》，室田充美译，明治六年（1873）出版。

《泰西经济新论》，高桥达郎译，明治七年（1874）出版。

《百科全书　经济论》，堀越爱国译，文部省刊，明治七年（1874）出版。

《经济要旨》，西村茂树译，明治七年（1874）出版。

前述曾徘徊于“制产学”和“经济学”之间的西周，明治十年（1877）前后撰《经济学》，正式使用“经济学”，讨论衣食住行及致富等“国人生活的事”。

今义“经济”及“经济学”在日本广泛流传，与福泽谕吉（1835～1901）的译述相关。文久二年（1862）福泽访欧，购得 1852 年苏格兰出版的 William and Robert Chamhers 所著 *Political Economy, for Use in Schools, and for Priuate Instruction* 一书（可直译为《学校及家庭用的经济学》），庆应三年（1867）福泽据

此译成《经济书》，成为《西洋事情 外编》的卷三。在《经济书》的“经济的总论”（今译“经济的本质”）中，福泽的译文将“经济学”定义为：

> 经济学的旨趣在于，人间衣食住需用的供给，增财致富、人的欢乐享受的获得。往古的硕学，始于经济的活动，著之于书，名为富国论。[①]

该文追溯了经济学从古希腊的“家法”（今译“家政学”）演变为国家、国民生计之学的历史，并引述经济学家 J · R · M（1789 ~ 1864）的论述，指出经济作为一种“学文”（即学问、科学），包括“物品的产出、物品的制造、物品的积累、物品的集散、物品的消费”[②]。福泽又在未定稿《经济全书》卷之一总论中，将经济学的下辖科目分作四类：第一制产，第二交易，第三配分，第四耗消[③]。这是“经济”四分法（生产、交换、分配、消费）的完整表述。

与此类似，中江兆民（1847 ~ 1901）1892 年在《四民之目醒》中则有经济含义“生产、分配、消费”三层说。

“经济”的四分说源自穆勒等西方经济学家所论，经福泽、中江等日本译著的中介，汉字术语“经济”注入了“国民生产、分配、交换、消费之总和”的含义。

在《经济书》中，福泽除“经济学”外，还多次使用“经济的学”这样的词组。福泽 1868 年又将美国经济学家威兰德（Francis Wayland）所著 *The Elements of Political Economy* 的一部分翻译为《经济学要论》（为《经济全书》卷之一，收入 1870 年刊行的《西洋事情二编》），该书的总论探讨经济学的含义，福泽将 Political Economy 译作“经济”，并解释说：

> “经济”与“富有的学”或“富国学”的意义、用法接近，然其学术含义又不尽同。
>
> 盖富有之法，一人可以达到，与一国致富其意趣有异有同。经济学是致富的科学。同时又可定义为国富的科学。这都不十分尽如人意。财富的创造与支配的法则，既要考察作为个人的人，更要考察作为社会的人。

由于福泽的《西洋事情》及其外编、二编在幕末、明治初广为流传，译词“经济”与“经济学”也就不胫而走。以后，福泽又在《劝学篇》初论（明治五年刊行）、《启蒙手习之文》（明治六年刊行）等论著中继续使用经济学一词，并从不同侧面定义该术语。

值得一提的是“经济”一词“节俭”义的产生。1862 年出版的堀达之助编《英和对译袖珍辞书》将 economy 的词义释为“家事之法，俭约之法”，意为主

① 《福泽谕吉著作集》第 1 卷，庆应义塾大学出版会 2002 年版，第 188 页。

② 《福泽谕吉著作集》第 1 卷，庆应义塾大学出版会 2002 年版，第 189 页。

③ 转引《明治文化史》5 学术，原书房 1975 年版，第 548 页。

持家计的节俭之法。这是较早赋予“经济”以“节俭”义的例子，而此种“节俭”义来自英语 economy。如前所述，economy 的语源为希腊文 οικονομικοδ，意谓“家政学”，而“节俭”是家政的题中之义。

继《英和对译袖珍辞书》之后，福泽谕吉在讨论家庭经济问题时阐述“节俭”义，并使其普及开来。福泽所撰《民间经济录》讲“居家的经济”，该书明治十年（1877）刊行，以十五六岁的少年为对象，宣讲“俭约的事”、“正直的事”、“勉强的事（即勤奋努力的事）”，强调“一碗冷饭、一根灯芯”都不应粗略对待、不应浪费，提倡“质素俭约”、精细地积累财产。当然，福泽谕吉并非经济节俭论者，他接受西方自由经济思想，并不赞成笼统“劝戒人民的豪奢”①，他的节俭论是分层次的：主张物质财富的生产者应当多消费，不应一味节俭；而官僚、学者等消费者应当节俭。他于 1870 年撰写的《西洋事情　二编》中的《收税论》，主张贫民生活必需品低税或作为无税品，对“骄奢淫逸”的物品则应课以重税，以增加国家财税收入。② 明治十三年（1880）所著的《民间经济录二编》中再次发挥其节俭分层论，宣讲“处世的经济”，讨论财物的集散，一面批评放奢淫逸、费财耗资，称奢侈为“恶德”，一面提倡生产者多多消费，主张财富的散（消耗）与集（收入）相当，消费生活与生产活动二者平衡，以发展经济，保障“人间的利益”。这既与近代西方“新教伦理”中的节俭、勤劳以增殖财富的资本主义精神相吻合，也带有自由主义经济论的意味。

与福泽谕吉同时的学者，还有以“勤俭”释“经济”的，如冈田良一郎（1839～1915）于明治六年作《勤俭论》（刊载《报知新闻》）。中江兆民也阐发“勤劳节俭”义。

总之，今日汉字语汇中常用的“经济”＝“节俭”的这层含义，并非“经济”一词的古汉语义，若讨其源，当追溯至《英和对译袖珍辞书》对经济（economy）的“节俭”义的翻译，而福泽谕吉《民间经济录》初编及二编对“俭约”义的阐发，则使此义得以普及。以后，还有术语“经济原则”的拟定，意谓“以最小的费用获得最大的效果”，其意向也来自“经济”的“节俭”义。

福泽谕吉的弟子、曾任庆应义塾塾长的小幡笃次郎的译著《英氏经济论》（明治 4～10 年），更是从多个侧面界定“经济学”。明治六年（1873）林正明将福赛特夫人（Fawcett，Millicent 今译米梨盛，为英国古典经济学传人法思德的夫人）的通俗著作译为《经济学入门》，继神田孝平 1867 年的译著《经济小学》之后，使“经济学”再次进入书名。明治十年（1877）永田健助将同书译作

① 《福泽谕吉全集》第 11 卷，岩波书店 1967 年版，第 364 页。

② 《福泽谕吉著作集》第 1 卷，第 254～266 页。

《宝氏经济学》。明治十二年（1879）永田健助撰《经济说略》，为《宝氏经济学》的解说书。明治间享有盛誉的《明六杂志》中津田真道等人的文章，也多次将 political economy 译作“经济学”。明治间还出现以“经济”命名的刊物，如明治十三年（1880）犬养毅在三菱财团的朝吹英二援助下办《东洋经济新报》，鼓吹贸易保护主义。而田口卯吉（1855～1905）明治十一年（1878）刊行的《自由交易日本经济论》，则是日本人自著的第一部近代意义的经济学专书，所张扬的是自由主义经济论。田口卯吉还创办《东京经济杂志》，倡导经济自由主义，与《东洋经济新报》对垒。

总之，幕末至明治初年，日本人逐渐普遍地在社会物质生产、消费、理财及节俭、合算义上使用“经济”一词，脱离了该词的政治治理一类古典义。而且，明治间的日本已译介欧美各主要经济流派论著，贸易保护主义和经济自由主义均在日本传播。

19 世纪 80 年代以降，日本翻译或转述的西洋论著，名曰“经济学”的更有多部。梁启超 1902 年撰《生计学学说沿革小史》，意在张扬亚当·斯密的《国富论》，由于严复翻译该书（译名《原富》）理深文奥，读者不易理解，梁氏便借鉴各种日本人著译的经济学书籍，加以综汇阐述。梁启超的主要参考书有英格廉著、阿部虎之助译的《哲理经济学史》（经济杂志社 1896 年出版），路易士吉·科莎著、阪谷芳郎重译的《经济学史讲义》（哲学书院 1887 年出版），井上辰九郎述《经济学史》（东京专门学校出版部 1898 年出版）。这仅是明治中后期以“经济学”名目出版的书籍中的一小部分。①

五、近代日本对译名“经济”的犹疑与替代尝试

综上所述，幕末、明治间日本逐渐普遍地以“经济”翻译 economy，“经济”一词脱离了古汉语的固有含义（经世济民），也游离于“经济”一词词形所可能昭示的意义之外。对于此一翻译，以及由此导致的经济学的物化主义走向，日本也不乏批评者，如日本经济史家山崎益吉在《横井小楠的社会经济思想》（多贺出版株式会社 1981 年）的序章说：

> 众所周知，经济就是经世济民、经国安民，是《大学》八条目之治国平天下论。
>
> 近代以后，经济的真实意义被遗忘，单纯讲追求财物和合理性，而失去

① 见森时彦：《梁启超的经济思想》，狭间直树编：《梁启超·明治日本·西方——日本京都大学人文科学研究所共同研究报告》，中文版，社会科学出版社 2001 年版。

了本来面目。

山崎明确指出，日译“经济”一词已抛弃“经世济民”古典义，这不仅是词语的畸变，也意味着经济学说从关切治国平天下的大义，走入追逐物质财富及论证其合理性的道路。

当然，近代日本也并不是立即将 economics 的译名统一为“经济学”的，幕末明初对于译词“经济”持犹疑态度者不乏其人。如西周虽在 1862 年的书信中使用过“经济学”一词，1863 年留学荷兰期间交叉使用“制产学”和“经济学”，但他一直不能忘怀“制产学”这一名目。明治三年（1870）西周的讲稿（多年后由学生整理成《百学连环》刊行）中，遵循中国经典《孟子》的“制民之产”一语，再次阐发“制产学”这一学科名目，并认为以“经济学”翻译 economy，选词并不准确，而“制产学”则较能在古汉语义与西义之间达成沟通。西周在《百学连环》中指出：

> 近来津田氏有“经济学”译语行世。此语采用“经世济民”的缩语，而专指民生、活计论，则不一定适当，故我采用孟子“制民之产”一语，创“制产学”以译之。

后来，西周于明治七年（1874）刊行的《人世三宝说》中，又在论金钱、富有时使用“经济学”，还在论贮蓄流通时使用“经济学”，这都是正面肯定作为 economics 译词的“经济学”。但在同篇，又有“弥尔氏的利学”一语，将英国学者弥尔（今译穆勒）的经济学称“利学”。可见，直至 19 世纪 70 年代，西周一直在“经济学”与“制产学”、“利学”等词之间徘徊。以“经济学”作 economics 译词，显然不是西周的理想选择。

福泽谕吉是“经济学”译词的创用者之一，如前所述，他早在 1867 年编写的《西洋事情外编》中便使用“经济学”，1868 年又在其创办的庆应义塾（今名庆应义塾大学）将美国人弗兰西斯·威兰德（Francis Wayland 1796 ~ 1865）的著作 *The Elements of Political Economy*（直译为《政治经济学原理》）翻译成《经济学要论》，作为教材。但与此同时，新术语“经济”、“经济学”的始作俑者福泽又多次使用“理财”、“理财略”、“理财方略”、“理财法”、“理财的法”一类词语，以指称生计活动及相关学说。（见《福泽谕吉全集》第 12 卷、第 13 卷）其“理财”一词，取自《易经·系辞下》的“理财正辞”，意谓对财富的有利运用。近代日本学者以“理财”名篇的不少，如中村敬宇安政五年（1858）作《论理财》（《敬宇文集》卷之二）。

大约是根据福泽意旨，庆应义塾设“理财科”，明治二十三年（1890），其文学、理财、法律三学科合成大学部，此为庆应大学的基础，而庆应大学的经济学部直至 20 世纪 30 年代还称“理财学部”。与之类似，日本第一所国立大学东京大学，其经济学部的前身是文学部的理财学科，大正九年（1920）《大学令》颁布后，其“理财科”才被“经济学部”所取代。

“理财”一词长时期在日本通用。明治十一年（1878），日本大藏省记录局编纂篇幅浩繁的《德川理财会要》，沿用“理财”一词。[①]

井上哲次郎（1855～1944）等编纂的《哲学字汇》第一版（明治十四年），绪言列举该辞典涉及学科名目，未出现“经济学”，而用“理财学”（初版《哲学字汇》井上哲次郎撰《绪言》），将 Economics 条目译作“家政，理财学”。《哲学字汇》1912 年第三版，仍将 Political economy 并列译作“经济学理财学”，并在注中引汉籍语“文中子云，是其宗侍，七世矣，皆有经济之道。易系辞云，理财正辞。”

日本学者对于将译作“经济学”怀有疑虑，还表现在赤坂龟次郎将英文术语译作“财理学”。

英国学者麻克莱奥德（Henry Dunning Macleod，日译マクレオット，亦称「麻氏」，1821～1902）在其著 *Ecomics for Beginners*（今当译作《经济学入门》）中，从学理上对 Political Economy 和 Economy（Economics）做了区分，指出：Economy即 Economics，源于希腊语，乃合“各种财产”与“法”两义而成。在亚里士多德那里，意为“岁入征集法”，包括“王家的、奉行的、政治的及家政的”；Politic 在希腊语中则是“自由邦国之义”。所以 Political Economy，乃指“自由邦国征集岁入之方法”；而 Economics，麻克莱奥则定义为“讲求可交换物品相互关系支配法之学，或称之为价值之学，有时又称求富之学。”[②]

赤坂龟次郎据该书第二版（1879 年），参考第四版（1884 年），将原著全部译成日文，题名《麻氏财理学》，于 1889 年 12 月由（东京）集成社出版。受原著影响，赤坂龟次郎也将 Political Economy 和 Economy（Economics）区分开来，前者译为“经济学”，后者译作“财理学”。他在《凡例》中交代：“经济学（旁注假名ポリチカルエコノミー）为以政治上之关系论富之名称；财理学（旁注假名エコノミックス）则无关政治，只论富者也”。“将ポリチカルエコノミー（Political Economy）译作经济学，虽为我邦一般之惯例，但将エコノミックス（Economics）与之区别，却未尝闻之。余漫译之为财理学，不知其果当否。”所谓“财理学”，意即关于财富的理学（哲学），因为原著作者亦将 Economics 视为“求富之学”、“形而下理学”。[③]

赤坂龟次郎将 Political Economy 译作“经济学”，相当于今译之政治经济学，

---

① 参见千种义人：《福泽谕吉的经济思想之现代的意义》，关东学园大学 1994 年版，第 279 页。

② 赤板龟次郎译述：《麻氏财理学》，集成社 1889 年版，第 6、7、39 页。

③ 赤板龟次郎译述：《麻氏财理学》，凡例第 4 页。

赤坂是取“经济”的古典义——经邦济国。而赤坂又将 Economics 译作“财理学”，指狭义的经济学。赤坂的这种译法，表明了对“经济”的古典义的尊重，以及对将 Economics 译作“经济学”的保留态度。

直至当代，日本辞典还要兼论 economy 的多种汉字译名，如新村出编，岩波书店 1998 年 11 月出版的《广辞苑》第五版的“经济学”词条，注明“经济学”是 political economy 及 economics 的译语，并对其下定义为“研究经济现象的学问，旧称理财学”。这表明，“理财学”作为过渡性译词，长期在日本流行，直至近年的辞书还要注明经济学曾称“理财学”。

可见，近代日本对于以“经济学”翻译 economics，存疑虑者不少，他们还创制多种相关译词，如“制产学、利学、富国学、理财学、财理学”等，这些词语在日本曾长期与“经济学”并用。经济、经济学成为通行的、规范化的术语，日本也经历了一个不短的过程，自 19 世纪 60 年代初至 90 年代末，方逐步厘定。

六、清末中国学人对日制“经济”的拒斥与新名创译

与幕末、明治间的日本曾产生 economy 的多种译名一样，清末中国也对该英文词语作过种种翻译尝试，而且比日本的译名更加纷纭多歧。这种译名多歧，首先是因为西方传教士的 economy 汉译五花八门。

1. 富国策

清末最早的 economy 汉译，是京师同文馆 19 世纪 60 年代末设立经济学课程，主讲者是美国的新教传教士丁韪良（Martin · William A · P1827 ~ 1916），他将课目定名为“富国策”（袭用宋人李觏《富国策》的篇名，而李觏的篇名之词干，又取自《荀子》的《富国》篇），以英国人福塞特（H · Fawecett 又译法思德 1833 ~ 1884）1863 年版的 *Manual of Political Economy*（可直译为《政治经济学指南》）一书作教材底本，该书后由同文馆副教习汪凤藻汉译、丁韪良鉴定，书名《富国策》，同文馆 1882 年印行。

2. 理财学

美国传教士林乐知（Young John Allen 1836 ~ 1907）光绪二年（1876）闰五月在《万国公报》载《强国利民略论》，议及“强国若何，利民若何”，提到《大学》的“理财必先以格致”之说。后来传教士以“理财学”表述 Economy 自此始。

3. 佐治之学

英国新教传教士傅兰雅（Fryer · John 1839 ~ 1928）1885 年翻译钱伯斯兄弟的自由主义经济著作 Political Economy（可直译为《政治经济学》），定名为《佐

治刍言》，"佐治"与"经国济世"同义；书中将"经济学"表述为"佐治之学"、"理财之律学"，又音译作"伊哥挪米"。《佐治刍言》还译创了一批经济学术语，如"资本"、"合同"、"公司"、"银行"、"股份"，均沿用至今。

4. 富国养民学

1886年，入华英国新教传教士艾约瑟（Edkins · Joseph 1823～1905）将英国人威廉·杰文斯（W · S · Jevons 1835～1882）1878年印行的 *The Theory of Political Economy* 第2版（可直译为《政治经济学入门》）汉译，取名《富国养民策》，先在《万国公报》第43～88册连载（光绪十八年闰六月至二十二年四月），后由海关总税务司出版单行本，该书将 Economy 译为"富国养民学"，称经济学家为"富国养民家"，均由"富国养民策"推衍而来。该书还使用"分工"、"资本"、"流行不息资本"（流动资本）、"定而不移之资本"（固定资本）、"利银"（利润）等汉字经济学术语。

受传教士译名影响，中国人的 economy 汉译也有多种，其中"富国策"最受青睐。陈炽（？～1899）1896年著《续富国策》，宣称承袭英国亚当·斯密的《国富论》，由于时人将《国富论》讹称《富国策》，故陈炽将自己意在追迹亚当·斯密的论著命名为《续富国策》，并宣称其书是要"踵英而起"，促成中国富裕。

光绪二十五年（1899）正月、二月，马林、李玉书在《万国公报》连载《各家富国策辨》，评介欧美各种经济学说。同年十二月《万国公报》载广学会、益智会《推广实学条例》，陈列"华文西学"课程单，内有"富国策"一目。

总之，中日甲午战争前后，入华西洋人及中国仿效者曾用"富国策"、"富国学"、"佐治之学"、"理财之律学"、"理财学"、"伊哥挪米"等多种名目翻译 economy 及 economics。清朝学部审定，将 economics 的译名定作"富国学"。

直至19世纪末叶，中国士人仍然多在"经世济民"义上使用"经济"，连乐用新名词的康有为也如此，他的《日本书目志》卷五"政治门"中，有"凡六经皆经济之书"的议论；1898年戊戌变法期间，康有为在北京建立"经济学会"。这两处出现的"经济"一词，仍取经世济民古义。

中国学者使用"经济学"此一名目，并探讨其确切与否，首推梁启超和严复。

梁启超1896年开始在理财、节俭、合算义上介绍"经济"一词和"经济学"这一学科名目。他该年在《时务报》第14册刊发的文章说：

> 日本自维新三十年来，广求知识于寰宇，其所著有用之书不下数千种，而尤详于政治学、资生学（即理财学，日本谓之经济学）。

同年梁启超撰《变法通议·论译书》，倡导翻译西方求富之学。他把此类书籍称之"彼中富国学之书"，下加注"日本名为经济书"。并列举已经翻译的此类书籍有《富国策》、《富国养民策》、《保富述要》及《佐治刍言》下卷。

可见，赴日之前的梁氏并用“富国学、资生学、理财学、经济学”，而以富国学、资生学、理财学为主词，以经济学作辅助性的比照名称。

亡命日本以后的梁启超，开始正面使用日本译词“经济”。1899 年梁氏在日本撰《论近世国民竞争之大势及中国之前途》，文称：

故其之争也……非属于政治之事，而属于经济之事。①

将“经济”与“政治”对称，其“经济”已不是经邦济国义了，他对此解释道：“用日本名，今译之为资生”。这时的梁氏对日本人将 economy 译作经济，已开始采纳，却又并不完全认同，他推崇的还是“资生学”一词。

1900 年，梁氏在《中国之社会主义》中引述日本人翻译马克思（其时译名为“麦喀士”）的言论——“麦喀士曰：现今之经济社会，实少数人掠夺多数人之土地而组成之者也。”这是在新义上用“经济”一词。而 1902 年 2 月，梁氏在《新民说 · 论进步》中言及，亚当·斯密开创了近代新的经济学说，文曰：“斯密破坏旧生计学，而新生计学乃兴。”这里使用“生计学”，回避“经济学”一词。看来，梁启超流亡日本后，仍不满意日译词“经济学”，他所用之 economics 的译名，徘徊于“经济学”和自译词“生计学”之间。

严复（1854～1921）对日本译词“经济”采取更为鲜明的保留态度。1899 年，严复翻译英国古典经济学家亚当·斯密的国富论，初拟译名《计学》，该年二月完成一册，寄吴汝纶阅，吴答严曰：

斯密氏计学稿一册敬读一过，望速成之。计学名义至雅驯，又得实，吾无间然。②

桐城古文大家吴汝纶十分赞赏译名“计学”，以为既雅且实。

严复根据亚当·斯密原著书名本义，后来于 1901 年成时，将译名定为《原富》，他认为这是亚当·斯密十余种论著中“最善”之作，他在《斯密亚丹传》中说：斯密“归里杜门十年，而《原富》行于世。书出，各国传译，言计之家，偃尔宗之。”这里的“言计之家”相当于今语“经济学家”，可见严复坚持以“计学”对译 economy。

严复译毕《原富》，并撰《译事例言》，批评日本将 economy 译作“经济”失之笼统，主张译为“计学”，并说明理由：

计学，西名叶科诺密，本希腊语。叶科，此言家。诺密，为聂摩之转，此言治。

---

① 《梁启超全集》第 2 册，北京出版社 1999 年，第 982 页。

② 王蘧常：《严几道年谱》，《民国丛书》第三编 77 册，第 41 页。

言计，则其义始于治家，引而申之，为凡料量经纪撙节出纳之事，扩而充之，为邦国天下生食为用之经。盖其训之所苞至众，故日本译之以经济，中国译之以理财。顾必求吻合，经济既嫌太廓，而理财又为过狭。自我作故，乃以计学当之。虽计之为义，不止于地官之所掌，平准之所书，然考往籍，会计、计相、计偕诸语，与常俗国计、家计之称，似与希腊之聂摩较为有合。故《原富》者，计学之书也。

严复又解释何以将书名定为《原富》："云原富者，所以察究财利之性情，贫富之因果，著国财利所由出云尔。"

严氏还在1902年与梁启超的通信《与新民丛报论所译原富书》（载《新民丛报》第十二期）中谈及"计学"一词的来源：

再者计学之名，乃从Economics字祖义着想……又见中国古有计相、计偕，以及通行之国计、家计、生计诸名词。窃以谓欲立一名，其深阔与原名相副者，舍计莫从。

足见严氏创"计学"这一译词，是颇费心思的，认为它既昭显了"计"字包蕴"国计、家计、生计"诸义，又切合英文economics的"祖义"，故他对译词"计学"相当自信。

严复在这里提出了汉英对译的原则：兼顾汉英双方传统词义（祖义），选择与原名内涵相副的汉字词作译词，从而达成两种语文的通约。严复的"计学"一词虽未获流传，但他提出的翻译原则却是正确的，百年之后读来，仍令人心服，此诚先哲之至论，后人不该遗忘！

同一时期，陈昌绪也采用"计学"一词，将自己的作品命名《计学平议》，可视作对严复创"计学"一词的响应。

梁启超基本赞同严复的"计学"译名，梁氏1902年编写的《生计学学说沿革小史》，便是在严译"计学"的基础上，将经济学译为"生计学"。他在该小史的"例言七则"中说：

兹学之名，今尚未定。本编向用平准二字，似未安。而严氏定为计学，又嫌其于复用名词，颇有不便。或有谓当用生计二字者，今姑用之，以俟后人。草创之初，正名最难。望大雅君子，悉心商榷，勿哂其举棋不定也。①

梁氏这番话透露了他曾以"平准学"译economy，但不满意，又选"生计学"，仍属姑且用之，并寄望于来者"悉心商榷"。这既说明一门学科初创时的定名不易，亦显示梁氏在术语厘定上的虚怀若谷态度。

关于严复等中国学者不认同日本以"经济学"对译economics的原因，当时

① 《梁启超全集》第2册，第982页。

人并未具体深论，笔者略作如下推测：日本以“经济学”对译 economics，发生在幕末明初，即19世纪60、70年代，其时欧洲还处在“政治经济学”盛行的时代，日本人自然以“经邦济国”义的“经济”对译之。而严复正式展开翻译事业，在19、20世纪之交，其时欧洲已发生将“经济学”从政治经济学中分化出来的转变，economics 限于讨论国计民生问题，故严复认为以“经济”（经邦济国）译之“太廓”，从而选用“计学”之类译词。

总之，严氏、梁氏等清民之际的中国学者一直不大认同以“经济学”对译 economics 这一学科名词，而力图从古汉语中寻找意义与 economics 较为相近的词。除计学、生计学外，时人还一度起用“平准学”，其中的“平准”一词，取之汉代实行的“平准法”，《史记·平准书》有具体记述。平准法意在保护小农免受巨商垄断之害，朝廷在市场物价低时购进生活用品，市场价格上涨时以优惠价售出，以保障平民生活。“平准”一词后来从平抑物价之义引申为财政政策，接近今义“经济”的一部分。

中国人的上述努力在辞书中也有表现。1903年，汪荣宝、叶澜编《新尔雅》，保留“计学”名目，并对计学下定义：

> 论生财、析分、交易、用财之学科，谓之计学，亦谓之经济学。俗谓之理财学。

这里以“计学”为条目主称，而以经济学、理财学作辅佐性说明词，没有以“经济学”设立词目。

曾留学日本东京帝国大学的胡以鲁（？～1915），1914年撰《论译名》（载于梁启超主编的天津《庸报》第26、27期合刊），对日本新名词入华从总体上给予肯定，也指出有些译词含义不通，认为“不宜袭用，防淆乱也。”其中“亟宜改作”的日本译名，胡氏特举“经济”、“场合”、“治外法权”等例。可见，认为日译词“经济”“不合吾国语法”，“不宜袭用”，是清末民初中国学人的普遍看法。

七、民初“经济”在中国的确立

清末民初，economics 在中国的译名，音译、意译并用，呈现一词数译的多元局面。音译如严复译《原富》中的“叶科诺密”，还有“爱康诺米”、“伊康老米”，等等。意译有新教传教士翻译的富国策、富国养民策、理财之律学，中国人自译的平准学、计学、生计学、轻重学、理财学、财学、资生学、轻重学，等等，众词并用，莫衷一是。这些译词多选自古典，“平准”、“富国”前述不赘。又如“理财”，典出《周易·系辞下》“理财正辞，禁民为非曰义。”宋以后成为流行语，王安石称当时的患贫，是因为“理财未得其道”（《临川先生文集·上仁宗皇帝书》）；南宋叶适有“古之人未有不善理财而为圣君贤臣者也”之论（《叶适集·财计上》）。可见“理财”是古汉语中表述经理财政的通用词，以之对译 economy，庶几切近。梁启超在《史记货殖列传今义》一文中将经济学阐释为“《大学》理财之事”，将经济学家称之“理财之者”。

20 世纪初，economy 的译名由众词纷然终于定格为“经济”，与汉译日籍（尤其是日本的经济学教科书）的强劲影响有关。1901 年由留日学生纂集的《译书汇编》中发表《经济学史》一文，即采用日本译词“经济学”。1903 年日本学者杉荣三郎（1873～1965）被聘为京师大学堂经济学教习，编写《经济学讲义》，在中国教坛上宣讲“经济学”，使今义“经济”和“经济学”开始得以普及。1903 年商务印书馆译印日人持地六三郎的《经济通论》；此后，1905 年王璟芳译日人山崎觉次郎的《经济学》；1906 年王绍曾编辑山崎觉次郎讲述的《经济学讲义》。清末翻译西洋经济学论著，也借用日本译词定名，如 1908 年朱宝绶译麦克文（S. M. Macvane）著作，题《经济原论》；1910 年熊嵩熙等译 R. Tely 的书，题《经济学概论》。

与其他日源新语迅速在中国通行有别，“经济”一词直至辛亥革命前后仍未被中国人广为接受，原因即在于，此词的新义与古典义相去甚远，又无法从词形导出该新义，包括梁启超、严复等学界巨子在内的不少中国士人，曾一再试探找寻与 economics 相对应的、含义较确切的汉字词，故“经济学”长期与“理财学、富国策、计学、生计学”并列使用。如前所述，日本近代启蒙思想家福泽谕吉、西周等，虽然也使用“经济学”一词，却又并不满意，福泽谕吉欣赏“理财学”，西周更钟爱“制产学”。这都反衬出以“经济”对译 economy，并不理想，汉字文化圈内中日两国的顶级学者都试图另寻译词。

“经济学”在中国取代其他译名，成为通用术语，除清末民初日籍（尤其是日本教科书）流行造成的影响外，还与孙中山为首的革命派的文化宣传实践颇有干系。在日本编辑出版的革命派报纸《民报》多用日译词“经济”。孙中山（1866～1925）、朱执信（1885～1920）等人文章常在今义上使用“经济”。民国初年，孙中山还专门提倡“经济”一词，力主以此取代“富国策”、“理财学”之类。孙氏 1912 年 8 月在北京作《社会主义之派别与批评》讲演，论及 economy 的译名时说：

按经济学，本滥觞于我国。管子者，经济家也，兴盐渔之利，治齐而致富强，特当时无经济学之名词，且无条理，故未能成为科学。厥后经济之原理，成为有统系之学说，或以富国学名，或以理财学名，皆不足以赅其义，惟经济二字，似稍近之。经济学之概说，千端万绪，分类周详，要不外乎生产、分配二事。生产即物产及人工制品，而分配者，即以所产之物，支配而供人之需也。①

1912年10月，孙氏在上海中国社会党的演说也讲过类似的话，并在演说中一再出现“经济学”、“经济学家”、“经济主义”、“经济学之原理”等语。

民初以后，经济、经济学逐渐成为economy和economics的通用译名，包含社会生产、交换、分配、消费等内涵，与古典的经世济民、经邦济国义分道扬镳。然而，经济学与富国策、计学、理财学并用，在民国年间还延续了一个时段，中国第一位留美经济学博士马寅初（1882～1982）1914年在耶鲁大学所撰博士论文，便不用“经济学”一词，而用“富国策”、“计学”，表现出对“经济学”这一译名的保留态度。大约到20世纪20年代以后，“经济”及“经济学”才成为统一的术语被学界和社会普遍接受并获通用。马寅初后来的著作，也命名为《中国经济改造》、《经济学概论》、《战时经济论文选》、《马寅初经济论文集》，等等。中国的早期马克思主义者李大钊（1889～1927）1919年在《我的马克思主义观》中引述他从日文翻译的马克思著作《经济学批评序文》（今译名《政治经济学批判导言》），其中的“经济学”当然是采用的日本译词。

八、今义“经济”的语义学考察

今义“经济”（国民生产、分配、交换、消费的总和，兼指节省、合算），已经约定俗成，不仅学界通行，而且民间习用，大概是难以更换的了。然而，“经济”所负荷的今义从语义学及构词法考究，存在明显弊病，却是应当予以揭示的。

由于汉字的多义性，汉字词往往可以在同一词形下包蕴多种含义，故借用古汉语词对译西洋概念，常常发生含义的扩大、缩小、引申甚至全变，这是汉字古典词能够演化为新语的条件。不过，这种扩、缩、引申、全变，应当遵循汉语文词演变的逻辑，人们才可以在理解中使用，或在使用中理解。

常见的汉字旧词生新义的方法是，以原词的古义为出发点，令其外延缩扩，内涵转化。如“教授”，原为动词，意谓传授知识；宋代以降，成为偏正结构名词，指掌管学校课试的学官。“教授”的今义是在翻译professor时获得的，特指大学教师中的最高职称，但此一新义是原义的合理引申。再如“物理”，古义泛指事物之理，今义是在翻译physics时获得的，收缩为自然科学中的一个门类，研究分子以上层面的物质变化规律（分子发生变化，则是化学研究的领域），此

① 《孙中山全集》第2卷，中华书局1982年版，第510页。

一内涵演变也有逻辑可循。又如“历史”，古义为史书，指过往事实的记述，今义是在翻译 history 时获得的，转化为自然界及人类社会的发展过程，或指历史学科，此种引申，易于理解。“组织”的古义是纺织，今义是在翻译 sosiki 时获得的，转化为机体中构成器官的单位，进而引申为社会中按某种任务和系统结合成的集体（organization），古今义变化甚大，但今义可从词形提供的意义空间内寻觅。总之，这些汉字词的古今义之间虽然有泛与专、宽与窄的区别，或者所指发生了变化，但其新旧词义间保持着遗传与变异之间的内在张力，因而使用者稍运神思，便可发现二者间的演变轨迹，对词义的古今推衍、中西对接，有所会心。

反观“经济”一词，其今义不仅与古典义脱钩，而且无法从词形推衍出来，即使改变构词法，也不能引出今义。今义（国民生产、分配、交换、消费之总和，以及节省、合算）是外加给“经济”这一汉字词的，因此，新术语“经济”失去作为汉字词的构词理据。这正是中国学者严复、梁启超、胡以鲁、马寅初等不愿意认同此一译词的原因，而试图以“计学”等词取代。日本学者西周则创“制产学”以与“经济学”并用；福泽谕吉虽是译词“经济学”的最早制造者之一，但他也并不满意该译词，而更倾心于“理财学”；赤坂龟次郎则以“财理学”译 economics，其因由也在于此。

九、今义“经济”的历史学考察

然而，同属汉字文化圈的日中两国还是先后选择了“经济学”作 economics 的译词，其间的原因，须从历史学角度观察，方能获得真解。

综观除“经济学”以外的近代中日两国创制的 economics 各种译词，如“计学、生计学、平准学、资生学、轻重学、理财学、富国学、制产学、财理学”，等等，有着类似的性状：都以某汉语古典词（如“计、平准、资生、轻重、理财、富国、制产”等）作基轴，并以其古典义为出发点引申出新义，故词形与词义是统一的，可以观形索义，因而具有较充分的汉字词构词理据。但是，何以它们都未能占据 economics 译词的正宗地位呢？笔者以为，这些词虽然有着充分的构词理据，却全都存在一个相似的弱点：分别只表达了人类物质生活的某一侧面，而不足以概括全貌。严复在《原富》的《译事例言》中说：作为 economics 的译词，“理财又为过狭”。平心而论，严复此一批评，不仅适用“理财学”一词，其实是切中了上述诸词（包括严复自创的“计学”在内）共通的要害：它们所彰显的意义，或为生产、或为消费、或为分配、或为管理，而无力总括人类物质生活的整体，故均难以充作 economics 的理想译词。唯独“经济”及“经济学”，虽然被严复责备“既嫌太廓”（含义太泛），但毕竟更富于统合力，终被历史勉为选中作 economics 的译词。

前已详述，译词“经济学”存在概念古今错位、词形与词义相脱节的缺陷，并非一个合理的汉字术语，对学科的发展带来某种不便，如在追溯此学科的学术史时，古典概念与今之概念，东方概念与西方概念间，便多有隔膜，须花费颇大气力作阐释工作。

如果变换角度，将语义的变迁置于历史（特别是思想史）大背景下加以考察，则可发现：近人以“经济”翻译 economy，使“经济”从治国平天下、经世济民的政治、伦理“大义”中解脱出来，赋予物质财富的创造、交换、分配等意义（节俭也在此意之中），这样，社会的物质生产、生活此一头等重要的实际问题，其研讨的重心，便由“义”转为“利”。这正昭显了一种时代精神的转型：社会的价值取向从古典的“轻利重义”演变为近代的实利主义。

近代工业文明有多重精神支柱，实利主义为其重要支柱之一。利益驱动、价值法则这只“看不见的手”，是推进近代工业文明的强大动力。正是这种近代工业文明令实利主义大为张扬的历史实际，使得作为国计民生之学的 economics 在近代西方创生并逐渐摆脱对政治的附庸地位。economics 作为这样的一种近代学科，18、19 世纪成长于欧美，进而播扬世界，就东亚而言，日本率先于 19 世纪中叶开始建立此一学科，这与其“开国”并向工业文明迈进大体同步。被称之“东洋卢梭”的日本启蒙思想家中江兆民，对经济的近代意义有敏锐的观察，他 1888 年指出：“19 世纪以前，经济曾是政治的附属品，但这种附属品变为了必用品（《东云新闻》，明治 21 年，10 月 4 日）。”“经济”一词的含义在近代日本发生变更，从中江兆民的这番话中可以悟出个中原由。

中国约于 19 世纪末以日本为中介开始传入西方的近代经济学，同期严复直接从欧洲译介此学，但如前所述，在清末尚未形成统一的术语。至 20 世纪初（民国初年，也即第一次世界大战前后，中国近代民族工业得到发展之际），近代经济学正式流播中国，而“经济”含义的古今转换，“经济学”成为国计民生之学的共名，正是在这种历史进程中实现的。

严、梁等近代中国学人从语义学的纯正角度，不满于译词“经济”，而试图另拟别语作为 economy 的译词，但中国人终于从民国初年开始接纳“经济”这一译词。表面上看，此为日本新名词强劲影响及孙中山倡导的结果，但究其实质，却有一种时代趋势在起作用：中古式的泛政治、泛伦理的“经世济民”之类意义，已不敷需用，而英语 economy 所包含的“国民生产、消费、交换、分配之总和”的意义，更能反映现实的社会物质生活的总体状貌，人们无以名之，只得从古典词里寻出“经济”以称呼。当然，人们为此支付了放弃词语纯正性的代价。

从语义学与历史学相统一的角度反思，同属汉字文化圈的中日两国，当年如果能创制更加确切的、形意相应的汉字术语以表述 economy 所包蕴的新概念，或许会有助于人们观词索义，从而便利大众理解，促进相关学科的成长。不过，语文发展的历史进程并不理会“如果”。它的实际运行过程表明，在新概念纷至沓来之际，似乎无法十分从容地字斟句酌，有时还会放弃对构词理据的坚守，只顾在大众的语文实践中浩荡前行。然而，这决不意味着反思的无益，因为，去者不可追，来者犹可为，我们所应当做，也能够做的工作是——揭示已成术语的演化过程，辨析其间的成败得失，以增进今后接纳新概念、创制新术语的理性自觉，使术语（尤其是核心术语）的建设，步入较为健康的轨道，为发展中的知识网络提供坚实可靠的纽结。

第十章

教育、心理术语

第一节　译名“教育”的厘定

“教育”是汉籍古典词，最早见于《孟子·尽心上》：“得天下英才而教育之，三乐也”，教诲、培育之义。“教育”的近代化，是指它在西学东渐之际迎受西方近代教育概念，成为教育学核心术语的过程。这一过程包含“名”、“实”两个层面：一为“教育”作为 Education 译名的确立，二为“教育”的下位概念“三育”的导入。

英文 Education 和法文 Ēducation、德文 Erziehung 一样，源出拉丁文 Educare，本义为“导出”、“引出”等，后引申出“养育”、“教授”诸义。明末以降，西学东渐，Educare→Education 进入汉字文化圈，获得诸多汉字译名，其中“教育”最终被确定为基本译名，并成为教育学核心术语。这一个过程是在中、西、日文化互动中完成的。

一、明末译名“文学”之创生及其在日本之用例

1623 年，入华传教士、意大利人艾儒略所撰《职方外纪》刊于杭州。其卷二《欧逻巴总论》有云：

> 欧逻巴诸国皆尚文学，国王广设学校。一国一郡有大学、中学，一邑一乡有小学。小学选学行之士为师，中学、大学又选学行最优之士为师，生徒多者数万人。

此为关于欧洲学校教育最早的汉文记述。其中“文学”一词，若理解为学问，固无不可，但若理解为教育，似更贴切。理由有二：其一，从行文上看，此段文字所述为欧洲各级学校的构成及其学科、课程等内容。其二，上述引文属《欧逻巴总论》第二部分，其标题为《建学设官之大略》。“建学”为汉籍古典词，意为创设学校、兴办教育。《文心雕龙·时序》：“元皇中兴，披文建学”，所言即晋元帝置史官，建太学之故事。艾儒略撰《职方外纪》时，欧洲通行文字为拉丁文，故此处“文学”可视为 Educere 的最早译名。

中国古“学”字本作“斅”（音 xiao），通“教”。段玉裁《说文解字注》：

> 学所以自觉，下所效也。教所以觉人，上之施也。故古统谓之学也。……详古之制字，作“斅”从“教”，主于觉人。秦以来，去“文”作“学”，主于自觉。《学记》之文，“学”、“教”分列，已与《兑命》统名为学者殊矣。

可见，《职方外纪》将 Educere 译作“文学”，虽不习于今人之耳目，但毕竟语出有典，非不雅驯。撰者是否曾做此考量，不得而知，但其颇具汉文语学理据，则是毋庸置疑的。其所以用“学”字而不用“教”字，盖因当时已用“教”字指称宗教。其所以在“学”字前加一“文”字，盖因欧洲中世纪还有“武学”（笔者语），即骑士教育，而《职方外纪》述不及此。《职方外纪》是唯一被全文收入《钦定四库全书》（史部十一·地理类十）的早期汉译西书，其所载知识及新语之流布可谓既深且广。清人魏源的《海国图志》、梁廷枏的《兰伦偶说》等多参用之。

不仅如此，《职方外纪》还东传日本，成为兰学者们争相研读之书。日本江户时代著名兰学者司马江汉所著《和兰通舶》有云：

> 欧罗巴诸国皆尚文学，国王一国一郡设学校，于数千人内试优者，以之为师……①

其文句显为《职方外纪》之沿袭，“文学”一词自亦从其出典之义。

直至明治初期，日本仍不乏以“文学”指教育之例。兹胪列如下：

1. 福泽谕吉 1871 年旧历三月所作《启蒙手习之文序》有云：

> 合学校之教师及俗吏之给料、塾堂之营缮、书籍器械之代金等，平均于生徒之数，一名所费，除衣食外，一岁不下百两。百两乘九十四万，为九千

① 《洋学》（日本思想大系 64），（东京）岩波书店 1976 年版，第 504 页。

四百万两，以之为全国文学之费。①

2.《特命全权大使米欧回览实记》(1871～1873年“岩仓使节团”所记，米久邦武编，1878年出版）第21卷“英吉利国总说”记述英国学校教育史有云：

> 千二百年之比，寺院建学校达五百五十余所，文学之运在于僧侣之手，唯行于贵人。……自千五百年之顷，文学稍进步，始由各宗之寺建附属之学校，教导童儿，是为小学之兴。……一千八百十一年始建 National School，国立学校自此始。依一千八百七十年之记载，经审准之学校一万〇九百四十九所，就学之生徒百九十四万九千人，频年之文学，颇进其步。②

3. 川路宽堂译《政家必携各国年鉴》(全2册），在介绍欧洲各国学校教育概况的行文中，虽有「文学教育」、「人民教育」、「幼童ノ教育」、「文学教化」等提法，但与之相应的总标题却是「文学」③。

4. 1874年12月墨山书屋出版的高桥二郎著《插画启蒙日本杂志》，该书第20～21页为日本学校教育概述，标题为「政事　第三　文学」；第19页「政事　第一　官制」有云：

> 六曰文部省，管文学之事。④

二、晚清译名“教育”之厘定及其在日本之确立

西学东渐之际，最早厘定“教育”译名者，首推明末入华传教士、意大利人高一志（Alphonse Vagnoni，1566～1640）。他曾著《童幼教育》一书，从各个方面阐述了儿童教育主张，为汉字文化圈第一部西方教育理论专著。其中“教育”一词所对应的西语，当是拉丁文 Educere。

在晚清一轮西学东渐中，英文 Education 进入汉字文化圈获得的最早汉译名是“教学”，见于汉字文化圈出现的最早的英汉词典——来华新教传教士马礼逊于1822年编成的《华英字典》第六卷，后为其他传教士编纂英汉词典所采用。在 Education 的诸多汉译名中，“教学”乃是共同项（参见上编第二章第四节）。

不过，这些文本毕竟还只是一般语学词典，没有关于教育的专业语境，因而 Education 及其汉译名还只是一般词汇，并无术语身份。1856年，香港英华书院

① 《福泽谕吉全集》第三卷，（东京）岩波书店1958年版，第3页。

② 久米邦武编：《特命全权大使米欧回览实记》二，（东京）岩波书店1985年版，第41～42页。

③ 该书第一册《澳风连邦之宗教　文学》第14～17页、《（白耳义）教会　文学》第41～43页、第二册《（丁国）教法　文学》第5～7页、《（法国）教会　文学》第15～17页。

④ 高桥二郎：《插画启蒙日本杂志》，（东京）墨山书屋1874年版，第19页。

从英文译出《智环启蒙塾课初步》，活版印刷发行。其第六篇 OFEDUCATION 译作“教学论”。该篇专言学校教育之事，内容包括“学馆”（School）、“学习”（Learning）、“童子玩耍”（Plays of Boys）和“女仔玩耍”（Plays of Girls），故此处“教学”（Education）应被视为作为术语的较早用例。

就汉字文化圈而言，“教学”一词不可谓不雅训，汉籍中早有成词。《战国策·秦策五》：“王使子诵。子曰：‘少弃捐在外，尝无师傅所教学，不习于诵。’”此为教授、学习之义。《礼记·学记》：“建国君民，教学为先。”此与今之所谓教育同义。

厘定“教育”译名并直接影响后世以至于今日者，当推晚清入华新教传教士、英国人罗存德《英华字典》。罗存德《英华字典》一经出版，即东传日本，成为诸多东传日本的英华字典之影响最大者。津田仙（1837～1908）、柳泽信大、大井镰吉在《英华字典》之上标以日语读音，个别译词后附日文译名，作成《英华和译字典》。字典分乾、坤两册，经中村正直校正，于 1879 年由东京的山内輹出版。

日人最早自主编纂且影响巨大的英日字典，当推《英和对译袖珍辞书》（A pocket Dictionary of the English and Japanese Language）。该辞书为德川幕府设洋书调所教授堀达之助（1823～1894）在箕作麟祥等人协助下编纂而成，1862 年于江户（后为东京）刊行；后由堀越龟之助（生卒不详）于 1866 完成“改正增补”，翌年在江户刊行；1869 年，东京的藏田屋清右卫门复刊。Education 于初版第 246 页译作「養ヒ上ルコト」（养成），于“改正增补”版第 123 页译作「教育スルコト」（教育）。

几与《英和对译袖珍辞书》相比肩者，首推赴日传教士、美国医学博士平文（James Curtis Hepburn，1815～1911）编译的《和英语林集成》（Japanese－English and English－Japanese Dictionary）。该辞书于 1867 年由上海的美华书院的美国技师受托排版印刷；1872 年于横滨再版。Education 一条不见于初版，见于再版第 251 页：

> KIYō－IKU，キャウイク，教育，（oshie sodateru）Instruction，education.
>
> ——suru，to educate，to instruct and bring up.

须格外注意的是，明治维新前，罗存德曾有赴日之旅，并与堀越龟之助等人有所接触和交流。故 Education 一词的译名在《英和对译袖珍辞书》及《和英语林集成》发生的上述变化，与罗存德及其《英华字典》的影响是分不开的。

然而，Education 一词的译名并未因《英和对译袖珍辞书》等字典的问世而迅即固定为“教育”。随着西方近代学问体系、教育制度输入的展开，明治日人曾为 Education 厘定了各种译名：

1. “学”与“学问” 1870 年，西周在其《百学连环》讲义中，将 Education Affair 译作“学政”。其中，“学”为 Education 的译名。以“学”字指称教育，乃汉籍惯用之例，如《学记》。

1872 年 8 月 2 日，即《学制》颁布前一天，日本政府发布“奖励学事”布告[①]。该布告被视为阐发开化主义教育理念的学制序言，其中称教育为“学问”。此后以“学问”题名问世的教育著作主要有：堺県学校著《学問の心得》（同校 1873 年 8 月刊）、小野泉著《学問のもとすえ》（甲府：温故堂 1873 年 10 月刊）、小川為治編《学問之法》（東京：書林・西山堂 1874 年 7 月刊）、菅原龍吉著『学問之目途』第一輯（東京：巣枝堂 1874 年 12 月新刻）等。明治日人以“学”、“学问”指称对译 Education，与《学制》所倡导的“国民皆学”、“启发智能”的开化主义理念恰相应和。

2. “教”与“教导” 1873 年 6 月，大阪的赤志忠七出版加藤祐一所著《教之近道》。该书乃论述教育问题的小册子，为以“教”指称 Education 之例。

日本明治期最早问世的西方教育学译本，当首推文部省刊行箕作麟祥译《百科全书・教导说》。该书分上、下两篇，上篇 1873 年 9 月刊行，下篇 1876 年 3 月刊行。其上篇第 3 页译曰：

> 教导之原语 Educate 之字，本源自罗甸语 Educere，其本义为诱导之意，故其字义颇与教导之旨趣相通。其意在谓：人本为天然粗鲁不动者，故须以外力诱导其心之能力，使之活动而至于巧妙。[②]

译名“教导”并非箕作麟祥独创，罗存德《英华字典》即有此译例。1884 ~ 1885 年，（东京）丸善商社出版《百科全书》三卷本，箕作译《教导说》收于下卷（1884 年 10 月刊），更名为《教育论》。

3. “教学” 1879 年 7 月，明治天皇命“侍讲”元田永孚起草《教学大旨》，下达给当朝重臣伊藤博文等人，对《学制》颁布以来的教育路线提出批评，提出了此后教育改革的基本方针：

> 教学之要，在明仁义忠孝，究智识才艺，以尽人道，此我祖训国典之大旨、上下一般之教也。然晚近专尚知识才艺，驰于文明开化之末，破品行、伤风俗者不少。……此非我邦教学之本意也。故自今以往，本祖宗之训典，专明仁义忠孝；道德之学，以孔子为主，人人尚诚实之品行；然后各科之学随其才

① 文部省教育史编纂会编：《明治以降教育制度发达史》第一卷，东京教育资料调查会 1938 年版，第 276 ~ 277 页。

② 箕作麟祥译：《百科全书・教导说》上篇，文部省 1873 年版，第 3 页。

器日益长进。道德才艺，本末全备，使大中至正之教学布满天下……。[①]

此处之“教学”，可视为 Education 的又一译名。其与罗存德《英华字典》译例，当不无关系。

在 Education 的诸多译名中，“教育”得以凸显，除以《英和对译袖珍辞书》等为其奠定语学基础之外，学、政两界的重要角色、重要文本对它的采用也是一大关键。除引领“文明开化”风潮的“明治三书”（福泽谕吉《西洋事情》、中村正直《西国立志编》、内田正雄的《舆地志略》）之外，明治初年出现“教育”用例的文本还有：神田孝平译《和兰政典》（1868 年序，出版地、出版者不明）、内田正雄编《海外国势便览》（大学南校 1870 年刊）、长江谦（受益）著《经济荛言》（青阳堂 1872 年刊）、林正明著《泰西新论》（求知堂 1873 年刊）、广濑渡等撰《智环启蒙和解》（金泽学校 1873 年刊）等。

当然，“教育”作为术语得以确立，则有赖于近代学制的构筑和教育专书的著译。就近代学制的构筑而言，在明治政权内部，最早在近代义上以“教育”题名上书言事者，当首推“维新三杰”之一的木户孝允。1869 年阴历十二月二日，木户提出「普通教育の振興を急務とすべき建言」（《宜以普通教育振兴为急务之建言》），其中有云：

欲期一般人民之知识进步，则取舍文明各国之规则，徐于全国振兴学校，广布教育，此为今日之一大急务也。[②]

而明治政府最早以“教育”题名的重要教育文件，当首推 1877 年着手起草、1879 年 9 月 29 日作为太政官第四十号布告颁布的《教育令》。

就教育专书的著译而言，最早以“教育”题名的近代教育著作，当首推文部省 1875 年 2 月出版的西村茂树（1828 ~ 1902）译《教育史》（上下两册）。其所据原书为美国人 Linus Pierpont Brockett（1820 ~ 1893）著 History and Progress of Education 1869 年刊本。西村在《教育史翻译例言》中将原书名释为「教育進步ノ史」（教育进步之史）。而最早以“教育”题名的教育学理论著作，则当首推 1875 年 11 月（秋田）太平学校刊行大桥淡口译、黑泽宗明（1834 ~ 1885）笔记《波氏学校教育说》。原书为美国人 John Seely Hart（1810 ~ 1887）著 In the School-room 即 In the Philosophy of Education。译者在凡例中将原书名释为「学校ニ於テノ教育ノ学」（在学校之教育之学）。

1881 年，东京大学三学部出版井上哲次郎（1855 ~ 1944）、有贺长雄（1860 ~ 1921）等人编纂的《哲学字汇》为日本明治期影响巨大的人文社科专门辞书。

---

① 日本教学局编：《教育敕语发布五十年纪念资料展览图录》，（东京）内阁印刷局 1941 年版，第 4 ~ 7 页图版四。

② 日本史籍协会编：《木户孝允文书》卷八，东京大学出版会 1971 年版，第 79 页。

其中，Education 的译名为“教育”。而 1882 年至 1885 年由文部省编辑局出版的由小林小太郎（？～1904）、木村一步（？～1901）于 1879 年译成的《教育辞林》，则是笔者迄今所见日本乃至整个汉字文化圈最早问世的近代专门教育辞书。其原书为 1877 年刊于纽约的美国人 Henry Kiddle（1824～1891）和 Alexander Jacob Schem（1826～1881）编著的 Encyclopedia of Education。自此，“教育”的术语身份得以确立。

三、晚清中国 Educatin 之汉译及“教育”之回流

中国自古虽有教育之事，并无独立的教育之学。《学记》为古代教育专著，乃以今释古的说法，实则《礼记》之一篇而已。明末入华传教士高一志虽有《童幼教育》之作，但时人并未以专学视之。士人韩霖《童幼教育序》云：“其厄弟加之学，译言修齐治平之学者，为斐禄所费亚之第五支，童幼教育又齐家中之一支也。”直到 1906 年 1 月，王国维仍在《教育世界》第 117 号所刊《教育小言十二则》中慨叹道：“以中国之大，当事及学者之众，教育之事之亟，而无一人深究教育学理及教育行政者，是可异也。”所以，在中国，诸如“教育”、“教育学”、“教授学”（即教学法）等近代教育术语为人习用，乃是进入 20 世纪之后的事情。

“教育”作为 Education 的译名，虽早见于罗存德《英华字典》，但它作为近代教育学核心术语得以确立，则是甲午战后中国“西学东游”，自日本“回流”的结果。此前，Education 的汉译名主要有：

1. “教化”1875 年，入华新教传教士、德国人花之安（Ernst Faber，1839～1899）著《教化议》问世。这是一部关于改革中国教育的策论性作品，分五卷，依次阐述五项主张：“养贤能”、“正学术”、“善家训”、“正学规”、“端师范”，前有序言，后有余论。“教化”一词可视为 Education 译名。此书很快东传日本，1880 年 10 月，东京明经堂出版翻刻本，大井镰吉训点，中村正直校阅并作序。

2. “肄业”1882 年，颜永京翻译、刊行《肄业要览》，为中国人最早亲译的西方教育理论专著，书中署“大英史本守著”，即英国哲学家、教育家斯宾塞的代表作 On Education 的第一章“什么是最有价值的知识”。“肄业”为 Education 的译名。译者注云：

> 按西士身具有形之肢体，肢体各有其用。心有无形之心才，心才亦各有其用。肢体不止一，心才亦不止一。心才之要者，即悟视闻臭尝摸记像思度

断等。养身卫身之计，即衣食习武艺练心才之计，即肄业。[①]

3. “文学”1872年初，日本驻美国代理公使森有礼致函美国教育界名流，就日本的教育改革问题进行质询。翌年，他将所得十三份复函等汇成一册，交由D. Appleton and Company（New York）出版，题为*Education in Japan*。他还将这些复函连同自己搜集的有关美国教育制度的资料一起提交给日本政府，并拟译成日文，题为《教育振兴策》，但译事因故中辍。*Education in Japan*一书于1896年由驻华美国传教士林乐知（Young J. Allen，1836~1907）和清朝士人任申茂（廷旭）译成中文，由上海广学会作为《中东战纪本末》附录出版，题为《文学兴国策》。

日制及日定汉字教育术语大举入华，渠道甚多，依时间之早、影响之大论，则首推华人的日本考察，尤其是从甲午战败至清民鼎革之间专门的日本教育考察报告，如：姚锡光的《东瀛学校举概》（1899年刊于京师）、张大镛的《日本各校纪略》及《日本武学兵队纪略》（浙江书局1899年春刊）、朱绶的《东游纪程》（鸿宝堂1899年夏刊）、沈翊清的《东游日记》（1900年3月刊于福州）、关庚麟的《参观学校图说》（1901年初版，1903年再版，更名《日本学校图论》）、罗振玉的《扶桑两月记——附日本教育大旨、学制私意》（教育世界出版社1902年3月刊）、吴汝纶的《东游丛录》（日本三省堂1902年10月刊）、项文瑞的《游日本学校笔记》（敬业学堂1903年刊）、缪荃孙的《日游汇编》（江南高等学堂1903年刊）、方燕年的《瀛洲观学记》（1903年5月后编成，刊期不详）、张謇的《癸卯东游日记》（江苏翰墨林书局1903年8月刊）、林炳章的《癸卯东游日记》（1903年）、胡景桂的《东瀛纪行》（直隶省学校司排印局1903年校印）、杨泮的《日本普通学务录》（1904年秋刊）、萧瑞麟的《日本留学参观记》（北京华盛印书局1910年刊）等。在众多的官派日本教育考察中，以姚锡光的《东瀛学校举概》为最早，以吴汝纶的《东游丛录》级别最高，其影响自不待言。在这些教育考察记中，“教育”一名随处可见。

而“教育”在中国的确立，则当首先归功于1901年5月在上海问世的《教育世界》。此为中国最早的教育专业刊物，乃罗振玉（1860~1940）在王国维（1877~1927）协助下发起创办。撰稿人及译稿者除罗、王二人外，还有张元济、樊炳清、陈毅、沈纮及《日本教育时报》主笔辻武雄等人。该刊每月两期（后改办月刊），至1908年1月停刊，共出166期，从未间断，是当时私人创办的刊物中发行量最大、出版时间最长的一种，影响甚大。

罗振玉1901年5月于《教育世界》第1号所载《教育世界序例》中申明，

① 袁俊德编：《富强斋丛书续全集·学制·肄业要览》，小仓山房1900年版，第1页。

该刊"每册前列论说及教育规则与各报后附译书";"附译之书为六类:曰各学科规则,曰各学校法令,曰教育学,曰学校管理法,曰学校教授法,曰各种教科书";"此杂志所译各学教科书多采自日本"。中国第一部译自日文的教育学著作即载于《教育世界》杂志第9~11号(1901年),题名《教育学》,译者王国维,所据原本为日本人立花铣三郎(1867~1901)述《教育学》,东京专门学校出版,出版年月不明,该校邦语文学科讲义。

1903年,上海文明书局发行汪荣宝、叶澜编纂《新尔雅》,第四部分为"释教育"。此为"教育"作为术语出现于中国近代辞书之首例。

第二节 "三育"概念的容受

1693年,英国著名哲学家、教育家约翰·洛克在其所作《教育漫话》(*Some Thoughts Concerning Education*)中,在身心二元论基础上,第一次将教育分为德育(moral education)、智育(intellectual education)、体育(physical education)三个方面,为后世教育论者所遵循、发扬,以至于今日。

一、明治日本:从"三教"到"三育"

在"教育"成为Education的译名并被确立为教育学核心术语的过程中,作为其下位概念的"三育"也被迎受了进来。近代"三育"概念首先传入日本,获得汉译名,而后输入中国。"三育"译名在日本的厘定过程大致如表10-1:

表10-1

序号	著译	著译者	"三育"名	出版者及时间
1	教导说(上篇)	箕作麟祥	道之教(道教)、心之教(智心教导)、体之教(身体教导)	文部省1873年9月
2	教育史	西村茂树	修身学或道德学、心理学或智学、健全学或养成学	文部省1875
3	斯氏教育论	尺振八	道德教育(品行教育)、心智教育、体躯教育	文部省1880年4月

续表

序号	著译	著译者	“三育”名	出版者及时间
4	小学校教员心得	文部省	道德教育、智心教育、身体教育	文部省 1881 年 6 月
5	小学教育新编	西村贞	道德教育、心智教育、身体教育（体育）	（东京）金港堂 1881 年
6	家计原论	篠田正作	心教、智教、体教	（东京）中近堂 1882 年 4 月
7	教育学	伊泽修二	精神上之教育 德育 智育 身体上之教育（体育）	东京 1882 年 10 月 ~ 1883 年 4 月
8	教育学	浅野桂次郎	心上之教育（心育） 道德上之教育（道育） 智能上之教育（智育） 体上之教育（体育）	（东京）竞英堂 1883 年 10 月
9	教育学	土屋政朝	德育、智育、体育	（东京）辻谦之介 1883 年 11 月
10	教育辞林	小林小太郎等	道德教育、知力教育	文部省编辑局 1882 ~ 1885 年
11	眯氏教育全论	河村重固	道德教育、才智教育、身体教育	文部省编辑局 1885 年 7 月
12	心理教育论理术语详解	普及舍	德育、智育、体育	普及舍 1885 年 12 月

伊泽修二的《教育学》是近代日本乃至整个汉字文化圈第一部自主编写的教育学理论专著。在这部专著中，如今通行的“三育”名称（德育、智育、体育）最早被系统采用。普吉舍的《心理教育论理术语详解》则是近代日本乃至整个汉字文化圈第一部自主编纂的包括教育学科的专业术语辞书。在这部辞书中，如今通行的“三育”名称的术语身份首次得到确认。须格外注意的是，辞书凡例列举

了所采译名的参考文本，伊泽修二的《教育学》即在其中。

二、晚清中国：从“三养”到“三育”

在中国，最早传入“三育”概念的，当推1875年刊花之安撰《教化议》。其卷二“正学术”论“教化之法”，最可观者在于“三养”概念的阐述：

> 养身、养心、养学三者，其理一。养身之法，幼则哺之以乳，长则食之以肉。养心之法，初以显浅之道开之，勿责以所难，因其是非之心有未至。养学之法，先由五官所能及即见闻之事，明乎见闻，然后及于心思。①

此“三养”近乎西方近代“三育”概念：“养身”即体育；“养心”即德育；“养学”即智育。该书一出，很快东传日本，1880年10月，东京明经堂出版《教化议》翻刻本，大井镰吉训点。亦即说，“三养”也构成了日本“三育”译名厘定谱系的一环。

1882年刊颜永京译《肄业要览》，所据原本虽是论述Intellectual，Moral，Physical“三育”之作，但译本只是原本的第一部分，未及“三育”。不过，受原本影响，译者阐述了近代身心二元的“肄业”（Education）观。其按语云：

> 按西士身具有形之肢体，肢体各有其用。心有无形之心才，心才亦各有其用。肢体不止一，心才亦不止一。心才之要者，即悟、视、闻、臭、尝、摸、记、像、思、度、断等；养身卫身之计，即衣食习武艺练心才之计，即肄业。②

其中，“心才之要”意味着心育或精神教育，“养身卫身之计”即指卫生与体育。

和“教育”一样，德、智、体“三育”是在甲午战后由日本正式传入中国的，其载体首先是中国人的各类日本教育考察记。前述1899年刊于京师的姚锡光的《东瀛学校举概》是晚清第一部官派专门考察日本教育的报告书，其述曰：

> 锡光窃案：日本教育之法大旨，盖分三类：曰体育，曰德育，曰智育。故虽极之盲哑，推及女子，亦有体操，重体育也；言伦理，言修身，在德育也；凡诸学科，皆智育也。③

1902年10月日本三省堂刊吴汝纶《东游丛录》是清末级别最高的官派日本教育考察报告。其“文部所讲”部分第85~87页，不仅记道：“教育分三种：一体育，二智育，三德育”，而且记录了从幼儿园到高中各阶段三育课程（见表10-2）：

---

① 花之安：《教化议》，第13页。

② 1901年，《肄业要览》为袁俊德编入《富强斋丛书续全集·学制》，由小仓山房校印。引文即在该版本第1页。

③ 姚锡光编：《东瀛学校举概》，第19页。

表 10－2

<table>
<tr><th>教育阶段</th><th>体育</th><th>智育</th><th>德育</th></tr>
<tr><td>幼年部</td><td>卫生清洁之事、游戏、手工</td><td>诵读、习字、佛语、历史、地理、计算、图案、理科博物初步、唱歌</td><td>修身</td></tr>
<tr><td>初等科</td><td>同上</td><td rowspan="3">诵读、习字、佛语、历史、地理、法制、算术、几何学、图案、理科博物初步、农业及园艺中等高等科并同</td><td>修身</td></tr>
<tr><td>中等科</td><td>卫生清洁之事、游戏及体操、兵式体操、手工</td><td>修身</td></tr>
<tr><td>高等科</td><td>同上</td><td>修身</td></tr>
</table>

此外，《东游丛录·学校图录·三岛博士卫生图说》第 3 页还收录了三岛讲座所用图示，其中包括上位概念“教育”及其下位概念“三育”关系的图示（见图 10－1）。如图 10－1 所示，“教育”分为“体育”和“心育”；“心育”包括“德育”和“智育”。

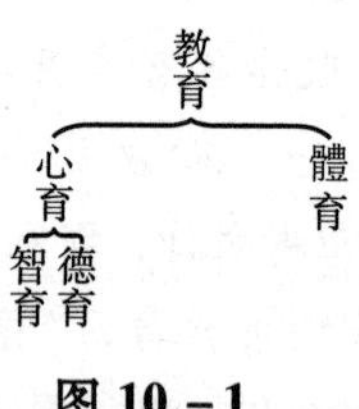

图 10－1

1901 年《教育世界》杂志第 9～11 号载有王国维译《教育学》，这是中国第一部译自日文的教育学专著。其中“教育”分为“身体上教育与精神上教育”；依其第二编第一、二章所论，“身体上教育”简称“体育”，“精神上教育”简称“心育”，包括“知识之教育”和“实行之教育”，简称“智育”和“德育”。清末民初，译自日文的教育专著颇多，仅原理类专著就不下 20 部。其中，凡涉及“三育”者，无不名之德、智、体。

别具一格的是，1903 年 3 月（日本东京）教科书辑译社（以上海科学仪器馆、启文译社为总发卖所）发行的《教育学原理》一书。其《译例》第一条申明“是书原为东京专门学校文学教育科讲义录之一”；卷首注：“日本尺秀三郎、中岛半次郎讲述，海门季新益笔译”。其目次所示，“本论（二）教育各论”内容为：

第一，育化篇　一名体育篇

第二，教化篇　一名智育篇

第三，感化篇　一名情育篇

第四，训化篇　一名德育篇

亦即说，由该书传播到中国来的不止“三育”，而是“四育”或“四化”；其正名为“育化、教化、感化、训化”，别名为“体育、智育、情育、德育”；“情育”即美育。

1903年8月，王国维在《教育世界》第56号上发表《论教育之宗旨》，提的也是“四育”。他将“教育”分为“体育”和“心育”；“心育”包括“智育”、“德育”和“美育”。其中，“智育”也称“知育”；“德育”也称“意育”；“美育”也称“情育”。他认为，诸育齐备，方为“完全之教育”，才能培养“完全之人物”。

1903年7月（旧历）上海文明书局发行的汪荣宝、叶澜编纂《新尔雅》引入的也是“四育”。它首先阐释美育概念，名为“审美的教育”：

以养成人间优美情操、高雅品格为目的者，是为审美的教育。①

继而又在阐释德、智、体“三育”概念：

陶冶人之德性，而使躬行实践者，谓之德育。发达人之身体，而使坚强耐劳者，谓之体育。增长人之知力，而使见理名透者，谓之智育。②

1903年11月（旧历），张之洞等制定的《学务纲要》第一条末尾写道：

外国学堂于智育、体育外，尤重德育，中外固无二理也。③

在中国，“三育”进入政府文件，这大概是第一次。

对于德、智、体“三育”而言，1903年显然是一个不平凡的年份——在这一年，德、智、体“三育”在专著、辞书及官方文件三类文本中确立了自己作为教育学核心概念的地位，以至于今日。

第三节　心　理　学

关于人类心理的认知，无论东方、西方，均古已有之。但作为一门独立学科的心理学则创生于近代西方，而流播于东方。在近代西方，心理学先被称为Mental Philosophy（Science），直到19世纪中叶才固定为Psychology。汉名“心理学”就是在对译该等西语、译介该门学问过程中确立下来的。这一过程是在中、

① 汪荣宝、叶澜编：《新尔雅》，文明书局1903年版，第52页。

② 汪荣宝、叶澜编：《新尔雅》，文明书局1903年版，第53页。

③ 舒新城编：《中国近代教育史资料》，人民教育出版社1961年版，第199页。

西、日文化互动中展开的，其间 Mental Philosophy（Science）、Psychology 获得的汉译名可谓五彩纷呈。

一、近代中国 Psychology 的译名厘定

在近代中国，最早问世的汉文心理学专书，首推颜永京译《心灵学》（1889年），次推丁韪良著《性学举隅》（1898 年）。前者所据原书为美国心理学家海文（Joseph Haven）的心理学著作 *Mental Philosophy*；后者的英文名为 *Introduction to Psychology*，见于丁韪良 *The Lore of Cathay*（1901 年）。亦即说，"心灵学"和"性学"是近代中国选择的指称心理学的两个正式学名，前者对译 Mental Philosophy，后者对译 Psychology。

然而，西方心理学知识的传入及其学名厘定，并非以心理学专书为限。阎书昌《中国近代心理学史上的丁韪良及其〈性学举隅〉》① 一文称，在 1882 年出版的《肄业要览》中，"颜永京首次将 psychology 翻译为'心才学'，这是目前所知该词在汉语中最早的翻译名称。"亦即说，在"心灵学"之前，即有"心才学"一名问世。需要修正的是，心理学的学名厘定并不以《肄业要览》中的"心才学"为最早，此前此后的英汉词典、教育著译、西学类书中，多有关于西方心理学的介绍，厘定多种学名。兹依时序，胪列如下：

"灵魂学"　Psychology 一词进入汉字文化圈要早它所指的学问本身，见于罗存德《英华字典》第三卷（香港 1868 年）第 1397 页，其汉译名为"灵魂之学"、"魂学"及"灵魂之智"。同时 Psychologic 和 Psychological 两个形容词，则被译作"灵魂学的"、"论灵魂的"。亦即说，若去掉"的"字，"灵魂学"、"论灵魂"也可被看作是 Psychology 的译名。

此外，第三卷第 1311 页 Philosophy 一条，译名为"理学"、"性理之学"，对于后来心理学译名的厘定提供了前提。而在此条之下又有 natural philosophy 和 intellectual philosophy 两条语例，前者译名"博物理学"、"格物总智"、"心论"、"心学"，后者译名"知学"。其中，译名"博物理学"、"格物总智"反映了西方 natural philosophy 作为客观自然之学的一面，"心论"、"心学"反映了 natural philosophy 作为主观自然（人性）之学的一面。而作为主观自然之学的 natural philosophy 及作为人类理智之学的 intellectual philosophy，都是近代独立心理学的前身。

"灵魂说"、"灵魂之道"　1873 年，入华德国传教士花之安（Ernst Faber,

① 该文刊于《心理学报》2011 年第 1 期。

1839～1899）《大德国学校论略》（版心题名《西国学校》）问世。其中有关于德国"太学院"（University）"智学"（Philosophy）科（即理科）所开课程的记述：

智学分八课：一课学话，二课性理学，三课灵魂说，四课格物学，五课上帝妙谛，六课行为，七课如何入妙之法，八课智学名家。[①]

其中"灵魂说"也称"灵魂之道"：

三课灵魂之道，论性情，论知觉，即外象自五官如何而入，论如何生出意思，论如何醒悟，论寝息，论成梦，论心如何分时分处，论记性、幻性、思虑、谨慎、自知。[②]

很显然，此处的"灵魂说"、"灵魂之道"所对应的英文当是 Mental Philosophy 之类。

"心性学"　在《肄业要览》中，颜永京除将 psychology 译为"心才学"之外，还用"心性学"指称心理学。其译文曰：

凡目前之人，或千载以后之人，若欲行作有所准绳，终不得不参究度生之诸学，曰骸体学，曰心性学，曰为民学；更不得不读各项格致学，因个格致是度生学之启步也。[③]

此段相应英文为：

Equally at present and in the remotest future, must it be of incalculable importance for the regulation of their conduct, that men should understand the science of life, physical, mental, and social; and that they should understand all other science as a key to the science of life. [④]

可见，其中"度生之诸学"及"度生学"对译 the science of life，"骸体学"对译 physical science，"心性学"对译 mental science，"为民学"对译 social science。在当时西文语境中，mental science 与 psychology 乃同一所指。亦即说，在颜永京的《肄业要览》中，"心性学"与"心才学"同为西方心理学的译名。

"性理学"　光绪六年三月至光绪八年三月，同文馆总教习丁韪良归国省亲。其间，受总理衙门王大臣之托，沿途"访西术以闻"[⑤]，编成《西学考略》两卷，1883 年夏由总理衙门印行。其卷下《学校课程》有云：

书院课程为四年，迨古今文学已能熟谙之后，即须研究测算、天文、格

① 花之安：《大德国学校论略》，小书会真宝堂 1873 年版，第 17 页。

② 花之安：《大德国学校论略》，第 19 页。

③ 袁俊德编：《富强斋丛书续全集·学制·肄业要览》，小仓山房光绪辛丑七月校印，第 15 页。

④ Herbert Spencer: *On Education: Intellectual, Moral, and Physical.* New York:: D. Appleton and Company, 72 Fifth Avenue. 1898. pp. 94－95.

⑤ 丁韪良：《西学考略》，总理衙门印（同文馆聚珍版）1883 年版，自序。

化等学问。有讲解万国公法、富国策、性理诸学者。[①]

人为万物之灵，而人之灵实原于天则天理。人性不可不究，况天地万物皆以一理维系。是西学之精微者，莫如性理一门。[②]

其中，"性理"即指西方心理学。阎书昌文中也曾提及此名，但引文涉及古希腊"性理之学大兴"云云，笔者以为失当。清末汉文西书中的"性理"一词多义，如哲学、伦理、心理等。古希腊"性理之学大兴"云者，当指古希腊哲学。

"性情学"与"心性学"　1886年，英国人赫胥黎（Thomas Henry Huxley，1825～1895）的著作 *Science Primers*：*Introductory*（1880）（《科学导论》）被译成汉文，而且有两个译本，一个是"英国罗亨利、宝山瞿昂来同译"、江南制造局刊行的《格致小引》，一个是英国人艾约瑟（J. Edkins）译撰、总税务司署印的《格致总学启蒙》。书中有关于心理学的介绍，两个译本为其厘定了不同的名称，一为"性情学"，一为"心性学"。《格致总学启蒙》所用"心性学"一名，早见于颜永京译《肄业要览》（1882）中，二者是否承继关系，有待考证。

Science Primers 是一套科学丛书，包括化学、物理学、地理学、心理学、天文学、植物学、逻辑学、政治经济学等卷，*INTRODUCTORY* 为其首卷。该卷第四章第67节专述心理学，其文有云：

67. The order of Mental Phenomena：Psychology.

A definite order obtains among mental phenomena，just as among material phenomena；and there is no more chance，nor any accident，nor uncaused event，in the one series than there is in the other. Moreover，there is a connection of cause and effect between certain material phenomena and certain mental phenomena Thus，for example，certain sensations are always produced by the influence of particular material bodies on our organs of sense. The prick of a pin gives pain，feathers feel soft，chalk looks white，and so on. The study of mental phenomena，of the order in which they succeed one another，and of the relations of cause and effect which obtain between them and material phenomena，is the province of the science of Psychology. [③]

《格致小引》译曰：

第六十七节　性情学有定理　凡有知觉与情之所生必有故，非偶然也，与有体质之物理况有体质之物与性情有关系，如闻臭，必有体质之物发其臭；以针刺臂，觉痛，必有体质之针刺之而痛；羽毛之软、白粉之白，皆觉

① 丁韪良：《西学考略》，卷下第9～10页。

② 丁韪良：《西学考略》，卷下第12页。

③ Thomas Henry Huxley. *Science Primers. INTRODUCTORY.* London：Macmillan and Co. 1880，p. 94.

其软与白。既有觉，即生情。天地间祇此有体质之物与无体质之物二者而已。各种学，惟论此二者之相关而已。[①]

《格致总学启蒙》译曰：

第六十七节　属心性之喜怒哀惧爱恶欲发动各有因由次序，总归于心性学

凡属有形象之物，所有之一切变化，均有节制次序，绝非无故偶发，举属触动有因而始生也。而属乎心性之诸事，亦如是之均有次第。有所感动始生，且喜怒哀惧爱恶欲之属心性者，与属形体者，互有感照。盖触之使发者在形，而有触斯发者在神耳。则且以实事征之，以针刺肉，心觉疼痛；手抚羽毛，心觉柔软；目视石灰，心觉有明显白色，皆属有形色之物在外，方能如是之感触心性使觉也。举凡心性中之觉有喜怒忧思悲恐及贪瞋痴爱各类发动，均可归于心性学内。无论其各类发动相继之前后次序若何，各事与其因，各因与其事，互相牵连关涉，而属于形体之诸类事与因，与属于心性之诸类因与事有何关涉，尽在心性学内也。[②]

很显然，《格致小引》的译文，虽文笔流畅，但有节录痕迹，属"达旨"译法；《格致总学启蒙》的译文，虽文笔生涩，但属对译，更符原文。但无论如何，它们都是以专业视域介绍心理学的最早的汉字文本；而且其所述及的心理学，是与化学、物理等并列的作为一门独立科学（"格致"）的心理学。

"心学"　1898年，《光绪二十四年中外大事汇记》（版心名曰《格致汇第十一》）所载《中西格致异同考》一文有云：

人为万物之灵，人物相接以知，于是而有理学。理学大要，教人所以择诚去妄之术。其要归所在，即孟子所谓知言，《中庸》所谓前知。是学也，又冒众学以为学者也。理学而深之，则为心学（西名"赛哥洛支"），首言心之体，次言心之用。心学明，乃有伦学（西名"苏希希阿洛支"）。伦学者，修齐治平之学也。[③]

其中，"赛哥洛支"乃Psychology之音译，"心学"乃义译。依作者之见，"心学"乃"理学"之深入，"伦学"之先导。

"灵性学"　该名见于李杕（1840～1911年）《哲学提纲　名理学》。该书成于李杕光绪三十四年（1908）春。其所作《哲学提纲序》云：

哲学者何？致智之学也。……揭其要，条为七宗：曰名理学，导人思路，俾立意措词均不入歧误；曰原物学，将万汇公理，细析而贯通之，藉悉群物之妙蕴；曰天宇学，博考形物之体质，印证元粒之受生；曰生理学，讲

① 罗亨利、瞿昂来译：《格致小引》，江南制造局1886年版，第23页。

② 艾约瑟译：《格致总学启蒙》，总税务司1886年版，第89页。

③ 《光绪二十四年中外大事汇记·中西格致异同考》，（上海）广智报局1898年印行，第9页。

> 动、植之知觉、滋长，于质料外，别具生原；曰灵性学，其为义精微，其为用洪博，明是学而知人之所以为人，不可虚度终身；曰伦理学，论正言行，端心志，及万姓合群之义，尤为士庶所宜知。①

依作者之见，“灵性学”（心理学）乃是哲学的组成部分。

上述学名，早已成为历史陈迹。如今所用“心理学”一名，乃由日本传来。

二、近代日本Psychology的译名厘定

近代日本，Psychology一词及其所指学问的传入与传播，要早于中国。其所创译名不少，兹依时序，胪列如下：

“论精心之学”　在日本，Psychology一词，最早见于1862年“江户开板”的堀达之助《英和对译袖珍辞书》第643页，其译名为「精心ヲ論スル学」（论精心之学）。1866年和1867年“江户再版”的堀越龟之助《改正增补英和对译袖珍辞书》第643页、第321页，亦见此条，译名仍之。该辞书乃近代日本英日对译词典之嚆矢，多为效仿。其中Psychology一词的译名「精心ヲ論スル学」，也为后出词典所沿用，如1869年上海墨海书馆印高桥新吉等编《和译英辞书》第462页，1871年上海墨海书馆印高桥良昭等编《和译英辞林》第533页，1872年东京的小林新兵卫出版的荒井郁之助编《英和对译辞书》第374页，1873年东京新制活版所编纂、刊行的《和译英辞书》第533页，均见此例。但这些词典都是一般语文辞书，而非专业辞书，其所采「精心ヲ論スル学」这一译名，并未进入日本人译介西方心理学的过程之中，因而很快变成了“语言化石”。

近代西方心理学在日本的传播及其学名厘定，其功以西周（1829～1897）为巨。

“性原”与“原性”　1869年8月，西周任沼津兵学校的“学头”时，开始起草《致知启蒙》，题名《五原新则第一卷　学原》，拟对五门学问进行介绍。所谓“五原”，即「学原」（ロジック，Logic）、「性原」（プシコロジック，Psychology）、「教原」（エチック，Ethic）、「政原」（トロワ・ナチュラル）、「治原」（エコノミー・ポリチック，Political Economy）。② 其中“性原”即Psychology。

1870年，西周作《开题门》（汉文），其中有云：

> 今爰论学术相关涉之理，名曰原学。次论思辨论议之法，名曰原思，卢义果是也。此二者取诸子思之言也。学究博思既审，以攻心性之理，曰原性，没思古者卢尔正是也。既尽心性矣，以观天地之故，通万有之情，名曰

① 李杕：《哲学提纲　名理学》，（上海）土山湾印书馆1916年重印，序第1～2页。

② 大久保利谦编：《西周全集》第一卷，第309页。

原天，古士没卢义尔是也。此二者取诸孟子也。[①]

其中，“原性”与“性原”同义，指心理学。

“性理学” 1870年冬，西周在自己所办私塾——育英社中给学生讲授《百学连环》。其中，将人类学问分为“普通学”（Common Science）和“殊别学”（Particular Science）两大类。“殊别学”又分为“心理上学”（Intellectual Science）和“物理上学”（Physical Science）两大类。“心理上学”包括“神理学”（Theology）、“哲学”（Philosophy）、“政事学（法学）”（Politics, Science of Law）、“制产学”（Political Economy）和“计志学”（Statistics）。而Psychology则被视为哲学的一部分，译作“性理学”。关于定名理由，西周述曰：

> Psychology（性理学）之字，希腊之ψυχη，英之soul（魂）也。此名为魂者，皆属人身上之魂、心、性也。此三者皆为一物，人身之主宰。自其生活上言之曰魂；作用之源曰心；作用有常之源曰意。其曰魂，曰心，曰意，皆从其所据而异名而已，唯一物也。故将称“魂”之字译作“性理学”。[②]

在1873年1月1日至6月3日所作《生性发蕴》中，西周开宗明义道：

> 性理之学于东洲兴于古孔孟之时。孔子说仁智，论性习之远近；子思辨喜怒哀乐之发未发；孟子自性之善恶述四端；荀子、杨子、韩子，或云恶，或云混，或云有三品；降至濂洛关闽诸家，以性理为其学之一大要旨，皆于此上立见解。其渊源远，流传亦广。今于东洲，以儒自负者，无不宗其说。[③]

注释云：

> “性理”之字，取自《孟子》“告子曰：‘生之谓性。’”
>
> 性理学，英语Psychology，法语psychologie，皆自希腊之ψυχη即“魂”及“心”之义、logy即“论”之义而来者。比之东洲之“性理”之字，有彼专论灵魂之体，此论心性之用之差。然大要相似，故直译为“性理”。[④]

“性理学”一词公之于世，最早见于1874年9月东京的瑞穗屋卯三郎出版的西周著《致知启蒙》。该书为西方形式逻辑概论，其第四章阐述逻辑学与心理学的联系与区别，称心理学为「性理ノ学」、「性理学」，并注明对译英文词［psychology or mental philosophy］[⑤]。

“心理学” 该名最早见于1875年2月东京开成学校编辑、出版的《东京开成学校一览》。其第三章《教则及课程表》“诸学科课程·预科课程”第三年第二

---

① 大久保利谦编：《西周全集》第一卷，第23页。

② 大久保利谦编：《西周全集》第四卷，第149页。

③ 大久保利谦编：《西周全集》第一卷，第29页。

④ 大久保利谦编：《西周全集》第一卷，第30页。

⑤ 西周：《致知启蒙》第一卷，（东京）瑞穗屋卯三郎1874年版，第8页。

期列有“英语学［心理　论文］”，“心理”一词标注片假名“メンタル　フィロソフィー”①，为英文 Mental Philosophy 之音译。“本科课程·法学”第一年“本科下级”、“化学·第一年本科下级”中列有“心理学及论文”；“工学·第一年本科下级”中列“心理学”②。

1875 年 4 月，文部省刊行西周译《心理学》卷一，其所据原本为美国约瑟·奚般（Joseph Haven，1816 ~ 1874）著 *Mental Philosophy*: *Including the Intellect*, *Sensibilities*, *and Will*，西周译。亦即说，“心理学”一词对译的是 Mental Philosophy。文部省卷一，1875 年 4 月西周在译著第一册第 1 页上作注云：

> Mental Philosophy，兹翻为“心理上之哲学”，约译为“心理学”。③

与《致知启蒙》不同，西周译《心理学》为 Mental Philosophy 和 Psychology 采取了不同译名，前者译为“心理学”，后者则仍译为“性理学”：

> 盖心理学有别于有形理学诸科，为性灵上（intelligent）之学之一部，与讲思惟论辨理法之学即致知学（Logic）、讲道德之学即礼仪学（Ethics）、讲邦家政令之道之学即政治学（Politic），俱为有一地位者也。……今若讲心意之学与此诸学区别而称之，须要进一步确定之一语。方今用 psychology 一语，译云“性理学”。④

“心性学”　1885 年 12 月，东京普及舍编纂、出版《教育心理论理术语详解》。其例言申明，该书编述的心理学术语，乃引自井上哲次郎抄译《心理新说》、西周译《奚般氏心理学》。然而，关于 Psychology 一词，该辞书却译为“心性学”。其译释曰：

> 心性学（Psychology）古来名为心意之学问（Mate-physics）而用“心性学”之名者，亦屡有之。Mate-physics、心性学，皆论心意之事者，Mate-physics 以人心为全无形之物而立说者，论定人心外之物，无形之物皆包含之。心性学以人心为与形体有关系之物，其范围以人心为限，对其他之物一无论及。故心性学乃专由自验上论心意者，以论心意之现象（喜怒哀乐之类）、心意之法则（求快乐、避苦痛之类）及直接原因（体欲之类）为主。皆以入吾之意识为范围；不入意识者，一概不论之也。⑤

“心学”与“心象学”　该名见于西村茂树（1828 ~ 1902）著《心学讲义》（全 5 册），东京丸善 1885 ~ 1886 年刊。西村开宗明义，对“心学之名目”予以

① 东京开成学校编：《东京开成学校一览》，东京开成学校 1875 年版，第 16 页。

② 东京开成学校编：《东京开成学校一览》，第 17 页、第 19 页、第 21 页。

③ 西周译：《心理学》第一册，文部省 1875 年版，第 1 页。

④ 西周译：《心理学》第一册，第 3 ~ 4 页。

⑤ 普及舍编：《教育心理论理术语详解》，（东京）普及舍 1885 年版，第 137 页。

阐释：

> 余今日所讲述之心学，非支那所言陆象山、王阳明等人之心学，又非本邦所言之心学道话，方今世间所称之心理学者也。何故将心理学改称心学？别无深意，惟此学问本止于考究、推索所谓心之物，非说心之理者也。①

在讲义中，西村简述了西方心理学的历程，对近代 Metaphysics 和 Psychology 概念予以分疏：

> Metaphysics、Psychology 虽俱心之事，但若云 Metaphysics，则以人心为无形之物而立说者，故人心之外，无形之物，亦皆论之也。以 Metaphysics 用于哲学之义者亦多。若云 Psychology，则以人心为与形体有关系之物，且其学之疆域以人心为限，其他之物无论之。②

继而对近代 Psychology 的学科概念予以阐释：

> Psychology 亦分为实验与推理二种。实验，如今之所言者是也；推理，论心之本体、本质及其灵能等者，与 Ontology 相类者也。实验之 Psychology，又名之"后天之心学"，推理之 Psychology（以下译作"心象学"），又名之"先天之心学"。③
>
> 近代西国 psychology 即可谓心象学之心学……④

饶有兴味的是，西村还对东西方"心学"进行了比较：

> 支那、印度之所谓心之学以治心为主，西国之所谓心之学以知心为主。今余所说之心学，乃知心之学，非治心之学。……盖欲治心，须先知心。⑤

在众多译名之中，"心理学"最终脱颖而出，独占鳌头。之所以如此，应首先归功于西周译《心理学》。西周是名人，其所译《心理学》是名著，且由文部省初版发行，名人、名著、官方权威，三效应叠加，势不可挡。不仅如此，西周译《心理学》自初版后，还多次重刊，如东京文部省 1878 ~ 1879 年，东京小笠原美治 1881 年，东京报告社 1881 年，东京内田芳兵卫 1881 年，东京前田长善 1881 年，大阪冈岛宝玉堂 1882 年，东京小笠原书房 1883 年，东京明治书房 1887 年，其影响所及，可谓铺天盖地。1881 年 4 月，东京大学三学部刊行井上哲次郎等人编纂的《哲学字汇》，将"心理学"定为 Mental philosophy、Mental science 和 psychology 的译名⑥，它和西周译《心理学》一起标志着学名"心理学"的正式确立。

---

① 西村茂树：《心学讲义》第一册，（东京）丸善 1885 年版，第 1 页。

②③ 西村茂树：《心学讲义》第一册，第 8 页。

④ 西村茂树：《心学讲义》第一册，第 10 页。

⑤ 西村茂树：《心学讲义》第一册，第 9 页。

⑥ 井上哲次郎等编：《哲学字汇》，东京大学三学部 1881 年版，第 66 页、第 82 页、第 74 页。

三、“心理学”在中国的传播与确立

日译学名“心理学”传入中国，是中日甲午战争之后的事情，最早见于康有为所编《日本书目志》。该书目志于 1897 年完成，1898 年由上海大同译书局刊行。其卷二“理学门”列有“心理学二十五种”，并加按语：

> 心学固吾孔子旧学哉？颜子三月不违；大学正心；孟子养心；宋学尤畅斯理；当晚明之季，天下无不言心学哉。故气节昌，聪明出，阳明氏之力也。以明儒学案披析之渊渊乎，与楞伽相印矣……泰西析条分理甚秩秩，其微妙通玄，去远内典矣……呜呼，心亦可攻乎哉？亦大异矣。日人中江原、伊藤维桢本为阳明之学，其言心理学，则纯乎泰西者。①

在此，康有为将西方心理学与中国固有之心学做类比并不稀奇。但总体看来，他对西方心理学并无实质性认知与把握。

在西方心理学自日入华方面，京师大学堂的日本教习服部宇之吉的作用须予相当关注。他不仅在师范馆主讲心理学，而且对其讲义稿本进行“增损润色”，撰成《心理学讲义》（汉文）一书，1905 年 11 月在东京由东亚公司印行。该书凡例披露了他在京师大学堂讲授心理学的一些信息：

> 予之以心理学讲授也，当时学生初入学堂，物理、化学，以至博物、生理等，均诸学未尝学习，而遽进以心理学，教之既难，学者亦不易。然学堂功课有定章，未便任意更改。是以勉强从事，遇与物理、生理等学相涉之处，则随事别行讲说，以便学生领解……
>
> 中国古来学术，与心理学相发明者不少，但语而不详者多，又不合于心理学之理者，亦往往而有。譬如性说，古来聚讼，学者至今犹不知所折中。今由心理学之理观之，则性之为物自明。又如公孙龙之坚白论，由知觉之理观之，则其论不驳而自破。凡此类能随时说明之，或疏证之，则一可以长学生之理解，一可以助学术之发达。予讲授心理学，实用此法。后之讲此学者，其亦致意于此。②

1908 年正月，韩述组著《心理学》由日本东京的日清印刷株式会社印刷，上海文明书局发行。其卷首注云：“北京大学堂毕业生韩述组著”。出使日本考察宪政大臣达寿光绪丁未秋所作《序》中写道：“韩君志勤，与余为同学友，殚求斯学五载于兹，今年毕业于大学师范科”。王荣官光绪丁未冬所作《序文》中写

---

① 康有为编：《日本书目志》，（上海）大同译书局 1898 年版，第 78 页。

② 服部宇之吉：《心理学讲义》，（东京）东亚公司 1905 年版，凡例第 1～2 页。

道："余既与北平韩子志勤同游太学，太学有心理一科，授之者扶桑服部博士。"就此而言，韩述组的《心理学》乃是服部宇之吉京师大学堂执教心理学的重要成果。而就韩述组《心理学》的结构和内容来看，几可谓是服部宇之吉心理学讲义的又一版本。

当然，近代心理学从日本传入中国的渠道、载体很多，清末民初在中国传播的心理学著译也很多，兹列举如下：

1.《师范学校教科书教育心理学》：原著者日本高岛平三郎，译述者湖北田吴炤，商务印书馆光绪二十九年九月首版，三十一年九月三版。总理学务大臣审定。

2.《心理学》（师范教科书丛编第一种）：编辑者湖北师范生，发行者湖北学务处，印刷所秀英舍第一场（株式会社），光绪三十一年正月印行。其《凡例》云："本书原著为日本高等师范教授小泉先生所编述"；"本书经日本大久保先生参酌群书，阐发精义口授者，凡六阅月。余等纂订之。"

卷首注云："日本大久保介寿讲授，陈邦镇、范维藩、郭肇明、胡鹏翥、傅廷春合编"。

3.《心理易解》：陈榥编辑，1905年刊行。其《辑言十则》第一则云："本书系辑东文书而成。"第五则云："本书所用名词，多东文之旧，亦有将东文名词略改者，如观念改为念端，概念改为浑念，思想改为思虑，把住改为蕴积，本能改为良能。此等改法，不过略一变换，读者想亦不难一见而仍知为东文之何名也。"

4.《最新心理学教科书》：编著者通州龚诚，印行者上海文明书局，光绪三十二年十月初版。

5.《实地教育心理学讲义》：无锡尤惜阴著作，奉化庄景仲校阅，新学会社发行，光绪三十二年十月出版。

6.《心理学概论》（师范学堂用书，Outlines of Psychology）：丹麦海甫定（Harald Hoffding）原著，英国龙特氏原译，王国维重译，上海：商务印书馆，1907年阴历六月初版。该书影响很大，至1931年出版第九版。

7.《心理学》（师范用）：编辑者上海杨保恒，中国图书公司编辑印行，光绪三十三年八月初版。

8.《中华师范心理学教科书》（全一册），编者彭世芳，中华书局印行，民国元年十一月初版。

9.《心理学讲义》：编纂者武进蒋维乔，商务印书馆，民国元年十二月初版，二年十月再版。

10.《教育心理学》（一册）：原著者日本松本亦太郎、楢崎浅次郎，译述者朱兆萃、邱陵，校订者范寿康，商务印书馆，民国十二年五月初版，十三年六月再版。

1908 年，清学部尚书荣庆聘严复为学部编订名词馆（或谓“审定名辞馆”）总纂，致力于学术名词的厘定与统一。此项工作，凡历三年，至 1911 年，积稿甚多，其中便包括《心理学名词对照表》（版心题曰《心理学中英名词对照表》）。该表第 1 页将“心理学”作为 Psychology 的“定名”，其“定名理由”：

> 希腊语 Psycho 本训灵魂，即训心，而 Logos 训学，故直译之，当云心学。然易与中国旧理学中之心学混，故从日本译名，作“心理学”。旧译“心灵学”。若作人心之灵解，则“灵”字为赘疣；若作灵魂解，则近世心理学已废灵魂之说，故从今名。“理”字虽赘，然得对物理学言之。[①]

该表虽未及公布即改元民国，但它足以表明，时值清末，“心理学”已在中国被正式确定为 Psychology 的译名。

综上所述，近代“心理学”的厘定过程，当然首先是西语 Mental Philosophy (Science)、Psychology 跨语际传播过程，但就更深层面而言，它是以此为名的专门学问——心理学跨文化传播过程。在此过程中，不仅有东西语义的相互通约，而且有东方传统的性理之学、心学与西方心理学的相互观照。可以说，近代“心理学”的厘定乃是中西日文化互动的产物与表征。

当然，就“心理学”的厘定过程来看，中西日之间并未形成一个完满的文化往还圈——它包括西→中、西→日、日→中三部分，而缺少中→日环节。“灵魂学”、“心才学”、“心性学”、“性情学”、“心灵学”、“性学”等“中国制造”的译名，不仅未对日本发生实际影响，而且最终统统让位于“日本制造”的译名“心理学”。这并不是译名本身“优胜劣汰”的结果，而是由中日两国学术、文化、教育近代化过程中一度呈现的势差造成的。“心理学”一名入华之际，其所指的专门学问已在日本近代学术、教育体制中独立久矣，而中国却唯有颜永京《心灵学》、丁韪良《性学举隅》两部专门著译而已。至于中国近代学术、教育体制的自觉构筑，乃自戊戌变法——清末“新政”正式启动；而戊戌变法——清末“新政”，则是以日本为样板展开的。亦即说，日制“心理学”在中国的传播与确立，乃是近代中国“师法强敌”、“西学东游”故事的一个小小片段。

---

① 学部编订名词馆编：《心理学名词对照表》，第 1 页。该表为学部编订名词馆所编《中外名词对照表》之一部分。据王蘧常编：《严几道年谱》第 79 页：1908 年“学部尚书鄂卓尔文恪公荣庆聘先生为审定名辞馆总纂。自此凡历三年，积稿甚多。”这些“积稿”后存于中华民国教育部。《中外名词对照表》见于 http：//www.cadal.zju.edu.cn/book/13052871/.

第十一章

新闻学术语

第一节　“报学”与“新闻学”

一般认为，1920 年前后，中国近代新闻学开始创建起来，它开始拥有自己独立的研究群体，出版了最早一批由国人编写的新闻学著作，当时的高等院校也相继开设了有关专业课程。但是，综观近代最后 30 年的学科史，可以发现，中国近代新闻学的学科用名遭受着一些独特的困扰，它不像其他新兴学科命名那样往往一锤定音，或只经过最初几年短暂争论后便尘埃落定。近代新闻学的学科用名实际上可以开列出一份冗长的清单：报学、新闻学、报道学、集纳学、新闻科学、报纸新闻学等。这与其说是因为它缺少一个华丽的命名仪式，还不如说十足地反映了近代新闻学的不成熟。在这些已经入围的名称中，“报学”无疑是“新闻学”最强有力的挑战者，它们之间的较量甚至越过了 1949 年，余音绕梁，直到 20 世纪末才渐渐平息下来。

一、中国“报学”与日本“新闻学”

“新闻学”一名创自日本人，时间当不晚于 1899 年，即使不是由松本君平（1870 ~ 1944）首创，也是新创不久，未曾流传，所以为博文馆版《新闻学》作序的田口卯吉才会发出“新闻之业亦有学乎?”① 这样的疑问。根据现有材料,“新闻学”这一名词最早于1901年为中国方面所注意。中国留日学生出版的《译书汇编》,在1901年6~8月的新书广告中,提到“新闻学 松本君平著”。半年后,梁启超在《清议报一百册祝辞并论报馆之责任及本馆之经历》一文的第二部分“报馆之势力及其责任”中向中国读者介绍说:

日本松本君平氏著《新闻学》一书,其颂报馆之功德也,曰:“彼如豫言者,驱国民之运命;彼如裁判官,断国民之疑狱;彼如大立法家,制定律令;彼如大哲学家,教育国民;彼如大圣贤,弹劾国民之罪恶;彼如救世主,察国民之无告苦痛而与以救济之途。”谅哉言乎!

“新闻学”一名就这样由中国旅日人士直接借用过来了。1903年,商务印书馆编译所出版了松本君平的《新闻学》,书名“新闻学”照旧,但中译本删去了书名副题“欧米新闻事业”。中译本编译者不详,估计是由商务印书馆收购的《译书汇编》同人合译的初稿。

“报学”之名差不多同时出现。1904年正月,基督教广学会机关报《万国公报》在“译报随笔”栏发表《报学专科之设立》,该文介绍了美国《世界报》老板普利策(Joseph Pulitzer, 1847~1911)资助创设哥伦比亚新闻学院一事:

西国分类学堂,为最近之进步。各专科之间,于新闻杂志一类,所谓报学者则犹未遑也。近日美国纽约世界报主人布列周,拟捐出美金二百万元,特为报学专科,立一学堂。盖世界报乃纽约最大之报馆,其房屋一项,至值美金一百万元。每日所出之报,自五十万纸,至一百万纸。故布列周之意,尝谓美国报馆之多,而报学界上,独无专科之教育,致能通知报学者尚少。必当以报学,立为科学一项,方足收效。因以美金一百万元置于纽约哥伦比亚大书院中,先行举办。俟三年之后,此种学堂,通于各处,愿再捐美金一百万元云。②

但截至1918年北京大学新闻学研究会成立,“新闻学”与“报学”出现次数都不算多,“报学”用得更少一些,它们两者之间尚无明显竞争关系,在前新闻学时代(黄天鹏称之为“新闻学术启蒙时期”),这两个用名所受到的待遇并不比“物质学”、“平准学”、“资生学”等新学语优越多少。

这两个学科用名都是域外影响的结果。“新聞学”(しんぶんがく)是日本人使用的汉字词,“报学”则是美籍传教士林乐知(Young John Allen, 1836~1907)与“秉笔华士”范玮的联手创制,相比较而言,“报学”更具中国风味。

---

① 田口卯吉时任日本众议院议员,每日新闻社主笔。1903年中译本删去了田口序。参见周光明、孙晓萌:《松本君平〈新闻学〉新探》,《新闻大学》2011年第2期。

② 林乐知等:《万国公报》(台湾影印本)第28册,上海广学会1904年版,第22315~22317页。

此前的1897年，《知新报》载吴恒炜《知新报缘起》一文曾使用过“治报之学”。“报学”一词，或由此脱胎而来。总之，在清末的最后十年里，“新闻学”与“报学”是具有很大共存空间的。

二、“报学”与“新闻学”之离合

如前所述，“新闻学”与“报学”最初可以并用。1912年，全国报界俱进会议设“报业学堂”，1920年，全国报界联合会又议设“新闻大学”，两个名称意思是一样的。1919年国人编写的第一部新闻学著作试着如此界定新闻学：

> 此学名新闻学，亦名新闻纸学。既在发育时期，本难以下定义，姑曰：“新闻学者，研究新闻纸之各问题而求得一正当解决之学也。”①

新闻纸既等同报纸，那“新闻学”与“报学”也就没什么区别。所以，在20世纪20年代初新开设的大学新闻教育专业中，有叫“报学系”的（如圣约翰大学），也有叫“新闻学系”的（如燕京大学）。第一代著名新闻学家戈公振（1890～1935）1925年出版译著《新闻学撮要》，1927年出版《中国报学史》，两个学科用名的使用也比较随意，似乎两不相扰。到底用哪个更合适？最早意识到这一问题重要性的是黄天鹏（1905～1982）。1929年，他决定将中国近代第一种正式的新闻学杂志《新闻学刊》（季刊）更名为《报学月刊》。在他《报学月刊》第1卷第1期的《报学弁言》中申述道：

> 案新闻有学，为近数十年间事，译自东瀛，习用已久，创刊之时，姑从俗尚。顾以报纸学术之意义而言，则以改称报学之为当。盖报纸全部事业，包罗万有，新闻不过其一端，他若广告、印刷，殆如鼎足，近通称新闻学，实难概括也。观夫日洲于报业教育之分为编辑经营两科，欧美之劈为新闻广告两系，其义益见明显，而究以“报学”之音简而义广也。本刊既以整个报业为对象，则新闻学广告学固应并重，即报馆经营管理，报纸发行推销，以及印刷、写真、纸墨、邮电，亦皆应为等量之注意。际此二周改弦更张之时，乃行更名报学月刊，亦示新猷之意，非仅便利发行已也。但本刊勇往直前之精神，则始终如一，过去较注意与新闻之学。自后范围既广，编制略有变更，内容亦大增益。

留美归来的汪英宾（1897～1971）赞同黄天鹏的意见。他《报学月刊》第1卷第4期（1929年）发表《释报》一文说：“以报为业谓之报业，报业之学术谓之报学，凡属于报业之人谓之报人。”

---

① 徐宝璜：《新闻学》，北京大学新闻学研究会1919年版，第1页。

报学派的人士都认为“新闻”或“新闻学”范围太小，明显不如“报纸”或“报学”涵盖广泛。直到1948年，袁昶超仍坚持己见，他在《报学杂志》第1卷第3期发表《初期的报学教育》一文说：

笔者早年研究报学的时候，就感觉一般人士惯用的“新闻学”一辞，不能包括报学的范围，因此主张以“报学”为 Journalism 的正确释名，大学和专科以上学校的“新闻学系”，应一律改称为“报学系”。这个意见一直支持了十年之久，获得报界和教育界许多朋友的赞同，但没有正式向关系方面提议采用。

尽管如此，在近代新闻学界和业界的具体使用中，“新闻学”用名仍居上风。其实，“报学”与“新闻学”两者之间的纠葛，解决办法并不困难，只需对“新闻学”做广义解释即可。1948年，袁昶超在《报学杂志》第1卷第5期发表《中国的报学教育》一文承认更名之不易：

笔者向来主张把“新闻学系”改称报学系，但以各校都沿用“新闻学系”一词，是以本文引用专名时，仍照其旧称。

继而又在《报学杂志》第1卷第8期载文（《中国的报学教育》），提出了妥协办法：

社会人士对于沿用“新闻学”一词，只知其狭义的解释，不知作广义的研究，大都以为凡报学系的毕业生，都只能担任普通新闻报社的记者，那种职业是范围狭小，待遇菲薄和工作辛劳的，这也是阻碍报学教育发展的原因。

但是，“新闻学”用名之所以被更多人士认可，还因为它适应了传播媒介发展的新形势。“二战”以后，“印刷新闻”传播面临着更大的挑战，对此，胡道静（1913～2003）总结道：

一般谈新闻事业史的，都习惯于“口头新闻”、“手写新闻”和“印刷新闻”的三个进化阶段的说法。但自第一次世界大战以后，新闻事业已跃进到另一个新阶段，即入于“广播新闻”时代，而自第二次世界大战以后，又探向一个新的世纪，要成为“电视新闻”的时代了。①

新形势使“报学”变得有些陈旧，也受到了更多的质疑。最终新闻学兼并了传统的报学领域，而使报学变成了它的初级阶段。对此，冯列山在其《什么是新闻学?》一文（《报学杂志》第1卷第5期，1948年）中所提观点较具代表性：

最近十余年来，新闻教育的范围始逐渐扩展，比如与报纸性质相近的姊妹事业，及电影相继出现，这两业不但进步甚速，且先后侵入报纸的活动范

① 胡道静：《新闻史上的新时代》，世界书局1946年版，第1页。

围；并且为求新闻报道的迅速，且常与报纸作剧烈的竞争。从前提起新闻事业一语，几乎等于报业的别名，但此刻报业却不能再代表新闻事业；因所谓新闻事业，最少已包括广播、电影等在内。这种领域扩展的结果，新闻学及新闻教育的对象，也随之演变，终于由报学时期发展成现阶段的新闻学时期。

三、Journalism释义与“集纳”创译

无论是“报学”还是“新闻学”，它们的英文对应词都是 Journalism。1927 年，戈公振在其《中国报学史》中解释“报学史”用名时说：

> 民国十四年夏，国民大学成立，延予讲中国报学史。予维报学（Journalism）一名词，在欧美亦甚新颖，其在我国，则更无成书可考。无已，姑取关于报纸之掌故与事实，附以己见，编次成书。①

1933 年，吴晓芝在其所编《新闻学之理论与实用》一书中这样介绍新闻学：

> 新闻学（Journalism）为治政治学、法学、经济学、文学、教育学、哲学及社会学诸学者之必修学科，即为一种最饶兴趣之实用科学也。②

Journalism 的原义究竟是什么？2005 年牛津大学出版社出版的《The New Oxford American Dictionary》第二版中对 Journalism 的解释是：“the activity or profession of writing for newspapers or magazines or of broadcasting news on radio or television。”（报纸、杂志、广播、电视新闻报道活动或职业）。该字典同时也提供了 Journalism 一词的引申义“the product of such activity”（此类活动的成果）。

外语教学与研究出版社 2006 年版的《韦氏高阶美语英汉双解词典》中“Journalism”一词的汉译为“新闻业、新闻工作；新闻写作、新闻报道”。从英文辞典的解释看来，Journalism 一词在英文中的含义都是“新闻业”，与“新闻学”关联并不大。在罗存德的《英华字典》（1868 年）中，其最初的释义为“写日录之事”。

而对于这个“学”与“术”分离的问题，早期的新闻学者也有所认识。1928 年 11 月陈布雷为周孝庵的《最新实验新闻学》作序说：“新闻学之成为一种独立的学科，为时盖犹未久，世人或谓 Journalism 者，与其谓之学，无宁谓之术”。

1935 年，君健在《报学季刊》第 1 卷第 2 期（申时电讯社编辑并发行）上

① 戈公振：《中国报学史》，商务印书馆 1927 年版，第 3 页。

② 吴晓芝：《新闻学之理论与实用》，北平立达书局 1933 年版，第 18 页。

发表《新闻术语》一文，对 Journalism 作专门解释：

"集纳"是英文 Journalism 的译音。原意就是新闻事业，或新闻主义。

1936 年，刘元钊则在其《新闻学讲话》中对 Journalism 进行词根分析，对 Journalism 作为"学"提出质疑：

新闻学的原名叫 Journalism，这字的语尾是 ISM，这三个字母的意义是"方法"的意思，不过在普通的外国的学科名词，他们的语尾，后面都是 LOGY 四字母，而新闻学的名词却独异，在这一点，我们可以推测外国学者对于新闻学的这个东西，从来不把他列于科学的地位。①

袁殊（1911~1987）《"集纳"题解》则索性笼而统之："关于报纸的学术、报纸业、杂志业等，就统称为 Journalism"。②

似乎是感觉到 Journalism 不好译成合适的中文名称，或是要特别显示新颖，一些学者干脆直接用 Journalism 代表"新闻学"或"报学"。如黄天鹏 1927 年在其所编《新闻学刊》第 1 卷第 3 期《第二卷新闻学刊革新计划》一文称：

本刊旨趣，在唤起国人对 Journalism 之兴趣与注意，谋同业有研究与讨论之机关，以促进新闻事业之发展，期与国际同业共臻世界大同。

但也有学者更喜欢直接使用音译词"集纳"。

以袁殊为代表的一批青年学者曾探讨过当时的"新闻用语与新闻用字"问题，他建议使用汉字"集纳"对译"Journalism"，而且还强调这不是个简单的音译词，袁殊注意到报刊除"时间性"这一条件外，同时还具有"集纳性"特征，即报刊的无所不包的特性，但报刊又不是大杂烩，报人也不应该是被动的旁观者。他说：

（报刊的）各种内容材料，必须经过搜求、蒐集、编制以及类别归纳过程。而内容的质别，也绝非的单纯专一的。所以以前有人把 Journalism 译作"拉杂主义"，这在字面上讲，未始不可。但在字义上讲，则 Journalism 完全是"报导"的意义：报者，将事务之全貌作正确的报告；导者即在报告上负有对社会的倡导批判的任务。所谓倡导批判，是根据客观的社会的需要的，是有目的意识的，是在选择与舍取的，而到集纳的完成。③

不过"集纳"在新闻业务实践上，还带有精采精编的意味。如中国新闻学会（1913 年成立）宣言中称：

在淞沪战中，该报（指《大晚报》—笔者注）特派记者黄震遐、张若谷等冒险赴战地探访消息，写来更是生动活虎，确实地获得了集纳（Jour-

① 刘元钊：《新闻学讲话》，乐华图书公司 1936 年版，第 18 页。

② 袁殊：《"集纳"题解》，《记者道》，上海群力书店 1936 年版，第 84 页。

③ 袁殊：《"集纳"题解》，《记者道》，上海群力书店 1936 年级，第 85 页。

nalism）空前的效果。[①]

四、学科用名的未了之争

在近代新闻学时期，本学科的用名并不限于“报学”、“新闻学”两种，此外还有“集纳”、“集纳学”、“报道学”、“报导学”、“新闻纸学”、“新闻科学”、“报学科学”、“报纸新闻学”、“Journalism”等，其中，“集纳学”一名在20世纪30年代影响较大。袁殊力挺“集纳学”，其所作《集纳学术研究的发端》写道：

集纳学（新闻学），实在是很浅近的一种实验的学术；不如哲学那样的玄奥，也不如数理那样的深邃。[②]

在袁殊那里，“集纳”即“新闻学”，但“集纳”一名胜过“新闻学”，更不用说“报学”了。他在《“集纳”题解》中言道：

“集纳”究是什么呢？很简洁地说，就是“新闻学”的一个新的名称。是从英语的“Journalism”的译音和译义而拟定的……“新闻”与“消息”同一语义，即News。以“新闻学”作为代表，关于报纸上之一切的学术，似嫌狭隘。（如果用“报学”二字，则更狭隘了。）[③]

袁殊还说“集纳学”一名曾征询过新闻学家谢六逸（时任复旦大学新闻系主任）和任白涛（著有《实用新闻学》），二氏均表示同意。但“集纳学”用名终究还是局限于上海左翼运动的小圈子，没能撼动“新闻学”与“报学”的地位，“新闻学”稳居榜首，“报学”次之。以近代新闻学书目（包括专著、译著、文集及资料汇编）用名的情况来看，表11-1可见一斑。表中统计数据来自1989年新华出版社的林德海编《中国新闻学书目大全》：

表11-1

年份	1900~1909	1910~1919	1920~1929	1930~1939	1940~1949
新闻学	1	2	7	24	16
报学	0	0	2	1	2

① 胡道静：《上海新闻事业之史的发展》，上海市通志馆1935年版，第87页。
② 袁殊：《“集纳”题解》，《记者道》，第5页。
③ 袁殊：《“集纳”题解》，《记者道》，第83~84页。

“新闻学”之所以流行，除前述理由外，还因为中国“新闻”一词本就不只“消息”、“报道”之义。对此，萨空了《科学的新闻学概论》（1947年）总结说：

> 现在我们决定仍沿用“新闻学”这一名词，一方因为他在中国比较为人所熟知，一方也因为“新闻”二字，广义的看来，未尝不可以包括Journalism一字所含“报道”以外的意义。——像评论专栏论文，是提供一种新的意见；对读者自也可说是一种新的见闻。[①]

1949年之后，“报学”之名渐渐不再使用了，在中国大陆它几乎成了历史名词，港台地区也使用不多。但奇怪的是，“新闻学”一名仍受到不断的质疑，究其根源还是由于对Journalism的理解，即对Journalism的中英文差异的困惑。

关于Journalism的翻译问题不能简单地归咎于日本人，说是日本人先错了然后我们也跟着犯错。近代新闻学输入有日本渠道，也有美国渠道，也许还存在着一条德国渠道。早期的“四大新闻学名著”[②] 前两本译著分别来自日美两国，邵飘萍、任白涛等学者受日本方面影响明显，他们毫不迟疑地使用“新闻学”，但留美学者汪英宾主张用“报学”，另一个留美学者徐宝璜则是调和派。实际上，日本方面后来作过纠正，就像他们将“消息（News）”从“新闻”中抽绎出来一样（用片假名ニュース表示），他们也试着将新闻学与新闻事业分开，后者使用片假名ジャーナリズム表示。

到底中文怎么翻译Journalism合适，缺乏一个权威的学术仲裁机构，这倒不一定是坏事。对Journalism，现当代学者仍不断发表意见。台湾学者林大椿在为戴华山《新闻学理论与实务》（台湾学生书局，1980年）所作序中，将Journalism译为“报刊集纳之学”；旅美学者赵心树则在《新闻学与传播学的命名、使命及构成——与李希光、潘忠党商榷》（《清华大学学报》哲学社会科学版2007年第5期）译为“期刊学”。

大陆学者宁树藩以“本义新闻学”与“广义新闻学”的划分，回应了近代“新闻学”与“报学”之争，但宁先生承认“Journalism”与“新闻学”之间的名实不符已经相当严重了，他说：

> “新闻学”这个称呼已经100多年了，约定俗成了，已经形成思维定式，还得承认它的存在，但只能看作一种符号。为了避免研究中的混乱，还得给不同含义的“新闻学”取个称呼，即真正研究“新闻”之学的可称为“本

---

① 萨空了：《科学的新闻学概论》，上海书店1947年版，第13页。

② 此处借用了台湾学者彭家发教授的说法，这四大名著是指《新闻学》（松本君平，1903）、《实用新闻学》（休曼，1913）、《新闻学》（徐宝璜，1919）、《实际应用新闻学》（邵飘萍，1923）。《基础新闻学》，三民书局股份有限公司1992年版。

义新闻学”，研究“报业”的可称为“广义新闻学”。[①]

台湾学者陈世敏甚至认为这个译名已经涉及我们这个“学门”的正当性问题，他说：

> 将技艺无限上纲为“学”，是患了大头症。不如此思维，便是故意加以美化，好像“新闻”之后加了个“学”字，便从此登堂入室，摇身一变为学术。这种心态我称之为“美丽的错误”。[②]

回顾百年来新闻学科用名问题，其中的种种纷扰，不仅仅是 Journalism 由欧美到远东旅行中的译名之正确与否，也展示了新闻学其独特性质的一面。我们的基本观点是，报学为新闻学的初级阶段，新闻学又分为狭义新闻学与广义新闻学，狭义新闻学是指新闻学理论或新闻学原理，广义新闻学是指包括新闻理论在内的新闻学实务、新闻传播史等。如今，近代以来的“新闻学”与“报学”用名之争，仿佛已被“新闻学”与“传播学”用名之争所替代，随着新闻传播事业的不断发展，学科交叉与融合也不断上演。学术的进步表明，从来没有什么一成不变的学科边界，扩充“新闻学”内涵，曾经是一条出路；“新闻传播学”则代表了另一条出路。

第二节　从“采访”到“采访学”

“采访”一词古已有之，到了近代，机缘巧合地与新闻专业活动发生密切联系，完成了意义的转变，并很快衍化为新闻业务领域的一个重要术语。“采访”近代意义的衍变过程，也是专业的新闻传播活动在中国的发展过程。换言之，“采访”近代意义的形成，意味着基于客观报道的新闻专业活动在中国真正发展起来了。

一、从官方话语体系中游离出来的“采访”

“采访”一词最早见于三国曹魏时期刘劭的著作《人物志》，书中提到：“夫

① 王晓梅：《清理百年“新闻学”概念——访复旦大学新闻学院教授宁树藩先生》，《新闻与写作》2008 年第 1 期。

② 陈世敏：《关于传播学入门科目的一些想法》，中华传播学会年会专题讨论论文，1999 年。我们曾就新闻学译名问题与陈世敏先生在邮件中交流过。

采访之要，不在多少；事无巨细，要在得正。”[①] 之后，干宝在《搜神记序》中也使用了该词：“若使采访近世之事，苟有虚错，欲与先贤前儒分其讥谤。”东汉许慎《说文解字》解释“采”与“访”：“采，采取也。”；“访，泛谋曰访。”“采访”作为一个并列词组，它的意义正是叠加“采”和“访”的义项而形成的，这两处的“采访”都可以解释为“为了采集信息而广泛搜寻和调查”。这一意义是近代“采访”意义的源头。

刘劭和干宝提到的采访活动均属于一种民间的、个人的行为，而在先秦出现的各种与采访相关的活动却大都是官方组织的单向的信息采集活动，如周朝时的“采诗”，就是当时政府为了解民情民瘼以作为施政参考而组织的采访活动。《汉书·食货志》中记载：“孟春三月，群居者将散，行人振木铎徇于路，采诗献之太师，比其音律，以闻于天子。故曰：‘王者不窥牖户而知天下。’”这里的采访者“行人”就是当时的“采诗之官”，他们将采得的民歌民谣交给乐师配乐加工，上达天听。

朝廷还设置史官对国家政治、经济、军事、外交等各种信息进行采集，这也是一种官方的采访活动。而今天的记者与史官原本是一脉相承的。西汉司马迁“二十而南游江、淮，上会稽，探禹穴，窥九疑，浮于沅、湘；北涉汶、泗，讲业齐、鲁之都，观孔子之遗风，乡射邹、峄……过梁、楚以归”，游历了大半个中国，为撰写《史记》积累了广博的一手资料。他的这次游历其实就是一次广泛深入的调查研究和采访活动，虽其自称“网罗天下放失旧闻”，但在专业的新闻活动还没有产生的那个年代，《史记》的实录精神已经体现出新闻的精髓——对信息真实性或客观性的不懈追求。

古代这种官方单向的信息传播机制使得“采访”较早即成了官方话语体系中的词汇，成为了一种朝廷对民间、上级对下级进行信息搜集活动的描述。如“穆公见贤才多出于异国，益加采访”；“夫地之偏小，年之窘迫，适使作者采访易洽，巨细无遗，耆旧可询，隐讳咸露”；“令臣采访可谏官者，密具姓名闻奏”；“奉圣人的命，着小官遍巡天下，采访文学之士”[②]，等等。在古代文献中，还出现过很多与“采访”活动相关的词汇，如“采问”、“采察”、“采集”等，也基本都是用来描述官方对民间的信息搜集[③]。在如此强大的官方单向信息传播机制的作用下，民间自身的信息交流与传播时或被屏蔽，甚而湮没无闻。

---

① 转见邓绍根：《“采访”词源新证及其术语的形成》，载《当代传播》2009年第6期。

② 分别参见明冯梦龙：《东周列国志》第二十六回；唐刘知几：《史通·烦省》；宋司马光：《再举谏官札子》；元无名氏：《渔樵记》第一折。

③ 如《后汉书·羊续传》：“观历具邑，采问风谣。”苏轼《奏浙西灾伤第一状》：“农熟不须先知，人人争奏；灾伤正合预备，相顾不言。若非朝廷广加采察，则远方之民何所告诉!”唐封演《封氏闻见记·赞成》：“天宝初，协律郎郑虔采集异文，著书八十余卷。”

随着市井文化在宋朝的兴起，“采访”逐渐走出官方话语体系，开始被民间文学作品沿用，意义也发生了一些新的变化，由“官方向民间搜集信息”这一义项延伸出“打探、探听”等意义。但是纵观中国历史，“采访”直至19世纪中国近代新闻事业兴起，它的官方姿态一直在其意义中占居主导地位。

中国新闻业的起源可以追溯到唐宋时期的古代报纸。当时，“邸报”的从业者是政府官吏，他们的采访活动与采访使的信息搜集活动相似，但是信息传播的受众群扩大了，终端不再只是天子，而是整个统治集团。而民间“小报”对“新闻”的搜集活动则隐蔽得多，“小报”委托采访者在不同的政府机关打听“新闻”，有所谓内探、省探、衙探之分。

随着小报自宋朝问世之后，民间的采访活动逐渐兴起，到了明清时期，官方邸报的社会角色越来越显得苍白无力，而脱离了政府控制的民间报纸则呈现出勃勃生机。明际民间报房发展迅速，出现了一批专门采访新闻、贩卖新闻的文人秀才，在明代小说家华阳散人所著的《鸳鸯针》中，将当时民间报纸采访者的工作描述为“专一拴（串）通书童俊仆，打听事体，撺掇是非，赚那些没脊骨的银钱”[①]。字句中可瞥见当时采访者的低下地位，但也证明这种采访活动确已融入大众生活。在明末诞生的《京报》，最初具有半官方色彩，到了清朝中叶之后逐步变为民办性质，发行范围由官场扩展到普通社会成员，最终成为了纯粹的民间报纸。

虽然民间的新闻业已经悄悄开展起来，而此时仍从属于官方话语体系的“采访”一词并未被运用到当时的新闻传播活动，当时的报刊活动被冠以“探访”、“探报”之名[②]。“探”字本来就有“侦察”的义项，“探报”也就意味着一种带有侦探性质的、秘密进行的采访活动。这种“探访”、“探报”活动类似于当代的隐性采访。不同的是，隐性采访的记者是对采访当事人隐瞒自己身份，但其新闻活动具有合法性，而“探访”、“探报”的小报业者是对官方隐瞒自己的真实身份，其新闻活动是非法的，因而更像是一种情报工作。值得注意的是，近代新闻业在19世纪中后期确立之后，“探访”一词仍被沿用了很长时间，这充分说明古代的新闻传播观念其实对我国近现代新闻业产生了深远影响。

中国近代新闻业的兴起以外报为先导。1853年创刊的《遐迩贯珍》在谈到刊物宗旨时，自称“盖欲从得究事物之颠末，而知其是非，并得识世事之变迁，而增其闻见，无非为华夏格物致知之一助”[③]；《六合丛谈》1857年1月创刊时在

① 转见倪延年：《中国古代报刊发展史》，东南大学出版社2001年版，第196页。

② “访闻有一使臣及阁门院子，专以探报此等事为生。”（《宋会要辑稿》第166册，6558页）“边报，系沿边州郡，列日具干事人探报平安事宜，实封申尚书省枢密院。”（参见《朝野类要》第四卷，第67页）

③ 1854年12月《遐迩贯珍》第十二号的《〈遐迩贯珍〉小记》。

序言里写道："今予著'六合丛谈'一书，亦欲通中外之情，载远近之事，尽古今之变，见闻所逮，命笔志之"①；1871年创刊的《中外新闻七日录》称该报"选译泰西近事，于国政民情、兵刑工商诸大端无不采取。"② 可以看出，当时的报人似乎并不急着寻求一个专业术语来描述当时的新闻活动，采访被笼罩在"得究"、"采取"、"逮"等字眼里，若隐若现，其近代意义尚未明晰。

"采访"一词在中国近代新闻业中的首次使用见于《申报》。1872年5月8日，《申报》的《本馆自述》对其新闻价值观这样表述："新闻纸馆之设，所以网罗轶事，采访奇闻。"稍后，《申报》于1872年5月28日于头版发表《采访新闻启》，征求国内各方面的新闻稿件，这是"采访"首次与"新闻"相联系：

采访新闻启

盖闻采风之使记，自哲王问俗之条详于前代，诚以求民情之上达，无使或蒙。将以致德意之旁流，有足相益者也。若夫贾子撰《新书》，刘君成《世说》，各述一篇，陆生传《新语》，王氏著《论衡》，并垂千载。然而群摭异说，或出于无稽，麟次佳章，不关于有用。是则搜寻故纸，十洲终古，望杳蓬壶，何如博采奇闻，万象维新，词成珠玉，此西人新闻纸所由设而中外所共乐观者也。兹际暮春之下浣，爰开新馆于上洋，或录令甲之颁不求其旧，或载某乙之事务述其详，或丙鉴深资长言兴叹，或丁桥驰誉短什遥吟……凡兹声应而气求，不惮旁搜而远访。伏冀：博闻君子、词林丈人，辟其琳笈之珍，福我琅环之秘。近事贵详其颠末，远代尤藉以表彰，庶几赠芍低吟，犹据事直书之旨，夭桃弥望，为有目共赏之文。谨启。

读罢全文就会发现，这里提到的"新闻"不过是"奇闻"、"异说"的近义词而已。可以做这样的判断，是《申报》最先将"采访"从众多的同义词中挑选了出来，将该词与近代新闻业并联在一起。但《申报》最初使用的这些"采访"还未完成向近代意义的转化。它沿袭了我国古代"采访"的最初意义，还停留在对"奇闻"、"异说"的采访层面，并未走向新闻活动的专业化。

这种"采访"意义也从侧面反映出了当时新闻业的现状。由于新闻观念和新闻采集手段的落后，很多新闻报道不重视新闻的真实性，"有闻必录"③，新闻失实现象严重。对当时的这种采访活动，王韬和梁启超都做过检讨，王韬在《论日

---

① 1857年1月26日《六合丛谈》的《〈六合丛谈〉小引》。

② 1871年3月25日《中外新闻七日录》的《中外新闻七日录·告白》。

③ 1883年6月，《申报》就在一则报道里这样写道："此信不知从何而来，官场中亦多有传述。是真是伪，万里关河无从探析，亦以符有闻必录之例而已。"——参见方汉奇主编：《中国新闻事业通史》（第一卷），中国人民大学出版社1992年版，第283~290页。

报渐行于中土》一文中批判这种现象："至于采访失实，记载多夸，此亦近时报之通病，或并有之，均不得免，惟所冀者，始终持之以慎而已。"[①] 梁启超也在《论报馆有益于国事》中写道："记载琐故，采访异闻，非齐东之野语，即秘辛之杂事，闭门而造，信口以谈，无补时艰，徒伤风化，其弊一也。"[②]

虽然这些采访活动与专业的新闻实践还存在着一定差距，但至少可以证明，"采访"一词已经走出官方单向信息采集的意义层面，比起曾经被屏蔽的民间信息传播机制，这些活动在我国的出现已经是一种了不起的进步。虽然此时"采访"一词还未全面地与专业的新闻实践活动衔接起来，但它的大量使用终使它从其庞杂的古代同义词群中探出了头，开始获得新闻界的关注，为其转变成为新闻传播的专业术语埋下了伏笔。

二、"采访"逐渐向其近代意义靠拢

近代意义的"采访"是指新闻记者通过访问、观察、调查等方式寻找和采集新闻素材，为公开传播而进行的了解和掌握客观事实的专业活动。采访是新闻的主要来源，是记者新闻活动的主要内容。这种专业意义的"采访"概念已和"采访"的本义有了差别，该词已在其本义基础上有所窄化，并衍生出了新的意义。

在近代"采访"的定义里，有两个因素是不容忽视的，一是采访的主体——新闻记者，一是采访的本体——专业活动。它们是我们寻找近代意义"采访"形成过程的两条重要线索。

一般认为，西方的新闻专业活动始于16世纪的意大利威尼斯，它是西方近代报刊的发源地，也是职业记者和采访活动的诞生地。在威尼斯产生了一些采访有关政治事件、物价、船期等消息的机构，还曾经出现了"新闻记者公会"。而美国则被认为是近代新闻采访的发源地[③]。随着19世纪美国"便士报"时代的到来，西方的新闻专业活动进入了一个新阶段。传播技术革命开始之后，报刊的

---

① 见1876年《循环日报》，转引自《弢园文录外编》。

② 见《时务报》第一册，1896年。

③ 对于西方"采访"的源头，学术界各有说法。迈克尔·埃默里认为，《亚特兰大宪法报》的编辑主任亨利·格雷迪在做记者的时候"发展了采访术，使采访成为既采集又解释新闻的一种手段。"（参见迈克尔·埃默里、埃德温·埃默里、南希·L·罗伯茨著，展江译：《美国新闻史——大众传播媒介解释史（第九版）》，中国人民大学出版社2004年版，第227页。）而休曼则认为采访活动由《纽约先驱报》于1859年首创："一八九五年，纽约之《希拉而特报》（即《纽约先驱报》）实刊之，当南北交斗之日尤盛行，亦近世新闻事业一特色也。此法肇始于美国。"（见松本君平、休曼、徐宝璜、邵飘萍：《新闻文存》，中国新闻出版社1987年版，第185页。）

新闻采集活动大量增多，1840 年电报出现，1849 年 1 月，美联社正式创办，通讯事业的兴起进一步推动了采访活动的发展。直至墨西哥战争和美国内战爆发，“特派记者”的前线采访受到高度重视，电讯稿大量使用，“采访”在西方新闻实践中的地位正式得以确立下来。

在中国，19 世纪初一批新教传教士为中国近代新闻业揭开了序幕，但是新闻专业活动却并未立即得以开展。如《察世俗每月统纪传》、《东西洋考每月统纪传》等刊物，基本不刊登新闻稿件①，而以“论说”、“上谕”、“宫门钞”等内容为主。当时的外文报刊有一定的新闻比重，但多为国际新闻，由于清廷的诸多限制，外文报刊对于中国国内的新闻采集不可能很多②。

鸦片战争之后，外报经过了一段时间的适应，开始深入中国社会生活，逐渐重视国内新闻的报道，《中外新报》、《上海新报》均刊登征稿启事采集国内新闻。《申报》则作为我国最早设置访员的报馆，在创刊之初就强调自己是“新闻纸”，依靠各地“才智之士”来撰述新闻报道和言论。在刊登了数次征稿启事之后，《申报》在 1875 年 7 月 7 日刊载《延友访事告白》，提到“本馆欲延一抄写案件及采访新闻之友”，这则启事是可考证的中国最早的记者（当时称“访员”）招聘广告。在此之后，其他报馆纷纷效仿，大量设置本埠和外埠访员，广泛采集国内新闻。《申报》创办三年之后，已在北京、江宁等 26 个重要城市拥有访员 40 余人，形成了较大规模的新闻采集网络。同时，中文报刊的第一批新闻电讯和“号外”也在这一时期出现③。通讯事业的发展使得新闻的时效性大大增强，新闻采集在报刊活动中的地位越来越重要。

访员的诞生意味着专业的采访活动在中国开始萌发，“采访”的近代意义也有了雏形。但是，19 世纪末 20 世纪初的一段时间里，以梁启超为代表的政治活动家们利用报刊作为他们参与政治斗争的重要工具和舆论利器，激昂有力的政论充斥着几乎全部的报刊版面，新闻报道的声音变得相对低沉。

直到民国成立后，随着自由新闻体制的确立，民间独立的商业化运作的报纸迅速发展起来，各报把精力集中在更受市场欢迎的新闻报道上，催生了中国近代的第一批名记者群体。

实际上，《申报》早在 1905 年就进行了改革，采取了“专发电报”、“详纪战务”、“敦请特别访员”、“广延各省访事”等措施④，加强新闻报道工作。此

---

① 戈公振：《中国报学史》，三联生活出版 1955 年版，第 100 页。

② 方汉奇主编：《中国新闻事业通史》，中国人民大学出版社 1992 年版，第 270 页。

③ 1882 年 2 月 23 日，《申报》刊载了由北京访员发回的关于清廷查办一名渎职官员的消息的电报，这是我国报刊上刊载的第一条新闻专电；1884 年 8 月，《申报》就中法双方在越南交战的消息出版了它的第一批“号外”。参见彭家发《基础新闻学》，台湾三民书局出版社 1992 年版，第 122～124 页。

④ 见 1905 年 2 月 7 日《申报》的《整顿报务十一条》。

后，《申报》的新闻有了“专电”、“要闻”、“本埠新闻”、“外埠新闻”、“国外新闻”、通信（讯）等新闻类别[①]，对于外埠新闻的重视度大大提升。到了民初，各报都加大消息比重，关注政治新闻和经济新闻，增派地方通讯员，大量采用专电和通讯的方式进行新闻报道。而民国之后，通讯事业也在中国真正发展起来，1913 年到 1918 年的五六年内，新创办的通讯社不下 20 家[②]。通讯事业的发展标志着新闻采集活动越来越受重视，采访也作为一项新闻专业活动如火如荼地开展起来，并逐渐成为记者工作的主要内容。

世纪之交，采访者的称谓完成了从“访员”到“记者”的转变。邵飘萍对诞生之初的访员有这样的描述：“一方面充当报馆访员（或访事）之人物，大半皆缺新闻学上之知识，且并非有何训练修养，不欲以此为永久固定之职业；亦有视为不得已之一种过渡生活，在秘密中探访消息，不居报馆访员之名义者。凡此种种，既不为政治上社会上各方面之所重视，即自身亦不认识所居地位之重要及与国家社会有如何重大之关系。”[③] 可见当时的访员多为兼职工作者，他们主要通过报纸上公开的“招聘启事”进入报馆工作，水平有限，与报馆只是一种供稿关系，他们的工作与专业化的采访还有一定的距离。与之相对应的是，晚清访员的稿酬都很低，成都报馆当时的甲等稿件给一吊钱，丁等新闻得酬尚不足银元一分。而且由于早期访员仅做打探工作，写作和发表均由报馆或通讯社负责，所以文章皆不署名。[④]

随着新闻业的发展，报馆对于访员的要求不断提高，聘请的访员逐渐由兼职变成了专职。尤其在民国之后，新闻通讯越来越受到重视，各报在本埠、外埠增设专职访员，并且不惜重金聘请有才干、有经验的专职访员常驻北京，产生了“特派员”这样分工细致的职业化岗位[⑤]。这些驻京特派员对北京政界内幕非常了解，常能采访到独家重大新闻。如黄远生、邵飘萍、张季鸾等人，采写出了很多精彩的消息通讯，成为当时有口皆碑的著名新闻记者。而为了加大国际新闻报道力度，一些大报还派出驻外特派员赴国外采访，如 1918 年胡政之就代表《大公报》参加巴黎和会的采访活动。在这些以采访见长的名记者的影响下，访员的

① 参见彭家发：《基础新闻学》，台湾三民书局出版社 1992 年版，第 193 页。

② 外国人在中国办的最早的通讯社是 1872 年英国路透社在上海设立的远东通讯社，最早的国人自办通讯社是 1904 年在广州创立的“中兴通讯社”。参见方汉奇主编：《中国新闻传播史》，中国人民大学出版社 2002 年版，第 139 页、第 167 页。

③ 邵飘萍：《实际应用新闻学》，详见《新闻文存》，松本君平、休曼、徐宝璜、邵飘萍著，中国新闻出版社 1987 年版，第 386 页。

④ 参见刘丽：《“访员阶级”与近代记者的产生》，《新闻爱好者》2009 年第 4 期。

⑤ 邵飘萍在《实际应用新闻学》中介绍了自己担任北京特派员的职责，“愚历任上海《申报》、《新申报》、《时事新报》等北京特派员，专司北京方面所发生之种种消息，不问新闻之性质如何，凡关于北京所发生者，皆须负迅速报告之责。”参见松本君平、休曼、徐宝璜、邵飘萍：《新闻文存》，第 417 页。

工作受到重视，地位也随之提高，他们开始普遍在通讯里自称为“记者”，由此“记者”一词也被社会广泛接受。

从“访员”到“记者”，看似只是这个职业的称呼发生了变化，实质上却标志着新闻专业活动者主体地位和自身价值的确立。

三、“采访”最终成为规范的新闻专业术语

从19世纪末开始，近代色彩的“采访”术语就已大量使用了。1897年10月，严复在《〈国闻报〉缘起》中谈到报刊内容时就称：“本馆取报之例，大要有二：一翻译，一采访。”“采访之报，如天津本地，如保定省会，如京师，如河南……访事之地，大小凡百余处；访事之人，中外凡数十位。”这里出现的“采访”和“访事”，都可看作是“采访”近代意义形成之前的试用词，这里的“采访”访的是“报”而不是“事”，尽管如此，仍有了些近代意义的模样。

随着专业的采访活动在这一时期的勃兴，近代意义的“采访”的试用词群也进一步扩大，如“访问”、“访事”、“探访”等同时使用，而其中“调查”、“外交”义项的引入更是“采访”在向近代意义“定着”过程中一个不容忽视的因素。

1905年，郑贯公在《拒约须急设机关日报议》中使用了“调查”的概念，他认为记者在新闻工作中，“调查不能不周密也”，“而肩调查之任者，又不能以不学无术、眼光不到之人，一任其道听途说，草草塞责以了事。必也魄力雄，善驰骤；脑力足，善记忆；腕力速，善繝录。”这里的“调查”可以视为“采访”近代意义形成过程中的一个近义词，也可视为“采访”在成为规范的新闻专业术语前的一个试用词。之后，随着访员地位的提升和工作活动的丰富，在民初更是产生了“调查员”这一特殊的记者称谓，将“调查”与记者的工作直接联系了起来，当时的《云南》杂志就有了署名为“本社调查员”的记者发表的新闻报道①。而民初新闻记者中的巨擘黄远生在解释记者“四能说”中“脑筋能想”的内涵时，即指为“调查研究，有种种素养”，将“调查研究”当作记者最基本的专业素质。②

“调查”的加入，丰富了“采访”的内涵，意味着对新闻真实性、客观性的追求在采访中被强调和重视，“有闻必录”的新闻时代退出了历史舞台，专业主义的采访活动在新闻实践中凸显出来。

---

① 详见罗以澄：《新闻采访新论》，武汉大学出版社2002年版，第28页。

② 详见《远生遗著·忏悔录》，商务印书馆1984年版。

至于“外交”，黄远生早在记者“四能说”里就有涉及。他解释“腿脚能奔走”为“交游肆应，能深知各方面势力之所存，以时访接。”当时的黄远生未想到使用“外交”一词，用“交游肆应”这一说法强调了社交能力在记者采访中的重要性。“外交”这一概念由邵飘萍在他的著作《实际应用新闻学》里正式提出，他称记者为“外交记者”，这是从日本引进的称呼，泛指外勤记者，和从事内勤工作的编辑相对应。邵飘萍多次提到记者的“新闻外交术”，他认为“外交记者发挥其社会之手腕，与各方重要人物相周旋，最易得一般社会之信仰”，“外交记者活动之第一关键在于交际”，“无论何种人皆须与之周旋”[①]。在他看来，记者的交际能力是最重要的职业素质，人际交往是采访活动的本质。通过“外交”这一意义的引入，采访突出了作为一种专业的人际交往所表现出来的特征，如交际对象的广泛性、交际双方的平等性、交际关系的自由性等，“采访”的近代意义也变得更加地丰满。

而随着采访在新闻活动实践中的地位逐渐凸显，国人的新闻学研究视角也开始由宏观的报刊研究向微观的新闻业务领域深入，采访也随之成为了新闻学研究的重点内容。

1899 年在日本出版的松本君平的《新闻学》，对新闻采访的重要性和采访方法作了归纳总结，上海商务印书馆于 1903 年翻译了该著，译文称“采访”为“探访”，这也是对日文原著中“探訪する（たんぼうする）”的直译。在日语中，“采访”的近义词群还有“取材する（しゅざいする）”、“訪問する（ほうもんする）”、“記事（きじ）”、“調查（ちょうさ）”等。其中，“探訪する（たんぼうする）”和“取材する（しゅざいする）”最接近“采访”的近代意义。

1913 年，上海广学会翻译了美国人休曼的《实用新闻学》一书，这是美国第一本新闻学专著。休曼在书中指出，采访（interview）始于美国，由《纽约先驱报》于 1859 年首创，此书还以一章的篇幅对新闻采访作了有益的经验总结，有趣的是，“interview”被译成中文时，用的是“会晤”一词[②]，而在翻译与之相联系的“assignment”、“story”、“news”等名词时，却使用了“采访”，分别译为“采访之事”、“采访所闻”、“采访之新闻”[③]。这说明国人已经开始讲究“采访”的近代意义的运用，但是与国外的这一概念并未完全对接起来。

国人对于我国新闻采访进行专门的学术探讨，始于 1919 年徐宝璜的《新闻学》。徐宝璜将“采访”拆分为“采集”和“访问”两个概念，认为“访问”

① 邵飘萍：《实际应用新闻学》，详见松本君平、休曼、徐宝璜、邵飘萍《新闻文存》，第 388～402 页。

② “尤有一事，为访事人所难能者，亲面一事之要人，而刺取其议论见解是也，是曰会晤。”参见松本君平、休曼、徐宝璜、邵飘萍《新闻文存》，第 185 页。对比参见英文原著第 47 页。

③ 休曼：《实用新闻学》，详见《新闻文存》第 184～191 页，对比参见英文原著第 45～58 页。

是新闻“采集”的一种手段，已接近了现代新闻学中“采访”的定义。

1923年邵飘萍的《实际应用新闻学》是中国第一部新闻采访学专著。这本著作中，邵飘萍对“采访”概念里的“访”（即“访问”）这一“采访”手段进行了较为系统的阐释。他正式将“访问”翻译为英文“interview”，显示出邵飘萍具有相当的新闻学术自觉。从此，“采访”这一概念就与国外的“interview”意义完全对接起来了。[①]

徐宝璜和邵飘萍都指出了“供给新闻”是报刊的首要任务。[②] 他们重视新闻在报刊中的主体地位，从而完成了从报纸的政治文化价值到报纸的新闻文化特性的研究视角转换。近代新闻观念的发展由此进入了“以新闻为本位”的时代。[③]

到了1925年前后，《申报》、《新闻报》、《时报》等报馆相继在编辑部设立专门的“采访科（部）”，组建编内的外勤队伍[④]。这比美国专业分工完善的现代化报刊编辑部出现晚了将近40年[⑤]。至此，采访作为记者新闻活动的主要内容在中国得到了确定和认可，“采访”一词向近代意义的历史演进也基本完成，并开始在新闻实践中被广泛运用。

到了1928年，周孝庵的《最新实验新闻学》出版，这部专门论述新闻采访与新闻编辑的著作将“采访”作为一种专业术语多次使用，详细讲述了新闻采访的各种方法，如“采访新闻之标准”、“战时新闻之采访法”、“突发事件之采访”等。1941年，中美日报读讯会的《实用采访学》出版，标志着采访学作为应用新闻学的一门独立学科正式形成。[⑥]“采访”作为一个规范的新闻专业术语最终确立下来了。

第三节　近代“杂志”的生成

“杂志”曾长期被误认为是日源外来词。香港学者余也鲁在《杂志编辑学》

① 甘惜分主编的《新闻学大辞典》中，将“采访”拆分义项，提出了“news gathering”和“news interview”两种译法，但大多数中外新闻学术著作还是认可“采访”与“interview”的直接对译。

② 徐宝璜在《新闻学》里指出“供给新闻”是报纸的第一职务；邵飘萍也在《实际应用新闻学》提出：“报纸之第一任务，在报告读者以最新而又最有兴味，最有关系之各种消息，故构成报纸之最要原料阙惟新闻。”参见《新闻文存》第284页、第385页。

③ 参见单波：《20世纪中国新闻与传播学应用新闻学卷》，复旦大学出版社2001年版，第45页。

④ 参见戈公振：《中国报学史》，三联生活出版1955年版，第199~200页。

⑤ 参见迈克尔·埃默里、埃德温·埃默里、南希·L. 罗伯茨著，展江译：《美国新闻史——大众传播媒介解释史（第九版）》，中国人民大学出版社2004年版，第179~228页。

⑥ 参见邓绍根：《“采访”词源新证及其术语的形成》，《当代传播》2009年第6期。

一书中指出：该词“系日人先用，日本人把各种定期出版物都叫杂志”①。《中国人留学日本史》一书也将其列入“中国人承认来自日语的现代汉语词汇”之中②。其实，此说并不符合历史事实。“杂志”是汉语固有词，而且早已零星地用于中国古人著作的命名。“杂志”由其古义到被赋予近代意义，这一过程也于19世纪在中国本土完成。

中国近代新闻事业始于19世纪初西方传教士的办报活动，当时“报”与“刊”尚未被明显区分，新教传教士为了给他们的出版物一个相应的中文名称，临时创造了一个词汇——“统记传”，英文名之“Magazine”。今天人们已知这些早期的出版物是中文杂志，但在当时“杂志”尚未成为近代专有名词。在西方传教士早期的报刊活动中，“杂志”逐步实现了由试用词到过渡词的转换。这一过程中的标志性事件，乃是1862年《中外杂志》的创刊，这是近代出版史上第一份用“杂志”作为刊名的中文刊物。不过，“杂志”在中国作为新闻传播业通用的术语还是1900年之后的事。

一、从“统纪传”到近代“杂志”

1815年，来自英国的新教传教士马礼逊与米怜在马六甲创办《察世俗每月统纪传》（1815～1821），这是中国最早的中文近代杂志③，英文名是Chinese Monthly Magazine。其中，“察世俗”可能是“Chinese”按照当时官话或粤语的音译，同时兼顾这本刊物的出版宗旨——“勤功察世俗人道”。“统记传”则体现了无所不记、借此传播的意思④。这份综合性宗教刊物以“神理”、“人道”、“国俗”为其三大宣讲重点。

《察世俗每月统纪传》是马礼逊、米怜所拟订十项传教计划之一：为兼顾传播一般性知识与基督教教义，以月刊或其他合适的刊期，于马六甲出版一种小型

---

① 余也鲁：《杂志编辑学》，香港海天书楼1944年版，第27页。

② ［日］实藤惠秀著、谭汝谦、林启彦译：《中国人留学日本史》，三联书店1983年版，第326～334页。

③ 有人提出，近代报刊不是来自西方的舶来品，而是发端于中国本土的媒体发展史。1792年，苏州吴县唐大烈编辑《吴医汇讲》，有人认为它是中国传统出版物的近代衍生品。从1792年到1801年唐大烈去世，《吴医汇讲》陆续出了十一卷，有连续的卷号和目录。《吴医汇讲》早于《察世俗每月统记传》，也大致具备了杂志的基本特征，但是这种由传统的书籍到近代杂志的变化并没有固定下来，后人创办的杂志也并没有与之结成薪火相传的联系，所以我们不赞同将《吴医汇讲》视为近现代杂志之鼻祖。参见姚福申：《〈察世俗每月统纪传〉的再认识》，《新闻大学》1995年春。

④ 余也鲁：《杂志编辑学》，北京海天书楼1994年版，第27页。此外，林穗芳在《“杂志”和“期刊”的词源和概念》中指出：“读发刊词可知刊名‘察世俗’非Chinese的音译，而是表示刊物的任务为观察世俗各种事物，‘统记传’则表示该刊是一种传媒，把所观察到的一切统统记载下来加以传播。这多少表达了创办人当时对magazine含义的理解，强调无所不记。”

中文杂志[①]。传教士最初不确定他们的出版物在中国相当于什么，所以他们往往笼统地称之为“书”。《察世俗每月统纪传》仿线装书形式装订成册，米怜在序文中写道：“此书乃每月初日传数篇的”，“愿读察世俗书之书者，请每月初一二三等日，打发人来到弟之寓所受之”。英国传教士麦都思在《特选撮要每月纪传》（Monthly Magazine，1828～1829）序文中也谈到，“弟如此继续此察世俗书，则易其书之名，且叫做‘特选撮要每月纪传’。此书名虽改，而理仍旧矣。”[②] 到了《教会新报》（1874 年更名为《万国公报》）时，还有以“书”称报的表述[③]。

在《特选撮要每月纪传》中，传教士用“特选撮要”替代了寓意无所不包的“统”，这里的“特选撮要”的主体部分是“神理”[④]，虽然《特选撮要每月纪传》在《察世俗每月统纪传》的基础上将“国俗”部分有所分解，增加了“天文”、“地理”等内容，但却更加偏重和强化了“神理”部分，其过于浓厚的宗教色彩限制了它的宣传效果[⑤]，不久便停刊了。

1833 年，普鲁士籍传教士郭士立在广州创办《东西洋考每月统纪传》（Eastern Western Monthly Magazine，1833～1838），这成为中国本土第一份中文近代报刊。[⑥] 为了给“统纪传”的用名找到一个更合理的解释，他们可能联想到了中国古代的纪传体。

从早期来华传教士所办刊物的这些奇怪而拗口的命名之中，可看出他们的中文水平并不高。米怜也承认：“初期的样本不论是在文章写作或者印刷方面都很不完善，但习惯阅读的读书人应该能理解。编者希望在进一步掌握语言能力之后，能改善文体”[⑦]。他们的阅读范围看来也非常有限——并未注意到“杂志”在古代用作书名的情况。马礼逊所编《英华字典》与《华英字典》中既没有“杂志”也没有“统记传”词条。至于 magazine，罗存德词典曾译为“杂报”，稍后邝其照词典译为“新闻书”。不过，传教士们注意到了“史书”及其“纪传体”——他们认为自己出版的“书”类似于中国的史书。他们也知道这种定期的、连续出版的印刷品不同于以前的史书，是“宜时之小书”（《杂闻篇》，1833

① 苏精：《马礼逊与中文印刷出版》，台湾学生书局 2000 年版，第 34 页。

② 戈公振：《中国报学史》，三联书店 1955 年版，第 367～373 页。

③ “是书直可以与张茂先之博物志并传”。《劝人播传新报启》，《教会新报》，第 993 页。

④ “既然此一端理，是人中最紧要之事，所以多讲之”。《特选撮要每月纪传》序。

⑤ 卓南生：《中国近代报业发展史：1815～1874》，台北正中书局 1998 年版，第 49～52 页。

⑥ 学者认为，《杂闻篇》为中国境内的第一份近代化期刊，参见林玉凤：《中国境内的第一份近代化中文期刊——〈杂闻篇〉考》，《国际新闻界》，2006 年 11 月。但实际上《杂闻篇》（A Miscellaneous Paper）不是期刊，而是报纸，是《传教者与中国杂报》（The Evangelist and Miscellanea Sinica）的中文版。参见苏精：《马礼逊与中文印刷出版》，第 51～52 页。

⑦ 卓南生：《中国近代报业发展史：1815～1874》，第 26 页。

年)，于是将其称之为“今史”[①]。

《东西洋考每月统纪传》刊载了《新闻纸略论》一文，将“纪新闻之事”和“论博学之文”略加区分。此文根据刊期不同将“新闻纸”分成若干种类，指出其中“每月出一次者，亦非纪新闻之事，乃论博学之文”。可见，在近代中文报刊发展初期，虽然已经含糊地表达了报纸与杂志之间的差异[②]，但此种月刊杂志仍归属于“新闻纸”[③]。

“统纪传”这个奇怪的命名在经过短期试用之后遭到遗弃，传教士们开始寻求新的替代品，比如《依湿杂说》之“杂说”、《遐迩贯珍》之“贯珍”以及《六合丛谈》之“丛谈”。

在这一过程中，作为试用词的“杂志”最终浮出水面。1853 年第 2 号的《遐迩贯珍》所载“圣巴拿寺记”[④]（第 700 ~ 701 页）一文中，出现了有近代意义的“杂志”：

> 圣巴拿寺在欧罗巴洲山上，高可八百丈有奇，山巅常有积雪。时或盛夏，犹冷不可耐，过客辄有犯寒而濒于死者。救主降生后之九百六十八年，有天主教士，名巴拿，建寺救人，寺因以名……此说英国友人，得于丛书中，兹译出，嘱余点窜为文，附于香港雜志之末。俾读是书者，知世人之行善，竟有如此之笃好云。南充刘鸿裁。

此处应是近代意义的“杂志”之首出例。值得一提的是，“圣巴拿寺记”一文的作者刘鸿裁是中国士人。因此，“杂志”之首出例可视为秉笔华士和西方传教士合作的成果。

“杂志”在《遐迩贯珍》中出现之后，仍只是试用词或过渡词，半个世纪后才成为流行的专业术语。在跨文化传播中，多种译语共存并“竞争上岗”的现象十分普遍，经过长期的比较、权衡和选择性使用，最后某一种胜出，其他的则遭淘汰。这里胜出的是“杂志”和“Magazine”，二者最终实现成功对译。

二、“杂志”的古义与 Magazine 的涵义

“杂志”一词在中国用作出版物名称，可以追溯到宋代，如宋代江休复的《嘉佑杂志》、周辉的《清波杂志》，清代王念孙的《读书杂志》。这里的“杂

---

① 宋原放：《中国出版史料（近代部分）》第一卷，湖北教育出版社、山东教育出版社 2001 年版，第 78 页。

② 方汉奇主编：《中国新闻事业通史》第二卷，中国人民大学出版社 1992 年版，第 266 页。

③ 《东西洋考每月统记传》（影印本）上册，中华书局 1997 年版，第 66 页。

④ 《遐迩贯珍》1853 年第 2 号。

志”，是杂记、笔记的意思。

清代钱大昕的《十架斋养新录·家谱不可信》：“师古精于史学，于私谱杂志，不敢轻信，识见非后人所及”，此处“杂志”也是“零星地记载着传闻、逸事、掌故的笔记”之意。

“杂志”的古义中还包括“地方志的一目”，有“丛谈”之类的意思。清代章学诚《文史通义·方志立三书议》：“前人修志，则常以此类附于志后，或称余编，或称杂志。”①

由此可见，“杂志”的古义与“杂记”或“札记”十分接近。杂记，亦指杂纪，指正史之外的史料，其中包括记载异闻逸事的笔记。

在英文中，Magazine 原本是仓库、军火库的意思，后引申为知识库、信息库。Magazine 一词，转借自阿拉伯语 Makhazin②。用原义为仓库的 Magazine 来指代杂志，说明其内容之广博与多样，蕴含了“仓储”的概念。正如美国学者约翰逊与普里杰特尔在《杂志产业》中所描述的那样：倘若漫步在小镇上的人们沿着“Magazine”的路标前行，很可能发现所谓的杂志社原来是一幢曾经用作军火库的旧仓库③。

1731 年，爱德华·凯夫在英国创办《绅士杂志》(*The Gentleman's Magazine*)，这成为世界上第一份以“Magazine”命名的综合性出版物。

事实上，“杂志”的外延较之“Magazine”更为广泛。“杂志”也被广泛地用来翻译“Journal”（学术性杂志）“Review”（评论性杂志）等，而“Magazine”则单指面对普通读者的非学术性期刊。

除了“Magazine”之外，人们还选取其他英文词汇来表达“杂志”这个概念。比如源自希腊文的“Periodical”，原指星球轮转的周期，衍生出定期刊物的含义。“Journal”（集纳）被用来描述刊登特定主题文章的期刊及学术性期刊，而“Serials”原本具有连续性的意思，可以用来指代除了报纸之外的连续性刊物，“Miscellany”本义是杂物，又包含了杂录、杂记与杂集的含义。

需要注意的是，1862 年创刊的《中外杂志》与 1904 年创刊的《东方杂志》(*Eastern Miscellany*) 都选取“Miscellany”一词对译“杂志”。而英美一般不选取“Miscellany”用作期刊名称④，近代中文杂志选用“Miscellany”，可能是为了与“杂志”古义中的“杂记”更好地衔接。

---

① 罗凤竹主编：《汉语大词典》第 11 册，第 868 页。

② 一说转借自法语 magasin，或意大利语 magazzino。

③ ［美］萨梅尔·约翰逊、帕特里夏·普里杰特尔著，王海主译：《杂志产业》，中国人民大学出版社 2006 年版，第 4 页。

④ 林穗芳：《“杂志”和“期刊”的词源和概念》，《编辑学刊》1993 年第 2 期。

三、从《中外杂志》到《亚泉杂志》

1862 年，月刊《中外杂志》（*Shanghai Miscellany*）在上海出版，这是第一份用“杂志”命名的近代中文刊物。创办者是英国传教士约翰·麦嘉湖，每期 12 到 15 页，除了普通新闻之外，还刊登宗教、科学、文学方面的文章。《中外杂志》的中文刊名并非是后人翻译的，而是出版之时即以“中外襍志”四个大字竖排印在封面中央。

《中外杂志》以“杂志”来命名，有可能受到《遐迩贯珍》的影响。前文提到，“杂志”在《遐迩贯珍》的“圣巴拿寺记”中出现过一次。有研究表明，“《中外杂志》与《遐迩贯珍》之间存在着文章转引的关系”[①]。

有人提出，被赋予近代意义的中文“杂志”源自日语，这里是指借用了柳河春三的《西洋杂志》中的“杂志”一词。而事实上，创刊于 1867 年的《西洋杂志》比创刊于 1862 年的《中外杂志》晚了 5 年。我们认为，《西洋杂志》刊名倒是很可能受到了近代中文书刊的影响。理由是自古以来日本就有向中国借词的传统，而明治维新之前，日本又曾大量移译中国早期介绍西学或洋学的书刊，文久年间（1861 ~ 1863），它们或以手抄本方式，或通过德川幕府的“番书调所”翻印而在日本国内流传[②]。

柳河春三在 1861 年出版的《横滨繁昌记》的“舶来书籍”一文中谈到：“新报纪事之属，则遐迩贯珍、六合丛谈、中外新报、上海新闻等。”[③] 由此可见，他在创办《西洋杂志》之前，有可能已经注意到《遐迩贯珍》、《中外杂志》等近代中文报刊关于“杂志”的用例。

“杂志”在日本是不被视为舶来品的[④]。当然，“杂志”在幕末也存在一个近代转换的问题。最初，“杂志”与“新闻”（报纸）也没有明显的划分，比如《官版巴达维亚新闻》。日本学者将这个时期称为“报纸杂志混合期”[⑤]。柳河春三创办《西洋杂志》月刊的时候，选用“杂志”作为定期刊物之命名，概括起来应该受到了三个渠道的影响：一是本土的传统资源。早在江户时代中期，日本就已出版“云萍杂志”之类的书籍，这种影响的源头说到底还是古代中国。二是

① 松浦章：《遐迩贯珍所描述的近代东亚世界》，沈国威、内田庆市、松浦章：《遐迩贯珍：附解题·索引》，第 17 页。

② 卓南生：《中国近代报业发展史（1815 ~ 1874）》，第 4 页。

③ 沈国威、内田庆市、松浦章：《遐迩贯珍：附解题·索引》，第 125 页。

④ ［日］富田仁：《舶来事物起原事典》，东京名著普及会 1989 年版，第 7 ~ 9 页。

⑤ ［日］山本文雄：《日本マス・コミニユ一ヶシヨン史》（增补），东京东海大学出版会 1998 年版，第 36 页。

来自兰学的影响。《西洋杂志》的主要内容是编译、解说荷兰等西欧国家的科技、文史类刊物上发表的材料。卷一中写道："本杂志创刊的目的，乃类似西洋诸国月月出版的马卡仙，广集天下奇谈应能一新耳目，加益万民之诸科学和百工技艺，包括所有译说，将不惜版幅，蒐集彙纳。"[①] 这里提到的"马卡仙"，并非译自"Magazine"而是荷兰语"Magazjin"，Magazjin 一词曾被译为"宝函"、"志林"[②]。日本在前近代时期与荷兰有过长期的接触，闭关锁国之后所受西方的影响主要源自荷兰。三就是前文提到的来自晚清中国的影响。日本假助汉译来吸收、输入西方文化，其目的在于"不劳而溥"，他们习惯于采用这种过渡性的手段，多快好省地吸收西方文化的精华[③]。

但是，《中外杂志》1868 年停刊之后，以"杂志"来为中文刊物命名这一方式似乎并没有得到传承[④]。传教士在试用了"杂志"[⑤] 之后，又试用了"汇编"（如《格致汇编》）、"闻见录"（如《中西闻见录》）、"新报"（如《厦门新报》）、"报"（如《万国公报》）等。受传教士办报理念的影响，康梁在 19 世纪末推行变法的时候也将他们创办的杂志称为"报"或"新报"，如《时务报》、《知新报》、《集成报》、《湘学新报》等。而其他中国人自办的刊物，也多以"报"来命名，如黄庆澄的《算学报》、罗振玉的《农学报》、叶耀元的《新学报》等。可见"报"一词在中文中具有宽泛的涵盖力，而且在 19 世纪下半叶的报刊实践中，其竞争力和影响力处于上升的态势，与此同时"杂志"一词则长期受到冷遇。

有趣的是，在 19 世纪下半叶，中国也有一种与柳河春三《西洋杂志》同名的出版物，但那是书籍。它是"曾门四弟子"之一、桐城派著名作家黎庶昌对欧洲国家社会生活各方面观察或考察的翔实记述。可见，"杂志"一词在当时的中国，古义与近代义同时被使用。

直到 1900 年才有第二份以"杂志"来命名的近代中文刊物[⑥]，这就是杜亚泉在上海创办的《亚泉杂志》。这是最早使用"杂志"来命名的近代国人自办刊物，也是第一个以主编人名命名的近代杂志。

---

① ［台］张觉明：《现代杂志编辑学》，台北环球经济社、商务印书馆 1996 年版，第 56 页。

② 日本幕府成立"蕃书调所"翻译外来刊物，"蕃书调所"的刊物《官板玉石志林》中将"Hollandische Magazijin"译为"荷兰宝函"字样。"宝函"意为放着贵重物品的盒子，义近"贯珍"。

③ 汪向荣：《日本教习》，三联书店 1988 年版，第 189 页。

④ 据《中国近代报刊名录》（史和、姚福申、叶翠娣编）、《中文报刊目录》（范约翰编）等。

⑤ 王韬将《中外杂志》误记成《中外杂述》。也许此时"杂志"仍为试用词而不是固定的专有名词。——参见宋原放主编：《中国出版史料（近代部分）》第一卷，第 107 页。

⑥ 1896 年，日据时期的台湾有一份《台南产业杂志》。

四、“杂志”：从过渡词到流行词

“杂志”从过渡词演变成流行词的过程，打上了日本影响的烙印。《亚泉杂志》之“杂志”即可能是由日本借入的。杜亚泉在创办《亚泉杂志》之前，自学了化学和日文，阅读了一批日文图书和杂志。《亚泉杂志》第10册有一篇《日本太阳杂志工业摘录》，文中记载：“日本著名之《太阳杂志》中所辑工业世界，载近世新发明之理颇多，兹就近年杂志中摘录若干条以备留心工业者之采择焉。”①

梁启超在《清议报一百册祝辞并论报馆之责任及本馆之经历》中也谈到：“若此者，日报与丛报（丛报者指旬报、月报、来复报等，日本所谓杂志者是也），皆所当务，而丛报为尤要。”② 可见梁启超当时并不了解“杂志”曾被用作中文刊名的情况，而误认为这是日本名词。

日本的《西洋杂志》比《中外杂志》晚出5年，但是与《中外杂志》之后、“杂志”湮没在“报”里的情况不同的是，“杂志”在日本被频频使用，如《海外杂志》、《新闻杂志》、《明六杂志》、《医事杂志》、《文部省杂志》，等等。

与在中文里具有的不确定性相比，置于日文语境中的“杂志”具有清晰的内涵和外延，而且与“新闻”已出现清晰的界限。相比之下，在中国被频繁使用的“报”则受到了冷遇，“报”在日文中内涵较窄，仅用于“官报”、“私报”、“公报”等场合。

《亚泉杂志》创刊前后的中国正经历世纪之交的巨变，在失败的阴影笼罩下的中国人开始将日本视为求学的一大主要方向，伴随留日潮的兴起，越来越多的中文报刊开始以“杂志”来命名了。

其中，主要是留日学生创办的报刊，如1906年李叔同创办的《音乐小杂志》、张一鹏创办的《法政杂志》，1907年燕滨创办的《中国新女界杂志》，以及其后的《农桑杂志》、《武学杂志》、《中国商业杂志》等，这些留日学生创办的杂志也大都在日本刊行。

在国内，国人创办的期刊以杂志命名的也多了起来。1904年，中国近代刊期最长的大型综合刊物《东方杂志》（*Eastern Miscellany*）创刊。《东方杂志》为

---

① 陈江：《“报”与“刊”的分离及杂志的定义——中国近现代期刊史札记之一》，《编辑之友》1990年第5期。

② 《清议报》，1901－12－30。

上海商务印书馆出版，创刊之初为月刊，17 年后改为半月刊。[①] 此后商务印书馆又在 1909 年创办《教育杂志》，1911 年发行《法政杂志》。

五、近代中日之间的“杂志”

具有近代含义的“杂志”一词，是否历经了一次从中国传入日本，又从日本反馈到中国的过程呢？这需要进一步的探讨。从我们现在掌握的资料来看，可以肯定的有以下两点：

第一，日本的《西洋杂志》首先借用了“杂志”来对译“Magazine（Magazjin）”，而这种译法后来为中国普遍采用，成为定译[②]。在中国，“Magazine”作为杂志的通用概念最终被确立下来花了将近一个世纪的时间。近代日本人在译介西方术语的时候，惯用的方法之一是借取中国古典词汇来翻译西洋术语，并赋予来自西学的新含义，而这种新义与古义之间存在着联系性与近似性。

第二，“杂志”一词在中国本土从试用词、过渡词到最后成为流行词，是一个中国、西方、日本三方文化互动的过程。明清之际西方传教士和中国西学派人士创制和翻译的西学词语中，不少并未直接在中国得到普及，而是传入日本得到广泛采用后又逆输入中国，结果被人误认为是日制汉字词[③]。西方传教士用“杂志”来命名近代刊物的做法，当时就未在中国普及，而极有可能被日本借用过去，得到推广后才引起国人的关注和采纳。

刘禾在《跨语际实践》中提出，在 19 世纪末 20 世纪初进入中国语文的仿译词、语义外来词以及其他外来词汇遵循着一种典型的模式：日语用‘汉字’翻译欧洲词语，这些新词语随即又重新被运用到汉语中[④]。考察“杂志”一词近代义的生成过程，可见其并不符合这种典型模式，而是“逆输入词汇”中的特例。就如同有侨居东洋的华人，白首还乡之后被误认作日本人一样[⑤]。这一过程折射了近代中日两国国势之强弱消长关系。

“杂志”挟着日本不断增强的影响力为国人所重视并成为流行术语之后，带“报”字的报刊名称仍可与“杂志”共存。如梁启超 1902 年创办于横滨的《新

---

① 1902 年 1 月 4 日，商务印书馆出版第一本杂志《外交报》，主编张元济。1904 年出版《东方杂志》，创刊时主持编辑的是日本人，其中有很多文章是日本人写的。参见胡愈之：《回忆商务印书馆》，《文史资料选辑》第六十一辑，中国文史出版社，中国人民政治协商会议全国委员会文史资料研究委员会编。

② 林穗芳：《“杂志”和“期刊”的词源和概念》，《编辑学刊》1993 年第 2 期。

③ 冯天瑜、邓新华：《中、日、西语汇互动与近代新术语形成》，《浙江社会科学》2002 年第 4 期。

④ 刘禾：《跨语际实践》，三联出版社 2002 年版，第 45 页。

⑤ 实藤惠秀著，谭汝谦、林启彦译：《中国人留学日本史》，第 346 页。

民丛报》半月刊，柳亚子1906年创刊于东京的《复报》等。直到今天，仍有一部分杂志拖着“报”字的尾巴，比如《小说月报》、《新华月报》等。但是自19世纪初开始，“杂志”就已经与“书”、“报”等有所区分并开始被赋予了近代意义，最终成为了独立而专门的概念。

第四节 “新闻自由”考略

新闻自由，是新闻传播学最重要的关键词之一。研究中国近现代新闻自由思想的人，没有不注意新闻自由概念的早期使用情况的。但长期以来，中国大陆新闻传播学术界的相关研究存在着一些误区，主要是对原始文献解读上存在着很大问题，一些学者常常把概念和观念混为一谈，如认为19世纪30年代就产生了中文语境中的“新闻自由”概念，[①] 或只是推迟到稍后的王韬时代。有些学者称王韬为“中国最早的报刊自由主义大师”[②]、“王韬是论述新闻自由思想的中国第一人”[③]。后一种对王韬报刊思想的赞评虽没明说新闻自由概念的首创者，但应是意在言中[④]，实则这些学者大多忘记了中国本土的清议传统。以上的结论程度不同地存在着对原始文献的过度诠释，或可称之为“回溯性追认”[⑤]、“时代误置”[⑥]。论者对近代自由概念的理解偏差恐怕也是一个重要原因。笔者拟在本文中，对新闻自由概念从学科术语角度，而不是从一般思想史的角度进行考察，即以原始文献中是否出现“新闻自由”的中文表达或类似词语为主要依据。本节的

① 童兵、林涵：《20世纪中国新闻学与传播学·理论新闻学卷》，复旦大学出版社2001年版，第58页；马光仁《中国近代新闻法制史》，上海社会科学出版社2007年版，第39页。

② “王韬是近代中国第一个提出报刊言论自由思想的人，同时也是第一个将西方的自由主义理念系统传输进这个古老帝国的新型知识分子和自由主义报人……特别是从他对英国老牌的自由主义报纸《泰晤士报》的仰慕和竭力追效中，可以让人知道，他对自由主义是多么的沉醉和神往。”张育仁：《自由的历险——中国自由主义新闻思想史》，云南人民出版社2003年版，第71页。

③ 李秀云：《中国新闻学术史（1834～1949）》，新华出版社2004年版，第45页；李秀云：《中国现代新闻思想史》，中国社会科学出版社2007年版，第134页。

④ 实则“王韬思想言论所受于西方学术之影响者甚微……王韬于穆勒氏之宏论未之与闻，更无论洛克、孟德斯鸠及卢骚等西哲政治学说。”参见赖光临：《中国近代报人与报业》，台湾商务印书馆1987年版，第151页。王韬的《漫游随录》记录了其在1867～1870年的欧洲游历以及较长时间居住在英国的所见所闻。其时，穆勒《论自由》（1859）出版不久，王韬竟只字未提。王韬不无夸耀地描述自己在牛津大学演讲孔子学说，说明他的传道者身份（“吾道其西”）远过于他的取经者身份。还可以参见林启彦、黄文江主编：《王韬与近代世界》，香港教育图书公司2000年版。

⑤ 参见葛兆光：《中国思想史导论：思想史的写法》，复旦大学出版社2005年版，第12页。

⑥ 转见黄旦：《媒介就是知识：中国现代报刊思想的源起》，《学术月刊》2011年第12期。

新闻自由概念界定明确，可以借用20世纪40年代中国新闻界的说法："所谓新闻自由，不外以下三事曰：采访自由、传递自由、受授及发表自由。"① 即狭义的新闻自由概念，其中包含的各项指标都是很具体的。

一、汉文语境中"新闻自由"的最早使用

最近的研究表明，"新闻自由"一说最早出现于1944年的下半年，1945年之后逐渐流行开来。② 在当时，"新闻自由"的确是一个比较新的词汇。时任《中央日报》社长的马星野在1946年7月曾写道："新闻自由之名词，为挽近所提出，其较旧之名词，则为出版自由。"③ 笔者通过"民国期刊全文数据库"篇名检索，得相关文献121篇，其中1944年6篇，1945年22篇，1946年21篇，1947年32篇，1948年34篇，1949年5篇，"新闻自由"一词流行的情况可见一斑。

不过，在这次文献检索中，意外地得到1941年的"新闻自由"用例，它是一首名为《新闻自由》的小诗：

新闻自由

[一面要竭力支持战士，而要保全战士们所争取的我们所重视的自由]——诺伊斯扔下王冠的英雄们/夺回新闻的自由/因为你们的声音/是人民的眼睛/坚持新闻的自由/看/希特勒的欧罗巴/地下火腾空而起/报纸/在地下室透明……④

以上文献检索中显示1944年只有1个用例，但它却并不是"新闻自由"的首出例。《国际报界专家会议时之报告书》中，有如下记录：

本委员会（记者委员会——笔者注）深信平时检查新闻，不论公开的或

① 《大公报》1944年11月21日。1951年国际新闻学会（International press institute）解释新闻自由，含有四个要点：接近新闻的自由（free acess to news）、传播新闻的自由（free transmission of news）、发行报纸的自由（free publication of newspapers）和表达意见的自由（free expression of views）。参见苏进添：《日本新闻自由与传播事业》，致良出版社1990年，第5页；台湾学者李瞻将新闻自由分解为八个要点：1. 出版前不用请领执照或特许状，亦无需缴纳保证金；2. 出版前免于检查，出版后除担负法律责任外，不受干涉；3. 有报道、讨论及批评公共事务的自由；4. 政府不得以重税或其他经济手段迫害新闻事业，亦不得以财力津贴或贿赂新闻工作者；5. 政府不得参与新闻事业之经营；6. 自由接近新闻来源，保障采访自由；7. 自由使用意见传达工具，免于检查，保障传递自由；8. 阅读及收听自由，包括不阅读不收听之自由。参见李瞻：《比较新闻学》，国立出版社1972年，第35页。

② 参见路鹏程：《晚清言论自由思想的肇始与演变（1833~1911）》，华中科技大学2009年博士论文，第11~17页。

③ 马星野：《出版自由论》，《报学》双周刊1946年7月8日。载氏著：《新闻自由论》，中央日报印行1948年版，第49页。

④ 祥麟：《自由神（小时事诗集）：中国海岸登陆》，载《诗垦地丛刊》1941年第6期。

秘密的，皆为国际间通常交换消息的根本障碍，影响于国际间之接近极大。且检查之举，并不能阻止不实消息与捏造消息之传播，于施行此种检查之政府，无益而有害。此点已详电报通信社委员会报告书中，故本委员会，深愿检查新闻之举，立即并永远取消。

根据新闻自由（着重点为笔者所加）之原则，苟国家犹保存平时检查新闻之举，则记者至少必须要求左列之保证：

（一）检查电报之法，必须由专门家管理，检查之后，须立即发出。

（二）给予专门家之训令，须预为通知各记者，俾彼等自行注意。

（三）电报中删去一段或传递特别迟延，必须通知该记者等，俾彼等将已经检查或迟延之新闻加以选择，决定登载与否。

（四）凡因检查或迟延之电报，已经预付电费者，必须按照删去之字数，给还电费。

（五）对于各新闻记者，须完全平等待遇，无少歧视。①

这份报告书的起草人、起草的具体时间，迄今尚不清楚，但可以肯定的是，此处应是中文“新闻自由”的首见书证，即可以此断言“新闻自由”在中文世界中的出现不晚于1930年。

二、中文“新闻自由”概念的生成

“新闻自由”是新闻+自由的偏正词组。但“新闻”与“自由”在中国古代词汇中早已存在，它们联结为一个合成词，按理说并不难。但是，我们今天使用的“新闻自由”概念中的“新闻”与“自由”，严格地说，几乎完全都是近代词语。至于“新闻”与new、newspaper，“自由”与Freedom或Liberty是如何对接与转换的，因不是本文讨论的重点，从略。

笔者认为，“新闻自由”概念起源于19世纪初传入中国的某些新观念。先有新闻自由观念或类似的观念，然后才有中文“新闻自由”的概念。

19世纪30年代，这种新闻自由观念通过中英文两种渠道传入中国。1833年，马礼逊在英文《广东纪录报》上发表《论印刷自由》（The Press）一文，他援引了法国1830年新宪章，对葡萄牙天主教会禁止其在澳门从事的出版活动提出抗议②。此文因写给英语读者看的，故对华影响非常有限。另一份重要文本就

① 黄天鹏编：《新闻学名论集·附录》，上海联合书店1930年版，第315～316页。

② Eliza A. Morrison, Robert Morrison, Samuel Kidd. *Memoirs of the Life and Labours of Robert Morrison. Vol. Ⅱ* London: Longman, Orme, Brown, Green and Longmans, 1839, pp. 479－481。

是1834年发表在《东西洋考每月统记传》上的《新闻纸略论》，在这篇仅有331字的短文中，对西方主要国家的言论出版自由有所介绍，但以“各可随自意论诸事”、“其理论各事更为随意”含糊其辞，在这篇连“新闻纸”用名都不甚确定的短文中[①]，要传教士们找到中文言论出版自由的恰当表达也是太难为他们了。

值得一提的是，在19世纪60年代编纂的罗存德词典中已收录“liberty of the press”这一短语，当时译作“任人印，随人印”。

自1899年梁启超提到“言论自由”、“出版自由”起[②]，这两个概念在很长时间里包含了新闻自由的意思。但是，随着中国近代新闻传播事业的发展，针对报刊业务而言，不可避免地会逐渐产生一些新的说法。以下大致按时间先后顺序介绍几种。

1. “出报自由”

民国初年，身为《民立报》主笔的章士钊，在一篇评论新闻立法的文章中，从英国宪法重视个人权利出发，认为自由不过是特许的对立面，文中谈到了通信自由、出版自由、言论自由、集会自由等多项自由，接着他写道：

> 知此理者，则甲乙欲向丙丁戊己以至千万人日日同在某地发言，日日同在某地刊行其言，以至千百万张，必为自由自然之序，是何也？即出报自由也。英人所持之原则如此。[③]

2. “采访上之自由心证主义”

20世纪20年代末，报人周孝庵在其新闻学著作中“采访新闻之标准”一节，针对美国报界使用的标准，他写道：

> 予以为采访新闻与编辑新闻之标准，系一元的、非多元的。换言之，无刊登之价值者，即无采访之必要。至采访之标准，则概括言之：（一）在合于“新闻价值”；（二）在有益于多数人（国家、社会、民众，而非一人、一团体、一公司）。其有新闻价值者采访之、编刊之，但虽有新闻价值而有害于多数人时，仍不应为之刊载，此必然之理。曾忆法学上有一种自由心证主义，即对于刑之轻重，法官有参酌案情而决定之权。若采访新闻，亦只须以上列二个标准，由访员观察新闻价值而决定其应访与否。故采访上之自由心证主义，当较美报所刻板规定者为活动。[④]

---

① 《新闻纸略论》中表达“新闻纸”的词汇同时还有“新闻纸篇”、“书纸”、“加西打”、“篇纸”。

② 1899年梁启超在《清议报》上多次提到言论出版自由，如“厘定臣民之权利及职分，皆各国宪法中之要端也，如言论著作之自由……”（《各国宪法异同论》）；“西儒约翰·穆勒曰：‘人群之进化，莫要于思想自由、言论自由和出版自由’。”（《自由书序》）；“思想自由，言论自由，出版自由，此三大自由者，实惟一切文明之母。”（《清议报一百册祝辞并论报馆之责任及本馆之经历》）。

③ 《论报律》，载《民立报》1912年3月6日。

④ 周孝庵：《最新实验新闻学》，上海中华书局1928年版，第33~34页。

此处是指新闻采编业务上的“自由裁量权”，与后来的“采访自由”不是一回事，但就“新闻自由”概念演变而言，仍具有一定的参考价值。

3. “纪载自由”

“纪载自由”在1930年前后较多为新闻界所使用，如：

> 纪载自由各国法律所许可，欧洲二十世纪时纪载自由已臻极盛，然纪载自由妨害国家社会或私人之利益者，得取缔之，其责任问题，亦明白规定。[①]

“纪载自由”也写作“记载自由”，如：

> 在去年上海市新闻记者公会秋季委员大会中讨论‘争取言论自由记载自由以恢复报格案’时，有许多会员就是这样地想，他用‘我们虽不能争得言论自由，我们不能不作这样一个表示，以免外界的人，对记者不谅解的态度’来讨论。而抹去了原案中自己所能做到的具体步骤。[②]

又如：

> 要谋发达，首在经济独立，其次一须引起一般人阅报之兴味——社会一般人士，对阅报毫无兴趣，新闻快缓，自所不问，读者既少，新闻何能发达，要图补救之法，首在增加兴趣之材料，唤起阅读之需要。换言之，阅报者为数过少，实新闻事业不发达之第一原因也。二须澄清政治——政治不上轨道，记载即失自由，而新闻宣传性成分既多，即失读者之信仰而为茶余酒后之消遣，此新闻事业不能发达之第二原因也。三须健全社会……[③]

“纪载自由”非常接近今天我们使用的狭义的“新闻自由”[④]，类似的表达还有“截载自由”、“揭载自由”等。

4. “报纸自由”（报纸的自由）

1940年，一个署名无念的作者发表了《报纸自由的呼唤》，文中写道：

> 英国标准晚报（Evening Standard）编辑佛兰克欧文（Frank Owen）最近在图画邮报（Picture Post）上发表了一篇文章，题名“保持我们报纸的自由”。[⑤]

四年前，还有一篇由梁士纯写的《读“报纸的自由”后》的文章[⑥]。

此外，接近“新闻自由”概念的还有“采用自由”、“传达自由”、“报章的自由”、“报馆的自由”、“（新闻）交换自由”、“处理新闻的自由”、“报纸言语

---

① 吴凯声：《新闻纸违法纪载之责任问题》，载《报学月刊》1929年第1卷第2期。

② 袁殊：《记者道》，上海群力书店出版社1936年版，第6~7页。

③ 胡政之：《中国新闻事业》，黄天鹏编《新闻学刊全集》，上海书店1990年影印版，第246页。

④ 路鹏程：《言论自由、出版自由与新闻自由概念传入中国的历史考察》，《中国传媒报告》2009年第4期。

⑤ 《燕京新闻》1940年第7卷第8期，第4页。

⑥ 《平津新闻学会会刊》1936年第1期，第3~5页。

自由”、“新闻界言论自由权”，等等。但是，文献检索显示，1944 年前，新闻界使用“言论自由”的频率是最高的。

三、“新闻自由”概念生成中的日本中介

中国近代的新闻自由概念或新闻自由观念受到域外影响十分明显，最初新观念输入的情形，是不必赘述的。20 世纪 20 年代末“新闻自由”的首次使用得益于当时中国新闻界参与的国际新闻交流活动，而 20 世纪 40 年代由美国发起并推广的国际新闻运动，使得“新闻自由”在中国成了流行词汇，成为当时一个耀眼的热词。

在日本办报的梁启超无疑是直接受到日本观念影响的。梁启超在 1903 年松本君平《新闻学》中译本出版之前就阅读了其中的内容，“第四种族”概念即是如此照搬过来的。[①] 在松本君平的《新闻学》中，“思想自由”（思想の自由）、“言论自由”（言論の自由）、“出版自由”（出版の自由）、“言论自由之权”、“言论出版之自由”均有大量使用。顺便说一句，津田真道（1829～1903）在《明六杂志》中发表过一篇关于出版自由的论说，表明“出版自由”在日本的使用应不晚于 1874 年（明治七年）。

我国早期的新闻学者（邵飘萍、任白涛、袁殊等）受日本影响也很明显，邹宗孟在《日本新闻界一瞥》中也提到“日本新闻与言论之自由”[②]。但就“新闻自由”概念而言，尚无直接证据显示日本方面的明显作用。“报纸的自由”、“新闻的自由”很像直接来自日文“新聞の自由”，但笔者通过日本国立情报学研究所论文检索系统发现，目前查到的最早文献是，1945 年联合国最高司令官总司令部颁布的《有关言论及新闻自由备忘录》（言論及び新聞の自由に関する覚書），可见，“新聞の自由”几乎也是不久才在昭和日本开始使用的。所以，小野秀雄在《新聞原論》中有如下说明：

> 私は、右の混雑を避けるがため、出版物全部に対する時は「出版の自由」、新聞のみに対する時は「新聞の自由」なる言葉を用ゐることとしてゐる。或は憲法の用語を転用して「出版の自由」の代りに「印行の自由」とするも、敢て不合理ではないのである。[③]

在日文中，最接近狭义“新闻自由”的词汇是“報道の自由”。日文“報道

① 参见周光明、孙晓萌：《松本君平〈新闻学〉新探》，载《新闻大学》2011 年第 2 期。
② 黄天鹏编：《新闻学刊全集》，上海书店 1990 年影印版，第 68 页。
③ 小野秀雄：《新聞原論》，日本东京堂株式会社 1948 年版，第 215～216 页。

の自由”也有广狭义之别，广义指包括采访（日文汉字为收集、取材）、编辑（日文汉字为整理、编集）、发表（日文汉字为发表、報道）三个过程的新闻传播活动的自由。20 世纪 40 年代，中国方面将美国发动并推行的国际新闻自由（Freedom of Information）译为新闻自由，日本方面则译为“報道の自由”。

“新闻自由”概念是在第一份近代中文报刊创办 100 余年之后，“言论自由”、“出版自由”概念使用了 30 年左右才出现的。在“言论自由”、“出版自由”不能覆盖或被覆盖但不明确的地带，存在着“新闻自由”产生的土壤。

“新闻自由”概念的产生与使用，明显受到域外近代新观念的影响，其中也包括来自日本方面的影响，这种影响不能低估，尽管目前未能找到更多直接的证据。

“新闻自由”在 20 世纪 20 年代末的首次使用与在 20 世纪 40 年代下半期的流行，都是依据信息自由传播这一基本精神的，其主要目标都是针对当时的新闻检查制度。从 1944 年开始，对于美国发起并推行的新闻自由运动，中国国内各界的立场短时间内罕见地达成一致，朝野形成了一股欢迎新闻自由的合力[①]。

通过阅读当时的新闻自由方面的文献，我们还可以看到，当时中国新闻界对“新闻自由”的讨论，其对新闻自由概念内涵的理解的阐发，的确达到了相当高的水平。

① 当时的国民政府迫于美国压力，也勉强持欢迎态度。《不承认新闻自由国家不予以救济贷款》，载《中央日报》，1945 年 10 月 15 日。

第十二章

"民俗"与"民俗学"

"民俗"与"民俗学"，在英语中是同一个词 folklore，在汉语中是两个词。"民俗"是本土词，古已有之。"民俗学"是外来词，传入距今不过百年左右。探讨这两个关键词，就是探讨中国民俗学发生的历史。

第一节 民　俗

一、"民俗"的语义流变

在汉语中，"民俗"一词由两字组成。民，古义有三，根据学者考证，本义为奴隶①。后来泛指人类。如《诗经·大雅·生民》："厥初生民，时维姜嫄。"《吕氏春秋·贵赏》："民无道知天，民以四时寒暑日月星辰之行知天。"第三个义项指百姓、庶民。如《诗经·小雅·节南山》："弗耕弗亲，庶民弗信。"因此，"民"有时也被称为"庶民"、"黎民"。可知，"民"在先秦时指的是那些没有社会地位或地位低下从事生产劳动的人群。

① 梁启超《太古及三代载记》云："民之本义为奴隶"。郭沫若：《甲骨文字研究》云："周人初以敌囚为民时，乃盲其左目以为奴徽。"

俗，本义为习俗。如《史记·李斯列传》：“孝公用商鞅之法，移风易俗。”后也指世俗，当代的。如《孟子·梁惠王下》云：“寡人非能好先王之乐也，直好世俗之乐耳。”

（一）民俗的本义

“民”与“俗”结合成为一个偏正词组，“俗”是这个词的核心，“民”做修饰语，起限定作用。从字面意义看，指那些没有社会地位或社会地位低下的从事生产劳动的人群的风俗习惯。

就目前所见，“民俗”一词始见于先秦，如《六韬·文启》云：

> 古之圣人聚人而为家，聚家而为国，聚国而为天下。分封贤人以为万国，命之曰大纪。陈其政教，顺其民俗，群曲化变于形容。万国不同，各乐其所，人爱其上，命之曰大定。①

“陈其政教”指的是宣传推广统治者的政治教化，“顺其民俗”则是让老百姓的生活习惯和生活方式顺从于教化要求。可见，在当时的统治者看来，“民俗”属于被政治教化规训的对象，只要百姓都能按照教化的内容安排自己的生活方式，天下就会安定。

另，《管子·侈靡》云：

> 乡殊俗，国异礼，则民不流矣。不同法，则民不困。乡丘老不通覩，诛流散，则民不眺。所以留民俗也，皆令安乡乐宅，享祭先祖，其有讴吟思于他所者则诛之，或有称举号咏他乡者皆诛之。凡此皆欲留止人俗，不令转移。②

“乡殊俗”说的是民俗的差异性，人群因为居住环境的不同以及族群的不同，形成不同的民俗习惯。人久居某地，早已养成了固定的生活习惯，若迁往他乡，入乡随俗，就要改变积习，顺应新地方的风俗，然而，积习难改，因此除非万不得已，百姓通常不愿背井离乡。古人认为，对这种安土重迁的民俗要加以保留，对于那些有外迁想法的人要给以惩罚，才能保证人民不流亡。要做到这一点，就要使居民“安乡乐宅”，“享祭先祖”，以民俗文化为纽带，将农民牢牢束缚在原有的土地上。

农耕社会，以勤俭为美，以骄奢淫逸为过，这种道德评判标准即使宫廷也不能例外，那些大肆铺张、矜夸豪富的统治者，都会受到道德的谴责，如商朝亡国之君商纣。对于民间百姓，更是提倡勤俭，鄙视享乐浪费的风气。《韩非子·解

① 《六韬》卷二，清平津馆丛书本，第7页。
② 《管子》卷十二，四部丛刊景宋本，第128页。

老》云：

狱讼繁则田荒，田荒则府仓虚，府仓虚则国贫，国贫而民俗淫侈，民俗淫侈则衣食之业绝。①

“民俗淫侈”，指骄奢淫逸的生活方式，如果老百姓普遍追求享乐，铺张浪费，就会影响到农业生产这一国之根本。因此成为声讨的对象。这里的“民俗”，也是指人们的生活习惯而言。

先秦以后，民俗的本义继续为后世所沿用，如班固《汉书·地理志》云：

武都地杂氐羌及犍，为牂柯，越嶲，皆西南外夷，武帝初开置，民俗略与巴蜀同。②

《三国志·魏书》：

其土地有松、柏、槐、梓、竹、苇、杨柳、胡桐、百草。民俗，田种五谷；畜乘有马、骡、驴、骆驼；桑蚕；俗多奇幻，口中出火，自缚自解，跳十二丸巧妙。

这里说的氐羌等“西南外夷”，民俗和巴蜀地区的汉族相同，显然主要指生产方式和生活方式。《三国志》中所说更加详细，对当地居民的农业和畜牧生产有着较为详尽的描述。

（二）民俗词义内涵的丰富与地位抬升

晋代以后，“民俗”的含义开始变得丰富起来。除了继续使用其本义，民俗还特指当地人的文化性格。如《后汉书·列传》载：

融居属国，领都尉职如故，置从事监察五郡，河西民俗质朴，而融等政亦宽和。③

“质朴”一词主要用来形容某地居民的性格朴实淳厚。如董仲舒《春秋繁露·实性》云：“此皆圣人所继天而进也，非情性质朴之能至也。”说河西“民俗质朴”，就是说河西地区的居民纯净自然，心无杂念。有时，某地居民不守法度，敢以身犯险。文献中就说该地“民俗荒犷，多为盗贼”④，这里的“民俗”主要指当地居民的文化性格。

“民俗”有时还指当地的民情。如《北史·隋本纪》载：

壬午诏曰：武有七德，先之以安民；政有六本，兴之以教义。高丽亏失藩礼，将欲问罪辽左，恢宣胜略，虽怀伐国，仍事省方。今往涿郡巡抚民

① 《韩非子》卷六，四部丛刊景清景宋钞校本，第52页。
② 《汉书》卷二十八下，清乾隆武英殿刻本，第488页。
③ 《后汉书》卷二十三，百衲本景宋绍熙刻本，第298页。
④ 《周书》卷三十七，清乾隆武英殿刻本，第242页。

俗，其河北诸郡及山西山东年九十已上，版授太守。①

隋炀帝在征伐高丽之前，先往涿郡等地视察，"巡抚"即巡视、安抚，作为皇帝巡抚的对象，"民俗"自然是指当地的民情。

"民俗"一词的使用在宋代达到高峰。据对中国基本古籍库的关键词统计学调查，在宋代以前，"民俗"在文献中出现的频率不高，先秦的文献中只有7次，汉代文献中出现约50次，唐代出现约70次，到宋代，出现频率一下增至约800次，是汉代文献的16倍，唐代的10倍。"民俗"在宋代文献中的突然大量增加，固然与宋代印刷出版业的繁荣有很大关系，但也表明"民俗"一词在宋代得到了更广泛的运用。最重要的是，"民俗"不再是文献中的一个普通词汇，而是进入了方志系统，成为方志记载中一个门类的名词术语，如《东京梦华录》卷五，专门列出"民俗"的总条目，在总条目下进行分类和更细致的描述，原文如下：

民俗

凡百所卖饮食之人，装鲜净盘合器皿，车檐动使，奇巧可爱。食味和羹，不敢草略。其卖药卖卦，皆具冠带。至于乞丐者，亦有规格。稍似懈怠，众所不容。其士农工商，诸行百户，衣装各有本色，不敢越外。谓如香铺裹香人，即顶帽披背，质库掌事；即着皂衫角带，不顶帽之类，街市行人，便认得是何色目。加之人情高谊，若见外方之人，为都人凌欺，众必救护之。或见军铺收领到斗争公事，横身劝救。有陪酒食檐，官方救之者，亦无惮也。或有从外来新邻左居住，则相借措动使，献遗茶汤，指引买卖之类。更有提茶瓶之人，每日邻里互相支茶，相问动静。凡百吉凶之家，人皆盈门，其正酒店户，见脚店三两次打酒，便敢借与三五百两银器。以至贫下人家，就店呼酒，亦用银器供送。有连夜饮者，次日取之。诸妓馆只就店呼酒而已，银器供送，亦复如是。其阔略大量，天下无之也。以其人烟浩穰，添十数万众不加多，减之不觉少。所谓花阵酒池，香山药海。别有幽坊小巷，燕馆歌楼，举之万数，不欲繁碎。②

这里描述了北宋都城东京（今河南开封）的繁华热闹和市井风情，具体包括了如下方面的内容：

第一，当时人们在饮食上和服饰上的考究。各色人等，在穿衣戴帽等生活细节上有着明确的分野，从衣着打扮上就可推知该人的身份和职业。

第二，都城人的豪爽、义气、好客，爱打抱不平，乐于助人的侠义风范。

第三，都城人生活的富庶奢侈的生活做派。穷人家买酒都要用银制的酒器。

① 《北史》，卷十二，清乾隆武英殿刻本，第184页。

② 孟元老撰，邓之诚注：《东京梦华录注》，中华书局1982年版，第131页。

一方面说明东京人生活富足，另一方面也说明时人有好面子、摆阔夸富的习惯。

在方志文献中设立“民俗”这一条目，表明“民俗”的词语地位得到抬升，宋以前，民俗知识用于表述从事体力劳动的人们风俗习惯的词汇，自宋代开始，它成为中国方志系统中一个重要的记述门类。这对于明清及以后的方志撰述系统影响巨大。

（三）明清及以后“民俗”的语义流变

明清时期，民俗一词的使用频率出现了第二次高峰。在元代的文献中，“民俗”出现约300次，明代这个数量跃升到2000次，是元代的6～7倍，比宋代也要高出两倍还多。清代，这个数字继续增长，达到近3000次。

明清两代，“民俗”的本义并无多大变化。明鲍应鳌《贺钱邑侯考绩序》云：

盖吾邑保界山陬，实繁生齿，其人守胜角气，以讼相矜，动辄颠仆。故令吾邑者，所急不在民生在民俗，所患苦不在赋役独在讼耳。①

明《赵州志·杂考》云：

赵地古多大豪，轻财好义，犹有平原君之遗风焉。当成化弘治间，民俗醇朴。②

明《八闽通志·地理·风俗》云：

遇兵不谨，遇荒不掠，其俗俭啬，喜讼好巫。海滨几及洙泗，女作率登于男，民俗舒缓。③

清蔡尔康述《泰西新史揽要·英国》云：

故欲正风俗，必先厚民生。民生各安于饱暖，风俗自进于敦厚，其生平持论如此。及是，贱食会公推为领袖，亦遂毅然不辞。其时英宰相披利亦持此议，谓欲民俗之敦厚，必先使极贫之人易而不贫。苟或不然，则良法美意纵有百端，均归无用。④

清陈沣撰《香山县志·舆地》云：

咸丰中，红匪构乱，道梗，谷翔涌，耕户大利，民俗亦侈靡。后谷贱租贵，侈风未衰，耕户大窘。⑤

上述材料中“民俗”的含义与民俗本义并无大异。

清末，随着西方工业文明的冲击，“民俗”产生新的内涵。薛福成《创开中

① 鲍应鳌撰：《瑞芝山房集》卷五，明崇祯刻本，第66页。
② 蔡懋昭撰：《赵州志》卷十，明隆庆刻本，第153页。
③ 陈道：《八闽通志》卷三，明弘治刻本，第36页。
④ 蔡尔康译：《泰西新史揽要》卷六上，上海广学会光绪二十二年刻本，第75页。
⑤ 陈沣：《香山县志》卷五，清光绪刻本，第78页。

国铁路议》云：

> 夫掷数百万之帑项，以开千古非常之功。此庸人所惊而圣人所必为也。民俗既变，然后招商承办，官为掌其政令，定其税额，恤其隐情，而辅其不逮，可以渐推渐广，渐续渐远。[①]

这里的“民俗”指固有的社会观念。投巨资建铁路，为中国旷古未有之事。那些固步自封坐井观天的“庸人”，自然对此举表示惊讶和反对。中国第一条铁路建成后被政府购回拆掉的命运，即庸人所为。然而，随着国门日开，那些认识到现代工业文明意义的知识分子，已经预见到铁路建设对于国家富强的重要性。但在中国这样一个长期封闭的国家，要建设铁路，首先要改变人们的观念，使其对现代工业文明不再有畏惧抵触心理。守旧的观念改变后，铁路建设方能开展。这里的“民俗”，指的是保守的社会观念。

另，《权制·军情述》云：

> 法兰西者，西洋海岸大国也。与英隔海港，纵横二千里。国政民俗多与英同，国富兵强，临阵虽死千万人，战益厉，其好战如此。[②]

此处所说的“民俗”，意义与本义相同，然其中之“民”指的不再是王道治下之百姓，而是皇朝疆土以外的他国国民。此处“民俗”即夷俗耳，表明国人在睁眼看世界后，终于放下了天朝大国的身架和华夷之辨的种族优越感，以平等眼光看待世界之民族。

另，“民俗”还有“通俗”、“民间”之意。如章太炎《訄书》云：

> 有通俗之言，有科学之言，此学说与常语不能不分之由。今若粗举其略：炭也，铅也，金刚石也，此三者素相同而成形各异。在化学家可均谓之炭。日与列宿，地与行星，在天文岂殊然？施之官府民俗，则较然殊矣。[③]

此处谈语言的具体语境问题。语境不同，物同而名异。如日月星辰，在官府的文献中通称星宿，但在民间口语中则俗称太阳、月亮，甚至太阳公公、月亮婆婆之类。在这里，民俗是作为官府的参照，以显示两者在用语上的差异性。有通俗或民间之意。

二、“民俗”与 folklore 语义对接

“民俗”一词虽在我国已通行两千多年。然用民俗对译西学术语 folklore，并

---

① 薛福成：《庸庵文编》卷二，清光绪刻本，第 37 页。

② 陈澹然：《权制》卷三，清光绪二十六年刻本，第 41 页。

③ 章炳麟：《訄书》，光绪三十年重订本，第 60 页。

非始于中国，而是完成于邻邦日本。

（一）folklore 的东传与日译

folklore 的创制和东传都是相当晚近的事，早期的英华词典均未收录该词。首次将 folklore 译为“民俗”者，是日本学者神田乃武主编的《新译英和辞典》。1902 年，该词典由三省堂出版发行。在 folklore 的条目下，所译日语的义项有二：一为“民俗学”；二为“民俗、传说、信仰及惯习、俗传”①。这是目前所见日语对 folklore 一词的最早翻译。

“民俗”何时从中国传入日本，现已不可考。应当是在唐宋等中日交流频繁时期，随汉籍传入。19 世纪末，西方的民俗学传入日本，由于 folklore 一词即为学科名称，同时又指学科研究对象，因此日本学者用源自汉语的“民俗”来对译英语 folklore 一词。为何选择民俗而不是其他词汇与之对译，原因主要有以下两个方面：

1. 由“民俗”的基本内涵决定。民俗在意义上与 folklore 接近，都是指社会地位较低从事着体力劳动的社会下层民众的知识和创造。两者对接在意义上没有问题。

2. 由 folklore 的英语词根 folk 在日语中的译名决定。如前所述，Folklore 一词是 19 世纪中叶才被创制出的新词。因此，无论是在早期的华英字典还是在早期的英和字典中，通常都会收录 folk 一词。也就是说，folk 一词的对译要早于 folklore 一词。在英语中，folk 一词的含义为 people，在日译词典中通常译为“民、人民”。Lore 在英语中的含义为“knowledge”，日语通常译为“知识、学问”。Folklore 作为一个组合词，将其译为“民俗”，无疑是最佳选择。

由于 folklore 具有双重含义，因此，日本人在民俗一词的后面加后缀“学”，创制一个新词“民俗学”，这两个义项同时出现在 1902 年的《新译英和辞典》中，这一译法为日本学术界所接受，逐渐流行开来。

（二）folklore 的日译词入华

1906 年，受商务印书馆的委托，曾留学美国的当时正在上海圣约翰大学教授英文的颜惠庆等，有感于新词的不断出现，决定编一部由中国人自己编纂的英华辞典。颜惠庆既有扎实的英语水平，又有深厚的国学功底。在他的主持下，一批圣约翰大学的知识分子参与到辞典的编纂工作。颜惠庆等人在编纂辞典的过程中，曾借鉴了日本已出版的《英和辞典》，包括神田乃武的《新译英和辞典》。

① 神田乃武主编：《新译英和辞典》，（东京）三省堂 1902 年版，第 402 页。

很多日译词借助词典的编纂，又以西学术语的汉语对接词的身份，重新回到汉语的语言系统，成为汉语新词，“民俗”一词就是如此，从此成为folklore一词在汉语中的对译术语。

三、与“民俗”相关联的词汇

我国古典文献中，与民俗定义相似或相近的，还有“风俗”、“风土”、“礼俗”等关联性词汇。这些词汇因为与“民俗”的概念比较接近，因此也成为民俗学所关注的对象，成为关键词。下面试一一分析之。

（一）风俗

1. “风俗”本义

风，本义为空气流动而形成的自然现象。如汉高祖刘邦之“大风起兮云飞扬”之类。后引申为“教化”。如《左传》：“风，教也，使天下皆仰我德，是汝教。”第三个义项是“风俗，风气”，如《荀子·乐论》云：“移风易俗，天下皆宁。”第四个义项是“作风、风度”。如《世说新语·雅量》云：“庾太尉风仪伟长，不轻举止。”其中与民俗学联系较紧者主要为第二、三个义项。

“风俗”二字相结合，从字面意义上讲有两层涵义。当“风”作“教化”讲时，字面意思是教化世间习俗。当作“风俗、风气”讲时，则大致与民俗同义，只不过，“民”所限定的范围主要为从事体力劳动社会地位低下的人群，风俗则无社会阶层限制，所有人的习俗，均可视为风俗。风俗的范畴要大于民俗，民俗为风俗之主体，这也就是为什么很多时候，风俗与民俗经常通用的原因。

2. “风俗”观念的流变

“风俗”最早出现在周代。仅《诗序》中就五次用到该词。如《诗序·大序》云：

> 先王以是经夫妇，成孝敬，厚人伦，美教化，移风俗。

《诗序·小序》云：

> 春秋所记无非乱臣贼子之事，盖不如是，无以见当时风俗事变之相。

《诗经·小序》：

> 哀公好田猎，从禽兽而无厌。国人化之，遂成风俗。习于田猎谓之贤，闲于驰逐谓之好焉。[①]

这里“风俗”均作“习俗”、“民俗”讲。因为在当时，“风”和“俗”都

---

① （周）卜商撰：《诗序》卷上，明津逮秘书本，第1页、第10页、第16页。

在被移的行列。春秋战国时期，风俗基本上沿用原来的语义。如《管子·法法·外言七》云：

故曰：私议立则主道卑矣。况主倨傲，易令错仪昼制，变易风俗，诡服殊说犹立于乡里。①

《荀子·王制篇》：

论礼乐，正身形，广教化，美风俗，兼覆而调一之辟公之事也。②

《庄子·南华真经卷八》：

少知问于大公调曰："何谓丘里之言?"大公调曰"丘里者，合十姓百名而以为风俗也。合异而为同，散同以为异……"③

这里所说的风俗，都是沿用了周时的语义，指习俗、民俗。

汉代，"风俗"受到前所未有的重视，对风俗的研究达到一个高潮。据统计，在汉代以前的典籍中，"风俗"一词出现了约30次，在汉代，"风俗"在典籍中出现的次数增加到约300次，是此前的10倍。此外，在东汉时，还诞生了我国第一部以"风俗"为研究对象的专著应劭《风俗通义》（古书中有时称"风俗通"）表明中国人对于风俗的研究相当重视。《风俗通义》一书，详论风俗成因及各地风俗差异，对于后世影响极大。据不完全统计，仅距离汉代不远的南北朝，征引《风俗通义》就达约400次。可见该书对后世影响之大。汉代，在继承前人定义的同时，也围绕"风俗"给出新阐释。较有代表性的是班固和应劭的观点。班固对风俗的解释见于《汉书·地理志》：

凡民函五常之性，而其刚柔缓急音声不同，系水土之风气，故谓之"风"；好恶取舍，动静亡常，随君上之情欲，故谓之俗。孔子曰：'移风易俗，莫善于乐'。言圣王在上，统理人伦，必移其本而易其末，此混同天下，壹之呼中和，然后王教成也。④

班固认为，风即风气，是当地民众的文化性格，各地水土不同，故形成不同的风气。俗，即教化，民众的一切好恶判断行为举止都要符合君主的好恶标准，只有这样，王道教化才能实现。

东汉应劭对"风俗"的定义：

风者，天气有寒暖，地形有险易，水泉有美恶，草木有刚柔也。俗者，含血之类，像之而生。故言语歌讴异声，鼓舞动作殊形，或直或邪，或善或

① 《管子》卷第六，四部丛刊景宋本，第54页。

② 《荀子》卷五，清抱经堂丛书本，第60页。

③ 《庄子》，四部丛刊景宋本，第191页。

④ 班固：《汉书·地理志》卷二十八下，清乾隆武英殿刻本，第485页。

淫也。圣人作而均齐之，咸归于正，圣人废，则还其本俗。[①]

在应劭看来，风主要指自然界的差异性，俗则主要指人类世界的差异性。前者影响到后者。由于自然界的风物是多种多样的，因此，人类社会的文化习惯也呈现多样性。其中有好坏正邪之分。只有圣人才能通过教化齐正风俗，如果不施加人为干预，风俗就又会回到原来自然的状态。

应劭的观点对后世的风俗观念影响很大，如南北朝时期的《刘子·风俗》云：

> 风者，气也。俗者，习也。土地水泉，气有缓急，声有高下，谓之风焉。人居此地，习以成性，谓之俗焉。风有厚薄，俗有淳浇，明王之化，当移风使之雅，易俗使之正。[②]

认为风是自然现象，先天具有差异，俗则是人久居一地形成的习惯，属于后天养成。认为风和俗都有好坏之分，王道教化就是要对风俗进行改造，使之由俗变雅，由邪扶正，达到教化的目的。《刘子》中关于风俗的理解几乎完全来自于应劭的《风俗通义》。

宋代是风俗作为热词使用的第二个高峰。据不完全统计，宋代文献中“风俗”一词的使用频率已经突破了一万次，约是汉代的200～300倍，宋代的“风俗”在语义上有两种情况，一种是沿用先秦以来的风俗定义。如《包孝肃奏议·论委任大臣》：

> 但以势力相轧，苟得无耻岂有援贤进能之意乎？倘令如是辈比肩并进，而望风俗日益美，教化日益成，其可得哉！[③]

另一种则是将“风俗”视为“教化”的代名词。如蔡戡《定斋集·庭对策》：

> 臣谓移风易俗在陛下。正心修身，先天下为风俗，天下之人视陛下为风俗，陛下之所好恶，下必有甚焉者矣。[④]

这里说的是皇帝应当正心修身，为天下做表率。天下的百姓自然会将皇帝视为表率，其好恶必然成为民间仿效的对象。这里的“风俗”不再作习俗讲，而是指自上而下的道德和行为规范。这种以上化下的道德规范，就是王道教化。在这里，风是指教化。风俗的主要含义，在宋代基本定型。

明代，“风俗”在文献中出现的频率略高于宋代，约为1 400千次。在语义上则承袭宋代，没有明显变化。清代，“风俗”的出现频率已经突破30 000次，是汉代的约1 000倍，宋代的3倍。堪称是继宋之后的又一个高峰。明代，还出

---

① 马总：《意林》卷四，清武英殿聚珍版丛书本，第51页。

② 刘昼：《刘子》卷九，袁孝政注，明正统《道藏》本，第66页。

③ 包拯：《包孝肃奏议》卷一，文渊阁《四库全书》本，第7页。

④ 蔡戡：《定斋集》卷十一，文渊阁《四库全书》本，第95页。

现了专门记述北部游牧民族风俗的专著——萧大亨的《北虏风俗》。清代著名政治家林则徐还与他人合编了介绍俄罗斯概况的《俄国疆界风俗志》，专门介绍中国北方邻国的国情和文化。在这里，风俗不再是王道教化的产物，而是对其他族群和其他国家的国情及其文化的统称。

清代大部分时间，“风俗”沿袭着宋代生成的语义，变化不大。但到了清末民初，“风俗”的观念开始增加一些新的内涵。这种新观念的代表人物是黄遵宪。黄遵宪由于长期在日本考察，对于“风俗”有了更加深刻的认识：

> 风俗之端，始于至微，抟之而无物，察之而无形，听之而无声。然一二人倡之，千百人和之，人与人相接，人与人相续，又踵而行之；及其既成，虽其极陋甚弊者，举国之人，习以为然；上智所不能察，大力所不能挽，严刑峻法所不能变。夫事有是，有非，有美，有恶，旁观者或一览而知之。而彼国称之为礼，沿之为俗，乃至举国之人，辗转沉锢于其中，而莫能少越，则习之囿人也大矣！①

黄遵宪所说“风俗”与教化无关。他认为，风俗是逐渐形成的，而且一旦形成，无论是上层施加的教化还是严刑峻法，都无法改变它。黄遵宪还认为风俗就是礼俗。他所说“风俗”，更接近民俗而非教化的概念。

清末另一位认识到风俗重要性的知识分子是章炳麟。他在《訄书·哀焚书》中写道：

> 惟人能合群，群之大者在建国家，辨种族，其条列所系曰言语，风俗，历史。三者丧一，其萌不植。②

在章炳麟看来，言语、风俗、历史是国家或种族延续不可或缺的前提。如果失去了自己的风俗，则国家或者族群的民众就会缺乏文化传统，就像种子无法发芽成活一样，不能得到有效的延续。古代的文献，总是在强调风俗对于国家治理和政治稳定的重要意义。章炳麟将其进一步提高到了国家和民族生死存亡的高度来认识。

大概正是居于这样的认识，进入民国后，“风俗”成为当时知识分子关注的对象。民国成立不到一年，张亮采就出版了描述中国风俗历史的专著《中国风俗史》。作为我国第一部“风俗史”，该书并未采用西方民俗学的方法来研究风俗，而是采用我国古代方志常用的分类体系。名为“风俗史”，实际上没有跳出“风俗志”的藩篱。在“史”的建构上并不成功。值得注意的是书中对于“风俗”观念的表述：

---

① 黄遵宪：《日本国志》卷三十四，浙江书局光绪二十四年重刊本。

② 章炳麟：《訄书》第五十八，光绪三十年重订本，第128页。

至有人类，则渐有群，而其群之多数人之性情、嗜好、言语、习惯，常以累月经年，不知不觉，相演相，成为一种风俗。而入其风俗者，遂不免为所熏染，而难超出其期限界之外。记曰：礼从宜，事从俗。谓如是则便，非是则不便也。圣人治天下，立法制礼，必因风俗之所宜，故中国之成文法，不外户役、婚姻、牧、仓库、市廛、关津、田宅、钱债、犯奸、盗贼等事。而惯习法居其大半。①

张亮采的“民俗”观念，上承黄遵宪，且与后来民俗学的观念不谋而合。在民俗学看来，民俗对于浸淫于其中的个体具有很强的约束力，这种约束性，民俗学上称为“习惯法”。民俗与法律一样，规范着主体的行为。只不过法律以惩戒的方式达到规范的目的，而民俗则依靠自身的“文化迫力”来达到同样的目的。张亮采认为，我国古代的成文法中，大半都属于“惯习法”，也就是依靠民俗的力量来管理社会生活。其时中国的民俗学尚未起步，已经对风俗有了如此深刻的认识，实属难能可贵。

民国时期另一位在风俗方面颇有建树者是胡朴安，他在20世纪20年代初编成了一部有广泛用途的全国风俗百科全书《中华全国风俗志》。书中对各地方志和古今笔记、刊物中所载风俗进行了汇编，是我国有史以来第一部全国性的风俗志。胡朴安的“风俗”观念，主要体现在以下几个方面：

第一，中国是风俗资源极为丰富的国家，而且风俗的多元化并未像古人担心的那样造成国家分裂。他在《中华全国风俗志·自序》中写道：

风俗之不同，未有如中国之甚者也。以中国不同之风俗，数千年来，在统一国家之下，卒能相维相持于不蔽者，其道安在？间尝求之而得其故。盖以学术统一而已矣。自汉武表章六经，儒术独尊。佛虽盛于晋唐之际，出世而非入世，不能与儒家争政治之权；所以自汉以后迄于清季，为儒术统一国家之时期。虽其间乱亡相继，而其由乱而治，由亡而存者，无不揭橥儒术，以为收拾人心之具。所以不同之风俗，而卒能归于统一者此也。②

胡朴安认为，中国之所以不会因为各地风俗的不同而分裂，是因为有着统一的学术基础，这就是儒家的思想体系。儒家思想追求统一，反对分裂，就像粘合剂一样，维系着我国长期的统一。因为有儒家思想的存在，所以中国能够在各地风俗迥异的情况下，长时期地保持国家的完整。

第二，20世纪的中国，儒家思想受到冷落，国家的统一受到影响。要改变分裂的局面，要从风俗入手。胡朴安在自序中说：

---

① 张亮采：《中国风俗史》，商务印书馆1912年版。

② 胡朴安：《中华全国风俗志》，国立北京大学中国民俗学会民俗丛书第145册，台北文化供应社1970年据1933年版影印，自序第1页。

西学东渐，功利之说兴，儒家仁义之说不能与之相抗，学术分裂，各执一端，于是不同风俗之国家，遂无统一之望矣。夫求治之道，须因病施药，不可削足适履。学术既无统一之能力，当留意于风俗之习惯，而为因病施药之举。今之从政者，昧于中国情形，稗贩东西成法，强纳不适宜之中国；本无约束也，盛为自由之说；本无阶级也，盛为平等之说；本无资本家也，盛为经济支配之说；本不轻视农民也，盛为劳工神圣之说。多数人民未受种种之痛苦，故对于自由、平等、经济支配、劳工神圣之说，漠然不动于其心。而为此说者，卒不能以之增进人民之幸福，适为少数人借为争权夺利之资。①

胡朴安认为，西学以功利说为基础，在西方船坚炮利的巨大优势下，传统儒家的仁义说无法与之抗衡，从而导致了国家分裂与政局动荡。源自西方的法律制度并不适合中国的国情，统治者应当留意和发挥风俗习惯的作用，发挥其对大众的文化束缚力，以增进国家和民族的凝聚力。

第三，中国幅员辽阔，各地风俗不一，要治理国家，就要了解国情，欲了解国情，就要考察风俗。胡朴安在讲述自己编纂风俗志的动机时谈到：

即其号为知国情者，亦知其一，不知其二。于是申倡一说，合于申省之习惯，乙省之是否适宜不问也；丙倡一说，合于丙省之习惯，丁省之是否适宜不问也。推之戊己亦然。所以不周知全国风俗，而欲为多数人谋幸福，纵极诚心，于事无济。韫玉有见于此，而力不逮，未能周行国境，一一详考其风俗，乃退而读方志，凡有关于风俗者随笔记之，释成巨册。②

胡朴安认为，中国当时政局的混乱，与不了解各地区风俗的差异有关。编纂“全国风俗志”的目的，就是为了使人们藉此全面地了解各地的风俗，以利于国民团结和国家建设。至此，风俗问题重新被置于国家长治久安的高度加以诠释。

3. 风俗与西学术语对译的尝试

在我国，风俗与西学术语的对接要早于民俗。1886 年，英国人艾约瑟在中国编译出版了介绍西学概况的《西学略述》一书，书中介绍了当时西方的民俗学研究，书云：

风俗一学，乃近泰西格致家所草创。原以备征诸荒岛穷边，其间土人，更无文字书契，莫识其始者皆可，即其风俗，而较定其源流也。此学起于好游之人，或传教之士，深入荒岛，远至穷遽。见有人民，衣食皆异，兼之言语难通，无缘谘访。似此日记既富，要皆返国印售。格致家取而为之互参慎

① 胡朴安：《中华全国风俗志》，国立北京大学中国民俗学会民俗丛书第 145 册，台北文化供应社 1970 年据 1933 年版影印，自序第 1 页。

② 胡朴安：《中华全国风俗志》，国立北京大学中国民俗学会民俗丛书第 145 册，台北文化供应社 1970 年据 1933 年版影印，自序第 2 页。

选，勒部成书。皆各即其婚食丧祭讳算起居，以测定其或为今盛于昔，或为昔盛于今……近英人鲁伯格与戴乐耳，皆喜访查此学，大著声称。[①]

艾约瑟书中所说的“风俗学”是否就是指西方的民俗学，目前尚不能完全肯定。因此从其描述内容看，既像民俗学，又像人类学，亦或二者兼而有之。实际上要想对当时西方的民俗学与人类学进行清晰地划割是无法做到的。这是因为这两门学科不仅研究领域相同，而且研究方法近似。在当时的英国，很多民俗学家同时又是人类学家，西方民俗学中就有著名的人类学派，因此民俗学与人类学可说是你中有我，我中有你，难以区分。但无论怎样，《西学略述》中介绍的是当时西方正在兴起的一门人文学科，对此没有疑义，而且这门学科的研究对象是民间的风俗习惯。因此，在汉译过程中，将其译为“风俗学”还是有道理的。为什么不译为“民俗学”，而要译为“风俗学”？这与风俗在中国传统文化中的地位有关。

“风俗”与“民俗”，二者虽然指涉的内容大同而小异，但在我国传统文化中，“风俗”地位要高于“民俗”。通过对中国基本古籍的检索就会发现，从先秦到清末的典籍中，“风俗”一词的出现频率约为6 000次，而“民俗”的出现频率只有约6 000次，前者是后者的10倍。为何会出现如此巨大的反差呢？原因有三：

第一，风俗是政治的镜鉴，对皇权的巩固具有重要价值。古代，风俗被认为是治国的基础。通过对风俗的考察，可以得知统治的实际效果。故《尚书》云：“天子巡守，至于岱宗，觐诸侯，见百年，命大师陈诗，以观民风俗。”所谓“观风俗”，即实地考察政治得失也。历代均看重风俗，如楼钥《论风俗纪纲》云：“臣窃惟，国家元气，全在风俗。风俗之本，实系纪纲。”[②] 认为风俗是国家统治的根本。黄中坚《蓄斋集·策·风俗》云：“天下之事，有视之无关于重轻，而实为安危存亡之所寄者，风俗是也。”[③] 把风俗视为是关乎国家安危的大事。历代对风俗均非常看重，周代设有专门负责采风的官员。《汉书·艺文志》载：“古有采诗之官，王者所以观风俗，知得失，自考证也。”汉代，朝廷设有风俗使一职，常以时分适四方，观览民俗。唐代设黜陟使，巡视各地。其中主要职能就是“观省风俗”。[④] 风俗对于国家和皇权既然如此重要，自然要在文献中反复强调，故风俗出现的频率较高。

第二，风俗包含教化的含义，符合统治阶层的利益。如前所述，风本身包含

---

① 艾约瑟：《西学略述》卷七，上海著易堂书局光绪丙申（1896）刻本。

② 楼钥：《攻媿集》卷二十五，清武英殿聚珍版丛书本，第232页。

③ 黄中坚：《蓄斋集》卷五，清康熙刻本，第47页。

④ 《旧唐书·韦见素传》卷一百八，清乾隆武英殿刻本，第1634页。

教化之义。所谓上所倡者为风，下所习者为俗，风俗意味着上对下的教化过程，体现为社会上层对民间的规训和控制，使其有利于皇权统治的延续性。而古代的文献大多是掌握书写能力的知识阶层所谓，这些知识阶层通过科举取士制度成为上层人士和皇权的维护者，自然要提倡教化，维护皇权的利益。在其著述中，风俗成为一个极其重要的概念。

第三，民俗是作为教化的对象而存在。民俗虽然与风俗在所指上类似，但是民俗更接近于中性词，它作为被皇权观察的客观对象而存在。《管子正世》云："古之欲正世调天下者，必先观国政，料事务，察民俗，本治乱之所生，知得失之所在，然后从事从为，故法可立，而治可行。"民，本为奴隶和下层的劳动者，在统治阶层眼里，属于无文化无知识的群氓，因此民俗的判断价值体现为二元对立状态。当民俗符合教化的内容时，他们就说民俗素朴醇厚，当民俗与教化相抵制时，就说民俗浇漓，国将不国云云。由此看来，民俗是王道教化的对象，对于民俗的评价标准，掌握在上层社会的手中，其重要性远不及风俗。

由于在古代的知识体系中，"风俗"的地位远高于"民俗"，因此在清末翻译西学术语的过程中，使用"风俗"而不用"民俗"，当在情理中。这是"风俗"与西学术语的首次对接尝试。

事隔30多年后，1923年5月，北大国学门为扩大歌谣研究的范畴，拟将歌谣研究会更名。在新名称的选取问题上，北大歌谣研究会的学者们发生了争执。争论焦点集中在是选择"民俗"还是选择"风俗"上。当年参与这次讨论会的容肇祖记录了这次争论：

> 北大研究所国学门为设立"风俗调查会"事，在十二年（1923年）五月十四日始集合同志，开筹备会。这会的设立始于常惠先生的提议组织民俗学会，后又有张竞生先生提议组设风俗调查会。筹备会中，对于名称上，常惠先生主张用"民俗"二字，张兢生先生主张用"风俗"二字。风俗二字甚现成，即用作"folklore"的解释亦无悖，故结果不用民俗而用风俗。[①]

这次"风俗"与"民俗"之争，涉及与西学术语folklore对译问题。在这一问题上，北大的知识分子们分为了两派："挺民俗派"和"挺风俗派"，结果最后"风俗"胜出，说明在当时的知识分子对"风俗"还有着相当强烈的认同感。正如会议记录中所说，认为"风俗"与folklore同义，用"风俗"表示之并无不妥的主要代表人物是张兢生，他因此被认为是"风俗学"的首倡者。如1929年陈锡襄在《风俗学试探》的著者声明中专门写道：

---

① 容肇祖：《北大歌谣研究会及风俗调查会的经过》，载《民俗》第17、18期合刊，上海书店1983年影印。

风俗学这名词的提出不自我始……在中国提出这名词的是前北大教授张竞生先生，至于他大概是受法国的巴黎大学教授和哲学杂志主任 Levy – Bruhs 的影响的。①

张竞生的“风俗学”是否受到法国学者的影响不得而知，但此文至少说明，首先提出这一名词的是张竞生。既然张竞生为风俗学的首创者，则创制该词的时间极有可能就是1923年与常惠发生争论的那次讨论会期间。张竞生虽力主用风俗学取代民俗学，但他对民俗研究的兴趣显然不大，正如后人所说：

张先生（指张竞生）虽则主张风俗学应该成为一种自然科学，把人当做一种自然物来研究他，但是他的方法或结论却只是一跳跳到哲学或艺术了……所以他再也耐不住这冷静的搜集或整理去完成他的风俗学，便一跳而美的人生观和美的社会组织法，再跳而性史和新文化……

由于张竞生的学术兴趣发生转向，风俗学便没了下文。直到5年后，民俗学界才重又重视起“风俗”和“风俗学”。1928年，林幽在《民俗》第七期上发表《风俗调查计划书》，开始将风俗与习惯划等号：

风俗是什么？是公众底习惯。人跟着风俗做事时，并不是由于自由的意志所主动，是受着一种潜势力的指使，所以人不知其所以然而然，像习惯一样，但是习惯是个人所私有的，而风俗底势力则及于全社会。所以说，风俗——是公众的习惯，是人在社会上做事的惯例，是把人变成社会人的社会模型，是一种的势力，是群众底意志，是群众心理底反映。又，人在某种情形底下用最经济的行为去适应，这种情形时常发现就该行行变成习惯，关于群众的就叫风俗。②

在这里，风俗不再是作为民俗的替代者出现，而是被定义为人民日常生活中养成的习惯和处理社会事物的惯习（惯例）。其内涵出现缩小化的趋势。同年，崔载阳在中山大学民俗学传习班发表《初民风俗》演讲，重又谈到“风俗”与西方术语的对译问题：

风俗即拉丁文之 Mos 字，即“祖先的成例”之意。德文做 Sitte 字，即“群众的习惯”之意。拉丁民族和条顿民族之风俗意义虽然表面上不同，其实是一样的。因祖先的成例因教育或模仿的缘故就会变成群众的习惯。所以祖先的习惯与祖先的成例实同一物。综合上边消极积极二义，风俗究竟是什么呢？那就是一种地方的，颇固定的无组织而要强迫个人为他的祖先的成例为群众的习惯。③

---

① 《民俗》第57、58、59期合刊，1929年2月8日，第1页。

② 《民俗》第七期，1928年5月2日，第8页。

③ 《民俗》第十期，1928年5月23日，第3~4页。

在崔载阳的文章中，风俗的对译词被定位为Mos，而不是当年张兢生所认为的folklore，事隔5年，民俗学界对于风俗的地位就发生了天翻地覆的变化。风俗一词永远失去了作为folklore的汉译词的可能性。遵循这一思路，1929年，陈锡襄在《民俗》周刊上发表《风俗学初探》。文中提出，用“风俗”对译西学中的Customs：

> 考英语Custom一字亦涵二意。其一曰惯习，习惯，风尚等字属之。其二曰法律，惯例等字属之。前者耳熟能详，后者较生，又含二义：（甲）custom即惯例。（乙）custom是法律的来源或滥觞，区之为二：（一）普通的，即一般法律之适当的名称；（二）特殊的，就其影响于特别区域的住民者而言……综上而言，汉语“风俗”二字实与英语Custom相通。俗字通于惯习，风字通于法律，风俗二字通于Custom，以此相译，义实翕然，所不同者，一重教，一重法，但这或许是中西文化不同的地方，论其法式初无二致。①

陈锡襄将风俗对译为英语的custom，表明风俗在民俗学术语体系中位置的下降。因为在1928年杨成志厘定的44个民俗学术语中，已经把custom排除在外，1935年林惠祥在厘定术语时收录了customs一词，将其作为民俗学中第二个层次的术语，译为“习惯”或者“惯习”。陈锡襄曾尝试创立的“风俗学”已不再是对“民俗学”发起挑战的学科，而是加在心理学、社会学、民俗学、伦理学、历史学、社会科学的夹缝中艰难求生的“学科”。但是，陈锡襄的设想过于天真，他为“风俗学”规划的领地，早已被诸多人文学科瓜分殆尽。他关于“风俗学”的提法遂成绝响。至此，风俗失去了与民俗争雄的机会，只能成为民俗学的附庸而存在。

那么，民国的知识分子对“风俗”为何如此轻视？主要有以下两方面的原因：

1. 社会变迁导致“风俗”与“民俗”地位发生逆转。在皇权时代，风俗受到普遍的重视。但到民国，皇权已经让位于共和政体。新文化运动是目的，即在于清算文化领域的封建滞留，用民本思想为基础的新文化取代过去以君权思想为基础的旧文化。也就是胡适等人在文学改良运动中所提的用山林的文学取代庙堂的文学。中国社会体制的巨大变迁，导致了为皇权服务的“风俗”失去了依靠和支撑，地位急剧下降，而过去不被看好的“民俗”，因为沾了“民”的关系，与当时民本思想产生契合，受到知识分子的重视，地位抬升。

2. 与早期的英华日三国间的术语对译有关。清末民初，国人在翻译西方的

① 《民俗》第57、58、59期合刊，1929年5月8日，第7~8页。

过程中，以“信”、“达”、“雅”为翻译的最高标准。folklore 由 folk 和 lore 两个单词组成，folk，在英语中为 people，译成日语或汉语，均译为“民，人民”。由翻译的标准看，folklore 与“民俗”的意义更接近，为最佳译法。“风俗”的“风”与 folk 在词义上差异很大，词义上几无共通之处。因此译为“风俗”远不如“民俗”来得贴切。

在新文化运动的参与者们的推动下，民俗和民俗学逐渐受到推崇，而风俗和风俗学则无法获得大多数知识分子的回应与认可。不过，“风俗”并未退出民俗学的词语系统，只不过它的语义范围逐渐收窄，有时与“惯习”合用，意为“风俗习惯”，在民俗学中的含义与民俗中“俗”的意义大致相等。而古代所包含的教化之义荡然无存。

（二）风土

风土与风俗、民俗在词义上较为接近。风，本义为空气流动，借指气候。土，本义为泥土、土壤，引申为田地、地理环境。风土合用，指某地方特有的自然环境（土地、山川、气候、物产等）和风俗、习惯的总称。由这一定义可知，风土与二者的区别在于，它除了包含风俗习惯等文化要素外，还包括了地理环境和气候物产等自然要素。

“风土”一词，早在先秦时期就已存在。《诗序》云：

> 河东地瘠民贫，风俗勤俭，乃其风土气习有以使之，至今犹然。则在三代之时，可知矣。①

这里所说的“风土”，指当地的气候条件和地理环境，河东地区因为风土不佳，导致地瘠民贫，当地人遂养成勤俭的风俗。由此可知，风土是形成风俗的基础，而且对于风俗的形成起着决定作用。

汉代，风土有时也单指地理概念。如蔡邕《琴操·拘幽操》云：

> 于是乃周流海内，经历风土，得美女二人，水中大贝，白马朱鬣，以献纣。②

这里的“风土”显然是指地理环境。

汉以后，“风土”的概念逐渐扩大。西晋周处编《风土记》，既记述地理环境，又记录民间习俗，风土的概念扩大到文化领域。《风土记》也成为我国历史上第一部以风土为主题的民俗资料宝库。

隋唐以后，以“风土记”命名的书数不胜数。如唐代莫修符编纂的《桂林

① 卜商：《诗序》卷上，明津逮秘书本，第 17 页。

② 蔡邕：《琴操》，清平津馆丛书本，第 4 页。

风土记》，宋代范致明撰《岳阳风土记》，元代周达观撰《真腊风土记》，清李来章撰《连阳风土记》，清李钟钰撰《新加坡风土记》等。“风土”一词还输入日本，公元713～733年日本人的编纂的《风土记》，记录了日本古代各国文化和地理的概况，包含地理、历史、农业、神话与民俗的丰富资料。该书编纂于公元8世纪，表明早在公元8世纪以前，“风土”一词已经传入日本。

风土的定义在隋唐以后比较稳定，没有明显的变化。中国有大量的风土志，但“风土”一词在近代并未进入民俗学术语体系。究其原因，可能有两点：

其一，“风土”包含的内容比较广泛，“风”可指风俗习惯，“土”指地理环境，这就使“风土”兼有了地理学和民俗学双重内涵，不能算作严格意义上的民俗学词汇。

其二，“风土”与“风俗”词义近似，风俗一词已经被民俗学收编，再添加“风土”，显得有些多余，且与民俗学的距离看，风俗更接近，作为术语也更纯粹，风土游离在民俗与地理之间，最终被放弃。

（三）礼俗

礼，即礼仪。俗，指习俗。礼俗的字面意思为礼仪与习俗。主要指婚丧、祭祀、交往等各种场合的礼节。

“礼俗”出现也早，《周礼·天官冢宰》云：

> 以八则治都鄙，一曰祭祀，以驭其神；二曰法则，以驭其官；三曰废置，以驭其吏；四曰禄位，以驭其士；五曰赋贡，以驭其用；六曰礼俗，以驭其民；七曰刑赏，以驭其威；八曰田役，以驭其众。①

可见，礼俗最初是周代用来治理国家的一种手段，主要用来“驭民”。先秦时人们认为，礼俗并非人的本能，是外界不断刺激的结果。如《文子》一书引用老子的话云：

> 老子曰：治物者不以物，以和；治和者不以治，以人；治人者不以人，以君；治君者不以君，以欲；治欲者不以欲，以性；治性者不以性，以德；治德者不以德，以道。以道本人之性，无邪秽，久湛於物，即忘其本，即合於性，衣食礼俗者非人之性也。②

衣食礼俗，指的是人的服饰、食物种类和烹调方式，礼仪和习俗。这些东西并非与生俱来，而是后天养成的，与人成长的环境相关。如汉刘安《淮南鸿烈解》云：

---

① 郑玄注：《周礼》卷一，四部丛刊本，第6页。
② 辛钘：《文子》下，明万历五年子彙本，第37页。

今令三月婴儿生而徙国，则不能知其故俗。由此观之，衣服礼俗者非人之性也，所受于外也。[①]

也就说，人所生长的环境决定着人的礼俗。由此可见礼俗并非只有一种模式，在不同的文化地域，有着不尽相同的礼俗。但有一点是肯定的，礼俗与政治统治的关系非常密切。汉《大戴礼记·朝事》云：

治其事故及其厉害为一书；其礼俗政事教治刑禁之逆顺为一书；其悖逆暴乱作慝欲犯令者为一书；其札丧凶荒厄贫为一书；其康乐和亲安平为一书。凡此五物者，每国别异之，天子以周之天下之政，是故诸侯附于德，服于义，则天下太平。[②]

汉代人认为，治国需要熟知五个方面的内容，礼俗为其中之一。与政事、教治、刑禁列为同类，可见礼俗是属于国家机器范畴的。在与民俗相关的几个词语中，礼俗与政治的关系最近。风俗次之，民俗稍远，风土最远。汉代，礼俗被置于关乎国家盛衰的重要地位，成为衡量国家盛衰的标准。荀悦《申鉴·政体》云：

君臣亲而有礼，百僚和而不同，让而不争，勤而不怨，无事惟职是司，此治国之风也。礼俗不一，教化不治，不能大同，位职不重，小臣谗疾，庶人作议，此衰国之风也。[③]

在古人看来，礼俗统一是国家兴旺发达、臻于大治的重要指标。因此统一礼俗成为国家生活中的大事，受到历朝历代的重视。古人曾专门编纂礼俗志，详细记载和讨论各地礼俗的情况。礼俗中包含了习俗的成分，因此与民俗的关系较为密切，很多民俗事象被记录于礼俗志中。

礼俗与民俗的重要区分在于，民俗通常是人们在生活中自然形成的风俗习惯，带有自发性的特征。而礼俗作为国家意志，带有强制性的特点，要求人们必须遵循。因此，礼俗主要偏重于“礼”，“俗”作为礼的附庸，必须服从服务于礼的需要。而礼是社会上层的统治者制定的，反映统治阶层的意志，这对于“五四”时期，希望通过文化启蒙运动唤醒民众的近代知识分子，礼俗不仅无助于民主启蒙运动的进行，而且与民俗学所强调的“民众的知识”相去甚远。因此，礼俗一词是与民俗相关的几个名词中最不受待见的一位，没有进入民俗学术语范畴，当可理解。

① 刘安：《淮南鸿烈解》卷第十一，汉许慎注，四部丛刊本，第127页。
② 戴德：《大戴礼记》卷十二，卢辩注，文渊阁《四库全书》本，第109页。
③ 荀悦：《申鉴》，明黄省曾注，四部丛刊本，第4页。

第二节 民 俗 学

近代东亚地区对西学的引进，日本要早于中国。1868 年，日本开始“明治维新”，在引进西方政治制度的同时，大量翻译西学著作，西方新兴的民俗学和人类学也进入日本。在对译西方学术术语过程中，逐渐形成日本的民俗学话语体系。19 世纪末 20 世纪初，中国留学生大量东渡日本求学，这些已经被日本翻译介绍后的西学术语，再次被中国的知识分子带回国内，这种中日之间的文化互动，导致一批重要的民俗学术语从日本传入中国，其中就有后来成为学科名称的“民俗学”。①

一、“民俗学”的出现

如前所述，在古代汉语词汇中，有“民俗”而无“民俗学”。日本作为汉文化圈的一员，受汉字文化的影响很深，故在明治维新之前，日语词汇中也没有“民俗学”一词。19 世纪末，英国的民俗学和人类学传入日本，1884 年，日本国内出现研究人类学的学术社团组织“东京人类学会”，其核心人物是被视为日本人类学鼻祖的坪井正五郎（1863～1913）。虽然坪井等人的研究是狭义的人类学，即体质人类学，但是并不妨碍他们对于研究风俗文化的重视。尤其是 1890 年，坪井被日本政府送到英国伦敦学习英国人类学，当时的伦敦既是人类学的研究中心，也是民俗学的重要策源地。人类学与民俗学有着天然的联系，许多人类学家同时又是民俗学家，因此，坪井的伦敦之行对于日本民俗学的肇兴具有里程碑的意义。与坪井同样重要的是另一位著名的民俗学家南方熊楠（1867～1941），虽然他的研究兴趣主要集中在植物学领域，但特殊的经历促使他成为日本早期最重要的民俗学家之一。南方熊楠赴伦敦学习的时间略晚于坪井正五郎，他 1892 年到伦敦，在大英博物馆从事生物学、民俗学、考古学方面的工作，他在英国停留的时间长达八年，但因为回国较晚。南方熊楠的影响力不及坪井。南方熊楠对日本民俗学的影响主要在 1900 年以后，他向当时的日本知识界介绍西方的民俗学思

① 关于民俗学是日译词的观点，1932 年江绍原先生已经指出，参见江绍原编译：《现代英国民俗与民俗学》的《译者序》，上海文艺出版社 1988 年影印版，第 3 页。另外可参阅乌丙安：《中国民俗学》，辽宁大学出版社 1985 年版，第 4 页。王文宝：《中国民俗学发展史》，辽宁大学出版社 1987 年版，第 1 页。钟少华：《中国近代新词语谈薮》，外语教学与研究出版社 2006 年版，第 184 页。

想，直接影响到柳田国男从农学转向民俗学，从而开启了日本民俗学的柳田时代。此外，还有当时正在从事神话学研究的高木敏雄，神话的研究本来就属于民俗学范畴，高木在翻译和介绍西方神话学著作的过程中，不可避免要涉及民俗学的研究和介绍。

正是在坪井和南方熊楠等人的译介下，英国的 Folk-lore 开始逐渐为日本学术界所知晓和了解，最迟在 19 世纪末 20 世纪初，Folk-lore 一词已经被日本学者译为“民俗学”。因为在 1902 年出版的《新译英和辞典》中，Folk-lore 已经被明确地对译为“民俗学”。[①] 6 年后，也就是 1908 年，“民俗学”一词就被正式引入我国。

二、“民俗学”的传入

“民俗学”传入中国的路径主要有两条：一是通过辞典编纂，二是通过留日知识分子的介绍。

（一）“民俗学”入华的路径

“民俗学”在中国的首次术语传入，是通过近代的英华辞典编纂实现的。

1906 年，商务印书馆聘请当时在上海圣约翰大学任教的颜惠庆主编《英华大辞典》。该辞典是当时第一部完全由中国人编译的英华辞典，规模之大，收录新词之多，为一时之冠。1908 年，辞典编讫出版，其中，在 lore 的词条下，收录了英语 Folk-lore，译为“野史、民俗学”。[②] 这是迄今为止“民俗学”一词在中国出版物中的首次出现。

既然是英华辞典，为何会收录有日本翻译的学术词汇呢？这是因为，颜惠庆等人在编纂《英华大辞典》的过程中，曾借鉴和吸收了日本出版的英和字典（辞典）对 Folk-lore 一词译名。之所以说《英华大辞典》中的“民俗学”采汲自英和字典（辞典），理由如下：

其一，作为英语 Folk-lore 的对译词，日译的“民俗学”一词出现时间早于中国。

英语 Folk-lore 一词被创制之初，只是单个民俗学家的“发明创造”，被学术界广泛接受，已经到了 1878 年。因此早期英华字典和英和字典都不可能收录该词。到了 1880 年以后，Folk-lore 一词才开始出现在日本出版的英和字典中。目

① 参见［日］神田乃武等编译：《新译英和辞典》，（东京）三省堂 1902 年版，第 402 页。
② 参见颜惠庆主编：《英华大辞典》，（上海）商务印书馆 1908 年版，第 1365 页。

前所能见到的最早收录该词的是1889年东京六合馆出版的《明治英和字典》[①]，比商务的《英华大辞典》早了19年。而将Folk-lore对译为“民俗学”，日本最早始见于1902年东京三省堂出版的《新译英和辞典》[②]，比商务的《英华大辞典》早了6年。[③] 日本辞典对该词的收录和翻译均早于中国。

其二，《英华大辞典》在编纂过程中曾经吸收和参考英和辞典中的翻译。1908年的《英华大辞典·例言》云：

> 是编采用诸书，暨所参考不下数十百种。有为中国教育会本者，有为江南制造局本者，有为严氏所著本者，有为英和字典本者，而本馆教科犹有善本，类皆助我实多。[④]

其中所说中国教育会本、江南制造局本、严氏所著本，皆为此前已出版的华英字典，自然列为参考。但是所说“英和字典本者”，就似乎有点费解，编纂英华辞典，为何要参考英和字典？其实，只要翻开明治时期日本编纂的英和字典，答案不言自明，在英和字典中包含有大量汉语字词。这种情况的出现与中日之间的语言和文化交流有关。在日本“明治维新”之前，由于闭关锁国，日本在编纂英和字典方面缺乏基础。而中国因为中西方交流的需要，已经出现了数部质量较高的华英（英华）字典，如1823年马礼逊《华英字典》、1844年卫三畏《英华韵府历阶》、1848年麦都思《英华字典》、1868年邝其照《字典集成》、1869年罗存德《英华字典》。作为汉字文化圈的一员，这些早期的华英字典成为日本编纂英和字典的“底本”。日本人不仅照搬华英字典中的汉语词汇，而且将汉语词汇加以组合改造后形成新词，对译层出不穷的西学术语。这些日译的西学新词通过留日知识分子的译介，在20世纪初大量传入中国，反过来成为汉语吸纳和学习的对象。因此，当国人编纂英华辞典时，英和字典自然成为重要的参考。

其三，对Folk-lore的翻译上看，《英华大辞典》确实吸收了英和辞典的大部内容。下面是商务1908年《英华大辞典》中Folk-lore一词的义项与日本英和字典的词义对照情况，请看表12-1：

---

① 参见［日］尺振八译：《明治英和字典》，（东京）六合馆1889年版，第409页。

② 参见［日］神田乃武等编译：《新译英和辞典》，（东京）三省堂1902年版，第402页。

③ 本文关于英和字典（辞典）收录Folk-lore情况的统计数据和结论，全部源自对日本国立国会图书馆馆藏的日本英和字典（辞典）的检索统计，日本国立国会图书馆是日本唯一的法定接受缴送本的图书馆，收藏的英和辞典为全日本最全。后面的相关论据材料来源相同，恕不再一一注明。

④ 颜惠庆主编：《英华大辞典》（小字本），例言八则，（上海）商务印书馆1920年版。

表 12-1　英和字典与商务《英华大辞典》翻译 Folk-lore 的义项对照

日译			中译
时间	书名	义项	1908 年商务《英华大辞典》对译义项
1889	明治英和字典	俗传、野乘	野乘 古谚 俗传 历代相传之事 稗史 遗事 逸史 野史 民俗学
1894	英和新辞林	俗传，野乘	
1901	英和新辞汇	俗问，俗传	
1901	新英和辞典	俗传，野乘	
1902	新译英和辞典	民俗学 民俗	
1903	新英和辞林	口传，俗话	

两相对照可知，1908 年商务《英华大辞典》在 Folk-lore 的对译上，收录了英和字典中的大部分词汇，如“野乘”、“俗传”、“民俗学”，“口传”和“俗问”两个义项没有收录，但是中译有“历代相传之事”，其实也就是口传。“俗问”的“问”指“学问”，因为在早期的华英字典中 lore 就被译为“学问”，“俗问”就是关于“世俗的学问”，也就是“民俗学”，由此可见，英和字典中的大部分义项都被英华大辞典借用和吸收，证明两者之间具有借鉴和传承关系。

辞典虽然不可能像报刊那样一纸风行，但是，辞典在强化“民俗学”术语地位方面所起的作用不可忽视。20 世纪初期，中国的知识分子就开始接触到英国的民俗学著作，在没有中文译本的情况下，阅读这些英文原著除了依靠自身的英文功底，还要借助辞典，尤其是英华辞典。商务印书馆 1908 年出版的《英华大辞典》是当时比较权威英华辞典。辞典的主编是当时著名的英语专家颜惠庆，颜生长于牧师家庭，从小入教会学校，在美国读中学和大学，归国后执教于教会的圣约翰大学，被清廷授予“译学进士”，其英文造诣在当时已属于凤毛麟角，而参与编纂者也大都毕业于圣约翰大学。① 高层次的编纂队伍，权威的出版社，同类辞典中“部头最大、词类最丰富”，足以奠定该辞典在当时国人心目中的权威工具书地位。近代著名翻译家严复对此辞典的水平给予充分肯定并亲笔作序，称这部辞典“搜集侈富，无美不收”，是一部“与时俱进”，“较旧作犹海视河”，且“图画精详、译迻审慎”的巨著。② 严复的高度评价在很大程度上提升了该英和辞典在当时知识分子心目中的地位。20 世纪初的中国知识分子在阅读和译介

① 参见吴建雍、李宝臣、叶凤美译：《颜惠庆自传》，商务印书馆 2003 年版，第 1～54 页。

② 颜惠庆主编：《英华大辞典·前言》，（上海）商务印书馆 1908 年版，第 2 页。

英国民俗学著作时，《英华大辞典》对 Folk-lore 的翻译无疑会起到示范性的影响。

当然，字典（辞典）的出版发行和书报杂志有很大不同。字典的发行范围较小，而且仅作为词条下的一个义项，在没有经过检索的前提下，也很难为人所知，因此，对"民俗学"入华的意义不能估计过高。以上事实只能说明，"民俗学"这个表示学科名称的词，在 1908 年就已经在我国出版物中出现，并不意味着中国的民俗学的学科建设就此展开。"民俗学"这一新词要想获得更大范围的认同，还有赖于知识分子的大力推广。

（二）留日学生引进"民俗学"

最早将"民俗学"一词从日本引入国内并在公开发行刊物上为之摇旗呐喊者，首推新文化运动主将之一的周作人。

因为长兄周树人的关系，周作人自幼受到西方启蒙思想的熏陶，在去日本留学之前，就已经读过《物竞论》、《原富》、《天演论》、《权利竞争论》、《民约论》等西学书籍。[①] 1905 年赴日后，经常购买和阅读西学的原著。留日期间，周作人开始接触到英国民俗学的书籍，其自述云：

> 一九〇七年即清光绪丁未在日本，始翻译英国哈葛德安度阑二人合著小说……安度阑即安特路朗（Andrew Lang 1844～1912），是人类学派的神话学家的祖师。他的著作很多，那时我所有的是《银文库》本的一册《习俗与神话》（Custom and Myth）和两册《神话仪式与宗教》（Myth Ritual and Religion），还有一小册得阿克利多斯牧歌译本。[②]

这说明周作人在 1907 年以前就已经读过英国民俗学家 Andrew Lang 的著作，当时，这两本书的日译本尚未出现，周读的是英文原著。《习俗与神话》的第一章就是讲"论民俗学的方法"（the method of folklore），使用了 Folklore 一词。周作人虽然在国内学过英语，但是 Folklore 属于一个新词，1908 年以前国内出版的华英字典均未收录该词，因此在去日本之前，周作人不可能认识这个词。因此将 Folklore 对译为"民俗学"显然是受到日译词的影响。由于周作人留日日记的缺失，现在还无法获知周作人究竟是在何种情况下接触到"民俗学"这一术语的。但是可以推测，途径无非两条。一是通过查阅英和辞典，由周作人日记可知，周是在去日本前一年才开始自学日语，到日本后为了过语言关，曾经上过专门的日语补习班，周有很好的英文基础，应当会经常查阅英和辞典，而在当时的英和辞

① 参见《周作人日记》（影印本），大象出版社，第 317 页、第 318 页、第 377 页、第 383 页。

② 《周作人全集》第一册，台北蓝灯文化事业股份公司 1992 年版，第 473 页。

典中，已经出现将Folklore对译为“民俗学”的现象。二是通过阅读日本人的作品，日本民俗学之父柳田国男的作品是周作人经常阅读的对象，如《远野物语》、《石神问答》等。关于购买上述书籍的经历，周后来在回忆文章里写道：

《远野物语》给我的印象很深，除文章外，他又指示我民俗学里的丰富的趣味。那时日本虽然大学里有了坪井正五郎的人类学讲座，民间有高木敏雄的神话学研究，但民俗学方面还很消沉，这实在是柳田氏，使这种学问发达起来，虽然不知怎地他不称民俗学而始终称为“乡土研究”。一九一〇年五月，柳田氏刊行《石神问答》，系三十四封往复的信，讨论乡村里所奉祀的神道的，六月刊行《远野物语》，这两本书虽然只是民俗学界的陈胜吴广，实际却是奠定了这种学术的基础……①

周作人对柳田国男的这两本书如数家珍，说明他在日本的时候曾经细读过，而且很有兴味。柳田国男的书中使用了“民俗学”，这显然是周作人接触“民俗学”的另一途径。

1911年回国后，周作人就致力于效法柳田从事民间文化的研究。1914年1月20日，周作人在《绍兴县教育会月刊》第4号上发表《儿歌之研究》一文，第一次在国内的刊物上使用了“民俗学”一词：

故依民俗学，以童歌与民歌比量，而得探知诗之起源，与艺术之在人生相维若何，犹从童话而知小说原始，为文史家所不废。②

不过《绍兴县教育会月刊》只是一个地方性刊物，发行量小，地域有限，且周作人的文章并非专谈民俗学，故影响不大。1922年，北大《歌谣》周刊创刊，周作人撰写发刊词，再次提出了“民俗学”的概念：

本会搜集歌谣的目的共有两种，一是学术的，一是文艺的。我们相信民俗学的研究在现今的中国确是很重要的一件事业，虽然还没有学者注意及此，只靠几个有志未逮的人是做不出什么来的，但是也不能不各尽一分的力，至少去供给多少材料或引起一点兴味。歌谣是民俗学上的一种重要的资料，我们把它辑录起来，以备专门的研究：这是第一个目的。③

《歌谣》周刊的《发刊词》对于“民俗学”学术地位的建构无疑是十分重要的，“民俗学”的概念虽然不是第一次在国内使用，但其宣传推广效果与前者不可同日而语。作为新文化运动的中心，北京大学的《歌谣》周刊，其影响范围之

① 《周作人全集》第一册，台北蓝灯文化事业股份公司1992年版，第471页。

② 《儿歌之研究》分两期刊载于北大《歌谣》周刊第33号、第34号，出版日期分别为1923年11月18日、25日。文章附记云：“这篇文章是十年前的旧作，曾载在《绍兴县教育会月刊》上”可知，该文最早的发表时间是在1914年。

③ 周作人：《发刊词》，北大《歌谣》周刊创刊号，1922年12月17日。

广早已经超出了人们的想象。亲身参与其中的常惠先生后来回忆：“本是一校的刊物（指歌谣周刊），而竟引起全国各地爱好者，以至苏联、英、美、法、德、日的学者们的注意，购买《歌谣周刊》并通信访问……”① 藉着《歌谣》周刊的影响力，“民俗学”一词终于为多数国人所知，开始登上学术的舞台。

三、“民俗学”地位的确立

歌谣研究会成立初期，在“民俗学”名称问题上，内部存在着分歧。1924年1月30日下午，歌谣研究会召开会议，周作人担任主席，会议的中心议题之一，就是讨论将“歌谣研究会”改名为“民俗学会”。但是改名的提议并未获得通过。②

《歌谣》的编辑完整地记录了这次术语之争的经过：

主席谓：今后歌拟不仅搜集韵文的歌谣，想籍这个机会收集各地神话故事等等。关于山水风土英雄人物鬼神等传说，及童话，此时不收，将来恐怕就要感觉困难，所以歌谣有附带收集的必要。但是名称也就不能不改做“民俗学会”；然而歌谣研究会知名于国内。一时改名，怕又反妨碍了歌谣的收集，请大家讨论。

钱玄同：可以改名，但不妨注明“原歌谣研究会”字样。因为社会上最重名实，宜改名为“平民文艺”之类。

沈兼士不赞成钱先生的主张，谓：若要改名，宜以客观材料命名，不宜取其效用的一端为名。

常惠先生谓：最好把歌谣会改为“民俗学会”，因为其中的材料是刻不容缓的要征集它，如果再迟几年恐怕一点也得不到了……

杨世清先生赞成钱先生的主张，不赞成常先生的主张改“民俗学会”。

林语堂先生谓：更改名称，宜定做“民族艺术”或“民族文艺”。

容肇祖先生谓：……但是收集神话，而叫做“民族艺术”，甚觉不妥，这似乎以常先生主张改“民俗学”的适当。

主席谓：……改名问题，且待将来。③

这说明，“民俗学”这一译名，在当时未获得多数学者的认可。1927年以后，情况开始向有利于“民俗学”方向发展，这就是中山大学民俗学会的成立。

---

① 常惠：《回忆〈歌谣周刊〉》，《民间文学》1962年第6期。

② 佚名：《本会常会并欢迎新会员纪事》，《歌谣》第45号，第六、七版。

③ 《本会常会并欢迎新会员纪事》，《歌谣周刊》第45期，1924年3月2日出版。

中山大学民俗学会，全称“国立中山大学语言历史学研究所民俗学会”，1927 年 11 月成立于广州，强烈的学科意识是该学会的一大亮点。成立伊始就制定《民俗学会简章》，确立会名，宗旨等，学会宗旨为：“以调查、搜集及研究本国之各地方、各种族之民俗为宗旨。一切关于民间的风俗、习惯、信仰、思想、行为、艺术，皆在调查、搜集、研究之列。”① 明确了研究对象。1928 年，又进一步提出要编制“民俗学目录学”，编印“民俗学丛书”，“养成民俗学人才”等工作计划，学科意识进一步显现。该学会 1929 年 5 月发布的《征求会员启事》云：

> 研究民俗学，就是研究活的历史，不特历史学、社会学、心理学、宗教学等等的问题，有民俗搜集与研究，俱可以帮助解决，本会以学问为公共事业，要在共力进行；更加以民俗学在我国尚在幼稚时期，尤当力求策励，凡属同情于本会而帮助作下列事务者，无论校内外，皆得为本会会员……②

至此，已明确提出了建构“民俗学”的口号，学科概念进一步明晰，学科意识已初步形成。

在学科名称初步厘定后，民俗学会主要从以下几个方面开展工作。

第一，在高校设立民俗学学科，开设相关专业课程。

民俗学会依托中山大学语言历史学研究所，在内部设置了“民间文学”和“民俗学”学科，开设了《民俗学概论》、《民俗学与心理学》、《民俗心理》等课程，延聘民俗学的学者们任教。此前的民俗学学科建构，主要是指专家学者对民间文化和文学领域的科学研究，从未深入到教学阶段。这是自从 1886 年民俗学第一次为国人所知之后，民俗学第一次进入大学的学科体系，尽管当时培养学生的数量不多，但开课本身就具有开创性的意义，标志着近代民俗学学科的形成。

第二，发行学术刊物，扩大民俗学的术语影响力。

民俗学会在 1927 年就创办社团的学生刊物《民间文艺》，因为刊物名称不能够很好地反映学科属性，第二年改称《民俗周刊》，《民俗周刊》的发刊词写道：

> 我们读尽了经史百家，得到的是什么印象？呵，是皇帝士大夫，贞节妇女，僧道——这些圣贤们的故事和礼法！
>
> 人间社会只有这一点么？呸，这说那里话！人家社会大得很，这仅占了很小的一部分，而且大半是虚伪的！尚有一大部分是农夫，工匠，商贩，兵卒，妇女，游侠，优伶，娼妓，仆婢，堕民，罪犯，小孩……们，他们有无穷广大的生活，他们有热烈的情感，有爽直的性子，他们的生活除了模仿士

---

① 《中山大学语言历史学研究所周刊》第 62 ~ 64 期合刊“年报”，1929 年 1 月 16 日。

② 《中山大学语言历史学研究所周刊》第 1 卷第 2 期。

大夫之外是真诚的!

这些人的生活为什么我们不看见呢?唉,可怜。历来的政治,教育,文艺,都给圣贤们包办了,哪里容得这一般小民露脸,固然圣贤们也会说"爱民如子"、"留意民间疾苦"的话来,但他们只要这班小民守着本分,低了头吃饭,也就完了,哪里容得他们由着自己的心情活动!

这班小民永远低了头守着卑贱的本分吗?不,皇帝打到了,士大夫随着跌翻了,小民的地位却提高了;到了现在,他们自己的面目和心情都可以透露出来了!

我们秉着时代的使命,高声喊几句口号:

我们要站在民众的立场上来认识民众!

我们要探检各种民众的生活,民众的欲求,来认识整个的社会!

我们自己就是民众,应该各各体验自己的生活!

我们要把几千年埋没着的民众艺术,民众信仰,民众习惯,一层一层地发掘出来!

我们要打破以圣贤为中心的历史,建设全民众的历史![①]

《民俗周刊》从1928年开始出版发行,至1933年停刊,前后共出版123期,是当时中国民俗学历史上出版时间持续最长的出版物。[②]《民俗周刊》的出版发行对于扩大"民俗学"学科名称的地位起到不可估量的作用。根据施爱东的研究,《民俗周刊》当时采取了极为有效的发行手段,例如:(1)低价倾销《民俗周刊》以低于成本一半的价格发行销售,不怕赔本,致使发行量大增,占领了学术刊物的市场。(2)免费赠阅。对于当时大的图书馆和学术名家,《民俗周刊》采取免费赠阅的方式,以扩大"民俗学"术语其在学术圈的影响。(3)刊登广告。《民俗周刊》在上海、广州等地的文学刊物上不断刊登广告,即介绍了刊物,也宣传推广了"民俗学"术语。经过长达6年的术语宣传,"民俗学"作为学科名称概念被更多人所接受。[③]

第三,推出高水平的研究专著,创立学术品牌。

就在《民俗周刊》攻城略地的同时。民俗学会抓紧学术丛书编纂出版工作。民俗学会前后共推出民俗学丛书37种。其中歌谣类14种,故事传说类6种,谜语类4种,信仰风俗类4种,民俗研究8种。[④]这批丛书的出版,不仅成为中国

---

① 中山大学民俗学会主办《民俗周刊》1928年第1期发刊辞。

② 1936年,在杨成志的主持下复刊,改为《民俗》季刊,出版至1943年12月,共出两卷八期。这样民俗学会编辑出版学术刊物长达十四年。

③ 施爱东:《民俗周刊》,《中华读书报》2007年2月3日。

④ 杨成志:《我国民俗学运动概况》,《杨成志民俗学译述与研究》,高等教育出版社1988年版,第218页。

早期民俗学研究的重要学术成果，而且创立了“民俗学”的学术品牌，“民俗学”的术语地位也得到提升。

第四，积极发展分支组织，扩大民俗学在各地的影响力。

民俗学会最初以广州为中心，后来钟敬文因故离开广州，在杭州组织民俗学会，形成广州、杭州两大基地，在学会的推动下，各地的分支机构发展很快，这一时期，民俗学会先后在福建福州、漳州、厦门，广东揭阳、汕头，四川重庆，江苏镇江，安徽徽州，浙江宁波、绍兴、湖州等地建立分支，这些分支机构大都创立了地域性的民俗学刊物，一方面收集当地的民俗资料；另一方面介绍民俗学研究的进展情况，有的取得相当不俗的成绩。如湖州民俗学会的《民俗周镌》出版了70期，绍兴民俗学会的《民俗周刊》出版60期。[①] 这些分支组织的活动，扩大了民俗学在当地的影响，也使得“民俗学”这一学术概念更加深入到社会的基层民众当中。

四、其他学名的命运

其实，除了上述两种方案，在20世纪20~30年代，“Folklore”还曾有过其他的备选翻译方案。

（一）民情学

“民情学”的提法是1921年胡愈之在《论民间文学》一文中提出来的，他写道：

> “民间文学的意义，与英文folklore德文的volkskunde大略相同，是指流行于民族中间的文学，象那些神话、故事、传说、山歌、船歌、儿歌等都是。民间文学的作品，有两个特质：第一创作人是民族全体，不是个人……这种事业，差不多已成了一种专门科学，在英文便叫‘Folklore’——这个字不容易译成中文，现在只好译作‘民情学’，但这是很牵强的。[②]”

胡愈之先是提出“民间文学”的概念和“folklore”大略相同，这显然是对“folklore”的误读，根据William John Thomas创制“folklore”的解释，不仅包括大众文学（popular literature）而且还包括大众古俗（Popular Antiquities），因此，民间文学只能是“folklore”的组成部分。胡愈之将“folklore”勉强翻译为“民情学”，连译者本人都感到牵强，可见这一对接是不成功的，因此，胡之后，“民

---

① 王文宝：《中国民俗学发展史》，辽宁大学出版社1987年版，第85~87页。

② 胡愈之：《论民间文学》，《妇女杂志》第七卷，1921年第1期，第32~36页。

情学”一词几乎再无人提及。

（二）谣俗学（民学）

20世纪30年代初，江绍原曾将folklore译作“谣俗学”。此种译法出现较晚，是在其翻译英国民俗学家Arthur Robertson Wright（江译作：瑞爱德）的English Folklore一书时，他将“folklore”一词译为“谣俗学”，书名译做“英吉利谣俗和谣俗学”。之所以这样做的原因，在译者序言中曾有交待：

> 谣俗学通称“民俗学”，从日译也。然“谣俗学”这名称虽是民十八（此处脱一“年”字，引者注）二月间我动手译瑞书时所提议，且已得一两个研究者赏用，此刻则我颇想连它也舍去而改用更短且更确当的“民学”之名，其理由以及我认为此学应采取的界说，见第一章的尾注和附录四下半。①

可见江绍原之所以不同意将“folklore”对译为“民俗学”首先是他认为“民俗学”一词是从日本转译过来的，并非英语中“folklore”之本义。在书的尾注和附录四中，江绍原又罗列了英美各种大辞典和百科全书中关于“folklore”的解释，指出其本义应该是“谣俗”，偏重于民间的口头创作，至于将民间文学之外的其他内容包括进“folklore”的范畴，是研究社会人类学的学者对“folklore”产生误读的结果。在附录四的结尾，江绍原最后连“谣俗学”也予以否定，认为用“民学”作为学科名称最为恰当。②

江绍原创制的术语在国内还是得到了一定的支持，1936年，北平曾发起成立“风谣学会”，1937年北京《晨报》副刊上创办《谣俗周刊》，某种程度上可视作是对江绍原“谣俗学”方案的回应。

对于江绍原的观点，民俗学界内部进行了反击。周作人和杨成志等人均反对“民学”的提法。有意思的是，江绍原明知道周作人是“民俗学”的最有力倡导者之一，却偏偏选中周为自己的译著《现代英吉利谣俗及谣俗学》撰写序言，在为江著写的序中，周作人含蓄的表达了自己的观点，他这样写道：

> 这是绍原所译的《英吉利谣俗》，原名叫做English Folklore，普通就称作《英国民俗》。民俗是民俗学的资料，所以这是属于民俗学范围的一本书。民俗学——这是否能成为独立的一门学问，似乎本来就有点问题，其中所包含的三大部门，现今做的只是搜集排比这些工作，等到论究其意义，归结到一种学说的时候，便侵入别的学科的范围，如信仰之于宗教学，习惯之于社

① ［英］瑞爱德原著，江绍原编译：《现代英国民俗与民俗学》，上海文艺出版社1988年据上海中华书局1932年版影印，译者序第3页。

② 《现代英国民俗与民俗学》附录四，第242页。

会学，歌谣故事之于文学史等是也。民俗学的长处在于总集这些东西而同样地治理之，比隔离的各别的研究当更合理而且有效，譬如民俗学地治理歌谣故事，我觉得要比普通那种文学史——不自承认属于人类学或文化科学的那种文学史的研究更为正确，虽然歌谣故事的研究当然是应归文学史的范围，不过这该是人类学的一部之文学史罢了。民俗学的价值是无可疑的，但是他之能否成为一种专门之学则颇有人怀疑，所以将来或真要降格为民俗志，也未可知吧。①

在这段话中，周作人表达了这样的观点。首先，江绍原的翻译的著作是一本民俗学著作，本应译作《英国民俗》，即使改变译名，也无法改变这本书属于民俗学的事实。其次，民俗学是一门独立的学科，尽管在研究领域上和宗教学、文学、社会学存在交叉，但是民俗学在研究民俗时有自己的擅长的地方，这是民俗学得以立足的基础。周作人的这两条意见，实际上等于否认了江绍原认为的"folklore"译成"民俗学"是误读，应当译作"谣俗学"才合理的观点。这里所说的对于民俗学是否能成为一种专门之学"颇有人怀疑"，这里的怀疑论者，显然就是指书的译者江绍原，算是对江绍原的观点的一种委婉的批评。

对于江绍原而言，周作人的意见恐怕是他事先没有想到的。作为一部批判"民俗学"的对译缺乏合理性的著作，请来作序者居然提出与作者意见相左的看法，这恐怕令作者颇有些尴尬。但是周作人先生是江绍原请来作序的，既然写好又不能不用，坚持已见的江绍原在周序后又加了一个译者序，重新申明自己对"folklore"翻译的看法，一本书前面有两个意见完全相左的序言，恐怕也算是当时出版界不多见的奇观了。

与周作人对江绍原的批评相比，杨成志的态度更加直截了当，在《现代民俗学——历史与名词》一文中，他先是批判了"风俗学"、"歌谣学"、"民间文艺"、"民间文学"诸说，最后写道：

最末，尚有 A. R. Wright 的《英国民俗》（English Folklore）（1928）的译者江绍原先生，他自己实行标改其书名为《现代英吉利谣俗及谣俗学》。译完了 Wright 的原著外，他更进一步提出关于 folklore，Volkskunde 和"民学"的讨论外，复在各辞典中的谣俗论中，甚且自己竟提用"民俗学"既应改为"谣俗学"，"谣俗学"又不妥还以直译德文的 Volkskunde 为"民学"的定义为最宜。

然而作者不敏，对于"谣俗学"与"民学"的两名词的提议，终不敢赞同这种新奇的意见。

① 江绍原：《现代英国民俗与民俗学·周序》，上海文艺出版社 1988 年影印，第 1~3 页。

在分析了中国历史上关于“俗”的用法后，杨成志指出，用中国既有的“民俗”一词对译“folklore”，是直译兼有意译，比“谣俗”一词义广词正，最为妥当。再树立一个标新立异的新词毫无必要。然后他又进一步指出英国的folklore与德国的Volkskunde虽然稍有不同，但研究方法和终极目的却是完全一致的。译成“民学”容易在“民俗学”与“民族学”中间造成混淆和误会，且无法表现出“folklore”所固有的学科特征和精神追求。他的结论是，译作“谣俗学”，范畴太狭，译作“民学”，范畴太宽。所以应当“抛弃一切不确实的名词，仍沿用国人同归一辙的民俗或民俗学”。[①]

① 《杨成志民俗学译述与研究》，高等教育出版社1989年版，第110~115页。

第十三章

数学与化学术语

第一节 “算学”、“数学”和“Mathematics”

数学在中国可以称之为最为古老的学科之一，然而在近代学科名称的厘定过程中，“数学”正式确立为学科名称却远远落后于自然科学的其他学科，甚至数学门下各个分支名称的确立也大大早于“数学”。迄今学界有关数学学科名称厘定的研究，也多集中在“几何”、“代数”等分支名称上，鲜有对“数学”本身的历史追溯。传统数学意义上的“算学”和“数学”如何和西洋词“Mathematics”进行学科概念的对接，“数学”又如何力压“算学”成为统一的学科名称，正是本节试图厘清的问题。

一、中国传统的“算学”与“数学”

中国古代数学的历史源远流长，“算”与“数”的概念也古而有之。

古代的“算”通“筭”、“祘”。“筭”即古代的筹算工具。《说文解字》云：“筭，长六寸，所以计历数者。从竹弄。言常弄乃不误也。”清代段玉裁注云：“筭法用竹径一分，长六寸。二百七十一枚而成六觚，为一握。此谓筭筹。算数字各用。计之所谓算也。古书多不别。”以筭计数谓之算，“算”字从竹从具，即为“用筭以计”之义。段玉裁对“算”有一段精辟的注解：“筭为算之器，算为筭之用，二字音同而义别。”而对于“祘”，《说文解字》解为“明视以筭之，从二示。”“示”为神事之义，这也反映了早期的筹算与神事占卜的密切关联。

除了“算”之外，“数”、“计”也均有计算之义，《说文解字》给出的解释也互通。如“数，计也。”“算，数也。”“计，会也。筭也。”

而以度数之学作为一门学问和技能，始于“六艺”之说。《周礼·地官司徒·保氏》记载：“保氏掌谏王恶而养国子以道。乃教之六艺，一曰五礼，二曰六乐，三曰五射，四曰五驭，五曰六书，六曰九数。”东汉的郑玄在《周礼注疏》中称“九数”即为方田、粟米、方程等“九章之术”，魏晋时期的刘徽在《九章算术·序》中也称：“周公制礼而有九数，九数之流，则《九章》是矣。”“九数”几乎囊括了中国古代数学的所有内容。严格来说，传统数学只是一种算术之学，但其立足于生产、生活实践的实用性与儒家的入世精神相吻合，天文历算之学又为历朝所看重，所以其作为一门学科的发展史也由来已久。

以“算学”一词代表这门学科，始见于隋唐时期。《隋书·卷二十八·志二十三》记载：“国子寺祭酒，属官有主簿、录事。统国子、太学、四门、书（学）算学，各置博士、助教、学生等员”。这大概是算学列入古代高等学府学科之一的最早书证。而到了唐代中叶，在国子监国子、太学、四门、律学、书学五学馆之外进而添设了算学馆。唐《六典·卷二十一》记载：“算学博士掌教文武官八品以下及庶人子之为生者。二分其经以为之业，习九章、海岛、孙子、五曹、张邱建、夏候阳、周髀、五经算十有五人，习缀术、缉古十有五人，其记遗、三等数亦兼习之。孙子、五曹共限一年业成，九章、海岛共三年，张邱建、夏候阳各一年，周髀、五经算共一年，缀术四年，缉古三年”。可见在唐代算学馆，对学科所用教材及学习大纲已有较为明确的规定。隋唐的这种官办算学教育制度先后为朝鲜、日本所效仿，经典教材《算经十书》也随之东传，反映了隋唐算学无论从学术水平还是教育水平来说都处于相当成熟和先进的阶段。但是由于算学教育并没有真正得到朝廷的重视，算学博士官阶甚低（九品下），对追求功名者来说缺乏吸引力，科举考试的“明算”（算学）一门也就日趋式微了。唐代之后的文科科举考试种类逐渐单一化，到明清两代常科只设进士一科考八股文，极大地桎梏了算学教育的普及和发展。但是算学作为官办科技教育的一个重要分支得以延续，宋代太史局、明清两代的国子监都设有算学一门。

与“算学”相比，“数学”一词的使用则有一定的复杂性。从度数之学的意义来讲，“数学”可与“算学”相通。如徐光启在《刻同文算指序》（1614）中所言：“我中夏自黄帝命隶首作算，以佐容成，至周大备。周公用之，列于学官以取士。宾兴贤能，而官使之。孔门弟子身通六艺者，谓之升堂入室。使数学可废，则周孔之教踳矣"[1]。明代柯尚迁的《数学通轨》（1578），邓玉函、王徵的《奇器图说》（1634），清代杜知耕的《数学钥》（1681）中所使用的"数学"均系此意[2]。但另一方面，"数学"又有象数之学之义。《四库全书总目提要》子部术数类小叙开篇即言："术数之兴，多在秦汉以后。要其旨，不出乎阴阳五行，生克制化，实皆《易》支派，付以杂说耳。物生有象，象生有数，乘除推阐，务究造化之源者，是为数学。"这里所讲的"数学"虽然也根源于"乘除推阐"之算，但其含义显然与子部另一大类"天文算法类"中与天文"相为表里"的"算术"大相径庭。可见，虽然"算学"和"数学"都有传统算术之学的内涵，但是"算学"更具备语义单一性的特点，这大概也是"算学"一名一直得以沿用的原因。

二、明末"Mathematics"概念的导入

现代数学意义上的"数学"——Mathematics 源于古希腊，有"学问的基础"之义，相较于中国传统"算学"和"数学"而言具有更加广泛的内容。

对 Mathematics 概念的译介最早见于明清之际西学东渐的时期。艾儒略撰《职方外纪·卷之二·欧罗巴总说》（1623）中介绍欧洲大学的分科情况有云：

> 又四科大学之外，有度数之学，曰玛得玛第加，亦属斐录所科内，此专究物形之度与数。[3]

又李之藻辑《名理探》（1631）卷一云：

> 明艺有三，一谓形性学，西言斐西加，专论诸质模合成之物之性情。二谓审形学，西言玛得玛第加，专在测量几何之性情。三谓超性学，西言陡禄日亚，专究天主妙有与诸不落形质之物之性也。[4]

这里的"玛得玛第加"就是拉丁语 mathematica 音译。艾儒略以"度数之学"译之，并言明其与"斐录所"（哲学）的从属关系；李之藻以"审形学"译之，力图描述其与"形性学"（物理学）、"超性学"（形而上学）共同构成的西方学术体系的内在逻辑关联。李之藻进而解释道：

> 审形学分为纯杂两端，凡测量几何性情而不及于其所依赖者，是之谓之纯，类属有二：一测量并合之几何，是为量法，西云日阿默第亚；一测量数

① 徐光启：《刻同文算指序》，《天学初函》，台湾学生书局 1965 年版，第 2771～2772 页。

② ［意］马西尼，黄河清译：《现代汉语词汇的形成——十九世纪汉语外来词研究》，汉语大词典出版社 1997 年版，第 242 页。

③ 赵汝适，艾儒略：《诸蕃志校释　职方外纪校释》，中华书局 2004 年版，第 70 页。

④ 李之藻、傅泛际译：《名理探》卷一，1631 年，第 9 页。

> 目之几何，是为算法，西云亚利默第加也。其测量几何而有所依赖于物者是之谓杂，其类有三：一为视艺，西云百斯伯第袜；一谓乐艺，西云慕细加；一谓星艺，西云亚斯多落日亚也。①

这里所译介的“审形学”的“纯杂两端”所代表的正是当时西方经院哲学对数学狭义和广义的理解。但是，“审形学”西方式的逻辑阐述在当时并没有产生多大的影响，《名理探》问世以后200多年乏人问津，故而“审形学”一名也丧失了立足的土壤。

虽然“审形学”之名并没有对传统的“度数之学”、“算数之学”、“历算之学”之名带来冲击，但是不可否认的是，随着《几何原本》、《同文算指》等西方数学著作的传入，中国传统数学开始吸收西方数学的概念和内容。18世纪后期编纂的《四库全书》将明清之际耶稣会传教士和徐光启、李之藻等人共译的数学著作皆列入其中，并在《总目提要》中称《几何原本》为“欧罗巴算学之祖”，《同文算指》“存之亦见古法、西法互有短长也”。康熙朝所编的《御制数理精蕴》“上编五卷以立纲明体，曰数理本原，曰河图，曰洛书，曰周髀经解，曰几何原本”，被誉为“通中西之异同，殚天人之微奥”之大作。以当时中国传统数学的眼光来看，中西方数学的差异似乎只在“法”不同而已。传统数学对这种与古法不同的“西法”采取了接纳的态度，这也必然导致“算学”、“数学”等传统语汇增加西学的内容，从而引起其内涵和外延的扩展变化。

三、晚清“算学”与“数学”的混用

明清之际的西学东渐沉寂了200多年之后，终于在晚清迎来了再一次高潮。这一时期近代意义上的数学已经细化到几何、代数、三角、微积分等分支，数学著作的译介也多为各分支的专著，各分支名称和术语名词的厘定也因此有长足发展。反而在学科整体名称的使用上，仍然是“算学”和“数学”混用的局面。

首先，在官办科技教育中，“算学”一名得以沿用，并且“算学”逐步从天文历算之学之中脱离出来，成为“师夷长技以制夷”所倚重的基础学科。沈葆桢在《请考试算学折》（1870）中奏言：“水师之强弱，以炮船为宗，炮船之巧拙，以算学为本”②。奕䜣在《奏请京师同文馆添设天文算学馆疏》（1886）中奏言：“臣等伏查此次招考天文算学之议，并非务奇好异，震于西人术数之学也。盖以

① 李之藻、傅泛际译：《名理探》卷一，第10页。

② 吴文俊：《中国数学史大系》第八卷，北京师范大学出版社2000年版，第262页。

西人制器之法，无不由度数而生"①。冯桂芬在《采西学议》（1861）中论道："一切西学皆从算学出，西人十岁外无人不学算。今欲采西学，自不可不学算。或师西人，或师内地人之知算者俱可"②。如果说洋务派官员们所呼吁的数学教育还仅仅局限于技术性的应用数学，那么冯桂芬所说的一切西学之根基的"算"显然已经接近于 Mathematics 的近代意义。

在新式学堂以及教会学校所普及的数学教育多以"算学"为名，所修内容也以西法为主。《西学书目表》(1896)、《东西学书录》(1899)、《算学书目提要》(1899)、《西学书目答问》(1901) 等晚清主要书目中也都列"算学"学科。另外，《中西算学丛书》(1896)、《古今算学丛书》(1898) 等大型算学丛书，以及数学刊物《算学报》(1897~1898) 的相继刊行，也对"算学"一名的普及起了很大的作用。

1904 年的钦定学堂章程中，规定"高等算学"隶属"格致"科，并设算学、星学、物理学、化学、动植物学、地理学六门。初等小学堂完全科的八科课程中设"算术"一科，中学堂的十二科中则设有"算学"一科。可见"算学"一名并没有随着传统教育体制的结束而消亡，传统的"算学"经过漫长的学科发展和西方近代 Mathematics 的概念实现了对接。

那么，"数学"一名是否也和"算学"一样被赋予 Mathematics 的近代意义呢？1822 年马礼逊的《华英字典》第三卷中，Mathematics 的中译仅有"算学，算法"两种③。但是"数学"在晚清西学东渐的早期过程中也并非全无踪迹。《遐迩贯珍》1855 年第 6 号载《港内义学广益唐人论》："今港内日就太平无事之时，正值偃武修文之会，故于各处书院复议别立先生，用英语教以天文地理数学等事，其有裨益于后生小子者，正复不浅，为人父母者曷细思之"④。这里用英语所教的"数学"显然是西学的范畴。《六合丛谈》1858 年第 2 卷第 2 号《新出算器》一文中也有"数学中诸表有益格致学匪浅，而造表最难，且不能无误"⑤的表述。1853 年墨海书馆刊行英国传教士伟烈亚力的《数学启蒙》，因为"极便初学"（梁启超语）⑥，所以也甚有影响。1872 年卢公明编纂的《英华萃林韵府》中，Mathematics 的中译有"数学，算学，算法，数理"四项，且"数学"位列

① 张静庐：《中国近代出版史料初编》，群联出版社，1954 年，第 4 页。

② 冯桂芬：《采西学议》，《校邠庐抗议》下卷，聚丰坊 1897 年校刻本，第 68 页。

③ ［英］马礼逊：《华英字典》第三卷，澳门东印度公司澳门印刷所 1822 年版，第 270 页。

④ ［日］松浦章、内田庆市，沈国威：《遐迩贯珍：附解题、索引》，上海辞书出版社 2005 年版，第 517 页。

⑤ 沈国威：《六合丛谈附解题、索引》，上海辞书出版社 2006 年版，第 775 页。

⑥ 梁启超：《饮冰室合集集外文》下，北京大学出版社 2005 年版，第 1121 页。

首位[①]。这种排序极有可能是受到帮卢公明编纂数学和天文学术语的伟烈亚力的影响。严复在《译天演论自序》（1895）中言“夫西学之最为切实而执其例可以御蕃变者，名、数、质、力四者之学是已”[②]，也将“数学”列于西学基础学科之一。

但是，“数学”与“算学”也并非全然混用。傅兰雅在《格致书院西学课程序》（1895）中对“数学”和“算学”之分作了一番论述：

> 诸学以算学为起首，工夫违此则不能前进。盖算学为各学之根本，算学不明则诸理难解，故不可不先习也。算学又以数学为首，明乎数算始可进习代数、几何、三角、八线诸算学，是学算宜以数学为先也。[③]

梁启超《读西学书法》（1896）中也有类似表述：“学算必从数学入，乃及代数”[④]。1898年《格致新报》第1册收录的“法国向爱莲著、乐在居侍者译”《学问之源流门类》中提到“算学中分数学、代数学、形学等”，也将“数学”置于“算学”的一分支[⑤]。《增版东西学书录》（1899）中算学开篇小言讲书目排序“先数学，次形学，次代数，次三角八线，次曲线，次微积，次算器”，将“数学”置于“算学”一科的启蒙阶段。其中所列傅兰雅、赵元益所译的《数学理》（1879），原本为英国棣么甘（Augustus Demorgan）所著《Elements of Arithmetic》，论“记数、加减乘除、分数、开方、比例”等算法；狄考文编撰的学堂教科书《笔算数学》（1892）：“以官话发明算术，甚便初学，其论理法亦详尽。……即接学代数可也”。[⑥] 可见《数学理》和《笔算数学》中的“数学”更接近于算术的概念。

然而，“数学”与“算学”的这种区别并不明显。以前述梁启超为例，在其介绍西学的论述中也往往是二者混用。在这里值得一提的是日本的“数学”概念所发挥的媒介作用。

传统的日本数学——“和算”源于中国古算，故而“算学”一名在日本也一直沿用到幕末时期。比如幕末的私学塾中就有算学塾，主要讲授珠算法。而西方数学最初是以“洋算”之名传入的，幕末洋学家柳河春三的《洋算用法》（1857），就是日本最早译介西洋数学的著作。但是明治日本在仿效西方学制进行学科分类时，却断然放弃了“算学”而采用“数学”之名。1871年日本颁布

① ［美］卢公明：《英华萃林韵府》第一卷，福州1872年版，302页。

② 严复：《天演论》，商务印书馆1930年版，第2页。

③ ［英］傅兰雅：《格致书院西学课程序》，袁俊德辑《富强斋丛书续全集·西学课程》，仓山房1901年版。

④ 梁启超：《饮冰室合集集外文》下，第1159页。

⑤ 朱开甲、王显理：《格致新报》第一册，商务印书馆1898年版，第10页。

⑥ 参见熊月之：《晚清新学书目提要》，上海书店出版社2007年版，第93页、第94页。

《大学规则》和《中小学规则》，其中《大学规则》规定大学分教、法、理、医、文五大学科，其中理科列有格致学、星学、动物学、植物学、化学、数学、器械学、筑造学等科，医学预科中也列有数学、格致学、化学、动植物学等科。《中小学规则》则有句读、习字、算术、语学、地理学五科。虽然这两套规则最后没有完全实施，但是奠定了日本之后的学制改革的基础。如前所述，从“算学”、“数学”的中文源头来看，“算学”似乎更具有广义的数学学科之义，那么日本在学制拟定中为何选择了“数学”，其来龙去脉尚有待考证。需要指出的是，汉译西书中的数学书籍也许在其中发挥了一定的作用。幕末时期对日本数学界影响较大的汉译数学书籍主要有伟烈亚力的《数学启蒙》和《代数术》。[①] “数学”一名的厘定应该与之有一定的关联。

由于明治日本的学制中早早确立了“数学”一科，所以等到中日甲午战争之后中国从效仿西方转而效仿日本时，以“数学”作为学科名称的这种使用方法在中国得到了传播。如黄遵宪《日本杂事诗》(1879) 中介绍日本的学校“理学有化学、气学、重学、数学、矿学、画学、天文地理学、动物学、植物学、机器学”[②]。梁启超《东籍月旦》(1899) 中介绍日本现行中学校的十个普通科目，数学位列其六[③]。清末新式学堂不仅学制和教学科目模仿日本，教材也普遍采用日本教科书。“数学”与“算学”的混用正是在这种复杂的环境下一直持续到民国时期。

四、民国时期“数学”的确立

民国时期的政府和科学社团非常重视科学译名的统一工作，但“算学”与“数学”并用之混乱仍然存在。对 Mathematics 的中译到底是采用“算学”还是“数学”的问题，虽然有过数次专门讨论，但由于意见不一，一直没有定论。直到 1939 年 8 月，民国教育部通令全国各院校一律遵用“数学”这一名称“以昭划一”，由此“数学”作为 Mathematics 一门的学科名称才得以正式统一。根据国立编译馆编订的民国教育部公布的《数学名词》(1935 年成稿，1945 年初版) 所收录的《数学 (Mathematics) 一名词确定之经过》一文所记，民国教育部决定采用“数学”一名的过程也是相当曲折和艰难。1939 年 6 月民国教育部向教学界 28 个相关单位征询意见的时候，“数学”和“算学”是 14 票对 13 票，并且

---

① 吴文俊：《中国数学史大系》第八卷，第 184～185 页。

② 黄遵宪：《日本杂事诗广注》，湖南人民出版社 1981 年版，第 46 页。

③ 梁启超：《饮冰室合集》第二卷，第 37 页。

“皆言之成理”，另有1单位“无所主张”。教育部为表慎重又召集“理学院课程会议”进行讨论，该会亦认为“二名词中可任择其一”，仍交由教育部决定。最后教育部经慎重考量定名为“数学”。该文对教育部的定名缘由有如下记载：

> 教育部鉴于“数”，“理”，“化”已成为通用之简称；“六艺”之教，“数”居其一；且教育规程中久已习用“数学”一词；又各校院之沿用“数学”，“数理”，或“数学天文”为系名者，共二十九单位，而沿用“算学”或“天文算学”为系名者仅七单位，因选用“数学”为Mathematics之译名，而于同年八月通令全国各校院一律遵用之。①

民国教育部所陈“数学”定名之因有历史溯源，又以当时实际应用情况为证，似乎具有一定的说服力。但是“数学”和“算学”实在是不分伯仲，所以不认可“数学”的意见在教育部通令之后仍然存在。1940年民间科学机构“科学名词审查会”编印的《理化名词汇编》收录“算学名词”，在编叙中提到“算学分数学、代数、几何、三角、微积分、函数论、代数解析等各类”。在“算学名词凡例”中，特别以“数学”和“算学”为例讲述定名原则：“Mathematics通作‘数学’，今改作‘算学’。留‘数学’用作Arithmetic最广义之译名”②。这种定名原则基本上是对晚清傅兰雅等人有关算学分类之论的继承。

由这样的过程我们可以了解到，Mathematics的学科译名问题并非“数学”、“算学”孰优孰劣的问题。学科名称的厘定，经过了漫长而曲折的过程，这其中既有对语汇传统意义的追溯，也经历了中—西—日—中的概念对接，在实际应用中逐步形成了一定的语言习惯之后才得以沉积下来。

第二节　“化学”的厘定与普及

一、“化学”的厘定

自17世纪60年代，英国化学家波义耳在《怀疑派化学家》中明确提出化学元素的概念起，化学便从传统的炼丹术和医药术蜕变为一门探索自然界本质的学问，并迅速发展成为近代意义上的一门重要的基础学科。而同时期的中国仍然沉

① 国立编译馆：《数学名词》，正中书局1945年版，第5页。

② 科学名词审查会：《理化名词汇编》，上海科学名词审查会1940年版，第6页。

迷在阴阳五行说之中，炼丹、火药、造纸、工艺、汉方医学等方面的实用化工技术虽然一度登峰造极，但这些前近代型的零星知识经验没有实现质的突破。直到近一个世纪之后，近代化学才伴随着西学东渐的浪潮进入中国。然而在清末民初西学东渐的科学体系中，化学作为一门学科得以确立并不逊于明末清初就已有译业积累的算学、天文等学科。这在某种程度上得益于“化学”这一译名的厘定和普及。

由于Chemistry和欧洲中世纪的炼金术，甚至中国古代的炼丹术有着微妙的历史关联①，所以当它进入近代中国伊始，还背负着历史的陈迹。事实上，Chemistry作为一个独立的词条第一次出现在外文辞典上的解释也仅仅只是：“丹灶之事，炼用法（麦都思Henry Medhurst，English and Chinese Dictionary 1847～1848）”。最早时期的汉译工作者似乎更注重该学科与前近代的关联性，试图构建二者之间的接点来迎合中文语境和习惯。

但是，对于从那些千变万化的化学试验感受到巨大视觉冲击的中国知识界来说，Chemistry绝不是传统意义上的“丹灶之事”了。为了对译Chemistry，“化学”应运而生。从构词方法来看，“化学”是一个典型的合成新词。“化”的本义就是“变化、改变”②，而“学”则是17世纪到19世纪后半叶用来创造表示某些西方学科名称的后缀③。“化学”一名，虽未能充分表述近代化学分离、化合之学的本质，但“变化之学”确实是近代中国对这一新兴学科朴素而直观的把握。

现今所能找到的“化学”最早书证，出自王韬《蘅华馆日记》咸丰五年二月十四日（1855年3月31日）的一段记载：

> 十有四日，丁未，是晨郁泰峰来，同诣各园游玩，戴君特出奇器，盛水于梧，交相注，曷顿复变色，名曰化学，想系磺强水所制④。

其中，“出奇器”之“戴君”指英国传教士戴得生（James Hudson Taylor）。对戴得生展示的液体变色实验，王韬判断是硫酸（磺强水）的作用，但单就其语气而言，似乎对“化学”一词还比较陌生。“化学”一词究竟是戴得生所创，还

---

① 关于Chemistry一词的语源，大多认为和炼金术（alchemy）有关，因为它源于古法语的alkemie和阿拉伯语的al-kimia，而阿拉伯语的kimia很可能由中国古音“金”（Kim）脱胎而来。

② 化，古字为“匕”，会意字。甲骨文，从二人，象二人相倒背之形，一正一反，以示变化。《说文》曰：匕，变也。

③ ［意］马西尼，黄河清译：《现代汉语词汇的形成——十九世纪汉语外来词研究》，汉语大词典出版社1997年版，第110页。

④ 王韬《蘅华馆日记》咸丰五年的部分存于台湾国立中央研究院历史研究所，尚未公开，笔者未得见之。引文部分转引自台湾学者刘广定的论文《中文“化学”源起再考》，台湾中国化学会所辑《化学》1992年第50卷，第17～22页。

是王韬周边的墨海书馆同仁所创，学界尚有争议①，但是有一点可以肯定的是，至少到1855年，“化学”还是鲜为人知的一个概念。

“化学”真正走进知识分子视野，始于上海墨海书馆出版的中文月刊《六合丛谈》。据学者统计，1857~1858年（咸丰七年至八年）《六合丛谈》全15号中，“化学”一词出现有12次②。伟烈亚力（Alexander Wylie）在第1号小引中即对根植于元素论的近代化学作如下概述：“请略举其纲，一为化学，言物各有质，自能变化，精识之士，条分缕析，知有六十四元，此物未成之质也。”值得注意的是，伟烈亚力在对近代诸学科进行科普性介绍的引文中，明确采用了“化学”这一学科名称，并将其列为诸学科之首。除化学之外，当时业已界定的学科名称还有“重学”，然“重学”几经衍变后改译为“力学”。其他诸如鸟兽草木之学，测天之学，电气之学，视听诸学等，在当时尚无统一译名。可见在《六合丛谈》成立伊始，至少在以墨海书馆为中心的上海科学启蒙群体中，化学作为一门学科的译名已经得以厘定并获得普遍认同。但是鉴于《六合丛谈》有限的发行量和发行时间，“化学”一词的全国性普及言之尚早。

二、“化学”的普及

19世纪60~90年代，大量有关化学的书籍问世，“化学”得以在北京、上海、广州等西学东渐的重镇推广和普及。这一时期书名中包含“化学”的专著书目列举如下③：

（北京）同文馆刊本：

1868年《格物入门》七种本之《化学入门》，［美］丁韪良（W. A. P. Martin）著

1873年《化学指南》（原本 Lecons elementaire de chemie），F. J. M. Malaguti著，［法］毕利干（Anatole A. Billequin）口译，承霖、王钟祥笔述

1882年《化学阐原》，［法］毕利干口译，承霖、王钟祥笔述④

（上海）江南制造局刊本：

1871年《化学鉴原》（原本 Principles and Application of Chemisty），［英］韦尔斯（D. A. Wells）著，［英］傅兰雅口译，徐寿笔述

1872年《化学分原》（原本 An introduction to practical chemistry, including

---

① 沈国威：《译名“化学”的诞生》，载《自然科学史研究》第19卷第1期，2000年；刘广定《“化学”译名与戴得生无关考》，载《自然科学史研究》第23卷第4期，2004年。

② 沈国威：《译名“化学”的诞生》，载《自然科学史研究》第19卷第1期，2000年，第59~60页。

③ 参见《西学书目表》、《东西学书录》、《制造局书目》。

④ 该书与《化学考质》底本一致，因译文晦涩难解，流传较少，影响较小。

analysis),

[英] 包门 (J. E. Bowman) 著,蒲陆山 (C. L. Bloxam) 增订,

[英] 傅兰雅 (John Fryer) 口译,徐建寅笔述

1875 年《化学鉴原续编》(原本 Chemistry, Inorganic and Organic, with Experiments and Comparison of Equivalent and Molecular Formula)

[英] 蒲陆山著,[英] 傅兰雅口译,徐寿笔述

1879 年《化学鉴原补编》(原本同上)

[英] 蒲陆山著,[英] 傅兰雅口译,徐寿笔述

1879 年《格物启蒙》四种本之《化学启蒙》,

[美] 林乐知 (Young John Allen) 口译,郑昌棪笔述

(上海) 广学会刊本:

1879 年《化学卫生论》(原本 The Chemistry of CommonLife),

[英] 真司腾 (Jotreston) 著,[英] 罗以司 (G. H. Lewes) 修订,

[英] 傅兰雅口译,栾学谦笔述

1883 年《化学考质》(原本 Manual of Qualitative Chemistry Analysis)

[德] 富里西尼乌思 (C. R. Fresenius) 著,[英] 傅兰雅口译,徐寿笔述

《化学求数》(原本 Quantitative Chemistry Analysis)

[德] 富里西尼乌思 (C. R. Fresenius) 著,[英] 傅兰雅口译,徐寿笔述

1885 年《化学教材中西名目表》,[英] 傅兰雅、徐寿编

(上海)"益智书会"刊本

1887 年《化学易知》,[英] 傅兰雅编

(广州) 博济医局刊本:

1870 年《化学初阶》(原本 Principles and Application of Chemisty)①,

[美] 嘉约翰 (Kerr John Gla) 口译,何了然笔述

可以看到,在洋务运动兴盛的背景下,江南制造局翻译馆在化学书籍的译介方面表现得非常活跃。其译业不仅奠定了近现代化学翻译原则和理论的基础,而且在翻译实践过程中也造就了徐寿、徐建寅等一批近代最早的化学家。

在这一时期,专门的科学杂志,如傅兰雅主编的《格致汇编》(1876 ~ 1892)②,林乐知主编的《益智新录》(1876 ~ 1878 年) 等也都对化学知识作了大量的介绍。特别是《格致汇编》不仅发行范围颇广,知识界反响热烈,而且屡

---

① 《化学鉴原》和《化学初阶》都是以 Principles and Application of Chemisty 的无机化学部分为底本,该书为美国南北战争前后很流行的课本,《初阶》较简略,《鉴原》内容丰富,译文流畅,被誉为"化学善本"。

② 该期刊因种种原因曾两度停刊,所以实际发行只有 1876 ~ 1878 年、1880 ~ 1882 年、1890 ~ 1892 年数年时间。

屡重印，备受近代先学推崇，其影响远甚于《六合丛谈》时期，自然对“化学”一词以及其所代表的学科知识的传播和普及起到了重要作用①。

“化学”的普及，学堂教育的学科设定和相关中文教科书的发行也功不可没。1877 年，在华新教传教士成立“益智书会”，后改名学校教科书委员会，推行教会学校使用教科书，自此中国有了真正意义上的教科书。据民国时期对清末教科书之刊行概况的考察②，清末近半个世纪，单“化学”一门的教科书就列有十数种之多，试列如下：

1868 年　傅兰雅编、徐寿、徐建寅译《化学鉴原》六卷，《化学分原》八卷，《化学考质》八本，江南制造局翻译馆

1879 年　林乐知译、郑昌棪述《化学须知》一卷，江南制造局翻译馆

方尼司辑，王汝马冉译《化学源流》四本，江南制造局翻译馆

1896 年　福开森著，李天相译《化学新编》一册，汇文书院

1902 年　周柏年编之《化学》一本，吴聿怀编之《普通化学问答》一本，文明书局

1902 年　谢洪赉编之中学教科书《化学》一册，商务印书馆

1903 年　范震亚译《化学探原》，京师大学堂

1904 年　王季烈译之中学教科书《最新化学》，虞和钦译之《最新化学》，文明书局

1906 年　虞辉祖译之《中学初年级用理化教科书》，科学仪器馆（列入学部图书局公布的有审定中学暂用书目表）

1906 年　吴傅绂译《化学理论解说》一册，中国图书公司

1906 年　江苏师范生据日本人教授笔记编纂十六册江苏师范讲义，托日本并木印刷所印刷，内中有化学一册

1909 年　《最新化学理论解说》一册，中国图书公司

1910 年　杨国璋译《理化教本化学》（学部批作为女师范女高小教员参考之用）

上述民国时期的统计尚有遗漏，如最早实行化学教育的官办学堂同文馆的化学教材《化学指南》和《化学阐原》，傅兰雅的《化学易知》、《化学入门》，厚美安的《化学入门》等均未列入其中。

但是，尽管洋务运动伊始就有为数不少的化学专著和化学教科书出版发行，但直到 19 世纪末，学堂的化学教育却没有明显的进展。虽然在教会学校等新兴学校

---

① 有关《格致汇编》的影响，参见王扬宗：《格致汇编与西方近代科技知识在清末的传播》，《中国科技史料》1996 年第 1 期，第 36～46 页。

② 参见《教科书之发刊概况 1868～1918 年》（国民政府教育部编教育年鉴戊编第三，1934 年开明版），载张静庐辑注《中国近代出版史料初编》，群联出版社 1954 年版，第 219～253 页。

教授化学知识不足为奇，但是化学作为一门学科却缺乏宏观的把握。这其中固然有洋务运动对科技发展支持不力的原因，但另外有一个不可忽视的事实是，由于化学知识的难度较大，难以培养专门的化学人才，更何况专门从事化学教育的人才了。1898 年京师同文馆馆规中规定“肄业诸生，其各项课程，均有次第可循，如由洋文而涉猎诸学，共须八年”，至第七年课程方可“讲求化学，天文测算，万国公法，练习译书”，又言“天文、化学、测地诸学，欲精其艺者必分途而力求之，或一年，或数年，不可限定，此其大纲也”[①]。可见化学一门在当时属于高难度的学科。

1903 年清政府颁布的《奏定学堂章程》是中国教育制度的一次巨大变革。“癸卯学制”规定第一阶段初等教育的高小第二、第三学年，格致课讲授物理与化学知识，其中化学讲授“寻常化学之印象”和“原质及化合物”；第二阶段中等教育的第五年设化学课，“先讲无机化学中重要之诸原质及其化合物，再进则讲有机化学之初步及有关实用重要之有机物”，并要求教学“本诸实验”以“得真确之知识”。第三阶段高等教育中，化学列入理工农医预科必修课，讲“化学总论”和无机化学、有机化学。大学堂八科的格致科中设化学门，其他各门各科也设有相应的化学专业课。至此，“化学”一门正式确立。所以尽管 20 世纪初严复试图将“化学”改译为“质学”，但是“化学”之译名经过近半个世纪的传播和沉淀，已经根深蒂固，难以撼动了。可以说，学制的设定和学堂教育的普及对“化学”一词的定型起了决定性的作用。

第三节　化学“元素”的厘定

Element 是化学的核心术语。和其他许多学科术语一样，它在近代西学东渐的风潮下进入汉字文化圈，经历了一个曲折多趣的汉译历程。这一历程主要是随着近代化学在中、日两国间流转、互递过程中展开、完成的，从而构成了中西日文化互动的生动表征。

一、晚清中国：从“行”到“原质”

（一）行

英文 Element 一词，最早是随着晚清入华新教传教士等编纂的英华字典的问

① 参见《京师同文馆馆规》，张静庐辑注：《中国近代出版史料初编》，群联出版社 1954 年版，第 6～8 页。

世而呈现在汉字文化圈的。兹列《早期英华字典中 Element 及相关英文词译名表》如表 13 – 1 所示。

表 13 – 1

字典名	作者名	Element 及相关英文词译名	年份
华英字典（卷 3）	马礼逊	ELEMENTS of Chinese, in nature, 金木水火土; metal, water, wood, fire, and earth	1822
英华韵府历阶	卫三畏	Element, 材质 Five elements, 五行	1844
英华字典（卷 1）	麦都思	Element, The first principle of anything, 元质、元行; The five elements (according to Chinese), 五行, metal, water, wood, fire, and earth, 金木水火土; also 五材、五部; the four elements, 四元	1847
英华字典（卷 2）	罗存德	Element, The first constituent principle or part of anything, 行、本、元质、元行、本质、物之本质、材; the five elements of Chinese philosophy, 五行、五材、五部; the 63 elements of Europeans, 六十三行	1867
华英字典	邝其照	Element, 根本、元气; The five elements, 五行	1868
英华萃林韵府（卷 1）	卢公明	Element, 材质; encompassing the earth, 天空之元气; five elements, 五行, 金木水火土; to analyze into its, 溯其本原 Elemental, 属元行者	1872

其中，马礼逊字典虽然并未标明 Element 的汉译名，毋宁说它只是为中国传统的“五行”（金、木、水、火、土）概念找到了英文表达形式而已；但也不能否认，其中也逻辑地包含着 ELEMENTS of Chinese, in nature 与“五行”的对译，亦即说隐含着 ELEMENT 与“行”的对译。虽然在马礼逊那里 Element 还不是作为化学术语出现的，但无疑为该词后来作为化学术语提供了汉译参照。事实也正如此，“行”这一译名为罗存德所采用。

应该说，在上述词典中，只有罗存德《英华字典》（卷 2）中“the 63 elements of Europeans, 六十三行”一条，具有西方近代化学专业意义，其所指显然是当时西方已发现的六十三个化学元素。亦即说，Element 作为化学术语，在此获得了“行”这一汉译名。不仅如此，在1869年出版的该词典第四卷中，罗存德还专门探讨了化学元素的命名问题。他认为，绝大多数化学元素都可以通过在“行”字中间插入某一汉字而获得其汉译名称。

总体说来，这些字典毕竟不是化学专业文本，其所定Element的汉译名，尚不具备化学术语的“身份”。作为化学术语的Element的译名之厘定，有待西方近代化学本身之东渐。但也不能否认，这些字典词典，一经问世，即东传日本，影响深广，为此后中日两国化学术语Element汉译名的厘定提供了语学基础。

（二）元质

“元质”一名，早见于明末入华耶稣会士的“汉文西书”。艾儒略《性学觕述》卷之一云：

> 元质是造物主自生天地之初，备为千变万化之具。此质非天非地，非水非火，非阴非阳，非寒非暑，非刚非柔，非生非觉，而能成天地水火阴阳寒暑刚柔生觉之种种也。盖凡物皆有生息，有变灭，而元质则不生不变，常存不灭，为造化基，万象所共，庶类所同者。昔儒有云太极、元气，庶几近之。然须知元质无始者，亦非有者，乃受生于造物主，开辟天地之初者也。……又非凡物皆具元质，惟有形之物有之。①

前述麦都思、罗存德英华字典也将“元质”作为Element的译名之一。而最早述及西方近代化学元素知识并将Element译为“元质”的，则是1855年上海墨海书馆刊行的合信（Benjamin Hobson，1816～1873）著《博物新编》。其一集“电气论”部分：

> 如华人以金、木、水、火、土为五行，谓万物皆由之化生；以西人考究物类之元质，为数五十有六，五行不足以尽之。

1857年旧历二月，上海墨海书馆刊行《六合丛谈》第贰号。其所载慕维廉《地理》一文，亦采“元质”一名：

> ……世间元质共六十二，其中四十九为金类，十三非金类，皆有定法配合，以成土、石、飞、潜、动、植诸物。②

该号所载韦廉臣《真道实证，上帝必有》一文亦然：

> 格致家察世上万物，皆数元质配合而成。元质者，独为一质，无他质杂其中也。元质之目，约六十有四，恒用者十三，而动植诸物，则又仅用四质

---

① 艾儒略：《性学觕述》卷一，敕建闽中天主堂1623年版，第2页。

② 慕维廉：《地理》，载《六合丛谈》第贰号，（上海）墨海书馆1857年旧历二月，第3页。

成之。[①]

1876年上海墨海书馆（Prisbytrian Mission Press）出版的《格物探原》（*Natural Theology*），即采用了“元质”一名。其首卷《论物质第二》有云：

格致家察世间万物，知系六十二元质配成。元质者，独为一质，一成不易，无他质杂其中，亦无可更化。其中有四十七为金类，十三为非金类。六十二不恒用，恒用者十三，而动植诸物，则又仅用四质成之。四质维何？曰炭气，曰湿气，曰养气，曰淡气。……此六十二元质配成万物，犹西国之二十六字母配合成言。[②]

其三卷第一章则专论“元质”：

天地万物，皆以六十四元质配合而成，如金银铜铁养轻淡炭等，皆是元质，皆由微渺而造。微渺者何，取元质之一，分之而又分之，而再分之，以至于分之无可分，即所谓微渺者是。是微妙为物之所自出，微渺乃无可分，亦视而不见，究亦有分量、有形质、而又大小有定限，其一莫之能察，一一积之而能察，且能权其轻重，度其大小焉。[③]

（三）原质

1868年春，北京同文馆出版丁韪良（William Alexander Parsons Martin，1827～1916）著《格物入门》。该书第六卷为《化学》，这是中国第一部介绍近代化学知识的著作。其第一章题为“论物之原质”。“原质”也称“原行”，所指即元素。其第一节“化学大旨”：

究察万物之体质，调和交感，分之而得其精一之原行，合之而化成庶类，察万物变化而研究其理，以调摄其微质，故名化学。[④]

书中还专节阐明了“原质”或“原行”与中国传统的“五行”概念不同：

问：所谓原质即五行否？

答：金木水火土，中国以为五行；水火风土，西方以为四行，皆不为原质，推而进之，尚有本原也。水则分为二气，火则相合而生热，木系水、风、土三行合成；土亦可分为二物；惟金有数种不得分者，祇可谓原行而已。[⑤]

书中还介绍了拉瓦锡元素命名方法：

---

① 《六合丛谈》第贰号，1857年旧历二月，第4页。

② 《格物探原》，（上海）墨海书馆1876年版，首卷第3页

③ 《格物探源》，三卷第1页。

④ 丁韪良：《格物入门》第六卷《化学》，京师同文馆1868年版，第1页。

⑤ 丁韪良：《格物入门》第六卷《化学》，第6页。

化学指物，若概从俗称名，不惟不典无据，益且难免误配。故乾隆年间，法国拉瓦泄者，思索得法，随各物之配合而定名，观其命名字样，斯物之原质一目了然矣。

彼以各种原质，号以字母，其质配合而生他物，遂以字母配合彰明之。①

志在化学者，以各物试之，煅炼分化，求其若者质属掺杂，若者质本精一。其不复分化者，皆以为原质，至今计六十二种为原行。②

1871 年，江南制造局出版该书传教士傅兰雅（John Fryer，1839～1928）口译、徐寿（1818～1884）笔述《化学鉴原》一书（成于 1869 年）。该书也采用了“原质”一名。其卷一第二、三、四节依次阐述了“原质之义”、“原质之数”及“原质分类”：

万物之质，今所不能化分者，名为原质。

万物中之原质，人所已知，而且有凭验者，其得六十四种。如后人又得别物，竟不能化分者，可增益其数，或现有之物，后人再能化分者，即不为原质。

原质分为两类：一为金类，一为非金类。……故万物内独成为原质者无几，大半化合于杂质之内。杂质者，数原质所合成也。③

《化学鉴原》是近代中国影响最大的一部早期化学译著，时人誉之“化学善本”。自此，作为化学核心术语的 Element 的译名“原质”广为采用，直到民国时期。兹摘列采用“原质”一名的化学书如下：

1.《化学初阶》：美国嘉约翰口译、羊城何瞭然笔述，广州：博济医院，1870 年。

2.《化学　天气学》（《西学略述》卷七）：艾约瑟（Joseph Edkins，1823～1905）译，总税务司署，1886 年。

3.《化学纪略》：杨格非著，汉口圣教书局，1900 年。

4.《最新中学教科书　化学》：中西译社编译，商务印书馆，光绪二十九年九月首版，光绪三十二年三月六版。

5.《无机化学教科书》：［英］琼斯原著，徐兆熊译述，江南制造局，光绪申辰四月。

6.《中学适用　化学教科书》：上海文明书局编辑、印行，民国元年六月初版。

7.《新制化学教本》：虞铭新、华襄治编辑，中华书局，民国六年五月发行。

---

① 丁韪良：《格物入门》第六卷《化学》，第 7～8 页。

② 丁韪良：《格物入门》第六卷《化学》，第 8～9 页。

③ 以上引文见傅兰雅、徐寿译：《化学鉴原》卷一，江南制造局 1871 年版，第 1 页。

8.《百科小丛书　化学小史》：程瀛章等著，商务印书馆，民国十四年七月初版。

二、华制译名在日本的影响

Element 在晚清中国获得的汉译名，还随着近代早期汉英词典、报刊及专门化学著译等载体东传日本，为近代日人所袭用，其中主要有：

元质　此名早见于“开成所兰学化学二科教授”桂川甫策（1832～1889）为前文所述竹原平次郎抄译《化学入门初编》（1867 年）所作汉文序：

> 盖世间元质，仅六十余种，皆有定法配合，以成万物。化学士能剖析之，更能配合之，以造亿万之物，不亦奇乎？

1872 年 6 月，东京山城屋佐兵卫等出版的 Foster 著、杉田玄端（1818～1889）译《化学要论》沿用此名。该书《第四课　化学性元质（Chemical element）》：

> 化学士不能分离之物体，称之“元质”，一名“纯体”。[①]

原质　该名早见于 1869 年大阪舍密局出版的 K. W. Gratama（1831～1888）述、三崎啸辅（1847～1873）译的《舍密局开讲之说》和《理化新说》。《舍密局开讲之说》既用由宇田川创译的“舍密”，也用由中国传入的“化学”；既将氧、炭、氢、氮四元素称为“四气”，又称为“四原质”：

> 盖有机诸体，皆由酸、炭、水、窒四气而成。……此四原质之离折，虽极精细，但至今皆不能创制有机物体。[②]

而《理化新说　总论一·序例》则对书中“译字”做了申明：

> 古人译字之不适当者，随改正之。如“温素”，温热积于热气中而不发之义，故改为热；“元素”改为“原质”；……[③]

很显然，其所谓“古人”，当首推宇田川榕菴；而宇田川创译的“元素”，则被认为是“不适当者”。在译述者看来，作为化学术语，“原质”比“元素”适当。

此后，“原质”一名，多为沿用。如：1870 年冬，大阪开成学校刊行《理化日记》（日耳曼教官李茨泰尔口授），其卷之一化学之部：

> 既能助其一原质燃，则必有他气。[④]

---

① 杉田玄端：《化学要论》卷一，（东京）山城屋佐兵卫等 1872 年版，第 11 页。

② K. W. Gratama 述、三崎啸辅译：《舍密局开讲之说》：大阪舍密局 1869 年版，第 17 页。

③ K. W. Gratama，述、三崎啸辅译：《理化新说　总论一·序例》，大阪舍密局 1869 年版，第 1 页。

④ ［德］李茨泰尔口授：《理化日记》（卷之一　化学之部），大阪开成学校 1870 年版，第 7 页。

再如，1873年2月，东京从吾所好斋刊行“美国嘉约翰口译、羊城何瞭然笔述”《化学初阶》。如前所述，其中也采用“原质”一名。

还有，1873年东京得英学社编辑、出版的三崎尚之所述《新式近世化学》（3册3卷）卷之一有云：

> 所谓原质，分拆、组成二法皆难行者也。
>
> 当时，已发明六十三种原质……①

书中还有“原质符号”（元素符号）、“原质表”（元素表）等复合词。

“元”与“元行” 1871年，东京的山城屋佐兵卫刊行川本幸民译述《化学通》（静修堂藏版）。该书凡例申明了对“元素”等宇田川所创化学术语态度的变化：

> 先哲将译为“元素”，有“酸素”、“水素”等名。余曾译述之书，亦皆从之。今此书始称“酸元”、“水元”等，非别有意，读者勿疑之。②

而从其本文行文来看，“元”确乎又是“元分”、“纯元”、“元行”的简称：

> 化学，原名舍密加，蕴秘学之义，取漏天机蕴秘之意也。总探万物之性质与资生之原，解物而取出其元分，合元分而复造出其物等，教分合之理者也。
>
> 普通化学，教诸纯元相感之象与原与诸体离合之法，故有分离术，有集合术。③
>
> 元行之本性如何，为化学古今之一大疑团。方今称元行者，皆为纯物，而非杂物，实有其理也。今许多元行虽藏迹，但终可探讨一品之秘蕴，其余诸元，亦皆可随之搜出。④

三、日制译名：“元素”与“原素”

（一）“元素”的初创

1837年，日本江户（明治之初改称“东京”）的青藜阁刊行日本近世著名“兰学家”宇田川榕庵（1798～1846）所译《舍密开宗》一书。该书不仅是日本而且是整个汉字文化圈第一部近代化学译著。所据原本为荷兰语，“舍密”（音

① 三崎尚之述、得英学社编：《新式近世化学》（3册3卷）卷之一，（东京）得英学社1873年版，第6页。

② 川本幸民译述：《化学通》卷一，（东京）山城屋佐兵卫1871年版，凡例第1页。

③ 川本幸民译述：《化学通》卷一，（东京）山城屋佐兵卫1871年版，第1页。

④ 川本幸民译述：《化学通》卷一，（东京）山城屋佐兵卫1871年版，第5～6页。

semi）即荷兰语 Chemie 的音译；grondstof 则被译为“元素”。“元素”一词是宇田川在运用明末入华耶稣会士高一志（Alphonso Vagnoni，1566～1640）1633 年所撰《空际格致》提供的“行”和“元行”概念基础上创译出来的：

元素 grondstof，元行也。高一志格致书曰：行者，纯体也，乃所分不成他品之物，惟能生成杂物之诸品也。所谓纯体者，何也？谓一性之体，无他行之杂也。①

其所引文字，即出典于高一志《空际格致》卷上《行之名义》一章。“元行”一词，亦见于该书之《引》：

空际所睹变化之迹繁矣，奇矣，明著矣。而究其所以然者，古格致之学恒以为难。兹余将测其略，须先推明其变化之切根，然后可。切根者，惟四元行，所谓火、气、水、土是也。②

高一志《空际格致》所言之“行”和“元行”概念，乃出于古希腊哲学的“四元素说”，与近代化学“元素”概念并不一样。对此，宇田川榕菴在《舍密开宗》中进行了辨析，并介绍了当时西方化学元素发现的最新成果：

剖古昔之所谓四元行，又发杂合之物。既分而折之，至今日，纯然之元素，其数凡及五十余种……③

继而，他厘定了这五十余种化学元素名称，其中“酸素”（氧）、“炭素”（炭）、“窒素”（氮）等，日本至今仍在使用。

（二）“元素”的“改者”

然而，“元素”一名并未迅即确立。被认为是日本“英和对译辞书之嚆矢”、“后之英和辞书率据此”④ 的德川幕府设洋书调所教授堀达之助（1823～1894）所编《英和对译袖珍辞书》1862 年初版、堀越龟之助（生卒不详）所作“改正增补”版（1866 年初版，1867 年、1869 年复刊），均以“元行、基初”作为 Element 的译名。不仅如此，幕府末年至明治初年，日人研习化学者及问世化学著译大增，所定化学术语亦见扩充。对宇田川榕菴创译的“元素”一名，不乏批评与“改正”者。在“元素”的“改正”、替换方案中，有的是出自日人独创，有的则采自中国。采自中国的一如前述，日人独创的主要有：

原素　此名早见于 1862 年京都文溯堂刊上野彦马（1838～1904）抄译《舍密局必携》：

---

① 宇田川榕菴译：《舍密开宗》，（江户）青藜阁 1837 年版，第 3 页。
② 高一志：《空际格致》卷上，（出版地不明）1633 年版，第 1 页。
③ 宇田川榕菴译：《舍密开宗》，第 3～4 页。
④ 大槻文彦著：《箕作麟祥君传》，（东京）丸善 1907 年版，第 20 页。

名“舍密原素 scheikundig grondstof”者，谓分析竅究为我地球成分之百万诸物，已不能分为异类之单纯无二者。[①]

其《题言》申明：

译字皆循用先哲之译例，其改者及未经译者，旁附原语。[②]

可见，其所言之“先哲”，当首推“元素”的创译者宇田川榕菴；而“原素”则属“改者”之列，乃自“元素”改来。

直到明治初年，“原素”一名仍为人所沿用。如：1873 年 7 月大分县大分町好文书堂出版的 John Glasgow Kerr（1824～1901）著、清原道彦译《化学示蒙原素略解》（2 册），其“总论”有云：

所谓原素，不能一分为二者也，其数六十五。[③]

再如，1874 年 8 月东京诚之堂出版的石松定编《启蒙化学小说》中《物质起由之论》一节：

分拆宇宙之物质，大半含有二三四等之原真，然其中有性质纯粹单一，不可分离者，名之曰“原素”。[④]

还有，1877 年 11 月，东京龙章堂出版志贺泰山编纂《化学最新》卷之一：

以化学上之力不能分拆之物，称为单体或原素。其既经发现者，至今六十三个。[⑤]

“素”与“单体”　1867 年，江户一贯堂出版竹原平次郎抄译《化学入门初编》。书中单用一个“素”字指称元素概念，称炭、氢、氧、氮四元素为“四素”：

有机体化学检查动、植二物之成分。盖此二物，可分析，不可制造。但其成分为炭、水、酸、窒四素。造物者以此四素形成无数动、植之质，实可谓不可识之神智。

继而又在下文中以“单体”指称元素概念：

六十五单体中，纯粹特生者，不过二、三，他皆相结合，相混合而来。故分析之术，岂有得单体之道哉？结合品类，其员数几百万，皆成于六十五单体，犹如数万之语，由亚、彼、泄二十六字集缀而成。[⑥]

如前文所述，“单体”一名，为 1877 年 11 月东京龙章堂出版志贺泰山编纂《化学最新》卷之一所沿用，与“原素”相并。

---

① 上野彦马抄译：《舍密局必携》卷一前篇，（京都）文溯堂 1862 年版，第 1 页。

② 上野彦马抄译：《舍密局必携》卷一前篇，（京都）文溯堂 1862 年，题言第 2 页。

③ 清原道彦译：《化学示蒙原素略解》（2 册）上，（大分县大分町）好文书堂 1873 年版，第 1 页。

④ 石松定编：《启蒙化学小说》，（东京）诚之堂 1874 年版，第 8 页。

⑤ 志贺泰山编纂：《化学最新》（卷之一），（东京）龙章堂 1877 年版，第 2 页。

⑥ 竹原平次郎抄译：《化学入门》初编，（江户）一贯堂 1867 年版，第 1 页。

（三）“元素”的确立

直到19世纪70年代中后期，日本化学著译中，仍呈一义多名之势；甚至在同一文本中，亦现多名混用之局。如：1874年1月海军兵学寮编译、出版的John Addison Porter（1822～1866）原著的《化学大意》（2册），即同时采用“原质”、“元质”、“元素”三个译名。其《化学大意原序抄译》云：

兹稽古昔之说……以为火、水、土及空气四者为万物所以成形之原质……降至晚近之世，随化学之进步，除去火、水、土、空气四物，使不列于元质之地位……由是，水、土、空气三物，皆废元素之名号……①

1876年8月东京宝集堂出版的原田道义编《舍密阶梯》（2册2卷），则混用“元素”、“原素”、“元行”三名。其《第二梯　原素之发明》有云：

自往昔西洋之穷理学者发明此原素以来……近至庆应之期，大凡为六十四元素也。明治之始，发明至六十八原素，将及七十元行。②

在此多名并立的形势下，“元素”并未被排挤出局。庆应四年（1868）闰四月，明治改元前夕，“元素”一名即被宇田川榕精译述《化学便蒙》所沿用；明治以降，沿用者日多，其势日强，至19世纪70年代中期，终于走上通往“独尊”之路。

其间，桂川甫策、川本幸民二人所采译名的变更，可视为“元素”走势渐强的鲜明例证。如前所述，1867年，桂川甫策在为竹原平次郎抄译《化学入门初编》所作汉文序中采用的是“元质”一名，但在1870年出版的《化学入门后编卷之一》（与石桥八郎合译）中却改用了“元素”一词：

酸素（氧—引者）为重要之元素，固不待论。③

如前所述，1871年，川本幸民在其译述的《化学通》凡例中，曾含蓄地申明自己对“元素”的不满，并改用“元”、“元行”等名，但在1875年由（东京）陆军文库出版的他与人合译的《化学读本》［21册，前编卷14；附图；后编卷6，Jan Willem Gunning（1827～1900）］中，却又恢复了对“元素”的使用。该书第四章题为“单复元素”。

除上述各书之外，19世纪70年代日本出版的采用“元素”一名的化学著译主要见表13－2。

---

① 海军兵学寮编译：《化学大意》（2册），（东京）海军兵学寮1874年版，《化学大意原序抄译》第1页。

② 原田道义编：《舍密阶梯》第一卷，（东京）宝集堂1876年版，第9页。

③ 桂川甫策、石桥八郎译：《化学入门》后编卷之一，（江户）一贯堂1870年版，第1页。

表 13－2

书名	著译者	语例	出版者	出版年月
化学阐要	土岐赖德译	卷之一初编总论第一、二、三条依次题为“元素 Element”、“元素数”、“元素区别”（第 1～2 页）	东京：青松学舍	1872 年 9 月
化学训蒙（4 册 8 卷）	石黑忠悳编译	问：元素者何？答：谓万物之原质而不可再分拆之纯体。（第 4 页）	东京：石黑忠悳	1873 年
化学导蒙	久下秀太郎抄译	名为“元素（Element）”者，谓不可分为异类之单纯物。（第 13 页）	和歌山：五桴堂	1874 年 2 月
小学化学书（3 册）	Sir Henry Enfield Roscoe 著、市川盛三郎译	第十六章题为“元素及化合物”	东京：文部省	1874 年 10 月
百科全书化学篇（上）	小林义直译	凡世上有物质而触及人之知识者……莫不由六十二个单纯体而成。……抑此单纯体，自古至今为抗抵分析之之诸作用者，名曰“元素”者是也。（第 1 页）	东京：文部省	1875 年 2 月
罗斯珂氏化学（10 册 10 卷）	Sir Henry Enfield Roscoe 著、茂木春太译	凡例第一条有云：凡化学译书，译诸元素之名有二种：曰义译，曰音译。	东京：文部省编辑局	1876 年
新式化学要理	美国拨格著、茂木春太译	其卷之中第三编第二、三章依次题为“当二元素之媒合分子”、“当三元素之媒合分子”	东京：三友堂	1879 年 9 月

文本数量远远超过采用其他译名的化学书。其中，文部省出版的化学著译对“元素”的采用，无疑有着官方权威性和示范性，对“元素”地位的确立有着至关重要的作用。

专业辞书的词条收录，是学科术语得以最后确立的关键一环。早在 1874 年 11 月，日本便有化学专门辞书问世，那就是宫里正静所著《化学对译辞书》，这是日本乃至整个汉字文化圈最早的一部化学专业辞书。其中，“元素”被厘定为 Elementary Bodies 和 Elements 的译名①。此可谓化学专业辞书正式认定“元素”

① 宫里正静：《化学对译辞书》，（东京）小林 1874 年版，第 92 页。

术语“名分”之始。不过，就整体状况而言，直到19世纪70年代末，日本的化学术语还没有统一。鉴于此，东京化学会于1881年设译语委员，致力于化学译语的统一，以利于学术的进步与普及。经十年努力，至1891年4月，编成、刊行了《化学译语集》。诚如《化学译语集序》所言：“译语中现今难一定者，并记其二、三”，如Chemistry的译名，即“化学”、“舍密”并记。可就是在此情形之下，Element的译名，却只选定了一个——“元素”[①]。“元素”的术语地位，由此稳固确立。

四、“元素”在中国的确立

如前所述，“原质”一名早见于1868年春北京同文馆出版的丁韪良所著《格物入门》第六卷《化学》，随即又为1871年江南制造局出版的傅兰雅、徐寿合译的《化学鉴原》所采用。在中国近代化学著译中，前者问世最早，后者影响最大（时称“化学善本”）。以它们为载体，“原质”一词广为流布，多为沿用，成为占主导地位的Element的汉译名。这一状况一直持续到民国时期。清末民初的化学专著和教科书的语用状况自不待言，在1917年1月科学名词审查会理化名词审查员所进行的“化学原质”审查时，“原质”仍被确立为Element的汉译正名[②]。

日本创制的“原素”及“元素”译名，是在随着清末“西学东游”热潮传入中国的。“原素”一词，最早见于1903年旧历7月上海文明书局发行的汪荣宝、叶澜编纂的《新尔雅·释化》：

> 究明物质内部变化者，谓之“化学”。
>
> 不可分解者，谓之“单体”。拿物体中造成单体之原料者，谓之“原素”。[③]

“元素”一词，则主要是通过汉译日本化学书传入中国的。兹摘列如表13－3所示。

表13－3

书名	著译者	语例	出版者	出版年月
最新化学教科书	大幸勇吉著、王季烈译	含于诸物质中而可成纯质者，名曰“原质”，一名“元素”，Element。（第26页）	上海文明书局	1906年旧历六月

① 化学会编：《化学译语集》，（东京）化学会1991年版，第24页。

② 此次理化名词审查结果于1940年1月汇总出版，题为《英法德日中对照理化名词汇编（附算学名词）》。

③ 汪荣宝、叶澜编纂：《新尔雅》，第133页。

续表

书名	著译者	语例	出版者	出版年月
化学教科书	和田猪三郎讲述，宏文学院编辑，金太仁作翻译	合二种以上之成分而不能造，又不能分解于二种以上之成分之纯粹物质，称曰“元素”……元素者，诸物质之成分也。（第15页）	东京东亚公司	1907年旧历七月
有机化学	水津嘉之一郎著，孔庆莱译	有机化合物之数虽多，然其所由构成之成分，仅四五种，如糖、醋酸等之植物质，概为碳、氢、氧三元素所成。（第3页）	上海商务印书馆	1927年3月
化学故事	益田苦良著，郭振乾、吴羹梅译	据波义耳说：“元素是已经不能再分解的东西”，其实这就是欲认识元素的最根本的条件。（第135页）	上海商务印书馆	1934年
化学概论	伊藤靖、贵志二郎著，郑贞文、薛德炯译	……由一切方法不能更分之物质，称为元素（element）。（第6页）	上海商务印书馆	不明

1908年旧历二月，商务印书馆发行颜惠庆主编《英华大辞典》，其关于Element的释译摘列如下：

2. One of the simple constituent parts of a thing. 物之原质、元素、要素、分子。

9. Those bodies which can not be resolved by chemical analysis, and are therefore presnmed to be simple. （化）原质、化学原素。①

可见，该辞典虽然将化学术语Element的译名厘定为“原质、化学原素”，但毕竟在化学领域之外收录了“元素”一名。

1915年2月，中国科学社董事会会长任鸿隽在《科学》杂志第一卷第二号上发表《化学元素命名说》一文，是中国较早采用“元素”一名的非译著类化学著述。

1917年1月，科学名词审查会虽然在审查“化学原质”名词时，将“原质”定为“Element, chemical”的汉译正名，但同时也将日制“原素”一词附于其

① 颜惠庆主编：《英华大辞典》，商务印书馆1908年版，第733页。

后，而且作为中外对照，将日名“元素”和英、法、德所定名称胪列并陈[①]。在《理化名词汇编·本编例言》所列参考文献中，便有“樱井锭二　《化学语汇》”[②]。该语汇实为高松丰吉（1852～1937）、樱井锭二（1858～1939）合编《化学语汇》，东京内田老鹤圃 1900 年 11 月初版，1906 年复刊增订 2 版。“元素”即在其中。

1920 年 3 月，中华书局刊行陈英才等编纂的《理化词典》，影响很大，至 1940 年 5 月共刊行了十八版之多。其中，“原质”和“元素”两词条被一并收录：

> 【原质】Elements［化］
>
> 原质云者，在今日化学界尚未能分解之物质也。现今所知之原质，约八十种。[③]
>
> 【元素】［化］东籍称“原质”曰“元素”。见该条下。[④]

在此，“元素”虽被指为“东籍”所用名称，但客观上也促成了“元素”在中国的进一步传播。

1933 年 6 月，国立编译馆出版其下设化学名词审查委员会审查、编订的《化学命名原则》。该原则抛却了“原质”，独取“元素”：

> 凡以化学方法不能分解为更简之物质者，称曰元素（elements）。

继而，该原则还引经据典，从汉字文化语义层面阐述了如此取舍的理由：

> Element 一字　或译“元素”，或译“原质”。然“质”字与广义“物质”之“质”字易滋误会。《易纬乾鑿度》曰：“太素者，质之始也”，《孝经纬钧命决》曰：“形变有质，谓之太素”，是称质之原曰“素”，古训已然，故用“元素”。[⑤]

可以说，《化学命名原则》结束了“原质”所占居的长达半个多世纪的统治地位，开创了中国化学领域“罢黜原质，独尊元素”的语用新局面。

综上所述，“元素”的厘定，是西方学术文化在中、日间流转、互馈过程中展开的。其基本情形可约略为：中投日以“原质”（附以“元行”、“元质”等），日报中以“元素”（附以“原素”）。投报之间，彼此增添了对方术语厘定过程的曲折性和丰富性。参与这一过程的，不仅有中、西、日不同语种的化学专业文本，而且还有明末各种汉文西书、晚清诸多英华字典等非化学专业文本，它

---

① 科学名词审查会编：《理化名词汇编》，科学名词审查会 1940 年版，第 118 页。
② 科学名词审查会编：《理化名词汇编》，科学名词审查会 1940 年版，第 10 页。
③ 陈英才等编纂：《理化词典》，中华书局 1920 年版，第 100 页。
④ 陈英才等编纂：《理化词典》，中华书局 1920 年版，第 24 页。
⑤ 国立编译馆编订：《化学命名原则》，南京国立编译馆 1933 年版，第 3 页

们构成了可资中日两国共享的学术文化及语文资源。而中国最终放弃“原质”，采用“元素”，固然与当时中日两国在化学领域的学术势差有关，但不应据此简单地判定为“原质”对“元素”的无端屈从。它实为中国学人在对 Element 概念深入把握，尤其是对汉字文化语义深入辨析的基础上作出的知性选择，其中包含着自然科学和人文科学的双重考量。亦即说，术语的厘定，固然是一个专业性很强的过程，但未必仅限于某一学科范围之内，而往往有着超越学科界限的悠长开阔的历史文化景深。

结　语

汉语汉文是有着深厚历史积淀、独树一帜的语文，在迎受西方语汇的过程中，虽然有过"深闭固拒"的表现，但大势则是"兼收并蓄"。对译近代西学概念的汉字新术语，出现于十六七世纪之交的东亚，明末清初入华耶稣会士与中国士人合作译述西学，创制若干与西方概念对应的汉字术语，是西学东渐结出的第一批果实。本书上编载体研究的第一章，即对这一时期主要的汉文西书中的术语进行了较为系统的考析，从中可以看出明末清初汉字术语生成及西学输入的一般情形。这些新的汉字术语，尤其是科学技术术语，成为推动清代科学技术发展以及晚清早期新教传教士翻译西书的重要知识来源。同时还传入日本、朝鲜半岛，成为日本江户时期兰学和洋学的知识及语汇来源。

西学东渐及汉字术语生成在清代中期曾一度因为禁教而陷入停顿，至 19 世纪三四十年代后，随着入华英美新教传教士创制第二批与西方概念对应的汉字新语而兴起。在此过程中，清末经世士人、参与译业的知识分子也发挥了重要作用。本书上编所论的早期汉外辞书、传教士报刊、汉文西书，即是这一时期中西士人创制汉字术语的重要载体，同时也反映出各学科术语生成的早期形态。

以上两个时期生成汉字新术语及其文本载体，在明治时期日本步入近代化之前，成为日本汲纳西学的主要渠道。明清之际的一般情形，可以利玛窦的叙述作为参照："我得到一件颇感欣慰的消息：即我们在中国用中文所撰写的书籍，在日本也可以使用。因为日本文字、书籍、科学等全从中国输入……至论中日文字虽然发音不一，会用中文撰写的不多，但看懂没有问题。所以在日本传教的巴范济神父和其他神父们一而再、再而三地希望获得我们所有用中文撰写的书籍。因此我便给他们寄了一些，正如他们所希望的，有《额我略历书》、世界地图、论友谊，尤其《天主实义》，这后者是去年印刷的。"[①] "任何以中文写成的书籍都

① 《利玛窦书信集》，第 277 页。

肯定可以进入全国的十五个省份而有所获益。而且，日本人、朝鲜人、交趾支那的居民、琉球人以及甚至其他国家的人，都能像中国人一样地阅读中文，也能看懂这些书。"① 在明末以降舶载输入日本的汉籍当中，明清之际中国士人与传教士著译的大部分重要的汉文西书都包括在内。② 其间文化的传播主要呈现为西—中—日的过程。这一情形一直持续到晚清早期，在日本明治维新踏上近代化道路之前，入华新教传教士翻译的诸多汉文西书及其术语，都是日本近代汲纳西学的重要参考。

到了19世纪末期，情况发生了改变，明治维新以后日本驶入近代化的快车道，研习西学、创制新语均超迈中国，西方文化的传播呈现出西—日—中的过程，日本成为中国汲纳西方文化的重要通道和中介，清末又出现留学日本、广译东籍的热潮，日译汉字词得以大量涌入，使清末民初的中国语文世界呈现日本名词泛滥的局面，改变了清末民初汉字术语的生态体系和原有结构，西方的学术和思想由此源源不断传入中国，推动中国传统学术、思想的近代转型。借用王国维说过的那句话，汉字新语的生成演变背后所反映的正是近代新思想、新学术输入的历史实态。这一时期生成的汉字新术语，在20世纪以降的汉语话语体系中占据重要地位。

自20世纪初期以降，不断有学人探讨近代术语的生成与演变。本书从术语生成载体和分科术语的历史演变两层面对其情状进行系统考辨，以期在前人研究基础上向前推进。

值得注意的是，自明末清初耶稣会士入华输入西学开始，中西士人对于汉字术语的厘定及其规范化均十分重视，其中利玛窦对此问题认识较深。他在与徐光启合作翻译《几何原本》时，就认识到中西知识术语对译存在的种种困难。中国古代虽然也有丰富的科学技术知识，但毕竟中西学术有着不同的知识系谱，因而对西方科学技术进行汉译殊非易事，明清之际的中西士人为此付出了艰苦卓绝的努力。利玛窦曾指出："东西文理，又自绝殊，字义相求，仍多缺略，了然于口，尚可勉图，肆笔成文，便成艰涩。"③ 在西学的翻译过程中，传教士们虽然可以将其知识的主要大意讲述出来，但要如何形成汉语文字，仍然需要有博学多识的中国士人进行配合。同时，利玛窦也看到了以中国固有名词、术语表述西学知识

① 《利玛窦中国札记》第五卷第二章《利玛窦神父的中文著作》，第483页。

② 相关情形，可参见日本学者大庭修的研究，日文著作和编著主要有：《江戸時代における唐船持渡書の研究》（关西大学东西学术研究所1967年版）、《江戸時代における中国文化受容の研究》（同棚舍1984年版）、《漢籍輸入の文化史》（研文出版1997年版）及《舶載書目》（关西大学东西学术研究所1972年版）等。译成中文的主要著作包括大庭修著、戚印平等译《江户时代中国典籍流播日本之研究》，杭州大学出版社1998年版；大庭修著、徐世虹译《江户时代日中秘话》，中华书局1997年版。

③ 利玛窦《译几何原本引》。

的广阔空间。他指出："中文当中并不缺乏成语和词汇来恰当地表述我们所有的科学术语。"① 其时西学的输入仍处于寻求融入中国传统学术的阶段，因而在术语翻译中会尽量用中国传统语汇格义西方学术，清末民初多数中国士人对待西学的态度恰好与此情形相反，往往以西学术语格义中国传统学术，由此造成中西知识对接不可避免地出现诸多不谐的情形，一直延续至今。

近代以降随着汉字术语大量输入，术语统一和规范化问题成为摆在中西士人面前的迫切问题。标准化的日译汉字词入华，固然推进了汉字新语的规范化，但是汉字译名的标准化问题，仍然主要是经由中国自身的努力才得到解决的。中国人及入华西士在日译汉字词输入之前及以后，不断为此进行呼吁并付诸实行。1848 年，徐继畬编纂《瀛环志略》，已经注意到彼时不同译著中地名、人名译词的统一问题，并在书中进行了有益尝试。此后，诸多士人都将译名的厘定作为西学输入的一项重要工作，对其进行统一，并试图从中找出能够行之有效的规律性原则。如 1877 ~ 1905 年间，由西方传教士组成的"益智书会"也曾进行过名词的审查统一工作，其中的两项主要成果是《协定化学名目》（1901 年）和《术语辞汇》（1904 年初版，1910 年修订）；1886 年以后由西方传教医生组成的博医会，在 1890 年成立了术语委员会，先后于 1901 年、1904 年、1905 年对解剖学、组织学、病理学、生理学、药剂学、内科、外科、产科、妇科等术语进行审定，并在 1908 年将审定的术语结集出版。

入华新教传教士对汉字译名标准化及其统一问题探讨最多的是傅兰雅。傅氏在《江南制造总局翻译西书事略》中将科技译名统一视为"译西书第一要事"，提出了针对"华文已有者"、"设立新名"及"作中西名目字汇"三则"要事"。他曾先后与徐寿等人合作编制了《金石中西名目表》、《化学材料中西名目表》、《西药大成药品中西名目表》和《汽机中西名目表》等，反映出在其时西学体系下试图统一科技术语的努力。而他在与徐寿共同翻译《化学鉴原》时提出制定译名的具体方法如"以一字为原质之名"等，至今仍被运用。

20 世纪初叶以降，官方与民间进一步重视译名统一问题，清政府和民国政府先后成立相关机构，规范译名。晚清的译名厘定及统一工作，主要由学部具体承担。1908 年，清末政府学部审定科编订了《化学语汇》、《物理学语汇》。1909 年 9 月，清朝学部成立编订名词馆，专门负责编纂和统一各科新名词，严复被任命为总纂，先后编订了《数学名词中西对照表》等。② 更大规模的名词审定和统

① 何高济译：《利玛窦中国札记》，第 517 页。

② 除了定稿的铅印本或抄写本，尚有一部分未正式刊行。最近，中国人民大学的黄兴涛教授发现了一部当年编订名词馆时期严复审校的稿本《植物名词中英对照表》。参见黄兴涛：《新发现严复手批"编订名词馆"一部原稿本》，《光明日报》2013 年 2 月 7 日 11 版《理论·史学》。

一工作是在民国以后，许多日后沿用的名称都是在民国前期得以确定的。[①] 如军队名称，清末曾参照日本名称，用“镇、协、标、队”命名。民国初年，黄兴主持陆军部，拟订官兵等级暨军队名称，报请大总统发表公布，通令各省“凡沿用镇、协、标、队名称之军队，查照新订军队名称，一律更改”，即改为“师、旅、团、营、连”；以前的“统制、统领、统带、管带、队官”等名称，也相应改为“师长、旅长、团长、营长、连长”等名。[②] 后来又在各师之上设立军，“军、师、旅、团、营、连”遂成为正式军队各级名称，沿用至今。

从清末以至民国时期，高凤谦、严复、梁启超、罗振玉、林纾、章士钊、赵元任、朱自清、郑振铎、许地山等学人均曾做过学科术语统一工作。民国三年(1914)，就读美国哈佛大学、康奈尔大学的赵元任、周仁、胡达、秉志、章元善、过探先、金邦正、杨铨、任鸿隽、胡适等人，曾倡议刊行一种月报，以“提倡科学，鼓吹实业，审定名词，传播知识”为宗旨，将“审定名词”与倡导科学、振兴实业相并列，可见对词语标准化的重视程度。胡适在此后数十年间，曾一再提及名词、术语对“新文化运动”的重要意义。如他曾将新文化运动说成是新名词运动，在20世纪50年代所写的《中国为了自由所学到的教训》中也认为：“一些抽象的、未经清楚界定的名词发挥了魔幻而神奇的效力。”同时提示说：“别小看一些大字眼的魔幻力量。”朱自清1919年在《新中国》第1卷第7期发表《译名》，提出译名统一的四种力量：政府审定、学会审定、学者鼓吹、约定俗成。郑振铎1921年6月在《小说月报》上发表《审定文学上名词的提议》，极力提倡要像统一科技术语那样规范文学术语。总而言之，中国官方与民间做了大量译名统一、术语标准化的工作，并非全然仰赖日译汉字术语提供标准化范例。而类似这样的工作，在当下中国方兴未艾的现代化进程中仍被不断推进。

纵览近代术语生成演变的历史可以发现，汉字文化圈各国家和地区对于外来文化的汲纳，既由于其不同的文化延伸而各具特色，又因其均以汉字术语作为指向而有互通之处。与异文化的词语互动是汉字文化的源头活水，随着地域间和世界性文化交流在深度与广度上的展开，新事物、新观念层出不穷，而反映新事物、新观念的新语，必将经由“方言超升，古语重生，外国语内附”（陈望道语）等途径纷至沓来，而随着网络媒介的日益普及，必将会有越来越多的新语开始进入人们的日常话语体系，不断丰富汉语的术语和词汇系统。

当下世界已步入信息化时代，任何一个国家和民族都不可能关起门来，在其

---

① 关于民国以后的译名统一工作，参见温昌斌：《民国科技译名统一工作实践与理论》，商务印书馆2011年版。

② 黄兴：《陆军部通告更改军队名称文》，《黄克强先生全集》第406～407页。

固有的话语体系当中自说自话。随着社会及文化现代转型的展开，我们正进入一个概念嬗变的新阶段。从中国的立场上来讲，呈现在眼前的必然是一幅中外互动、涵化的历史图景，此一过程将使我们的话语体系更加健全，更具生命力，在我们自己的文化领域中更好地发挥作用，从而走向世界。由此义言之，透过对近代汉字术语生成演变与中西日文化互动前史的真切把握，可以获得指引未来去向的航标。

参考文献

一、报刊

《察世俗每月统记传》
《循环日报》
《万国公报》
《中西闻见录》
《格致汇编》
《东方杂志》
《申报》
《新青年》
《时务报》
《清议报》
《新民丛报》
《民报》
《庸言》
《昌言报》
《译书汇编》
《国民日日报》
《经世报》
《安徽俗话报》
《不忍杂志》
《小说月报》
《小说林》
《小说新报》
《绣像小说》

《格致新报》

《新教育》

《瀛壖杂志》

《花图新报》

《述报》

《实学报》

《译书公会报》

《上海新报》

《湘报》

《湖北学生界》

《国闻报》

《时报》

《国风报》

《中国新报》

《学部官报》

《教育世界》

《益世报》，影印本，南开大学出版社、天津古籍出版社、天津教育出版社，2004 年。

《民俗》，影印本，上海：上海书店，1983 年。

爱汉者编、黄时鉴整理《东西洋考每月统记传》，影印本，中华书局，1997 年。

沈国威、内田庆市、松浦章编著《遐迩贯珍：附解题·索引》，影印本，上海辞书出版社，2005 年。

沈国威编著《六合丛谈：附解题·索引》，影印本，上海辞书出版社，2006 年。

二、基本史料

1. ［比］南怀仁：《坤舆格致略说》，影印本，钟鸣旦、杜鼎克、蒙曦编《法国国家图书馆明清天主教文献》第 5 册，台北：利氏学社，2009 年。

2. ［比］钟鸣旦、杜鼎克、黄一农、祝平一等编：《徐家汇藏书楼明清天主教文献》（五册），台北：方济出版社，1996 年。

3. ［德］花之安：《大德国学校论略》，羊城（广州）：小书会真宝堂，1873 年。

4. ［德］花之安：《自西徂东》，上海：上海书店出版社，2002 年；日本东京求志楼明治七年刊本。

5. ［德］汤若望授，焦勖辑：《火攻挈要》，海山仙馆丛书本。

6. ［法］杜赫德编：《耶稣会士中国书简集：中国回忆录》，郑德弟、朱静等译，郑州：大象出版社，2001 年。

7. ［法］蒋友仁译，何国宗、钱大昕润色：《地球图说》，续修四库全书子部第 1035 册影清阮氏刻文选楼丛书本，上海：上海古籍出版社，2002 年。

8. ［法］金尼阁：《西儒耳目资》，续修四库全书第 259 册影天启六年刻本，上海：上海古籍出版社，2002 年。

9. ［法］金尼阁：《西儒耳目资》，影印本，北京：文字改革出版社，1957 年。

10. ［法］马若瑟：《天学总论》，影印本，钟鸣旦、杜鼎克、蒙曦编《法国国家图书馆明清天主教文献》第 26 册，台北：利氏学社，2009 年。

11. ［美］裨治文：《美理哥合省国志略》，《近代史资料》总 92 号，北京：中国社会科学出版社，1997 年。

12. ［美］戴吉礼主编：《傅兰雅档案》，弘侠译，桂林：广西师范大学出版社，2010 年。

13. ［美］丁韪良：《花甲记忆》，沈弘等译，桂林：广西师范大学出版社，2004 年。

14. ［美］丁韪良：《西学考略》，《续修四库全书》本，上海：上海古籍出版社，2006 年。

15. ［美］丁韪良：《西学考略》，北京：总理衙门印（同文馆聚珍版），1883 年。

16. ［美］丁韪良：《性学举隅》，上海：广学会，1898 年。

17. ［美］惠顿：《万国公法》，丁韪良译，北京：中国政法大学出版社，2003 年。

18. ［美］林乐知译：《文学兴国策》，上海：上海古籍出版社，2002 年。

19. ［美］麦肯齐：《泰西新史揽要》，李提摩太、蔡尔康译，上海书店出版社，2002 年。

20. ［美］卫斐列：《卫三畏生平及书信——以为美国来华传教士的心路历程》，顾钧等译，桂林：广西师范大学出版社，2004 年。

21. ［美］忻孟：《最新中学教科书地文学》，王建极、奚若译，上海：商务印书馆，1906 年。

22. ［葡］傅汎际译义，李之藻达辞：《寰有诠》，四库全书存目丛书子部第 93 册影明崇祯元年灵竺玄栖刻本，济南：齐鲁书社，1997 年。

23. ［葡］傅汎际译义，李之藻达辞：《寰有诠》，台湾“国立中央图书馆”藏明崇祯元年灵竺玄栖原刊钞补本。

24. ［葡］傅汎际译义，李之藻达辞：《名理探》，北京：三联书店，1959 年。

25. ［葡］阳玛诺：《天学举要》，影印本，钟鸣旦、杜鼎克、蒙曦编《法国国家图书馆明清天主教文献》第23册，台北：利氏学社，2009年。

26. ［葡］阳玛诺条答，周希令、孔贞时、王应熊仝阅：《天问略》，台湾“国立中央图书馆”藏万历四十三年（1615）原刊本。

27. ［葡］阳玛诺条答，周希令、孔贞时、王应熊仝阅：《天问略》，影印本，《天学初函》，台北：学生书局，1978年。

28. ［葡］曾德昭著，何高济译，李申校：《大中国志》，上海：上海古籍出版社，1998年。

29. ［日］长泽规矩也：《中国学术文艺史讲话》，胡锡年译，上海：世界书局，1943年。

30. ［日］井上哲次郎等：《哲学字汇》，东京：东京大学三学部，明治十四年。

31. ［日］坪内逍遥：《小说神髓》，刘振瀛译，人民文学出版社，1991年。

32. ［日］桑原骘藏：《东洋史要》，金为译，上海：商务印书馆，1909年。

33. ［日］十时弥：《论理学纲要》，田吴炤译，北京：三联书店，1960年。

34. ［瑞士］邓玉函：《泰西人身说概》，影印本，钟鸣旦、杜鼎克、蒙曦编《法国国家图书馆明清天主教文献》第4册，台北：利氏学社，2009年。

35. ［瑞士］邓玉函口授，王徵译绘：《远西奇器图说录最》，日本早稻田大学藏崇祯元年武位中刻本。

36. ［西］庞迪我撰述，杨廷筠较梓：《七克》，影印本，《天学初函》，台北：学生书局，1978年。

37. ［意］艾儒略答述：《西学凡》，影印本，《天学初函》，台北：学生书局，1978年。

38. ［意］艾儒略述：《万物真原》，影印本，钟鸣旦、杜鼎克、黄一农、祝平一等编《徐家汇藏书楼明清天主教文献》第1册，台北：方济出版社，1996年。

39. ［意］艾儒略原著，谢方校释：《职方外纪校释》，北京：中华书局，1996年。

40. ［意］艾儒略著，叶农整理：《艾儒略汉文著述全集》（上、下），影印本，桂林：广西师范大学出版社，2011年。

41. ［意］毕方济口授，徐光启笔录：《灵言蠡勺》，影印本，《天学初函》，台北：学生书局，1978年。

42. ［意］高一志：《斐录答汇》，影印本，钟鸣旦、杜鼎克、蒙曦编《法国国家图书馆明清天主教文献》第1册，台北：利氏学社，2009年。

43. ［意］高一志：《寰宇始末》，影印本，钟鸣旦、杜鼎克、蒙曦编《法国国家图书馆明清天主教文献》第2册，台北：利氏学社，2009年。

44. ［意］高一志：《空际格致》，四库全书存目丛书子部第93册影清钞本，济南：齐鲁书社，1997 年。

45. ［意］高一志：《齐家西学》，影印本，钟鸣旦等编《徐家汇藏书楼明清天主教文献》第 2 册，台北：方济出版社，1996 年。

46. ［意］高一志：《童幼教育》，影印本，钟鸣旦等编《徐家汇藏书楼明清天主教文献》第 1 册，台北：方济出版社，1996 年。

47. ［意］高一志：《修身西学》，影印本，钟鸣旦、杜鼎克、蒙曦编《法国国家图书馆明清天主教文献》第 1 册，台北：利氏学社，2009 年。

48. ［意］利玛窦、金尼阁著，何高济、王遵仲、李申译：《利玛窦中国札记》，北京：中华书局，1983 年。

49. ［意］利玛窦：《利玛窦书信集》（上、下），罗渔译，台北：光启出版社、辅仁大学出版社，1986 年。

50. ［意］利玛窦口译，徐光启笔受：《测量法义》，影印本，《天学初函》，台北：学生书局，1978 年。

51. ［意］利玛窦口译，徐光启笔受：《几何原本》，日本早稻田大学图书馆藏万历三十九年（1611）再校刊本。

52. ［意］利玛窦口译，徐光启笔受：《几何原本》，影印本，《天学初函》，台北：学生书局，1978 年。

53. ［意］利玛窦授，李之藻演：《同文算指》，影印本，《天学初函》，台北：学生书局，1978 年。

54. ［意］利玛窦授，李之藻演：《圜容较义》，影印本，《天学初函》，台北：学生书局，1978 年。

55. ［意］利玛窦述，汪汝淳较梓：《二十五言》，影印本，《天学初函》，台北：学生书局，1978 年。

56. ［意］利玛窦述，汪汝淳较梓：《畸人十篇》，影印本，《天学初函》，台北：学生书局，1978 年。

57. ［意］利玛窦述，燕贻堂较梓：《天主实义》，影印本，《天学初函》，台北：学生书局，1978 年。

58. ［意］利玛窦著，朱维铮主编：《利玛窦中文著译集》，上海：复旦大学出版社，2001 年。

59. ［意］利玛窦撰：《交友论》，影印本，《天学初函》，台北：学生书局，1978 年。

60. ［意］罗雅谷：《天主经解》，影印本，钟鸣旦、杜鼎克、蒙曦编《法国国家图书馆明清天主教文献》第 21 册，台北：利氏学社，2009 年。

61. ［意］卫匡国：《真主灵性理证》，影印本，钟鸣旦、杜鼎克、蒙曦编

《法国国家图书馆明清天主教文献》第 2 册，台北：利氏学社，2009 年。

62. ［意］熊三拔口授，周子愚、卓尔康笔记：《表度记》，影印本，《天学初函》，台北：学生书局，1978 年。

63. ［意］熊三拔撰说，徐光启笔记，李之藻订正：《泰西水法》，影印本，《天学初函》，台北：学生书局，1978 年。

64. ［意］熊三拔撰说，徐光启札记：《简平仪说》，影印本，《天学初函》，台北：学生书局，1978 年。

65. ［英］艾约瑟：《辨学启蒙》，总税务司署光绪丙戌年刻本。

66. ［英］艾约瑟编译：《西学略述》，上海：著易堂书局，光绪丙申(1896)。

67. ［英］艾约瑟译：《格致总学启蒙》，上海：总税务司，1886 年。

68. ［英］费利摩罗巴德：《各国交涉便法论》，［英］傅兰雅口译，钱国祥校，江南制造总局铅刻本。

69. ［英］傅兰雅：《佐治刍言》，上海：上海书店出版社，2002 年。

70. ［英］傅兰雅译、应祖锡述：《佐治刍言》，上海：江南制造局，1885 年。

71. ［英］合信：《博物新编》，上海：仁济医馆，咸丰五年。

72. ［英］合信：《妇婴新说》，上海：仁济医馆，咸丰八年。

73. ［英］合信：《内科新说》，上海：仁济医馆，咸丰八年。

74. ［英］合信：《全体新论》，上海：墨海书馆，咸丰元年。

75. ［英］合信：《西医略论》，上海：仁济医馆，咸丰七年。

76. ［英］李提摩太：《亲历晚清四十五年——李提摩太在华回忆录》，李宪堂、侯林莉译，天津：天津人民出版社，2006 年。

77. ［英］李提摩太译，蔡尔康述：《泰西新史揽要》，上海：广学会，光绪二十二年。

78. ［英］理雅各：《智环启蒙塾课初步》，江户：开物社，庆应二年。

79. ［英］罗亨利翻译，瞿昂来笔述：《格致小引》，上海：江南制造局，1886 年。

80. ［英］马礼逊夫人编：《马礼逊回忆录》，顾长声译，桂林：广西师范大学出版社，2004 年。

81. ［英］麦丁富得力编：《列国岁计政要》，影印本，［美］林乐知译，《丛书集成续编》第 51 册，台北：台湾新文丰出版公司，1989 年。

82. ［英］米怜：《新教在华传教前十年回顾》，郑州：大象出版社，2008 年。

83. ［英］瑞爱德《现代英国民俗与民俗学》，江绍原编译，上海：中华书局，1932 年。

84. ［英］韦廉臣辑译、李善兰笔述：《植物学》，上海：墨海书馆，咸丰七年。

85. ［英］伟烈亚力：《1867 年以前来华基督教传教士列传及著作目录》，倪文君译，桂林：广西师范大学出版社，2011 年。

86. ［英］伟烈亚力口述，李善兰笔录：《代数学》，上海：墨海书馆，1859 年。

87. ［英］耶方斯：《名学浅说》，严复译，上海：商务印书馆，1981 年。

88. ［英］约翰·穆勒：《穆勒名学》，严复译，北京：商务印书馆，1981 年。

89. 包笑天：《钏影楼回忆录》，香港：大华出版社，1971 年。

90. 宝鋆：《筹办夷务始末·同治朝》，北京：中华书局，2008 年。

91. 北京大学、中国第一历史档案馆编：《京师大学堂档案选编》，北京：北京大学出版社，2001 年。

92. 北京大学比较文学研究所编：《中国比较文学研究资料（1919～1949）》，北京：北京大学出版社，1989 年。

93. 北京图书馆编：《民国时期总书目（1911～1949）》，北京：书目文献出版社，1992 年。

94. 蔡尚思、方行编：《谭嗣同全集》，北京：中华书局，1981 年。

95. 蔡元培译：《伦理学原理》，上海：商务印书馆，1924 年。

96. 蔡元培著，高平叔编：《蔡元培全集》，杭州：浙江教育出版社，1997 年。

97. 柴小梵：《梵天庐丛录》，太原：山西古籍出版社、山西教育出版社，1999 年。

98. 陈宝泉：《中国近代学制变迁史》，北京：北京文化学社，1927 年。

99. 陈独秀：《独秀文存》，上海：亚东图书馆，1925 年。

100. 陈飞主编：《中国文学专史书目提要》，郑州：大象出版社，2004 年。

101. 陈平原、夏晓红编：《二十世纪中国小说理论资料》第一卷（1897～1916），北京：北京大学出版社，1989 年。

102. 陈文辑：《中等教育名学教科书》，上海：科学会编译部，1911 年。

103. 陈学恂主编：《中国近代教育史教学参考资料》，北京：人民教育出版社，1986 年。

104. 陈子展：《最近三十年中国文学史》，上海：上海古籍出版社，2000 年。

105. 成仿吾：《成仿吾文集》，济南：山东大学出版社，1985 年。

106. 杜亚泉：《最新格致教科书》，上海：商务印书馆，1910 年。

107. 樊炳清编：《哲学辞典》，上海：商务印书馆，1926 年。

108. 樊炳清编：《哲学辞典》，上海：商务印书馆，1926 年。

109. 傅斯年著，欧阳哲生主编：《傅斯年全集》，长沙：湖南教育出版社，2000 年。

110. 高平叔编：《蔡元培全集》，北京：中华书局，1984 年。

111. 高一志：《修身西学》，古绛景教堂藏板，1630 年。

112. 高佣：《名理通论》，上海：开明书店，1929 年

113. 龚自珍：《龚自珍全集》，上海：上海人民出版社，1975 年。

114. 郭嵩焘：《伦敦与巴黎日记》，长沙：岳麓书社，1984 年。

115. 韩霖、张赓：《圣教信证》，影印本，钟鸣旦、杜鼎克、蒙曦编《法国国家图书馆明清天主教文献》第 4 册，台北：利氏学社，2009 年。

116. 郝祥浑编：《百科新词典》，上海：世界书局，1926 年。

117. 胡适著，欧阳哲生编：《胡适文集》，北京：北京大学出版社，1998 年。

118. 胡珠生编：《宋恕集》，北京：中华书局，1993 年。

119. 黄方刚：《道德学》，上海：世界书局，1934 年。

120. 黄人著，江庆柏、曹培根整理：《黄人集》，上海：上海文化出版社，2001 年。

121. 黄遵宪：《日本国志》，天津：天津人民出版社，2005 年。

122. 翦伯赞等编：《戊戌变法》，上海：上海人民出版社，1957 年。

123. 姜义华、张荣华编校：《康有为全集》，北京：中国人民大学出版社，2007 年。

124. 焦廷琥：《地圆说》，续修四库全书子部第 1035 册影国家图书馆藏稿本，上海：上海古籍出版社，2002 年。

125. 康有为：《南海先生遗著汇刊》，台北：宏业书局有限公司，1987 年。

126. 康有为编：《日本书目志》，上海：大同译书局，1898 年。

127. 孔庆来编辑：《植物学大辞典》，上海：商务印书馆，1918 年。

128. 黎难秋主编：《中国科学翻译史料》，合肥：中国科技大学出版社，1996 年。

129. 李杕：《哲学提纲·名理学》，上海：土山湾印书馆，1916 年。

130. 李桂林、戚名琇、钱曼倩编：《近代教育史资料汇编——普通教育》，上海：上海教育出版社，2007 年。

131. 李之藻演，郑怀魁订：《浑盖通宪图说》，影印本，《天学初函》，台北：学生书局，1978 年。

132. 梁启超：《梁启超全集》，北京：北京出版社，1999 年。

133. 梁启超：《清代学术概论》，上海：上海古籍出版社，1998 年。

134. 梁启超《饮冰室合集》，北京：中华书局，1989 年。

135. 梁廷楠：《海国四说》，北京：中华书局，1993 年。

136. 林传甲：《中国文学史》，武林谋新室，1910 年校正再版，1914 年 6 版。

137. 林则徐:《四洲志》,杭州:杭州古籍书店,1985年。

138. 凌独见:《新著国语文学史》,上海:商务印书馆,1923年初版。

139. 刘师培:《刘申叔遗书》,南京:江苏古籍出版社,1997年。

140. 刘师培:《刘师培辛亥前文选》,北京:三联书店,1998年。

141. 鲁迅:《鲁迅全集》,北京:人民文学出版社,2005年。

142. 陆尔奎等编:《缩本新字典》,上海:商务印书馆,1934年。

143. 马相伯:《致知浅说》,上海:商务印书馆,1924年。

144. 潘懋元、刘海峰编:《中国近代教育史资料汇编·高等教育》,上海:上海教育出版社,2007年。

145. 钱玄同:《钱玄同文集》,北京:中国人民大学出版社,1999年。

146. 璩鑫圭、唐良炎编:《中国近代教育史资料汇编——学制演变》,上海:上海教育出版社,1991年。

147. 商务印书馆编:《最近三十五年之中国教育》,上海:商务印书馆,1931年。

148. 商务印书馆编译所:《最新修身教科书》,上海:商务印书馆,1905年。

149. 上海商务印书馆编译所编纂:《大清新法令:1901~1911》,北京:商务印书馆,2011年。

150. 上海图书馆编:《中国近代期刊篇目汇录》,上海:上海人民出版社,1965年、1979年、1981年、1982年、1983年、1984年。

151. 申报馆编:《最近之五十年》,上海:申报馆,1922年。

152. 沈国威编著:《新尔雅:附解题·索引》,上海:上海辞书出版社,2011年。

153. 史和、姚福申、叶翠娣编:《中国近代报刊名录》,福州:福建人民出版社,1991年。

154. 舒新城编:《近代中国教育史料》,上海:中华书局,1933年。

155. 苏精:《清季同文馆及其师生》,台北:上海印刷厂,1985年。

156. 泰东同文局编:《日本学制大纲》,桥本武译,东京:泰东同文局,1902年。

157. 谭汝谦等编:《中国译日本书综合目录》,香港:香港中文大学出版社,1980年。

158. 汤志钧编《康有为政论集》,北京:中华书局,1981年。

159. 汪荣宝、叶澜编纂:《新尔雅》,上海:文明书局,1903年。

160. 王国维:《王国维遗书》,上海:上海古籍书店,1983年。

161. 王阑等:《泰西学案》,上海:上海明权社,1903年。

162. 王韬：《弢园文录外编》，郑州：中州古籍出版社，1998 年。

163. 王锡祺辑：《小方壶丛钞》，光绪六年刊本。

164. 魏源：《海国图志》，长沙：岳麓书社，1998 年。

165. 魏源：《海国图志》，日本早稻田大学图书馆藏光绪二年刻本。

166. 温公颐：《道德学》，上海：商务印书馆，1937 年。

167. 吴汝纶：《东游丛录·学校图录·学科课程表》，东京：三省堂，1902 年。

168. 吴相湘主编：《天主教东传文献》，影印本，台北：学生书局，1965 年。

169. 吴相湘主编：《天主教东传文献三编》（六册），影印本，台北：学生书局，1984 年。

170. 吴相湘主编：《天主教东传文献续编》（三册），影印本，台北：学生书局，1986 年。

171. 夏东元编：《郑观应集》，上海：上海人民出版社，1988 年。

172. 夏晓虹编：《〈饮冰室合集〉集外文》，北京：北京大学出版社，2005 年。

173. 香港中国语文学会编：《近现代汉语新词词源词典》，上海：汉语大词典出版社，2001 年。

174. 谢洪赉：《最新理科教科书》，上海：商务印书馆，1904 年。

175. 谢洪赉：《最新中学教科书瀛寰全志》，上海：商务印书馆，1903 年。

176. 谢维扬、房鑫亮主编：《王国维全集》，杭州、广州：浙江教育出版社、广东教育出版社，2009 年。

177. 谢无量编：《中国大文学史》，上海：中华书局，1918 年。

178. 熊月之主编：《晚清新学书目提要》，上海：上海书店出版社，2007 年。

179. 徐光启编纂，潘鼐汇编：《崇祯历书附西洋新法历书增刊十种》（上、下），上海：上海古籍出版社，2009 年。

180. 徐光启撰，石声汉校注，西北农学院古农学研究室整理：《农政全书校注》，上海：上海古籍出版社，1979 年。

181. 徐光启撰：《测量异同》，影印本，《天学初函》，台北：学生书局，1978 年。

182. 徐光启撰：《勾股义》，影印本，《天学初函》，台北：学生书局，1978 年。

183. 徐继畬《瀛环志略》，台北：台湾商务印书馆，1986 年。

184. 学部编订名词馆：《中外名词对照表》，北京师范大学图书馆藏铅印本。

185. 亚泉学馆编译：《最新中学教科书植物学》，上海：商务印书馆，1906 年。

186. 颜惠庆编：《华英翻译捷诀》，上海：商务印书馆，1905 年。

187. 颜惠庆主编：《英华大辞典》，上海：商务印书馆，1908 年。

188. 杨廷筠：《绝徼同文纪》，影印本，钟鸣旦、杜鼎克、蒙曦编《法国国家图书馆明清天主教文献》第6册，台北：利氏学社，2009年。

189. 姚锡光：《东瀛学校举概》，北京，1899年。

190. 应祖锡编：《洋务经济通考》，石印本，上海：鸿宝斋，光绪二十四年。

191. 虞和钦：《有机化学命名草》，上海：文明书局，1909年。

192. 袁俊德编：《富强斋丛书续全集》，小仓山房，光绪辛丑。

193. 张静庐辑注：《中国出版史料补编》，北京：中华书局，1957年。

194. 张静庐辑注：《中国近代出版史料初编》，上海：群联出版社，1954年。

195. 张静庐辑注：《中国近代出版史料二编》，上海：群联出版社，1954年。

196. 张晓编著：《近代汉译西学书目提要（明末至1919）》，北京：北京大学出版社，2012年。

197. 章伯锋，顾亚主编：《近代稗海》，成都：四川人民出版社，1989年。

198. 章含之等编：《章士钊全集》，上海：文汇出版社，2000年。

199. 章太炎：《国故论衡》，上海：上海古籍出版社，2003年。

200. 章太炎：《国学概论》，上海：上海古籍出版社，1997年。

201. 章太炎：《国学讲义》，北京：海潮出版社，2007年。

202. 章太炎：《章太炎全集》，上海：上海人民出版社，1982年。

203. 郑振铎编选：《晚清文选》，北京：中国社会科学出版社，2002年。

204. 中国蔡元培研究会编：《蔡元培全集》，杭州：浙江教育出版社，1997年。

205. 中华民国教育部编：《第一次中国教育年鉴》，上海：开明书店，1934年。

206. 周振鹤编：《晚清营业书目》，上海：上海书店出版社，2005年。

207. 周作人：《周作人全集》，台北：蓝灯文化事业股份公司，1992年。

208. 朱寿朋编：《光绪朝东华录》，北京：中华书局，1958年。

209. 朱维铮、李天纲主编：《徐光启全集》，上海：上海古籍出版社，2010年。

210. 朱有瓛编：《中国近代学制史料》第二辑，上海：华东师范大学出版社，1987年。

211. 朱有瓛编：《中国近代学制史料》第三辑，上海：华东师范大学出版社，1990年。

212. 朱有瓛编：《中国近代学制史料》第三辑，上海：华东师范大学出版社，1993年。

213. 朱有瓛编：《中国近代学制史料》第一辑，上海：华东师范大学出版社，1983年。

214. 朱有瓛等编：《中国近代教育史资料汇编——教育行政机构及教育社团》，上海：上海教育出版社，1993年。

215. 朱执信：《朱执信集》，北京：中华书局，1979年。

三、研究论著

1. ［德］柯兰霓：《耶稣会士白晋的生平与著作》，李岩译，郑州：大象出版社，2009 年。

2. ［德］郎宓榭、阿梅龙、顾有信编著：《新词语新概念》，赵兴胜等译，济南：山东画报出版社，2012 年。

3. ［俄罗斯］格里尼奥夫：《术语学》，郑述谱、吴丽坤、孟令霞等译，北京：商务印书馆，2011 年。

4. ［法］费赖之：《在华耶稣会士列传及书目》，冯承钧译，北京：中华书局，1995 年。

5. ［法］裴化行：《天主教十六世纪在华传教志》，萧濬华译，上海：商务印书馆，1936 年。

6. ［法］荣振华：《在华耶稣会士列传及书目补编》，耿昇译，北京：中华书局，1995 年。

7. ［法］荣振华等：《16—20 世纪入华天主教传教士列传》，耿昇译，桂林：广西师范大学出版社，2010 年。

8. ［法］谢和耐、戴密微等：《明清间耶稣会士入华与中西汇通》，耿昇译，北京：东方出版社，2011 年。

9. ［法］谢和耐：《中国和基督教》，耿昇译，上海：上海古籍出版社，1991 年。

10. ［法］谢和耐：《中国和基督教——中国和欧洲文化之比较》，耿昇译，上海：上海古籍出版社，1991 年。

11. ［荷］安国风：《欧几里得在中国：汉译〈几何原本〉的源流与影响》，纪志刚、郑诚、郑方磊译，苏州：江苏人民出版社，2008 年。

12. ［美］本杰明·艾尔曼：《中国近代科学的文化史》，王红霞等译，上海：上海古籍出版社，2009 年。

13. ［美］丹尼尔·W·费舍：《狄考文传——一位在中国山东生活了四十五年的传教士》，关志远等译，桂林：广西师范大学出版社，2009 年。

14. ［美］邓恩：《从利玛窦到汤若望：晚明的耶稣会传教士》，余三乐、石蓉译，上海：上海古籍出版社，2003 年。

15. ［美］费正清主编：《剑桥晚清史》，北京：中国社会科学出版社，1985 年。

16. ［美］雷孜智：《千禧年的感召——美国第一位来华新教传教士裨治文传》，尹文涓译，桂林：广西师范大学出版社，2008 年。

17. ［美］刘禾：《跨语际实践——文学，民族文化与被译介的现代性（中国，1900～1937)》，宋伟杰等译，北京：三联书店，2002年。

18. ［美］刘禾：《语际书写——现代思想史写作批判纲要》，上海：三联书店，1999年。

19. ［美］孟德卫：《奇异的国度：耶稣会适应政策及汉学的起源》，陈怡译，郑州：大象出版社，2010年。

20. ［日］大庭修：《江户时代中国典籍流播日本之研究》，戚印平、王勇、王宝平译，杭州：杭州大学出版社，1998年。

21. ［日］实藤惠秀：《中国人留学日本史》（修订译本），谭汝谦、林启彦译，北京：北京大学出版社，2012年。

22. ［意］柯毅霖：《晚明基督论》，王志成、思竹、汪建达译，成都：四川人民出版社，1999年。

23. ［意］马西尼：《现代汉语词汇的形成——十九世纪汉语外来词研究》，黄河清译，上海：汉语大词典出版社，1997年。

24. ［英］彼得·威德森：《现代西方文学观念简史》，钱竞、张欣译，北京：北京大学出版社，2006年。

25. ［英］雷蒙·威廉斯：《关键词：文化与社会的词汇》，刘建基译，北京：三联书店，2005年。

26. ［英］李约瑟：《中国科学技术史》第二卷《科学思想史》，何兆武等译，北京：科学出版社，1990年。

27. ［英］李约瑟：《中国科学技术史》第三卷《数学》，《中国科学技术史》翻译小组译，北京：科学出版社，1978年。

28. ［英］李约瑟：《中国科学技术史》第四卷《天文气象》，《中国科学技术史》翻译小组译，北京：科学出版社，1975年。

29. ［英］李约瑟：《中国科学技术史》第四卷《物理学及相关技术》（第一分册物理学），陆学善等译，北京、上海：科学出版社、上海古籍出版社，2003年。

30. ［英］李约瑟：《中国科学技术史》第五卷《地学》（第一、二分册），《中国科学技术史》翻译小组译，北京：科学出版社，1976年。

31. ［英］李约瑟：《中国科学技术史》第一卷《导论》，袁翰青等译，北京：科学出版社，1990年。

32. ［英］苏慧廉：《李提摩太在中国》，关志远等译，桂林：广西师范大学出版社，2007年。

33. 北京外国语大学中国海外汉学研究中心、中国近现代新闻出版博物馆编：《西学东渐与东亚近代知识的形成和交流》，上海：上海人民出版社，2012年。

34. 曹增友：《传教士与中国科学》，北京：宗教文化出版社，1999年。

35. 陈国球：《文学史书写形态与文化政治》，北京：北京大学出版社，2004 年。

36. 陈平原、米列娜主编：《近代中国的百科辞书》，北京：北京大学出版社，2007 年。

37. 陈平原：《中国现代学术之建立——以章太炎、胡适为中心》，北京：北京大学出版社，1998 年。

38. 陈玉申：《晚清报业史》，济南：山东画报出版社，2003 年。

39. 初晓波：《从华夷到万国的先声：徐光启对外观念研究》，北京：北京大学出版社，2008 年。

40. 崔军民：《萌芽期的现代法律新词研究》，北京：中国社会科学出版社，2011 年。

41. 戴念祖主编：《中国科学技术史·物理学卷》，北京：科学出版社，2001 年。

42. 戴燕：《文学史的权力》，北京：北京大学出版社，2002 年。

43. 董少新：《形神之间——早期西洋医学入华史稿》，上海：上海古籍出版社，2008 年。

44. 樊洪业：《耶稣会士与中国科学》，北京：中国人民大学出版社，1992 年。

45. 范祥涛：《科学翻译影响下的文化变迁》，上海：上海译文出版社，2006 年。

46. 方汉奇：《中国近代报刊史》，太原：山西人民出版社，1981 年。

47. 方汉奇主编：《中国新闻事业通史》第 1 卷，北京：中国人民大学出版社，1992 年。

48. 方汉奇主编：《中国新闻事业通史》第 2 卷，北京：中国人民大学出版社，1996 年。

49. 方豪：《方豪六十自定稿》，台北：学生书局，1969 年。

50. 方豪：《李之藻研究》，台北：商务印书馆，1966 年。

51. 方豪：《中国天主教史论丛甲集》，上海：商务印书馆，1944 年。

52. 方豪：《中国天主教史人物传》，北京：中华书局，1988 年。

53. 方豪：《中西交通史》（上、下），上海：上海人民出版社，2008 年。

54. 费正清、赖肖尔著，张沛译：《中国：传统与变迁》，北京：世界知识出版社，2001 年。

55. 冯天瑜、黄长义：《晚清经世实学》，上海：上海社会科学院出版社，2002 年。

56. 冯天瑜：《“封建”考论》（第二版），武汉：武汉大学出版社，2007 年。

57. 冯天瑜：《新语探源——中西日文化互动与近代汉字术语生成》，北京：中华书局，2004 年。

58. 冯天瑜等主编：《语义的文化变迁》，武汉：武汉大学出版社，2007 年。

59. 冯志伟：《现代术语学引论》（增订本），北京：商务印书馆，2011 年。

60. 佛雏：《王国维哲学译稿研究》，北京：社会科学文献出版社，2006 年。

61. 高黎平：《美国传教士与晚清翻译》，天津：百花文艺出版社，2006 年。

62. 高圣兵：《Logic 汉译研究》，上海：上海译文出版社，2008 年。

63. 高叔平：《蔡元培年谱长编》，北京：人民教育出版社，1999 年。

64. 戈公振：《中国报学史》，上海：上海古籍出版社，2003 年。

65. 葛兆光：《宅兹中国——重建有关“中国”的历史论述》，北京：中华书局，2011 年。

66. 葛兆光：《中国思想史》下卷《七世纪至十九世纪中国的知识、思想与信仰》，上海：复旦大学出版社，2009 年。

67. 顾长声：《传教士与近代中国》，上海：上海人民出版社，2004 年。

68. 顾长声：《从马礼逊到司徒雷登——来华新教传教士评传》，上海：上海人民出版社，1986 年。

69. 顾卫民：《基督教与近代中国社会》，上海：上海人民出版社，1996 年。

70. 顾卫民：《中国天主教编年史》，上海：上海书店出版社，2003 年。

71. 郭湛波：《近五十年中国思想史》，济南：山东人民出版社，1997 年。

72. 何九盈：《中国现代语言学史》，广州：广东教育出版社 1995 年。

73. 何俊：《西学与晚明思想的裂变》，上海：上海人民出版社，1998 年。

74. 何绍斌：《越界与想象——晚清新教传教士译介史论》，上海：上海三联书店，2008 年。

75. 何兆武：《中西文化交流史论》，武汉：湖北人民出版社，2007 年。

76. 黄侃：《文字声韵训诂笔记》，上海：上海古籍出版社，1983 年。

77. 黄时鉴、龚缨晏：《利玛窦世界地图研究》，上海：上海古籍出版社，2004 年。

78. 黄一农：《两头蛇：明末清初的第一代天主教徒》，上海：上海古籍出版社，2006 年。

79. 蒋栋元：《利玛窦与中西文化交流》，北京：中国矿业大学出版社，2008 年。

80. 金观涛、刘青峰：《观念史研究：中国现代重要政治术语的形成》，香港：香港中文大学出版社，2008 年。

81. 李谷城：《香港中文报业发展史》，上海：上海古籍出版社，2005 年。

82. 李天纲：《跨文化的诠释：经学与神学的相遇》，北京：新星出版社，2007 年。

83. 李细珠：《张之洞与清末新政研究》，上海：上海书店出版社，2003 年。

84. 李俨、钱宝琮：《李俨钱宝琮科学史全集》，沈阳：辽宁教育出版社，

1998 年。

85. 李志军：《西学东渐与明清实学》，成都：巴蜀书社，2004 年。

86. 梁启超：《中国近三百年学术史》，太原：山西古籍出版社，2001 年。

87. 林金水：《利玛窦与中国》，北京：中国社会科学出版社，1996 年。

88. 林学忠：《从万国公法大公法外交——晚清国际法的传入、诠释与运用》，上海：上海古籍出版社，2009 年。

89. 林治平：《近代中国与基督教论文集》，台北：宇宙光出版社，1980 年。

90. 林中泽：《晚明中西性伦理的相遇：以利玛窦〈天主实义〉和庞迪我〈七克〉为中心》，广州：广州教育出版社，2003 年。

91. 刘达人、袁国钦：《国际法发达史》，上海：商务印书馆，1936 年。

92. 刘树勇、李艳平、王士平、申先甲：《中国物理学史近现代卷》，桂林：广西教育出版社，2006 年。

93. 刘耘华：《诠释的圆环——明末清初传教士对儒家经典的解释及其本土回应》，北京：北京大学出版社，2005 年。

94. 刘正埮、高名凯、麦永乾、史有为编：《汉语外来词词典》，上海：上海辞书出版社，1984 年。

95. 罗志田：《国家与学术：清季民初关于“国学”的思想论争》，北京：三联书店，2003 年。

96. 罗志田：《近代中国史学十论》，上海：复旦大学出版社，2005 年。

97. 马勇：《近代中国文化诸问题》（增订本），上海：东方出版中心，2008 年。

98. 孟昭毅、李载道主编：《中国翻译文学史》，北京：北京大学出版社，2005 年。

99. 庞乃明：《明代中国人的欧洲观》，天津：天津人民出版社，2006 年。

100. 尚智丛：《传教士与西学东渐》，太原：山西教育出版社，2000 年。

101. 尚智丛：《明末清初（1582～1687）的格物穷理之学——中国科学发展的前近代形态》，成都：四川教育出版社，2003 年。

102. 沈定平：《明清之际中西文化交流史——明代：调适与会通》，北京：商务印书馆，2001 年。

103. 沈福伟：《西方文化与中国：1793～2000》，上海：上海教育出版社，2003 年。

104. 沈福伟：《西方文化与中国：1793～2000》，上海：上海教育出版社，2003 年。

105. 沈福伟：《中西文化交流史》（第 2 版），上海：上海人民出版社，2006 年。

106. 沈国威：《近代启蒙的足迹——东西文化交流与言语接触：〈智环启蒙

塾课初步〉的研究》，大阪：关西大学出版部，2002 年。

107. 沈国威：《近代中日词汇交流研究》，北京：中华书局，2010 年。

108. 宋黎明：《神父的新装——利玛窦在中国（1592～1610）》，南京：南京大学出版社，2011 年。

109. 孙尚扬、[比] 钟鸣旦：《一八四〇年前的中国基督教》，北京：学苑出版社，2004 年。

110. 孙尚扬：《基督教与明末儒学》，北京：东方出版社，1994 年。

111. 孙尚扬：《利玛窦与徐光启》，北京：新华出版社，1993 年。

112. 谭汝谦：《近代中日文化关系研究》，香港：香港日本研究所，1988 年。

113. 田淼：《中国数学的西化历程》，济南：山东教育出版社，2005 年。

114. 汪家熔：《民族魂——教科书变迁》，北京：商务印书馆，2008 年。

115. 王林《西学与变法——〈万国公报〉研究》，济南：齐鲁书社，2004 年。

116. 魏若望编：《传教士·科学家·工程师·外交家南怀仁（1623～1688）——鲁汶国际学术研讨会论文集》，北京：社会科学文献出版社，2001 年。

117. 温昌斌：《民国科技译名统一工作实践与理论》，北京：商务印书馆，2011 年。

118. 吴文俊主编：《中国数学史大系》第 7、8 卷，北京：北京师范大学出版社，2000 年。

119. 武际可编著：《近代力学在中国的传播与发展》，北京：高等教育出版社，2005 年。

120. 香港中国语文学会编：《近现代汉语新词词源词典》，上海：汉语大词典出版社，2001 年。

121. 熊月之：《西学东渐与晚清社会》，上海：上海人民出版社，1994 年。

122. 徐海松：《清初士人与西学》，北京：东方出版社，2000 年。

123. 徐宗泽：《明清间耶稣会士译著提要》，上海：上海书店出版社，2010 年。

124. 杨代春：《〈万国公报〉与晚清中西文化交流》，长沙：湖南人民出版社，2002 年。

125. 杨森富编著：《中国基督教史》，台北：商务印书馆，1984 年。

126. 游汝杰：《西洋传教士汉语方言学著作书目考述》，哈尔滨：黑龙江教育出版社，2003 年。

127. 余三乐：《中西文化交流的历史见证——明末清初北京天主教堂》，广州：广东人民出版社，2006 年。

128. 鱼宏亮：《知识与救世：明清之际经世之学研究》，北京：北京大学出版社，2008 年。

129. 张柏春、田淼、马孟深、雷恩、戴培德：《传播与会通——〈奇器图说〉研究与校注》，苏州：江苏科学技术出版社，2008 年。

130. 张承友、张普、王淑华：《明末清初中外科技交流研究》，北京：学苑出版社，2002 年。

131. 张铠：《庞迪我与中国》，郑州：大象出版社，2009 年。

132. 张维华：《明史欧洲四国传注释》，上海：上海古籍出版社，1982 年。

133. 张西平：《传教士汉学研究》，郑州：大象出版社，2005 年。

134. 张永堂：《明末清初理学与科学关系再论》，台北：学生书局，1994 年。

135. 赵晖：《耶儒柱石——李之藻、杨廷筠传》，杭州：浙江人民出版社，2007 年。

136. 赵晓兰、吴潮：《传教士中文报刊史》，上海：复旦大学出版社，2011 年。

137. 中国翻译工作者协会、《翻译通讯》编辑部编：《翻译研究论文集（1894～1948）》，北京：外语教学与研究出版社，1984 年。

138. 邹嘉彦、游汝杰主编：《语言接触论集》，上海：上海教育出版社，2004 年。

139. 邹小站：《西学东渐：迎拒与选择》，成都：四川人民出版社，2008 年。

140. 邹振环：《疏通知译史》，上海：上海人民出版社，2012 年。

141. 邹振环：《晚明汉文西学经典：编译、诠释、流传与影响》，上海：复旦大学出版社，2011 年。

142. 邹振环：《晚清西方地理学在中国——以 1815 至 1911 年西方地理学译著的传播与影响为中心》，上海：上海古籍出版社，2000 年。

143. 左玉河：《从四部之学到七科之学——学术分科与近代中国知识系统之创建》，上海：上海书店出版社，2004 年。

144. 左玉河：《中国近代学术体制之创建》，成都：四川人民出版社，2008 年。

四、外文文献

1. ［日］大久保利谦编：《明治启蒙思想集》，筑摩书房，昭和四十二年。

2. ［日］大久保利谦编：《西周全集》，东京：宗高书房，1981 年。

3. ［日］大月隆：《文学的调和》，东京：岩藤锭太郎，1894 年。

4. ［日］东京大学法理文三学部编：《东京大学法理文三学部一览》，东京：丸家善七，1884～1886 年。

5. ［日］东京府学务课编：《学令类纂》，东京：博闻社，1886 年。

6. ［日］东京开成学校编：《东京开成学校一览》，东京：开成学校，1875 年。

7. ［日］服部宇之吉：《心理学讲义》，东京：东亚公司印行，1905 年。

8. [日] 福泽谕吉:《福泽谕吉著作集》，庆应义塾大学出版会，2002 年。

9. [日] 福泽谕吉:《西洋事情》，东京：尚古堂，1870 年。

10. [日] 古城贞吉:《"支那"文学史》，东京：富山房，1902 年。

11. [日] 和田垣谦三等编:《哲学字汇》，东京：东京大学三学部，1881 年。

12. [日] 荒川清秀:《近代日中学術用語の形成と伝播——地理学用語を中心に》，東京：白帝社，1997 年。

13. [日] 菅沼岩蔵:《文字文章改良论》，东京：嵩山房，1895 年。

14. [日] 津田仙译:《英华和译字典》，东京：山内輹，1879~1881 年。

15. [日] 井上哲次郎、有贺长雄增补:《改订增补哲学字汇》，东京：东洋馆，1884 年。

16. [日] 堀达之助:《改正增补英和对译袖珍辞书》，东京：藏田屋清右卫门，1869 年。

17. [日] 铃木贞美:《日本的"文学"概念》，东京：作品社，1998 年。

18. [日] 内田鲁庵:《文学一斑》，东京：博文馆，1892 年。

19. [日] 坪内逍遥:《文学その折々》，东京：春阳堂，1896 年。

20. [日] 坪内逍遥:《小说神髓》，东京：松月堂，1885 年。

21. [日] 坪内逍遥:《小羊漫言》，东京：有斐阁书房，1893 年。

22. [日] 日下宽:《"支那"文学》，东京：哲学馆，1890 年。

23. [日] 三上参次、高津锹三郎:《日本文学史》，东京：金港堂，1890 年。

24. [日] 神田乃武主编:《新译英和辞典》，东京：三省堂，1902 年。

25. [日] 矢田堀鸿译:《英华学术辞书》，东京：早川新三郎，1884 年。

26. [日] 矢田堀鸿译:《英华学艺辞书》，东京：片山平三郎，1881 年。

27. [日] 笹川种郎:《"支那"文学史》，东京：博文馆，1898 年。

28. [日] 文部省:《学制》，东京：文部省，1872 年。

29. [日] 西村茂树:《心学讲义》，东京：丸善，1885 年。

30. [日] 西周:《百一新论》，东京：山本觉马，1874 年。

31. [日] 西周:《致知启蒙》，东京：瑞穗屋卯三郎，1874 年。

32. [日] 西周译:《心理学》，东京：文部省，1875 年。

33. [日] 西周译:《心理学》，文部省，1875 年。

34. [日] 小川伊典编:《译书字解》，东京：东生龟次郎，1874 年。

35. [日] 永峰秀树训译:《华英字典》，竹云书屋，1881 年。

36. [日] 斋藤毅:《明治のことば》，讲谈社，昭和五十二年。

37. [日] 中村正直编译:《西国童子鉴》，东京：同人社，1873 年。

38. [日] 中江兆民:《理学钩玄》，集成社，1886 年。

39. A. H. Mateer（艾达），*New Terms for New Ideas: A Study of the Chinese Newspaper*, *Shanghai: The Presbyterian Mission Press*（美华书馆），1917.

40. C. W. Mateer（狄考文），*Mathematics in Chinese*，The Chinese Recorders，Vol. 9，1878.

41. C. W. Mateer（狄考文），*School Book for China*，The Chinese Recorders，Vol. 8，1877.

42. C. W. Mateer（狄考文），*Technical Terms in English and Chinese*，Shanghai，1904.

43. C. W. Mateer（狄考文），*the Revised List of Chemical Elements*，the Chinese Recorders，Vol. 29，1898.

44. J·S·Mill：《利学·译利学说》，［日］西周译述，东京：岛村利助，1877年。

45. K. Hemeling，*English – Chinese Dictionary of the Standard Chinese Spoken Language and handbook for Translators*，Shanghai：The Presbyterian Mission Press，1916.

46. Karl Ernst Georg Hemeling（赫美玲），*English – Chinese Dictionary of the Standard Chinese Spoken Language and Handbook for Translator*，*Including Scientific*，*Technical*，*Modern and Documentary Term*，Shanghai：Statistical Department of the Inspectorate General of Customs，1916.

47. Oxford University Press，*Oxford English Dictionary*，Oxford：Oxford University Press，1999.

48. Rev. Justus Doolittle（卢公明），*Vocabulary and Handbook of the Chinese Language in two Volumes Romanized in the Mandarin Dialect*，Foochow：China，Rozario，Marcal and Company，1872.

49. Richard，Macgillivray，*A Dictionary of Philosophical Terms*，Shanghai：Christian Literature Society for China，1913.

50. Samuel Johnson，LL. D.，*A Dictionary of the English Language*，London：Stereotyped and Printed by and for A. Wilson，Camden Town，ST. Pancras，1812.

51. Walter Henry Medhurst（麦都思），English and Chinese Dictionary，Shanghae（上海）：The Mission press，1847.

52. Wilhelm Lobscheid（罗存德），English and Chinese Dictionary，Hongkong：The Daily Press Office Wyndham Street，1866.

后　记

本书的完成，离不开课题组诸位同仁多年的通力协作和辛勤垦作，是对我们十多年来的近代术语生成演变研究的一次集结和提升。在写作过程中，得到了海内外诸多学界同仁的大力支持。

以下是各章撰写的具体分工：

导论：冯天瑜、余来明

第一章：余来明

第二章：聂长顺

第三章：彭雷霆

第四章：周光明

第五章：余冬林

下编导言：冯天瑜

第六章第一节：冯天瑜；第二、三、四节：聂长顺

第七章第一节：余来明；第二节：卢烈红

第八章第一节：聂长顺；第二、三节：刘耀

第九章第一节：刘伟；第二节：冯天瑜

第十章：聂长顺

第十一章：周光明

第十二章：彭恒礼

第十三章第一、二节：夏晶；第三节：聂长顺

结语：冯天瑜、余来明

英文摘要和目录由秦丹负责翻译，聂长顺、余来明具体负责统稿工作，冯天瑜对全书进行修订。

教育部哲学社會科学研究重大課題攻關項目

成果出版列表

序号	书　名	首席专家
1	《马克思主义基础理论若干重大问题研究》	陈先达
2	《马克思主义理论学科体系建构与建设研究》	张雷声
3	《马克思主义整体性研究》	逄锦聚
4	《改革开放以来马克思主义在中国的发展》	顾钰民
5	《新时期　新探索　新征程 ——当代资本主义国家共产党的理论与实践研究》	聂运麟
6	《坚持马克思主义在意识形态领域指导地位研究》	陈先达
7	《当代资本主义新变化的批判性解读》	唐正东
8	《当代中国人精神生活研究》	童世骏
9	《弘扬与培育民族精神研究》	杨叔子
10	《当代科学哲学的发展趋势》	郭贵春
11	《服务型政府建设规律研究》	朱光磊
12	《地方政府改革与深化行政管理体制改革研究》	沈荣华
13	《面向知识表示与推理的自然语言逻辑》	鞠实儿
14	《当代宗教冲突与对话研究》	张志刚
15	《马克思主义文艺理论中国化研究》	朱立元
16	《历史题材文学创作重大问题研究》	童庆炳
17	《现代中西高校公共艺术教育比较研究》	曾繁仁
18	《西方文论中国化与中国文论建设》	王一川
19	《中华民族音乐文化的国际传播与推广》	王耀华
20	《楚地出土戰國簡册［十四種］》	陳　偉
21	《近代中国的知识与制度转型》	桑　兵
22	《中国抗战在世界反法西斯战争中的历史地位》	胡德坤
23	《近代以来日本对华认识及其行动选择研究》	杨栋梁
24	《京津冀都市圈的崛起与中国经济发展》	周立群
25	《金融市场全球化下的中国监管体系研究》	曹凤岐
26	《中国市场经济发展研究》	刘　伟
27	《全球经济调整中的中国经济增长与宏观调控体系研究》	黄　达
28	《中国特大都市圈与世界制造业中心研究》	李廉水

序号	书　名	首席专家
29	《中国产业竞争力研究》	赵彦云
30	《东北老工业基地资源型城市发展可持续产业问题研究》	宋冬林
31	《转型时期消费需求升级与产业发展研究》	臧旭恒
32	《中国金融国际化中的风险防范与金融安全研究》	刘锡良
33	《全球新型金融危机与中国的外汇储备战略》	陈雨露
34	《全球金融危机与新常态下的中国产业发展》	段文斌
35	《中国民营经济制度创新与发展》	李维安
36	《中国现代服务经济理论与发展战略研究》	陈　宪
37	《中国转型期的社会风险及公共危机管理研究》	丁烈云
38	《人文社会科学研究成果评价体系研究》	刘大椿
39	《中国工业化、城镇化进程中的农村土地问题研究》	曲福田
40	《中国农村社区建设研究》	项继权
41	《东北老工业基地改造与振兴研究》	程　伟
42	《全面建设小康社会进程中的我国就业发展战略研究》	曾湘泉
43	《自主创新战略与国际竞争力研究》	吴贵生
44	《转轨经济中的反行政性垄断与促进竞争政策研究》	于良春
45	《面向公共服务的电子政务管理体系研究》	孙宝文
46	《产权理论比较与中国产权制度变革》	黄少安
47	《中国企业集团成长与重组研究》	蓝海林
48	《我国资源、环境、人口与经济承载能力研究》	邱　东
49	《“病有所医”——目标、路径与战略选择》	高建民
50	《税收对国民收入分配调控作用研究》	郭庆旺
51	《多党合作与中国共产党执政能力建设研究》	周淑真
52	《规范收入分配秩序研究》	杨灿明
53	《中国社会转型中的政府治理模式研究》	娄成武
54	《中国加入区域经济一体化研究》	黄卫平
55	《金融体制改革和货币问题研究》	王广谦
56	《人民币均衡汇率问题研究》	姜波克
57	《我国土地制度与社会经济协调发展研究》	黄祖辉
58	《南水北调工程与中部地区经济社会可持续发展研究》	杨云彦
59	《产业集聚与区域经济协调发展研究》	王　珺

序号	书　　名	首席专家
60	《我国货币政策体系与传导机制研究》	刘　伟
61	《我国民法典体系问题研究》	王利明
62	《中国司法制度的基础理论问题研究》	陈光中
63	《多元化纠纷解决机制与和谐社会的构建》	范　愉
64	《中国和平发展的重大前沿国际法律问题研究》	曾令良
65	《中国法制现代化的理论与实践》	徐显明
66	《农村土地问题立法研究》	陈小君
67	《知识产权制度变革与发展研究》	吴汉东
68	《中国能源安全若干法律与政策问题研究》	黄　进
69	《城乡统筹视角下我国城乡双向商贸流通体系研究》	任保平
70	《产权强度、土地流转与农民权益保护》	罗必良
71	《我国建设用地总量控制与差别化管理政策研究》	欧名豪
72	《矿产资源有偿使用制度与生态补偿机制》	李国平
73	《巨灾风险管理制度创新研究》	卓　志
74	《国有资产法律保护机制研究》	李曙光
75	《中国与全球油气资源重点区域合作研究》	王　震
76	《可持续发展的中国新型农村社会养老保险制度研究》	邓大松
77	《农民工权益保护理论与实践研究》	刘林平
78	《大学生就业创业教育研究》	杨晓慧
79	《新能源与可再生能源法律与政策研究》	李艳芳
80	《中国海外投资的风险防范与管控体系研究》	陈菲琼
81	《生活质量的指标构建与现状评价》	周长城
82	《中国公民人文素质研究》	石亚军
83	《城市化进程中的重大社会问题及其对策研究》	李　强
84	《中国农村与农民问题前沿研究》	徐　勇
85	《西部开发中的人口流动与族际交往研究》	马　戎
86	《现代农业发展战略研究》	周应恒
87	《综合交通运输体系研究——认知与建构》	荣朝和
88	《中国独生子女问题研究》	风笑天
89	《我国粮食安全保障体系研究》	胡小平
90	《我国食品安全风险防控研究》	王　硕

序号	书 名	首席专家
91	《城市新移民问题及其对策研究》	周大鸣
92	《新农村建设与城镇化推进中农村教育布局调整研究》	史宁中
93	《农村公共产品供给与农村和谐社会建设》	王国华
94	《中国大城市户籍制度改革研究》	彭希哲
95	《国家惠农政策的成效评价与完善研究》	邓大才
96	《以民主促进和谐——和谐社会构建中的基层民主政治建设研究》	徐 勇
97	《城市文化与国家治理——当代中国城市建设理论内涵与发展模式建构》	皇甫晓涛
98	《中国边疆治理研究》	周 平
99	《边疆多民族地区构建社会主义和谐社会研究》	张先亮
100	《新疆民族文化、民族心理与社会长治久安》	高静文
101	《中国大众媒介的传播效果与公信力研究》	喻国明
102	《媒介素养：理念、认知、参与》	陆 晔
103	《创新型国家的知识信息服务体系研究》	胡昌平
104	《数字信息资源规划、管理与利用研究》	马费成
105	《新闻传媒发展与建构和谐社会关系研究》	罗以澄
106	《数字传播技术与媒体产业发展研究》	黄升民
107	《互联网等新媒体对社会舆论影响与利用研究》	谢新洲
108	《网络舆论监测与安全研究》	黄永林
109	《中国文化产业发展战略论》	胡惠林
110	《20 世纪中国古代文化经典在域外的传播与影响研究》	张西平
111	《国际传播的理论、现状和发展趋势研究》	吴 飞
112	《教育投入、资源配置与人力资本收益》	闵维方
113	《创新人才与教育创新研究》	林崇德
114	《中国农村教育发展指标体系研究》	袁桂林
115	《高校思想政治理论课程建设研究》	顾海良
116	《网络思想政治教育研究》	张再兴
117	《高校招生考试制度改革研究》	刘海峰
118	《基础教育改革与中国教育学理论重建研究》	叶 澜
119	《我国研究生教育结构调整问题研究》	袁本涛 王传毅
120	《公共财政框架下公共教育财政制度研究》	王善迈

序号	书　名	首席专家
121	《农民工子女问题研究》	袁振国
122	《当代大学生诚信制度建设及加强大学生思想政治工作研究》	黄蓉生
123	《从失衡走向平衡：素质教育课程评价体系研究》	钟启泉 崔允漷
124	《构建城乡一体化的教育体制机制研究》	李　玲
125	《高校思想政治理论课教育教学质量监测体系研究》	张耀灿
126	《处境不利儿童的心理发展现状与教育对策研究》	申继亮
127	《学习过程与机制研究》	莫　雷
128	《青少年心理健康素质调查研究》	沈德立
129	《灾后中小学生心理疏导研究》	林崇德
130	《民族地区教育优先发展研究》	张诗亚
131	《WTO 主要成员贸易政策体系与对策研究》	张汉林
132	《中国和平发展的国际环境分析》	叶自成
133	《冷战时期美国重大外交政策案例研究》	沈志华
134	《新时期中非合作关系研究》	刘鸿武
135	《我国的地缘政治及其战略研究》	倪世雄
136	《中国海洋发展战略研究》	徐祥民
137	《深化医药卫生体制改革研究》	孟庆跃
138	《华侨华人在中国软实力建设中的作用研究》	黄　平
139	《我国地方法制建设理论与实践研究》	葛洪义
140	《城市化理论重构与城市化战略研究》	张鸿雁
141	《境外宗教渗透论》	段德智
142	《中部崛起过程中的新型工业化研究》	陈晓红
143	《农村社会保障制度研究》	赵　曼
144	《中国艺术学学科体系建设研究》	黄会林
145	《我国碳排放交易市场研究》	赵忠秀
146	《人工耳蜗术后儿童康复教育的原理与方法》	黄昭鸣
147	《我国少数民族音乐资源的保护与开发研究》	樊祖荫
148	《中国道德文化的传统理念与现代践行研究》	李建华
149	《低碳经济转型下的中国排放权交易体系》	齐绍洲
150	《中国东北亚战略与政策研究》	刘清才
151	《促进经济发展方式转变的地方财税体制改革研究》	钟晓敏
152	《外资并购与我国产业安全研究》	李善民
153	《近代汉字术语的生成演变与中西日文化互动研究》	冯天瑜
	……